山東文獻書目（修订本）

王绍曾　主编

顧廷龍題

儒家文明协同创新中心资助项目
儒学与山左学术丛书之一

齊魯書社

主　编　王绍曾

编　辑　张长华　沙嘉孙

王承略　崔　巍

李艳秋　贾秀丽

修　订　沙嘉孙

儒家文明协同创新中心
学术委员会组成名单

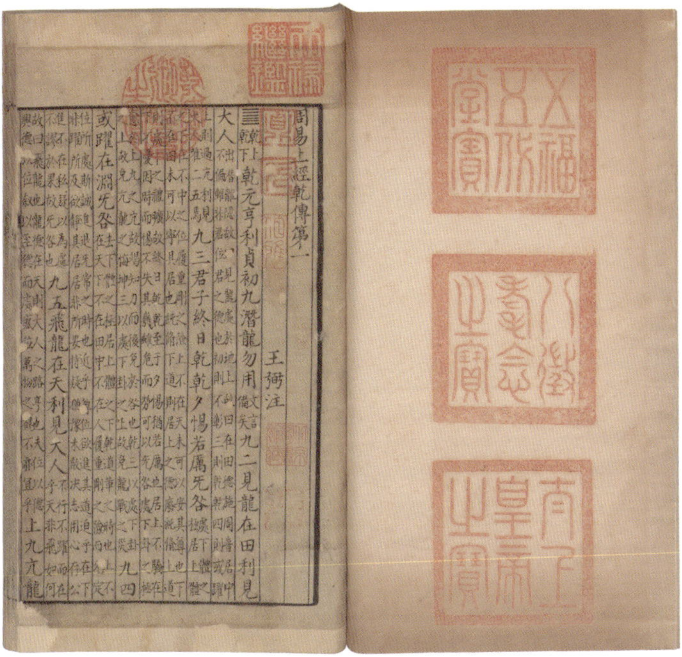

魏王弼、晋韩康伯《周易注》，宋刻本，国家图书馆藏

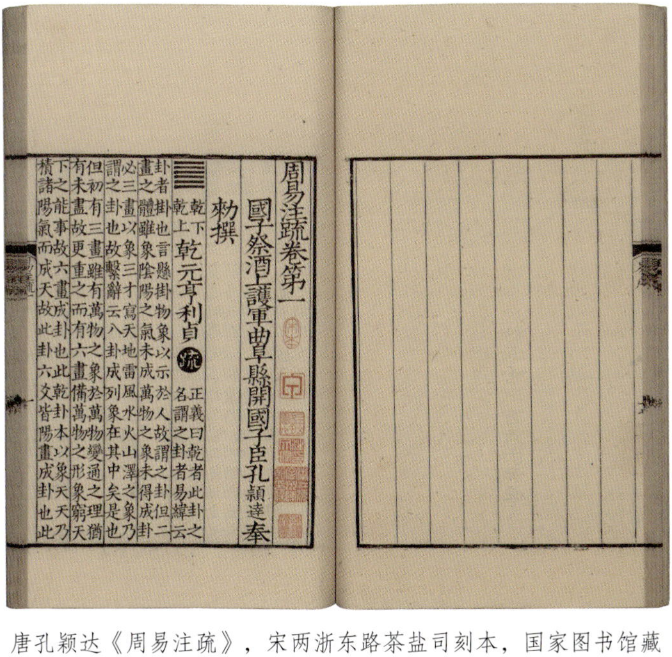

唐孔颖达《周易注疏》，宋两浙东路茶盐司刻本，国家图书馆藏

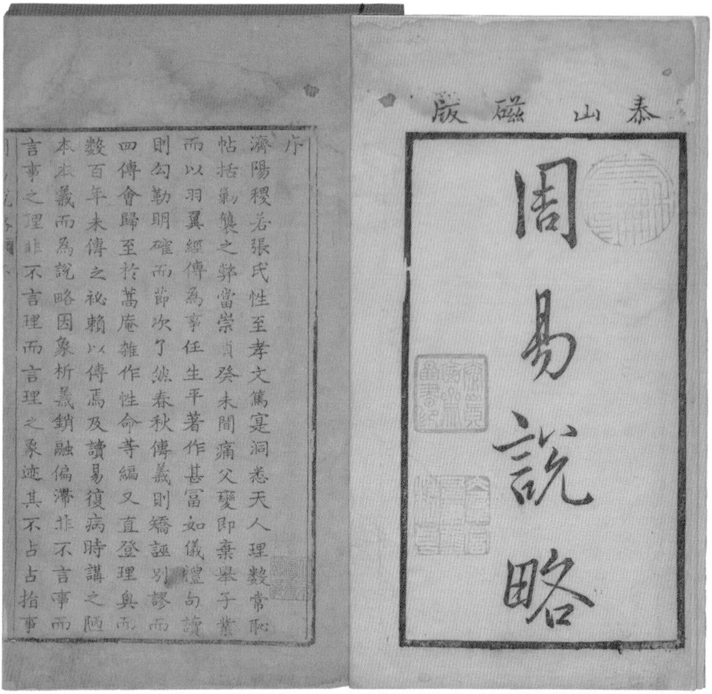

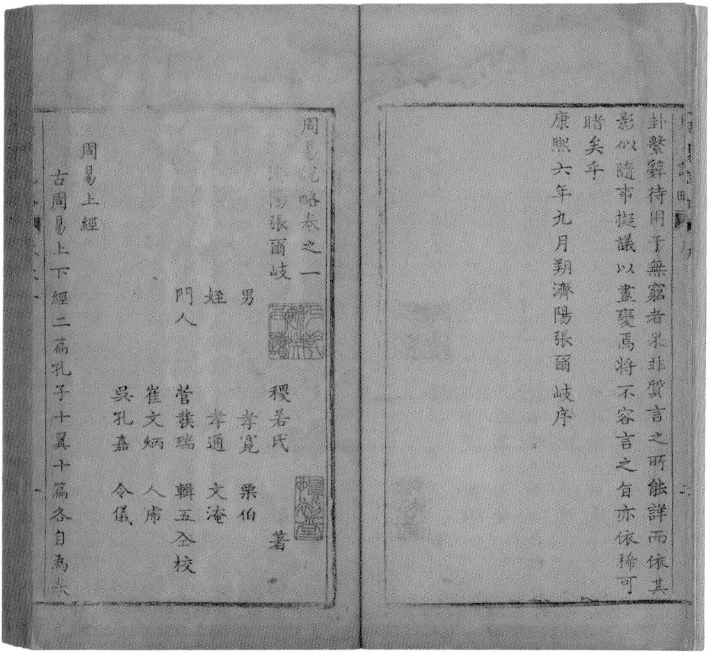

清张尔岐《周易说略》，清康熙五十八年泰山徐氏真合斋磁版印本，国家图书馆藏

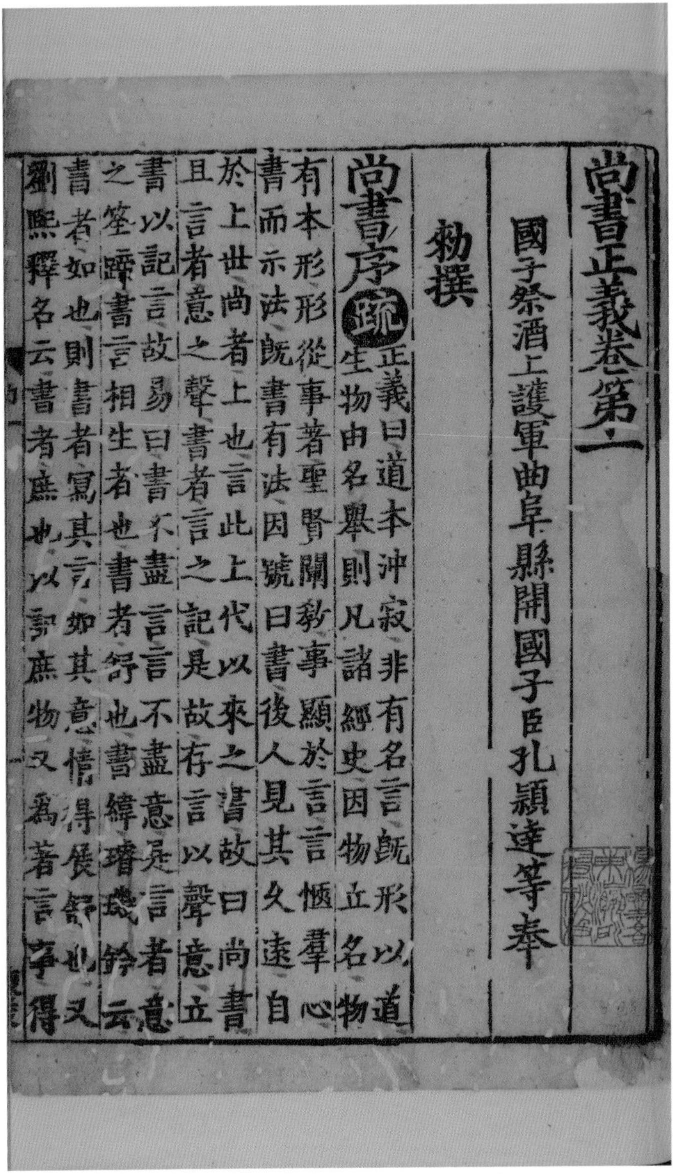
尚書正義卷第一
國子祭酒上護軍曲阜縣開國子臣孔穎達等奉
勑撰
尚書序 疏 正義曰道本沖寂非有名言既形以道
生物由名舉則凡諸經史因物立名物
有本形形從事著聖賢闡教事顯於言言愜羣心
書而示法既書有法因號曰書後人見其久遠自
於上世尚者上也言此上代以來之書故曰尚書
且言者意之聲書者言之記是故存言以聲意立
書以記言故易曰書不盡言言不盡意是言者意
之筌蹄書言相生者也書者舒也書緯璿璣鈐云
書者如也則書者寫其言如其意情得展舒也又
劉熙釋名云書者庶也以記庶物又為著言[illegible]得

唐孔颖达《尚书正义》，宋两浙东路茶盐司刻本，国家图书馆藏

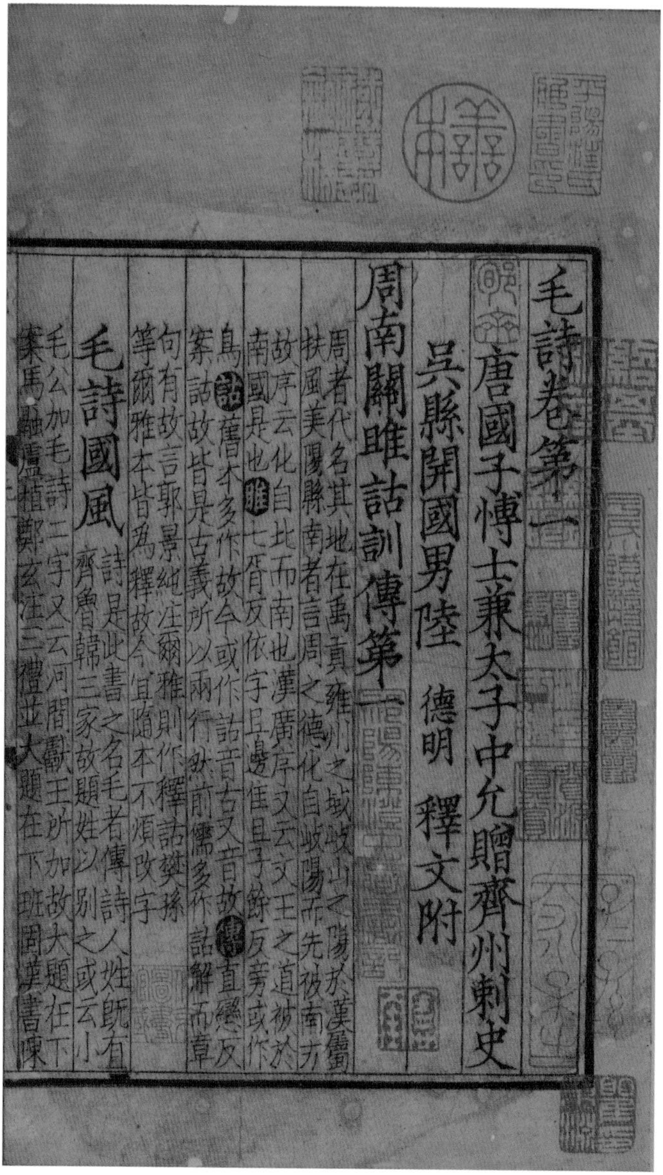

毛詩卷第一
唐國子博士兼太子中允贈齊州刺史
吳縣開國男陸　德明　釋文附
周南關雎詁訓傳第一
周者代名其地在禹貢雍州之域岐山之陽於漢屬
扶風美陽縣南者言周之德化自岐陽而先被南方
故序云化自北而南也漢廣序又云文王之道被於
南國是也雎七胥反依字且邊隹且字餘反旁或作
鳥詁舊本多作故今或作詁音古又音故傳直戀反
案詁故皆是古義所以兩行然前儒多作詁解而章
句有故言郭景純注爾雅則作釋詁樊孫
等爾雅本皆為釋故今宜隨本不煩改字
毛詩國風　詩是此書之名毛者傳詩人姓既有
齊魯韓三家故題姓以別之或云小
毛公加毛詩二字又云河間獻王所加故大題在下
案馬融盧植鄭玄注三禮並大題在下班固漢書陳

汉毛亨传、郑玄笺《毛诗》，宋刻巾箱本，国家图书馆藏

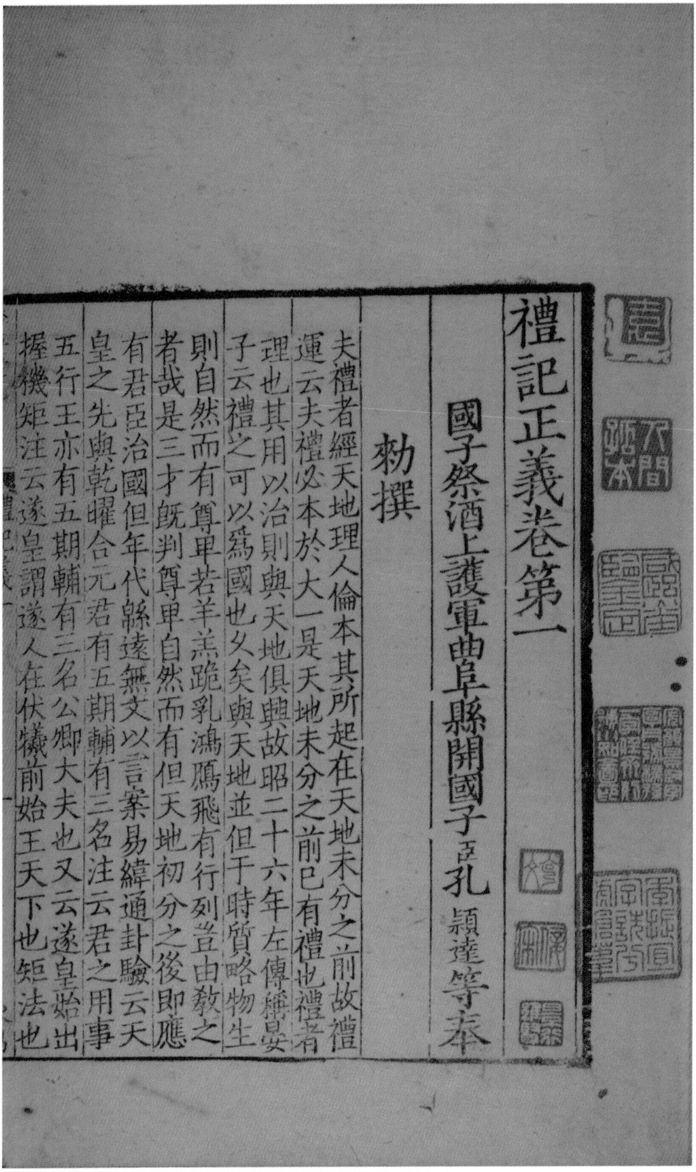

禮記正義卷第一

國子祭酒上護軍曲阜縣開國子臣孔　穎達等奉

勑撰

夫禮者經天地理人倫本其所起在天地未分之前故禮運云夫禮必本於大一是天地未分之前已有禮也禮者理也其用以治則與天地俱興故昭二十六年左傳稱晏子云禮之可以爲國也久矣與天地並但于時質略物生則自然而有尊卑若羊羔跪乳鴻鴈飛有行列豈由教之者哉是三才既判尊卑自然而有但天地初分之後即應有君臣治國但年代緜遠無文以言案易緯通卦驗云天皇之先與乾曜合元君有五期輔有三名注云君之用事五行王亦有五期輔有三名公卿大夫也又云遂皇始出握機矩注云遂皇謂遂人在伏犧前始王天下也矩法也

唐孔颖达《礼记正义》，宋绍兴三年两浙东路茶盐司刻本，国家图书馆藏

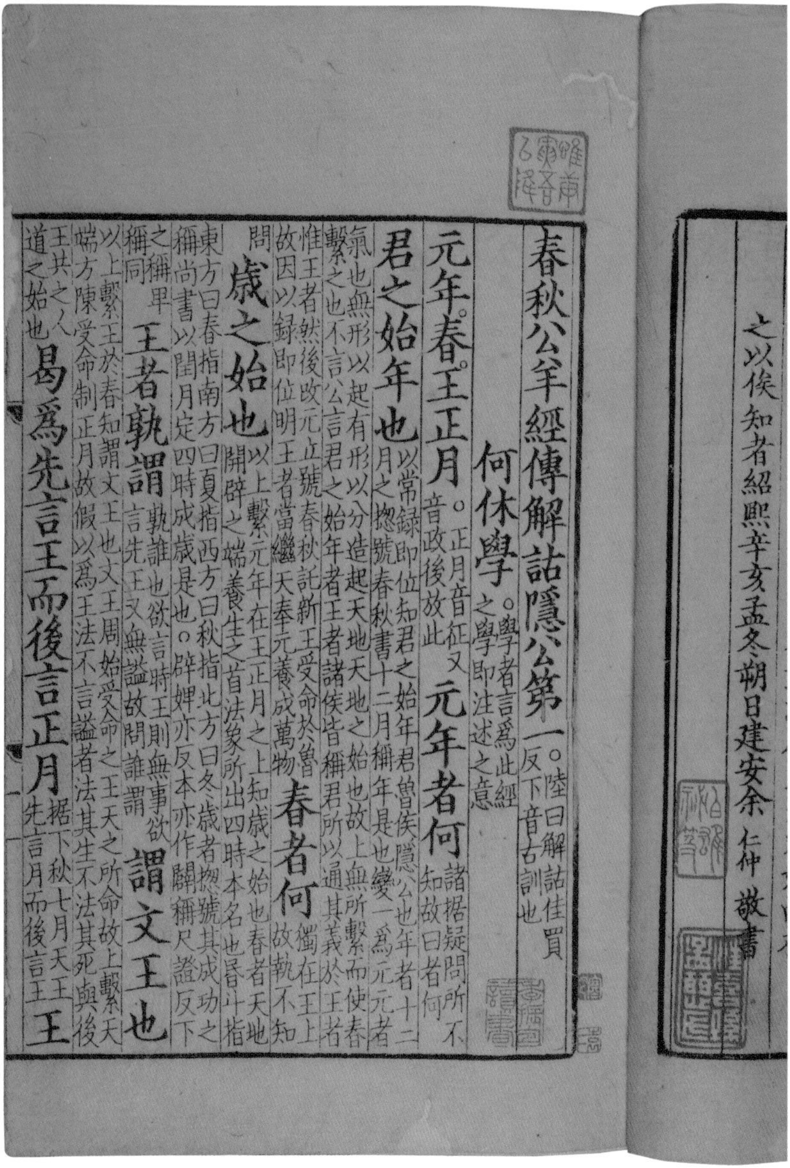

春秋公羊經傳解詁隱公第一。陸曰解詁佳買反下音古訓也

何休學。學者言爲此經之學即注述之意

元年。春。王正月。正月音征又音政後放此 元年者何 諸據疑問所不知故曰者何 君之始年也 以常録即位知君之始年君魯侯隱公也年者十二月之揔號春秋書十二月稱年是也變一爲元元者氣也無形以起有形以分造起天地天地之始也故上無所繫而使春繫之也不言公言君之始年者王者諸侯皆稱君所以通其義於王者惟王者然後改元立號春秋託新王受命於魯故因以録即位明王者當繼天奉元養成萬物 春者何 獨在王上故執不知問 歲之始也 以上繫元年在王正月之上知歲之始也春者天地開辟之端養生之首法象所出四時本名也昏斗指東方曰春指南方曰夏指西方曰秋指北方曰冬歲者揔號其成功之稱尚書以閏月定四時成歲是也。辟婢亦反本亦作闢稱尺證反下之稱同 王者孰謂 孰誰也欲言時王則無事欲言先王又無謚故問誰謂 謂文王也 以上繫王於春知謂文王也文王周始受命之王天之所命故上繫天端方陳受命制正月故假以爲王法不言謚者法其生不法其死與後王共之人道之始也 曷爲先言王而後言正月 據下秋七月天王先言月而後言王 王

之以俟知者紹熙辛亥孟冬朔日建安余仁仲敬書

汉何休《春秋公羊经传解诂》，宋绍熙二年余仁仲万卷堂刻本，国家图书馆藏

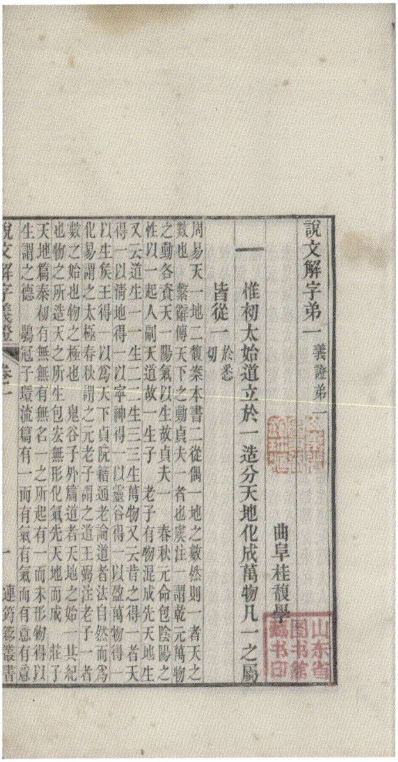
說文解字弟一　義證弟一

曲阜桂馥學

一　惟初太始道立於一造分天地化成萬物凡一之屬皆從一　於悉切

周易天一地二馥案本書二從偶一地之數然則一者天之數也繫辭傳天下之動貞夫一者也虞注一謂乾元萬物之動各資天一陽氣以生故貞夫一　春秋元命包陰陽之性以一起人副天道故一生子　老子有物混成先天地生又云道生一一生二二生三三生萬物又云昔之得一者天得一以清地得一以寧神得一以靈谷得一以盈萬物得一以生矦王得一以爲天下貞阮籍通老論道者法自然而爲化易謂之太極春秋謂之元老子謂之道王弼注老子一者數之始也物之極也　鬼谷子外篇道者天地之始一其紀也物之所造天之所生包宏無形化氣先天地而成　莊子天地篇泰初有無無有無名一之所起有一而未形物得以生謂之德　鶡冠子環流篇有一而有氣有氣而有意有意

說文解字義證　卷一　一　連筠簃叢書

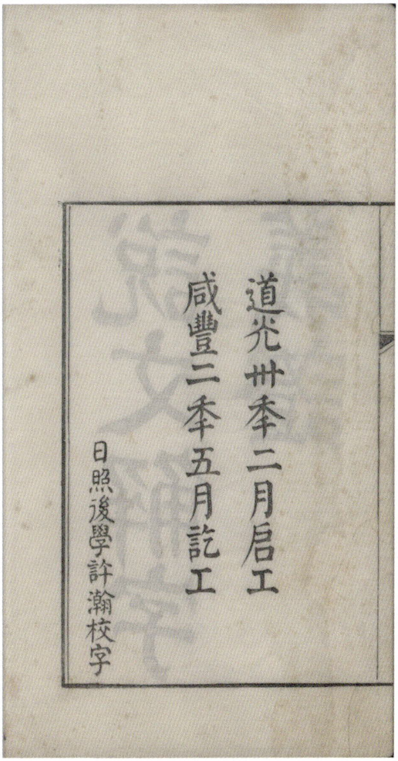
道光卅季二月启工

咸豐二季五月訖工

日照後學許瀚校字

清桂馥《说文解字义证》，清道光二十八年灵石杨氏刻《连筠簃丛书》本，山东省图书馆藏

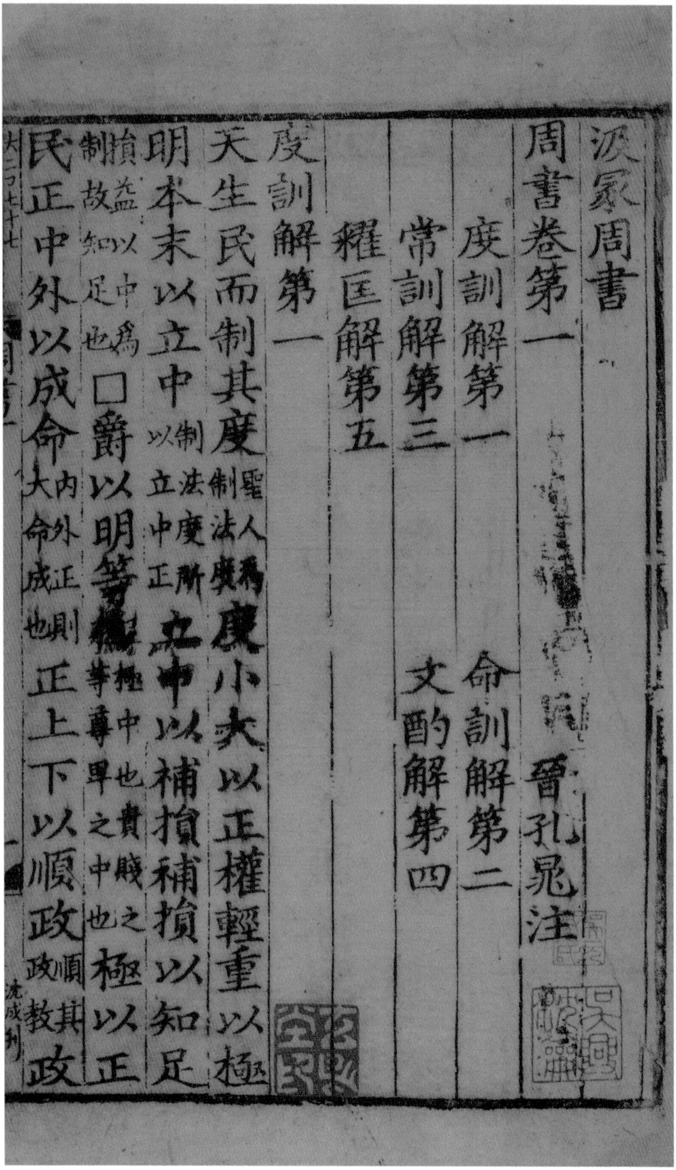

汲冢周書

周書卷第一　晉孔晁注

度訓解第一　命訓解第二

常訓解第三　文酌解第四

糴匡解第五

度訓解第一

天生民而制其度聖人爲制法度度小大以正權輕重以極明本末以立中以制法度所立中正立中以補損補損以知足損益以中爲制故知足也口爵以明等極極中也貴賤之等尊卑之中也極以正民正中外以成命內外正則大命成也正上下以順政順其政政教政

晋孔晁《汲冢周书注》，元至正十四年嘉兴路儒学刻本，国家图书馆藏

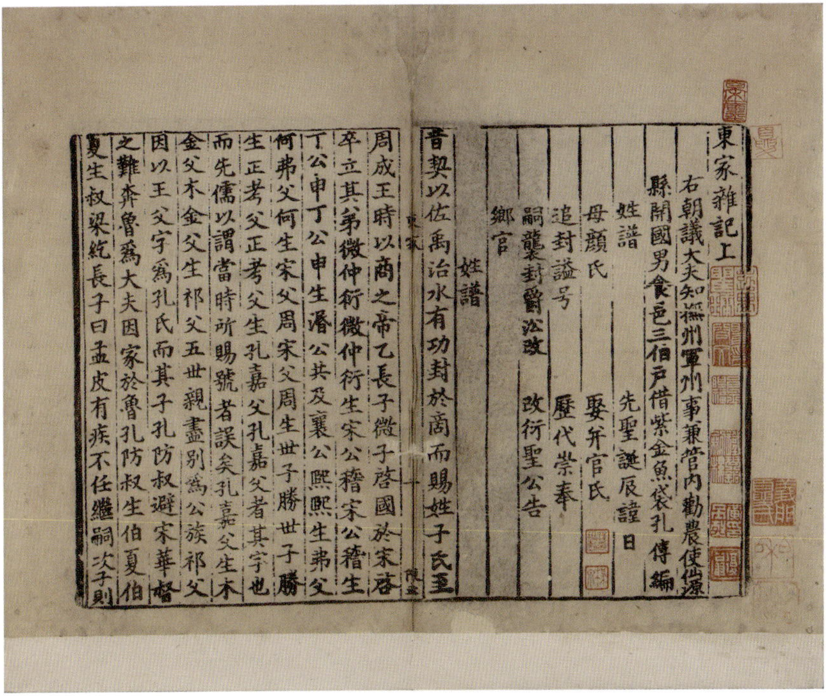

東家雜記上

右朝議大夫知衢州軍州事兼管内勸農使仙源縣開國男食邑三佰戶借紫金魚袋孔傳編

姓譜　先聖誕辰諱日

母顏氏　娶亓官氏

追封謚号　歷代崇奉

嗣襲封爵沿改　改衍聖公告

鄉官

姓譜

昔契以佐禹治水有功封於商而賜姓子氏至周成王時以商之帝乙長子微子啓國於宋啓卒立其弟微仲衍微仲衍生宋公稽宋公稽生丁公申丁公申生湣公共及襄公熙熙生弗父何弗父何生宋父周宋父周生世子勝世子勝生正考父正考父生孔嘉父孔嘉父者其字也而先儒以謂當時所賜號者誤矣孔嘉父生木金父木金父生祁父五世親盡别爲公族祁父因以王父字爲孔氏而其子孔防叔避宋華督之難奔魯爲大夫因家於魯孔防叔生伯夏伯夏生叔梁紇長子曰孟皮有疾不任繼嗣次子則

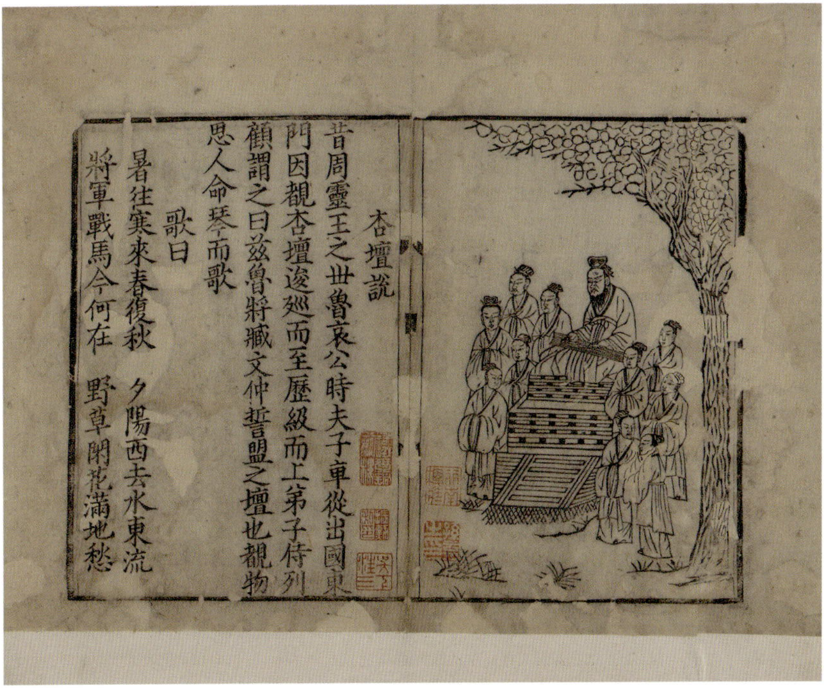

杏壇説

昔周靈王之世魯哀公時夫子車從出國東門因覩杏壇逡巡而至歷級而上弟子侍列顧謂之曰茲魯將臧文仲誓盟之壇也覩物思人命琴而歌

歌曰

暑往寒來春復秋　夕陽西去水東流

將軍戰馬今何在　野草閑花滿地愁

晋孔传《东家杂记》（杏坛图），宋衢州家庙刻南宋中叶补刻本，国家图书馆藏

金孔元措《孔氏祖庭广记》，蒙古乃马真后元年孔氏刻本，国家图书馆藏

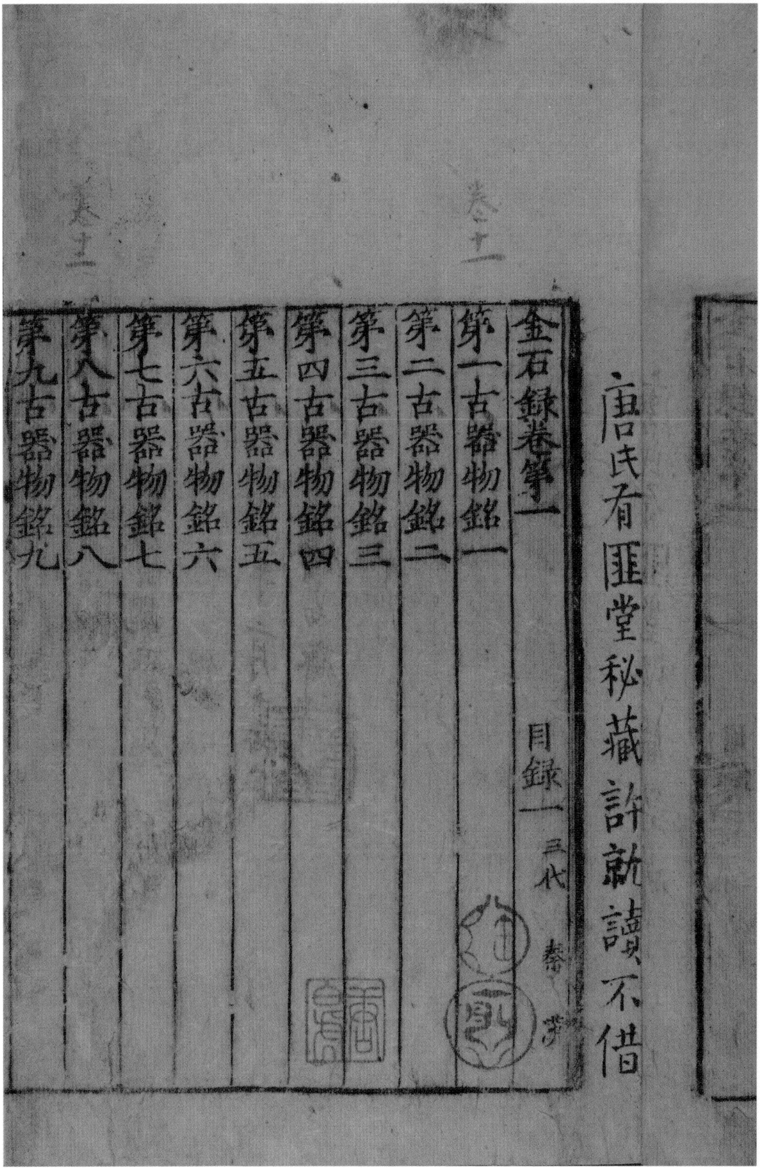

宋赵明诚《金石录》，宋淳熙龙舒郡斋刻本，国家图书馆藏

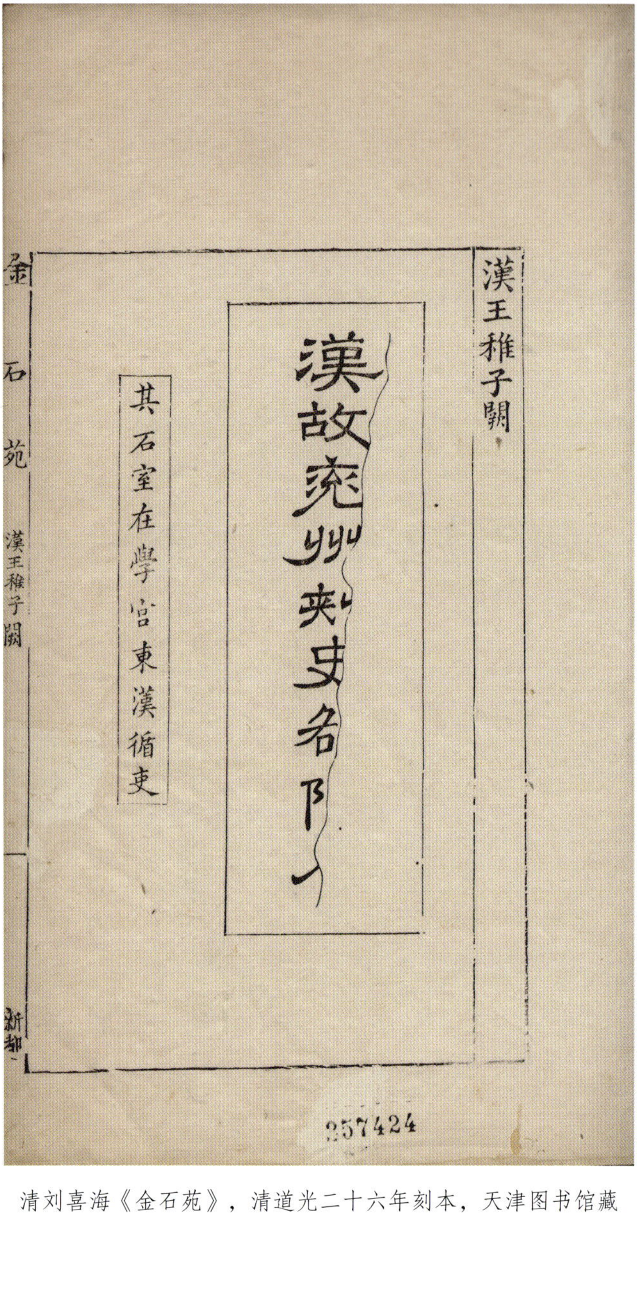

清刘喜海《金石苑》，清道光二十六年刻本，天津图书馆藏

清陈介祺《十钟山房印举》，民国上海涵芬楼影印本，天津图书馆藏

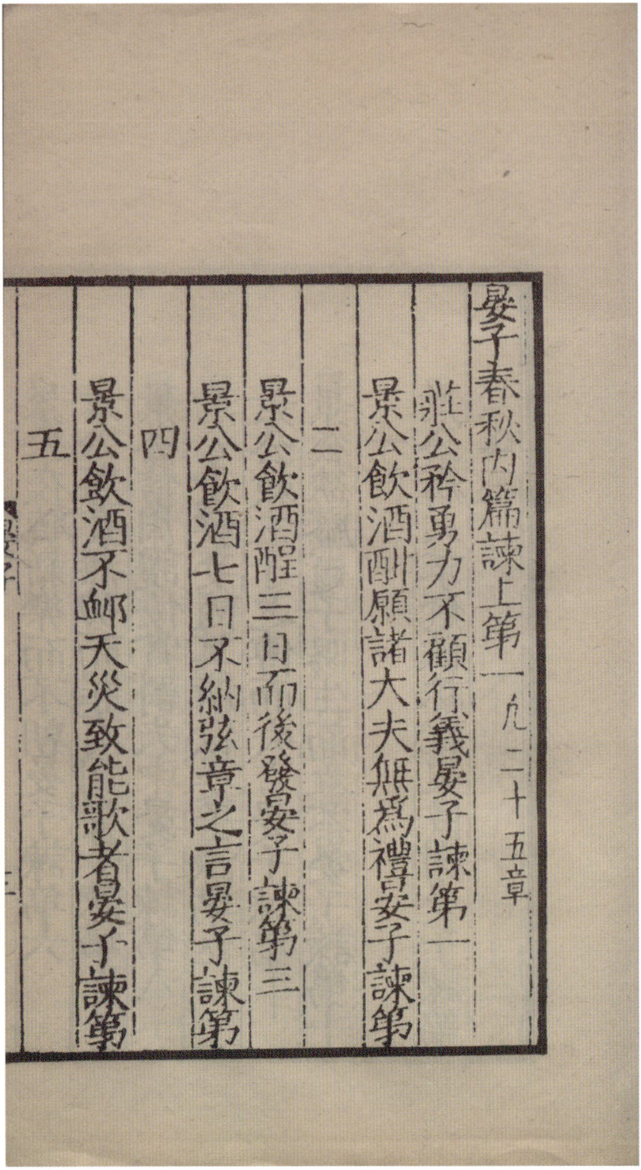
晏子春秋內篇諫上第一　凡二十五章

莊公矜勇力不顧行義晏子諫第一

景公飲酒酣願諸大夫無爲禮晏子諫第
二

景公飲酒酲三日而後發晏子諫第三

景公飲酒七日不納弦章之言晏子諫第
四

景公飲酒不恤天災致能歌者晏子諫第
五

《晏子春秋》，明活字印本，天津图书馆藏

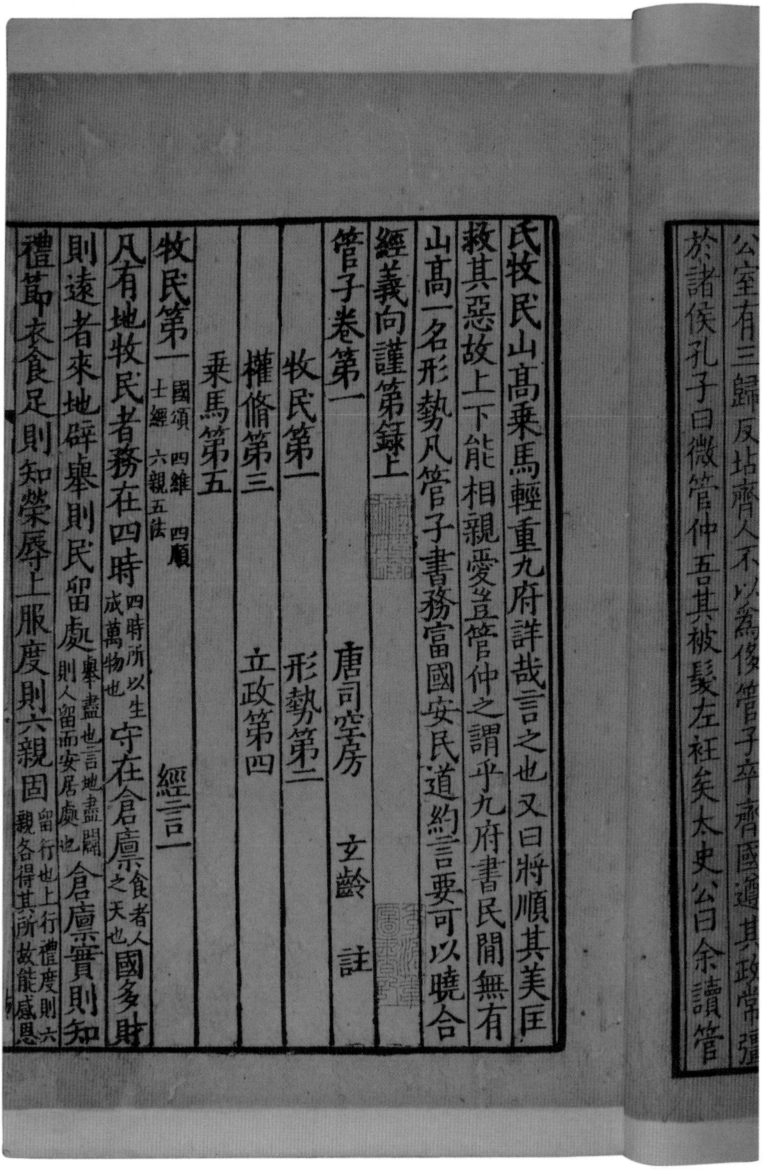
公室有三歸反坫齊人不以爲侈管子卒齊國遵其政常彊
於諸侯孔子曰微管仲吾其被髮左衽矣太史公曰余讀管
氏牧民山高乘馬輕重九府詳哉言之也又曰將順其美匡
救其惡故上下能相親豈管仲之謂乎九府書民間無有
山高一名形勢凡管子書務富國安民道約言要可以曉合
經義向謹第録上
管子卷第一　　唐司空房　玄齡　註
牧民第一　　形勢第二
權脩第三　　立政第四
乘馬第五
牧民第一 國頌 四維 四順 士經 六親 五法　　經言一
凡有地牧民者務在四時 四時所以生成萬物也 守在倉廪 食者人之天也 國多財
則遠者來地辟舉則民留處 舉盡也言地盡闢則人留而安居處也 倉廪實則知
禮節衣食足則知榮辱上服度則六親固 留行也上行禮度則六親各得其所故能感恩

唐房玄龄注《管子》，宋刻本，国家图书馆藏

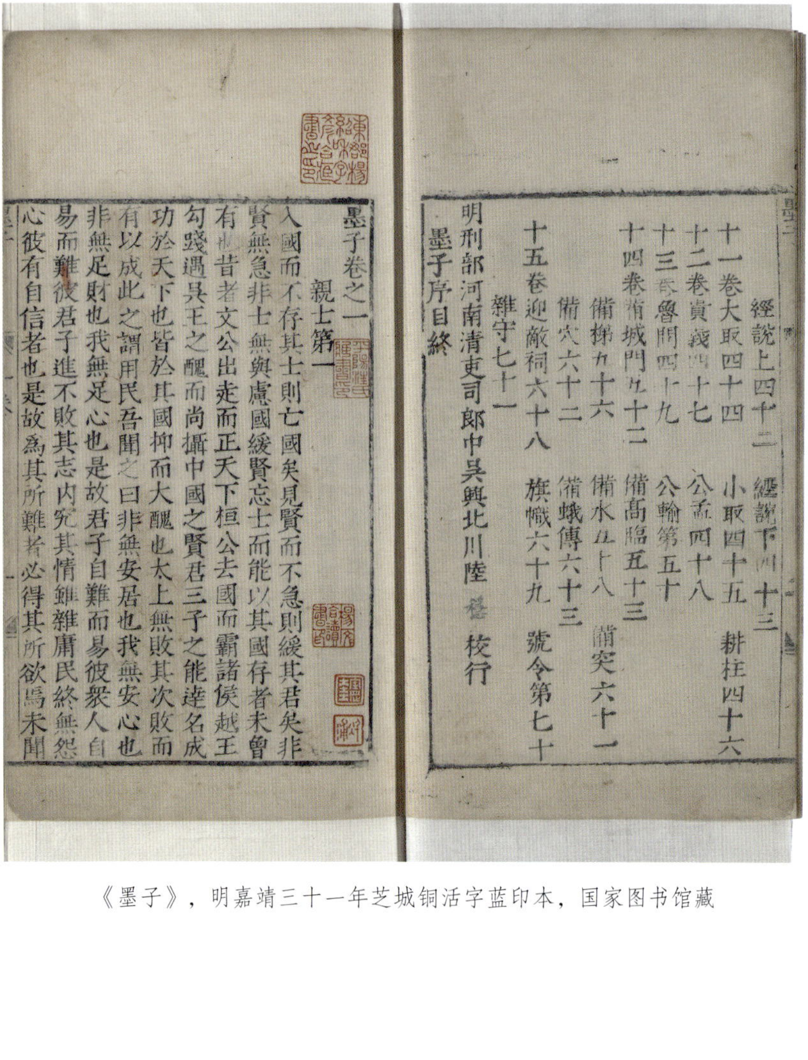

《墨子》，明嘉靖三十一年芝城铜活字蓝印本，国家图书馆藏

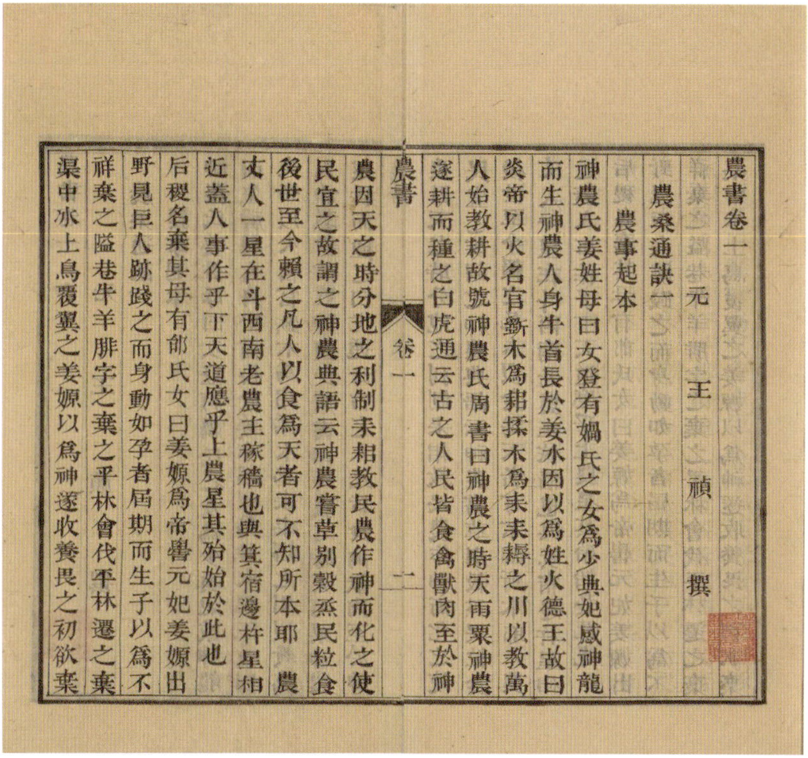

農書卷一

元　王　禎　撰

農桑通訣一

農事起本

神農氏姜姓母曰女登有媧氏之女爲少典妃感神龍而生神農人身牛首長於姜水因以爲姓火德王故曰炎帝以火名官斲木爲耜揉木爲耒耒耨之川以教萬人始教耕故號神農氏周書曰神農之時天雨粟神農遂耕而種之白虎通云古之人民皆食禽獸肉至於神

農書　卷一　二

農因天之時分地之利制耒耜教民農作神而化之使民宜之故謂之神農典語云神農嘗草別穀烝民粒食後世至今賴之凡人以食爲天者可不知所本耶農丈人一星在斗西南老農主稼穡也與箕宿邊杵星相近蓋人事作乎下天道應乎上農星其殆始於此也

后稷名棄其母有邰氏女曰姜嫄爲帝嚳元妃姜嫄出野見巨人跡踐之而身動如孕者居期而生子以爲不祥棄之隘巷牛羊腓字之棄之平林會伐平林遷之棄渠中冰上鳥覆翼之姜嫄以爲神遂收養畏之初欲棄

元王桢《农书》，清乾隆《武英殿聚珍版丛书》本，美国哈佛大学哈佛燕京图书馆藏

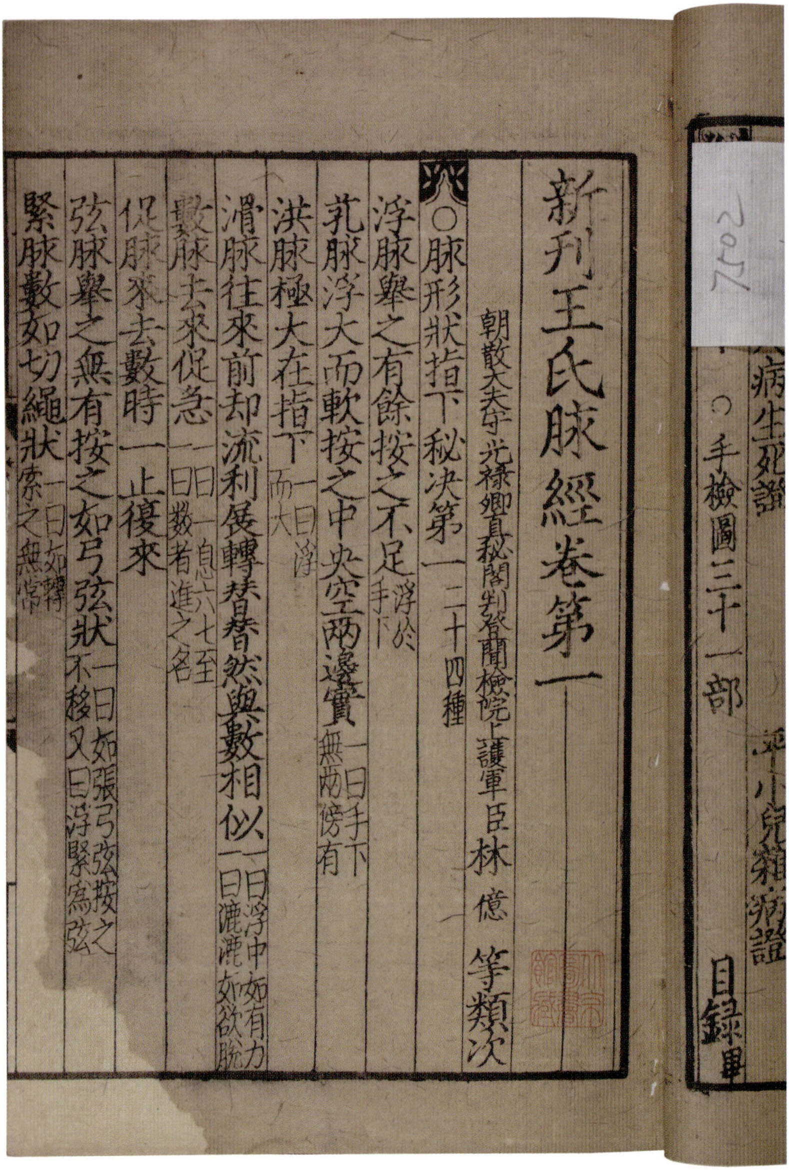
新刊王氏脉經卷第一

朝散大夫守光禄卿直秘閣判登聞檢院上護軍臣林億等類次

○脉形狀指下秘決第一 二十四種

浮脉舉之有餘按之不足 浮於手下

芤脉浮大而軟按之中央空兩邊實 一曰手下無兩傍有

洪脉極大在指下 一曰浮而大

滑脉往來前却流利展轉替替然與數相似 一曰浮中如有力 一曰漉漉如欲脱

數脉去來促急 一曰一息六七至 一曰數者進之名

促脉來去數時一止復來

弦脉舉之無有按之如弓弦狀 一曰如張弓弦按之不移 又曰浮緊爲弦

緊脉數如切繩狀 一曰如轉索之無常

晋王叔和《脉经》，元天历三年广勤书堂刻本，国家图书馆藏

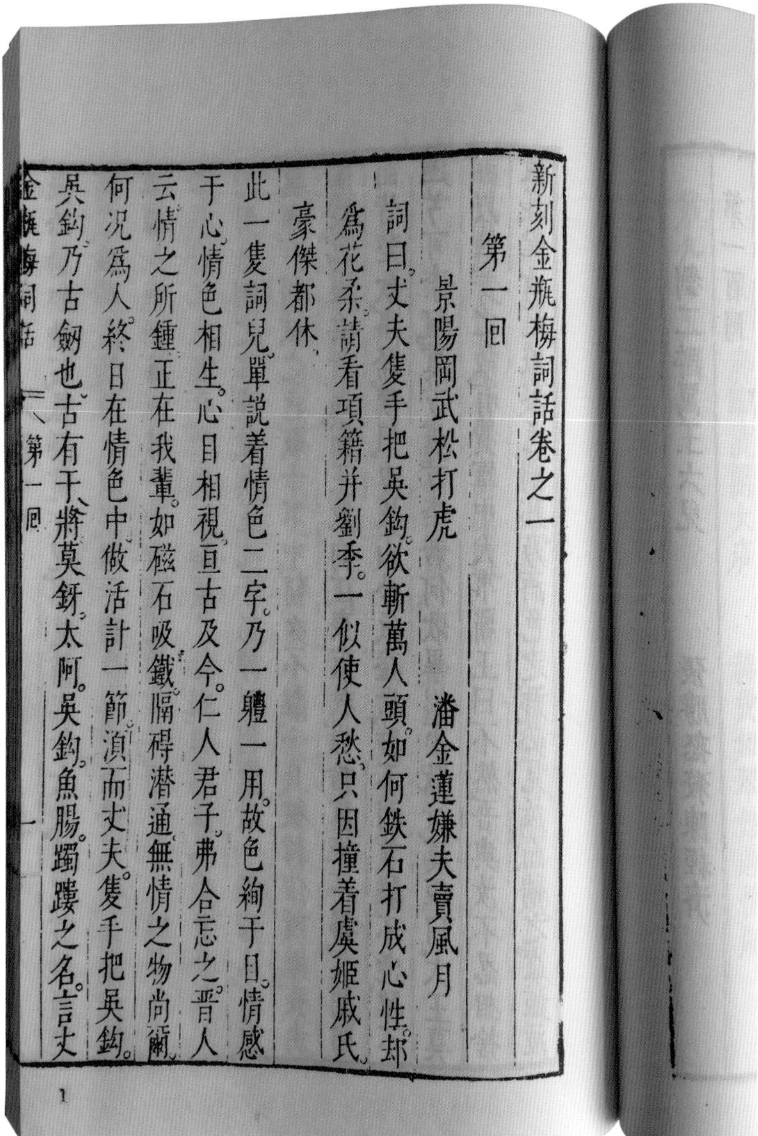

新刻金瓶梅詞話卷之一

第一回

景陽岡武松打虎　潘金蓮嫌夫賣風月

詞曰丈夫隻手把吳鉤欲斬萬人頭如何鉄石打成心性却爲花柔請看項籍并劉季一似使人愁只因撞着虞姬戚氏豪傑都休

此一隻詞兒單説着情色二字乃一體一用故色絢于目情感于心情色相生心目相視亘古及今仁人君子弗合忘之晋人云情之所鍾正在我輩如磁石吸鐵隔碍潛通無情之物尚爾何况爲人終日在情色中做活計一節須而丈夫隻手把吳鉤吳鉤乃古劍也古有干將莫鎁太阿吳鉤魚腸躅鏤之名言丈

金瓶梅詞話　卷一　第一回　一

1

明兰陵笑笑生《金瓶梅词话》，明万历刻本（影印本）

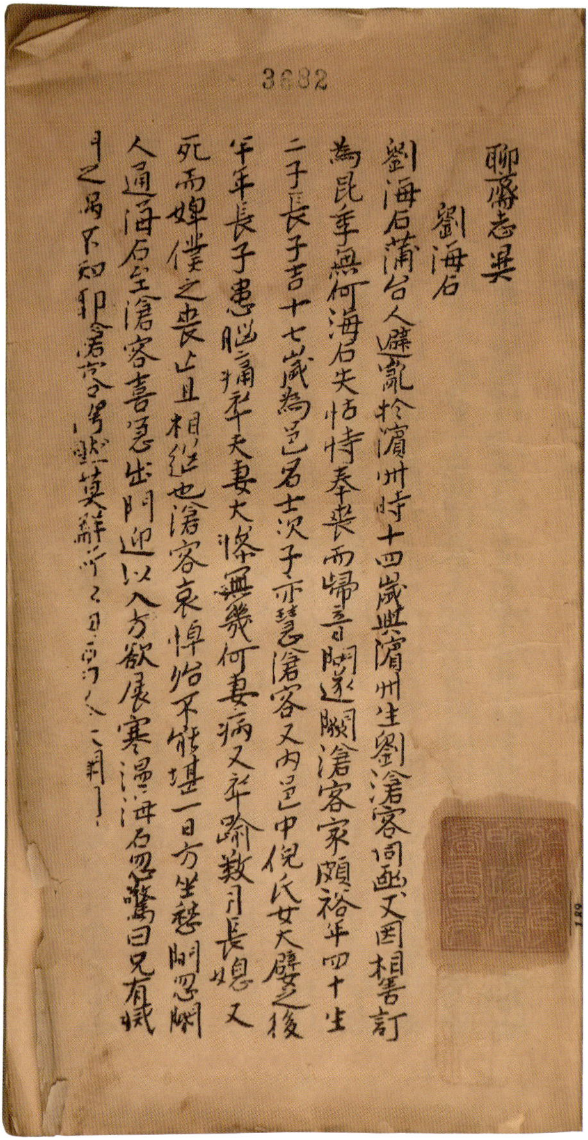
3682

聊齋志異

劉海石

劉海石蒲台人避亂於濱州時十四歲與濱州生劉滄客同函丈因相善訂為昆季無何海石失怙奉喪而歸音問遂闕滄客家頗裕年四十生二子長子吉十七歲為邑名士次子亦慧滄客又內邑中倪氏女大嬖之後半年長子患腦痛卒夫妻大慘無幾何妻病又卒逾數月長媳又死而婢僕之喪亡且相繼也滄客哀悼殆不能堪一日方坐愁間忽閽人通海石至滄客喜急出門迎以入方欲展寒溫海石忽驚曰兄有滅門之禍不知耶滄客愕然莫解所以

清蒲松龄《聊斋志异》，1955 年文学古籍刊行社影印手稿本，蒲松龄纪念馆藏

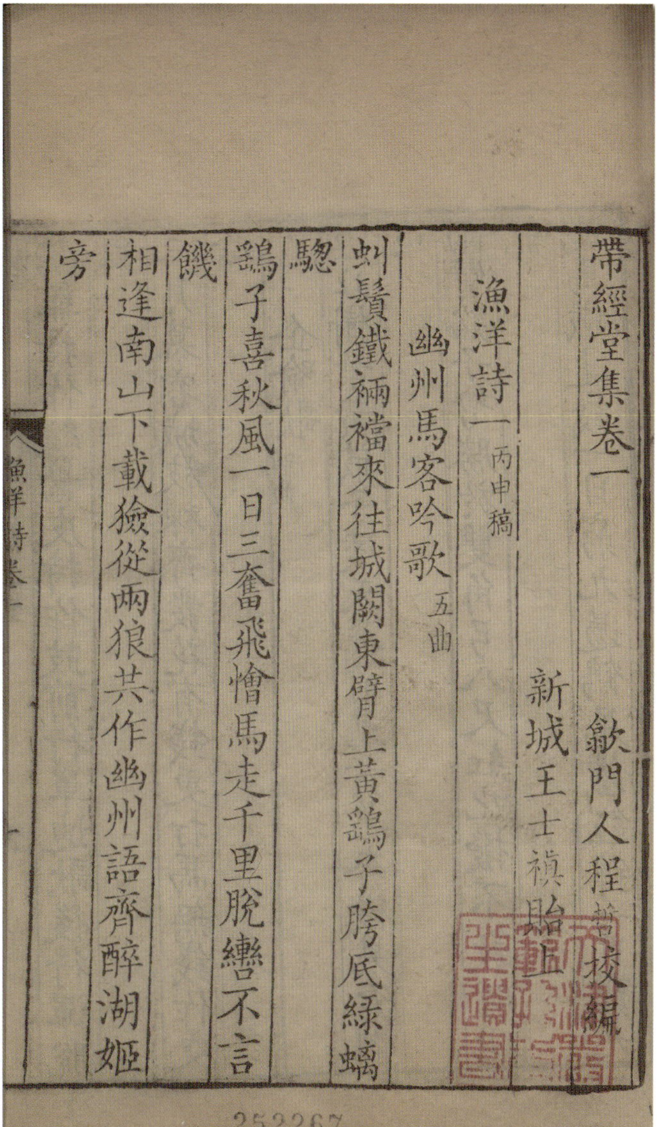
帶經堂集卷一
歙門人程哲校編
新城王士禛貽上
漁洋詩一 丙申稿
幽州馬客吟歌 五曲
虯鬚鐵裲襠來往城闕東臂上黃鷂子胯底綠螭驄
鷂子喜秋風一日三奮飛憎馬走千里脫轡不言饑
相逢南山下載獫從兩狼共作幽州語齊醉湖姬旁
漁洋詩卷一
一
252267

清王士禛《带经堂集》，清康熙歙县程哲七略书堂刻本，天津图书馆藏

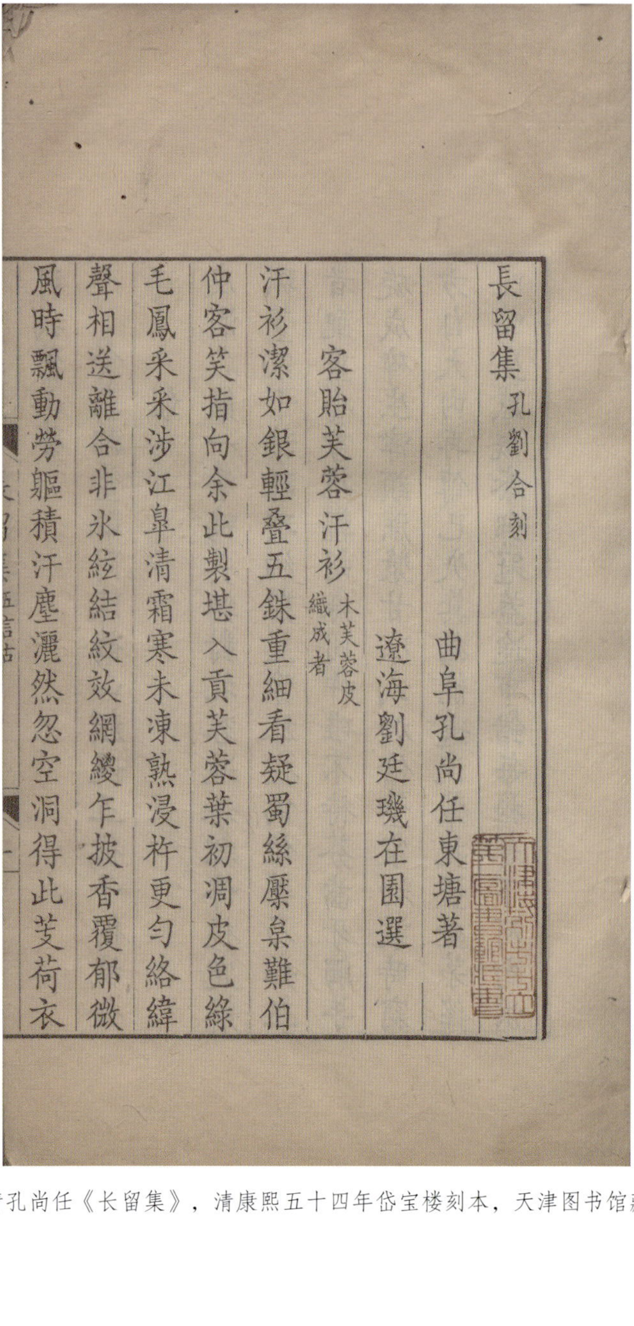

長留集　孔劉合刻

曲阜孔尚任東塘著

遼海劉廷璣在園選

客貽芙蓉汗衫（木芙蓉皮織成者）

汗衫潔如銀輕疊五銖重細看疑蜀絲纍枲難伯仲客笑指向余此製堪入貢芙蓉葉初凋皮色綠毛鳳采采涉江皐清霜寒未凍熟浸杵更勻絡緯聲相送離合非氷絃結紋效網縷乍披香覆郁微風時飄動勞軀積汗塵灑然忽空洞得此芰荷衣

清孔尚任《长留集》，清康熙五十四年岱宝楼刻本，天津图书馆藏

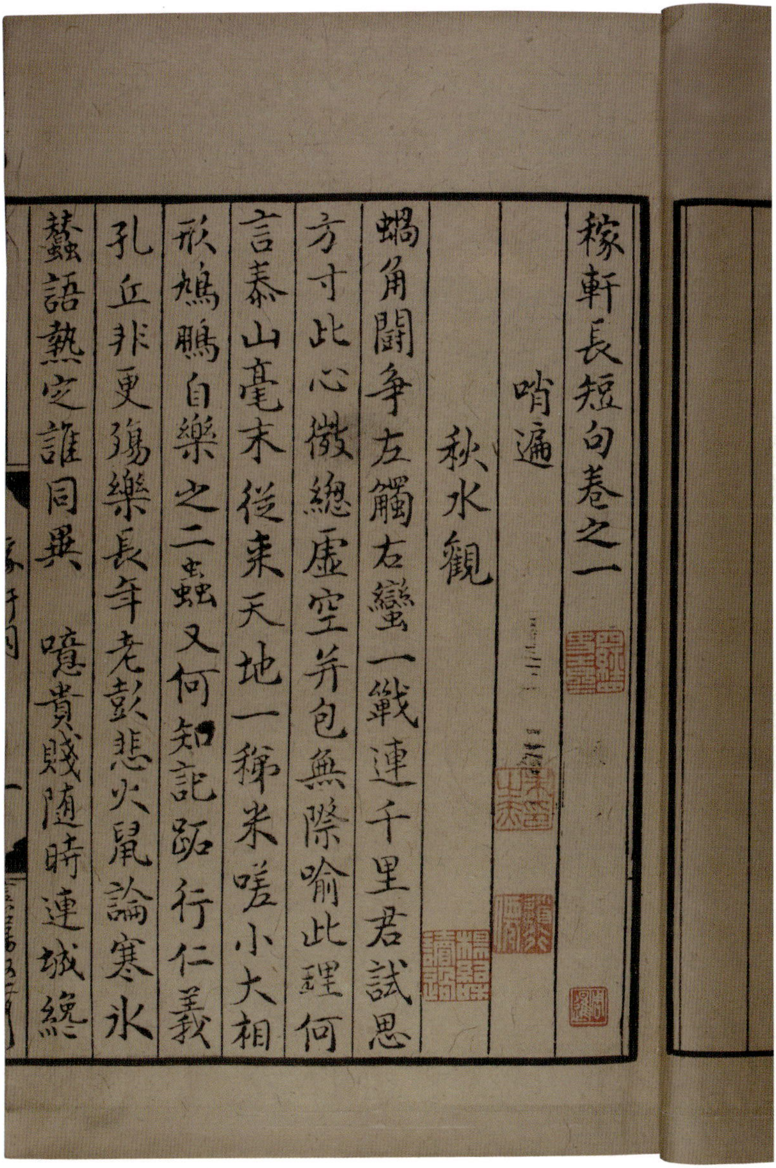
稼軒長短句卷之一

哨遍

秋水觀

蝸角鬬爭左觸右蠻一戰連千里君試思
方寸此心微總虛空并包無際喻此理何
言泰山毫末從來天地一稊米嗟小大相
形鳩鵬自樂之二蟲又何知記跖行仁義
孔丘非更殤樂長年老彭悲火鼠論寒氷
蠶語熱定誰同異　噫貴賤隨時連城纔

宋辛弃疾《稼轩长短句》，元大德三年广信书院刻本，国家图书馆藏

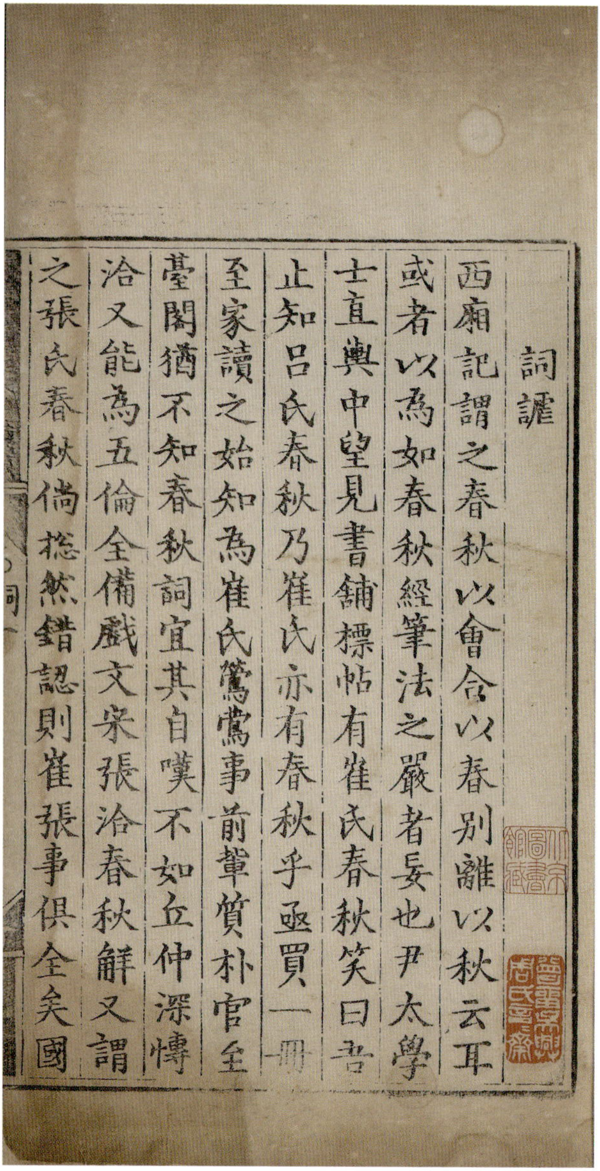

詞謔

西廂記謂之春秋以會合以春別離以秋云耳或者以為如春秋經筆法之嚴者妄也尹太學士直與中望見書鋪標帖有崔氏春秋笑曰吾止知呂氏春秋乃崔氏亦有春秋乎亟買一冊至家讀之始知為崔氏鶯鶯事前輩質朴官至臺閣猶不知春秋詞宜其自嘆不如丘仲深博洽又能為五倫全備戲文采張洽春秋解又謂之張氏春秋倘揔然錯認則崔張事俱全矣國

明李开先《词谑》，明嘉靖刻本，国家图书馆藏

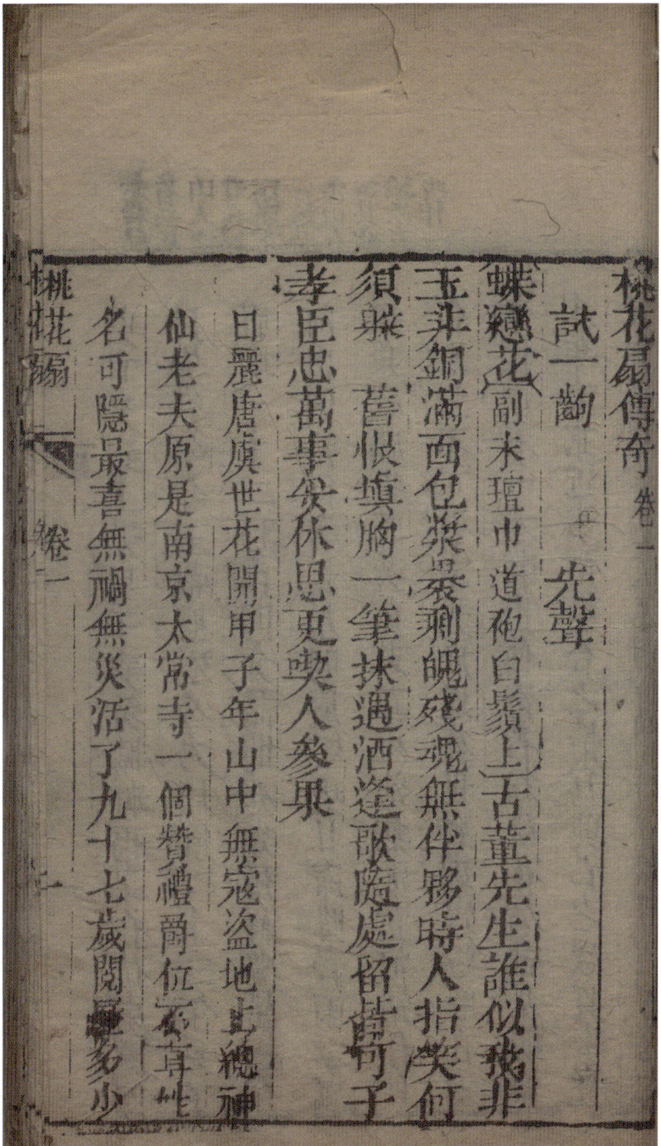
桃花扇傳奇卷一

試一齣 先聲

蝶戀花 副末氈巾道袍白鬚上 古董先生誰似我非玉非銅滿面包漿裹賸魄殘魂無伴夥時人指笑何須躲 舊恨填胸一筆抹遇酒逢歌隨處留皆可 子孝臣忠萬事妥休思更喫人參果

日麗唐虞世花開甲子年山中無寇盜地上總神仙老夫原是南京太常寺一個贊禮爵位不尊姓名可隱最喜無禍無災活了九十七歲閱歷多少

桃花扇 卷一 一

清孔尚任《桃花扇传奇》，清康熙刻本，天津图书馆藏

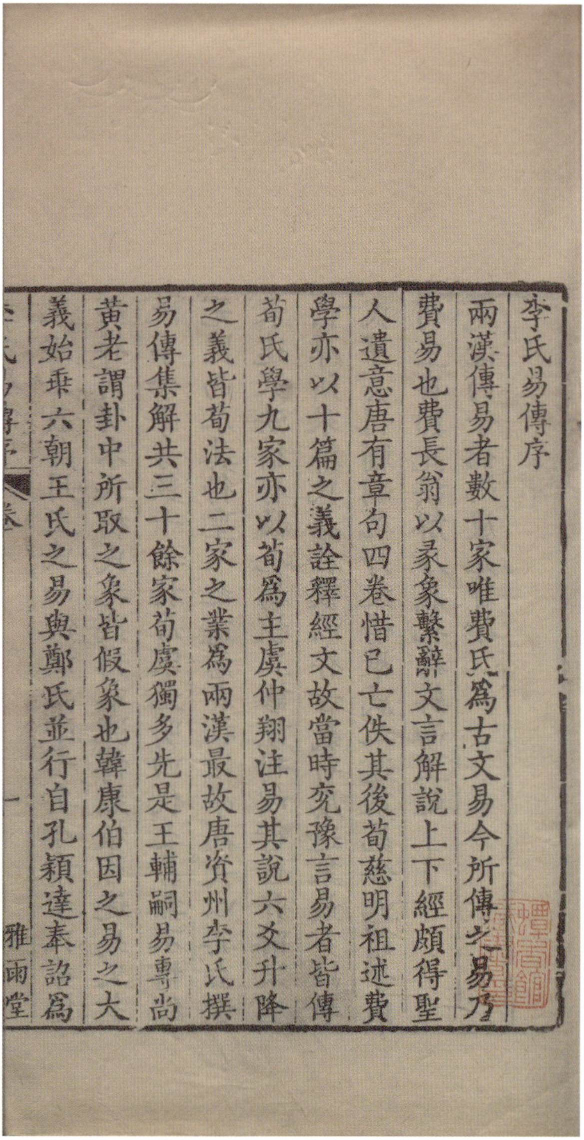

李氏易傳序

兩漢傳易者數十家唯費氏爲古文易今所傳之易乃費易也費長翁以彖象繫辭文言解說上下經頗得聖人遺意唐有章句四卷惜已亡佚其後荀慈明祖述費學亦以十篇之義詮釋經文故當時兖豫言易者皆傳荀氏學九家亦以荀爲主虞仲翔注易其說六爻升降之義皆荀法也二家之業爲兩漢最故唐資州李氏撰易傳集解共三十餘家荀虞獨多先是王輔嗣易專尚黃老謂卦中所取之象皆假象也韓康伯因之易之大義始乖六朝王氏之易與鄭氏並行自孔穎達奉詔爲

李氏易傳序　卷一　雅雨堂

清卢见曾辑《雅雨堂藏书》之《李氏易传》，清乾隆二十一年德州卢氏刻本

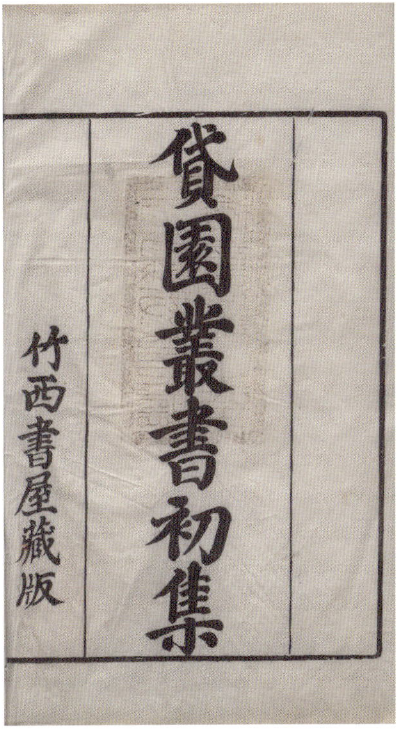

貸園叢書初集

竹西書屋藏版

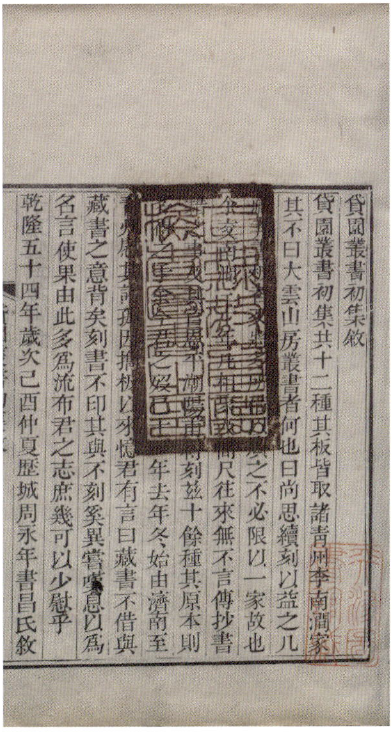

貸園叢書初集敘

貸園叢書初集共十二種其板皆取諸青州李南澗家其不曰大雲山房叢書者何也曰尚思續刻以益之[illegible]之不必限以一家故也[illegible]尺往來無不言傳抄書[illegible]刻茲十餘種其原本則[illegible]年去年冬始由濟南至[illegible]君有言曰藏書不借與藏書之意背矣刻書不印其與不刻奚異嘗歎息以爲名言使果由此多爲流布君之志庶幾可以少慰乎

乾隆五十四年歲次己酉仲夏歷城周永年書昌氏敘

清周永年辑《贷园丛书初集》，清乾隆五十四年历城周氏竹西书屋据益都李文藻刊版重编印本，天津图书馆藏

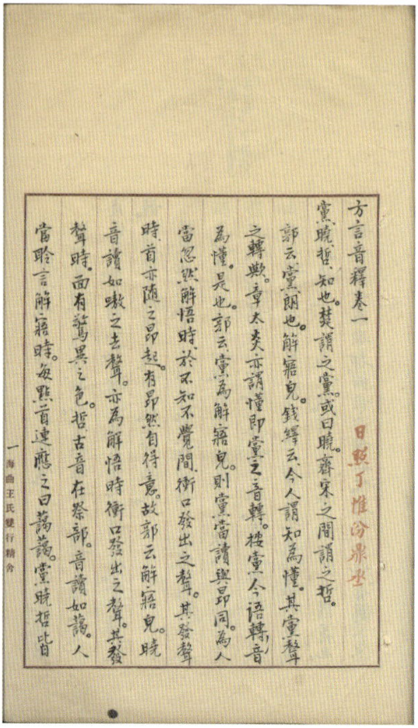
方言音釋卷一　日照丁惟汾鼎丞
黨、曉、哲，知也。楚謂之黨，或曰曉，齊宋之間謂之哲。
郭云：黨，朗也，解寤皃。錢繹云：今人謂知為懂，其黨聲之轉歟。章太炎亦謂懂即黨之音轉。按黨，今語轉音為懂，是也。郭云黨為解寤皃，則黨當讀與昂同。為人當忽然解悟時，於不知不覺間，衝口發出之聲。其發聲時，首亦隨之昂起，有昂然自得意。故郭云解寤皃。曉音讀如嗷之去聲，亦為解悟時衝口發出之聲。其發聲時，面有驚異之色。哲，古音在祭部，音讀如藹。人當聆言解寤時，每點首連應之曰藹藹。黨曉哲皆

一　海曲王氏雙行精舍

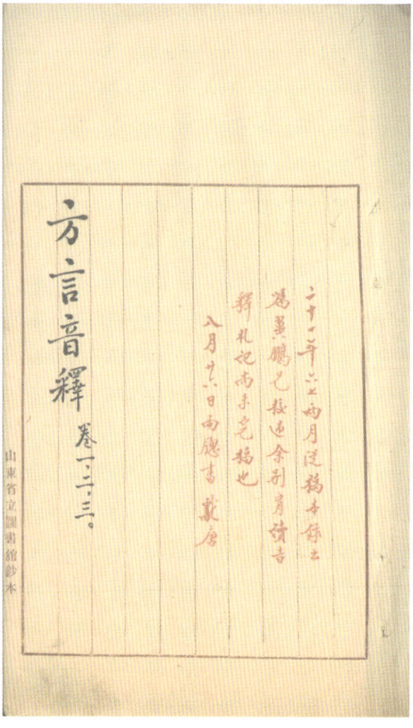
方言音釋　卷一、二、三。

山東省立圖書館鈔本

丁惟汾《方言音释》，民国二十一年
海曲王氏双行精舍钞本

儒家文明协同创新中心
资助项目成果出版说明

为促进儒学与中国传统文化的研究和弘扬，山东大学于2012年8月联合清华大学、北京师范大学，共同组建了“儒学与中华文化复兴协同创新中心”。2015年3月，中心进一步扩大协同范围，更名为“儒家文明协同创新中心”。协同单位有：山东大学、清华大学、北京师范大学、浙江大学、四川大学、华东师范大学、曲阜师范大学等高校，以及孔子学院总部/国家汉办、文化部民族民间文艺发展中心、山东省人民政府、济宁市人民政府、曲阜市人民政府，国际儒学联合会、中国孔子基金会、山东社会科学院、孔子研究院、孟子研究院、山东省图书馆、山东教育电视台、尼山圣源书院、台湾大学人文社会高等研究院、夏威夷大学中国研究中心等单位。中心成立了由理事会、学术委员会和管理委员会组成的学术和行政决策运行体系。2015年3月21日召开理事会年度会议，山东大学校长张荣教授当选为中心理事会理事长，清华大学陈来教授当选为中心学术委员会主任。儒家文明协同创新中心办公机构设在山东大学，各协同单位成立相应的管理中心及办公室，共同开展与国家文化发展战略相关的具有重大意义的学术创新研究工作。

儒家文明协同创新中心对相关学术成果经过专家评审，予以资助出版。本次资助出版的《儒学与山左学术丛书》包括四项成果：《山东文献书目（修订本）》《山东文献书目续编》《山东藏书家史略（增订本）》《清代山东刻书史》。

儒家文明协同创新中心

2015 年 11 月 20 日

目　录

儒家文明协同创新中心资助项目成果出版说明 …………………… (1)
《山东文献书目》编纂始末（代序）
——兼评（光绪）《山东通志·艺文志》　………… 王绍曾 (1)
编例 …………………………………………………………………… (1)
引用书目（附简称） ………………………………………………… (1)

经部 …………………………………………………………………… (1)
总类 ………………………………………………………………… (3)
易类 ………………………………………………………………… (3)
书类 ………………………………………………………………… (13)
诗类 ………………………………………………………………… (20)
礼类　类编之属　周礼之属　仪礼之属　礼记之属
大戴礼之属　三礼总义之属 ……………………………… (26)
乐类 ………………………………………………………………… (39)
春秋类　春秋左传之属　春秋公羊传之属
春秋谷梁传之属　春秋总义之属 ……………………… (40)
孝经类 ……………………………………………………………… (49)
四书类　大学中庸之属　论语之属　孟子之属

四书总义之属 …………………………………………… (52)
群经总义类 ……………………………………………… (62)
小学类 类编之属 训诂之属 字书之属
音韵之属 ……………………………………………… (68)

史部 ……………………………………………………… (83)
正史类 …………………………………………………… (85)
别史类 …………………………………………………… (88)
编年类 …………………………………………………… (89)
纪事本末类 ……………………………………………… (90)
杂史类 事实之属 琐记之属 ………………………… (90)
载记类 …………………………………………………… (99)
史抄类 …………………………………………………… (100)
史评类 …………………………………………………… (100)
传记类 总传之属 别传之属 年谱之属
家谱之属 家传之属 姓名之属
贡举之属 杂录之属 ……………………………… (102)
政书类 仪制之属 职官之属 邦计之属
军政之属 刑法之属 掌故琐记之属 ………… (144)
奏议公牍类 ……………………………………………… (152)
时令类 …………………………………………………… (156)
地理类 总志之属 方志之属(略) 杂志之属
专志之属 游记之属 中外杂记之属 ………… (157)
目录类 …………………………………………………… (173)
金石类 类编之属 总志之属 金之属 钱币之属
玺印之属 石之属 玉之属 甲骨之属
陶之属 郡邑之属 域外之属 ……………………… (179)

子部 …………………………………………………………… (203)
儒家类　先秦儒家之属　经济之属　性理之属
　　礼教之属 ……………………………………………… (205)
道家类 …………………………………………………… (218)
兵家类 …………………………………………………… (222)
法家类 …………………………………………………… (230)
墨家类 …………………………………………………… (234)
农家类 …………………………………………………… (237)
医家类 …………………………………………………… (240)
历算类 …………………………………………………… (244)
术数类 …………………………………………………… (246)
艺术类　总论之属　书画之属　音乐之属
　　印谱之属　游艺之属 ………………………………… (248)
工艺类 …………………………………………………… (255)
杂家类　杂学之属　杂说之属　杂考之属
　　杂纂之属　类书之属 ………………………………… (256)
小说类　杂录之属　志怪之属　传奇之属
　　谐谑之属　章回之属 ………………………………… (269)
佛教类 …………………………………………………… (279)
道教类 …………………………………………………… (281)

集部 …………………………………………………………… (283)
楚辞类 …………………………………………………… (285)
别集类　汉　三国　晋　刘宋　南齐　梁
　　陈　北朝　唐、五代　宋　金　元
　　明　清 ………………………………………………… (286)

总集类　类编之属　文选之属　通代之属
断代之属　郡邑之属　氏族之属
唱酬之属　题咏之属　尺牍之属
课艺之属 …………………………… (382)
诗文评类 …………………………… (400)
词类　类编之属　别集之属　总集之属
词评之属 …………………………… (409)
曲类　类编之属　杂剧之属　传奇之属　散曲之属
杂曲之属　弹词、鼓词之属　曲总集之属
曲评之属 …………………………… (417)

丛书部　杂纂之属　辑佚之属　郡邑之属　氏族之属
独撰之属 …………………………… (429)

山东文献书目索引 …………………………… (437)
书名索引 …………………………… (439)
著者索引 …………………………… (580)
汉字笔画字头检字表 …………………………… (694)

后记 …………………………… 王绍曾 (709)

修订后记 …………………………… 沙嘉孙 (713)

《山东文献书目》编纂始末(代序)

——兼评(光绪)《山东通志·艺文志》

王绍曾

近几年来,我们在从事山东地方文献整理的时候,经常利用光绪年间编纂的《山东通志·艺文志》,但很难满足我们的要求。(光绪)《山东通志·艺文志》(以下简称《艺文志》)纂修于清末光、宣之间,由著名学者孙葆田、法伟堂、宋书升等主持其事,著录山东先贤著作10831部,不可谓不富;而且多数都撰有提要,比起清代其他各省《通志·艺文志》仅著录书名者,有上下床之别。然而不可避免地存在许多缺点:在图书分类体系上,墨守四部陈规,虽然《书目答问》早已将丛书于四部之外,另立部类,《艺文志》仍以丛书列入子部。四部中的类编和丛书,与单行著作杂糅其间。多数类目,仅能按作者时代顺序排比,未能于二级类目中就书的不同性质分设三级类目,以史部传记类为例,总传、别传、年谱、家谱、家传,混杂不分;又如金石类,对金、石、玺印、玉、匋、竹木不加辨别,故图书类例,每多淆乱。图书归属不当,有应属甲类而误入乙类者,尤不胜缕指。如汉费直《周易分野》《费氏易林》，为子部术数类易占之书，误入经部易类；南齐臧荣绪《晋书》，应入史部别史类，误入正史；清黄恩彤《三国书法》应入史部史评类，误入正史；明毕日溥《滇游记》，应入史部地理类，误入传记类。清王守训《水源录》为史部传记类姓氏之书，误入地理类。宋颜延之《纂要》、明焦竑《焦氏类林》属子部类书，误入小说；明萧协中《泰山小史》、明黄宗昌《崂山艺文志》，均属史部地理类，误入集部别集类。至著录之书，书名、卷数与流传本，每多不符，著者姓名，亦偶有舛误。如清匡文煜《读易拾遗》，据清乾隆四年刻本，应为《读易拾遗抄》；清姜其垓《周易古本集注》八卷，据山东省博物馆藏稿本，应为十二卷，首二卷，末三卷；清李桐《五峰山手镜》不分卷，据《安乐延年室丛书》本，应为《五峰山志》二卷；明冯惟健《陂门集》，据明嘉靖十年冯惟讷刻本，应为《陂门山人集》；清徐田《栩野诗集》，据民国二十年鉴庐丛刊本，应为《栩野诗存》；清田肇丽《有怀堂诗文集》一卷，据《德州田氏丛书》本，应为《有怀堂文集》一卷、《诗集》一卷；明李若讷《四品稿》十卷、《杨花诗》三卷，据明天启刻本，应为《四品稿》九卷、《杨花诗》一卷；明王若之《诗卷》二卷、《续》一卷、《启稿》一卷、《薄游书牍》一卷，据《佚笈姑存》本，应为《游草》一卷、《诗卷》一卷、《津门中都启笺》一卷。著者姓名误题者，如《齐鲁古印捃》误高庆龄为高广龄。如此等等，这里不再一一胪举。

《艺文志》最严重的缺点：一是著录之书存佚不分，确有刻本、稿本、抄本流传的山东先贤著作，反而大量脱漏；二是很少记注版本。书的已刻、未刻，有无稿本、抄本，无从稽考。

现在着重谈谈脱漏的问题。唐以前山东先贤著作，虽然见于《汉书·艺文志》《隋书·经籍志》，但大都早已亡佚。其中少数有后人辑本，尚可窥见一二。《艺文志》不论存佚，悉数著录，未能按朱彝尊《经义考》和孙诒让《温州经籍志》的体例，分“存”“佚”“阙”“未见”的四注法加以区别，因此很多书实际上是不存在的。清人著作，除少数实有其书外，多数是根据府志、县志的艺文志或采访册入录，这些书到底有无刻本、稿本、抄本流传是不清楚的。这样在《艺文志》中势必出现虚目。虽然《艺文志》著录在万种以上，实有之书超不过五千种。与此相反，确有刻本、稿本、抄本流传的著作却未见著录。这主要是因为在纂修《艺文志》的时候，通志馆不可能象国家纂修史志目录那样充分利用馆阁藏书；也不可能为了纂修《艺文志》去四方征集。又缺乏可以利用的书目。在那个时代，大量图书都由私人典藏，多数藏书家和作者的后人，大都秘不示人。虽然当时刻印已相当普遍，但财力比较富裕的家庭究属少数，很多著作，仅赖抄本流传。这就在客观上给山东通志馆以限制。《艺文志》失收大量山东先贤著作，是完全可以理解的。不过某些著作的脱漏，与主稿者的认识有关，如周秦诸子中的墨翟，是鲁国人，早见于《吕氏春秋·当染篇》，后来清代学者孙诒让在《墨子间诂》附录《墨子传略》中明确指出：“或以为宋人者，因墨子为宋大夫，遂以为宋人，以本书考之似当以鲁人为是。”孙氏接着举出墨子为鲁人的四条确证。墨子是鲁人，近代学者如张纯一、方授楚等考证均无异辞。据张知寒教授考证，墨子的里籍就在今之滕州。①《墨子间诂》初刊于光绪二十年（1894），增订于光绪三十二年（1906），孙葆田等不可能不见，然而《艺文志》竟不加著录，这

① 参考张纯一《墨子集解》附《墨子鲁人说》，方授楚《墨子源流》，张知寒《略论郳娄文化与儒墨》（《文献》1989年第3期）、《再谈墨子里籍应在今之滕州》（《文史哲》1991年第2期）。

不能不是一种疏失。我们这次编纂书目，发现《艺文志》不光脱漏了大量明清人著作，就连唐宋以前人的著作也有不少脱漏的。唐以前山东先贤著作，虽然多半亡佚，但清代学者袁钧、马国翰、黄奭、王谟、王仁俊等都有辑本，使古书佚而复得。《艺文志》对辑佚之书，仅著录孔广林、马国翰辑本（孔广林辑本仅限于郑玄佚著），很少著录其他各家辑本。即使是马国翰辑本，也每多缺漏。例如齐明僧绍《周易系辞明氏注》一卷、梁伏曼容《周易伏氏集解》一卷、魏王肃《尚书王氏音》二卷、《石经尚书》、《三字石经尚书》、《今文尚书》、汉郑玄《仪礼注》十七卷、《孟子注》一卷、《国语音》一卷，《艺文志》均无著录，其他类目，也有类似情况。山东先贤经注，除马国翰辑本外，尚有其他各家辑本，如汉伏胜《尚书大传》一卷《补遗》一卷，有卢文弨、孙之騄、袁钧、黄奭、任兆麟、王谟、王仁俊诸家辑本；《尚书大传佚文》一卷《补遗》一卷，有王仁俊辑本；汉张霸《尚书百两篇》，有王谟、黄奭辑本；汉郑玄《尚书注》九卷，有袁钧辑本；郑玄《尚书古文注》一卷，有黄奭辑本；郑玄《书赞》一卷，有王仁俊辑本；郑玄《尚书略说注》一卷，有袁钧辑，袁尧年校补本。类似这样的辑本，有助于全面了解、进一步整理山东先贤著作，《艺文志》不加著录，是不对的。至于马国翰搜辑的佚书中，有很大一部分非山东先贤著作，这是马氏一生心力所寄，我们仍然应该把它看成是马氏的著作。《清史稿·艺文志》把清人辑佚书附于各类之后，最为得体。《艺文志》对马氏搜辑的非山东先贤著作，芟而不录，仅于四部中分别著录《玉函山房辑佚书》若干卷，这是无济于事的。《艺文志》中还有一个值得注意的问题，所有谶纬著作，概不收录，例如郑玄注《尚书考灵曜》《尚书帝命验》《尚书璇机钤》《尚书纬刑德放》《尚书纬运期授》各一卷，《尚书中候郑注》六卷，郑玄《尚书五行传注》一卷，均未著录。这类谶纬著作，不能一概把它看成是妖妄怪诞的东西。现代科学证明，谶讳著作中，含有可宝贵的资料，例如《尚书考灵曜》中，就有“地恒动不止而人不知”的说法，证明我们的先民早就发现地球是一颗行星，足以打破天动而地静的旧学说。① 《艺文志》不著录山东先贤的谶纬著作，这无异因噎废食。

唐以前山东先贤著作《艺文志》脱漏的远不至此。例如汉东方朔《探春历记》一卷，有《景印元明善本丛书十种》本；后魏崔鸿《前赵录》一卷、《后赵录》一卷、《蜀录》一卷、《后蜀录》一卷、《前燕录》一卷、《后燕录》一卷、《北燕录》一卷、《南燕录》一卷、《前凉录》一卷、《前秦录》一卷、《后秦录》一卷、《西秦录》一卷，均有清王仁俊辑本；刘宋王韶之《晋安帝纪》一卷，有清黄奭辑本；《太清记》一卷，有《说郛》（宛委山堂本）本、《古今说部丛书》本；唐段成式《异疾志》一卷、《诺皋记》一卷、《支诺皋》一卷，有《唐人说荟》本、《唐代丛书》本；《夜叉传》一卷，有《唐人说荟本》、《唐代丛书》本；《剑侠传》四卷，有《古今逸史》本、《景印元明善本丛书十种》本；《聂隐娘传》一卷，有《古今说海》本；唐王洙《东阳夜怪录》一卷，有《说郛》（宛委山堂本）本、《唐人说荟》本、《唐代丛书》本；宋元人著作脱漏的，如宋王素《文正公（旦）遗事》一卷，有《百川学海》本、《景印元明善本丛书十种》本；宋周密《纲目疑误》一卷，有《说郛》（宛委山堂本）本；《西湖游幸记》一卷，有《香艳丛书》本；《绍熙行礼记》一卷，有《说郛》（宛委山堂本）本；元吕宗杰《书经补遗》五

---

① 转引自顾颉刚《秦汉的方士与儒生》第14页（群联出版社，1955年版）。

卷，有《宛委别藏》本、《涵芬楼秘笈》本。《艺文志》脱漏的明人著作，如焦竑的《易筌》六卷，有明万历四十年刻本；刘凤翔《四书鞭影》二十卷，有明天启七年刻本、清道光二十四年三原李锡龄刻本；佚名辑《增修孔庭纂要》十卷，有正德十六年刻本；徐与参《本朝忠义录》十六卷，有明崇祯十六年刻本；李昆《东周小稿》五卷，有明嘉靖三年武林黄绾寻刻本；刘鸿训《皇华集》十三卷有明天启间朝鲜刻本；张后觉《弘山集》四卷，有康熙三年毕忠吉茌邑三先生合刻本。这里我不想一一列举。姑举两种著名的丛书，一种是明葛引生的《东山葛氏遗书》三种八卷，有清嘉庆九年东山葛氏树滋堂刻本；另一种是明叶廷秀的《叶润山辑著全书》，有崇祯刻本。原来我对叶廷秀也不甚了了。有一次崔介同志给我谈起山东榆园军起义时，提到叶廷秀，引起了我的注意。我从《中国丛书综录》中发现《叶润山辑著全书》收录叶氏辑著二十七种（刘宗周二种及《名宦录》《乡贤录》除外）。同时了解叶氏是著名的抗清英雄，山东榆园军领袖之一，早年师事理学大师刘宗周，造诣渊深。崇祯中历南京户部主事，因抗疏救黄道周，遣戍福建，处之泰然，道周深服其养。福王时召为佥都御史。南都既覆，唐王召拜左佥都御史，进兵部右侍郎。清顺治四年（1647，明桂王永历元年），以黄冠至沛县访阎尔梅，共谋抗清。旋以山东榆园军起义，还濮州参加。顺治八年（1651）榆园军再起义，为清军所执，被解至东昌，壮烈牺牲。①我细检《艺文志》，仅根据府志著录了《素园遗书》②，此书既无卷数，又无版本，存佚无所稽考。此外，著录了《偶言》四卷、

① 张慧剑《明清江苏文人年表》第617、644页（上海古籍出版社，1986年版）。

② 见《艺文志》第3782页上（商务印书馆缩印本）。

《诗谭》十卷。所有《续诗谭》《素园诗》《就正录》《和朱文公感兴诗》《和儆学诗》《和儆学诗续集》《远道随笔》各一卷，以及与黄道周、董养河合撰的《西曹秋思》一卷，见《四库总目》存目者，全都失收。《艺文志》的编者，根本不知道有《东山葛氏遗书》和《叶润山辑著全书》。其他明人著作仅有稿本、抄本流传而脱漏者，那就不足为奇了。

脱漏最多的是清人著作。这里我先不说稿本、抄本，就是有清刻本的脱漏也很严重。例如吴脉鬯的《周易八宫纳甲》《易经卦变解八宫说》一卷，有《昱青堂集三种》本；① 和瑛《读易汇参》十五卷，有道光刻本；张谦宜《幽节录》一卷，有康熙刻本；孔宪彝《内阁汉票签中书题名》一卷《续编》一卷，有清刻本；孔衍海《阙里纂要》十卷，有康熙刻本；孔庆霨等《衍元小草》二卷，有光绪二十四年清苑官廨刻本；郭恩敷《新法勾股引蒙细草》二编，有光绪二十六年刻本。脱漏清人别集，更指不胜屈。单就康熙间人的别集来说，如张贞《杞田集》十四卷，有清康熙四十九年春岑阁刻本；赵执瑨《知畏堂诗集》五卷《诗余》一卷，有清乾隆二十七年知畏堂刻本；颜光敩《颜学山近稿》一卷，有《阙里颜氏丛书》本；张谦宜《家学堂遗书》二种十四卷，《絸斋诗选》二卷《补遗》一卷，有清乾隆二十三年胶州法辉祖刻本；赵国麟《与点集》一卷，有清泰安赵氏家刻本。又如王清《留余堂文集》一卷（《艺文志》仅著录《留余堂诗集》一卷)、姚炳《莽豀集》十三卷、王昊《硕园诗稿》十三卷、宋永清《鸡翁诗草》不分卷、高景芳《红雪轩稿》六卷、胡文华《桂林破愁集》四卷、孙贲《玉照堂集》不分卷，都是清康熙刻本，《艺文志》概未著录。有些书《艺文志》的编者明明是知道

① 《易经卦变解八宫说》，尚有《蓬莱吴灌先著述三种》本。

的，但由于未亲见其书，或未认真核对，因此往往著录不全。如清黄簪世辑《即墨黄氏诗钞》，收即墨黄氏明清人别集十七种十七卷，清乾隆三十二年盐官官署刻本。《艺文志》别集类曾据《黄氏诗钞》著录了十三种十三卷，失收清黄贞麟《快山堂诗集》、清黄坦《紫雪轩诗集》、清黄埙《友晋轩诗集》、清黄垍《夕霏亭诗集》四种四卷。清黄克中《涵清馆诗》一卷，《艺文志》虽已著录，但竟不知此书有《黄氏诗钞》本。这种例子，屡见不鲜。

正因为《艺文志》存佚不分，脱漏过多，且又不记注版本，因此，从先秦到近代现存山东先贤著作的家底是不清楚的。希望凭借《艺文志》作为整理山东文献的依据是远远不够的。为了弥补这个缺陷，我们下决心在《艺文志》的基础上重编一部《山东文献书目》。经过多年来同志们的共同努力，以山东大学图书馆馆藏为主，核对了国内外大量记注版本、特别是著录著者籍贯的书目，终于初步摸清了从先秦到近代现存山东先贤著作的家底，编成这个书目。所有分类体例、著录方法，都参照《中国丛书综录》和《中国古籍善本书目》作了适当的调整，并在“编例”中作了详细说明。应该表示感谢的，在编纂过程中，得到山东省博物馆崔巍同志的协作，把她编的《山东省博物馆馆藏山东人著作目录》交给我们使用。初稿完成后，又承山东省图书馆特藏部主任徐明兆同志的协助，指定由贾秀丽同志核对、加注、增补了省图的馆藏。使这个书目基本上成为具有全国馆藏和省博、省图、山大的联合目录性质，既丰富了书目的内容，又增加了书目的实用性。值得一提的是：书目不只著录了山东先贤著作，还酌量收录了与山东文献有关的非山东先贤著作。这类著作，按类附丽于山东先贤著作之后，作为附录，书名一律低一格，以示区别。唐以前山东先贤著作的不同辑本，附于孔广林、马国翰辑本之后。如马国翰并无辑本，仅有黄奭或王仁俊辑本者，因原著者为山东先贤，虽辑者非山东人，不再低格。书目著录凡经部720部，4781卷，内不分卷者102部；附录528部，985卷，内不分卷者7部。史部1426部，7686卷，内不分卷者340部；附录388部，1043卷，内不分卷者126部。子部725部，6026卷，内不分卷者117部；附录367部，1096卷，内不分卷者57部。集部2336部，9519卷，内不分卷者428部；附录43部，165卷，内不分卷者20部。丛书65部，3818卷，内不分卷者1部。以上经、史、子、集四部共计5208部，28012卷，内不分卷者987部；附录1326部，3289卷，内不分卷者，210部（丛书部数、卷数不计在内）。所有著录的山东先贤著作，除部分书目，如《四库全书总目》存目、《贩记》、《贩续》、《续提要》等，无法完全弄清现在收藏单位外，所有从各图书馆、博物馆馆藏目录、《丛综》、《善目》收录的书，都有实实在在的收藏单位，读者不难按图索骥。如果这个书目能为读者、山东文献爱好者、古籍整理工作者提供一定的方便，我们编纂书目的意图就基本实现了。

下面谈谈书目编纂中的四点体会和收获。

第一，发现了大量《艺文志》失收的山东先贤著作。山东是著名的文物之邦，历史上向来是人文荟萃之地，从先秦到近代，两千四百余年，有着丰富的文献积累。尤其是明清两代，人才辈出，著作之多，远超前代。《艺文志》要做到上下古今，网罗放失，事实上是有困难的。我们在编纂过程中，首先凭借崔巍同志编的《山东省博物馆馆藏山东人著作目录》和青岛市图书馆编印的《馆藏明清两代山东人著作书目》，与《艺文志》进行认真核对。因为这两个书目，都是山东人著作的综合书目，为我们提供了很大的方便。提起山东省博物馆，可以说是山东文献的宝库。早在30年代，王献唐前辈呕心沥血为山东省图书馆收藏山东先贤遗著，名家手泽，尽在“奎虚”。① 抗战军兴，冒敌寇烽火，屡转旅途，运至四川乐山妥善保存，免遭劫灰。1950年从四川运回，拨归山东省文管会，转归山东省博物馆。博物馆为保存这批文献，煞费苦心。然而如果没有崔巍同志凭她个人的努力和馆领导的支持，在馆中细心鉴别，编成这个综合书目，这批珍藏的文献，仍难为读者了解和利用。我们从她编的书目中，发现很多《艺文志》失收的著作，例如清李星的《易经札记》一卷（民国十七年山东官书局排印本），清张尔岐《书经直解》四卷（清抄本），清杨钟泰《尚书今文解》不分卷（清道光十八年戴德堂刻本），清赵似祖《毛诗辨韵》五卷（清道光二十二年海阳赵氏听云山馆刻本），清李嘉德《周礼凝粹》七卷（清道光二十年奎照堂刻本），清高文锦《学庸详解》（清嘉庆间家刻本），清朱曾武《四书字义说略》二卷（清嘉庆十二年刻本），清牟庭《四书丛说》（一名《雪泥书屋稿》，不分卷，清单氏慎思堂刻本），清马星翼《论语集说》四卷（清嘉庆十六年刻本），清王宗岳《乡党句解》四卷（清道光十五年刻本），清王培荀《学庸余论》一卷（清咸丰二年淄川安愚堂刻本），清蓝润《东庄遗迹诗》一卷（清乾隆三十三年蓝中璨抄本），清艾元薇《退食槐声留余》二卷（清光绪三年艾绍濂刻本），清艾元薇《退食槐声留余续编》二卷（清光绪十三年艾绍濂刻本），清刘正宗《逋斋诗集》八卷（清顺治刻本），清赵宏文《光碧堂稿》一卷（清道光三十年泰安赵氏翠瑞园刻本），清王士禄《王西樵诗选》六卷《诗话》一卷（清康熙刻本），清王飏昌《子言先生诗集》二卷（民国八年高密王传璞等石印本），清宋之韩《海沂诗集》二十卷

① “奎虚书藏”是三十年代王献唐先生为山东省立图书馆修建的藏书楼。

(清嘉庆二十五年宋祠松鹤园刻本)，清曹贞吉《曹贞吉全集》八卷（清康熙、乾隆间刻本)。以上这些书都是从省博的书目中发现的。山东省博收藏更多的是清人著作的稿本、抄本，十之八九，从未刻印。它的文献价值更大。这个问题，留待下面再谈。

青岛市图书馆收藏明清两代山东人著作，是已故藏书家诸城张鉴祥（镜芙）故物，其中以集部书居多，而且按作者籍贯分别著录，可惜多数未著录卷数，有待补充。我们从中发现《艺文志》失收的山东先贤著作，并为其他书目所不载者，如清曹霦《黄山纪游词》一卷（清乾隆刻本)，清辛宜岷《停云草》（抄本)，清窦光鼐《省吾斋稿》四卷（清嘉庆刻本)，《窦东皋应制诗》(清刻本)，《东皋先生集》（清嘉庆刻本)，清臧梦元《靖言堂文集》(清乾隆刻本)，清刘大观《行脚集》《怀州集》(清嘉庆刻本)，《石桐先生评定刘松岚诗》(抄本)，清王淑《听雪轩诗钞》(清光绪刻本)，清李廷芳《安蔬草堂诗钞》(清嘉庆刻本)，清于祉《澹园全集》（清刻本)，清赵后素《怀戎诗草》(清道光刻本)，清耿询《藕香书屋诗钞》(清道光刻本)，清萧与澄《亦海集》（清道光刻本)，清孔宪彀《春风坐余草》(稿本)，清任兆坚《龙溪诗集》(抄本)，清贾声槐《艮山文集》八卷（清道光刻本)，清王筠《斐园课草》(稿本)，清马桐芳《憨斋诗删》一卷（清道光刻本)，清李廷棨《纫香草堂诗钞》(清咸丰刻本)。这些著作，对增补《艺文志》起到重要的作用。

其次，我们着重核对了近人孙殿起编的《贩书偶记》、《贩书偶记续编》、柳诒徵主编的《江苏省立国学图书馆图书总目》，以及东方文化事业委员会编的《续修四库全书提要》（台湾商务印书馆排印本)。因为这些书目，都著录了著者的籍贯，是我们为

《艺文志》拾遗补缺的重要依据。我们从中发现《艺文志》失收的很多山东先贤著作，深刻地体会到在书目中加注著者籍贯的重要性。我国书目自刘向、刘歆父子《别录》《七略》开始，本来就有叙作者爵里的优良传统。《汉志》虽然删去书录，然作者行事，尚可于注中窥见一二，或于书名下加注“有列传”，可使学者自行检寻。王俭《七志》于书名下每立一传，虽于学术少所发明，实为书目传录体之滥觞。到了《隋志》只载官爵，宋明史志则但记姓名。其间只有《新唐志》对无传的作者，皆详注其爵里。这种传统，在清修《四库全书总目》中，表现得尤为突出。令人遗憾的是：明清公私书目，不下数百种，能够保持这种传统的有如凤毛麟角。我十分钦佩孙殿起、柳诒徵两位前辈和《续提要》编者的远见卓识。若不是他们的这些书目为我们提供著录的条件，我们要发现《艺文志》失收的山东先贤著作，是很难想象的。这里我略举较为重要的二十余种。如汉琅邪伏俨的《汉书纠缪》一卷（清陈蜚声辑，《十笏园丛刊》本），明于慎行《纲鉴要编》二十四卷（明崇祯刻本），明傅汉臣《风纪辑览》四卷（明嘉靖刻本），明赵长龄《廉洋平贼记》一卷（清道光刻本），清孙承泽《山书》十八卷（传抄本），清孙廷芝《读易例言图解》一卷（清道光十二年刻本），清张绶佩《羲里睡余易编》十卷（清乾隆四十年鲁甸官舍刻本），清胡桐《易象授蒙》一卷（清家刻本），清相永清《易经指掌》四卷（清光绪二年柱香斋刻本），清郭梦星《尚书小札》二卷（宝树堂遗书三种本），清李景星《书经管窥》二卷（屺瞻草堂经说三种本），清潘克溥《诗经说铃》十二卷（清同治元年刻本），清王延钊《春秋列女图考》一卷（《如谏果室丛刻》本），清王起鹏《音学全书》十六卷（清道光刻本），清李日景《醉墨堂三十六善》（清康熙刻《檀几丛书》本），清孔毓焞《䌹斋随笔》一卷（《求恕斋丛书》

本)，清王元起《野蚕录》四卷（安庆官印书馆印本)，清邱志广《蝶庵自药》一卷（清雍正刻本)，清李爵《心远堂诗集》十二卷（清康熙十年刻本、康熙十六年刻本)，清孔宪彝《慈仁寺展禊诗》一卷（清咸丰刻本)，清戚珊等《笑门诗集》二十五卷（清康熙五年刻本)，清王元弼《慎余堂诗集》五卷（清康熙二十年刻本)，清闵英士《载云舫集》十卷（清康熙二十三年刻本)，清孙一致《世耕堂诗集》二卷（清康熙二十八年刻本)，清曾三才《廉让堂诗集》三卷（清康熙二十九年刻本)，清李珍《可则轩仅存诗稿》二卷（清康熙三十八年听秋楼刻本)，清宋永清《溪翁诗草》无卷数（清康熙四十五年刻本)。假使其他书目，都能兼载著者的籍贯，肯定会能发现更多的山东先贤著作。

这里有必要补充说明：根据作者籍贯来著录，并不是万无一失的。某些作者到底是不是山东人，必须详加考核。例如古愚老人汪汲，籍贯是海阳，我们先从《国学图书馆图书总目》小学类中发现海阳汪汲撰《坌字编》一卷，《古愚老人消夏录》本，接着在《丛综》中找到了《古愚老人消夏录》，并根据《丛综》增补了汪汲的所有的十七种著作。后来我们又在山大图书馆找到了这部丛书。据汪汲的朋友秣陵谈泰乾隆甲寅（1794）为《十三经纪字》和《坌字编》撰序，称其“笃志经学”，“博极群书，尤邃于六书之旨”。他是乾嘉间一个知名学者。可是我们查遍（光绪）山东《海阳县志》，竟无汪汲其人。再说这样一位大学问家，《艺文志》的编者不能一无所知。后来发现清代有两个海阳，一在山东，一在广东。我们虽然还没有查到广东《海阳县志》，基本上肯定他是广东海阳人，因而在书目中删去了汪汲的著作。又如山东有新城（今桓台县)，河南、浙江也有新城；山东有南城、江西也有南城;① 光凭作者籍贯著录而不加考订，是很容易张冠李戴的。

再有一种情况，同姓名的作者，容易混淆不分。《灵芬馆集》的作者郭麟，江苏吴江人，字祥伯，号频伽，嘉庆间贡生，工诗古文辞，醉后画竹石，别有天趣，晚年侨居嘉善以终。山东潍县晚清时也有一个学者叫郭麟的，著有《潍言》和《潍县竹枝词》,《竹枝词》收入《古香堂丛书》,《潍言》仅有抄本流传。《丛综》编著者索引，把两个不同年代、不同籍贯的作者，混淆在一起。我们最初把《灵芬馆集》里的十一种著作，全都编进了书目，认为补了《艺文志》的缺漏。后来发现我们上了《丛综》著者索引的当了，才把《灵芬馆集》里另一个郭麟的十一种著作全部删除。这种经验教训，引起我们的警惕。

另一种情况是：先世侨居外省，本人的著作往往仍署祖籍，以视其不忘本。宋晁公武、周密是最明显的例子。既然作者自署山东祖籍，史传中也都以其祖籍见称，我们当然没有理由把他们排除在山东先贤之外。《大鹤山房全书》的作者郑文焯（1856—1918)，字俊臣，号小坡，又号叔问，别署大鹤山人，又号冷红词客。光绪举人。曾官内阁中书。后旅居苏州四十余年。能词，兼善金石、书画、医学，辛亥革命后以遗老自居。《大鹤山房全集》，收其著作十一种②，二十九卷，均卓然成家。我们最初在

① 吴海林、李延沛编《中国历史人物生卒年表》误以宋陈彭年为山东南城（今山东费县西南）人，我们信以为真，把陈彭年作为山东人。后来发现他是江西南城人，才把他剔除。

② 据孙雄《高密郑叔问先生别传》（《清碑传合集》第3768—3769页，上海书店1988年影印本）：郑氏生前写定书目凡三十九种，已刊者有《大鹤山房全集》九种（实际上是十一种），另有诗稿若干卷，身后由戴正诚校定付刊。

《贩记》中发现他的著作，均署“北海”或“高密”字样，进一步加以考查。我们在《碑传补》卷五十三找到了康有为撰《清词人郑大鹤先生墓表》和孙雄《高密郑叔问先生别传》，知其“先世居汉北海郡高密县通德里，为郑康成之裔，九世祖国安，于清初镇守关东海岛，从龙有功，编入正黄旗汉军籍”。直到郑文焯“应光绪丙子（1876）会试，请冠本姓，遂姓郑氏”。因此，正确的说法，他是奉天铁岭（今属辽宁）人。但他从恢复本姓的时候起，就作为郑玄的后裔，自署“高密”祖籍，孙雄为他撰写《别传》，也特别标明“高密郑叔问先生”。对于这样一位作者，我们没有理由说他不是山东人，因而我们把《大鹤山房全集》中的十一种著作，一一编入书目。不过也有例外，如明王世贞，大家知道他是太仓人，可是他自己在姓名上往往冠以琅玡，以明其氏族渊源，类似这样的作者，概不收录。在编纂书目的过程中，这样的一些问题，是经常遇到的。

其三，从《中国丛书综录》《中国古籍善本书目》和其他书目中发现《艺文志》失收的山东先贤著作，也是大量的。由于这类书目不记注著者的籍贯，一般是凭我们已知的山东作者，从书目中详细检索。山东先贤自己辑印过许多丛书，其中有自著的(或称独撰)，有辑印古今人著作的，有辑佚的，有氏族的，有郡邑的。都可用它跟《艺文志》核对。此外，山东先贤著作，有很多被收入这样那样非山东人辑印的古今合刻丛书（《丛综》称为汇编)，只要检索《丛综》的著者索引，便可一清二楚。例如清吴脉鬯的著作，根据《蓬莱吴灌先著述三种》来增补；清丁恺曾的著作，根据《望奎楼遗稿》来增补。我上面提到的《叶润山辑著全书》《即墨黄氏诗钞》，都是我们著录的依据。又如据《玉函山房全集》，补清马国翰《夏小正诗》十二卷；据《东莱赵氏楹书丛刊》，补清赵涛《后汉书札记》一卷，清赵宿膺《建谱志余》一卷；据《灵鹣阁丛书》补清周永年《儒藏说》一卷，清王筠《教童子法》一卷；据《国朝文录》补清赵执信《饴山文录》一卷；据《国朝六家诗钞》，补《秋谷诗钞》一卷。其中特别是山东人的自著丛书、氏族丛书、郡邑丛书，从中增补的著作较多。据我统计，《丛综》著录山东人辑印的丛书，即有34种之多。如果加上《丛综》未收录的丛书和类编，总数将在百种以上。已故史学家谢国桢在《丛书刊刻源流考》中说："冀北鲁东，文物之邦，犹未闻有刻书之风。"他在谈到定州王灏编校的《畿辅丛书》以后，接着说："临清某氏之编《礦墨亭丛书》，文艺著述，搜辑亦广，其书仅有稿本，未见刊行，鲁殿灵光，固足为邹鲁生色者也。"① 其实《礦墨亭丛书》，并非"鲁殿灵光"，为邹鲁生色的丛书，何止《礦墨亭丛书》一种。载入《书目答问》卷五《古今人著述合刻丛书目》和《国朝一人自著丛书目》的，就有卢见曾辑的《雅雨堂藏书》，孔继涵辑的《微波榭丛书》，周永年辑的《贷园丛书》（以上古今合刻），马国翰的《玉函山房辑佚书》，孔广森的《顨轩所著书》，孔广林的《孔丛伯遗书》，郝懿行的《郝氏遗书》，王筠的《王氏说文三种》《鄂宰四种》（以上个人自著）等九种。谢氏以广博著称，难道连《书目答问》都没有见过？至于他说鲁东"犹未闻有刻书之风"，从这个书目中著录的山东地区刊刻的书来看，更加证明谢氏所云是没有根据的。

《善目》是全国古籍善本书的目录汇编，著录范围之广，收录古籍善本之多、之精，在历史上都是空前的。因为它广泛收集

① 此文收入谢著《明清笔记丛谈》，中华书局1960年版。《礦墨亭丛书》系清济宁李毓恒辑，收书六十四种，二百零九卷，稿本。现藏北京图书馆，毓恒字冬涵，《中国古籍善本书目》题李冬涵辑，失考。

了全国的馆藏，长期沉埋在全国各地为《艺文志》失收的山东先贤著作，一下显露人间，这对我们来说，实在太幸运了。光是清人的著作，可以说举不胜举。例如傅以渐的《贞固斋易义》，卢见曾的《读易便解》，孔广森的《㲲轩经说》《十三经札记》，孙承泽的《研山斋珍赏集览》，王士骥的《庚寅漫录》，田需的《侧埶录》，田同之的《古欢堂笔记》，郑文焯的《采真别墨》，高凤翰的《六印山房印记》，孔广林的《温经楼游戏翰墨》，孔昭虔的《荡妇秋思》(杂剧)，王士禄的《然脂百一编》五种五卷，都是从《善目》中著录到的。又如王懿荣辑《海岱人文三十一种》，是清代的颜氏家集，《艺文志》仅著录其中颜光猷《水明楼诗》等十五种，我们从《善目》中增补了颜懋侨《玉磐山房集》等十六种。又如王懿荣辑《福山王氏传家集》，收福山王氏清人著作八种，见于《艺文志》者仅有二种，我们从《善目》增补了六种。葛忠弼辑《蓬莱葛氏诗文稿》，收蓬莱葛氏清人著作五种，《艺文志》全部失收，我们从《善目》中得到了增补。万名炜辑《曹县万氏诗文集》，收明清人著作六种，见于《艺文志》者，仅有二种，我们从《善目》中增补了明万爱民《朝鲜游稿》、清万士炼《仍园集》、清万惟檀《乐园遗稿》、清万瑜《重修青山行宫碑文》等四种。所有以上这类氏族类编，《艺文志》也概未著录。又如上面提到的清李毓恒辑的《礳墨亭丛书》六十四种，二百零九卷，也是从《善目》中著录到的。《善目》对我们书目的重要性，于此可见一斑。

我们从其他书目中发现的山东先贤著作，不可能、也没有必要烦琐地详细举例。这里需要说明的是：凡是可以利用的书目，我们决不放弃。例如《台湾公藏普通线装书书目索引》，基本上网罗了台湾各图书馆的线装书。因为它是按著者姓名笔画排列的，我们把它作为《丛综》的补充。又如史部传记类年谱之属，我们先根据杨殿珣编的《中国年谱综录》和杭州大学图书馆编的《中国历代人物年谱集目》著录了山东人的年谱，后来又利用来新夏先生编著的《近三百年人物年谱知见录》作了增补，基本上把山东先贤的年谱著录齐全，还改正了过去著录的一些错误。又如山东学者的金石著作，在金石学史上占有重要地位，我们着重根据《丛综》《善目》《贩记》等著录外，最后根据容媛编的《金石书录目》，详细核对增补了山东先贤著作。因此史部金石类著录得较为完备。

第二，发现了大批珍贵的善本书，其中有宋、金、元、明刻本，明活字本、稿本、影宋、影元抄本，明抄本，清抄本，名家题跋批校本，为今后整理山东文献，创造了有利的条件。这是一次重大的收获，是光宣间《艺文志》的编者梦想不到的。据初步统计，经、史、子、集、丛五部，凡见于《善目》著录者1717部。其中宋刻本77部，金刻本2部，蒙古刻本2部，元刻本36部，明刻本634部，稿本643部，影宋抄本22部，影元抄本1部，唐写本2部，明抄本80部，清抄本758部，名家题跋批校本586部。① 这个数字还不包括明清活字本、未列入《善目》的个别稿本、普通抄本和不少乾隆以前刻本在内。

现在先谈精善的刻本。如经部有魏王弼、晋韩康伯撰《周易注》九卷，宋淳熙抚州公使库刻本、宋建阳刻本；唐孔颖达撰《周易正义》十四卷，宋绍兴十五年至二十一年间临安府刻本；② 魏王弼、晋韩康伯注、唐孔颖达疏《周易注疏》十三卷，宋两浙东路茶盐司刻本；唐孔颖达撰《尚书正义》二十卷，宋两浙东路

---

① 《善目》的数字是按每种书来统计的，因为每种书有两个以上或更多的刻本、抄本、题跋批校本，故数字多于《善目》著录的数字。

② 见傅增湘《藏园群书经眼录》第9页（中华书局1983年版），《中国版刻图录》图版29定为宋刻递修本。

茶盐司刻本；汉郑玄撰《周礼注》十二卷，宋婺州市门巷唐宅刻本；汉郑玄撰《礼记注》二十卷，宋淳熙四年抚州公使库刻本；汉郑玄撰、唐陆德明音义《礼记注》二十卷，宋绍熙余仲仁万卷堂家塾刻本；唐孔颖达撰《礼记正义》七十卷，宋绍熙三年两浙东路茶盐司刻宋元递修本；汉何休撰《春秋公羊经传解诂》十二卷，宋绍熙二年余仲仁万卷堂刻本、宋淳熙抚州公使库刻绍熙四年重修本。在以上宋刻本中，《周易正义》《尚书正义》《礼记正义》，号称单疏本，最为版本家所珍重。《周易正义》为临清徐氏归朴堂旧藏，后归江安傅氏，曾在日本精印一百部，国内外视同拱璧。《周礼注》《礼记注》原藏聊城杨氏海源阁，为杨氏四经四史之斋宋本四经中之二种。《周易注疏》《尚书正义》《礼记注疏》，均为三山黄唐本，价值连城。《礼记正义》为曲阜孔氏微波榭故物，转归寒云主人袁克文，又归南海潘氏宝礼堂。潘氏因得此书，遂以“宝礼”名其堂，其珍视可以想见。

史部中最为版本家所称道者，一为唐颜师古撰《汉书注》一百卷，北宋景祐刻本①，《百衲本二十四史》中的《汉书》即据此本影印；二为宋孔传撰《东家杂记》二卷，宋刻递修本。其中卷上《杏坛图》，为南宋中叶补版，图中描写孔子登坛抚琴而歌，形象鲜明生动，极为古朴。②《续古逸丛书》中的《东家杂记》即据此本影印。三为宋赵明诚《金石录》三十卷，宋淳熙龙舒郡斋刻本；四为宋晁公武《昭德先生郡斋读书志》四卷，《后志》四卷，宋赵希弁编《附志》一卷、《考异》一卷，宋淳祐十年袁州刻本。这后两种书，都是海内孤本，宋代刻印后即长期沉埋，前者解放后由赵世暹发现于南京市肆，原为金陵甘氏津逮楼故

① 《中国版刻图录》图版4定为北宋刻递修本。
② 《中国版刻图录》图版57、987。

物，现已收入《古逸丛书三编》；后者1925年清室善后委员会清理故宫图书时发现，先后为《续古逸丛书》《四部丛刊三编》所影印。

子部中如汉孔鲋撰、宋宋咸注《孔丛子》三卷，《管子》二十四卷，周辛钘撰《文子》（一名《通玄真经》）十二卷，《十一家孙子注》三卷，梁刘勰《刘子》十卷，晋王叔和《脉经》十卷，宋王巩《甲申杂记》一卷、《闻见近录》一卷，都有宋刻本，《四部丛刊》的《通玄真经》即据宋本影印。集部中如唐司空图《司空表圣文集》十卷，宋刻本；宋张咏《乖崖先生文集》十二卷，宋咸淳五年伊庚崇阳县斋刻本，《续古逸丛书》即据咸淳本影印；宋王禹偁《王黄州小畜集》三十卷，宋绍兴十七年黄州刻递修本，《四部丛刊》二次印本，即据宋本配吕无党抄本影印。

在金元刻本中，最为罕见的，有汉孔安国传、唐孔颖达疏《尚书注疏》二十卷，金刻本、蒙古刻本；晋孔晁《汲冢周书注》十卷，元至正十四年嘉兴路儒学刻本；唐颜师古《汉书注》一百卷，元大德九年太平路儒学刻明修本；金孔元措《孔氏祖庭广记》十二卷，蒙古乃马真后元年曲阜孔氏刻本；北齐颜之推《颜氏家训》七卷，元刻本；宋辛弃疾《稼轩长短句》十二卷，元大德三年广信书院刻本。其中蒙古本《孔氏祖庭广记》，有图十二幅，凝重苍劲，鲜明生动。《续古逸丛书》《四部丛刊》即据此帙影印。① 大德本《稼轩长短句》，大字行书，流丽娟秀，如赵松雪体。原为黄氏士礼居故物，后归聊城杨氏海源阁。② 荛翁“叹其珍秘无匹”，谓“《稼轩词》卷帙多寡不同，以此十二卷者为最善。毛氏亦从此钞出，惜其行款体例有不同耳”。明嘉靖历城王

① 《中国版刻图录》图版591—592。

② 见《楹书隅录》卷五。

诏刻本，即从此出。[①] 说它是元刻中的精品，并不为过。这里需要特别提到的是：元刘敏中的《中庵集》元刻二十五卷本。库本《中庵集》二十卷，是从《永乐大典》中辑录的。四库馆臣以为"《元史》载《中庵集》二十五卷，《文渊阁书目》作五册，不著卷数，梁维枢《内阁书目》不载其名，则是时官书已佚"。在不得已的情况下，才从《大典》中辑出二十卷，认为"所佚者不过十之二三"。[②] 其实此书并未亡佚，聊城杨氏海源阁元刻二十五卷本，岿然独存，较库本增出诗文数百首，足以补库本之缺，校库本之失。袁同礼先生在谈到影印《四库全书》以善本代库本时，曾为此津津乐道。[③]

说到明刻本，那就太多了。例如我上面曾经提到的明焦竑的《易筌》六卷，明刘凤翔的《四书鞭影》二十卷，都是明刻本。又如明王象乾《皇明开天玉律》四卷，万历三十八年刻本；明公鼐《国语髓析》二十一卷，万历开封府推官唐晖刻本；明蓝润《余泽录》存二卷，明末刻本；明李志隆《岱史》十八卷，明万历刻本；明李焘《泰山纪事》三卷，明万历刻本；魏王肃注《孔子家语》十卷，嘉靖三十五年黄鲁曾刻本、隆庆六年徐祚锡刻本、万历吴勉学刻本、毛氏汲古阁刻本；《孔丛子》七卷，明正德嘉靖间覆宋本；汉徐幹《中论》二卷，弘治十五年费纹刻本、嘉靖四十五年杜思刻本（《四部丛刊》即据此本影印）；汉仲长统《衢山子》，明刻《诸子汇函》本；明焦竑《养正图解》不分卷，万历二十二年吴怀让刻本；《管子》二十四卷，嘉靖十二年安正书堂刻本、万历十年海虞赵用贤刻本；《墨子》十五卷，正统十

① 《士礼居藏书题跋记》卷六；《楹书隅录》卷五引。

② 《四库全书总目》1438—1439页（中华影印本）。

③ 国立北平图书馆《景印四库全书罕传本拟目》袁同礼序（载杨家骆《四库全书概述》概1—3—47）。

年刻《道藏》本;《孙子十家注》十三卷,嘉靖刻本(宋吉天保集注)、日本嘉永六年刻本;《孙武子》三卷,正德刻本;明戚继光《练兵实纪》十卷,万历二十五年邢玠刻本;《纪效新书》十八卷,隆庆刻本;明周永春《兵机秘要》十三卷,万历四十七年刻本;明于慎行《谷山笔麈》十八卷,天启于纬刻本;五代王定保《唐摭言》十五卷,万历清真馆刻本;宋晁冲之《具茨先生诗集》一卷,明嘉靖三十三年晁氏宝文堂刻本;明李开先《词谑》四卷,明嘉靖刻本。至于明人别集,明刻本达三十余种之多。其中嘉靖以前刻本,如徐贲《北郭集》六卷,毛纪《鳌峰类稿》二十六卷,李昆《东冈小稿》五卷,冯惟健《陂门山人集》八卷,李攀龙《白云楼诗集》二十卷,李先芳《东岱山房诗》十卷,葛曦《葛太史集》五卷,都是明刻中的佼佼者。

明刻之外,还有明铜活字印本。如《晏子春秋》八卷,明活字印本;《墨子》十五卷,嘉靖三十一年芝城铜活字蓝印本;蜀诸葛亮《心书》一卷,正德十二年韩袭芬铜活字印本;唐颜真卿《颜鲁公文集》十五卷,嘉靖安国安氏馆活字印本。其中《晏子春秋》为钱塘丁氏旧藏,丁氏《善本书室藏书志》误定为元刻本。嘉庆二十一年顾广圻为吴鼒校刻本,即据此本影刻,《四部丛刊》亦据此帙影印。① 《墨子》原藏黄氏士礼居,后为聊城杨氏所得。吴县潘伯寅(祖荫)曾向杨氏借校,迄未归还。迨潘氏既没,遂不可复见。② 今幸为北京图书馆收藏,使杨氏故物,失而复出。黄氏尝用《正统道藏》本手校,知其原出《道藏》本。③《中国版刻图录》称此书"传世至罕,此为仅见之本"④。

---

① 《中国版刻图录》图版550。

② 《楹书隅录续编》卷三《校明蓝印铜活字本墨子》杨保彝附记。

③ 《荛圃藏书题识》卷五、17页。

④ 《中国版刻图录》图版565—566。

《颜鲁公文集》，为锡山安氏馆铜活字本中之精品。安国另有刻本，即据此本翻版。① 其他清刻中的善本，书目中俯拾即是。尤其是乾隆以前刻本，为数甚多。其中列入北京图书馆编《中国版刻图录》者，如清孔尚任《桃花扇》传奇二卷，清康熙刻本；孔尚任《长留集》十二卷，清康熙五十四年岱宝楼刻本；清刘喜海《金石苑》，清道光二十六年刻本；元王祯《农书》二十二卷，清乾隆武英殿聚珍版印本，在版本史上均有它们各自的特色。此外，如《渔洋精华录》林佶写刻本，《带经堂诗续集》王鸿仪写刻本，在康乾时均享有盛名。在清代版刻中奇葩独放、具有创造性的是康熙五十八年（1719）泰山徐志定创制了磁版，印行了张尔岐的《周易说略》四卷、《蒿庵闲话》二卷。这两个独一无二的磁版本，现藏北京图书馆，为古籍版本史谱写了新篇章。这是山东人的骄傲，值得大书特书。

在版本中最可贵的是大批稿本、抄本（写本）、名家题跋批校本。这些稿本、抄本，多半为《艺文志》失载之书，足以拾遗补缺；或于刻本外另有稿本、抄本，对校勘有重要作用；或《艺文志》虽有著录，并无其他版本流传。现在发现这一大批稿本、抄本，无异深山得宝，喜悦的心情，不是言语所能形容的。对山东文献来说，其价值之巨大，不亚于敦煌石窟的发现。先从稿本来看，以山东省博物馆收藏者为最多，其次为山东省图书馆。散见全国各图书馆、博物馆的，也为数不少。除部分明人著作外，十之八九为清人著作。如刘以贵《周易本义析疑》不分卷，艾紫东《尚书笺记》九卷，田雯《诗经大题》不分卷，赵执信《毛诗名物疏钞》不分卷，艾紫东《毛诗说略》八卷，王渐鸿《周礼条辨》五卷，孔广森《礼仪器制改释》五十八卷、《仪礼条辨》

① 《中国版刻图录》图版563。

不分卷，王筠《礼记读剩稿》一卷，张尔岐《春秋传议》六卷，姜其垓《春秋集传折衷录》四卷，杨天禄《春秋管见》八十五卷，郑杲《春秋札记》一卷，张士保《中庸瞽说》一卷，艾紫东《学庸易解》二卷，牛运震《论语注》二十卷，单为鏓《读经札记》六卷，丁懋五《说文解字韵隶》（存七卷），桂馥《历代石经略》二卷，王筠《说文校句》一卷，张宾《西征记》一卷，郭杭之《古今甲子全谱》一卷，王祖昌《与居录》一卷，李文藻《恩平程记》一卷、《长途备忘录》一卷，许鸿磐《方舆丛录》不分卷、《记吴逆始末》一卷、《年号考》一卷、《河源记》一卷，牟庭《先秦宫殿考》一卷，王筠《顾亭林年谱校录》一卷、《刻鹄轩集古录》一卷，刘喜海《古泉录》一百卷，李璋煜《爱吾鼎斋金石文字》一卷，许瀚《攀古小庐金石录释》一卷，陈介祺《簠斋陶文释存》不分卷、《陈簠斋释齐拓本》一卷、《宝簠斋集各家彝器释文》不分卷、《潍县陈氏簠斋藏古目》一卷、《簠斋金石墨拓释存》，王懿荣《天壤阁瓦文》不分卷，周悦让《管子通》一卷，刘万清《兵书辑要》一卷，尹铭瀚《论白喉捷要》一卷，李震甲《本草须知》不分卷，孔继涑《玉虹楼帖》不分卷，刘墉《书法三昧》一卷，王筠《徐沟笔记》一卷。保存稿本最多的首推王守训和宋书升。王守训有《适斋说经》、《韵字折衷》、《登州杂事》、《登州文献记》、《适斋笔记》等十一种。宋书升有《周易要义》、《尚书要义》、《尚书考》、《禹贡说义稿》、《夏小正释义》、《读春秋三界考》一卷、《古韵微》不分卷、《旭斋文稿》不分卷、《宋晋之文遗稿》不分卷、《初篁书庐文稿》不分卷等十余种。除《周易要义》已由齐鲁书社点校出版外，所有王守训、宋书升等人的著作，尚待整理出版。稿本中如王士禛

《池北偶读》，孔继涵《同度记》①，翟云升《隶篇》，吴式芬、陈介祺《封泥考略》等，因已有刻本，可用于校勘。如颜光敏《颜修来杂著》五种七卷，孔广陶《孔广陶手稿》五种，更可以补《艺文志》的缺遗。

再就抄本（写本）来看，其中影宋、影元抄本，价值不亚于宋元刻本。如《管子》、《六韬》、宋孔传《东家杂记》、宋王巩《甲申杂记》、五代王定保《唐摭言》、唐司空图《司空表圣文集》、宋李龏《梅花衲》、宋辛弃疾《稼轩词》，都有清初影宋抄本。《东家杂记》有四个影宋抄本，其中一个是毛氏汲古阁影宋抄本。《梅花衲》和《稼轩词》，也是汲古阁影宋抄本，弥足珍贵。《稼轩词》甲乙丙三集原藏涵芬楼，张元济先生“诧为罕见”。久思影印，以缺丁集未果。双照楼影印《宋金元明人词》，亦缺丁集。后来从赵万里先生那里得到消息，向济南某估以重金购得精写丁集，为虞山旧山楼赵氏故物，正可配涵芬楼本。菊老因延津剑合，叹为书林嘉话。② 在影元抄本中，魏王弼、晋韩康伯《周易注》，也是一个非常难得的佳本。

抄本中有很多明抄本和明清名家抄本。由于这些抄本出自名家之手，其中有不少名家题跋批校。例如《尚书大传》，清惠氏红豆斋抄本，清翁方纲跋。宋孔传《东家杂记》，清张蓉镜抄本。宋张齐贤《洛阳搢绅旧闻记》，明能砚斋抄本；清内府抄本（袁思亮校）。宋王辟之《渑水燕谈录》，明柳佥抄本，清黄丕烈校跋、清周星诒跋；明钮氏世学楼抄本；清彭氏知圣道斋抄本，清彭元瑞校正。魏王肃《孔子家语》，明嘉靖四十三年陆治抄本，

① 《同度记》，《微波榭丛书》本、《积学斋丛书》本均为一卷，稿本四卷。

② 《涉园序跋集录》第275—276页《汲古阁毛氏精写稼轩词》。此书涵芬楼有影印本。

清惠栋评点、清王鸣盛跋。元李纯仁辑《新编颜子》，明抄本。宋赵汝腾辑《子曾子》，明抄本，罗振常跋。汉徐幹《中论》，明抄本，清丁丙跋，清嘉庆十八年焦循抄本。明程绍《尊生镜》，明抄本，清卢世㴶跋。《墨子》，明抄本，清黄丕烈、丁丙跋。《管子》，清陈奂家抄本，清陈奂校并录黄丕烈题识。宋周密《志雅堂杂抄》，明抄本；清康熙五十九年吴允嘉家抄本。明李开先《中麓画品》，明抄本。宋李清照《打马图》，清嘉庆二十二年秦氏石研斋抄本，清秦恩复跋；清翁同龢抄本。宋庞元英《文昌杂录》，清徐氏传是楼抄本。五代王定保《唐摭言》，有三个明抄本。其中有天一阁范氏蓝格写本；清池北书库王氏抄本，清王士禛跋；① 在另外七个清抄本中，有一个清抄本，清厉鹗校跋、清劳权题识。宋董逌《广川书跋》，有三个明抄本，其中有吴氏丛书堂抄本，清叶万、张蓉镜跋、黄丕烈校；另有清乾隆四十三年卢文弨抄本，清卢文弨校、清丁丙跋。唐司空图《司空表圣文集》，清劳格抄本，清劳格跋，并录清何焯题识、清劳权跋、鲍廷博、赵怀玉、杨复吉校语。宋柳开《河东先生集》，清道光十一年东武刘氏味经书屋抄本。宋张咏《乖崖先生文集》，明祁氏淡生堂抄本，清丁丙跋。宋王禹偁《王黄州小畜集》，明万历二十七年谢氏小草斋抄本，明谢肇淛跋；清乾隆四十一年吴翌凤抄本，清卢文弨、吴翌凤校跋。宋穆修《穆参军集》（《河南穆公集》），清道光十五年许瀚抄本，清许瀚跋。宋石介《徂徕文集》，清彭氏知圣道斋抄本。类似这样的名家抄本、题跋批校本，在校勘学上有重要价值。宋元刻本和稿本中也有名家题跋、批校，这

① 见谢国桢《江浙访书记》第107—108页。此书系元和顾逸鹤旧藏，“文化大革命”期间归苏州市博物馆。我曾托苏州友人吴雨苍兄查询，拨乱反正后，已发还顾氏后裔，雨苍兄又访问顾氏后裔顾笃璜先生。据云，弟兄三人，有两人在外地。此书归何人保管，尚待核查。

里不再赘述。

至于一般的明清抄本，更是大量的。很多明清人著作，从未刻印，仅赖抄本流传。即使有过刻本，在校勘上仍有其重要价值。例如明房如式《侍御十疏》一卷，清抄本；明范淑泰《故明工科给事中范公奏摺》一卷，清初抄本；明毕自严、王象乾等《毕伯阳等召对录》一卷，明抄本；明王悦《南游录》三卷，清咸丰抄本；明冯瑗《开源图说》二卷，明万历抄本；明李笃培《方圜图说》九卷，明抄底本；明王教《秋澄诗集》一卷，清抄本；明杨梦衮《岱宗藏稿》五十卷，清初抄本；明王克笃《适暮稿》一卷，清嘉庆十二年王志超抄本；明张梦鲤《交绣阁诗钞》四卷，《文》一卷，清抄本；明王琏《晓园集》，旧抄本；明刘一相《燕喜堂集》十三卷，清初抄本。清人著作，如许瀚《韩诗外传考证》一卷，王筠《史记斠》一卷，丁耀亢《天史》十二卷，张炘《归围日记》不分卷，郑与侨《济宁遗事录》不分卷，宋庆《毅军纪略》一卷，李宪乔《李少鹤日记》不分卷，张学礼、王垓①《使琉球记》一卷，许瀚《许印林先生日记》不分卷，李廷棨《雷州记》不分卷，《山东黄河全图》，周永年《借书园书目》五卷②，王筠《周虢季子白盘释文》一卷，许瀚《攀古小庐砖瓦文字》一卷。刘崧《白蜡虫谱》一卷，《北菌谱》一卷，臧应詹《伤寒论选注》十卷，孙起舜《麓人孙氏医案》六十五卷，刘翼明《海上随笔》，蒲松龄《花木汇钞》一卷，赵国麟《塞外吟》一卷。其中《山东黄河全图》系光绪二十九年彩绘本，其余均系清抄本。《许印林先生日记》，为王献唐先生所未见，崔巍同志于尘

① 张学礼非山东人，王垓系山东人。

② 《借书园目录》，北图藏有两个清抄本，其中一个为道光六年刘氏味经书屋抄本，刘喜海跋；另一个为清李氏爱吾鼎斋抄本。

封纸簏中发现，足以订补袁行云《许瀚年谱》之失。清马维骧辑《鱼台马氏丛书》十二种五十一卷，山东省立图书馆抄本，大都为清马邦举遗稿。其中《汤誓略考》二卷、《书序略考》二卷、《楚辞字声略考》一卷、《古史略考》三十卷，均为《艺文志》所失载，《春秋左传略考》六卷、《春秋谷梁传略考》，《艺文志》虽有著录，而无版本。其他清人别集赖抄本流传者更无法毛举。

第三，为收进《四库全书》和四库存目的山东先贤著作，补充了大批版本。《四库全书》版本，清邵懿辰曾详加考订，撰有《四库简明目录标注》，近人叶启勋亦有《四库全书目录版本考》，然而前者以记注版刻为主，后者仅有经部，实为未完之稿。我们这次编纂书目，凡收入四库的山东先贤著作，如于库本外另有版本，一律详细记注，使学者有所选择。特别是两宋和明清之际的著作，库本每多窜改。如有宋元明及清乾隆以前刻本抄本，可睹原书的本真。这也是版本家重视宋元明刻本、抄本以及乾隆以前刻本的原因之一。以宋晁说之《嵩山文集》（《艺文志》作《景迂生集》）为例，《四部丛刊》续编影印者为旧抄本，与清代通行本迥然不同。张元济先生在《四部丛刊》续编影印本中附有《负薪对》校勘表，足以发清代通行本窜改旧文之覆。① 《四库全书总目》存目中的山东先贤著作，均未著录版本，当时四库馆臣确见其书，到底是刻本、还是稿本、抄本，无从究诘。我们这次编纂书目，特加意于此。凡山东先贤著作收入四库存目者，一经发现刻本、稿本、抄本，都详加登录。如明张世则《貂珰史鉴》四卷，有万历刻本；清刘源渌《读书日记》六卷，有雍正五年刻本；清黄元御《金匮悬解》二十卷，有《黄氏医书八种》本；元丘处机《摄生消息论》一卷，有《学海类编》本；元孔齐《至

① 《涉园序跋集录》第221—222页《嵩山文集》。

正直记》四卷，有《粤雅堂丛书》本；宋王质《林泉结契》五卷，有《学海类编》本、《两宋名贤小集》本；明毛纪《鳌山类稿》二十六卷，有明嘉靖刻本；明边贡《华泉先生集选》，有清康熙王士禛刻本；明黄桢《耘石诗稿》一卷，有稿本（此书《艺文志》失收）；明李攀龙《白雪楼诗集》十二卷，有明隆庆刻本；明殷士儋《金舆山房稿》十四卷，有明万历十八年邵升刻本（作十卷）；明邢侗《来禽馆集》二十九卷，明万历崇德堂刻清修本；明钟羽正《崇雅堂集》十五卷，清顺治十五年丁耀亢刻本；清孙承泽《益智录》二十卷，有清康熙刻本；清张尔岐《蒿庵集》十六卷，有清康熙三十年刻本；清丁耀亢《丁野鹤诗抄》十卷，存《陆舫诗草》五卷，清顺治刻本，《听山亭诗草》一卷，旧抄本；清法若真《黄山诗留》十六卷，有康熙三十年刻本；清颜肇维《钟水堂诗》三卷，有清雍正刻本；清安箕《绮阁集》一卷，有清康熙刻本；清王苹《蓼村集》，有清乾隆三十年胡德琳刻本。类似这样的刻本、抄本，对增补四库存目和《艺文志》的版本，对保存山东文献，具有重要意义。

第四，书目有一个名显的特点，就是填补了《艺文志》小说类章回小说和词曲类戏曲的空白。《艺文志》的编者囿于封建传统偏见，把小说、戏曲视为小道，摒弃在《艺文志》之外。然而《汉书艺文志》尽管贬低小说家的地位，认为“诸子十家，其可观者”，仅有九家（不包括小说家）。但仍然承认，即使是“闾巷小知者之所及”，“或一言可采，此亦刍荛狂夫之议”，如《虞初周说》之类，仍予著录。明清以来，小说、戏曲创作，有如雨后春笋。其讽世嫉俗社会影响之大，远非诗文可比。以现代观点来看，小说、戏曲实为文学创作中的主流。不但与“高贵”的经子古籍，并起并坐，并将驾而上之。钱锺书先生最瞧不起“经生”“学究”，斥责他们不通艺事。他特别赞赏诗人、小说家和戏剧家，认为他们感觉灵敏，精通人情世故。如果用这个观点来衡量，《艺文志》的编者，恰恰是十足的“经生”和“学究”。这里我想谈两件事。第一件事：十六世纪（约在明嘉靖、隆庆、万历间）山东有一个“大名士”写了在中国文学史上享有盛名的第一部世情小说《金瓶梅》一百回，最初只有抄本流传，到万历间才有刻本。以后有过很多刻本。主要分三个系统，一是明万历间刻《新刻金瓶梅词话》本；二是明崇祯间刻《新刻绣像批评金瓶梅》本；三是清崇经堂刻《张竹坡批评第一奇书金瓶梅》本。此外所有的刻本、抄本（万历刻本以前的抄本除外）、影印本、排印本、节删本，都来源于这三个版本。① 《金瓶梅》的作者，据欣欣子序为“兰陵笑笑生”作。这个“兰陵笑笑生”到底是谁，向来是不解之谜。有人说王世贞，或赵南星，或薛应旂，还有说是唐顺之、李开先、贾三近、屠隆、李先芳的。迄今为止，有三十种以上的说法。但大都提不出确证。1988年叶桂桐同志主编的《金瓶梅考论》（宁夏人民出版社版），其中王萤同志的论文，举出实证，说明《金瓶梅》的地理背景为山东临清，推论《金瓶梅》的作者是明后七子之一的临清人谢榛。最近枣庄市许志强同志在《枣庄日报》上撰文，胪举十证，证明兰陵笑笑生，正是古兰陵（今山东峄县）的贾应龙（《新华文摘》1991年第3期转载）。这些考证，能否成立，有待进一步论证。但有一点是可以肯定的，既然作者是兰陵笑笑生，不管到底是不是谢榛或贾应龙，至少是出于山东人的大手笔。孙楷第早在《中国通俗小说书目》中否定了薛应旂、赵南星、王世贞说，他认为：“以书用山东方言及所记，皆不出嘉靖一朝事征之，则作者或为山东籍嘉靖时人。欣欣子序谓兰陵笑笑生作，古兰陵正在山东境内。”郑振

① 参考齐鲁书社排印明崇祯本《新刻绣像批评金瓶梅》王汝梅前言。

铎在《谈金瓶梅词话》中更加肯定指出："我们只要读《金瓶梅》一过，便知其必出于山东人之手。那末许多山东土白，决不是江南人所得措手其间的。其作风的横姿、泼辣，正和山东人所作的《醒世姻缘传》《绿野仙踪》同出一科。"又说："兰陵即今峄县，正是山东的地方。笑笑生之非王世贞，殆不必再加辩论。"(《西谛书话》第119页)我非常同意孙楷第、郑振铎两位的见解。现在看来，《金瓶梅》无可置疑的是山东人的著作。有明一代文人如袁宏道、谢肇淛、沈德符等，虽然对《金瓶梅》交口赞赏，世间又配以《水浒传》《西游记》称三大奇书，在社会上有很大影响，然而万历以后的明清公私簿录，都不加著录，甚至因为它有些秽亵的描写，便把它一棍子打死。鲁迅在《中国小说史略》中曾经提出不同的看法。他说："就文辞与意象以观《金瓶梅》，则不外描写世情，尽其情伪，又缘衰世，万事不纲，爰发苦言，每极峻急。然亦时涉隐曲，猥黩者多。后或略其他文，专注此点，因予恶谥，谓之'淫书'；而在当时，实亦时尚。"郑振铎在《金瓶梅词话》中作了更深入的阐发。他认为："除了秽亵的描写以外，《金瓶梅》实是一部了不起的好书，我们可以说，她是那样淋漓尽致的把那个'世纪末'的社会，整个的表现出来。她所表现的社会是那末根深蒂固的生活着。"他又说："说起'秽书'来，比《金瓶梅》更荒唐，更不近理性的，在这个时代更还产生得不少。以《金瓶梅》去比什么《绣榻野史》《弁而钗》《宜春香质》之流，《金瓶梅》还可算是'高雅'的。对于这个作者，我们似乎不能不有恕辞，正如我们之不能不宽恕了曹雪芹《红楼梦》里的贾宝玉初试云雨情，李百川《绿野仙踪》里的温如玉嫖妓、周琏偷情的几段文字一样。这和专门描写性的动作的色情狂者，象吕天成、李渔等，自是罪有等差的。好在我们如果除去了那些秽亵的描写，《金瓶梅》仍是不失为一部伟大的名著，也许‘瑕’去而‘瑜’更显。”(《西谛书话》第109、111页）鲁迅和郑振铎的评价是十分公允的。近年来《金瓶梅》的研究已有长足进展，并引起国外汉学家的注意。我们面对这样一部被誉为“稗官之上乘”，“炉锤之妙笔”（谢肇淛《金瓶梅跋》语）的伟大的名著，自然不能也不应把它屏弃在书目之外。我谈的第二件事是：十七世纪，山东出了两个大作家，一个是孔尚任，另一个是蒲松龄。孔尚任的《桃花扇》传奇，是一部优秀的戏曲，卓越的历史剧，以侯朝宗和李香君的离合之情为线索，忠实地反映明末弘光小王朝的兴亡始末，为灭亡了的明王朝唱一曲“感慨零涕”“惩创人心”的挽歌。当时在京城演出，座无虚席，震动朝野，孔尚任并为此丢了官。蒲松龄的《聊斋志异》是十七世纪我国短篇小说的冠冕。通过谈狐说鬼，给封建社会以深刻的揭露和批判。每写成一篇，就被人纷纷传抄。蒲氏生前就有许多抄本流传。乾隆十六年（1751）历城张希杰曾据济南朱氏殿香亭抄本过录了一个本子，这就是《铸雪斋抄本聊斋志异》。殿香亭抄本是雍正元年（1723）根据蒲氏原稿本抄录的。可惜此本久已亡佚，我们只能从铸雪斋抄本中窥其端倪。令人感到特别欣慰的是：1948年东北西丰土改时发现了蒲氏手稿本，虽然只剩半部(存四册237篇)，但对蒲学研究者来说，毕竟是一件天大的喜事。① 乾隆间有几个刻本，其中最重要的一个是乾隆三十一年的青柯亭刻本（即赵起杲刻本）。以后翻刻翻印的就更仆难数了。就象这样家喻户晓、脍炙人口的戏曲和小说，《艺文志》的编者可以视而不见，听而不闻，岂非咄咄怪事！

① 《聊斋志异》手稿本四册，文学古籍刊行社曾于1955年影印出版，参考影印手稿本《出版说明》及上海古籍出版社排印铸雪斋抄本《聊斋志异·出版说明》(1979年版)。

这次我们书目中除收录《金瓶梅》《聊斋志异》《桃花扇》等小说、戏曲外，还在小说、类中收录了明东鲁古狂生的《醉醒石》十五回，清丁耀亢的《续金瓶梅》六十四回，清四桥居士的《新镌古本批评三世报隔帘花影》四十八回，清〔蒲松龄〕《醒世姻缘传》一百回，清李修行（山东阳信人，康熙乙未进士）的《梦中缘》十五回，清〔李百川〕《绿野仙踪》一百回。关于《醒世姻缘传》的作者，据孙楷第《中国通俗小说书目》考证，认为："书中记顺康间淄川、章丘两县之事，而于淄川事尤切，与留仙之地域时代相当，则书为留仙作说，比较可信。"而《西谛书目》则径题蒲松龄撰。《绿野仙踪》的作者李百川，孙楷第据近人吴辰伯考证为江南人，名未详。上面我引用郑振铎的《谈金瓶梅词话》确指为山东人所作，那么李百川也应该是山东人。我们在书目中著录《醒世姻缘传》为蒲松龄撰，以《绿野仙踪》的作者李百川为山东人，都是以郑振铎的观点为依据的。① 如果没有多大错误的话，那就为山东的章回小说增添了光辉。

谈到山东的戏曲，在中国文学史上有它相当重要的地位。早在元杂剧鼎盛的时代，山东的东平就产生过陈元妄、高文秀、张时起、顾仲清、张寿卿、赵良弼等一大批剧作家，形成元剧活动的三大中心之一（另外两个中心，一在大都，一在真定）。② 加上益都的王廷秀，济南的武汉臣、岳伯川，棣州的康进之，曹州的李时中，声势的浩大，可想而知。令人遗憾的是：东平作家陈元妄、张时起、顾仲清、赵良弼的作品，早已失传，其他作家的作品，也颇多亡佚。例如高文秀有杂剧作品三十四种，现有传本

---

① 《醒世姻缘传》是否为蒲松龄撰，国内专家意见尚不一致，我向袁世硕先生请教，他认为应早于蒲松龄。

② 吴梅《元剧略说》（《中国文学研究》下册，商务印书馆《小说月报》第17卷号外）。东平作家尚有李好古，一说保定人。

者仅五种，见佚文者一种。武汉臣有杂剧十二种，现有传本者仅三种，见佚文者一种。康进之杂剧二种，现有传本者一种。王廷秀有杂剧四种，均未见流传。① 明清两代，继起者有贾仲明、冯惟敏、李开先、桑绍良、叶承宗、宋琬、蒲松龄、曾衍东、桂馥、孔广林、许鸿磐、孔昭虔，他们都是一时之选。其中李开先、孔广林则兼擅传奇。在杂剧、传奇作家中，以贾仲明、冯惟敏、李开先、孔广林、桂馥最为杰出。明清传奇作家，除李开先、孔广林外，尚有丁耀亢、赵进美、孔尚任、路术淳、孔传志、卢见曾、纪圣选（宣）等。此外还有元代曹元用、白寿之的戏文。尽管元明剧作家的作品，有些未见流传，但保存下来的，仍然可以称得上“夥颐沉沉”。对于这样丰富多采的作品，《艺文志》竟不加著录，无异埋没了山东先贤在文学艺术上的重大贡献。这次我们在书目中重新著录了戏曲类编六种，戏曲九十八种。对散曲也作了详细著录。在类编中收录了李开先《改定元贤传奇》十六种十六卷（存六种六卷），尤其是戏曲中的瑰宝。近年来我与宫庆山同志合作汇编了《山左戏曲集成》和《山左散曲集成》(均齐鲁书社约稿)，对弘扬和继承山东戏曲遗产，尽到了一点心力。

以上谈了四点体会和收获，读者也许可以从中了解我们编纂书目的全过程。由于这个工作极其烦琐，而且涉及古典文献的各个门类，我们限于水平，分类的体例，图书的归属，著录的方法，著者的排比，难免不发生舛错。在著者籍贯上，是否有非山东人而误作山东人的，有待进一步考索。加上编纂的时间十分仓卒，来不及核对更多的书目，脱漏也是意料中事。渴望国内的专家、学者，山东文献爱好者，山东全省图书馆、博物馆、文管会

① 傅惜华《元杂剧全目》第119、153、167、169页。

(所)的同志，给我们提出宝贵的意见和批评，以便在适当的时候，加以修订。

书目编辑，先由我拟定体例，由沙嘉孙同志任经、史两部，李艳秋同志任子部，张长华同志任集部，再由我总其成。初稿完成后，集部和史部金石类、子部杂家类，又经王承略同志加工整理补充，最后经过我反复订补调整，然后定稿。自知其中还存在不少问题，因限于时间和精力，很难作彻底调整。越来越体会到章学诚所云校雠之学，非徒甲乙部次，要在辨章学术，考镜源流。即使是甲乙部次，亦谈何容易。在编纂过程中，有些问题经常跟杜泽逊、刘心明两同志商讨。书目定稿后，又承济南藏书家张景栻（亦轩）先生抄示其家藏山东人著述41种；曲阜师范大学黄立振先生抄示曲师大图书馆藏山东人著述40种，以及他自己收藏的5种，我们分别作了增补，并于书目中加注“亦轩”“曲师”“立振”字样。其中为书目失收者40余种。景栻先生收藏者多半为稿本、抄本（其中有稿本14种，明抄本3种，乾隆抄本7种，旧抄本7种），山东先贤著述，赖以流传，弥足珍贵。我们对两位先生的热情支持，表示衷心感谢。书目承山东省古籍整理规划小组给予资助，蒙顾起潜先生惠赐题签，山大历史系考古专业刘凤君先生为我们拍摄书影，山大图书馆特藏部自始至终为利用图书资料提供方便，在此一并致以谢忱。

1991年春节于山东大学古籍整理研究所

1991年5月1日修订

编　例

一、本书目全面反映自先秦以迄清末的山东先贤著述，凡存有刻本、稿本、抄本者均在收录之例。前人书目虽有著录，或前人亲见其书而未见传本者，则概不收录。如宋晁说之《古易》十二卷，见晁公武《郡斋读书志》；清姜安节《孝经正义》一卷，见朱彝尊《经义考》；清金德昌《续明史纪事本末》二十卷，见孔祥霖《曲阜清儒著述记》；明周居岐《文则》三卷，《诗则》三卷，见王士禛《居易录》卷十。此类著述，迄今为止，尚未见有刻本、稿本、抄本流传，只能从阙，以后如有发现，再当增补。唯收入《四库全书总目》存目之书，以及（光绪）《山东通志·艺文志》明确记载曾有刻本者，概行收录。唐以前山东先贤著述颇多亡佚，后人有辑本者，均著录辑本，无辑本者不再著录。近人有学术价值之个别著述，有助于古籍整理者，亦酌予收录。

二、本书目所收山东先贤著述，其籍贯在历史上长期属于山东行政区划，民国或1949年以后划归邻省管辖者，仍以山东旧籍为准。例如范县今属河南安阳地区，在历史上长期属山东管辖，范县人著述，如明叶廷秀《叶润山辑著全书》与山东文献息息相关，故仍予收录，以视尊重历史。

三、(光绪)《山东通志·艺文志》(以下简称《山艺》)出于著名学者孙葆田、法伟堂、宋书升等人之手，共收录山东先贤著述10831部，且均撰有提要，在清代所修各省通志艺文志中最称完备。然分类体系，墨守四部陈规，图书归属，复多疏失。其主要缺点，在于存佚不分，著录之书，十之五六，仅存虚目。因限于历史条件，所见不广，脱漏之书，尤指不胜屈。已著录者，亦极少记注版本。其确有刻本、稿本、抄本或名家题跋批校本流传者，则反多脱漏。书名、卷数，往往与所见传本颇多出入。本书目虽以《山艺》为基础，凡《山艺》类目设置及图书归属不当者，悉予调整。另于四部外，增设丛书部；经史两类之首均增设总类。专科性丛书，概于有关类目前增设类编，其子目则分入有关类目。《山艺》大量脱漏之书及知见版本，概行增补。《山艺》著录书名、卷数、著者如有明显错误，径改；如与流传本有歧异，则一律在版本项下用圆弧加注说明，以备稽考。

四、《山艺》囿于封建传统观念，对不少明清小说(如《金瓶梅》《聊斋志异》《醒世姻缘传》等)、元明清杂剧、传奇等文学瑰宝，均不加著录。本书目力矫其弊，博稽群籍，参证有关簿录，于上述作品，悉数增补。惟地方志已详见北京天文馆编《中国地方志联合目录》，故不再登录。

五、《山艺》著录之书，于类目中每多不加区分，故错乱庞杂，在所不免。本书目于二级类目中根据具体情况，参酌《中国丛书综录》第二册分类目录及《中国古籍善本书目》分类体系，加分“以上某某之属”，如经部小学类分“类编之属”“训诂之属”“字书之属”“音韵之属”；史部传记类分“总传之属”“别传之属”“年谱之属”“家谱之属”“家传之属”“姓名之属”“贡举之属”“杂录之属”；金石类分“类编之属”“总志之属”“金之属”“钱币之属”“玺印之属”“石之属”“玉之属”“甲骨之属”“匋文属”“郡邑之属”“域外之属”；子部儒家类分“先秦儒家之属”“经济之属”“性理之属”“礼教之属”；艺术类分“总论之属”“书画之属”“音乐之属”“印谱之属”“游艺之属”；杂家类分“杂学之属”“杂说之属”“杂考之属”“杂纂之属”“类书之属”。凡类目中收书不多，不再细分“以上某某之属”者，其编排次第仍参酌《中国丛书综录》加以区分，如经部易类次第按正文、传说、图说、分篇、专著、易例、文字音义、古易先后排列。余以此类推。每类之中，按作者时代顺序排列。时代不明者置于每类之后。

六、本书目收录之书，均加注版本及书目依据。版本中有名人题跋、批校者，概于版本项下用圆括弧加注。加注书目，概用简称（见引用书目）。

七、《山艺》中间有误收非山东人著述，如元王恽为汲县（今属河南）人，自《四库全书总目》误为东平人，《山艺》承沿其误。如此之类，今概行剔除。其祖籍山东，虽已侨居他省，史传或作者自署山东旧籍，如宋晁公武、周密，清末郑文焯等，仍以山东人入录。凡东晋时北人南渡，在江南侨置如南临沂、南兰陵等地名，此类作者，仍以山东人入录。

八、个别山东先贤著述作者尚有争议，或尚待考定者，均根据有关书目及有关文献著录，在姓名上加〔〕为记。如《醒世姻缘传》在蒲松龄姓名上加〔〕，以视存疑。

九、历代正史，纂修时间较长，参与修史者人数众多，而历代艺文、经籍志及各家书目著录撰人，往往仅举为首者一二人。如《隋书》首列魏徵名，其实除魏徵外，尚有山东学者颜师古、孔颖达等；《旧唐书》首列刘昫名，其实除刘昫外，尚有山东学者张昭（濮州范县人）等；《宋史》《辽史》《金史》，首列托克托名，其实除托克托外，尚有山东学者张起岩（章丘人）等。为全面反映山东学者在修史中所起作用，今概于首名后增加山东籍与纂人姓名，并于姓名后加注籍贯，以资考信。

十、本书目顾名思义为山东文献书目，但凡与山东文献有关而虽非山东人的著述，亦酌予收录。其中经部各类，山东先贤著作，后人每多注释、考订，或进行校勘，书目中均择要收录。如《周易注疏》十三卷，魏王弼、晋韩康伯注，唐孔颖达疏，附清卢文弨《周易注疏校正》一卷、罗振玉《敦煌写本周易注校勘记》一卷。其原书久佚，后人有辑本者不止一家，为便于参考，均逐一收录。如汉郑玄《周易郑氏注》，以孔广林辑本为主，附以孙堂辑本、张惠言订正本、袁钧辑本、黄奭辑本；又如魏王肃《周易王氏注》二卷，以马国翰辑本为主，附以孙堂、黄奭辑本。又如刘宋檀道鸾《续晋阳秋》佚文一卷，附以黄奭、汤球、王仁俊、陶栋辑本。在史部中有关山东文献而非山东人著述，尤为明显。如传记类中山东名人年谱，往往非山东人所编；明吕元善《三迁志》六卷（明嘉靖刻本、万历刻本），明陈镐《陋巷志》八卷（明正德刻本），明李天植辑《曾志》四卷（明万历二十六年刻本），明潘榛辑《孟子志》五卷（明万历三十年刻本）；地理类明查志隆《岱史》十八卷（《续道藏》本、《道藏举要》本），清顾炎武《山东考古录》一卷（《顾亭林先生遗书》本），清叶圭绶《续山东考古录》三十一卷，清胡德琳《山东海疆图记》五卷（清抄本）；金石类清毕沅、阮元撰《山左金石志》二十四卷（《文选楼丛书》本）。此类著作，均为山东文献不可或缺之书。本书目著录时，均于有关类目中低一格著录，以别于山东人著作。在山东人著作辑佚书中，如无孔广林、马国翰辑本，仅有其他非山东人辑本，不再低一格著录。

十一、清代山东学者马国翰为一代辑佚大家，凡辑经部444种（内纬书40种），史部8种，子部178种。唐以前古注佚书，赖以保存，厥功甚伟。惟马辑本有山东人著作，有非山东人著作。今将山东人著作，各以类归。其中非山东人著作，概附于各类之末，书名一律低一格著录，以视区别。

十二、《山艺》著录过于浮滥，如作者并无专集流传，其作品仅见于《山左明诗钞》《国朝山左诗钞》《山左续诗钞》，或录入《高密诗存》《即墨诗钞》等郡邑诗文总集，并不成卷，《山艺》均于别集中作别集著录，今一并从别集中删除。

十三、为便于稽检，书目后附四角号码书名索引、著者索引，汉字笔划字头检字表。作为附录的非山东人著作，在书名索引、著者索引中不再加以区别。

十四、本书目脱漏及舛讹之处，在所难免，如有发现，今后当再加补正。

引用书目(附简称)

四库全书总目　(清)纪昀等撰　1965 年中华书局影印本(总目)

增订四库简明目录标注　(清)邵懿辰撰　邵章续录　1959 年中华书局排印本(标注)

书目答问补正　(清)张之洞撰　范希增补正　1963 年中华书局排印本　1983 年上海古籍出版社瞿凤起校点本(答问补正)

郘亭知见传本书目十六卷　(清)莫友芝撰　民国二十年扫叶山房影印本(郘亭)

续修四库全书提要　东方文化事业委员会编　1971 年台湾商务印书馆排印本(续提要)

清朝续文献通考经籍考　(清)刘锦藻编　民国二十五年上海商务印书馆影印十通本(续经籍)

(光绪)山东通志·艺文志(通志卷百二十八至卷百四十九)　(清)孙葆田、法伟堂、宋书升等编　民国二十三年上海商务印书馆缩影本(山艺)

清代殿版书目　陶湘编　武进陶氏书目丛刊本(殿目)

鄞范氏天一阁书目　冯贞群编　民国二十九年排印本(天一)

中国丛书综录　上海图书馆编　1959 年中华书局排印本(丛综)

中国丛书综录补编　上海图书馆编　1983 年上海图书馆油印本(丛综补)

中国丛书目录及子目索引汇编　南京大学图书馆等编　1982年排印本(南大丛)

中国近代现代丛书目录　上海图书馆编　1979年上海图书馆油印本(近现代丛)

江苏省立国学图书馆图书总目　江苏省立国学图书馆编　民国二十年至二十三年排印本(国学)

中国古籍善本书目(除经部外均为征求意见稿)　中国古籍善本书目编委会编　经部1985年上海古籍出版社排印本,余均为油印本(善目)

藏园群书经眼录十九卷　傅增湘撰　1983年中华书局排印本(藏园)

涉园序跋集录　张元济撰　1957年古典文学出版社排印本(涉园序跋)

古籍目录(1949.10—1976.12)　国家出版局版本图书馆编　1980年中华书局排印本(古籍目录)

贩书偶记　孙殿起编　1962年中华书局排印本(贩记)

贩书偶记续编　孙殿起编　1977年上海古籍出版社排印本(贩续)

四库未收参考书目　山东大学古籍整理研究所油印本(参考目)

台湾公藏普通线装书目书名索引　台湾中央图书馆特藏组编　1982年台湾排印本(台湾公藏)

古今书目简志　韩锷编　1937年山东大学图书馆油印本(书目简志)

中国历代书目总录　梁子涵编　1955年台湾中华文化事业委员会排印本(书目总录)

北京图书馆善本书目　北京图书馆编　1959年排印本(北图)

北京图书馆古籍善本书目　北京图书馆编　1987年书目文献出版社排印本(北善)

上海图书馆善本书目　上海图书馆编　1957年排印本(上图)

(台湾)"中央研究院"历史语言研究所善本书目　台湾"中央研究院"历史语言研究所编　1968年排印本(史语)

西谛书目　北京图书馆编　1963年文物出版社排印本(西谛)

西谛书话　郑振铎撰　1983年三联书店排印本(西谛书话)

中国善本书提要　王重民撰　1983年上海古籍出版社排印本(善本提要)

山东省图书馆古籍目录　山东省图书馆特藏部编　(省图)

山东省博物馆藏山东人著作目录　崔巍编　手抄本(省博)

馆藏明清两代山东人著作目录　青岛市图书馆编　1958年油印本(青图)

四川省图书馆馆藏古籍目录　四川省图书馆编　1958年油印本(川图)

北京大学图书馆善本书目　北京大学图书馆编　1983年排印本(北大)

山东大学图书馆线装书目录　山东大学图书馆特藏部编　(山大)

山东大学图书馆平装书目录(公务目录)　山东大学图书馆采编部编　(山大)

山左先哲遗书提要　王献唐编　民国浙江瑞安仿古印书局排印本(山左)

双行精舍书跋辑存　王献唐撰　山东省博物馆编　1983年齐鲁书社排印本(双行)

双行精舍书跋辑存续编　王献唐撰　山东省图书馆编　1986年齐鲁书社排印本(双行续)

静嘉堂文库汉籍分类目录　〔日〕静嘉堂文库编　1980年台湾大立出版社影印本(静嘉)

东京大学东洋文化研究所汉籍分类目录　东京大学东洋文化研究所编　日本昭和四十八年排印本(东洋)

历代兵书目录六卷　陆达节编　民国二十二年排印本(兵目)

中国兵书知见录　许保林编　1988年解放军出版社排印本(兵录)

中国兵书总目　刘申宁编　1988年国防大学出版社排印本(兵总)

中国边疆图籍录　邓衍林编　1958年商务印书馆排印本(中边)

明清稀见史籍叙录　武新立编著　1983年金陵书画社排印本(稀见史籍)

中国历代人物年谱集目　杭州大学图书馆资料组编　1962年12月杭州大学图书馆排印本(杭谱)

中国历代年谱总录　杨殿珣编　1980年书目文献出版社排印本(年谱总录)

近三百年人物年谱知见录　来新夏撰　1983年上海人民出版社排印本(年谱知见)

中国人民大学图书馆藏家谱目录　中国人民大学图书馆编印本(人大谱)

石庐金石书志二十二卷　林钧编　民国十二年南昌刻本(石庐)

金石书录目十卷　容媛编　1936年商务印书馆排印本(金石书录)

中国印学年表　韩天衡编　1987年上海书画出版社排印本(印学)

太平天国资料目录　张秀民、王会庵编　1957年上海人民出版社排印本(太平天国)

山东中医学院图书馆馆藏中医药图书目录(1958—1965)　山东中医学院图书馆编　1966年油印本(山东中医)

北京图书馆普通古籍总目(目录门)　北京图书馆普通古籍组编　1986年油印本(北普)

中国通俗小说书目　孙楷第撰　1958年作家出版社排印本(通目)

古文字类编引书目录　高明编　1980年中华排印本(古文字类编)

全上古三代秦汉三国六朝文篇名目录及作者索引　中华书局编　1965年中华书局排印本　(全上古三代文　全秦文　全汉文　全后汉文　全三国文　全晋文　全宋文　全齐文　全梁文　全陈文　全后魏文　全北齐文　全北周文　全隋文)

全汉三国晋南北朝诗　丁福保编　1916年无锡丁氏排印本(全汉诗　全三国诗　全晋诗　全南北诗)

先秦汉魏晋南北朝诗　逯钦立编　1983年中华排印本(先秦汉魏晋南

北朝诗)
全唐文篇名目录及作者索引　马绪传编　1985年中华排印本(全唐文)
全唐诗作者索引　张忱石编　1960年中华排印本　1985年重印本(全唐诗)
杜集书目提要　郑庆笃等编　1986年齐鲁书社排印本(杜集书目)
中国历代诗文别集联合书目(第11—13辑)　1984年台湾国学文献馆编印(联目)
方望溪遗集附录　1991年安徽古籍丛书排印本　(方望溪遗集附录)
古典戏曲存目汇考　庄一拂编　1982年上海古籍出版社排印本(存目汇考)
国立北平图书馆戏曲音乐展览会目录　1934年排印本(展览目录)
元代杂剧全目　傅惜华编　1957年作家出版社排印本(元剧全目)
明代杂剧全目　傅惜华编　1958年作家出版社排印本(明剧全目)
明代传奇全目　傅惜华编　1959年作家出版社排印本(传奇全目)
清代杂剧全目　傅惜华编　1981年人民文学出版社排印本(清剧全目)
元明北杂剧总目考略　邵曾祺编　1985年中州古籍出版社排印本(杂剧总目)
近三百年散曲家传略及书目　谢伯阳编　1982年南京大学学报编辑部排印本(散曲家书目)
全明散曲　谢伯阳编　稿本(正在齐鲁书社发排)(全明散曲)
中国版刻图录　北京图书馆编　1960年文物出版社影印本(版刻图录)
明代版刻图录十二卷　潘景郑、顾廷龙编　1941年开明书局排印本影印本(明版图录)
泰山王氏仅好书斋藏书志　王价藩撰　1989年泰山文管会、泰安市博物馆复印本(仅好斋)
赵景深先生赠书目录(中文线装书部分)　复旦大学图书馆等编　1988年打印本(景深)

张亦轩先生家藏山东人著作目录　张亦轩手抄本（亦轩）

黄立振先生提供曲阜师范大学馆馆藏山东人著作目录及自藏曲阜孔氏书目　（曲师、立振）

文史哲工具书简介　南京大学图书馆等编　1980年天津人民出版社排印本（文史哲）

经部

总　类

两苏经解七种六十四卷　(明)焦竑辑　明万历二十五年毕氏刻本　明万历三十九年顾氏刻本　善目　丛综补

通德遗书所见录(一名郑学十八种)七十二卷　(汉)郑玄撰(清)孔广林辑　郑学十八种清抄本　清光绪十六年山东书局刻本　善目　丛综　山艺　省图　省博　山大

高密遗书十六种十六卷附三种三卷　(汉)　郑玄撰(清)黄奭辑　清道光二十三年　黄奭刻本(清黄奭校)　善目

北海经学七录八卷　(清)孔广林撰　清乾隆三十九年刻本　贩记　续提要　山艺

孔丛伯说经五稿五种三十六卷附说经未竟稿一卷　(清)孔广林撰　稿本　清光绪十六年山东书局刻本　善目　丛综　山艺　续提要　山大

玉映楼多识录四种十六卷　(清)王维言撰　清抄本　善目　省图

屺瞻草堂经说三种　李景星撰　民国十六年山东书局排印本　省图　省博

以上总类六部,二百卷,内不分卷者一部;附录一部,十九卷。

易　类

周易梁丘氏章句一卷　(汉)梁丘贺撰(清)马国翰辑　玉函山房辑佚

书本　从综　国学　山艺　山大　省图

周易孟氏章句二卷　(汉)孟喜撰(清)马国翰辑　玉函山房辑佚书本　从综　山艺　山大　省图

费氏易一卷　(汉)费直撰(清)马国翰辑　玉函山房辑佚书本　从综　山艺　山大　省图

周易郑氏注十二卷附录一卷　(汉)郑玄撰(清)孔广林辑　通德遗书所见录本　郑学十八种清抄本　善目　从综　山大　省图

周易郑康成注一卷　(汉)郑玄撰(宋)王应麟辑　玉海本　秘册汇函本　四库全书本　四部丛刊景印元刻本　摛藻堂四库全书荟要本(三卷)　从综　善目　省图　山大

郑氏周易三卷　(汉)郑玄撰(宋)王应麟辑(清)惠栋增补　稿本(清蔡孙峰跋)　雅雨堂藏书本(清阮元校注,另一本清陈鳣校并录卢文弨、丁杰、孙志祖校跋,另一本清黄锡元校并跋,另一本清李慈铭校并跋)　四库全书本(书名作新本郑氏周易)　从综　善目　省图　山大

周易注三卷补遗一卷　(汉)郑玄撰(宋)王应麟辑(清)惠栋增补(清)孙堂重校并辑补遗　汉魏二十一家易本　古经解汇函本(书名作郑氏周易注,清许克勤校)　丛书集成初编本　从综　省图　山大

周易郑氏注三卷　(汉)郑玄撰(宋)王应麟辑(清)丁杰后定(清)张惠言订正　张皋文笺易诠全集本　从综　省图

周易郑注十二卷附叙录一卷　(汉)郑玄撰(宋)王应麟辑(清)丁杰后定(清)张惠言订正　叙录(清)臧庸撰　湖海楼丛书本　丛书集成初编本　从综　省图　山大

易注九卷　(汉)郑玄撰(清)袁钧辑　郑氏佚书本　从综　省图　山大

周易注一卷　(汉)郑玄撰(清)黄奭辑　知足斋丛书本　黄氏逸书考本　从综　省图　山大

易解附录一卷附后语一卷　(汉)郑玄撰(明)胡震亨辑(明)姚士粦

补　秘册汇函本　丛书集成初编本　丛综　省图　山大

周易刘氏章句一卷　（汉）刘表撰（清）马国翰辑　玉函山房辑佚书本　山艺　丛综　省图　山大

周易章句一卷　（汉）刘表撰（清）孙堂辑　汉魏二十一家易注本　丛综　山大

易章句一卷　（汉）刘表撰（清）黄奭辑　汉学堂丛书本　黄氏逸书考本　丛综　山大

周易注九卷附略例一卷　（魏）王弼（晋）韩康伯撰（唐）陆德明音义　略例（魏）王弼撰（唐）邢璹注　宋建阳刻本　宋抚州公使库刻本　四部丛刊景印宋刻本　四库全书本（十卷）　四部备要十三经古注本（十卷）　丛综　山艺　版刻图录　省图　山大

周易正义十四卷　（唐）孔颖达撰　宋刻递修本（藏园作宋绍兴十五年至二十一年临安府刻本，清翁方纲跋、傅增湘跋）　善目　藏园　版刻图录

周易兼义九卷附音义一卷略例一卷　（魏）王弼（晋）韩康伯注（唐）孔颖达正义　音义（唐）陆德明撰　略例（魏）王弼撰（唐）邢璹注　元刻明修本　明永乐二年刻本（音义改题经典释文）　明北京国子监刻十三经注疏本（傅增湘校跋）　明毛氏汲古阁刻十三经注疏本（无音义、略例，清惠栋校注、清周星诒跋，另一本清张瀛校，又一本清张尔耆、韩应陛跋、佚名录、清卢文弨校跋，又一本清章铤校，又一本清朱孔彰批）　丛综　善目　省图　山大

周易注疏十三卷　（魏）王弼（晋）韩康伯注（唐）孔颖达疏　宋两浙东路茶盐司刻宋元递修本（卷一配清陈氏士乡堂抄本，清陈鳣跋）　清武英殿刻十三经注疏本（附略例一卷及考证，清张穆校）　四库全书本（书名作周易正义十卷）　摛藻堂四库全书荟要本（附略例一卷）　古逸丛书三编景印宋刻本　总目　丛综　善目　藏园　版刻图录　省图　山大

周易注疏校正一卷　（清）卢文弨撰　抱经堂丛书群书拾补本　绍兴先正遗书本　丛书集成初编本　丛综　省图　山大

周易正义校勘记二卷　刘承幹撰　嘉业堂丛书周易正义附刻本　丛

综　山大

敦煌古写本周易王注校勘记二卷　罗振玉撰　广仓学窘丛书本　丛综　省图　山大

周易王氏注二卷　(魏)王肃撰(清)马国翰辑　玉函山房辑佚书本　丛综　省图　山大

周易注一卷　(魏)王肃撰(清)孙堂辑　汉魏二十一家易注本　丛综　省图　山大

易注一卷　(魏)王肃撰(清)黄奭辑　汉学堂丛书本　黄氏逸书考本　丛综　省图　山大

周易王氏音一卷　(魏)王肃撰(清)马国翰辑　玉函山房辑佚书本　丛综　山艺　山大　省图

周易王氏注一卷　(晋)王廙撰(清)马国翰辑　玉函山房辑佚书本　丛综　山大　省图

周易注一卷　(晋)王廙撰(清)孙堂辑　汉魏二十一家易注本　丛综　省图　山大

易注一卷　(晋)王廙撰(清)黄奭辑　汉学堂丛书本　黄氏逸书考本　丛综　省图　山大

周易徐氏音一卷　(晋)徐邈撰(清)马国翰辑　玉函山房辑佚书本丛综　山大　省图　山艺

周易系辞明氏注一卷　(齐)明僧绍撰(清)马国翰辑　玉函山房辑佚书本　丛综　山大　省图

周易伏氏集解一卷　(梁)伏曼容撰(清)马国翰辑　玉函山房辑佚书本　十笏园丛刊本　丛综　山大　省图　丛综补

周易张氏讲疏一卷　(陈)张讥撰(清)马国翰辑　玉函山房辑佚书本　丛综　山艺

易大象说一卷　(明)崔铣撰　金声玉振集本　丛综

读易余言五卷　(明)崔铣撰　明嘉靖崔氏家塾刻本(清丁丙跋)　崔洹野集本　四库全书本　总目　善目　丛综　山大

易筌六卷附论一卷　(明)焦竑撰　明万历四十年刻本　见四库存目　总目　善目　山艺

周易札记三卷易学启蒙集略一卷　(明)逯中立撰(明)岳和声辑　明刻本(贩续无卷数,约崇祯间刻)　红格抄本　四库全书本　善目　贩续　国学　山大　山艺

周易古本全书汇编十七卷　(明)李本固辑　明万历间刻本　见四库存目　总目　善目　山艺

易学集解二卷　(明)郭季公撰　明连公阁刻本(善本提要作不分卷,明清间刻本,山艺作郭氏易学集解)　善目　善本提要　山艺

周易训蒙辑要四卷　(明)怀晋撰　清康熙二十四年刻本　山艺

易翼二卷　(清)孙承泽撰　抄本　国学

孔易释文七卷　(清)孙承泽撰　清康熙六年城南书舍孙氏自刻本(善本提要书名作孔易)　人大　易目　善本提要

贞固斋易义不分卷　(清)傅以渐撰　清初抄本　善目

易经通注九卷　(清)傅以渐等奉敕撰　四库全书本　湖北丛书本(四卷)　丛书集成初编本(四卷)　总目　丛综　山艺　省图　山大

增辑易象图说二卷　(清)吴脉鬯撰　清顺治十六年法若真刻本　见四库存目　清道光二年柏柳堂刻本　抄本(二册)　蓬莱吴灌先著述三种本　丛综　国学　省图　省博　山大　北师大　贩续　山艺

周易八宫纳甲　(清)吴脉鬯撰　昱青堂集三种排印本　国学

易经卦变解八宫说一卷　(清)吴脉鬯撰　清道光二十年柏柳堂刻本　蓬莱吴灌先著述三种本　丛综　贩记　省图　省博　山大

周易说略四卷　(清)张尔岐撰　清康熙五十八年泰安徐氏磁活字本清乾隆二十七年三与堂刻本　清刻本(牟应震批校,牟所题跋)　清嘉庆十年敬文堂重刻本　善目　北图　山艺　省图　省博　山大

周易订疑十五卷序例一卷易学启蒙订疑四卷周易本义原本十二卷　(清)董养性撰　清康熙间刻本　见四库存目　总目　山艺

周易滴露集不分卷　(清)张完臣撰　见四库存目　清康熙永远堂刻本　清张氏家刻本　总目　国学　山艺　省图　省博　贩续

易理一卷　(清)颜光猷撰　清康熙十四年颜氏抄本　善目　北大

周易古本集注十二卷首二卷末三卷　(清)姜其垓撰　稿本　清抄本(山艺作八卷)　善目　山艺　省图　省博

读易便解二卷　(清)卢见曾撰　稿本　善目　省图

周易本义析疑不分卷　(清)刘以贵撰　清稿本(郑时、王献唐跋)　善目　山艺　省图　双行续

周易显指四卷附周易释要一卷周易答问三卷　(清)单铎撰　清乾隆十五年刻本　贩记　山艺　省博　善目　省图

周易解(一名空山堂易解)九卷　(清)牛运震撰　见四库存目(书名作空山堂易解四卷)　清乾嘉间家刻空山堂全集本　总目　山艺　丛综　省图　北师大

硕松堂读易记十六卷　(清)邱仰文撰　清乾隆三十三年刻本　山艺　省图

易举义别记四卷原始一卷　(清)邱仰文撰　清抄本　善本提要　北大　山艺

易经续图纂、易经旁注、周易精择录四卷　(清)李晃撰　清乾隆四十年录旁注本　山艺

勉德堂读易直解四卷　(清)杜桂撰杜焕斗注　民国三十三年杜明甫抄本　省博　山艺

周易观澜不分卷　(清)乔大凯撰　见四库存目　清抄本　总目　省博　善目　山艺

周易说　(清)贾琰撰　家藏嘉庆三年抄本　山艺

周易遵翼约编十篇　(清)匡文昱撰　清乾隆五十一年刻本　清抄本　山艺　国学　省博　善目　省图

读易拾义便抄一卷　(清)匡文昱撰　约乾隆四十年精刻本(山艺作读易拾遗义)　清抄本　贩续　山艺　省博　省图

易经简明集解三卷　(清)李源撰　稿本(有注一卷)　清乾隆六十年刻本　山艺　省图　易目

参校周易孔义集说二十卷　(清)赵铨、沈起元撰　四库全书本(总目书名作周易孔义集说,未署赵铨名,今从山艺)　总目　丛综　山艺　省图　山大

易纂四卷　(清)王善宝撰　清抄本(不分卷)　山艺　省博

周易直解二卷　(清)牟应震撰　清道光八年刻本　山艺　易目　贩续

周易注不分卷　(清)牟庭撰　民国山东省立图书馆抄本　省图

说卦传辑注一卷　(清)李兆元撰　清道光二年自刻本　山艺　省博

读易解象二卷　(清)王佩搢撰　清咸丰八年居易堂抄本　山艺　省博　善目

周易解四卷　(清)贾声槐撰　清道光十四年刻本　贩记　山艺　省图

易说十二卷便录一卷　(清)郝懿行撰　清光绪八年东路厅署刻郝氏遗书本　丛综　山艺　山大　国学　省图

羲里睡余易编十卷　(清)张绶佩撰　清乾隆四十年鲁甸官舍刻本　贩续　省图

读易例言图解一卷　(清)孙廷芝撰　清道光十二年潍县韩逢恩刻本　贩记　清志　省博　省图　山大

易象授蒙一卷　(清)胡桐(翔瀛)撰　清家刻本　续提要　山艺　省图

周易纂义　(清)王鲁得撰　清刻本　山艺　省图

周易析义六卷　(清)冯继聪撰　清咸丰八年冯氏家刻本　山艺　省博　省图

周易纂要二十卷　(清)张寿颐撰　清抄本　山艺　省博　省图

郭超凡先生读易日记一卷　(清)郭英元撰郭射斗辑　民国十七年济南慈济印刷所排印本(山艺作读易日记,未著录郭射斗辑)　省博　山艺　易目

困学斋学易不分卷　(清)张莘田撰　清抄本　山艺　省博　善目

易象集解十卷　(清)黄守平撰　清同治十三年即墨黄氏潄芳园刻本

山艺　省图　清志

序卦图说三卷　（清）王范撰　清道光间抄本(山艺作一卷)　山艺　省图

读易汇参十五卷首一卷　（清）和瑛撰　清道光间刻本　贩记　省图

周易述传十卷　（清）丁裕彦撰　清道光二十二年丁氏家塾刻本　山艺　省图　易目　续提要　清志　贩续

周易介五卷　（清）单维撰　清嘉庆二十一年半山亭刻本　贩记　山艺　省图　山大

易翼与能不分卷　（清）刘象升撰　清嘉庆道光间刘象升叔刘其旃抄本　省博　善目

周易卦象六卷附占易秘解一卷　（清）张丙嘉撰　清光绪二十二年刻本　山艺　省图　青图

易经指掌四卷　（清）相永清撰　清光绪二年临淄桂香斋刻本　贩记　省图

周易研翼十五册　（清）王蕙兰撰　丁氏抄本　稿本　山艺　省博　善目　续提要　清志

周易浅说二卷　（清）曹伯恩撰　清王恩澎　抄本　省图

周易集说不分卷　（清）郑晓如撰　家藏稿本　山艺　易目

周易要义九卷　（清）宋书升撰　稿本　1988 年齐鲁书社排印张雪庵点校本　善目　省博　省图　山大　易目

易经札记一卷　李景星撰　民国十六年山东书局排印屺瞻草堂经说三种本　省博　省图　易目

周易翼注四卷　辛尔藻撰　民国二十二年章邱辛氏排印本　省博　省图

周易系辞二卷　辛尔藻撰　民国二十二年章邱辛氏排印本　省博　省图

易箴一卷　吴佩孚撰　民国十二年黄氏石印本　省博　省图　易目

易纬注八种十二卷　（汉）郑玄撰

乾坤凿度二卷　　七纬本(一卷)　易纬本　四库全书本　武英殿聚珍版丛书本　汉学堂丛书本　古经解汇函本　艺海珠尘本　总目　丛综　山艺　山大　省图

周易乾凿度二卷　　明天一阁范氏刻本　雅雨堂藏书本　四库全书本　武英殿聚珍版丛书本　汉学堂丛书本　古经解汇函本　总目　丛综　山艺　山大　省图

易纬稽览图二卷　　古微书本　七纬本(一卷)　易纬本　四库全书本　武英殿聚珍版丛书本　总目　丛综　山艺　山大　省图

易纬通卦验二卷　　七纬本(一卷)　易纬本　四库全书本　武英殿聚珍版丛书本　古经解汇函本　守山阁丛书本　总目　丛综　山艺　山大　省图

易纬是类谋一卷　　易纬本　四库全书本　武英殿聚珍版丛书本　艺海珠尘本　汉学堂丛书本　古经解汇函本　总目　丛综　山艺　山大　省图

易纬辨终备一卷　　七纬本　易纬本　四库全书本　武英殿聚珍版丛书本　总目　丛综　山艺　山大　省图

易纬乾元序制记一卷　　七纬本　易纬本　四库全书本　武英殿聚珍版丛书本　汉学堂丛书本　古经解汇函本　总目　丛综　山艺　山大　省图

易纬坤灵图一卷　　七纬本　易纬本　四库全书本　武英殿聚珍版丛书本　总目　丛综　答问补正　山艺　山大　省图

附清马国翰易类辑佚书(非山东人著作):

连山一卷附诸家论说

归藏一卷附诸家论说

周易子夏传二卷　　(周)卜商撰

周易薛氏记一卷　　(□)薛虞撰

蔡氏易说一卷　　(汉)蔡景君撰

周易丁氏传二卷　　(汉)丁宽撰

周易韩氏传二卷　　(汉)韩婴撰
周易古五子传一卷
周易淮南九师道训一卷　　(汉)刘安撰
周易施氏章句一卷　　(汉)施雠撰
周易京氏章句一卷　　(汉)京房撰
周易马氏传三卷　　(汉)马融撰
周易宋氏注一卷　　(汉)宋衷撰
周易荀氏注三卷　　(汉)荀爽撰
周易陆氏述三卷　　(吴)陆绩撰
周易何氏解一卷　　(魏)何晏撰
周易董氏章句一卷　　(魏)董遇撰
周易姚氏注一卷　　(吴)姚信撰
周易翟氏义一卷　　(□)翟玄撰
周易向氏义一卷　　(晋)向秀撰
周易统略一卷　　(晋)邹湛撰
周易卦序论一卷　　(晋)杨乂撰
周易张氏义一卷　　(晋)张轨撰(凉)刘昞注附
周易张氏集解一卷　　(晋)张璠撰
周易干氏注一卷　　(晋)干宝撰
周易蜀才注一卷　　(蜀)范长生撰
周易黄氏注一卷　　(晋)黄颖撰
周易李氏音一卷　　(晋)李轨撰
易象妙于见形论一卷　　(晋)孙盛撰
周易系辞桓氏注一卷　　(晋)桓玄撰
周易系辞荀氏注一卷　　(刘宋)荀柔之撰
周易沈氏要略一卷　　(南齐)沈驎士撰
周易刘氏义疏一卷　　(南齐)刘瓛撰

周易大义一卷　　梁武帝撰

周易褚氏讲义一卷　　(梁)褚仲都撰

周易周氏义疏一卷　　(陈)周弘正撰

周易何氏讲疏　　(隋)何妥撰

周易崔氏注一卷　　(□)崔觐撰

周易傅氏注一卷　　(□)傅□撰

周易卢氏注一卷　　(□)卢□撰

周易王氏注一卷　　(□)王凯冲撰

周易王氏义一卷　　(□)王嗣宗撰

周易朱氏易一卷　　(□)朱仰之撰

庄氏易义一卷　　(□)庄氏撰

周易侯氏注三卷　　(□)侯果撰

周易探玄三卷　　(唐)崔憬撰

周易玄义一卷　　(唐)李淳风撰

周易新论传疏一卷　　(唐)阴弘道撰

周易新义一卷　　(唐)徐郧撰

易纂一卷　　(唐)释一行撰

以上均玉函山房辑佚书本　丛综　山大　省图

以上易类凡八十部,四百二十四卷,内不分卷者十三部;附录七十五部,一百二十一卷,内不分卷者一部。

书　类

尚书六卷　　题(汉)孔安国传　袖珍十三经注本　丛综

尚书十三卷　　题(汉)孔安国传　宋刻本　善目

古文尚书十三卷　　题(汉)孔安国传　清杨氏邻苏园抄本(清杨守敬跋)　善目

纂图互注尚书十三卷　题(汉)孔安国撰　宋刻本　又一本(存五至十三卷)　善目

尚书七卷附音释一卷　题(汉)孔安国传　明刻本　善目

隶古定尚书残三卷(存卷三、卷五、卷十一)　鸣沙石室佚书初编本　丛综　山大

尚书残一卷(存卷十一)附校勘记一卷隶古文尚书顾命残本补考一卷　题(汉)孔安国传　校勘记(民国)蒋斧撰　补考罗振玉撰　敦煌石室遗书本　丛综　山大

监本纂图重言重意互注点校尚书十三卷　题(汉)孔安国传(唐)陆德明音义　宋刻本　南宋巾箱本　四部丛刊景印宋刻本　丛综　版刻图录　省图　山大

尚书二十卷　题(汉)孔安国传(唐)陆德明音义　明崇祯东吴金蟠刻永怀堂十三经古注本　清浙江书局重刻永怀堂本　清乾隆武英殿刻仿宋相台五经本(十三卷,附考证)　清光绪仿相台五经本(十三卷,附考证)　丛综　国学　省图　山大

尚书正义二十卷　(唐)孔颖达撰　日本图书寮藏宋刻本　宋两浙东路茶盐司刻本(卷七至八,十九至二十配日本影宋抄本,清杨守敬跋)　四部丛刊景印宋刻本　嘉业堂丛书本(附刘承幹校勘记二卷)　古逸丛书三编景印宋两浙东路茶盐司刻本　丛综　版刻图录　涉园题跋　省图　山大

尚书注疏二十卷　题(汉)孔安国传(唐)孔颖达疏(唐)陆德明释文　宋庆元间建安魏宅刻元递刻明闽修十行本　蒙古刻本(卷十三配清景蒙古抄本)　元刻明修本(书名作附释音尚书注疏,杨守敬跋)　明闽刻十三经注疏本　明北京国子监刻十三经注疏本(傅增湘校并跋)　明嘉靖李元阳刻十三经注疏本(清许瀚批校)　明毛氏汲古阁刻十三经注疏本(清沈炳震跋,清李富孙校,另一本清张允垂跋并录惠栋校)　明刻本　清武英殿刻十三经注疏本(十九卷,清张穆校并圈点)　四库全书本　摛藻堂四库全书荟要本(十九卷)　择是居丛书初集本(附张钧衡撰校勘记一卷)　四部备要十三经注疏本　1980 年中华书局影印阮刻十三经

注疏本　总目　丛综　善目　山艺　版刻图录　省图　山大

尚书注疏考正一卷　(清)齐召南撰　皇清经解本　丛综　省图　山大

尚书注疏校正一卷　(清)卢文弨撰　抱经堂丛书本　绍兴先正遗书本　丛书集成初编本　丛综　省图　山大

尚书孔传参正三十六卷　(清)王先谦撰　王先谦所著书本　国学

古文尚书十一卷　(汉)郑玄注(宋)王应麟辑　清乾隆三十九年抄本　清抄本(清翁方纲跋)　善目

尚书郑注十卷　(汉)郑玄撰(宋)王应麟辑(清)孔广林增订　通德遗书所见录本　郑学十八种清抄本　学津讨原本　郑学汇函本　丛书集成初编本　丛综　善目　山大　省图

尚书注九卷　(汉)郑玄撰(清)袁钧辑　郑氏佚书本　丛综　山大　省图

尚书古文注一卷　(汉)郑玄撰(清)黄奭辑　黄氏逸书考本　丛综　山大　省图

尚书略说注一卷　(汉)郑玄撰(清)袁钧辑(清)袁尧年校补　郑氏佚书本　丛综　国学　省图　山大

书赞一卷　(汉)郑玄撰(清)孔广林辑　通德遗书所见录本(尚书注附)　郑学十八种清抄本(尚书注附)　丛综　山艺　省图

书赞一卷　(汉)郑玄撰(清)王仁俊辑　玉函山房辑佚书续编本　丛综　山艺

尚书王氏注二卷　(魏)王肃撰(清)马国翰辑　玉函山房辑佚书本　丛综　山艺　省图　山大　善目

书王氏注一卷　(魏)王肃撰(清)王仁俊辑　玉函山房辑佚书续编本　丛综

古文尚书音一卷　(晋)徐邈撰(清)马国翰辑　玉函山房辑佚书本　丛综　国学　山艺　省图　山大

书经补遗五卷　(元)吕宗杰撰　宛委别藏本　涵芬楼秘笈本　丛综

省图　山大

书疏丛抄一卷　(明)王祖嫡撰　明山阴祁氏淡生堂余苑刻本　山艺

书经直解四卷　(清)张尔岐撰　清抄本　清抄本(不分卷)　省图　省博　善目　双行

尚书评注六卷附校正尚书评注讹字表一卷　(清)牛运震撰　清抄本　善目　省图

尚书读记一卷　(清)阎循观撰　见四库存目　清乾隆三十八年潍县韩梦周树滋堂刻本　西涧草堂本　总目　续提要　山艺

尚书札记四卷　(清)许鸿磐撰　清道光七年李氏学海堂刻本　同治九年学海堂刻本　贩记

同文尚书三十一卷　(清)牟庭撰　清抄本　1981年齐鲁书社影印山左名贤遗书本　善目　山大

书正义略考二卷　(清)马邦举撰　鱼台马氏著丛书抄本　省图

书说二卷　(清)郝懿行撰　清光绪八年东路厅署刻郝氏遗书本　丛综　山艺　省图　山大

尚书今文二十八篇解不分卷　(清)杨钟泰撰　清道光十八年载德堂刻本　贩记　山艺　山大　清志

尚书小札二卷　(清)郭梦星撰　宝树堂遗书三种本　续提要　省图　山艺

尚书要义不分卷　(清)宋书升撰　稿本　省博　善目

尚书考八卷　(清)宋书升撰　稿本　省博　善目

尚书笺注九卷　(清)艾紫东撰　稿本　省博　善目

书经管窥二卷　李景星撰　民国十六年山东书局排印�瞻草堂经说三种本　续提要　省博　省图

汤誓略考一卷　(清)马邦举撰　鱼台马氏著丛书抄本　省图

书序略考五卷　(清)马邦举撰　鱼台马氏著丛书抄本　抄本　善目　国学　省图

洪范经传集义一卷　(清)孙承泽撰　清刻本　山艺　国学

九州山水考三卷　(清)孙承泽撰　清康熙间刻本　贩续　善目
禹贡今释一卷　(清)赵节撰　清诸城王氏刻本　山艺
禹贡正字一卷　(清)王筠撰　清道光五年自刻本　续提要　山艺
禹贡说义稿一卷　(清)宋书升撰　稿本　省博　善目
禹贡辑解二卷禹贡书法一卷禹贡地理今释考二卷　(清)毕涼昭辑　(清)毕廷昭抄校　稿本　省图
尚书考灵耀二卷　(汉)郑玄注(明)孙瑴辑　古微书本　墨海金壶本　守山阁丛书本　丛书集成初编本　丛综　国学　山大　省图
石经尚书一卷　(清)马国翰辑　玉函山房辑佚书本　丛综　省图　山大
今文尚书一卷　(清)马国翰辑　玉函山房辑佚书本　丛综　山大　省图
古文尚书一卷　(清)马国翰辑　玉函山房辑佚书本　丛综　山大　省图
尚书大传　(汉)伏胜撰　说郛本　丛综　省图　山大
　尚书大传一卷　(汉)伏胜撰(清)伍兆麟辑　述记本　丛综　山大　省图
　尚书大传二卷　(汉)伏胜撰(清)王谟辑　汉魏遗书抄本　丛综　省图　山大
　尚书大传佚文一卷补遗一卷　(汉)伏胜撰(清)王仁俊辑　经籍佚文本　丛综
尚书大传四卷补遗一卷　(汉)伏胜撰(汉)郑玄注　四库全书本　总目　丛综　山艺　省图　山大
尚书大传注四卷　(汉)郑玄撰(清)孔广林辑　通德遗书所见录本　郑学十八种清抄本　丛综　山艺　省图
　尚书大传四卷补一卷　(汉)郑玄注(清)惠栋补　清惠氏红豆斋抄本(清翁方纲校)　善目
　尚书大传四卷补遗一卷续补遗一卷考异一卷　(汉)伏胜撰(汉)

郑玄注　补遗续补遗(清)卢文弨辑并撰考异　雅雨堂藏书本(清张澍补辑并跋,另一本清龚橙批并跋)　崇文书局汇刻本　善目　丛综　省图　山大

尚书大传三卷补遗一卷　(汉)郑玄注(清)孙之騄辑　晴川八识本　丛综

尚书大传注三卷　(汉)郑玄撰(清)袁钧辑(清)袁尧年校补　郑氏佚书本　十笏园丛刊本　丛综　山大　省图　丛综补

尚书大传注一卷　(汉)郑玄撰(清)黄奭辑　汉学堂丛书本　黄氏逸书考本　丛综　山大　省图

尚书大传定本五卷附叙录一卷辨伪一卷　(汉)伏胜撰(汉)郑玄注(清)陈寿祺辑校并撰序录辨伪　左海全集本　皇清经解续编本(三卷)　四部丛刊本　丛综　国学　山大　省图

尚书马郑注十卷　(清)孙星衍辑　岱南阁刻本　答问补正　省图

尚书大传疏证七卷　(清)皮锡瑞撰　师伏堂丛书本　丛综　国学

尚书大传补注七卷　(清)王闿运撰　灵鹣阁丛书本　王湘绮全集本　丛综　国学　省图　山大

尚书大夏侯章句一卷　(汉)夏侯胜撰(清)马国翰辑　玉函山房辑佚书本　丛综　国学　山大　山艺　省图

尚书小夏侯章句一卷　(汉)夏侯建撰(清)马国翰辑　玉函山房辑佚书本　丛综　国学　山大　山艺　省图

尚书欧阳夏侯遗说考一卷　(清)陈乔枞撰　皇清经解续编本　丛综　国学　省图　山大

百两篇一卷　(汉)张霸撰(清)王谟辑　汉魏遗书抄本　丛综　省图　山大

尚书百两篇一卷　(汉)张霸撰(清)黄奭辑　汉学堂丛书本　黄氏逸书考本　丛综　国学　省图　山大

附书纬辑佚书:

尚书纬考灵曜一卷　(汉)郑玄注(清)马国翰辑　玉函山房辑佚书本

玲珑山馆丛书本　丛综　山大　省图

尚书考灵曜　(汉)郑玄注(清)乔松年辑　乔勤恪公全集本　山右丛书初编本　丛综　山大　省图

尚书纬帝命验一卷　(汉)郑玄注(清)马国翰辑　玉函山房辑佚书本　玲珑山馆丛书本　丛综　省图

尚书帝命验一卷　(汉)郑玄注(清)黄奭辑　汉学堂丛书本　黄氏逸书考本　丛综　山大　省图

尚书璇玑钤一卷　(汉)郑玄注(清)马国翰辑　玉函山房辑佚书本　玲珑山馆丛书本　丛综　山大　省图

尚书璇玑钤一卷　(汉)郑玄注(清)黄奭辑　汉学堂丛书本　黄氏逸书考本　丛综　山大　省图

尚书纬刑德放一卷　(汉)郑玄注(清)马国翰辑　玉函山房辑佚书本　玲珑山馆丛书本　丛综　山大　省图

尚书刑德放一卷　(汉)郑玄注(清)黄奭辑　汉学堂丛书本　黄氏逸书考本　丛综　山大　省图

尚书纬刑德放一卷　(汉)郑玄注(清)王仁俊辑　玉函山房辑佚书续编本　丛综

尚书纬运期授一卷　(汉)郑玄撰(清)马国翰辑　玉函山房辑佚书本　玲珑山馆丛书本　丛综　省图　山大

尚书运期授一卷　(汉)郑玄注(清)黄奭辑　汉学堂丛书本　黄氏逸书考本　丛综　山大　省图

尚书中候郑注六卷　(汉)郑玄注(清)孔广林辑　清抄本(五卷,清赵之谦批)　通德遗书所见录本　郑学十八种清抄本　学津讨原本(五卷)　善目　丛综　国学　省图　山大

尚书中候三卷　(汉)郑玄注(清)马国翰辑　玉函山房辑佚书本　丛综　省图　山大

尚书中候一卷　(汉)郑玄注(清)王谟辑　汉魏遗书抄本　丛综　省图　山大

尚书中候一卷　(汉)郑玄撰(清)袁钧辑　郑氏佚书本　丛综　省图　山大

尚书中候郑注一卷　(汉)郑玄撰(清)王仁俊辑　玉函山房辑佚书续编本　丛综

尚书五行传一卷　(汉)伏胜撰(清)袁钧辑　十笏园丛刊本　丛综补

尚书五行传注一卷　(汉)郑玄撰(清)袁钧辑(清)袁尧年校补　郑氏佚书本　丛综　山大　省图

附马国翰书类辑佚书(非山东人著作):

尚书欧阳章句一卷　(汉)欧阳生撰

尚书马氏传四卷　(汉)马融撰

古文尚书舜典注一卷　(晋)范宁撰

尚书刘氏义疏一卷　(隋)刘焯撰

尚书述义一卷　(隋)刘炫撰

尚书顾氏疏一卷　(隋)顾彪撰

以上均玉函山房辑佚书本　丛综　山大　省图

以上书类凡六十一部,三百十七卷,内不分卷者三部;附录三十五部,一百三十五卷,内不分卷者一部。

诗　类

毛诗传笺七卷　(汉)毛亨传(汉)郑玄笺　明刻本　明刻本(高夔跋)　善目

毛诗注二十卷　(汉)毛亨传(汉)郑玄笺　袖珍十三经注本　丛综　山艺

毛诗二南残卷一卷　(汉)毛亨传(汉)郑玄笺　京都帝国大学文学部影印唐抄本第十集　丛综

敦煌古写本毛诗校记一卷　罗振玉撰　松翁居辽后所著书本　丛综　山大

毛诗二十卷　(汉)毛亨传(汉)郑玄笺(唐)陆德明音义　四部丛刊景印宋刻本　十三经古注本　四部备要十三经古注本　袖珍古书读本本　丛综　省图　山大

毛诗故训传三十卷　(汉)毛亨传(汉)郑玄笺(唐)陆德明释文　宋刻本　宋刻本(存卷十八至二十,清查慎行、顾广圻跋清吴荣光题款)　清抄本　清嘉庆二十一年周孝垓枕经楼刻本(清叶裕仁、潘道根批校并跋,另一本清包世荣校,又一本清潘道根批校)　清同治十五年丁氏五云堂刻本(叶昌炽校)　善目

监本纂图重言重意互注点校毛诗二十卷图谱一卷　(汉)毛亨传(汉)郑玄笺(唐)陆德明释文　宋刻本(卷五至七配清黄氏士礼居影宋抄本,清黄丕烈跋,劳健、周叔弢跋)　宋刻本(存卷一至十一、图谱)　善目

毛诗注疏二十卷　(汉)毛亨传(汉)郑玄笺(唐)孔颖达疏(唐)陆德明音义　元刻明修本(书名作附释音毛诗注疏)　明闽刻十三经注疏本　明北京国子监刻十三经注疏本(清宋绵初批校、罗振常跋,另一本清朱彬校)　明毛氏汲古阁刻十三经注疏本(清范家相校,另一本清沈大成、金煇㷍校,又一本朱士端、刘宝楠批校)　清武英殿刻十三经注疏本(清张穆校)　清刻本(清叶寿校)　四库全书本(书名作毛诗正义四十卷)　摛藻堂四库全书荟要本(三十卷)　清阮元重刊宋本十三经注疏本(七十卷附校勘记七十卷)　四部备要本　总目　丛综　山艺　善目　省图　山大

毛诗义问一卷　(汉)刘桢撰(清)马国翰辑　玉函山房辑佚书本　丛综　山艺　山大　省图

毛诗王氏注四卷　(魏)王肃撰(清)马国翰辑　玉函山房辑佚书本　丛综　山艺　山大　省图

毛诗注一卷　(汉)王肃撰(清)黄奭辑　汉学堂丛书本　黄氏逸书考本　丛综　山大　省图

毛诗问难一卷　(魏)王肃撰(清)马国翰辑　玉函山房辑佚书本　丛综　山艺　山大　省图

毛诗义驳一卷　　(魏)王肃撰(清)马国翰辑　玉函山房辑佚书本　丛综　山艺　山大　省图

毛诗奏事一卷　　(魏)王肃撰(清)马国翰辑　玉函山房辑佚书本　丛综　山艺　山大　省图

毛诗驳一卷　　(魏)王基撰(清)马国翰辑　玉函山房辑佚书本　丛综　山艺　山大　省图

毛诗申郑义一卷　　(魏)王基撰(清)黄奭辑　汉学堂丛书本　黄氏逸书考本　丛综　山大　省图

毛诗异同评三卷　　(晋)孙毓撰(清)马国翰辑　玉函山房辑佚书本　丛综　山艺　山大　省图

毛诗异同评一卷　　(晋)孙毓撰(清)王谟辑　汉魏遗书钞本　丛综　山大　省图

毛诗异同评一卷　　(晋)孙毓撰(清)黄奭辑　汉学堂丛书本　黄氏逸书考本　丛综　山大　省图

集注毛诗一卷　　(梁)崔灵恩撰(清)马国翰辑　玉函山房辑佚书本　丛综　山艺　省图　山大

毛诗集注一卷　　(梁)崔灵恩撰(清)王仁俊辑　玉函山房辑佚书续编本　丛综

读诗私记二卷　　(明)李先芳撰　四库全书本　总目　丛综　山艺　省图　山大

诗经朱传翼三十卷首一卷　　(清)孙承泽撰　清初刻本　善目

诗纲一卷　　(清)贾应宠撰　稿本　省博　善目

诗经大题不分卷　　(清)田雯辑　稿本　善目　省图

诗志八卷　　(清)牛运震撰　清嘉庆五年刻本　清嘉庆二十三年空山堂刻本　牛氏家刻空山堂全集本　贩记　山艺　省图　省博

毛诗续记　　(清)阎循观撰　清韩梦周刻本　山艺

毛诗质疑六卷古韵五卷杂论一卷奇句韵考四卷韵谱一卷名物考七卷　　(清)牟应震撰　清嘉庆刻道光二十九年补刻本　山艺　贩记

续提要　善目　省博

诗切不分卷　(清)牟庭撰　稿本(残)　山大图书馆藏日照丁氏抄本　1983 年齐鲁书社影印本　续提要　山艺　善目　省博　山大

诗问七卷　(清)郝懿行撰　郝氏遗书本　丛综　山艺　省图　山大

诗说二卷诗经拾遗一卷　(清)郝懿行撰　郝氏遗书本　丛综　山艺　省图　山大

诗义旁通十二卷　(清)李允升撰　清咸丰二年刻本　山艺　省图

说诗循序一卷　(清)许致和撰　清道光三十年刻本　贩记　山艺

诗述十卷首二卷　(清)孔继堂撰　抄本　善目　山艺

诗经蠹简四卷　(清)李诒经撰　约清道光间慎思堂刻本　清门人单伟志刻本　贩记　省博　山艺　省图

三百篇诗评一卷　(清)于祉撰　清咸丰三年刻本　续提要　山艺

说文引诗字辑一卷　(清)许瀚撰　原稿本　续提要

读诗经笔记一卷诗经序传择参一卷　(清)方潜撰　毋不敬斋丛书本　丛综　重修清志

诗经说铃十二卷　(清)潘克溥撰　清同治元年刻本　贩记　续提要

毛诗集解训蒙一卷　(清)郑晓如撰　郑氏四种本　(山艺作毛诗集解,未著录卷数版本)　丛综　续提要　重修清志　山艺　复旦

诗毛传补证不分卷　(清)王守训撰　稿本(山艺作三卷)　山艺　省博　善目

毛诗说略八卷首一卷　(清)艾紫东撰　稿本　善目　省博

毛诗笺疏辨异三十卷附毛诗总辨不分卷　(清)李兆勖撰　原稿本　续提要

诗略说不分卷　(清)宋书升撰　稿本　善目　双行　省博

诗经博证不分卷　(清)梁明祥撰　稿本　善目　省博

诗经条贯四卷　李景星撰　民国十六年山东书局排印屺瞻草堂经说三种本　省图　省博

诗毛氏传解诂不分卷　丁惟汾撰　诂雅堂丛著六种本　王绍曾藏

雅颂再编不分卷　周斡庭撰　民国间齐鲁大学国学研究所排印本　省图　省博

毛诗名物疏抄不分卷　(清)赵执信撰　稿本　善目　省博

辨尹畹阶毛诗名物辨一卷　(清)许瀚撰　道光二十三年济宁齐鲁课士录本　约咸丰间刻本　贩记

毛诗音残三卷　(晋)徐邈撰　敦煌秘籍留真新编本　丛综

毛诗徐氏音一卷　(晋)徐邈撰(清)马国翰辑　玉函山房辑佚书本　丛综　山艺　省图　山大

诗本韵考二卷　(清)赵瀚辑　清初抄本　善目　省博

读诗考字二卷补编一卷　(清)程大镛撰　清道光二十五年丛桂轩刻本　贩记　北善

毛诗谱一卷　(汉)郑玄撰(清)孔广林辑　通德遗书所见录本　郑学十八种清抄本　善目　丛综　山艺　省图　山大

郑氏诗谱一卷　(汉)郑玄撰　嘉庆二十一年周孝垓枕经楼刻本　善目

　郑氏诗谱一卷　(汉)郑玄撰(清)王谟辑　汉魏遗书钞本　重订汉唐地理书抄本　丛综　省图　山大

　诗谱三卷　(汉)郑玄撰(清)袁钧辑　郑氏佚书本　丛综　省图　山大

　诗谱一卷　(汉)郑玄撰(清)李光廷辑　反约篇本　榕园丛书本　丛综　省图　山大

　毛诗谱一卷　(汉)郑玄撰(清)黄奭辑　汉学堂丛书本　黄氏逸书考本　丛综　山大　省图

　毛诗谱一卷　(汉)郑玄撰(清)胡元仪辑　皇清经解续编本　丛综　山大　省图

石经鲁诗一卷　(清)马国翰辑　玉函山房辑佚书本　丛综　山大　省图

古鲁诗一卷　(汉)申培撰　秘书二十八种本　国学　省图

诗说一卷　(汉)申培撰　百陵学山本　汉魏丛书本　广汉魏丛书本

格致丛书本　津逮秘书本　唐宋丛书本　说郛本　增订汉魏丛书本　丛书集成初编本　景印元明善本丛书十种本　丛综　山大　省图

鲁诗故三卷　(汉)申培撰(清)马国翰辑　玉函山房辑佚书本　丛综　山艺　山大　省图

鲁诗传一卷　(汉)申培撰(清)王谟辑　汉魏遗书钞本　丛综　山大　省图

鲁诗传一卷　(汉)申培撰(清)黄奭辑　汉学堂丛书本　黄氏逸书考本　丛综　山大　省图

齐诗传二卷　(汉)后苍撰(清)马国翰辑　玉函山房辑佚书本(山艺作齐后氏故)　丛综　山艺　山大　省图

齐诗传一卷　(汉)辕固撰(清)黄奭辑　汉学堂丛书本　黄氏逸书考本　丛综　山艺　山大　省图

鲁诗遗说考六卷叙录一卷齐诗遗说考四卷叙录一卷　(清)陈寿祺撰(清)陈乔枞述并撰叙录　左海续集本　皇清经解续编本(鲁诗遗说考二十卷、齐诗遗说考十二卷)　丛综　山大　省图

韩诗外传校议不分卷　(清)许瀚撰　清光绪十三年永清朱氏含香堂校抄本(疑即韩诗外传勘误)　善目

附马国翰诗纬辑佚书(非山东人著作)：

诗纬含神雾一卷　(魏)宋均注

诗纬推度灾一卷　(魏)宋均注

诗纬汜历枢一卷　(魏)宋均注

以上均玉函山房辑佚书本　丛综　山大　省图

附马国翰诗类辑佚书(非山东人著作)：

韩诗故二卷　(汉)韩婴撰

韩诗内传一卷　(汉)韩婴撰

韩诗说一卷　(汉)韩婴撰

薛君韩诗章句二卷　(汉)薛汉撰

韩诗翼要一卷　(汉)侯苞撰

毛诗马氏注一卷　　(汉)马融撰
毛诗义问一卷　　(汉)刘桢撰
毛诗答杂问一卷　　(吴)韦昭、朱育等撰
毛诗谱畅一卷　　(吴)徐整撰
毛诗异同评三卷　　(晋)孙毓撰
难孙氏毛诗评一卷　　(晋)陈统撰
毛诗拾遗一卷　　(晋)郭璞撰
毛诗序义疏一卷　　(南齐)刘瓛等撰
毛诗周氏注一卷　　(刘宋)周续之撰
毛诗十五国风义一卷　　梁简文帝撰
毛诗隐义一卷　　(梁)何胤撰
集注毛诗一卷　　(梁)崔灵恩撰
毛诗舒氏义疏一卷　　(□)舒瑗撰
毛诗沈氏义疏二卷　　(北周)沈重撰
毛诗笺音义证一卷　　(后魏)刘芳撰
毛诗述义一卷　　(隋)刘炫撰
毛诗草虫经一卷
毛诗题纲一卷
施氏诗说一卷　　(唐)施士丐撰

以上均玉函山房辑佚书本　丛综　山大　省图

以上诗类凡五十六部,二百七十九卷,内不分卷者九部;附录四十一部,五十九卷,内不分卷者一部。

礼　类

三礼四十九卷　　(汉)郑玄注　明嘉靖徐氏刻本　善目

以上类编之属

周礼十二卷　(汉)郑玄注　宋婺州市门巷唐宅刻本　宋刻本(劳健抄补并跋,另一本卷七至十二配另一宋刻附释文本　杨守敬、李盛铎跋)　宋刻本　明嘉靖徐氏刻三礼本(清钱听默、黄丕烈、陆损之校并跋)　士礼居丛书本(附札记一卷)　清光绪十六年上海蜚英馆石印士礼居丛书本(清孙诒让校并跋)　四部丛刊景印明刻宋岳氏本　丛书集成初编本　四部备要本　善目　丛综　省图　山大

周礼六卷　(汉)郑玄注　明刻本　明嘉靖六年何鳌刻本(与考工记一卷合刻)　清乾隆五十二年福礼堂刻本(清翁方纲校,另一本清陈奂校并跋)　清嘉庆十一年张青选清芬阁刻本(清王引之批校,清查耀乘跋)　清光绪间丁宝桢等校刻十三经读本本　袖珍十三经注本　金陵书局刻十三经读本本　唐文治辑十三经读本本(书名作周礼读本)　善目　丛综

周礼十二卷　(汉)郑玄注(唐)陆德明释文　宋刻本(另一本卷二、四、七至九、十二配影宋抄本,又一本清费念慈跋)　宋刻本(书名作纂图互注周礼附图说一卷)　金刻本(作陆德明释音)　元刻本(存卷三至六,傅增湘校)　明潘恩刻明万历十六年潘先端印本(清陈舒跋另一本清彭蕴璪校点,叶德辉跋)　善目　丛综

周礼四十二卷　(汉)郑玄注(唐)陆德明音义　明葛氏永怀堂刻本　善目

周礼注疏四十二卷　(汉)郑玄注(唐)贾公彦等疏(唐)陆德明释文　元刻明修本(书名作附释音周礼注疏)　明嘉靖应槚刻本　明嘉靖李元阳刻十三经注疏本(清沈彤校并录清何焯校,另一本许瀚批校,又一本清佚名校点)　明闽刻十三经注疏本　明北京国子监刻十三经注疏本　明毛氏汲古阁刻十三经注疏本(清吴昕录清何焯、惠士奇、惠栋校跋,清沈诚焘校,清韩应陛跋)　明末张采刻本(十八卷)　明末刻本(十八卷)　清武英殿刻十三经注疏本(附考证)　四库全书本　摛藻堂四库全书荟要本　清阮元重刊宋本十三经注疏本(书名作附音释周礼注疏附校勘记四十二卷)　中华书局影印阮刻十三经注疏本　总目　善目　丛综　山艺　省图　山大

答周礼难一卷　(汉)郑玄撰(清)孔广林辑　通德遗书所见录本　郑学十八种清抄本　从综　善目　山艺　省图

答临硕难礼一卷　(汉)郑玄撰(清)袁钧辑　郑氏佚书本　从综　山大　省图

答临孝存周礼难一卷　(汉)郑玄撰(清)黄奭辑　汉学堂丛书本　黄氏逸书考本　从综　山大　省图

答临硕周礼难一卷　(汉)郑玄撰(清)王仁俊辑　玉函山房辑佚书续编本　从综

答临孝存周礼难疏证一卷　(清)皮锡瑞撰　皮氏经学丛书本　从综

周官礼异同评一卷　(晋)陈劭撰(清)马国翰辑　玉函山房辑佚书本　从综　山艺　山大　省图

考工释车一卷　(清)张象津撰　清道光十六年张氏拜经堂刻本　省博　山艺　省图

周礼辑要　(清)綦沣撰　清刻本　山艺

周礼凝粹六卷　(清)宋嘉德撰　清道光二十年奎照堂刻本　贩续　山艺　省图

考工记论文一卷　(清)牛运震撰　清抄本　约嘉庆间刻空山堂全集本　续提要　台湾公藏　省图　山大

周官臆测六卷叙录一卷　(清)孔广林撰　清光绪十六年山东书局刻孔氏说经五稿本　国学　山艺

周礼浅说六卷　(清)张日昌撰　民国元年石印本　贩记　青图

周礼条辨五卷　(清)王渐鸿撰　稿本　善目　省博

周礼郑氏音一卷　(汉)郑玄撰(清)马国翰辑　玉函山房辑佚书本　从综　山艺　省图　山大

周礼徐氏音一卷　(晋)徐邈撰(清)马国翰辑　玉函山房辑佚书本　从综　省图　山大　山艺

附马国翰周礼类辑佚书(非山东人著作):

周礼郑大夫解诂一卷　(汉)郑兴撰
周礼郑司农解诂六卷　(汉)郑众撰
周礼杜氏注一卷　(汉)杜子春撰
周礼贾氏解诂一卷　(汉)贾逵撰
周官传一卷　(汉)马融撰
周官礼干氏注一卷　(晋)干宝撰
周礼李氏音一卷　(晋)李轨撰
周礼聂氏音一卷　(□)聂□撰
周官礼义疏一卷　(北周)沈重撰
周礼刘氏音二卷　(□)刘昌宗撰
周礼戚氏音一卷　(陈)戚衮撰
周官礼异同评一卷　(晋)陈邵撰

以上均玉函山房辑佚书本　丛综　山大　省图

以上周礼之属

仪礼十七卷　(汉)郑玄注　明刻本　明正德十六年陈凤梧刻本(清潘主兰校并跋)　明嘉靖吴郡徐氏刻三礼本(清盛百二校,另一本清张敦仁校并录清顾广圻、段玉裁校,又一本吴庠跋并录清顾广圻校)　明嘉靖刻本　明刻本(清丁丙跋,另一本清戈载批校)　士礼居丛书本(附校录一卷,续校一卷,清钟文烝批校并跋)　四部丛刊景印明徐氏翻宋本　袖珍十三经古注本　丛书集成初编本　善目　丛综　山艺　省图　山大

仪礼疏五十卷　(汉)郑玄注(唐)贾公彦等疏　清黄氏士礼居影宋抄本(存卷一至三十一、三十八至五十)　清影宋抄本　清阮元重刊宋本十三经注疏本(附校勘记五十卷)　清嘉庆十一年张敦仁刻本(莫棠跋)　清汪士钟翻宋本　四部丛刊景印汪士钟翻宋本　四部备要本　善目　丛综　山大　省图

仪礼注疏十七卷　(汉)郑玄注(唐)陆德明音义(唐)贾公彦疏　明嘉靖应槚刻本　明嘉靖刻本　明刻本　明闽刻十三经注疏本　明北京国子监刻十三经注疏本(清顾广圻校并跋)　明毛氏汲古阁刻十三经注疏本

(清张尔耆校;另一本清惠栋、黄士玑批校,又一本清翁方纲批校并跋,又录戴震、凌廷堪校;又一本清周锡瓒校并跋,又录清段玉裁、顾广圻跋,清冯世瀓跋)明刻清康熙校补本　清乾隆四年武英殿刻本(附考证,清卢文弨校并跋,清黄彭年、黄嗣东跋)　清阮元重刊宋本十三经注疏本(五十卷附校勘记五十卷,王国维校并跋)　善目　丛综　省图　山大

仪礼注疏详校十七卷　(清)卢文弨撰　抱经堂丛书本　丛书集成初编本　丛综　答问补正　省图　山大

仪礼注疏正讹十七卷　(清)金曰追撰　清乾隆五十三年刻本　皇清经解续编本　丛综　答问补正　省图　山大

仪礼郑注句读十七卷附监本正误一卷石经正误一卷　(清)张尔岐撰　清乾隆八年高廷枢和衷堂刻本(清翁方纲校,另一本清曾国藩批校)　四库全书本　摛藻堂四库全书荟要本　清抄本(监本正误一卷、石经正误一卷)　同治十一年山东书局重刻本　清同治十年金陵书局刻十三经读本　总目　善目　丛综　国学　山艺　省图　山大

吴氏仪礼考注订误一卷　(清)张尔岐撰　清抄本(与监本正误、石经正误合抄)　善目　山艺

礼经集注十七卷　(明)张凤翔撰　见四库存目　清嘉庆东昌大范堂刻本　总目　山艺　省博　贩续

仪礼读本四卷　(清)郑铭撰　清乾隆三十八年刻本　山艺

慎终录二卷　(清)任跻莘辑　清道光二十九年刻本　山艺

仪礼臆测十七卷叙录一卷　(清)孔广林撰　清光绪十六年山东书局刻孔丛伯说经五稿本　丛综　国学　山艺　山大

礼仪器制改释五十八卷　(清)孔广森撰　稿本(存卷一至四十九)　善目

仪礼条辨不分卷　(清)王渐鸿撰　稿本　民国三十三年黄县丁心佛抄校本　省博　善目

律服考古录二卷　(清)杨峒撰　清光绪十九年赵逵仪刻本　贩记　山艺

冠礼约制一卷　(汉)何休撰(清)马国翰辑　玉函山房辑佚书本　丛综　山大　省图

仪礼士冠礼笺一卷　(清)孔广林撰　清光绪十六年山东书局刻孔丛伯说经五稿本　国学　山艺　山大

婚礼谒文一卷　(汉)郑玄撰(清)王仁俊辑　玉函山房辑佚书续编本　丛综

凶礼一卷　(晋)孔衍撰(清)马国翰辑　玉函山房辑佚书本　丛综　省图　山艺

仪礼丧服马王注一卷　(汉)马融(魏)王肃撰(清)臧镛堂辑　清抄本问经堂丛书本　善目　丛综　山大　北善

丧服变除一卷　(汉)郑玄撰(清)孔广林辑　通德遗书所见录本　玉函山房辑佚书本　郑学十八种清抄本　丛综　山艺　山大　省图

郑氏丧服变除一卷　(汉)郑玄撰(清)马国翰辑　玉函山房辑佚书本　丛综　山艺　山大　省图

　丧服变除一卷　(汉)郑玄撰(清)黄奭辑　汉学堂丛书本　黄氏逸书考本　丛综　山大　省图

新定礼一卷　(汉)刘表撰(清)马国翰辑　玉函山房辑佚书本　丛综　山艺　山大　省图

丧服经传注一卷　(魏)王肃撰(清)马国翰辑　玉函山房辑佚书本　郑学十八种清抄本　丛综　国学　山大　省图

　仪礼丧服注一卷　(魏)王肃撰(清)黄奭辑　汉学堂丛书本　黄氏逸书考本　丛综　山艺　山大　省图

王氏丧服要记一卷　(魏)王肃撰(清)马国翰辑　玉函山房辑佚书本　丛综　山艺　山大　省图

　丧服要记一卷　(魏)王肃撰(清)王谟辑　汉魏遗书钞本　丛综　山大　省图

　丧服要记一卷　(魏)王肃撰(清)黄奭辑　汉学堂丛书本　黄氏逸书考本　丛综　山大　省图

丧服要记一卷　(魏)王肃撰(清)王仁俊辑　玉函山房辑佚书续编本　丛综

集注丧服经传一卷　(晋)孔伦撰(清)马国翰辑　玉函山房辑佚书本　丛综　山艺　山大　省图

丧服释疑一卷　(晋)刘智撰(清)马国翰辑　玉函山房辑佚书本　丛综　山艺　山大　省图

丧服释疑一卷　(晋)刘智撰(清)王谟辑　汉魏遗书钞本　丛综　山大　省图

逆降义一卷　(刘宋)颜延之撰(清)马国翰辑　玉函山房辑佚书本　丛综　山艺　山大　省图

丧服古今集记一卷　(齐)王俭撰(清)马国翰辑　玉函山房辑佚书本　丛综　山艺　山大　省图

丧服世行要记一卷　(南齐)王逡之撰(清)马国翰辑　玉函山房辑佚书本　丛综　山艺　山大　省图

附马国翰仪礼类辑佚书(非山东人著作):

大戴丧服变除一卷　(汉)戴德撰

郑氏婚礼一卷　(汉)郑众撰

丧服经传马氏注一卷　(汉)马融撰

新定礼一卷　(汉)刘表撰

丧服变除图一卷　(吴)射慈撰

丧服经传袁氏注一卷　(晋)袁准撰

集注丧服经传一卷　(刘宋)裴松之撰

丧服经传陈氏注一卷　(□)陈铨撰

蔡氏丧服谱一卷　(晋)蔡谟撰

贺氏丧服谱一卷　(晋)贺循撰

葬礼一卷　(晋)贺循撰

贺氏丧服要记一卷　(晋)贺循撰

丧服要记注一卷　(□)谢徽撰

葛氏丧服变除一卷　(晋)葛洪撰

略注丧服经传一卷　(刘宋)雷次宗撰

丧服难问一卷　(刘宋)崔凯撰

周氏丧服注一卷　(刘宋)周续之撰

以上均玉函山房辑佚书本　丛综　山大　省图

以上仪礼之属

礼记二十卷　(汉)郑玄注　宋刻本　宋刻递修本(存卷五至八、十一至十五,清黄丕烈、韩应陛、张尔耆跋)　宋婺州义乌酥谿蒋宅崇知斋刻本　明嘉靖徐氏刻三礼本(清丁丙跋)　清武英殿刻本(清陈奂校)　清永怀堂刻本(四十九卷,清丁晏校,另一本清姚椿校跋)　善目

礼记二十卷　(汉)郑玄注(唐)陆德明释文　宋淳熙四年抚州公使库刻本(清顾广圻跋)　宋刻本(存卷一、五至二十)　宋刻本(清翁同书跋)　宋刻本(存卷二十)　清嘉庆十一年张敦仁影刻宋淳熙四年抚州公使库本(附考异二卷)　宋刻本(存卷六至八,书名作京本点校附音重言重意互注礼记,李盛铎跋)　宋刻本(存卷十六、十九,书名作附音重言互注礼记)　善目　版刻图录

抚本礼记郑注考异二卷　(清)张敦仁撰　皇清经解本　唐文治刻十三经读本　丛综

礼记二十卷　(汉)郑玄注(唐)陆德明音义　宋余仲仁万卷堂家塾刻本(周叔弢跋,另一本卷一至三配宋刻纂图互注礼记本)　宋刻本(书名作纂图互注礼记,附举要图一卷,清钱天树、孙鋆、杨希钰、李兆洛、陈銮、吴宪澂、张尔旦、季锡畴、吴辅仁、张蓉镜跋)　宋刻本(书名作监本纂图重言重意互注礼记,杨守敬跋)　四部丛刊景印宋刻本(书名作纂图互注礼记)　善目　版刻图录

礼记佚文一卷　(汉)郑玄注(清)王仁俊辑　经籍佚文本　丛综

礼记正义七十卷　(唐)孔颖达撰　宋绍熙三年两浙东路茶盐司刻本(李盛铎跋,另一本存卷三至四、十一至十八、二十四至二十五、三十七至四十一、四十五至四十八、五十五至六十,张元济跋)　善目　藏园　版

刻图录

礼记注疏六十三卷　(汉)郑玄注(唐)陆德明音义(唐)孔颖达疏　明嘉靖李元阳刻十三经注疏本(清朱邦衡录惠栋校,另一本清许瀚批校)　明闽刻十三经注疏本　明国子监刻十三经注疏本　明毛氏汲古阁刻十三经注疏本(清张允垂录清惠栋、浦镗、孙志祖等校,另一本吴志忠校跋并录清惠栋、段玉裁校)　清武英殿刻十三经注疏本(附考证六十三卷)　善目

附释音礼记注疏六十三卷　(汉)郑玄注(唐)孔颖达疏(唐)陆德明释文　元刻明修本　清乾隆六十年和珅影宋刻本(另一本存卷二十一至六十三,清姚椿校并录清惠栋校跋)　清阮元重刊宋本十三经注疏本(王国维校并跋)　四部备要本　中华书局影印阮刻十三经注疏本　善目　丛综　省图　山大

礼记注二卷　(魏)王肃撰(清)马国翰辑　玉函山房辑佚书本　丛综　山艺　省图　山大

礼记孙氏注一卷　(魏)孙炎撰(清)马国翰辑　玉函山房辑佚书本　丛综　山艺　山大　省图

礼记思不分卷　(明)赵僎撰　明天启七年白门书林王荆岑刻本　贩续

礼记提纲集解十二卷　(清)邱元复撰　见四库存目　总目　山艺

礼记注疏补缺一卷　(清)孔广森撰　稿本　善目

礼记笺四十九卷　(清)郝懿行撰　郝氏遗书本　丛综　山艺　山大　省图

礼记读剩稿□卷　(清)王筠撰　稿本(存卷九,山艺作礼记读礼记一得录,疑系一书)　省博　山艺　善目　双行

孙氏礼记集解补正六十一卷　(清)王渐鸿撰　原稿本　参考目

日省吾斋读曲礼内则注二卷　(清)王德瑛撰　清王氏自刻日省吾斋杂著本　省博　山艺

礼记天算释一卷　(清)孔广牧撰　咫进斋丛书本　广雅书局丛书本　皇清经解本　正觉楼丛书本　丛书集成初编本　丛综　国学　山大

山艺 省图

礼记徐氏音三卷 （晋）徐邈撰（清）马国翰辑 玉函山房辑佚书本 丛综 山大 省图 山艺

附马国翰礼记类辑佚书（非山东人著作）：

礼记马氏注一卷 （汉）马融撰

礼记卢氏注一卷 （汉）卢植撰

礼传一卷 （汉）荀爽撰

月令章句一卷 （汉）蔡邕撰

月令问答一卷 （汉）蔡邕撰

礼记音义隐一卷 （□）谢□撰

礼记范氏音一卷 （晋）范宣撰

礼记刘氏音一卷 （□）刘昌宗撰

礼记略解一卷 （刘宋）庾蔚之撰

礼记隐义一卷 （梁）何胤撰

礼记新义疏一卷 （梁）贺玚撰

礼记皇氏义疏四卷 （梁）皇侃撰

礼记沈氏义疏一卷 （北周）沈重撰

礼记义证一卷 （后魏）刘芳撰

礼记熊氏义疏四卷 （北周）熊安生撰

礼记外传一卷 （唐）成伯玙撰（唐）张幼伦注

以上均玉函山房辑佚书本 丛综 山大 省图

以上礼记之属

大戴礼记补注十三卷序录一卷 （清）孔广森撰 稿本 顨轩所著书本（清赵春沂校跋并录清卢文弨、孙志祖、丁杰、王念孙、阮元、严元照校，清丁丙跋） 畿辅丛书本 清嘉庆五年刻本（清龚橙校并跋） 清刻本（清姚椿批校） 清同治十三年淮南书局刻本（清孙诒让批校） 皇清经解本 丛书集成初编本 善目 丛综 山艺 省图 省博 山大

校正孔氏大戴礼记补注十三卷 王树枏撰 畿辅丛书本 陶庐丛

刻本　丛书集成初编本　丛综　山大　省图

夏小正传注一卷　(清)张尔岐编　北平黄叔琳增订本　山艺

夏小正正义一卷　(清)王筠撰　稿本　王菉友九种本　天壤阁丛书本　丛书集成初编本　丛综　善目　省博　山大　山艺　省图

夏小正诗十二卷　(清)马国翰撰　清道光二十二年刻本　丛综　贩记　省图

夏时考训蒙一卷　(清)郑晓如撰　清同治八年广州刻本　郑氏四种本　丛综　续提要

夏小正释义(一名夏小正笺疏)一卷　(清)宋书升撰　稿本　清徐氏归朴堂抄本　善目　贩记　续提要　省博

夏小正读记一卷　丁惟汾撰　民国海曲王氏双行精舍抄本(王献唐校)　双行续

附马国翰大戴礼记辑佚书(非山东人著作):

孔子三朝记一卷

明堂制度论一卷　(后魏)李谧撰

以上均玉函山房辑佚书本　丛综　山大　省图

以上大戴礼之属

礼论一卷　(刘宋)何承天撰(清)马国翰辑　玉函山房辑佚书本　丛综　山艺　山大　省图

礼论答问一卷　(晋)徐广撰(清)马国翰辑　玉函山房辑佚书本　丛综　山艺　山大　省图

礼义答问一卷　(齐)王俭撰(清)马国翰辑　玉函山房辑佚书本　丛综　山艺　山大　省图

三礼义宗四卷　(梁)崔灵恩撰(清)马国翰辑　玉函山房辑佚书本　丛综　山艺　山大　省图

三礼义宗一卷　(梁)崔灵恩撰(清)王谟辑　汉魏遗书钞本　丛综　省图

三礼义宗一卷　(梁)崔灵恩撰(清)黄奭辑　汉学堂丛书本　黄氏逸

书考本　从综　省图

三礼义宗一卷　(梁)崔灵恩撰(清)王仁俊辑　玉函山房辑佚书续编本　从综

礼学卮言六卷　(清)孔广森撰　指海本　顨轩孔氏所著书本　皇清经解本　从综　山艺　国学　省博　山大　省图

礼俗权衡二卷　(清)赵执信撰　清抄本(段朝端跋)　清康熙刻本　清乾隆因园刻诒山诗文集本　沚亭琴谱附刻本　善目　贩续　国学　山艺　山大　省图

三礼条辨十四卷　(清)王渐鸿撰　稿本　民国三十三年黄县丁心佛抄校本　省博　山艺

孔氏家仪十四卷答问四卷　(清)孔继汾撰　清乾隆间孔氏家刻本　贩记　山艺　曲师

阙里仪注三卷劻仪纠谬集三卷　(清)孔继汾撰　清乾隆三十四年孔氏自刻(一名阙里祭仪录)　贩记　山艺

读礼笔记一卷　(清)王守训撰　稿本(山艺作读礼日记)　省博　山艺　善目

鲁礼禘祫义一卷　(汉)郑玄撰(清)孔广林辑　通德遗书所见录本　郑学十八种清抄本　国学　山艺　山大　省图

鲁礼禘祫志一卷　(汉)郑玄撰(清)马国翰辑　玉函山房辑佚书本　从综　山大　省图

鲁礼禘祫志一卷　(汉)郑玄撰(清)王谟辑　汉魏遗书钞本　从综　山大　省图

鲁礼禘祫义一卷　(汉)郑玄撰(清)袁钧辑　郑氏佚书本　从综　山大　省图

鲁礼禘祫义一卷　(汉)郑玄撰(清)黄奭辑　汉学堂丛书本　黄氏逸书考本　从综　省图　山大

禘祫觿解篇一卷　(清)孔广林撰　清光绪十六年山东书局刻孔丛伯说经五稿本　从综　国学　省博　山艺

明堂亿一卷　（清）孔广林撰　清光绪十六年山东书局刻孔丛伯说经五稿本　丛综　国学　省博　山艺　山大

明堂礼制考四卷　（清）王渐鸿撰　稿本　民国三十三年黄县丁心佛抄校本　省博　善目　山艺

吉凶服名用篇八卷叙录一卷　（清）孔广林撰　孔丛伯说经五稿本　丛综　国学　山艺　山大

庶人礼略类编一卷　江钟秀撰　光绪三十三年历城江氏刻勉成先志本　省博　南大丛

三礼目录一卷　（汉）郑玄撰（清）孔广林辑　通德遗书所见录本　郑学十八种清抄本　丛综　山艺　山大　省图

三礼目录一卷　（汉）郑玄撰（清）王谟辑　汉魏遗书钞本　丛综　省图　山大

三礼目录一卷　（汉）郑玄撰（清）袁钧辑　郑氏佚书本　丛综　省图　山大

三礼目录一卷　（汉）郑玄撰（清）臧庸辑　拜经堂丛书本　鄦斋丛书本（作郑氏三礼目录）　丛综　山大

三礼目录一卷　（汉）郑玄撰（清）黄奭辑　汉学堂丛书本　黄氏逸书考本　丛综　省图　山大

郑氏仪礼目录校证一卷　（清）胡匡衷撰　皇清经解续编本　丛综　省图　山大

三礼图一卷　（汉）郑玄（汉）阮谌撰（清）马国翰辑　玉函山房辑佚书本　丛综　山艺　山大　省图

以上三礼总义之属

附马国翰礼纬辑佚书（非山东人著作）：

礼纬含文嘉一卷　（魏）宋均注

礼纬稽命征一卷　（魏）宋均注

礼纬斗威仪一卷　（魏）宋均注

以上均玉函山房辑佚书本　丛综　山大　省图

附马国翰三礼总义辑佚书(非山东人著作):

石渠礼论一卷　　(汉)戴圣撰

礼杂问一卷　　(晋)范宁撰

杂礼议一卷　　(晋)吴商撰

礼论答问一卷　　(晋)徐广撰

礼论条牒一卷　　(刘宋)任预撰

礼论钞略一卷　　(南齐)荀万秋撰

礼统一卷　　(梁)贺述撰

礼疑义一卷　　(梁)周捨撰

释疑论一卷　　(唐)元行冲撰

梁氏三礼图一卷　　(□)梁正撰

张氏三礼图一卷　　(唐)张镒撰

以上均玉函山房辑佚书本　丛综　山大　省图

以上礼类凡八十七部,九百零七卷,内不分卷者四部;附录八十七部,一百四十八卷。

乐　类

乐谱集解一卷　　(隋)萧吉撰(清)马国翰辑　玉函山房辑佚书本(山艺作乐谱集)　丛综　山艺　省图　山大

律吕正声六十卷　　(明)王邦直撰　明万历三十六年刻本(王寀廷跋)　明黄宗昌刻本　见四库存目　善目　山艺　善本提要

皇明乐律书六卷　　(明)王邦直撰　日本抄本(节录律吕正声)　抄本　善本提要　北图

乐经集注二卷　　(明)张凤翔撰　见四库存目　明崇祯刻本(山艺作一卷)　明末刻本　总目　善目　山艺

大成乐律一卷　　(清)孔贞瑄撰　见四库存目　清康熙五十二年刻本　总目　善目　山艺

圣门乐志一卷　(清)孔尚忻撰　清光绪四年新泰训导孔宪兰校刻本　山艺

文庙乐舞全谱二卷附录一卷　(清)孔继汾撰　清乾隆刻本　山艺　参考目

律吕指掌一卷　(清)孙庭芝撰　清道光十三年自刻本　贩续　山艺　省博

附马国翰乐纬辑佚书(非山东人著作):

乐纬动声仪一卷　(魏)宋均注

乐纬稽耀嘉一卷　(魏)宋均注

乐纬叶图征一卷　(魏)宋均注

以上均玉函山房辑佚书本　从综　省图　山大

附马国翰乐类辑佚书(非山东人著作):

乐经一卷　(汉)阳成子长撰

乐记一卷　(汉)刘向校定

乐元语一卷　(汉)刘德撰

琴清英一卷　(汉)扬雄撰

乐社大义一卷　梁武帝撰

钟律纬一卷　梁武帝撰

乐书一卷　(后魏)信都芳撰

乐部一卷

乐律义一卷　(北周)沈重撰

以上均玉函山房辑佚书本　从综　山大　省图

以上乐类凡八部,七十五卷;附录十二部,十二卷。

春 秋 类

春秋左传　十三经经文本(山艺作左氏传三十卷)　从综　山艺

左逸一卷　　蕓古介书后集本　丛综

左氏膏肓一卷　　(汉)何休撰(清)王谟辑　汉魏遗书抄本　丛综　山艺　山大　省图

箴膏肓一卷　　(汉)郑玄撰　四库全书本　总目　丛综　山艺　山大　省图

箴左氏膏肓一卷　　(汉)郑玄撰(清)孔广林辑兼补　通德遗书所见录本　郑学十八种本　丛综　善目　山大　省图

　箴膏肓一卷　　(汉)郑玄撰(清)王复辑(清)武亿校　艺海珠尘本　问经堂丛书本　反约篇本　榕园丛书本　后知不足斋丛书本　食旧堂丛书本　丛书集成初编本　丛综　山大　省图

　箴膏肓一卷　　(汉)郑玄撰(清)袁钧辑　郑氏佚书本　丛综　山大　省图

　箴左氏膏肓一卷　　(汉)郑玄撰(清)黄奭辑　黄氏逸书考本　丛综　山大　省图

　春秋左传郑氏义一卷　　(汉)郑玄撰(清)王仁俊辑　十三经汉注本　丛综

　箴膏肓评一卷　　(清)刘逢禄撰　皇清经解本　丛综　山大　省图

　续左氏膏肓六卷　　王树荣撰　绍邵轩丛书本　丛综

春秋左传王氏注一卷　　(魏)王肃撰(清)马国翰辑　玉函山房辑佚书本　丛综　山艺　山大　省图

春秋左氏传义注一卷　　(晋)孙毓撰(清)马国翰辑　玉函山房辑佚书本　丛综　山艺　省图　山大

春秋左传正义三十六卷　　(唐)孔颖达撰　宋庆元六年绍兴刻宋元递修本　四部丛刊景印日本正宗寺景抄本(书名作春秋正义)　嘉业堂丛书本(残存十二卷,附刘承幹校勘记二卷)　四库全书本(六十卷)　总目　善目　丛综　版刻图录　山艺　省图　山大

春秋左传注疏六十卷　　(晋)杜预注(唐)孔颖达疏(唐)陆德明释文　宋刘叔刚刻本(书名作附音释春秋左传注疏存卷一至二十九)　元刻明

修本(书名同上,另一本清丁丙跋,又一本章炳麟跋)　明嘉靖李元阳刻十三经注疏本(清孙志祖批校,另一本清许瀚批校,又一本清易润坛跋)　明闽刻十三经注疏本　明北京国子监刻十三经注疏本　明毛氏汲古阁刻十三经注疏本(清张尔耆校,又一本清江沅录陈树华、段玉裁校,又一本清谢章铤校并跋)　清武英殿刻十三经注疏本(附考证,清孔广栻校)　四库全书本　摛藻堂四库全书荟要本　清阮元重刊宋本十三经注疏本(书名作附音释春秋左传注疏,附校勘记六十卷)　四部备要本　中华书局影印阮刻十三经注疏本　总目　善目　丛综　省图　山大

春秋传驳一卷　(北魏)贾思同撰(清)马国翰辑　玉函山房辑佚书本　丛综　山艺　省图　山大

左传事纬十二卷附录八卷　(清)马骕撰　清康熙刻本　四库全书本　清乾隆道光刻函海本(四卷)　总目　丛综　山艺　省图　省博　山大　善目

春秋集传折衷录四十卷　(清)姜其垓撰　稿本　善目　省博　山艺

左传评三卷　(清)李文渊撰　清乾隆四十年李文藻刻本　贷园丛书初集本　丛综　国学　山艺　山大　存目

春秋左传考略六卷　(清)马邦举撰　鱼台马氏著丛书抄本　山艺　省图

春秋土地名一卷　(晋)京相璠撰(清)马国翰辑　玉函山房辑佚书本　汉学堂丛书本　丛综　国学　省图　山大

春秋徐氏音一卷　(晋)徐邈撰(清)马国翰辑　玉函山房辑佚书本　丛综　省图　山大　山艺

春秋列女图考一卷　(清)王延钊撰　如谏果室丛刻排印本　国学

春秋正义证释四卷　吴佩孚撰　民国四年刻本　民国二十八年文华斋刻本　省图　省博　山大

以上春秋左传之属

春秋公羊传二十卷　明刻本(清丁丙跋)　十三经经文本(无卷数)　丛综　善目

公羊传佚文一卷　　(清)王仁俊辑　经籍佚文本　丛综

春秋公羊颜氏记一卷　　(周)颜安乐撰(清)马国翰辑　玉函山房辑佚书本　丛综　山艺　省图　山大

解疑论一卷　　(汉)戴宏撰(清)马国翰辑　玉函山房辑佚书本　丛综　山艺　省图　山大

春秋公羊传解诂十二卷　　(汉)何休撰(唐)陆德明释文　宋淳熙抚州公使库刻绍熙四年重刻本　古逸丛书三编景宋淳熙抚州公使库本　善目　版刻图录　山艺　山大

春秋公羊传解诂十二卷　　(汉)何休撰(唐)陆德明音义　宋绍熙二年余仁仲万卷堂刻本(清黄彭年跋,李盛铎、袁克文跋)　四部丛刊景印宋余仁仲万卷堂刻本(山艺作春秋公羊解诂十一卷)　清同治刻十三经读本本(附重刊宋绍熙公羊传注附音本校记一卷)　善目　丛综　版刻图录　山艺　省图　山大

春秋公羊注疏二十八卷　　(汉)何休解诂(唐)徐彦疏(唐)陆德明音义　元刻本(书名冠监本附音四字,存卷五至六、十五至十六、二十一至二十二、二十五至二十八)　元刻明修本(书名同上,另一本清丁丙跋)　明嘉靖李元明刻十三经注疏本(清江声校、清丁丙跋,另一本清王振声校,又一本清许瀚批校)　明闽刻十三经注疏本　明北京国子监刻十三经注疏本(清陈鳣校)　明毛氏汲古阁刻十三经注疏本(清姚世钰校跋并录清何焯校跋;另一本清高铨跋;又一本清张尔耆校,清吴孝显录惠栋、沈大成校;又一本清王振声校,佚名录清何焯校;又一本叶德辉跋,佚名录清何煌、惠栋、朱邦衡、陈奂批校并跋)　摛藻堂四库全书荟要本　四库全书本(书名作春秋公羊传注疏附考证)　清武英殿刻十三经注疏本(同上)　清阮元重刊宋本十三经注疏本(书名冠监本附音释五字,附校勘记二十八卷)　四部备要本　中华书局影印阮刻十三经注疏本　总目　善目　丛综　省图　山大

公羊春秋何氏解诂笺一卷　　(清)刘逢禄撰　皇清经解本　丛综　省图　山大

公羊义疏七十六卷　　(清)陈立撰　皇清经解本　四部备要本　丛综

▲经部

省图　山大

春秋公羊传笺十一卷　(清)王闿运撰　湘绮楼全书本　丛综　省图

何氏公羊解诂十论一卷续十论一卷再续十论一卷　廖平撰　四益馆经学丛书本　新订六译馆丛书本　丛综

公羊何注考订一卷箴箴何篇一卷　王树荣撰　绍邵轩丛书本　丛综

宋余仁仲本公羊传经传解诂校记一卷　(清)王振声撰　王文林遗著本　丛综

重刊宋绍熙公羊传注附音本校记一卷　(清)魏彦撰　清金陵书局刻十三经读本　民国唐文治刻十三经读本　丛综　省图

春秋公羊传注疏考证一卷　(清)齐召南撰　皇清经解本　丛综　省图　山大

公羊注疏校勘记补正一卷　(清)王振声撰　王文林遗书本　丛综

春秋公羊注疏质疑二卷　(清)何若瑶撰　何宫赞遗书本　广雅书局丛书本　丛综　山大

春秋文谥例一卷　(汉)何休撰(清)马国翰辑　玉函山房辑佚书本　丛综　山艺　山大　省图

驳春秋释痾一卷　(汉)何休撰(清)王仁俊辑　玉函山房辑佚书续编本　十三经汉注本(作春秋释痾驳)　丛综　省图

春秋汉议一卷　(汉)何休撰(清)王仁俊辑　玉函山房辑佚书续编本　十三经汉注本　丛综　山艺　山大　省图

公羊墨守一卷　(汉)何休撰(清)王谟辑　汉魏遗书钞本　丛综　山艺　山大　省图

发墨守一卷　(汉)郑玄撰　四库全书本　总目　丛综　山艺　山大　省图

发公羊墨守一卷　(汉)郑玄撰(清)孔广林辑　通德遗书所见录本　郑学十八种清抄本　丛综　山艺　山大　省图

发墨守一卷　(汉)郑玄撰(清)王复辑(清)武亿校　艺海珠尘本　问

经堂丛书本　反约篇本　榕园丛书本　后知不足斋丛书本　食旧堂丛书本　丛书集成初编本　丛综　山大　省图

发墨守一卷　（汉）郑玄撰（清）袁钧辑　郑氏佚书本　丛综　山大　省图

发公羊墨守一卷　（汉）郑玄撰（清）黄奭辑　黄氏逸书考本　丛综　山大　省图

发墨守评一卷　（清）刘逢禄撰　皇清经解本　丛综　山大　省图

续公羊墨守三卷附篇三卷　王树荣撰　绍邵轩丛书本　丛综

春秋公羊郑氏义一卷　（汉）郑玄撰（清）王仁俊辑　十三经汉注本　丛综

公羊一卷　（汉）郑玄注龙璋辑　小学搜佚本　丛综

春秋公羊经传通义十一卷叙一卷　（清）孔广森补　顨轩孔氏所著书本　又一本（存一卷，清法伟堂批）　皇清经解本　丛综　国学　省博　省图　亦轩

公羊方言笺疏一卷　（清）淳于鸿恩撰　清光绪二十四年黄县于氏金泉精舍刻本　抄本　续提要　省博

以上春秋公羊传之属

谷梁废疾一卷　（汉）何休撰（清）王谟辑　汉魏遗书钞本　丛综　省图　山大

起废疾一卷　（汉）郑玄撰　四库全书本　总目　丛综　山艺　省图　山大

释谷梁废疾一卷　（汉）郑玄撰（清）孔广林辑　通德遗书所见录本　郑学十八种清抄本　丛综　善目　山艺　山大　省图

起废疾一卷　（汉）郑玄撰（清）王复辑（清）武亿校　艺海珠尘本　问经堂丛书本　反约篇本　榕园丛书本　食旧堂丛书本　后知不足斋丛书本　丛书集成初编本　丛综　山大　省图

释废疾一卷　（汉）郑玄撰（清）袁钧辑　郑氏佚书本　丛综　省图　山大

释谷梁废疾一卷　(汉)郑玄撰(清)黄奭辑　黄氏逸书考本　丛综　山大　省图

春秋谷梁传麋氏注一卷　(魏)麋信撰(清)马国翰辑　玉函山房辑佚书本　丛综　山艺　山大　省图

春秋谷梁传徐氏注一卷　(晋)徐乾撰(清)马国翰辑　玉函山房辑佚书本　丛综　山艺　山大　省图

春秋谷梁传注义一卷　(晋)徐邈撰(清)马国翰辑　玉函山房辑佚书本　丛综　山艺　省图　山大

春秋谷梁传略考一卷　(清)马邦举撰　鱼台马氏著丛书抄本(山艺作三卷)　山艺　省图

春秋谷梁传注十五卷　柯劭忞撰　民国十七年排印本　续提要　国学　省图　山大

以上春秋谷梁传之属

春秋公羊谷梁传解诂一卷　(晋)刘兆撰(清)马国翰辑　玉函山房辑佚书本　丛综　山艺　省图　山大

春秋传议六卷　(清)张尔岐撰　稿本　清抄本　山艺　善目　天津

春秋传十二卷　(清)牛运震撰　见四库存目　清乾嘉间家刻空山堂全集本　总目　山艺　省图　省博

春秋取义测十二卷　(清)法坤宏撰　清乾隆五十九年于斋刻本　善目　山艺　省图　省博

春秋一得一卷　(清)阎循观撰　清乾隆三十八年韩梦周树滋堂刻本　山艺　省图　省博　存目

春秋地名考一卷　(清)孔继涵撰　清抄本　善目

春秋公羊经一卷　(清)孔广森撰　稿本　善目

春秋世族谱一卷春秋世族谱考一卷春秋人名同名录一卷　(清)孔广栻撰　清抄本　清抄本(春秋世族谱一卷)　清乾隆四十八年芳杜轩抄本(春秋世族谱一卷附录一卷)　善目

春秋释例世族谱补缺一卷释例补遗一卷长历考一卷　(清)孔广

栻撰　稿本　善目

春秋土地名考一卷补遗一卷疏引土地名一卷土地名考异一卷春秋地名目录一卷补遗一卷　(清)孔广栻撰　清抄本　善目

春秋人名同名录一卷春秋地名同名录一卷　(清)孔广栻撰　清抄本　善目

春秋比二卷　(清)郝懿行撰　郝氏遗书本　丛综　山艺　山大　省图

春秋说略十二卷　(清)郝懿行撰　郝氏遗书本　丛综　山艺　山大　省图

春秋管见八十五卷　(清)杨天禄撰　稿本　善目　省图　山艺

春秋说二卷　(清)郑杲撰　集虚草堂丛书本郑东父遗书本　丛综　山艺　省图

春秋札记一卷　(清)郑杲撰　稿本　省图

春秋地理补考四卷　(清)王守训撰　稿本　山艺　省博　善目

续春秋三界考一卷　(清)宋书升撰　稿本　省博　善目

以上春秋总义之属

附马国翰春秋纬辑佚书(非山东人著作):

春秋纬文耀钩一卷　(魏)宋均注

春秋纬运斗枢一卷　(魏)宋均注

春秋纬感精符一卷　(魏)宋均注

春秋纬合诚图一卷　(魏)宋均注

春秋纬考异邮一卷　(魏)宋均注

春秋纬保乾图一卷　(魏)宋均注

春秋纬汉含孳一卷　(魏)宋均注

春秋纬佐助期一卷　(魏)宋均注

春秋纬握诚图一卷　(魏)宋均注

春秋纬潜潭巴一卷　(魏)宋均注

春秋纬说题辞一卷　(魏)宋均注

春秋纬演孔图一卷　　(魏)宋均注
春秋纬元命苞二卷　　(魏)宋均注
春秋命历序一卷　　(魏)宋均注
春秋内事一卷　　(魏)宋均注
以上均玉函山房辑佚书本　丛综　山大　省图

附马国翰春秋类辑佚书(非山东人著作):

春秋大传一卷　　(汉)□□撰
春秋决事一卷　　(汉)董仲舒撰
公羊严氏春秋一卷　　(汉)严彭祖撰
春秋谷梁传章句一卷　　(汉)尹更始撰
春秋谷梁传说一卷　　(汉)刘向撰
春秋左氏传章句一卷　　(汉)刘歆撰
春秋牒例章句一卷　　(汉)郑众撰
春秋左氏传解诂二卷　　(汉)贾逵撰
春秋左氏长经章句一卷　　(汉)贾逵撰
春秋三传异同说一卷　　(汉)马融撰
春秋左氏传解谊四卷　　(汉)服虔撰
春秋成长说一卷　　(汉)服虔撰
春秋左氏膏肓释痾一卷　　(汉)服虔撰
春秋释例一卷　　(汉)颍容撰
左氏奇说一卷　　(汉)彭汪撰
春秋左传许氏注一卷　　(汉)许淑撰
春秋左氏经传章句一卷　　(魏)董遇撰
春秋左氏传嵇氏音一卷　　(魏)嵇康撰
春秋公羊谷梁二传评一卷　　(晋)江熙撰
春秋左氏函传义一卷　　(晋)干宝撰
薄叔元问谷梁义一卷　　(晋)范宁撰

春秋谷梁传郑氏说一卷　　(晋)郑嗣撰
春秋左氏经传义略一卷　　(陈)沈文阿撰
续春秋左氏传义略一卷　　(陈)王元规撰
春秋左氏传述义二卷　　(隋)刘炫撰
春秋规过二卷　　(隋)刘炫撰
春秋攻昧一卷　　(隋)刘炫撰
春秋左传义疏一卷　　(□)苏宽撰
春秋井田记一卷
春秋集传一卷　　(唐)啖助撰
春秋阐微纂实义统一卷　　(唐)赵匡撰
春秋通例一卷　　(唐)陆希声撰
春秋折衷论一卷　　(唐)陈岳撰
春秋例统一卷　　(唐)啖助撰

以上均玉函山房辑佚书本　丛综　山大　省图

以上春秋类凡六十七部,四百五十二卷,内不分卷者一部;附录七十六部,一百八十一卷。

孝 经 类

孝经一卷　　题(汉)孔安国传　明万历三年文元发抄本(清傅以礼、姚凤生跋)　善目

古文孝经一卷　　(汉)孔安国传　佚存丛书本　丛综　山艺　山大

古文孝经孔氏传一卷附宋本古文孝经一卷　　(汉)孔安国撰(日)太宰纯音　四库全书本　知不足斋丛书本　总目　丛综　山艺　省图　山大

孝经后氏说一卷　　(汉)后苍撰(清)马国翰辑　玉函山房辑佚书本　丛综　山艺　山大　省图

孝经一卷　　(汉)郑玄注　清乾隆五十年周勤业抄本(清周广业跋)　善

目

孝经九卷　(汉)郑玄注　十三经古注本　四部备要十三经古注本　丛综　山艺　山大

孝经注一卷　(汉)郑玄撰(清)孔广林辑　通德遗书所见录本　郑学十八种清抄本　善目　丛综　山艺　省图　山大

孝经注一卷　(汉)郑玄撰(清)王谟辑　汉魏遗书钞本　丛综　省图　山大

孝经注一卷　(汉)郑玄撰(清)袁钧辑　郑氏佚书本　丛综　省图

孝经郑氏注一卷　(汉)郑玄撰(清)陈鳣辑　清乾隆四十七年陈氏裕德堂刻本(书名作孝经)　涉闻梓旧本　丛书集成初编本　丛综　善目　省图　山大

孝经郑氏解一卷　(汉)郑玄撰(清)臧庸辑　清抄本(清陈澧批校)　知不足斋丛书本　丛书集成初编本　丛综　善目　省图　山大

孝经郑注一卷　(汉)郑玄撰(清)严可均辑　咫进斋丛书本　丛书集成初编本　丛综　省图　山大

孝经郑注一卷　(汉)郑玄撰〔日本〕冈田挺之辑　知不足斋丛书本　反约篇本　榕园丛书本　丛书集成初编本　丛综　省图　山大

孝经王氏解一卷　(魏)王肃撰(清)马国翰辑　玉函山房辑佚书本　丛综　山艺　省图　山大

孝经注疏九卷　唐玄宗注(宋)邢昺疏　明嘉靖福建刻十三经注疏本(书名作孝经正义)　明万历北监刻十三经注疏本　明崇祯海虞毛氏汲古阁刻十三经注疏本　清乾隆四年武英殿刻十三经注疏本　四库全书本(书名作孝经正义)　摛藻堂四库全书荟要本　清嘉庆二十年阮刻重刊宋本十三经注疏本(附校勘记九卷)　四部备要十三经注疏本　总目　丛综　山艺　山大　省图

孝经注不分卷　(明)姜遇武撰　明周鼎刻本　山艺

孝经集注一卷　(明)叶廷秀撰　叶润山辑著全书本　丛综

孝经正解一卷　(清)徐大绅撰　清道光二十八年刻本　贩续

孝经刊误参解一卷　(清)王尔翼撰　刻本　山艺

孝经约注　(清)郑晓如撰　郑氏四种本　丛综　山艺

孝经郑注附音一卷　(清)孙季咸编　清光绪二十二年潍县剩园刻本　续提要　省博　山艺　山大

孝经释义一卷　(清)宋书升撰　稿本　省博　善目

文昌孝经注一册　(清)王德瑛撰　清光绪十四年黄邑丁以约堂刻本　山艺　省图

附马国翰孝经纬辑佚书(非山东人著作):

孝经纬援神契二卷　(魏)宋均注

孝经纬钩命诀一卷　(魏)宋均注

孝经中契一卷　(魏)宋均注

孝经左契一卷　(魏)宋均注

孝经右契一卷　(魏)宋均注

孝经内事图一卷　(魏)宋均注

孝经章句一卷

孝经雌雄图一卷

孝经古秘一卷

以上均玉函山房辑佚书本　丛综　山大　省图

附马国翰孝经类辑佚书(非山东人著作):

孝经传一卷　(周)魏文侯撰

孝经安昌侯说一卷　(汉)张禹撰

孝经长孙氏说一卷　(汉)长孙□撰

孝经解赞一卷　(吴)韦昭撰

孝经殷氏注一卷　(晋)殷仲文撰

集解孝经一卷　(晋)谢万撰

齐永明诸王孝经讲义一卷　(南齐)□□撰

孝经刘氏说一卷　(南齐)刘瓛撰

孝经义疏一卷　　梁武帝撰

孝经严氏注一卷　　(梁)严植之撰

孝经皇氏义疏一卷　　(梁)皇侃撰

古文孝经述义一卷　　(隋)刘炫撰

御注孝经疏一卷　　(唐)元行冲撰

孝经训注一卷　　(隋)魏真己撰

以上均玉函山房辑佚书本　从综　山大　省图

以上孝经类凡十五部,二十八卷,内不分卷者三部;附录三十三部,三十三卷。

四　书　类

戴记旧本大学一卷　　(汉)郑玄注(唐)孔颖达疏　明万历刻本　善目

大学一卷　　(汉)郑玄注(宋)朱熹章句　袖珍十三经注本　渭南严氏孝义家塾丛书本　从综

大学全文通释一卷　　(明)崔铣撰　崔洹野集本　从综

大学千虑一卷　　(明)穆孔晖撰　明嘉靖刻本　明朱延禧刻本　清光绪十二年刻本　山艺　省博　善目

大学衍义补概一卷　　(明)曹瑛辑　稿本　善目　省博

大学正文约注一卷　　(清)孔贞瑄订　清康熙三十八年五经博士刻本(佚名批校)　山艺　省图

古本大学诂略一卷　　(清)李兆元撰　清嘉庆二十四年李氏十二笔舫刻本　山艺　省博

大学讲义一卷　　(清)赵国麟撰　民国间泰安王亨豫抄本　省博

大学章句困知录一卷　　(清)赵国麟撰　清道光九年刻本　贩记　续提要

大学注一卷　　(清)牛运震撰　稿本　贩记　清志

来复堂大学古本释一卷　　(清)丁大椿撰　来复堂全书本　从综

大学述义一卷大学述义续一卷　（清）单为鏓撰　单氏全书本　丛综
大学臆说一卷　（清）慕昌濂撰　民国十年排印本　贩记
中庸一卷　（汉）郑玄注（宋）朱熹章句　袖珍十三经注本　渭南严氏孝义家塾丛书本　丛综
中庸传一卷　（宋）晁说之撰　涉闻梓旧本　丛综　国学　省图　山大
中庸凡一卷　（明）崔铣撰　崔洹野集本　丛综
中庸注一卷　（清）牛运震撰　稿本　贩记　清志
中庸述义一卷中庸述义续一卷　（清）单为鏓撰　单氏全书本　丛综
中庸贯二卷　（清）李兆元撰　清道光三年李氏十二笔舫刻本　省博
中庸瞽谈一卷　（清）张士保撰　稿本　善目　省图
学庸阐要三卷　（清）孔传游撰　清道光刻致远堂全集本　省博　山艺
学庸详解三卷　（清）高文锦撰　清嘉庆家刻本　省博
学庸指掌三卷　（清）孔昭辰撰　清嘉庆十三年刻本　清光绪间刻本　贩记　山艺
学庸困知录四卷　（清）庄咏撰　清道光二十三年刻本　续提要　山艺　省图　清志
大学中庸目耕帖二卷　（清）马国翰撰　清章邱李元琎补刻本（附玉函山房辑佚书后）　山艺　省图
大学中庸说一卷　（清）郭绍曾撰　清道光元年刻本　山艺　贩续　省图
学庸总义一卷　（清）许致和撰　清道光三十年刻本　贩记　续提要
学庸余论一卷　（清）王培荀撰　清咸丰三年淄川安愚堂刻本　省博　贩续
学庸集说二卷　（清）王培荀辑　清咸丰淄川安愚堂刻本　省图　贩续
学庸易解二卷　（清）艾紫东撰　稿本　省博　善目
学庸训蒙琐言三卷　题乳山山人撰　清光绪八年问经堂刻本　贩记
大学孟荀参契二卷　姜忠奎撰　民国二十七年山东石岛排印本　省博

山大

以上大学中庸之属

论语十卷　古逸丛书本　四部丛刊景印日本正平本　丛综　省图　山大

论语孔氏训解十一卷　(汉)孔安国撰(清)马国翰辑　玉函山房辑佚书本　丛综　省图　山大

论语孔氏注一卷　(汉)孔安国撰(清)王仁俊辑　玉函山房辑佚书续编本　十三经汉注本　丛综

孔注论语一卷　(汉)孔安国撰龙璋辑　小学搜佚本　丛综

论语注十卷　(汉)郑玄撰(清)孔广林辑　通德遗书所见录本　郑学十八种清抄本　丛综　善目　山艺　省图　山大

论语不分卷　(汉)郑玄注　唐景龙四年卜天寿写本(存为政第二、八佾第三、里仁第四、公冶长第五)　善目

古文论语二卷　(汉)郑玄注(宋)王应麟辑　清嘉庆鲍氏知不足斋刻本(清陈鳣、吴骞校补并跋,清陈鳣录清丁杰校补及跋、叶棠跋)　清抄本(三本)　碧琳琅馆丛书本(以下有附录一卷)　芋园丛书本(书名作论语郑氏注辑)　丛综　善目　省图　山大

论语郑氏注十卷　(汉)郑玄撰(清)马国翰辑　玉函山房辑佚书本　丛综　山艺　省图　山大

论语郑氏注残一卷　(汉)郑玄撰　鸣沙石室佚书初编本(存卷二)　鸣沙石室古籍丛残本(书名作论语残,存子路篇)　丛综　山大

论语注一卷　(汉)郑玄撰(清)王谟辑　汉魏遗书钞本　丛综　省图　山大

论语注十卷　(汉)郑玄撰(清)袁钧辑　郑氏佚书本　丛综　省图

论语郑氏注十卷　(汉)郑玄撰(清)宋翔凤辑　浮谿精舍丛书本　食旧堂丛书本　丛综　省图

论语注一卷　(汉)郑玄撰(清)黄奭辑　汉学堂丛书本　黄氏逸书考本　丛综　山大

论语郑氏注一卷　(汉)郑玄撰(清)王仁俊辑　玉函山房辑佚书续编

本　十三经汉注本　丛综

论语何氏注一卷　(汉)何休撰(清)王仁俊辑　玉函山房辑佚书续编本　十三经汉注本　丛综　省图

何注论语一卷　(汉)何休撰龙璋辑　小学搜佚本　丛综

论语王氏义说一卷　(魏)王肃撰(清)马国翰辑　玉函山房辑佚书本　丛综　山艺　省图　山大

王肃注论语一卷　(魏)王肃撰龙璋辑　小学搜佚本　丛综

论语释疑一卷　(魏)王弼撰(清)马国翰辑　玉函山房辑佚书本　丛综　山艺　山大　省图

论语注疏解经二十卷　(魏)何晏集解(宋)邢昺疏　宋闽刻十三经注疏本　明北监刻十三经注疏本　明汲古阁刻十三经注疏本　四库全书本(书名论语正义)　摛藻堂四库全书荟要本(书名论语注疏)　清阮元刻重刊宋本十三经注疏本(附校勘记二十卷)　四部备要十三经注疏本　总目　丛综　山艺　山大　省图

论语旨序三卷　(晋)缪播撰(清)马国翰辑　玉函山房辑佚书本　丛综　山艺　山大　省图

论语颜氏说一卷　(刘宋)颜延之撰(清)马国翰辑　玉函山房辑佚书本　丛综　山艺　山大　省图

古论语一卷　(清)马国翰辑　玉函山房辑佚书本　丛综　山大　省图

齐论语一卷　(清)马国翰辑　玉函山房辑佚书本　丛综　山艺　山大　省图

齐论语问王知道逸文补一卷　(清)王绍兰辑　萧山王氏十万卷楼辑佚七种本　丛综

论语鲁读考一卷　(清)徐养原撰　皇清经解续编本　丛综　山大　省图

鲁论语一卷　(清)钟文烝撰　豫恕堂丛书本　丛综

新定鲁论语述二十卷　(清)于鬯撰　于香草遗著丛辑本　丛综

论语随笔二十卷　(清)牛运震撰　清嘉庆六年空山堂刻本(内有三卷

有目无书) 空山堂全集本 丛综 贩记 山艺 山大 省图
论语注二十卷 (清)牛运震撰 稿本 贩记
论语集说四卷 (清)马星翼撰 清嘉庆十六年抄本 省博 善目
来复堂论语讲义二卷 (清)丁大椿撰 来复堂全书本 丛综
论语述义一卷论语述义续一卷 (清)单为鏓撰 单氏全书本 丛综
论语附录一卷 (清)许瀚撰 清咸丰八年刻本 贩记
校刻篆文论语考证二卷 (清)丁棶五撰 清抄本(存卷上) 善目
论语新编二卷 (清)艾紫东撰 稿本 善目 省博
论语素注二十卷 徐彩云撰 稿本 省博
乡党约说一卷 (清)杨廷芝撰 清道光二十三年清远堂刻本 清荣成孙福海不夜书屋刻本 贩续 山艺 省博
乡党句解四卷 (清)王宗岳撰 清道光十五年胶东熔经堂刻本 省博 山大 省图
乡党图考补正六卷附札记一卷 (清)王渐鸿撰 清光绪三十四年丁氏海隅山馆刻本 丛综 省博 台湾公藏 山艺 省图
附马国翰论语纬辑佚书(非山东人著作):
论语比考谶一卷 (魏)宋均注
论语撰考谶一卷 (魏)宋均注
论语摘辅象一卷 (魏)宋均注
论语摘衰圣承进谶一卷 (魏)宋均注
论语阴嬉谶一卷 (魏)宋均注
论语素王受命谶一卷 (魏)宋均注
论语纠滑谶一卷 (魏)宋均注
论语崇爵谶一卷 (魏)宋均注
以上均玉函山房辑佚书本 丛综 山大 省图
附马国翰论语类辑佚书(非山东人著作):
论语包氏章句二卷 (汉)包咸撰

论语周氏章句一卷　　(汉)周□撰

论语马氏训说二卷　　(汉)马融撰

论语陈氏义说一卷　　(魏)陈群撰

论语王氏说一卷　　(魏)王朗撰

论语周生氏义说一卷　　(魏)周生烈撰

论语谯氏注一卷　　(蜀)谯周撰

论语卫氏集注一卷　　(晋)卫瓘撰

论语缪氏说一卷　　(晋)缪协撰

论语体略一卷　　(晋)郭象撰

论语栾氏释疑一卷　　(晋)栾肇撰

论语虞氏赞注一卷　　(晋)虞喜撰

论语庾氏释一卷　　(晋)庾翼撰

论语李氏集注二卷　　(晋)李充撰

论语范氏注一卷　　(晋)范宁撰

论语孙氏集解一卷　　(晋)孙绰撰

论语梁氏注释一卷　　(晋)梁觊撰

论语袁氏注一卷　　(晋)袁乔撰

论语江氏集解二卷　　(晋)江熙撰

论语殷氏解一卷　　(晋)殷仲堪撰

论语张氏注一卷　　(晋)张凭撰

论语蔡氏注一卷　　(晋)蔡谟撰

论语琳公说一卷　　(刘宋)释慧琳撰

论语沈氏训注一卷　　(南齐)沈驎士撰

论语顾氏注一卷　　(南齐)顾欢撰

论语梁武帝注一卷　　梁武帝撰

论语太史氏集解一卷　　(梁)太史叔明撰

论语褚氏义疏一卷　　(梁)褚仲都撰

论语沈氏说一卷　（□)沈峭撰

论语熊氏说一卷　（□)熊理撰

论语隐义注一卷

以上均玉函山房辑佚书本　从综　省图　山大

以上论语之属

孟子十四卷　（汉)赵岐注　（宋)孙奭音义　元岳氏荆溪家塾刻本　微波榭丛书本(清焦循评点、清李璋煜、陈奂跋,陈乃乾校跋)　清乾隆四十六年周嘉猷、韩岱震等刻本(书名作孟子赵氏注)　从综　善目　山艺　省图　山大

孟子注疏解经十四卷　（汉)赵岐注(宋)孙奭疏　宋刻元修本(存三至四、十三至十四卷,缪荃孙跋)　宋刻元明递修本　元刻明修本　明刻本　明吴氏丛书堂抄本(清黄丕烈跋)　章氏式训堂抄本　（徐恕校)　明闽刻十三经注疏本　明北京国子监刻十三经注疏本　明毛氏汲古阁刻十三经注疏本　清乾隆四年武英殿刻十三经注疏本(附考证)　四库全书本(书名作孟子正义)　摛藻堂四库全书荟要本(书名作孟子注疏)　清嘉庆二十年阮刻重刊宋本十三经注疏本(附校勘记十四卷)　四部备要十三经注疏本　总目　从综　山艺　山大　省图

孟子刘氏注一卷　（汉)刘熙撰(清)马国翰辑　玉函山房辑佚书本　从综　山艺　山大　省图

孟子注一卷　（汉)刘熙撰(清)王谟辑　汉魏遗书钞本　从综　山大　省图

孟子刘注一卷　（汉)刘熙撰(清)宋翔凤辑　问经堂丛书本　浮豁精舍丛书本　广雅书局丛书本　从综　山大　省图

孟子注一卷　（汉)刘熙撰(清)黄奭辑　黄氏逸书考本　从综　山大　省图

孟子刘氏注一卷　（汉)刘熙撰(清)王仁俊辑　玉函山房辑佚书续编本　十三经汉注本　从综　省图

孟子章句一卷附刘熙事迹考一卷　（汉)刘熙撰叶德辉辑　观古堂

所著书本　郎园先生全集本　丛综　省图　山大

孟子郑氏注一卷　(汉)郑玄注(清)马国翰辑　玉函山房辑佚书本　丛综　山艺　省图　山大

孟子郑氏注一卷　(汉)郑玄撰(清)王仁俊辑　十三经汉注本　丛综

孟子音义二卷　(宋)孙奭撰　清初影宋抄本　通志堂经解本(清丁士涵校)　清道光二十三年许瀚刻本(王国维校跋)　清光绪刻本(缪荃孙校并跋,附缪荃孙孟子音义札记一卷)　善目

孟子音义考证二卷　(清)蒋仁荣撰　手稿本(清朱记荣跋)　善目

孟子论文七卷　(清)牛运震撰　稿本　空山堂全集本　丛综　山艺　省图　续提要

来复堂孟子讲义四卷　(清)丁大椿撰　来复堂全书本　丛综

孟子述义二卷孟子述义续一卷　(清)单为鏓撰　单氏全书本　丛综　贩记　续提要

孟子备考存二卷　(清)潘克溥撰　清刻本　省博

附马国翰孟子辑佚书(非山东人著作):

孟子章指二卷篇叙一卷　(汉)赵岐撰

孟子程氏章句一卷　(汉)程曾撰

孟子高氏章句一卷　(汉)高诱撰

孟子綦母氏注一卷　(晋)綦毋邃撰

孟子陆氏注一卷　(唐)陆善经撰

孟子张氏音义一卷　(唐)张镒撰

孟子丁氏手音一卷　(唐)丁公著撰

以上均玉函山房辑佚书本　丛综　省图　山大

以上孟子之属

四书鞭影二十卷　(明)刘凤翔撰　明天启七年刻本　清道光二十四年三原李锡龄刻本　续提要

四书摘训二十卷　(明)丘橓撰　明万历五年赵慎修刻本　明万历十年至十一年周裔先等刻本　清康熙九年刻本　贩续　山艺　省图　青图

焦氏四书讲录十四卷　(明)焦竑撰　明万历二十一年书林郑望云刻本(大学二卷中庸一卷论语四卷孟子七卷)　从综补

四书约说六卷题说二卷　(清)孙肇兴撰　明崇祯六年刻朱墨套印本　贩记

删补四书约说六卷　(清)孙肇兴撰　清康熙五十四年刻本　清抄本(作四书删补约说)　贩续　省图

四书传习心谈十四卷补遗一卷　(明)刘必绍撰　明万历十六年文登刘氏刻清印本　文登市图书馆藏本　山艺　文登图　山大

四书正义二十卷　(明)宋继澄撰　清康熙韩应恒马长春刻本　贩记　续提要　山艺　青图

七篇指略七卷附孔子字学考一卷　(清)王训撰　清康熙金陵缪氏刻本　续提要　善目　省图　省博　山艺

四书讲义三十六卷　(清)丘拙叟口授(清)曹一鸣、潘兆遴同录　清雍正三年刻本　贩续

贞固斋书义三种四卷　(清)傅以渐撰　清初抄本(清刘凤诰跋)　善目　从综补

四书订疑二十二卷　(清)董养性撰　清刻本　山艺　省图

阙里颜太史真稿不分卷　(清)颜光猷撰　清康熙十二年水明楼刻本　善目

四书讲义持衡十五卷　(清)彭沅撰　清康熙五十年自刻本(清叶葆跋)　善目　省图

四书引左汇解十卷　(清)萧榕年撰　清乾隆三十九年谦收堂刻本　山艺　省图　贩记

四书图说六卷　(清)王道然撰　清乾隆六十年清辉堂刻本　贩记　山艺　省博

四书正讹无卷数　(清)贾廷杰撰　清刻本　山艺　省图

四书广注三十六卷四书质言四书疏义说书补　(清)张谦宜撰　约清康熙间刻本(贩续著录四书广注三十六卷)　贩续　续提要　山艺

清志

四书说十卷　(清)郝宁愚撰　清道光二十九年刻本　续提要

四书字义说略二卷　(清)朱曾武撰　清嘉庆十二年绿玉堂刻本　贩记　续提要　山艺　省图　山大

四书评语十卷　(清)袁之升撰　稿本　善目　省图

四书讲义切近录三十八卷　(清)杨大受辑　清道光十六年蓬莱杨氏以约斋刻本　山艺　贩续　省图　省博　山大　山师

四书考疑一卷　(清)李源撰　清刻本　山艺　省博　省图

四书汇解四十卷　(清)司天开纂辑　清道光二十四年柳波馆刻本　贩续　省博　省图　青图

四书会解二十七卷　(清)綦沣撰　清嘉庆五年还醇堂刻本　清道光九年姑苏琴川阁刻本　清咸丰元年三益堂刻本　清光绪九年还醇堂刻本　省图　山艺　省博　山大

四书证疑八卷论语补遗二卷　(清)李允升撰　清道光四年易简堂刻本　贩记　山艺　省博　省图　青图

四书求是十六卷　(清)王余英撰　清嘉庆十八年王氏新康官署古香书屋刻本　山艺　省图

论孟注辑要　(清)孔昭辰撰　清刻躬耻斋文集本　山艺

四书蠹简六卷　(清)李诒经撰　清道光十年慎思堂刻本　贩记　青图

四书家课集说十六卷　(清)王枢撰　清刻本　山艺

四书纂义十六卷　(清)王鲁得撰　清刻本　山艺　省图

四书备考十七卷　(清)潘克溥撰　清道光二十一年务本堂刻本　贩记

四书笔记八卷　(清)贾璇撰　清道光二十四年马国翰刻本　贩续　山艺

四书遵朱会通一卷　(清)杨廷芝撰　清道光二十六年清远堂刻本　贩记　山艺

四书虚字讲义一卷　(清)丁守存撰　清同治十年退补斋刻本　贩记

四书述义五卷说四卷　(清)单为鏓撰　清同治六年刻本　贩记　山艺

省博

四书乡音辨讹一卷　(清)单为鏓撰　清道光二十四年刻本　贩续　山艺　省博　省图　山大

雪泥书屋稿(四书丛论)不分卷　(清)牟庭撰　稿本　清刻本　省博　善目

四书说略四卷附教童子法一卷　(清)王筠撰　王菉友九种本　丛综　贩记　山艺　省博　省图

批点四书朱子本义汇考四十七卷　(清)艾紫东撰　稿本　省博　善目

晴窗随笔四十二卷　(清)韩懧撰　清嘉庆间刻本　清道光十一年刻本　山艺　省图

四书择言十五卷　(清)丁大椿撰　稿本(不分卷)　清抄本(不分卷)　约清道光间刻本(省博不分卷)　贩续　省图　省博　青图

四书集注圈点旁训衬解二十一卷　(清)徐桂馨撰　稿本　善目　省博

四书白话解说三十六卷　江希张撰　民国八年刻本　民国二十六年石印本　省图　省博

以上四书总义之属

以上四书类凡一百十一部,八百八十二卷,内不分卷者九部;附录六十八部,一百十八卷。

群经总义类

驳五经异义一卷补遗一卷　(汉)郑玄撰　四库全书本　总目　丛综　山艺　山大　省图

驳五经异义十卷　(汉)郑玄撰(清)孔广林辑并考证　通德遗书所见录本　郑学十八种清抄本　丛综　善目　山艺　山大　省图

五经异义二卷　(汉)许慎撰(汉)郑玄驳(清)王谟辑　汉魏遗书钞本

丛综　省图　山大

驳五经异义一卷补遗一卷　(汉)郑玄撰(清)王复辑　艺海珠尘本　反约篇本　榕园丛书本　问经堂丛书本(以上均武亿校)　后知不足斋丛书本　清芬堂丛书本　食旧堂丛书本　丛书集成初编本　丛综　省图　山大

驳五经异义十卷　(汉)郑玄撰(清)袁钧辑(清)袁尧年补辑　郑氏佚书本　丛综　山大　省图

驳五经异义一卷　(汉)郑玄撰(清)黄奭辑　汉学堂丛书本　黄氏逸书考本　丛综　山大　省图

六艺论一卷　(汉)郑玄撰(清)孔广林辑　通德遗书所见录本　郑学十八种清抄本　丛综　山艺　山大　善目　省图

六艺论一卷　(汉)郑玄撰(清)马国翰辑　玉函山房辑佚书本　丛综　山大　省图

六艺论一卷　(汉)郑玄撰(清)王谟辑　汉魏遗书钞本　丛综　省图　山大

六艺论一卷　(汉)郑玄撰(清)袁钧辑　郑氏佚书本　丛综　山大　省图

六艺论一卷　(汉)郑玄撰(清)陈鳣辑　清乾隆四十九年陈氏裕德堂刻本　涉闻梓旧本　后知不足斋丛书本　丛书集成初编本　丛综　省图　山大

六艺论一卷　(汉)郑玄撰(清)臧琳辑(清)臧庸补辑　清嘉庆二年臧镛堂抄本　拜经堂丛书本　斋丛书本(书名作郑氏六艺论)　丛综　山大　善目

六艺论一卷　(汉)郑玄撰(清)洪颐煊辑　问经堂丛书本　丛综　山大

六艺论一卷　(汉)郑玄撰(清)黄奭辑　黄氏逸书考本　丛综　山大　省图

六艺论疏证一卷　(清)皮锡瑞撰　师伏堂丛书本　皮氏经学丛　书

本　丛综　山大　省图

郑记一卷　（汉）郑玄弟子撰（清）袁钧辑　郑氏佚书本　丛综　山艺　山大　省图

郑记考证一卷　（清）皮锡瑞撰　师伏堂丛书本　皮氏经学丛书本　丛综　山大

郑志三卷补遗一卷　（魏）郑小同编　四库全书本　总目　丛综　山艺　山大　省图

郑志八卷　（魏）郑小同编（清）孔广林辑　通德遗书所见书本　郑学十八种清抄本　丛综　善目　省图　山大

郑志三卷补遗一卷　（魏）郑小同编（清）王复辑（清）武亿校　武英殿聚珍版丛书本（清吴骞、陈鳣校并跋，另一本清刘玉麟校并跋）　问经堂丛书本　古经解汇函本　清芬堂丛书本　食旧堂丛书本　丛书集成初编本　贩记　丛综　善目　省图　山大

郑志三卷拾遗一卷附校勘记一卷　（魏）郑小同编（清）王复辑　校勘记（清）孙星华撰　武英殿聚珍版丛书本（福建本、广雅书局本）　丛综　国学　省图　山大

郑志补一卷　（清）吴骞辑　稿本（附武英殿聚珍版丛书后）　善目

郑志八卷　（魏）郑小同编（清）袁钧辑　郑氏佚书本　丛综　山大

郑志三卷附录一卷　（魏）郑小同编（清）钱东垣、钱绎、钱侗按　汗筠斋丛书本（清王振声校并跋）　粤雅堂丛书本　后知不足斋丛书本（以下有附录一卷）　丛书集成初编本　丛综　山大

郑志一卷　（魏）郑小同编（清）黄奭辑　知足斋丛书本　黄氏逸书考本　丛综　山大　省图

郑氏考证一卷　（清）成蓉镜撰　南菁书院丛书本　丛综　山大　省图

郑志疏证三卷补遗一卷　（清）雷雨人撰　稿本　善目

郑志疏证八卷　（清）皮锡瑞辑　师伏堂丛书本　皮氏经学丛书本　丛综　山大　省图

圣证论一卷　(魏)王肃撰(晋)马昭驳(晋)孔晁答(南齐)张融评(清)马国翰辑　玉函山房辑佚书本　丛综　山艺　山大　省图

圣证论一卷　(魏)王肃撰(晋)马昭驳(晋)孔晁答(南齐)张融评(清)王谟辑　汉魏遗书钞本　丛综　山大　省图

圣证论补评二卷　(清)皮锡瑞撰　师伏堂丛书本　皮氏经学丛书本　丛综　山大　省图

五经疑问一卷　(北魏)房景先撰(清)王谟辑　汉魏遗书钞本　丛综　山艺　山大　省图

五经疑问一卷　(后魏)房景先撰(清)黄奭辑　黄氏逸书考本　丛综　山大　省图

大树堂说经二卷　(明)曹珖撰　山东省立图书馆抄本　双行　北图

五经翼六种二十卷　(清)孙承泽辑　见四库存目　清康熙二年孙氏家塾刻本　总目　山艺　善目

说书偶笔四卷　(清)丁恺曾撰　见四库存目　望奎楼遗稿本　总目　山艺　丛综

五经便览　(清)唐世大撰　清刻本　山艺

经学卮言六卷　(清)孔广森撰　指海本　顨轩孔氏所著书本　皇清经解本　丛综　山艺　省图　山大

顨轩经说十卷十三经札记不分卷　(清)孔广森撰　稿本(顨轩经说存卷一至五、八,曲阜文管会藏)　善目

十三经札记不分卷　(清)孔广森撰　邹县文管所藏稿本　善目

经冶堂解义二卷　(清)郭坛撰　清嘉庆十九年刻本　续提要　山艺　山大　贩续

读经札记六卷　(清)单为鏓撰　稿本　清光绪间周涛、严家正刻本　山艺　省博　善目　省图

目耕帖三十一卷　(清)马国翰撰　章邱李氏光绪十五年刻本　清同治十年济南皇华馆刻本　玉函山房辑佚书本　丛综　山艺　国学　省博　省图　山大

经说　(清)许瀚撰　抄本　山艺　省博

经通十六卷　(清)周悦让撰　稿本(作二十六卷疑误)　家抄底本　倦游庵椠记本　民国王献唐四川抄本　善目　山艺　省博

养静斋札记六卷　(清)王渐鸿撰　清丁宝桢藏稿本　清光绪二十二年赵蔚坊抄本　山艺　省博　善目

适斋经说一卷　(清)王守训撰　稿本(山艺无卷数)　山艺　省博　善目

东甫说经一卷　(清)郑杲撰　手稿本　善目

郑东父笔记一卷　(清)郑杲撰　集虚草堂丛书本郑东父遗书本　丛综　山艺　省图

读经志疑一卷　(清)韩晋昌撰　清宣统元年孤松斋刻本　续提要

孔孟重行周疏议一卷　江钟秀撰　清光绪三十三年历城江氏刊勉成先志本　南大丛

自镜轩读经札记十卷　(清)李经野撰　民国二十二年排印本　省博

经学概论　栾调甫撰　石印本　省图　山大

五经文字疑一卷九经字样疑一卷　(清)孔继涵撰　微波榭遗书本　青照堂丛书本　丛综　续提要　省图

历代石经大略不分卷历代石经略二卷　(清)桂馥撰　清光绪九年海丰吴氏陈州郡斋刻本　稿本　丁艮善校本　贩记　省博　善目　金石书录　省图　山大

汉石经残字证异一卷　(清)孔广牧撰　家刻本　东方文化图书馆传抄本　续提要　金石书录

汉碑经义辑略二卷　(清)淳于鸿恩撰　清光绪二十八年自刻本　续提要　省博

汉魏石经残字二卷　山东省立图书馆辑拓　民国二十三年山东省立图书馆拓本　续提要　台湾公藏

汉魏石经残字叙录二卷　王献唐撰　民国二十三年瑞安温处仿古书局排印本　民国二十五年山东省立图书馆排印本　台湾公藏　省图

汉魏石经周易残字集证三卷　屈万里撰　1961 年台北"中央研究院"历史语言研究所影印本　台湾公藏

汉魏石经残字校录二卷　屈万里撰　民国二十五排印本　省博　台湾公藏

唐代石经略二卷　(清)桂馥撰　清光绪九年陈州刻本　续提要

石经尚书一卷　(清)马国翰辑　玉函山房辑佚书本　丛综　山大　省图

石经鲁诗一卷　(清)马国翰辑　玉函山房辑佚书本　丛综　山大　省图

石经公羊一卷　(清)马国翰辑　玉函山房辑佚书本　丛综　山大　国学　省图

石经论语一卷　(清)马国翰辑　玉函山房辑佚书本　丛综　山大　省图

三字石经尚书一卷　(清)马国翰辑　玉函山房辑佚书本　丛综　山大　省图

石经仪礼一卷　(清)马国翰辑　玉函山房辑佚书本　丛综　省图　山大

三字石经春秋一卷　(清)马国翰辑　玉函山房辑佚书本　丛综　山大　省图

附马国翰群经总义辑佚书(非山东人著作):

五经通义一卷　(汉)刘向撰

五经要义一卷　(刘宋)雷次宗撰

五经然否论一卷　(蜀)谯周撰

五经通论一卷　(晋)束皙撰

五经大义一卷　(晋)戴逵撰

六经略注序一卷　(后魏)常爽撰

七经义纲一卷　(北周)樊深撰

以上均玉函山房辑佚书本　丛综　山大　省图

以上群经总义类凡四十七部,二百十卷,内不分卷者六部;附录三十部,六十九卷。

小 学 类

未谷遗著二种　(清)桂馥撰　双行精舍抄本并录许瀚批校题跋　双行省博

五经岁遍斋许学三书三种十四卷附一种二十二卷　(清)翟云升撰　稿本　清郭氏松南书庐抄本(无附录)　清光绪十七年潍县高氏辨蟫居抄本(清高鸿裁校,无附录)　善目　丛综　北图

安邱王氏说文三种一百三十卷　(清)王筠撰　清同治四年安邱王氏刻本　南大丛

单县时氏音学遗著二十七种附三种不分卷　(清)时庸劢撰　稿本(不分卷,王献唐校)　清光绪十八年海丰吴重熹刻本　善目　山艺　省博　丛综补

以上类编之属

尔雅郑君注一卷　(汉)郑玄撰(清)王仁俊辑　玉函山房辑佚书续编本　丛综

尔雅孙氏注三卷　(魏)孙炎撰(清)马国翰辑　玉函山房辑佚书本　丛综　山艺　省图　山大

孙氏尔雅正义拾遗一卷　(魏)孙炎撰(清)吴骞辑　拜经楼丛书本　丛综　山大

尔雅孙氏注一卷　(魏)孙炎撰(清)王仁俊辑　玉函山房辑佚书续编本　丛综

尔雅孙氏音一卷　(魏)孙炎撰(清)马国翰辑　玉函山房辑佚书本　丛综　山艺　省图

尔雅音注一卷　(魏)孙炎撰(清)黄奭辑　汉学堂丛书本　黄氏逸书考本　丛综　山大　省图

尔雅疏十卷　(宋)邢昺撰　宋刻宋元明初递修公文纸印本　四部丛刊本　续古逸丛书本　山艺　善目

尔雅注疏十一卷　(晋)郭璞注(宋)邢昺疏　元刻明修本(另一本清丁丙跋,又一本清周星诒跋)　明嘉靖李元阳刻十三经注疏本(清段玉裁、江帆校)　明闽刻十三经注疏本　明北监刻十三经注疏本　明毛氏汲古阁刻十三经注疏本(清许瀚跋,清王筠批识)　清武英殿刻十三经注疏本(附考证)　四库全书本　摛藻堂四库全书荟要本　清乾隆十三年乐斋刻本　清乾隆五十一年金阊书乐堂刻本　清崇德书院刻本　清嘉庆阮元刻重刊宋本十三经注疏本(十卷,附校勘记十卷)　四部备要十三经注疏本(十卷)　总目　善目　丛综　山艺　山大　省图

尔雅义疏十九卷　(清)郝懿行撰　郝氏遗书本　皇清经解本　四部备要本(二十卷)　清道光三十年陆氏木犀香馆刻本　清咸丰六年聊城杨以增、仁和胡珽校刻本　清光绪十年茱县蜀南阁刻本　清光绪十三年崇文书局刻本　丛综　贩记　山艺　山大

尔雅直音二卷　(清)孙偘撰(清)王祖源校正　天壤阁丛书本　丛书集成初编本　丛综　国学　山大

尔雅释名不分卷　丁惟汾撰　诂雅堂丛著六种本　王绍曾收藏

小尔雅一卷　(汉)孔鲋撰　续百川学海本　金声玉振本　广汉魏丛书本(清卢文弨校,清丁丙跋)　增订汉魏丛书本　说郛本　龙威秘书本　艺苑捃华本　汉魏小说采珍本　丛综　山艺　山大　省图　善目

小尔雅一卷　(汉)孔鲋撰(清)任兆麟辑　述记本　丛综　山大

小尔雅佚文一卷　(汉)孔鲋撰(清)王仁俊辑　经籍佚文本　丛综

小尔雅一卷　(汉)孔鲋撰(宋)宋咸注　顾氏文房小说本(清钱孙保跋)　古今逸史本　格致丛书本　五雅全书本　明末刻本(与尔雅合刻,清徐鲲校并跋、丁丙跋)　丛书集成初编本　景印元明善本丛书十种本　丛综　山大　善目

小尔雅义疏十三卷补遗一卷　(清)胡承珙撰　求是堂全集本　聚学轩丛书本　四部备要本　丛综　山大　省图

小尔雅训纂六卷　(清)宋翔凤撰　浮谿精舍丛书本　广雅书局丛书

本　皇清经解续编本　龙谿精舍丛书本　丛综　山大　省图

小尔雅疏证五卷　(清)葛其仁撰　咫进斋丛书本　丛书集成初编本　丛综　山大　省图

释名八卷　(汉)刘熙撰　五雅本　古今逸史本　格致丛书本　四库全书本　摛藻堂四库全书荟要本　龙谿精舍丛书本　丛书集成初编本　四部丛刊本　景印元明善本丛书十种本　总目　丛综　山艺　山大　省图

纂文一卷　(刘宋)何承天撰(清)马国翰辑　玉函山房辑佚书本　丛综　山艺　山大　省图

纂文一卷　(刘宋)何承天撰(清)任大椿辑(清)王念孙校　小学钩沈本　小学类编附编本　翠琅玕馆丛书本　芋园丛书本　丛综　山大

纂要文征遗一卷　(刘宋)何承天撰(清)茆泮林辑　鹤寿堂丛书本　丛综

纂文一卷　(刘宋)何承天撰(清)黄奭辑　黄氏逸书考本　丛综　山大　省图

纂文一卷　(刘宋)何承天撰(清)顾震福辑　小学钩沈续编本　丛综　山大

纂文一卷　(刘宋)何承天撰(清)王仁俊辑　玉函山房辑佚书续编本　丛综

纂文一卷　(刘宋)何承天撰龙璋辑　小学搜佚本　丛综

匡谬正俗(一作刊谬正俗)八卷　(唐)颜师古撰　明刻本(作刊谬正俗)　雅雨堂藏书本(清吴省兰注,清吴志忠校并跋)　清抄本　清抄本(作刊谬正俗,清惠栋校,另一本佚名录清何焯校跋)　四库全书本　艺海珠尘本　反约篇本　崇文书局汇刻书本(作刊谬正俗)　古经解汇函本　关中丛书本　丛书集成初编本　总目　丛综　善目　山艺　省图　山大

证俗文十九卷　(清)郝懿行撰　郝氏遗书本　丛综　山艺　山大

别雅订五卷　(清)许瀚撰　滂喜斋丛书本　丛书集成初编本　丛综　山艺　山大　省图

古今字诂疏证一卷　(清)许瀚撰　民国二十三年瑞安陈氏褎殷堂古宋字排印本　民国二十六年济南聚文斋刻本　省博

字原万字正宗十六卷　(清)张允宪撰　稿本　山艺

助字辨略五卷　(清)刘淇撰　海源阁丛书本　中华书局点校本　丛综　山艺　山大

潍言三卷　(清)郭麟撰　民国二十二年秦玉章抄本　省博

潍县方言十卷　(清)郭麟撰　民国二十三年山东省立图书馆抄本(屈万里校)　省图　双行续

黄县方言纪略一卷　(清)王守训撰　稿本(附形下录后)　省博

安邱土语一卷　周幹庭撰　民国二十八年齐鲁大学排印本　省博

方言译十三卷　丁惟汾撰　1957年丁氏自刻本(不分卷)　1958年台北排印本　1985年齐鲁书社影印本(书名作方言音释)　诂雅堂丛著六种本　台湾公藏

俚语证古十四卷　丁惟汾撰　诂雅堂丛著六种本　1983年齐鲁书社影印本　山大

以上训诂之属

说文解字义证五十卷　(清)桂馥撰　连筠簃丛书本(清许瀚校并跋，另一本清陈介祺校订)　清抄本(清王筠、许瀚校并跋，清许梿、陈荣之、陈宗彝、□铎校，另一本清陈志沂校)　清同治九年湖北崇文书局刻本　1987年齐鲁书社影印断句本　1987年上海古籍出版社影印本　丛综　善目　贩记　山艺　山大

说文义证定本一卷附刻说文义证记工账目一卷　(清)许瀚撰　民国间丁德辰抄本(账目手稿本)　省博　双行

说文解字签注一卷　(清)桂馥撰　清姚氏咫进斋抄本(清孟广均跋)　善目

桂未谷说文段注抄一卷补抄一卷　(清)桂馥撰　观古堂所刊书本　观古堂汇刻书本　郎园先生全书本　丛综　山大

校签说文解字十五卷　(清)桂馥校签　孟广均藏本　清学部图书馆善

本书目　山艺

说文解字校勘记残稿　(清)王念孙撰(清)桂馥录　晨风阁丛书本　丛综　山大

说文广诂十卷　(清)郝懿行撰　清抄本　抄本(四库未收参考目作二十八卷)　善目　参考目

许印林遗著一卷　(清)许瀚撰　滂喜斋丛书本　丛综　山艺　山大

说文校本录存一卷　(清)许瀚撰(清)王筠校　清道光十四年许瀚抄本　善目

说文解字句读三十卷句读补正三十卷　(清)王筠撰　清咸丰安邱王彦侗刻本(清杨沂孙批)　稿本(说文解字句读未定稿不分卷)　稿本(四种,两种各为十四卷,另两种各为十五卷,其中一个十五卷本,清张穆订注)　安邱王氏说文三种本　清抄本(清何绍基、张穆批校)　善目　南大丛　山大

说文释例二十卷释例补正二十卷　(清)王筠撰　清道光十七年刻本(存卷一至十八清谢章铤校)　稿本(三种,各为八卷,其中一种清何绍基、张穆批校)　稿本(二十卷)　稿本(释例补证)　手稿本(释例补正二种,一种存卷十一至三十)　安邱王氏说文三种本　民国山东省立图书馆季刊排印本　善目　南大丛　山大　双行续　省图

说文系传校录三十卷　(清)王筠撰　稿本　清咸丰七年安邱王彦侗刻本(清谢章铤校)　安邱王氏说文三种本　王菉友九种本　丛综　善目　南大丛　山大

汪刻系传考正三十卷　(清)王筠撰　手稿本(存卷一至四)　善目

说文韵谱校五卷　(清)王筠撰　稿本(三种,有一种作一卷)　清光绪十三年许克勤抄本(清许克勤校)　善目

说文抄十五卷　(清)王筠撰　手稿本　稿本　善目　说文目　菉友著述

许学札记四卷　(清)王筠撰　稿本(善目不分卷)　益都李明五收藏手写本　民国山东省立图书馆季刊排印本　善目　菉友著述　双行续

省图

说文汇字不分卷杂抄不分卷　(清)王筠撰　稿本　善目　北图

说文校记一卷　(清)王筠撰　稿本(又一本作说文校句)　善目　省博

说文新附考校正一卷　(清)王筠撰　许学丛刻本　丛综

文字蒙求四卷　(清)王筠撰　稿本(又一本清陈山嵋跋)　清抄本(清谢章铤跋)　后知不足斋丛书本　中华书局重印本　丛综　山大

六书蒙拾一卷　(清)王筠撰　稿本　善目　省图

说文谐声后案二卷　(清)翟云升撰　稿本(清周乐清题诗)　善目

说文形声后案四卷　(清)翟云升撰　五经岁遍斋许学三书本　善目　丛综

说文辨异八卷　(清)翟云升撰　五经岁遍斋许学三书本　善目　丛综

肄许外篇二卷　(清)翟云升撰　五经岁遍斋许学三书本　影山草堂六种本　许学丛书第一集本　黔南丛书别集本　丛书集成初编本　善目　丛综

说文解字均隶十二卷　(清)丁楙五撰　稿本(清许瀚批校)　善目

说文类编不分卷　(清)尹彭寿撰　稿本(存上册)　善目　省图　双行续

说文部首读一卷　(清)桂馥撰(清)王筠补订　清光绪十五年诸城尹彭寿刻本　山艺　菉友著述　山大

说文部首表　(清)蒋和撰(清)王筠校正　许学四种本　丛综

说文部首读补注一卷　(清)尹彭寿撰　斠经室集初刻本　丛综　重修清志

说文第一统系图　(清)桂馥撰(清)罗聘绘图(清)翁方纲题记　山东大学图书馆藏乾隆四十四年原拓本(石刻原存山东省博物馆,有清卢文弨、王念孙、丁杰、朱钱琮、孔宪彝、王宝昌、王懿荣题记)　山艺　山大

说文系统图题跋一卷　叶铭辑　叶氏存古丛刻本(附说文书目)　丛综　山大

六书统二十卷　(元)杨桓撰　元刻本　四库全书本　总目　丛综　国

学　山艺　山大　省图

六书溯源十二卷　(元)杨桓撰　见四库存目　总目　山艺

说文称经证四卷　(清)翟云升撰　叶氏存古堂丛书本　山艺　山大

扬雄说故一卷　郑文焯撰　大鹤山房全书本　丛综　续提要

检说文难字一卷　(清)王筠撰　清道光十四年家刻本　省博　双行

说文古籀补补十四卷附录一卷　丁佛言撰　民国十三年北京商务印书馆石印本　双行　国学　金石书录

那罗延室稽古文字　王献唐撰　1985年齐鲁书社排印本　山大

古文字中所见之火烛　王献唐撰　1979年齐鲁书社影印本　山大

字林一卷　(晋)吕忱撰　说郛(宛委山堂本)本　青照堂丛书三编本　面城楼丛刊本(清曾钊校增七卷首一卷)　丛综　山大

小学集略七卷补一卷　(清)孔继涵撰　稿本　善目

正俗备用字解五卷重韵辨义四卷　(清)王兆琛撰　天壤阁丛书增刊本　丛综　续提要　国学

古文官书一卷　(汉)卫宏撰(清)马国翰辑　玉函山房辑佚书本　丛综　山艺　山大　省图

古文官书附古文奇字郭训古文奇字　(汉)卫宏撰附(□)□□□撰(清)任大椿辑(清)王念孙校　小学钩沈本　小学类编附编本　翠琅玕馆丛书本　芋园丛书本　丛综　山大

古文官书　(汉)卫宏撰(清)顾震福辑　小学钩沈续编本　丛综　山大

古文官书　(汉)卫宏撰龙璋辑　小学搜佚本　丛综

古文官书一卷　(汉)卫宏撰费廷璜辑　南菁札记本　丛综　山大

卫宏一卷　(民国)龙璋辑　小学搜佚本　丛综

干禄字书一卷　(唐)颜元孙撰　格致丛书本　说郛本　四库全书本　古经解汇函本　后知不足斋丛书本　丛书集成初编本　景印元明善本丛书十种本　丛综　山艺　山大　省图

别本干禄字书一卷　(唐)颜元孙撰　明崇祯十三年邹平张延登校刻本　见四库存目　总目　山艺

干禄字书笺证一卷　罗振玉撰　贞松老人遗稿本　丛综　山大

字样一卷　(唐)颜师古撰汪黎庆辑　广仓学窘丛书本　丛综　山艺

字样一卷　(唐)颜师古撰龙璋辑　小学搜佚本　丛综　山艺

古今字考六卷　(明)吕一奏撰　明崇祯元年刻本　贩记

俗书刊误十二卷　(明)焦竑撰　四库全书本　总目　丛综　山艺　省图　山大

日用俗字一卷　(清)蒲松龄辑　清乾隆十二年蒲立德抄本　善目　省博

隶辨摘抄不分卷　(清)顾蔼吉撰(清)桂馥摘抄　未谷遗著二种抄本　省博

缪篆分韵五卷补一卷　(清)桂馥撰　原刻本　清嘉庆元年归安姚氏咫进斋丛书本　民国十二年影印本　山艺　曲师　山大

字核不分卷　(清)李源撰　清稿本　省图

正字略二卷正字略考订本一卷　(清)王筠撰　稿本(作正字略定本一卷)　清道光九至十三年刻本　清道光十三年王氏手校题跋本　清道光二十九年钟文刻本(一卷,书名作芸香馆重刊正字略)　善目　贩记　山艺　双行　省博　省图

隶篇十五卷续十五卷再续十五卷　(清)翟云升撰　稿本(不分卷)　清道光十七年至十九年精刻本　五经岁遍斋刻本　1985 年中华书局排印本　贩记　续提要　山艺　善目　山大

隶样八卷　(清)翟云升撰　稿本　善目

汉隶韵编五卷首一卷　(清)李玥撰　稿本　善目　省博

正字简四卷　(清)冯继照撰　清道光二十八年柳波馆刻本　贩记

汉隶辨体四卷　(清)尹彭寿撰　清光绪二十一年山东尚志堂刻本　斠经室集初刻本　丛综　省博　山大

临文便览二卷　(清)张启泰撰　清同治十二年刻本　续提要

庭诰一卷　(刘宋)颜延之撰(清)马国翰辑　玉函山房辑佚书本　小学搜佚本　丛综　省图　山大

诂幼一卷　(刘宋)颜延之撰(清)马国翰辑　玉函山房辑佚书本　丛综　山大　省图　山艺

诂幼一卷　(刘宋)颜延之撰龙璋辑　小学搜佚本　丛综

二千字文注释一卷　(明)殷士儋撰　清光绪十三年平陵邵书升刻本　省博　山艺　山大

家塾授蒙浅语一卷附习字诀一卷　(清)陈介祺撰　清光绪十八年海丰吴重熹刻本　省博

以上字书之属

韵集一卷　(晋)吕静撰(清)马国翰辑　玉函山房辑佚书本　丛综　山艺　山大　省图

韵集一卷　(晋)吕静撰(清)任大椿辑(清)王念孙校　小学钩沈本　小学类编附编本　翠琅玕馆丛书本　芋园丛书本　丛综　山大　省图

韵集一卷　(晋)吕静撰(清)黄奭辑　黄氏逸书考本　丛综　省图　山大

韵集一卷　(晋)吕静撰(清)顾震福辑　小学钩沈续编本　丛综　山大

韵集一卷　(晋)吕静撰龙璋辑　小学搜佚本　丛综　山大

证俗音四卷　(北齐)颜之推撰　小学钩沈本　丛综

书学正韵三十六卷　(元)杨桓撰　见四库存目　明刻本　总目　国学　山艺

切韵指南一卷　(明)高举辑　明万历四十一年刻本　贩记

平入要略　(明)郭一经撰　明刻本　山艺

韵略汇通二卷　(明)兰芳撰(明)毕拱辰删补　明崇祯十五年莱州掖县毕拱辰刻本　掖海丛书本　贩续　青图　善目

音韵类聚增补等韵二卷　(清)张允宪撰　稿本　山艺

韵切指归二卷　(清)吴心远撰　清康熙间刻本　贩记　国学

慎贻堂训蒙日纂二卷　(清)颜光敏撰　约清康熙间刻本　贩记

韵辨十一卷　(清)纪淛撰　清抄本　山艺　省图

渊若韵辨不分卷　(清)纪淛撰　清光绪十年静止轩抄本　省图

韵字蒙引五卷　(清)谢钟英撰　清刻本　山艺

等韵简明指掌图一卷　(清)张象津撰　清道光十六年新城张氏拜经堂刻本　山艺　省博

切韵指南不分卷　(清)刘际遇重订　清抄本　省图

家塾讹音辨略四卷　(清)王元坤撰　清嘉庆十二年刻本　山艺

音韵同异辨八卷　(清)单可琪撰　清嘉庆八年高密单氏师古堂刻本　贩记　续提要　山艺　省博　山大

古韵发明不分卷附切字肆考一卷　(清)张耕撰　清道光三年滕县张氏芸心堂刻本　清道光六年滕县张氏芸心堂刻本(国学各作一卷)　国学　山艺　省博

声韵易知四卷首一卷　(清)庄瑶撰　清道光二十三年刻本　清光绪十五年莲池书院刻本　贩记　山艺

音学全书十六卷　(清)王起鹏撰　清道光刻本　国学

诗韵易记一卷附切韵法　(清)王泽浩撰　清刻本　山艺

古韵证二十二卷　(清)翟云升撰　稿本　善目　丛综

韵字鉴四卷　(清)翟云升撰　清道光二十二年掖县翟氏五经岁遍斋刻本　山艺　省博

十三经歌诀标射谱二卷　(清)杨裕藻撰　清道光十二年刻本　山艺

韵汇校一卷　(清)王筠撰　稿本　清末抄本　善目　省图

经韵一卷　(清)许瀚撰　抄本　单县时氏音学丛稿本(书名作攀古小楼经韵一册)　山艺　省博　善目

万韵新书三卷附韵法一卷　(清)刘振统撰　清坊刻本　山艺　省图

音韵注略十二卷　(清)张彭绪撰　清咸丰元年葆真堂刻本　山艺　省博

音韵约编不分卷　(清)张彭绪撰　清咸丰元年葆真堂刻本　省博

经字韵补无卷数　(清)李锡彤撰　稿本　贩续

切韵指南四卷　　(清)徐桂馨撰艾绍荃注　稿本　省博
韵字折衷四卷　　(清)王守训撰　稿本　善目　山艺　省博
古韵微不分卷　　(清)宋书升撰　稿本　善目　省博
旭斋文稿(一名旭斋零稿)一卷　　(清)宋书升撰　稿本　双行
诗经辨韵　　(清)刘孔怀撰　清刻本　山艺　省图
易诗叶韵二卷　　(清)唐世大撰　清乾隆二十年本斋刻本　贩记
诗本韵考二卷　　(清)赵瀚撰　清初抄本　省博
诗声类十二卷声类分例一卷　　(清)孔广森撰　顨轩孔氏所著书本　皇清经解续编本　音韵学丛书本　丛综　续提要　山艺　国学　省博　山大
毛诗重言一卷增补不分卷　　(清)王筠撰　式训堂丛书本　王菉友九种本　鄂宰四种本　清光绪二十六年董锦章抄增补本　丛综　山艺　山大
毛诗双声叠韵说增补不分卷　　(清)王筠撰　式训堂丛书本　王菉友九种本　鄂宰四种本　王菉友先生著书四种本　民国二十二年双流黄氏济忠堂刻本　丛综　省博　山大
毛诗韵考八卷韵学弟子训四卷　　(清)张映汉撰　清刻本　清道光五年述敬堂刻本　贩续　山艺　省图
诗经古韵四卷　　(清)孔继堂撰　原稿本　贩续　山艺　善目
毛诗辨韵五卷　　(清)赵似祖撰　清道光二十二年海阳赵氏听云山馆刻本(省博有二卷)　贩记　省博
续诗经音律八卷　　(清)迟德成撰　约道光间尚志堂刻本　贩续
毛诗古音三卷　　(清)杨峒撰　稿本　清末抄本　贩续　省博　省图
楚辞字声略考一卷　　(清)马邦举撰　鱼台马氏著丛书抄本　省图
汉声略考二卷晋声略考一卷古声略考杂记二卷　　(清)马邦举撰　鱼台马氏著丛书抄本(山艺作古声杂记四卷汉声考略四卷)　山艺　省图
左青记韵诗二卷平韵两收考一卷平仄两用考一卷　　(清)刘家龙撰

清道光六年家刻本　省博

四书音韵四卷　（清）刘柏撰　清光绪八年东昌东关鲍乾元刻本　省博

张氏音括一卷　张文炜撰　民国十年排印本　贩记

声谱四册阳类声说二册谐声谱二册阴声谱二册阴类声说二册声说四册毛诗韵串三册毛诗古韵贯三册声疑一册同声相应一册古韵一册经韵一册丙丁抄一册古今韵析一册己丑抄一册声类枚数一册丁亥抄一册声读摭式一册韩诗毛诗韵订一册说文解字声切正谬一册唐韵正摘抄一册说文韵孳一册戴氏韵学一册段王合抄一册毛诗声类诗声分例一册苗氏声读表一册　（清）时庸劢撰　单县时氏音学丛稿稿本（双行著录清光绪十八年吴重熹等助刻听古草庐刻本声谱二卷）　善目　省博　双行

毛诗正韵四卷韵例一卷　（清）丁以此撰　民国十三年日照丁氏留余堂刻本　民国二十年山东省图书馆刻本　民国二十三年双流黄氏济忠堂刻本　贩记　省博　台湾公藏　山大

尔雅古音表不分卷　丁惟汾撰　诂雅堂丛著六种本　王绍曾收藏

毛诗韵聿不分卷　丁惟汾撰　1964年台北诂雅堂排印本　诂雅堂丛著六种本　1984年齐鲁书社影印本　山大　台湾公藏

毛诗字分韵不分卷　王献唐辑　双行精舍抄本　双行

宵幽古韵考一卷　王献唐撰　稿本　省博　双行

字母反切指掌一卷　（清）单履谦撰　稿本　善目　省博

拼音识字表一卷　（清）孔繁社撰　清光绪间刻本　贩记

以上音韵之属

附马国翰小学类辑佚书（非山东人著作）：

尔雅犍为文学注一卷　（汉）郭舍人撰

尔雅刘氏注一卷　（汉）刘歆撰

尔雅樊氏注一卷　（汉）樊光撰

尔雅李氏注三卷　（汉）李巡撰

尔雅音义一卷　　(晋)郭璞撰
尔雅图赞一卷　　(晋)郭璞撰
集注尔雅一卷　　(梁)沈旋撰
尔雅施氏音一卷　　(陈)施乾撰
尔雅谢氏音一卷　　(陈)谢峤撰
尔雅顾氏音一卷　　(梁)顾野王撰
尔雅裴氏注一卷　　(唐)裴瑜撰
史籀篇一卷　　(周)太史籀撰
仓颉篇一卷　　(魏)张揖训诂(晋)郭璞解诂
凡将篇一卷　　(汉)司马相如撰
训纂篇一卷　　(汉)扬雄撰
仓颉训诂一卷　　(汉)杜林撰
三苍一卷　　(魏)张揖训诂(晋)郭璞解诂
杂字指一卷　　(汉)郭训撰
劝学篇　　(汉)蔡邕撰
通俗文一卷　　(汉)服虔撰
埤苍一卷　　(魏)张揖撰
古今字诂一卷　　(魏)张揖撰
杂字一卷　　(魏)张揖撰
杂字解诂一卷　　(魏)周成撰
声类一卷　　(魏)李登撰
广苍一卷　　(魏)樊恭撰
辨释名一卷　　(吴)韦昭撰
异字一卷　　(吴)朱育撰
始学篇一卷　　(吴)项竣撰
发蒙记一卷　　(晋)束皙撰
启蒙记一卷　　(晋)顾恺之撰

字指一卷　(晋)李彤撰

要用字苑一卷　(晋)葛洪撰

演说文一卷　(□)庾俨默撰

字统一卷　(后魏)杨承庆撰

纂要一卷　梁元帝撰

文字集略一卷　(梁)阮孝绪撰

古今文字表一卷　(后魏)江式撰

韵略一卷　(北齐)阳休之撰

桂苑珠丛一卷　(隋)诸葛颍等撰

文字指归一卷　(隋)曹宪撰

四声五音九弄反纽图一卷　(唐)释神珙撰

分毫字样一卷　(唐)□□撰

以上均玉函山房辑佚书本　丛综　山大

以上小学类凡一百八十三部,一千零七卷,内不分卷者五十三部;附录七十部,九十卷,内不分卷者四部。

以上经部十一类,凡七百二十部,四千七百八十一卷,内不分卷者一百零二部;附录五百二十八部,九百八十五卷,内不分卷者七部。

史部

正 史 类

史记斠二卷　(清)王筠撰　稿本(不分卷,清胡培翚、孙葆田跋)　清道光八年自写进呈本　民国二十四年故宫图书馆排印本　清末抄本(一卷)　传抄本(一卷王筠自跋)　山艺　善目　贩续　省博　山大

汉书纠谬一卷　(汉)伏俨撰(清)陈蜚声辑　十笏园丛刊本　国学　丛综补

汉书音义三卷叙录一卷　(隋)萧该撰(清)臧庸辑　精抄本　拜经堂丛书本　木犀轩丛书本(增补遗一卷)　丛综　山艺　国学　山大　续提要

汉书音义一卷　(隋)萧该撰(清)王仁俊辑　玉函山房辑佚书续编本　丛综

汉书一百卷　(汉)班固撰(唐)颜师古注　宋刻宋元递修本(元倪瓒、清黄丕烈、顾广圻跋)　北宋刻递修本(清黄丕烈补目)　宋蔡琪家塾刻本(清卢文弨、朱文藻、黄丕烈、钱泰吉、丁丙跋)　宋嘉定十七年白鹭洲书院刻本　宋庆元元年刘起元刻本　宋刻元明递修本(清杨绍和跋)　清初影宋抄本　元大德九年太平路儒学刻明成化正德递修本　明正统八年刻本　明嘉靖汪文盛刻本　明毛氏汲古阁刻十七史本　清武英殿刻二十四史本　1958年商务印书馆百衲本二十四史影印北宋景祐本(即宋刻宋元递修本)　中华书局点校二十四史本　总目　善目　丛综　北善　版刻图录　山艺　省图　山大

校正古今人表九卷　(清)翟云升撰　五经岁遍斋校书本　二十五史补编本　山艺　丛综　国学　答问补正　省图

汉元后本纪补一卷　(清)王延钊撰　北京排印如谏果室丛刻本　国学

汉书古字类一卷　(清)郭梦星撰　宝树堂遗书本　丛综　山艺　省图　山大　青图

前汉书百官公卿表一卷　(汉)班固撰(唐)颜师古注　清潍县陈氏抄本(清陈介祺校)　善目

王莽官名录一卷　(清)陈介祺辑　清潍县陈氏抄本(附前汉书百官公卿表后)　善目

读汉书札记一卷　陈锦堂撰　底稿本　贩记

后汉书札记一卷　(清)赵涛撰　东莱赵氏楹书丛刊本　丛综　省图　山大

后汉郡国令长考补一卷　丁锡田撰　稼民杂著本　二十五史补编本　丛综　国学　省图

馆藏朱秋崖手抄后汉书补注稿考证一卷　王献唐撰　民国山东省立图书馆季刊排印本　双行续　省图

晋书一百三十卷　(唐)房玄龄等奉敕撰　宋刻本　宋刻元递修本　宋刻明修本　元刻明修本　元刻明正德十年司礼监嘉靖万历南京国子监递修本　明毛氏汲古阁刻十七史本　清武英殿刻二十四史本　商务印书馆百衲本二十四史影印宋绍兴重刊北宋本　中华书局点校二十四史本　总目　丛综　山艺　国学　善目　北善　山大　省图

宋琐语不分卷　(清)郝懿行撰　郝氏遗书本　笔记小说大观本(作二卷)　丛综　山艺　省博　山大　省图

补宋书刑法志一卷补宋书食货志一卷　(清)郝懿行撰　郝氏遗书本　粤雅堂丛书本　广雅堂丛书本　史学丛书本　丛书集成初编本　二十五史补编本　丛综　山艺　国学　省博　山大　省图

南齐书五十九卷　(梁)萧子显撰　宋刻宋元明初递修本(缪荃孙、杨守敬、章钰跋,沈曾植题款)　宋刻元明递修本(卷五配清抄本)　明南京国子监刻二十一史本　明北京国子监刻二十一史本　明毛氏汲古阁刻十七史本　清武英殿刻二十四史本　商务印书馆百衲本二十四史影印蜀大字本　中华书局点校二十四史本　总目　丛综　山艺　国学　善目　北善　山大　省图

隋书五十五卷　(唐)魏徵、颜师古、孔颖达等撰　宋刻递修本　宋刻本　元大德饶州路儒学刻明修本　元至顺三年瑞州路儒学刻明修本　明万历南京国子监刻明清递修本　明毛氏汲古阁刻十七史本　清武英殿刻二十四史本　商务印书馆百衲本二十四史影印元大德本　中华书局点校二十四史本　总目　山艺　国学　善目　北善　山大　省图

南北史合注一百九十一卷　(明)李清撰(明)冯溥(明)汪懋麟同参　清光绪间木犀轩蓝色墨格抄本　贩记　参考目

旧唐书二百卷　(后晋)刘昫、张昭等撰　宋绍兴两浙东路茶盐司本　宋刻本(二百二十五卷,傅增湘跋)　元刻本(二百二十五卷)　明嘉靖十八年闻人诠刻本　明毛氏汲古阁刻二十一史本　清武英殿刻二十四史本　清同治浙江书局刻二十四史本　商务印书馆百衲本二十四史影印宋绍兴刊配明嘉靖本　中华书局点校二十四史本　总目　丛综　山艺　国学　善目　北善　山大　省图

宋史四百九十六卷辽史一百十六卷金史一百三十五卷　(元)脱脱、张起岩等奉敕撰　元至正五年江浙等处行中书省刻本(宋史、辽史、金史)　明成化七年至十六年朱英刻本(宋史)　明初刻递修本(辽史、金史)　明南京国子监刻二十一史本(宋史、辽史、金史)　明北京国子监刻二十一史本(宋史、辽史、金史)　清武英殿刻二十四史本(宋史、辽史、金史)　商务印书馆百衲本二十四史影印元至正本(宋史、辽史、金史)　总目　丛综　山艺　国学　善目　北善　山大　省图

新元史二百五十七卷　柯劭忞撰　民国间天津徐世昌退耕堂刻本　开明书局二十五史本　中华书局重印开明二十五史本　丛综　省博　山大　省图

新元史考证五十八卷　柯劭忞撰　民国国立北京大学古宋字排印本　柯劭忞先生遗著本　丛综　贩记　省图

译史补六卷　　柯劭忞撰　柯劭忞先生遗著本　丛综

以上正史类凡二十五部,一千八百三十卷,内不分卷者一部。

别史类

汲冢周书十卷　　(晋)孔晁注　元至正十四年嘉兴路儒学刻本　明嘉靖二十二年四明章檗重刊元至正本　古今逸史本(山艺作周书注)　广汉魏丛书本　三代遗书本　秘书廿一种本　增订汉魏丛书本　四部丛刊景印元至正十四年嘉兴路儒学刻本　景印元明善本丛书十种本　汉魏丛书本(以下均作逸周书)　四库全书本　知服斋丛书本　丛书集成初编本　总目　丛综　山艺　国学　版刻图录　明版图录　省图　山大

汲冢周书十卷校正补遗一卷附录一卷　　(晋)孔晁注(清)卢文弨校　抱经堂丛书本　广汉魏丛书本　四部备要本　丛综　国学　山大

逸周书杂志四卷　　(清)王念孙撰　皇清经解续编本　读书杂志本　丛综　国学　山大

逸周书补注二十二卷首一卷末一卷　　(清)陈逢衡撰　江都陈氏丛书本　丛综

逸周书逸文一卷　　(清)朱右曾撰　崇文书局汇刻书本　皇清经解续编本　丛综　国学　山大

汲冢周书辑要一卷逸书一卷　　(清)郝懿行辑　郝氏遗书本　丛综　山艺　山大

晋纪一卷　　(晋)徐广撰(清)黄奭辑　汉学堂丛书本　黄氏逸书考本　丛综

晋书一卷　　(南唐)臧荣绪撰(清)黄奭辑　汉学堂丛书本　黄氏逸书考本　丛综　山艺　国学　山大

晋书十七卷补遗一卷　　(南齐)臧荣绪撰(清)汤球辑　广雅书局丛书本　丛书集成初编本　丛综　山大

晋书一卷　(南齐)臧荣绪撰(清)王仁俊辑　玉函山房辑佚书续编本　丛综

臧荣绪晋书二卷　(南齐)臧荣绪撰陶栋辑　辑佚丛刊本　丛综

古史略考三十卷　(清)马邦举撰　鱼台马氏著丛书抄本　省图

附马国翰别史类辑佚书(非山东人著作):

古文琐语一卷　(清)马国翰辑　玉函山房辑佚书本　丛综　山大

汲冢书抄一卷　(晋)束晳撰(清)马国翰辑　玉函山房辑佚书　丛综　山大

以上别史类五部,四十四卷;附录九部六十四卷。

编 年 类

竹书纪年校正十四卷通考一卷　(清)郝懿行撰　郝氏遗书本　丛综　山艺　国学　山大　省图

竹书纪年略考二卷　(清)马邦举撰　鱼台马氏著丛书抄本　省图

续晋阳秋一卷　(刘宋)檀道鸾撰　说郛(宛委山堂本)本　古今说部丛书本　丛综　山艺　山大　省图

续晋阳秋一卷　(刘宋)檀道鸾撰(清)黄奭辑　汉学堂丛书本　黄氏逸书考本　丛综　山大　省图

续晋阳秋二卷　(刘宋)檀道鸾撰(清)汤球辑　广雅书局丛书本　丛综　山大　省图

晋安帝纪一卷　(刘宋)王韶之撰(清)黄奭辑　汉学堂丛书本　黄氏遗书考本　丛综　山大　省图

历代纪年十卷　(宋)晁公迈撰　宋绍熙七年乐清包履常刻本(钱大昕十驾斋养新录云曾见南宋刻本缺第一卷)　山艺　国学

乾淳起居注一卷　(宋)周密撰　说郛(宛委山堂本)本　丛综　国学　山大　省图

纲目疑误一卷　(宋)周密撰　说郛(宛委山堂本)本　丛综　山大　省

图

纲鉴要编二十四卷　(明)于慎行撰　明崇祯刻本　国学

穆宗实录七十卷　(明)张居正、于慎行等撰　见明实录(300—303册)　山艺　国学　山大　省图

皇纲录六卷　(明)赵士喆撰　东莱赵氏楹书丛刊本　丛综　山大　山艺　省图

清实录山东史料选　山东师范大学历史系中国近代史研究室选编　1984年齐鲁书社排印本　山大

古今甲子全谱一卷　(清)郭杭之撰　稿本　善目　省图

三元通纪一卷　(清)王驭超撰　稿本(清王筠批校,山艺作二卷)　山艺　省图　善目

以上编年类凡十三部一百三十三卷,内不分卷者一部;附录二部,三卷。

纪事本末类

绎史一百六十卷世系图一卷年表一卷　(清)马骕撰　清康熙九年邹平马氏原刻本　四库全书本　清同治七年姑苏亦西斋刻本　清同治十一年浙江书局重刻本　清光绪十五年金匮浦氏重刻本　清光绪二十三年武林尚友斋影印康熙九年巾箱本　总目　丛综　山艺　山大　省博　省图

宋史纪事本末十卷　(明)冯琦撰(明)陈邦瞻增订　明万历原刻本　明张溥刻本(一百九卷)　郁冈山房刻本　四库全书本(二十六卷)　摛藻堂四库全书荟要本(二十六卷)　(以下均一百九卷)纪事本末五种本　纪事本末汇刻本　历朝纪事本末本　总目　丛综　国学　山艺　山大　省博　省图

以上纪事本末类凡三部,一百七十三卷。

杂史类

三皇五帝征实录六卷　(清)王荣绪撰　清乾隆六十年精刻本　山艺

续贩

国语章句一卷　(魏)王肃撰(清)黄奭辑　汉学堂丛书本　黄氏逸书考本　从综　山大　山艺　省图

春秋外传国语孔氏注一卷　(晋)孔晁撰(清)马国翰辑　玉函山房辑佚书本　从综　山大　省图

国语注一卷　(晋)孔晁撰(清)黄奭辑　汉学堂丛书本　黄氏逸书考本　从综　山大　省图

国语音一卷　(清)马国翰辑　玉函山房辑佚书本　从综　山大　省图

国语髓析二十一卷　(明)公鼒撰　明万历开封推官唐晖刻本　明万历怀庆知府梁隆吉等刻本　省博　省图

春秋后语一卷　(晋)孔衍撰　说郛(宛委山堂本)本　从综　山艺　山大　省图

春秋后国语残四卷(存五至八卷)　鸣沙石室佚书初编本　从综　山艺　山大

春秋后语一卷　(晋)孔衍撰(清)王谟辑　汉魏遗书抄本　从综　山大　省图

春秋后语　(晋)孔衍撰(清)刘学宠辑　青照堂丛书本　从综　省图

春秋后语一卷　(晋)孔衍撰(清)黄奭辑　汉学堂丛书本　黄氏逸书考本　从综　山大　省图

春秋后语一卷　(清)王仁俊辑　玉函山房辑佚书续编本　从综

大业拾遗记(一名南部烟花录)二卷　题(唐)颜师古撰　见四库存目　说郛(宛委山堂本)本(一卷)　香艳丛书本(一卷)　总目　从综　山大　山艺　省图

五代史阙文一卷　(宋)王禹偁撰　四库全书本　紫藤书屋丛刻本　忏花盦丛书本　养素轩丛录本　总目　从综　山艺　省图　山大

南渡录二卷　题(宋)辛弃疾撰　见四库存目　传是楼抄本　湖北刻正觉楼丛书巾箱本　国难丛书本(一卷)　清抄本(一卷,清龚文照校并跋、丁祖荫跋)　清抄本(四卷,邓实跋)　民国元年广益书局石印本(四

卷) 总目 从综 国学 善目 山艺 省图

南渡录大略一卷 (宋)辛弃疾撰 丛书集成初编本 清抄本(与窃愤录合抄,清计焞批校) 从综 善目 省图 山大

南烬纪闻(一作南烬纪闻录)一卷 题(宋)辛弃疾撰 清爱日轩抄本(二卷) 清胡可大抄本(胡可大跋) 清初徐家抄本 清抄本(邓之诚跋) 清同治十二年刘履劳抄本(清刘履劳跋、王国维跋) 清树骏堂抄本 清曾钊面城楼抄本(曾钊批校) 清叶名澧宝芸斋抄本(王献唐批校并录徐乾学批校) 学海类编本 国粹丛书本(二卷) 中国内乱外祸历史丛书本(二卷) 善目 总目 从综 山艺 山大 省图

阿计替传(一名阿计替本末、阿计替本末纪略)一卷 (宋)辛弃疾撰 清抄本(与南烬纪闻合抄,邓实跋) 学海类编本 笔记小说大观本 从综 山艺 善目 省图 山大

窃愤录一卷续录一卷 题(宋)辛弃疾撰 清初徐釚抄本 清抄本(清吴志忠校并跋) 清抄本(清翁同龢跋) 清袁氏卧雪庐抄本(秦更年校) 清徐氏传是楼抄本 清同治十二年刘履芬抄本(刘履芬、王国维跋) 清爱日轩抄本(清丁丙跋) 清树骏堂抄本 清抄本 湖北刻正觉楼丛书巾箱本 学海类编本 国粹丛书本 笔记小说大观本 中国内乱外祸历史丛书本 从综 善目 山艺 国学 省图 山大

西湖游幸记一卷 (宋)周密撰 香艳丛书本 从综 山大

绍熙行礼记一卷 (宋)周密撰 说郛(宛委山堂本)本 五朝小说大观本 从综 山大 省图

平宋录三卷 (元)刘敏中撰 四库全书本 墨海金壶本 守山阁丛书本 碧琳琅馆丛书本 芋园丛书本 丛书集成初编本 中国内乱外祸历史丛书本 总目 从综 国学 山艺 山大 省图

建文年谱二卷后事一卷辨疑一卷 (明)赵士喆撰 明刻本 清初抄本 清初刻本 清道光十三年娄左抄本(三卷,另附甲申秋杪山僧问答一卷) 清道光抄本 清咸丰四年刻本 味尘轩丛书本 清抄本(二卷) 东莱赵氏楹书丛刊本 中国史学丛书本 从综 善目 山艺 杭谱 年谱总录 续提要 山大 省图

建谱志余一卷　　(清)赵宿膺撰　东莱赵氏楹书丛刊本　丛综　山大　省图

云中事记一卷　　(明)苏祐撰　纪录汇编本　说郛续本　五朝小说本　五朝小说大观本　丛书集成初编本　景印元明善本丛书十种本　丛综　山大　省图

云中纪变一卷　　(明)孙允中撰　见四库存目　明抄国朝典故本　总目　山艺

辽广实录二卷　　(明)傅国撰　明万历刻本(与云黄集合刻)　丁丑丛编本　丛综　省博　山大

开原图说二卷　　(明)冯瑗撰　明万历抄本　省博

甲申核真略一卷附录一卷　　(清)杨士聪撰　长思阁丛书本　明季史料丛书本　丛综　山艺

南行日记一卷　　(清)杨士聪撰　长恩阁丛书本　丛综

玉堂荟记二卷　　(清)杨士聪撰　借月山房汇钞本　指海本　泽古斋重钞本　丛书集成初编本　嘉业堂丛书本(四卷)　丛综　山艺　山大　省图

海警推锋传不分卷　　(明)李蕃撰　民国山东省立图书馆抄本　省图

山书十八卷　　(清)孙承泽撰　传抄本　清抄本(傅增湘跋)　1989年浙江古籍出版社裘剑平点校本　续提要　善目　山大

思陵勤政记(一名烈皇勤政记)一卷　　(清)孙承泽撰　泽古斋重钞本　借月山房汇钞本　指海本　式古居汇钞本　丛书集成初编本　丛综　省图　省博　山大

潍县全城记不分卷　　清抄本　善目

全潍纪略一卷　　(清)周亮工撰　清初抄本　善目　省图

蒙难偶记一卷客途记异一卷　　(清)郑与侨撰　民国二十二年山东省立图书馆抄本　山艺　省图　双行续

见闻续记二卷　　(明)郑与侨撰　稿本　善目　省博

平定耿逆记一卷　　(明)李之芳撰　荆驼逸史本　丛综　省图　省博

山大

行间日记四卷附录一卷　(清)李之芳撰　清抄本　清扶沟柳堂抄本　善目　山艺　善目

记吴逆始末一卷　(清)许鸿磐撰　稿本　清抄本　善目　省图　省博　青图

天史十三卷　(清)丁耀亢撰　明崇祯刻本(十二卷)　清康熙抄本(作天史十案)　清抄本　清煮石斋刻本　清光绪二年石印本　石印本(十卷)　山艺　省图　省博　山大　安丘图　诸城孟氏收藏

出劫记略一卷　(清)丁耀亢撰　清煮石斋刻本(附天史后)　国立北平图书馆藏抄本　抄本　善目　续提要　省图　安丘图　诸城孟氏收藏　双行续

东事纪略一卷　(明)张忻撰　清抄本　山艺　省博

归围日记一卷　(明)张忻撰　清抄本　清初刻本　山艺　省博　省图

平叛记二卷　(清)毛霦编　见四库存目　清康熙五十五年刻本　吴兴蒋氏藏旧抄本　海盐朱氏藏旧抄本　甲申野史纪事汇抄本　殷礼在斯堂丛书本(作一卷)　总目　善目　丛综　山艺　晚明　省图　亦轩　青图

水西纪略一卷　(清)王钺撰　清康熙二十一年刻本　世德堂遗书本　丛综　山艺　贩记　省图　北善

平南王元功垂范二卷　(清丹霞释)今释撰　续编一卷(清)张允格编　清乾隆三十年刻本　贩续

淄博平乱记一卷　清抄本　善目

黄培文字狱案一卷　清抄本　善目　省图

黄培诗狱录词一卷　清康熙抄本　善目

全城纪略立后记　(清)张贞撰　清康熙间精刻本　贩续

续元功垂范一卷　(清)张允格撰　清乾隆间刻本　续修

廉洋平贼记一卷　(清)赵长龄撰　清道光间精刻本　贩记

道光抚夷纪略一卷　(清)黄恩彤编　底稿本　贩记

种德堂勒史英华录三十六卷　(清)李廷槐编　稿本　省图　山艺
淄博平乱记一卷　(清)张锡纶撰　稿本　省博
庚辛之际月表一卷　(清)王延钊撰　清光绪三十三年京华书局排印本　省博
莱阳事变实地调查报告书一卷　(清)刘肇唐等撰　清末抄本　省博
莱阳乱事征实录一卷　(清)刘肇唐等撰　清末石印本　1953年泰州新华书店抄本　省博
莱阳乱事征实录不分卷　(清)李方保等编　1973年泰州市古旧书店抄本　省图
莱阳绅民自述乱事征实录一卷　(清)李方保等编　清抄本　省图
南匪志略一卷　(清)高辛元编高锡骏校　清闻妙香室刻本　省图
毅军纪略一卷　(清)宋庆撰　清光绪二十年抄本　山艺　省图
从军日记一册　(清)丁守存撰　清同治元年武昌文秀书坊刻本　太平天国
经济文章三篇　(清)孙毓溎撰　采访原抄本(记在济宁办团抵御太平军事)　山艺
辛酉春纪事　(清)张昭潜撰　见民国潍县志卷三通纪二(记咸丰十年春燕王张宗禹率太平军入境事)　太平天国　省图
守围记一卷　(清)丁廷珍撰　见民国潍县志卷三十七艺文　太平天国　省图
后守围记一卷　(清)丁善宝撰　见民国潍县志卷三通纪二卷三十七艺文　太平天国　省图
南匪纪略诗草一卷　(清)丁廷珍撰　见民国潍县志三十七艺文　太平天国　省图
三五寇记无卷数　(清)小竺山人撰　见潍县文献丛刊叙目拟刊书目　民国潍县志卷三通纪二　太平天国　省图
平原拳匪纪事一卷　清刻本　省图
山左教案二编一卷　(清)祝鋆撰　清光绪二十八年排印本　民国排印

本 (省图作山左教案无卷数) 省博 省图

围城日录二卷 (明)徐从治撰 清初抄本 省博

山东军兴纪略二十二卷 (清)管晏等撰 稿本 清同治十三年济南书局刻本 清光绪间刻本 申报馆丛书续集本 (国学著者缺名,续提要题清径北草堂编) 丛综 善目 续提要 台湾公藏 国学 省图 山大

粤匪陷临清纪略 (清)马振文撰 史树青藏棠芾书屋诗稿本(记咸丰四年三月太平军克临清始末) 太平天国

东牟守城纪略一卷 (清)戴燮元撰 清同治八年戴氏羊城刻本 省博 省图

征剿纪略四卷 (清)尹嘉宾撰 清光绪抄本 省图 善目

东平教案记二卷 (清)柳堂编纂傅晓麓编辑 笔谏堂全集本 丛综 省图

山东曹州教案条约一卷附胶澳租界图胶济铁路章程一卷 (清)总理各国事务衙门议订 清光绪二十四年济南会友堂刻本 清光绪二十六年刻本 省图 山大

傅冠县殉难诗文略 (清)喻怀信等撰 清刻本 太平天国

阳谷殉难事实不分卷 (清)赵文龙辑 清光绪三十四年赵氏祠堂刻本 太平天国

文鲁斋(赵文颖)阳谷殉难事实 (清)赵尔巽辑 清光绪三十三年石印本 省图 山大

普天忠愤集十四卷 (清)孔广德(鲁阳生)撰 清光绪二十一年石印本 兵总

登州文献记一卷 (清)王守训撰 稿本 省博

山东文化史研究乙编附地名表 张立志撰 民国二十九年齐鲁大学国学研究所排印本 省博 省图

潍县傅戈庄盐店被焚案记实一卷 丁叔言撰 民国二十一年潍县和记印刷局排印本 省博 省图 山大

东北史纲初稿第一卷　傅斯年等撰　排印本　国学

山东义和团教案　中国社会科学院近代史研究所近代史资料编辑室编　1980年齐鲁书社排印义和团资料丛编本　山大　省图

山东义和团调查资料选编　山东大学历史系中国近代史教研室编　1980年齐鲁书社排印义和团资料丛编本　山大　省图

山东教案史料　山东师范学院近代研究室廉立之、王守中编　1980年齐鲁书社排印义和团资料丛编本　山大　省图

以上事实之属

洛阳搢绅旧闻记五卷　(宋)张齐贤撰　明洪武中张氏刻本　明穴砚斋抄本　清抄本(朱锡庚跋)　清内府抄本(袁思亮校)　说郛(宛委山堂本、商务印书馆本)本(一卷)　四库全书本　知不足斋丛书本　笔记小说大观本　丛书集成初编本　旧小说本(八则)　总目　丛综　山艺　善目　山大　省图

王文正笔录(一名王文正公笔录、又名沂公笔录)一卷　(宋)王曾撰　百川学海(咸淳本、弘治本、重编本)　历代小史本　学津讨原本　说郛(宛委山堂本)本　四库全书本　反约篇本　榕园丛书本　古今说部丛书本　说库本　景印元明善本丛书本　粤雅堂丛书本　(以下均名沂公笔录)十万卷楼丛书本　丛书集成初编本　总目　山艺　丛综　省图　山大

渑水燕谈录十卷　(宋)王辟之撰　明柳佥抄本(卷十配黄氏士礼居抄本,清黄丕烈校并跋,周星诒跋)　明钮氏世学楼抄本(存卷一至五)　明抄本　清初抄本　清彭氏知圣道斋抄本(清彭元瑞校正)　清抄本(九卷,清黄丕烈校并跋,丁丙跋)　稗海本　四库全书本　知不足斋丛书本　笔记小说大观本　丛书集成初编本　宋人小说本　说郛(商务印书馆本)本(增补遗一卷)　旧小说本(十五则一卷)　中华书局点校本　总目　山艺　丛综　善目　山大　省图

甲申杂记一卷　(宋)王巩撰　宋刻本(清盛昱、樊增祥跋)　清影宋抄本　说郛(宛委山堂本、商务印书馆本)本　四库全书本　知不足斋丛书本(傅增湘校并跋)　笔记小说大观本　学海类编本(书名甲申杂录,傅

增湘校） 旧小说本(三则) 古逸丛书三编景印南宋本 总目 丛综 山艺 山大 省图

闻见近录一卷 (宋)王巩撰 宋刻本(与甲申杂记合刻) 清影宋抄本 唐宋丛书本 四库全书本 知不足斋丛书本 学海类编本 笔记小说大观本 说郛(宛委山堂本、商务印书馆本)本 旧小说本(一则) 古逸丛书三编景印南宋本 总目 丛综 山艺 山大 省图

随手杂录一卷补阙一卷 (宋)王巩撰 清影宋抄本 说郛(宛委山堂本、商务印书馆本)本 四库全书本 知不足斋丛书本 学海类编本 笔记小说大观本 旧小说本(三则) 总目 丛综 山艺 山大 省图

南游记旧一卷 (宋)曾纡撰 说郛(宛委山堂本、商务印书馆本)本 丛综 省图 山大

闲燕常谈一卷 (宋)董弅撰 历代小史本 说郛(宛委山堂本)本 五朝小说本 五朝小说大观本 广四十家小说本 丛书集成初编本 景印元明善本丛书十种本 丛综 山大 省图

唐宋纪琐缀录三十二卷 (清)孙承泽撰 清抄本 善目

赈尾杂记不分卷 (清)王培荀撰 稿本 省图

溧花斋杂录不分卷 清同治间抄本 省图

播变纪略一卷 (清)碧山野史编年 清光绪二十年山东道署刻本 川图

兵事日记二卷 王价藩撰 稿本 省博

茹荠秘纪一卷 王亨豫撰 稿本 省博

以上琐记之属

附马国翰杂史类辑佚书(非山东人著作)：

国语章句一卷 (汉)郑众撰

春秋外传国语虞氏注一卷 (吴)虞翻撰

春秋外传国语唐氏注一卷 (吴)唐固撰

以上均玉函山房辑佚书本 丛综 山大 省图

以上杂史类凡九十三部，二百四十五卷，内不分卷者十六部；附录二十

二部,四十五卷,内不分卷者六部。

载记类

十六国春秋十六卷　(后魏)崔鸿撰　汲古阁抄本(不分卷)　广汉魏丛书本　增订汉魏丛书本　丛书集成初编本　四部备要本　四库全书本(作别本十六国春秋十六卷)　摛藻堂四库全书本(一百卷)　总目　丛综　山艺　山大　省图

十六国春秋佚文一卷　(后魏)崔鸿撰(清)王仁俊辑　经籍佚文本　丛综

十六国春秋纂录校本十卷附校勘记一卷　(后魏)崔鸿撰(清)汤球辑　校勘记(清)吴翊寅撰　广雅书局丛书本　丛书集成初编本　丛综　山大　省图

十六国春秋辑补一百卷年表一卷　(清)汤球辑　广雅书局丛书本　丛书集成初编本　丛综　山大　省图

前赵录一卷　(后魏)崔鸿撰(清)王仁俊辑　玉函山房辑佚书补编本　丛综

后赵录一卷　(后魏)崔鸿撰(清)王仁俊辑　玉函山房辑佚书补编本　丛综

蜀录一卷后蜀录一卷前燕录一卷后燕录一卷北燕录一卷南燕录一卷前凉录一卷前秦录一卷后秦录一卷西秦录一卷　(后魏)崔鸿撰(清)王仁俊辑　玉函山房辑佚书补编本　丛综

十六国史略不分卷　(清)王筠撰　影抄稿本　续提要

钓矶立谈一卷　(宋)史温撰　宋临安府太庙前尹家书籍铺刻本　楝亭藏书十二种本　四库全书本　反约篇本　榕园丛书本　笔记小说大观本(题宋钓矶闲客撰)　知不足斋丛书本(有附录一卷)　丛书集成初编本　旧小说本(一则)　总目　丛综　山大　山艺　省图

以上载记类凡十六部,三十卷,内不分卷者一部;附录二部,一百十二卷。

史 抄 类

史荟十二卷　(明)王家植撰　明万历刻本　明崇祯十四年刻本(存五卷)　山艺　省博　省图

读史蒙拾一卷　(清)王士禄撰　见四库存目　抄本　总目　山艺　善本提要

两汉碎金一卷　(清)侯登岸撰　清道光三十年刻本　山艺　贩续

史事简抄□卷史系简抄八卷　(清)邵大纬撰　清刻本　山艺

山东大学堂史学课本　(清)山东大学堂编　清末刻本　山大

以上史抄类凡五部二十二卷,内不分卷者一部。

史 评 类

雪航肤见十卷　(明)赵弼撰　见四库存目　总目　山艺

读史漫录十四卷　(明)于慎行撰　见四库存目　明万历三十七年郭应宠刻本　明万历四十二年于纬刻本　明万历李时馥刻本　明万历刻本　明万历三十六年余昌祚直方堂刻本　明万历间东阿于氏家刻清代递修本　总目　山艺　台湾公藏　省图

于文定公读史漫录二十卷　(明)于慎行撰　(清)黄恩彤参订　清道光二十四年宁阳黄氏存素斋刻本　山艺　省博　山大　仅好斋

读史彎疑十卷　(清)张彦士撰　见四库存目　总目　山艺

汉史亿二卷　(清)孙廷铨撰　见四库存目　清康熙刻本　清刻本　总目　山艺　省博　省图　山大

御制评鉴阐要十二卷　(清)刘统勋等编次　四库全书本　摛藻堂四库全书荟要本　清乾隆三十六年武英殿刻本　清刻本　总目　丛综　殿目　台湾公藏　山大　省图　善目

史记评注十二卷　(清)牛运震撰　清乾隆五十八年牛氏家刻空山堂全集本　山艺　贩记　丛综　续提要　国学　山大　省博　省图

读史纠谬(一名空山堂十七史论)十五卷　(清)牛运震撰　清乾嘉间牛氏家刻空山堂全集本　1989年齐鲁书社李念孔等点校本　山艺　丛综　贩记　答问补正　山大　省博　省图

班范肪截四卷　(清)张笃庆撰　见四库存目　清抄本(王献唐题跋)　清毕氏聚星堂抄本　总目　山艺　省图　双行

五代史肪截四卷　(清)张笃庆撰　见四库存目　总目　山艺

北史论略一卷　(清)王筠撰　习盦丛刊本　丛综　省博　省图

晋宋书故一卷　(清)郝懿行撰　郝氏遗书本　粤雅堂丛书本　广雅书局丛书本　史学丛书本　山艺　丛综　山大　省博　省图

鉴评别录六十卷　(清)黄恩彤撰　清光绪十年宁阳黄氏家塾刻本　清光绪三十一年刻本(与两汉史断、三国书法合刊)　山艺　贩记　省博　省图　山大　仅好斋

两汉史断六卷　(清)黄恩彤撰　清咸丰三年宁阳黄氏知止堂自刻本　清光绪三十一年刻本(附鉴评别录)　山艺　贩记　山大　仅好斋

三国书法十卷　(清)黄恩彤撰　清咸丰七年刻本　山艺　曲师　仅好斋

史牾不分卷　(清)周悦让撰　清王氏家抄倦游庵椠记本　王献唐四川抄本　省博

千字鉴略一卷　(清)黄守平撰　清同治十二年刻本　山艺

读史管窥六卷　(清)李维嶟撰　家藏抄本　山艺

屺瞻草堂四史评议十六卷　李景星撰　民国二十一年济南精艺印刷公司排印本　省博

史记书后二卷　(清)许钟璐撰　民国间排印本　省博

读史抒见八卷　稿本　省博

衡藩宫词一卷　(清)邱琮玉撰　清光绪抄本　省图

读汉书札记一卷　陈锦堂撰　底稿本　贩记

明季咏史百一诗一卷　(清)张笃庆撰　清弦庵抄本　古今说部丛书本　丛综　山大　省图

潼关咏史一卷　(清)周乐等撰　清道光十五年纫香斋刻本　省博

全史诗无卷数　(清)张香海撰　清四川刻本　写本　山艺

读史长句一卷　(清)于秉信撰　清道光二十六年刻本　山艺　省图

附马国翰史评类辑佚书(非山东人著作):

三五历记一卷　(吴)徐整撰(清)马国翰辑　玉函山房辑佚书本　丛综　省图　山大

以上史评类凡二十七部,二百二十七卷,内不分卷者二部;附录一部,一卷。

传记类

三古君臣世谱二卷附补遗一卷　(清)郑淑詹撰　清光绪十七年家刻本(王献唐题跋)　省博　双行

名臣经世辑要四卷　(元)李好文撰　精抄本　国学

逸史三传三种三卷　(明)赵士喆撰(清)赵继范评校　清抄本　民国石印本　山艺　善目　山大

忠孝廉节汇集三十四卷　(明)徐标撰　明刻本　国学

益智录二十卷　(清)孙承泽撰　见四库存目　康熙十四年刻本　总目　山艺　省图　善目

历代画像传四卷　(清)丁善长编绘　清光绪二十二年潍水丁氏刻本　省博　青图

云台二十八将图赞一卷　(清)张士保绘撰　清同治十年胶东白鹤年刻本(作云台二十八将图)　省博　山艺　省图

历代循良录一卷　(清)孙蕙撰　见四库存目　总目　山艺

两汉高士赞一卷　(清)张笃庆撰　清初抄本(赵执信题跋)　山艺　省博　善目

两汉节义传三卷　(清)侯登岸撰　清道光刻本　山艺

汉末英雄记(一名英雄记抄)一卷　题(汉)王粲撰　见四库存目　广汉魏丛书本　(以下均作英雄记抄)说郛(宛委山堂本)本　五朝小说本　增订汉魏丛书本　总目　丛综　山艺　山大　省图　善目

英雄记一卷　(汉)王粲撰(清)黄奭辑　汉学堂丛书本　黄氏逸书考本　丛综　山艺　山大　省图

晋八王易知略一卷　(清)王延钊撰　北京排印本　国学

圣学宗传十八卷　(明)周汝登编　明万历三十三年刻本　省图

圣贤像赞不分卷　(明)吕维祺辑　明崇祯刻本　善目　省图

圣贤像赞四册　(清)孔宪兰增补　明吕维祺刻本　清光绪四年孔宪兰刻本(二卷)　山艺　省博　省图　山大

皇明理学名臣言行录三卷　(明)崔铣撰　崔洹野集本　丛综

熙朝名臣实录二十七卷　(明)焦竑撰　见四库存目　明末刻本　总目　山艺　善目

献征录一百二十卷　(明)焦竑撰　见四库存目　明万历四十四年徐象樗曼山馆刻本(书名作焦太史编辑国朝献征录)　总目　善目　山艺　善本提要　北善

锲两状元编次皇明要考六卷　(明)焦竑辑　明万历舒承溪刻本　明闽书林叶贵刻本(以上皆附一二考一卷,明张复撰)　明万历二十二年书林双峰堂刻本(书名作两状元编次皇明要考,存一至四卷)　善目

安鼎名臣录(一名扶鼎名臣录)不分卷　(明)王都纂　明崇祯刻本　清抄本(七卷)　续提要　山艺　省图

四朝人物略六卷　(清)孙承泽撰　见四库存目　总目　山艺

畿辅人物略不分卷　(清)孙承泽撰　稿本　善目

畿辅人物志二十卷　(清)孙承泽撰　见四库存目　清初刻本　总目　善目　山艺　省图

貂珰史鉴四卷　(明)张世则撰　见四库存目　明万历刻本　总目　善目　山艺

本朝忠义录十六卷　(明)徐与参辑　明崇祯二年刻本　续贩

皇朝圣师考七卷　(清)郑晓如撰　清同治八年广州刻本　山艺　丛综

胜国遗民录四卷　(清)侯登岸撰　清抄本　民国山东省图书馆抄本　善目　省图

忠勤录四卷　(明)王象乾、王象蒙辑　明万历三十三年自刻本　善目　山艺　北图　北师大

艮斋杂传一卷　(清)李澄中撰　稿本　善目　省图

幽节录一卷　(清)张谦宜撰　清康熙刻本　省图

与居录一卷　(清)王祖昌撰　稿本(刘韶音批校并跋)　省图　善目

山东名人小传不分卷　清抄本　省图

孔氏祖庭广记十二卷　(元)孔元措编　蒙古乃马真后元年孔氏刻本(清钱大昕、瞿中溶、黄丕烈、邵渊耀跋)　清影印蒙古抄本(清钱大昕跋)　清抄本　续古逸丛书本　四部丛刊续编本　琳琅秘室丛书(咸丰本)本(附清胡玉廷校讹一卷)　琳琅秘室丛书(光绪本)本(增清董金鉴续校补)　丛书集成初编本　善目　山艺　丛综　山大　省图　双行续

圣门志六卷　(明)吕元善撰　见四库存目　明天启五年刻本　明崇祯五年刻本　盐邑志林本　(以下均作五卷)丛书集成初编本　景印元明善本丛书十种本　总目　善目　丛综　山大　省图

阙里志十三卷　(明)陈镐撰　明弘治十八年刻本　明弘治刻嘉靖万历递修本　明正德间刻本　善目　山艺　善本提要

阙里志十五卷　(明)陈镐撰(明)孔弘干续修　明嘉靖三十一年孔承业刻本　明嘉靖四十三年刻隆庆三年重修本(八卷首图一卷)　善目

阙里志十二卷　(明)孔贞丛撰　明万历三十七年刻本　明万历三十七年刻崇祯修补本　善目　省图　善本提要

阙里志二十四卷　(明)陈镐撰(明)孔胤植重纂　见四库存目　明崇祯间孔胤植重修本　清顺治康熙雍正增修本　总目　山艺　山大　省图　北师大

阙里广志二十卷　(清)宋际、宋庆长撰　见四库存目　清康熙十三

年刻本　总目　善目

程朱阙里志八卷　(明)赵滂撰　明万历刻本　善目

增修孔庭纂要十卷　明正德十六年刻本(存一至二卷)　善目

增补孔庭摘要一卷　(清)孔令贻辑(清)孔昭干校　清光绪二十三年刻本　曲师

阙里纂要四卷　(清)孔衍璓撰　清康熙刻本　国学　曲师

阙里文献考一百卷　(清)孔继汾纂　清乾隆二十七年曲阜衍圣公孔昭焕刻本　清光绪十七年湖南湘阴李氏重刻本　山艺　山大　省博　省图

阙里述闻十四卷补一卷　(清)郑晓如撰　郑氏四种本　丛综　山大　山艺　省图

三迁志十二卷　(清)孟衍泰、王特选辑(清)仲蕴锦补辑　见四库存目　清康熙六十一年刻本　总目　山艺　国学　山大　善目

重纂三迁志十卷　(清)孟广均撰(清)孙葆田等辑　清光绪十三年山东书局刻本(山艺作重纂三迁志稿十四卷)　山艺　省图　省博

三迁志六卷　(明)史鹗撰　明嘉靖三十二年刻本　善目

三迁志六卷　(明)吕元善撰　见四库存目(作五卷)　明嘉靖刻本　明嘉靖刻隆庆增补本　明万历刻本　总目　善目　善本提要

三迁志五卷　(明)吕兆祥、吕逢时撰　明天启七年刻本(清丁丙跋)　善目

陋巷志八卷　(明)陈镐撰　明正德二年曹来旬刻本(王镂跋)　明嘉靖十三年嘉兴公署刻本　善目

陋巷志八卷　(明)颜胤祚撰　明万历二十九年刻本(原题杨光训撰,据王重民考证改题颜胤祚)　善本提要　北图

陋巷志八卷　(明)吕兆祥重修　见四库存目　明万历二十九年刻本　明万历二十九年刻清顺治增修本　明万历二十九年刻清康熙增修本　明崇祯刻本(六卷)　总目　善目　善本提要

阙里年谱传一卷　(清)曹汉阁撰　抄本　省博

论语篇目弟子一卷　(汉)郑玄撰(清)孔广林辑　通德遗书所见录本　郑学十八种清抄本　善目　丛综　省图

论语孔子弟子目录一卷　(汉)郑玄撰(清)马国翰辑　玉函山房辑佚书本　丛综　省图　山大

孔子弟子目录一卷　(汉)郑玄撰(清)袁钧辑　郑氏佚书本　丛综　省图

孔子弟子目录一卷　(汉)郑玄撰(清)王谟辑　汉魏遗书钞本　丛综　省图　山大

论语孔子弟子目录一卷　(汉)郑玄撰(清)宋翔凤辑　浮谿精舍丛书本　食旧堂丛书本　丛综　省图

论语篇目弟子一卷　(汉)郑玄撰(清)黄奭辑　汉学堂丛书本　黄氏逸书考本　丛综　省图　山大

孔门弟子传略二卷　(明)夏洪基辑　明崇祯刻本　善目

孔子弟子考一卷孔子门人考一卷　(清)朱彝尊撰　学海类编本　丛综　山大

圣门通考十二卷年谱二卷续考三卷　(明)包大爟撰　续考(明)包垕撰　明万历十五年书林清心堂刻本　善目

宗圣谱十四卷　(明)邹泉撰　明万历十六年徐振德刻本　善目

孔门传道录十六卷　(明)张朝瑞撰　明万历二十六年姚履旋、顾端祥刻本　善目

圣门人物志十二卷　(明)郭子章撰　明万历二十二年赵彦刻本　明叶天民刻本　清抄本　善目　省图

孔门源流考十卷　(明)戴庭槐撰　明万历刻本　善目

刻生民未有编四卷续刻一卷　(明)李珏辑　明万历二十六年自刻本(孔孟遗像一卷、历年谥谱一卷、孔庭传序考次一卷、仪章矩式一卷)　善目

新刻孔门儒教列传四卷　明刻本　善目

孔门实纪十二卷首一卷　(清)邱庆善、黎定攀同编　清道光二十二

年刻本　台湾公藏

鲁国先贤传一卷　（清）王仁俊辑　玉函山房辑佚书补编本　丛综

鲁国先贤志一卷　（清）王仁俊辑　玉函山房辑佚书补编本　丛综

青州先贤传一卷　（清）王仁俊辑　玉函山房辑佚书补编本　丛综

渠丘三张公(张嗣伦、张继伦、张绪伦)合传一卷　（清）张贞编　清康熙间刻本　贩续

海岱史略一百四十卷　（清）王驭超撰　稿本(清李清放跋)　清嘉庆二十三年山东王氏自刻本　清光绪二十二年安邱王彦侗等刻本　山艺　善目　山大　省博　台湾公藏　省图

北海耆旧传十二卷　（清）张昭潜撰　稿本(山艺作二十卷)　清抄本(十卷)　山艺　善目　省图

榆园杂录二卷　（清）郭榆寿辑　清咸丰七年刻本　清末刘新之抄本(一卷)　山艺　省图

名宦录一卷　叶润山辑著全书本(原书未著录作者,山艺著录有名宦录一卷,明赵浚初撰,记其先公奉祀开封名宦祠经过,疑即此书)　山艺　丛综

乡贤录一卷　叶润山辑著全书本　丛综

名宦传(一名广东燕济会馆名宦传)二卷　（清）黄恩彤辑　清道光二十五年刻本　清同治三年羊城正文堂刻本　贩续　省图

安丘县学崇祀乡贤小传不分卷续一卷　（清）张贞撰　清康熙四十三年刻本　台湾公藏

续安丘乡贤小传一卷　（清）张贞撰辑　清康熙间刻本　山艺　贩续

掖邑乡贤考记一卷　（清）赵鸾掖撰(清)毛式玉编　民国二十五年掖县赵氏青岛永厚堂排印本　山大　省博　省图　青图

崇祀乡贤录一卷　（清）王衍庆等撰　清刻本　省博

邑南乡贤传一卷　（清）魏大镛撰　清乾隆刻本　省博

潍县乡贤传四卷附补遗一卷　丁锡田撰　民国十五年潍县十笏园石印本　改定底本　山大　省博　省图

潍县职官传稿一卷　梁文灿撰　民国十八年排印本　省图　山大

采善录一卷　(清)杜曮撰　清嘉庆九年杜延闾刻本　山艺　省博

聊城县宪纲一卷乡宦一卷　清光绪稿本　省图

宣统二年山东高等学堂同学录　清末刻本　省图

渔洋感旧集小传四卷补遗一卷　(清)卢见曾撰　清康熙间刻本　清光绪五年排印本　清宣统二年上海国学扶轮社排印本　民国六年中国图书公司排印本　古今说部丛书本　丛综　答问补正　省图　山大

渔洋山人感旧集小传一卷　(清)卢见曾撰陈衍补遗　晨风阁丛书　丛综　省图　山大

感旧集小传拾遗　陈衍撰　石遗室丛书本　丛综

国朝词人名字爵里表补一卷　(清)孔继涵撰　稿本　善目

能书录一卷　(齐)王僧虔撰　说郛(宛委山堂本)本　丛综　省图　山大

画林雁塔不分卷　(清)孔尚任辑(清)孔衍栻校　清初刻本　善目　省博

山左书画志略十三卷　(清)秦溪辑　稿本　善目

桑梓之遗书画册人物考略十卷　(清)陈介锡撰　清抄本　省博

金石著述名家考略一卷续一卷再续一卷拾遗一卷　田士懿辑　民国十七年刻本　山大　省图

列女传补注八卷叙录一卷校正一卷　(清)王照圆撰　郝氏遗书本　丛综　省图　山大　双行

名媛韵事五卷　(清)王偁(题鹊华馆主人)撰　清道光间罗田潘氏刻卧园四种本　南大丛

义友记一卷　(明)郑与侨撰　民国二十二年山东省立图书馆抄本　双行续　省图

章邱节孝志四卷　(清)刘家麟撰　清道光三十年章邱县署刻本　省图

北虏三娘子列传一卷　(明)赵士喆撰　东莱赵氏楹书丛刊本　丛综　省图　山大

古欢录八卷　(清)王士禛撰　清抄本　清康熙朱从延快宜堂刻本　王渔洋遗书本　丛综　省图　山大

神僧传一卷　(晋释)法显撰　合刻三志本　说郛(宛委山堂本)本　五朝小说本　五朝小说大观本　旧小说本(不分卷)　丛综　省图　山大

列仙传校正三卷赞一卷　(清)王照圆撰　郝氏遗书本　丛综　省图

列仙传校正二卷列女传补注八卷附叙赞一卷叙录一卷梦书一卷　(清)王照圆撰　清嘉庆十七年双莲书屋刻本　台湾公藏

列仙传校三卷梦书一卷　(清)王照圆撰　清嘉庆十七年栖霞郝氏晒书堂刻本　山大　省博

人瑞录一卷　(清)孔尚任撰　昭代丛书(康熙本、道光本)本　丛综　国学　省图　山大

山东人瑞不分卷　民国初年抄本　省图

北海人范二卷　(清)丁启喆绘撰　民国二十六年潍县和记印杜石印本　民国同志画社影印本　省图　省博　山大　山师

以上总传之属

管子传　梁启超撰　中华书局排印本　山大

孔圣图谱三卷　元大德孔泽刻本　山艺

圣迹图一卷　明正德元年刻彩色印本　明刻蓝印本(不分卷)　明隆庆刻本(作孔子圣迹图不分卷)　明万历二十年刻本(不分卷)　明崇祯刻本(不分卷)　善目　省图

圣迹图一卷　(明)张楷撰　明嘉靖二十七年沈藩朱胤刻本　明刻本　善目

圣迹图一卷　(明)孔胤植辑　明崇祯刻本　省博

圣迹图不分卷　清同治十三年孔宪兰刻本　台湾公藏　山艺

圣迹图不分卷　(清)顾沅撰　上海同文书局刻本　台湾公藏

孔子事迹图谱　(明)季本等编　孔孟事迹图谱本　杭谱

述圣图一册　(清)孔衍植撰　清孔毓埏重刻本　山艺

孔子圣迹图不分卷　孔德成等编　1951 年台湾中国文教出版社影印本

台湾公藏

聪圣志四卷附录一卷　(明)范弘嗣辑　明崇祯刻本　省图

孔圣生年月日考异一卷　(宋)赵去疾撰　明刻本(附东家杂记后)　清影宋抄本(附东家杂记后)　善目

先圣生卒年月日考二卷　(清)孔广牧撰　广雅书局丛书本　皇清经解续编本　浙江书局刻本　丛综　山艺　山大　杭谱　省图

孔子生年考、孔子卒年考　钱穆撰　先秦诸子系年卷一　年谱总录

至圣先师孔子刊定世家七卷　(明)冯烶撰　明万历三十九年刻本　善目

宣圣世系年表辩证三卷　(明)程时登撰　明刻本　杭谱

孔子世家考二卷余论条辨一卷　(清)郑晓如撰　阙里述闻卷一至卷三　年谱总录　省图　山大

孔子世家补订一卷　(清)林春溥撰　竹柏山房十五种本　丛综　省图

孔子世家笺注一卷　叶瀚撰　晚学庐丛辑　稿本　丛综

洙泗考信录四卷　(清)崔述撰　崔东壁遗书本　畿辅丛书本　丛书集成初编本　丛综　省图　山大

三出辨误一卷　(清)周式度撰　掖海丛书本　丛综

孔氏三出辩一卷　(清)沈畏堂撰　清光绪二十九年李汝封刻本　申报馆丛书续集本　丛综　省图　山大

孔子艺事考二卷　李遵义撰　樵隐集本　丛综

孔志四卷　(清)龚景瀚撰　稿本　善目

孔子评传　匡亚明撰　1985年齐鲁书社排印本　山大　省图

东家杂记二卷首一卷　(宋)孔传撰　宋刻递修本　清初毛氏汲古阁影宋抄本　清影宋抄本　清张蓉镜抄本　明刻本　清嘉庆爱日精庐影宋刻本　四库全书本　琳琅秘室丛书(咸丰本)本(附清胡珽校讹一卷)　琳琅秘室丛书(光绪本)本(增清董金鉴续校补)　丛书集成初编本　总

目　山艺　善目　丛综　山大　省图　双行续

刻孔圣全书八卷　(明)安梦松撰　明万历二十七年书林郑云竹刻本(存一至七卷)　善目

孔圣全书三十五卷　(明)蔡复赏编　明万历金陵书坊叶贵刻本(善目存一至十六卷,省图存三十四卷)　善目　省图

新锲孔圣宗师出身全传四卷　明刻本　善目

孔氏实录十四卷　(元)孔元祚撰　明抄本(存五卷)　善目　曲阜文物管理委员会　山艺

孔氏本末一卷　清光绪孔宪锟抄本　省图

孔孟图歌一卷　江钟秀撰　江氏著书七种本　丛综

孔孟志略三卷　(清)张承燮撰　东听雨堂刊书本　丛综

孔颜孟三氏志六卷提纲一卷　(明)刘浚撰　明成化十八年张泰刻本　善目　存目

仲志四卷　(明)刘天和撰(明)周鼎重订(明)赵时雍编次　见四库存目(作五卷)　明崇祯十三年刻济宁仲于陛清康熙中增补本　总目　善目　善本提要

曾志四卷首一卷末一首　(明)李天植撰　明万历二十六年刻本善目

孟志五卷　(明)潘榛辑　明万历三十九年邹县知县胡健先刻本　善目

孔孟事迹图谱四卷　(明)季本等撰　明童汉臣刻本　孔孟事迹图谱本　善目　杭谱　年谱总录

孟子生卒年月考一卷　(清)阎若璩撰　四书释地　杭谱　省图

孟子时事考征四卷　(清)陈宝泉撰　清嘉庆五年粹经堂刻本　杭谱　年谱总录　善目

孟子生卒年月考辩证一卷　(清)董桂新撰　清抄本　国学月刊一卷四期　善目　杭谱

孟子事实录二卷　(清)崔述撰　崔东壁遗书本　丛综　省图

孟子时事略一卷　(清)任兆麟撰　清乾隆五十三年刻本　心斋十种

本　经学丛书初编本　槐庐丛书本　善目　杭谱　年谱总录　省图

孟子辩证不分卷　(清)谭澐云撰　味义斋全书本　杭谱

郑玄列传一卷　(刘宋)范晔撰　清郑文焜抄本(清郑文焯校补并跋)　善目

北海三考三卷　(清)胡元仪撰　清抄本(柯劭忞等批识)　善目

诸葛武侯(亮)传(一名汉丞相诸葛忠武侯列传)一卷　(宋)张栻撰　宛委别藏本　明辨斋丛书初集本　(以下均作汉丞相诸葛忠武侯列传)十万卷楼丛书本　续古逸丛书本　四部丛刊续编本(附张元济校勘记一卷)　丛综　省图　山大　善目

卧龙先生志一卷　(清)殷际光辑　稿本　善目

乖崖张公语录二卷　(宋)张咏撰　宋刻本　藏园

九河公(张咏)语录　(宋)张畋撰　说郛(商务印书馆本)本　丛综

张乖崖文行录四卷　(明)刘忠辑　清初抄本　藏园　山艺

文正王公(旦)遗事一卷　(宋)王素撰　见四库存目(书名作王文正公遗事)　百川学海本　历代小史本(书名作王文正遗事)　景印元明善本丛书十种本(书名同上)　周氏师古堂所编书本(书名作王文正公遗事)　总目　山艺　丛综　省图　山大

刘忠肃公行年纪一卷　(宋)刘挚撰　见四库存目　总目　山艺

韩魏公别录(一名宋忠献韩魏王君臣相遇别录)三卷　(宋)王岩叟撰　见四库存目　明武进郑鄤评点本(与家传合订,以下均为一卷)　明刻本(附宋忠献韩魏王君臣相遇家传后)　日本天保刻本(附韩魏公集后)　清刻安阳集本　总目　山艺　国学　省图

绍陶录(一名韬堂绍陶录)二卷　(宋)王质撰　说郛(宛委山堂本、商务印书馆本)本(一卷)　清康熙二十年校抄本　清乾隆四十一年孔继涵录抄本　清吴骞抄本(鲍廷博校)　清王氏十万卷楼抄本　十万卷楼丛书本　清含清书屋抄本　清抄本(缪荃孙校)　四库全书本　湖北先正遗书本　总目　丛综　山艺　善目　山大　省图　北善

吕忠穆公遗事　(宋)□□撰　见四库存目　总目　山艺

宋范文正公流寓长山事迹考一卷　(清)刘孔怀撰　清康熙刻本　山艺　善目　北图

张乐全先生(宋张方平)行状不分卷　(宋)王巩撰　清小辋川蓝格抄本　国学　善目

扩廓帖木儿列传一卷　(明)赵士喆撰　选史三传清抄本　东莱赵氏楹书丛刊本　丛综　山大　省图　善目

盖喀图补传一卷　柯劭忞译　刻本　台湾公藏

许鲁斋考岁略一卷　(元)耶律有尚撰　见四库存目　总目　山艺

刻宋郑一拂先生祠录一卷　(明)焦竑辑　明万历三十四年郑刻本　善目　北善

念祖约言世纪二册　(明)王之垣撰　明王与胤刻本　山艺

历仕录一卷　(明)王之垣撰　清康熙四十一年王氏家塾惺心楼刻本　见四库存目　王渔洋遗书本　总目　丛综　善目　省图

归田杂识上下二卷　(明)毛纪撰　见四库存目　总目　山艺

四朝恩遇图不分卷　(明)毛纪撰　明嘉靖十年手稿本　稀见史籍

毕少保公(自严)传一卷附毕公墓碑一卷　(明)蒋平阶撰　附(清)孙廷铨撰　清康熙刻本(清李尧臣跋)　明季辽事丛刊本(不附墓碑)　丛综　善目　省博　省图

毛文龙孔有德列传一卷　(明)赵士喆撰　东莱赵氏楹书丛刊本　丛综　山大　省图

明诰封中宪大夫太仆寺少卿邻黉安公暨配诰封刘太恭人合葬墓志铭一卷　(明)钟羽正撰　明崇祯刻本(与明安仕等撰诰封刘太恭人显妣行实一卷合刻)　善目

左忠贞公(明左懋第)外纪二卷　(清)左中行辑　民国五年莱阳石印本　山大　青图

张尔岐传一卷　(清)罗有高等撰　潍县高氏辨蟫居抄本　亦轩

仪部公行状一卷　(清)曹濂撰　安邱曹氏家集十三种清光绪间抄本　山大

张孝廉(张嗣伦)行略一卷　(明)张继伦、张绪伦、(清)张贞撰　清康熙间刻本　贩续

鬵音一卷　(清)安致远撰　安静子集本　丛综　山大　省图

朱君墓铭一卷　(清)王士禛撰　清抄本　省图

王阮亭行述一卷　(清)王启涑等撰　清康熙五十年刻蓝印本　善目

王渔洋画像题咏集一卷　稿本　善目

蒲留仙传不分卷附录六种　刘阶平撰　民国五十九年台北市台湾学生书局排印本　台湾公藏

清登郡学生于君(于选)墓志　(清)李文藻书　稿本　省图

南涧先生易箦记一卷　(清)李文藻自述(清)蒋器记　民国二十三年瑞安陈氏褒殷堂古宋字排印本　山左先哲遗书提要本(附提要后)　续提要　山大　省图　双行续

荔岩(张映衡)行述一卷　(清)张淜沅等撰　清嘉庆间刻本　贩记

曲阜孔母徐太儒人寿序一卷　(清)何绍基撰　稿本　善目

(陈官俊)列传碑文一卷　(清)吴重熹辑　清抄本(附伟堂笔记后)　善目

郭中丞(郭梦星)行述一卷　(清)郭襄之等撰　续提要

陈将军(陈国瑞)事实一卷　(清)尹琳基撰　清光绪十五年刻本　续提要

陈将军(陈国瑞)归骨记一卷　(清)尹琳基撰　清光绪十五年刻本　省图

即墨韩先生传一卷　(清)王埒撰　民国十二年青岛同文书局排印本　省博

即墨蓝氏哀启一卷　(清)蓝重祜撰　清抄本　省博

王希贤墓志表一卷　(清)孙葆田撰(清)王埒书　清末拓印本　省图

靖海常公銮生墓表一卷附墓铭一卷　(清)张永跻撰　稿本　省图

未了居士小传一卷　(清)吴步韩撰　稿本　省博

张烈妇传一卷　(清)单为鏓等撰　清同治间刻本　省博

王文敏公哀启一卷　王崇烈撰　清光绪二十六年王氏家刻蓝印本　省博

吉芳兰事略一卷　(清)王介福等撰　省博

山东武义士兴学始末记一卷　(清)山东提学司辑　清宣统元年山东提学司石印本(省图作陈代卿等撰)　省博　省图

张宫太保(张英麟)哀荣录一卷　张元钧辑　民国十六年新华印字馆石印本　民国十九年济南新华印字馆排印本　省博　省图

历城张总宪八序寿言　张振卿撰　民国六年排印本　山大

泰山王退轩先生清芬录一卷　王亨豫辑　民国二十四年泰安王氏排印本　省博

王蕴山(珩谦)传记一卷　王泽澄编辑　民国七年京师排印本　青图

张士保先生评传　丁叔言编　民国三十二年排印本　山大

惠民陈鹤年先生哀启一卷　陈宝德辑　民国二十四年排印本　省博

病榻泣血记一卷　王常师撰　民国二十年排印王氏手校本　省博

李提摩太传不分卷　〔英〕稣特尔撰〔英〕梅益盛、(清)周云路同译　民国十三年广学会本　续提要

马礼逊传不分卷　〔英〕梅益盛辑(清)周云路笔述　广学会本　续提要

以上别传之属

周公年表一卷　(清)牟庭撰　稿本　赵之谦校刻本　聚学轩丛书本　清同治十年刻本　天壤阁丛书本　福山王氏重刻本　齐鲁先哲遗书本　丛综　山艺　续提要　杭谱　山大　省图

孔子年谱一卷　(清)孔衍珻撰　阙里纂要卷一　年谱总录

先圣年谱不分卷　(清)马骕撰　驿史卷八十六　杭谱　年谱总录　省图

孔子年表一卷　(清)孔尚任撰　孔子世家谱卷二　杭谱

至圣先师孔子年谱一卷　(清)孔继汾撰　清光绪湘阴李氏重刻阙里文献考卷二　杭谱　年谱总录　山大　省图

孔子编年五卷　(宋)胡仔撰　四库全书本　清顾氏艺海楼抄本　总

▲史部

目　善目　丛综　年谱总录　山大　省图

孔子编年五卷　(宋)胡仔撰(清)胡培翚注　沈氏抱经楼藏抄本　清嘉庆二十三年金紫家祠刻本　清道光十年安雅堂刻本(四卷)　清同治九年刻本　朝鲜刻本　丛综　杭谱　年谱总录　山大

孔子论语年谱一卷　(元)程复心撰　学海类编本　清抄本　丛书集成初编本　丛综　年谱总录　山大　省图

孔子通纪八卷　(明)潘府撰　日本活字印本　北图

孔子年谱一卷　(明)陈镐撰　见阙里志卷三　杭谱　年谱总录　山大　省图

(新锲)孔圣宗师出身全传四卷　明刻本　北图

孔子年谱纲目一卷附孔门弟子传略二卷　(明)夏洪基撰　明崇祯刻本　清康熙高邮夏荔园刻本　清十八鹤草堂刻本　清道光九年向日园重刻本　(以下不附孔门弟子传略二卷)清光绪初年刻本　善目　杭谱　年谱总录

孔子年谱不分卷　(清)张次仲、沈继震撰　清康熙十六年刻本　杭谱　年谱总录

圣师年谱五卷　(清)杨方冕撰　清乾隆二年存存斋刻本　杭谱　年谱总录

孔子年谱一卷　(清)宋庆长、宋际编　清康熙刻本　阙里广志卷二　杭谱　年谱总录

至圣编年世纪二十四卷　(清)李灼、黄晟辑　清乾隆十六年亦政堂刻本　善目　杭谱

孔子年谱辑注一卷　(清)江永撰(清)黄定宜辑注　孔孟编年本　清道光二十七年萍乡文氏刻本　清光绪间浙江书局刻本　丛综　杭谱　年谱总录

孔子年谱一卷　(清)张宿煌撰　清光绪二十三年清江东斋刻本　杭谱　年谱总录　年谱辞典

先圣孔子年谱考不分卷　(清)徐正域撰　查醴斋手抄淑圣真诠本

杭谱　年谱总录

至圣年表正讹一卷　(清)姜兆锡撰　清雍正刻先圣遗书本　杭谱

孔子年谱不分卷　(清)郑环撰　清嘉庆七年自刻孔子世家考卷首　杭谱　年谱总录

孔子年谱一卷　(明)包大爣撰　清嘉庆间刻孔孟年谱　杭谱

孔子年表一卷　(清)林春溥撰　竹柏山房丛书孔孟年表　杭谱

通鉴至圣备考二卷　(清)蒲申锡撰　清留余山房刻本　年谱总录

孔子编年(一名孔子年谱)四卷　(清)狄子奇撰　孔孟编年本　清道光十年安雅斋刻本　清光绪十三年浙江书局刻本　丛综　台湾公藏　杭谱　年谱总录

先圣年谱考二卷　(清)黄位清撰　清道光间刻本　年谱总录

孔子纪年不分卷　(清)朱骏声撰　传经室文集卷八孔孟纪年　杭谱　年谱总录

孔子年表一卷　(清)魏源撰　古微堂外集卷二　杭谱　山大

孔子年谱　(清)林瀛撰　传抄本　年谱总录

圣迹编年一卷　(清)费崇朱撰　清同治间刻本　年谱总录

至圣谱考一卷　(清)徐慎安撰　清光绪三年活字本　年谱总录

孔子编年十七卷　(清)黎养正撰　圣典全书本　年谱总录

孔子年谱一卷　(清)冠宗撰　清光绪间乐道斋刻本　年谱总录

孔子年谱二卷　(清)黄嗣东撰　洙泗渊源录卷一至二　年谱总录

孔子年表　钱穆撰　论语要略附(1925 年商务印书馆国学小丛书本)　1930 年万有文库本　年谱总录

孔子年谱一卷　刘汝霖撰　周秦诸子考上卷　杭谱

颜无繇年表　(清)林春溥撰　孔门师弟年表　年谱总录

曾点编年　(明)包大爣撰　圣门通考卷六曾子考　年谱总录

冉耕编年　(明)包大爣撰　圣门通考卷九十哲考　年谱总录

冉子年表不分卷　(清)冯云鹓撰　圣门十六子书·冉子书卷一　年谱总录

冉耕年表　(清)林春溥撰　孔门师弟年表　年谱总录
仲由编年　(明)包大爔撰　圣门通考卷十·十哲考　年谱总录
仲子年表一卷　(明)赵时雍撰　仲志卷二　年谱总录
仲子(由)年表一卷　(清)冯云鹓撰　圣门十六子全书·仲子书卷一　杭谱　年谱总录
仲由年表　(清)林春溥撰　孔门师弟年表　年谱总录
漆雕开编年　(明)包大爔撰　圣门通考卷十一·群弟子考　年谱总录
漆雕开年表　(清)林春溥撰　孔门师弟年表　年谱总录
闵损编年　(明)包大爔撰　圣门通考卷九·十哲考　年谱总录
闵损年表　(清)林春溥撰　孔门师弟年表　年谱总录
闵子年表一卷　(清)冯云鹓撰　圣门十六子书·闵子书卷一　年谱总录
孔鲤编年　(明)包大爔撰　圣门通考卷七·子思考　年谱总录
南宫适编年　(明)包大爔撰　圣门通考卷十一·群弟子考　年谱总录
冉雍编年　(明)包大爔撰　圣门通考卷九·十哲考　年谱总录
冉雍年表　(清)林春溥撰　孔门师弟年表　年谱总录
冉求编年　(明)包大爔撰　圣门通考卷十·十哲考　年谱总录
冉求年表　(清)林春溥撰　孔门师弟年表　年谱总录
商瞿编年　(明)包大爔撰　圣门通考卷十一·群弟子考　年谱总录
高柴编年　(明)包大爔撰　圣门通考卷十·群弟子考　年谱总录
高柴年表　(清)林春溥撰　孔门师弟年表　年谱总录
巫马施编年　(明)包大爔撰　圣门通考卷十一·群弟子考　年谱总录
巫马施年表　(清)林春溥撰　孔门师弟年表　年谱总录
颜刻编年　(明)包大爔撰　圣门通考卷十二·群弟子门人考　年谱

总录
原宪编年　(明)包大爣撰　圣门通考卷十一·群弟子考　年谱总录
原宪年表　(清)林春溥撰　孔门师弟年表　年谱总录
樊须编年　(明)包大爣撰　圣门通考卷十一·群弟子考　年谱总录
樊须年表　(清)林春溥撰　孔门师弟年表　年谱总录
有若编年　(明)包大爣撰　圣门通考卷十一·群弟子考　年谱总录
有若年表　(清)林春溥撰　孔门师弟年表　年谱总录
有子年表　(清)冯云鹓撰　圣门十六子书·有子书卷一　年谱总录
颜回编年　(明)包大爣撰　圣门通考卷五·颜子考　年谱总录
孔鲤颜回生卒年表　钱穆撰　先秦诸子系年卷一　年谱总录
澹台灭明编年　(明)包大爣撰　圣门通考卷十一·群弟子考　年谱总录
澹台灭明年表　(清)林春溥撰　孔门师弟年表　年谱总录
梁鳣编年　(明)包大爣撰　圣门通考卷十一·群弟子考　年谱总录
公西赤编年　(明)包大爣撰　圣门通考卷十一·群弟子考　年谱总录
左丘明生世大略表　方孝兵撰　左传通论附(1934年商务印书馆排印本)　年谱总录
曾参编年　(明)包大爣撰　圣门通考卷六·曾子考　年谱总录
曾参年表　(清)林春溥撰　孔门师弟年表　年谱总录
曾子年谱一卷　(清)冯云鹓撰　圣门十六子书·曾子书卷一　年谱总录
颜辛编年　(明)包大爣撰　圣门通考卷十一·群弟子考　年谱总录
宰予编年　(明)包大爣撰　圣门通考卷九十哲考　年谱总录
宰予年表一卷　(清)冯云鹓撰　圣门十六子书·宰子书卷一　年谱总录
宓不齐编年　(明)包大爣撰　圣门通考卷十一·群弟子考　年谱总录

宓不齐年表　(清)林春博撰　孔门师弟年表　年谱总录

孔伋编年一卷　(明)包大爟撰　圣门通考卷七·子思子考　年谱总录

子思年寿考　陈朝爵撰　考正孔子世家附(1934年11月出版安徽大学月刊第二卷第二期)

墨子(翟)年表一卷　(清)孙诒让撰　墨子间诂附录本　年谱总录　杭谱　山大　省图

墨子年谱一卷　刘汝霖撰　周秦诸子考(1929年文化学社出版)　年谱总录

墨子年代表　梁启超撰　墨子学附(1921年出版)　古史辨第四册

孟子编略六卷　(清)孙葆田撰　稿本(善目作孙葆田、柯劭忞撰)　清光绪十四年木活字巾箱本　清光绪十六年自刻本　孙氏山渊阁丛刊本(作一卷)　丛综　山艺　善目　杭谱　山大　省图　省博　亦轩

孟子年谱一卷　(元)程复心撰　学海类编本　丛书集成初编本　年谱总录　杭谱　山大　省图

孟子年表一卷　(明)吕兆祥、吕逢时撰　明刻三迁志　杭谱

孟子年表一卷　(清)王特选、孟衍泰撰　见清康熙六十一年三迁志　杭谱

孟子年谱二卷　(清)曹之升撰　清嘉庆十一年自刻本　杭谱　省图

孟子编年不分卷　(清)黄玉蟾撰　赐砚堂丛书本　杭谱　省图

孟子年谱一卷　(清)管同撰　清宝芸斋抄本　传抄本　善目　年谱总录

孟子年谱不分卷　(清)施彦士撰　求己堂丛书本　杭谱　年谱总录

孟子纪年不分卷　(清)朱骏声撰　传经室文集卷八孔孟纪年　年谱总录　杭谱

孟子编年四卷　(清)狄子奇撰　清道光间安雅斋刻本　清光绪十三年浙江书局刻孔孟编年三种本　杭谱　台湾公藏　年谱总录　山大

孟子年谱一卷考一卷　(清)魏源撰　清陈沆抄本　善目

孟子年谱不分卷　(清)黄本骥撰　三长物斋丛书嵰山甜雪卷一　杭谱　年谱总录　省图

孟子年表一卷　(清)魏源撰　古微堂外集卷二孔孟年谱　年谱总录　杭谱

孟子年略不分卷　(清)易顺豫撰　民国排印本　杭谱　年谱总录

孟子年表一卷　(清)蒋一鉴撰　清道光十七年谦去堂刻本　杭谱

孟子年表一卷　(清)孟经国撰　闲道集卷三　杭谱

孟子年谱一卷　(清)冯云鹓撰　圣门十六子全书本　杭谱

孟子年谱一卷　(清)马征麟撰　怀宁马钟山遗书本　杭谱

孟子年谱一卷　(清)包大爔撰　孔孟年谱　杭谱

孟子编年考一卷　(清)何秋涛撰　一镫精舍甲乙稿卷一　杭谱

孟子年谱不分卷　(清)赵大浣撰　扫叶山房石印本　苏氏增批　孟子　杭谱　省图

孟子年表不分卷　(清)胡毓寰撰　孟子事迹考略　杭谱

孟子年谱　钱穆撰　孟子要略第一章附录(1934年大华书局出版)　孟子研究第一章附录(1948年开明书店出版)　年谱总录

先儒(伏胜)年表一卷　(清)陈蜚声撰　伏乘卷二　杭谱　年谱总录　省图

汉大司农康成郑公年谱一卷遗事附　(清)侯登岸撰　清道光十八年精刻本(山艺作郑康成年谱)　清道光二十一年抄本　郑氏大统宗谱卷四　贩续　善目　山艺　杭谱　年谱总录　省图

郑康成年谱不分卷　(清)王鸣盛撰　蛾术编卷五十八　杭谱　年谱总录

郑康成(玄)年谱不分卷　(清)沈可培撰　泺源问答卷九题郑大司农年谱　昭代丛书(道光本)本　杭谱　年谱总录　省图

郑君纪年一卷　(清)陈鳣撰(清)袁钧订正　郑氏佚书本(附郑氏佚书后)　杭谱　年谱总录　省图

郑司农年谱不分卷　(清)孙星衍撰(清)阮元补订　阮氏琅嬛仙馆

刻本　甘泉黄氏高密遗书本　汉学堂丛书本　黄氏逸书考本　杭谱　年谱总录　省图

郑康成年谱一卷　(清)洪颐煊撰　清刻本杭谱

郑大司农蔡中郎年谱合表一卷　(清)林春溥撰　稿本　清道光间冠悔堂刻本　光绪九年侯官冠悔堂刻本　善目　杭谱　年谱总录

汉郑君年谱不分卷　(清)丁晏撰　颐志斋丛书本　丛综　杭谱　省图

郑君纪年一卷　(清)袁钧撰　郑氏佚书本　丛综　杭谱　省图

郑氏年谱不分卷　(清)郑珍撰　郑学录卷三　杭谱　年谱总录

郑司农年谱一卷　(清)戴穗孙撰　清末抄本　善目

郑君年谱不分卷　龚道耕撰　成都高师国文学会会刊第一期　杭谱

郑康成年谱　王利器撰　1983年齐鲁书社排印本　山大

孔北海(融)年谱不分卷　(清)缪荃孙撰　民国南陵徐氏刻艺风堂丛刻本　烟画东堂四谱本　年谱总录　杭谱

建安(孔融、徐幹、王粲)诗谱初稿　陆侃如撰　语言文学专刊第二卷第一期(1940年3月)　年谱总录

王粲行年考　缪钺撰　清华半年刊二卷二十二期(1942年1月)　读史存稿(1963年三联书店出版)　杭谱　年谱总录

诸葛忠武侯(亮)年谱一卷　(明)杨时伟撰　明万历刻诸葛忠武全书本　清同治六年明辨斋校刻本　杭谱　年谱总录

诸葛忠武侯年谱一卷　(明)诸葛羲、诸葛倬撰　汉丞相诸葛忠武侯集　杭谱　年谱总录

诸葛忠武侯年谱不分卷　(清)王复礼撰　清康熙季汉五志卷四　杭谱　年谱总录

忠武年表一卷　(清)张鹏翮撰　忠武志卷一　杭谱　年谱总录　省图

诸葛忠武侯年谱一卷　(清)张澍撰　张刻诸葛忠武全书本　杭谱　年谱总录　省图

诸葛武侯年谱一卷　(清)朱璘撰　清康熙刻诸葛丞相集卷二　杭谱　年谱总录　省图

武侯年谱一卷　(清)赵承恩撰　武侯全书卷十一　年谱总录　省图

汉诸葛忠武侯年谱一卷　(清)杨希闵撰　稿本　五朝先贤十九家年谱　四朝先贤六家年谱本　先贤十五家年谱本　善目　年谱总录

诸葛忠武年谱初稿一卷　梁启超撰　稿本　杭谱

诸葛忠武侯年谱一卷　古直撰　隅楼丛书本　层冰草堂丛书本　杭谱

栗里年谱(晋陶潜)　(宋)王质撰　十万卷楼丛书本(附绍陶录后)　陶诗汇注　南村辍录卷十六　丛综　杭谱　国学　省图

琅邪王羲之世系谱二卷图一卷　(明)姜志邹撰　图(明)孙桢撰　明末刻本　善目

右军(王羲之)年谱一卷　(清)吴浔源撰　抄本　杭谱

右军(王羲之)年谱不分卷　(清)鲁同一撰　清咸丰五年家刻本　通南类稿本　鲁氏遗书本　美术丛书本　丛综　年谱总录　杭谱

王献之年表　麦华三撰　油印本　年谱总录

颜延之年谱　季冰撰　清华周刊第四十卷第六期、第九期　杭谱　年谱总录

颜延之年谱　缪钺撰　中国文化研究汇刊第八卷　读史存稿本(1963年三联书店出版)　年谱总录

刘勰年谱　姜亮夫撰　稿本(编者自藏)　杭谱

刘彦和简明年谱　霍衣仙撰　刘彦和评传附(1936年5月出版南风第十二卷第二、三期合刊)　年谱总录

刘彦和身世考索　张严撰　大陆杂志第二十卷第四期(1960年2月出版)　年谱总录

颜子推(介)年谱　缪钺撰　真理杂志一卷四期　杭谱

孔颖达年谱　〔日〕内藤虎次郎撰于式玉译　燕京大学图书馆报第六、七期　杭谱

颜师古年谱　　罗香林撰　中国史学丛书本史学专刊第三卷第一期（题罗元一编，1941 年商务印书馆排印本）　杭谱　年谱总录

颜鲁公（真卿）年谱一卷　　（宋）留元刚撰　明嘉靖年间活字印颜鲁公文集本　景印安刻颜鲁公文集本　清嘉庆曲阜颜氏刻颜鲁文集本　四部丛刊颜鲁公集本　从综　杭谱　年谱总录　山大　省图

颜鲁公（真卿）年谱一卷　　（清）黄本骥撰　黄刻颜鲁公集　三长物斋丛书颜鲁公集本　四部备要颜鲁公集本　从综　杭谱　年谱总录　山大　省图

段成式年谱　　方南生编　1981 年中华书局点校本酉阳杂俎附录　山大

石徂徕（介）年谱　　许毓峰撰　责善半月刊七卷十二期　年谱总录　杭谱

清真居士（周邦彦）年谱校记一卷　　郑文焯撰　辽海丛书本（清真居士年谱附）　从综　山大

李易安夫妇事迹系年　　陈郁文撰　三江中国文学会集刊第六期（1941 年 4 月出版）　年谱总录

赵明诚、李清照夫妇年谱　　黄盛璋撰　山东省志资料 1959 年第 3 期　李清照集本（1963 年中华书局出版）　杭谱　年谱总录

李易安（清照）年谱一卷　　李文裿撰　民国十八年北平明社出版部排印本　冷雪庵丛书漱玉集附录　杭谱　年谱总录

李清照年谱　　朱芳春撰　李清照研究（1935 年 3 月出版师大月刊第十七期）　年谱总谱

李清照事迹编年　　王学初撰　李清照集校注本（1979 年人民文学出版社出版）　年谱总录

赵明诚年谱不分卷　　朱希祖撰　北京图书馆藏稿本　年谱总录

稼轩先生（辛弃疾）年谱一卷　　（清）辛启泰撰　稼轩集抄存本　杭谱　年谱总录

稼轩先生年谱一卷　　梁启超撰　稿本　饮冰室合集本　杭谱　年谱

总录

稼轩先生年谱一卷　陈思撰　辽海丛书本　东北丛刊第七至八期(1930年7月至8月出版)　杭谱　年谱总录

辛忠敏公年谱不分卷　熊光周撰　尚友书塾季报一卷三期(1925年9月出版,著者一本作简熊)　杭谱

稼轩先生南归后之年表　梁启勋撰　稼轩词疏证本　年谱总录

辛稼轩先生年谱　邓广铭撰　1947年商务印书馆排印本　1957年上海古典文学出版社排印本　年谱总录

辛弃疾年表　唐圭璋撰　辛弃疾附(1957年上海人民出版社排印本)　年谱总录

辛弃疾年表　刘乃昌撰　辛弃疾论丛附(1979年齐鲁书社排印本)　年谱总录

辛弃疾年谱　蔡义江、蔡国黄编　1987年齐鲁书社排印本　山大

周草窗(密)年谱一卷　(清)顾文彬撰　过云楼书画记·书记卷二　杭谱　年谱总录

草窗年谱拟稿　冯沅君撰　北大国学月刊第一卷第四期(1927年1月出版)　杭谱　年谱总录

周草窗年谱　夏承焘撰　唐宋词人年谱本(1955年上海古典文学出版社出版,1961年中华书局重印本)　杭谱　年谱总录

七真(邱处机)年谱一卷　(元)李道谦撰　道藏本　道藏辑要本　丛综　年谱总录　省图

元邱处机年谱　姚从吾撰　中国学术史论集本　年谱总录

刘忠宣公(明刘大夏)年谱二卷附录二卷　(清)刘世节撰　清光绪元年刘忠宣公遗集本　国学　年谱总录

明散曲家冯惟敏年表不分卷　梁乙真撰　青年界第八卷第一号(1935年8月出版)　杭谱　年谱总录

冯惟敏年表　郑骞撰　冯惟敏及其著述(1940年12月燕京学报第二十八期)　年谱总录

戚少保(继光)年谱十二卷　(明)戚祚国撰　清道光二十年重刻本　清道光二十七年仙游崇勋祠重刻本(山艺未考定著者,亦未见道光刻本、抄本)　清道光抄本(作戚少保年谱耆编十卷)　清光绪十七年山东书局刻节本(六卷)　善目　山艺　年谱总录　省博　山大

崔洹野(铣)年谱一卷　(明)金宝符撰　明崔氏家刻崔洹野集本(附崔洹野集卷首)　省博　省图

焦竑年谱　容肇祖撰　焦竑及其思想(1938年燕京学报第二十三期)　杭谱　年谱总录

萝石先生(左懋第)年谱一卷　(清)左辉春撰　左忠贞公集本　左氏双忠集本　年谱总录

易斋冯公(冯溥)年谱一卷　(清)毛奇龄撰　西河合集本　年谱总录　省图

东阿于文定公(于慎行)年谱二卷　(明)邢侗撰　明末抄本　善目　省图

淄川毕少保公(明毕自严)年谱二卷　(清)毕□□撰　清初抄本　善目

姜贞毅公年谱一卷续一卷　(明)姜埰自订(清)姜安节等续　清光绪十五年山东书局刊敬亭集附刻本(年谱知见、杭谱书名作姜贞毅公(埰)自著年谱不分卷续编不分卷)　国学　省图　年谱知见　杭谱

琅琊凤麟两公年谱合编一卷　(清)王国瑞撰　清康熙五十二年王良谷抄本　善目

杜茶村(浚)年谱一卷　(清)王执慎撰　福山王氏传家集抄本　善目　省博

张尔岐年谱一卷　赵俪生撰　稿本　年谱总录

顾亭林年谱校录一卷　(清)王筠撰　稿本　华北日报·图书馆周刊第六十七至六十八期(1936年2月10日至17日)　菉友著述　善目　年谱总录　省博

张穆亭林年谱订补　赵俪生撰　学原第一卷第十二期(1948年5月出

版）　年谱总录

易斋冯公(溥)年谱一卷　　(清)毛奇龄撰　清康熙间刻本　联目

王大司农(骘)年谱(一名大司农王公年谱)不分卷　　(清)周清源撰　清嘉庆十八年福德堂刻本(杭谱谱主作王骘明,周清原撰,误)　养素堂文集附　福山王氏传记附本　杭谱　年谱知见

思斋(王清)自撰年谱一卷　　(清)王清撰　约清康熙间刻本(附留余堂文集、诗集后)　贩记

陶庵年谱纪事一卷　　(清)李□□自撰　约康熙间刻本　贩续

王念庵(沛憻)年谱二卷　　(清)王棠、王概辑　清雍正十年精刻本(年谱知见作念庵府君年谱)　杭谱　贩续　年谱知见

黄山(法若真)自订年略不分卷　　(清)法若真撰　清乾隆十六年又敬堂刻本(山艺作黄山年略)　山艺　年谱总录　杭谱

李文襄公(之芳)年谱一卷　　(清)程光裿撰　清康熙四十年刻李文襄公奏议本　李文襄全集本　杭谱　省图　年谱总录

王考功(士禄)年谱一卷　　(清)王士禛撰　清康熙刻本(山艺作西樵先生年谱)　清抄本　善目　省图　杭谱　年谱知见

渔洋山人自撰年谱二卷　　(清)王士禛撰　清惠氏稿本(清惠栋注补,作渔洋山人自撰年谱注补)　清惠氏红豆斋光绪十七年刻本　四部备要本(附渔洋山人精华录训纂后)　善目　丛综　国家　杭谱　省图　山大

渔洋山人年谱一卷　　(清)金荣撰(年谱总录作吴金荣,误)　渔洋山人精华录笺注本　清雍正间刻本　杭谱　年谱总录　年谱知见　联目　省图

渔洋山人年谱一卷　　(清)杨谦撰　清刻本(曝书亭集诗注附)　联目　省图

赵执信年谱　　李森文撰　1988年齐鲁书社排印本　山大

蒙斋年谱一卷续一卷　　(清)田雯自撰(清)田肇丽补撰　清康熙五十五年刻本　古欢堂全集本　德州田氏丛书本　善目　山艺　丛综　年

谱总录　山大

熊文端公(赐履)年谱一卷　　(清)孔继涵撰　清曲阜孔氏微波榭刻本(微波榭遗书之三杂体文稿卷七)　杭谱　年谱知见　续提要　山大

蒲松龄先生年谱　　路大荒撰　聊斋全集本(1936 年世界书局出版)　1955 年油印本(作蒲柳泉先生年谱)　1960 年油印本　聊斋集本(1962 年中华书局出版)　台湾台联国风清十家名人年谱本　1980 年齐鲁书社排印本　杭谱　年谱总录　联目　省图　省博　山大

蒲松龄年谱　　张景樵撰　台湾商务印书馆人人文库本　联目

先相国少保公年谱不分卷　　(清)张笃庆编纂　清初刻本(山艺作少保公年谱)　山艺　省图

厚斋(张笃庆)自著年谱一卷　　(清)张笃庆撰　稿本　传抄本　山艺　善目　年谱总录

孔尚任年谱　　容肇祖撰　岭南学报第三卷第二期(1934 年 4 月出版)　杭谱　年谱总录

孔尚任年谱附交游考　　袁世硕撰　1962 年山东人民出版社排印本　1987 年齐鲁书社排印增订本　年谱总录　省图　山大

孔东塘先生年谱六卷　　陈万鼎撰　1970 年台湾中山学术文化集刊第五集　台湾商务印书馆人人文库本　联目

华野郭公(琇)年谱一卷　　(清)郭廷翼修　清乾隆刻本(山艺作华野年谱不分卷)　清道光十九年袁恕抄本　清道光二十一年胜溪草堂刻本　郭华野疏稿本　山艺　杭谱　年谱知见　省图

赵客亭先生(于京)年谱纪略不分卷　　(清)吕元亭撰　百爵斋丛刊本　内阁大库藏刊本　杭谱　年谱知见

缄斋府君(宋瞻祖)年谱不分卷　　(清)宋朝立等撰　清刻本　年谱知见

何端简公(世瑾)年谱不分卷　　(清)俞正燮撰　清道光二十四年淡志堂刻何端简公集附刻本　年谱知见

王太常(澣)年谱一卷　　天壤阁丛书王太常集本　清光绪八年刻本(王

太常集卷二,杭谱误题车云鹏编) 杭谱 年谱综录 年谱知见

蚁园(吴绍诗)自记年谱不分卷 (清)吴绍诗撰 清乾隆刻吴氏世德录附本 杭谱 年谱知见

甲寅年谱一卷(雍正十二年)兰省东归记三卷(乾隆十五年六月至八月) (清)牛运震撰 稿本 善目 省博

牛空山(运震)年谱不分卷附补遗及世系表 蒋致中撰 1933年商务印书馆排印本 杭谱 年谱总录

牛空山(运震)年谱不分卷 夏廷棫撰 浙江省立图书馆馆刊第二卷第五期 杭谱

韩理堂先生(梦周)年谱一卷 丁锡田撰 民国十七年石印稼民杂著本 北平华北报图书周刊第四十七期(1935年9月23日署名丁稼民) 丛综 国学 杭谱 年谱总录 省图

禧寿堂(卢荫溥)自订年谱(一名卢霖生自述年谱,又名卢文肃公年谱)一卷 (清)卢荫溥撰 清道光十九年德州卢氏刻本 贩记 续提要 国学 杭谱 年谱知见 省图

高南阜先生(凤翰)研史年谱一卷 (清)钱侍辰撰 清咸丰二年王子若摹刻研史手迹附录本 年谱总录 联目

清代山东书画家高凤翰年谱 李既陶撰 山东省志资料1962年第二期 年谱总录

高凤翰年谱 李既陶撰 1963年上海人民美术出版社排印本 年谱总录

寄圃老人自记年谱(一名孙玉庭自记年谱,又名自记年谱) (清)孙玉庭撰 清道光刻本(山艺作自记年谱) 延厘堂集本(作自记年谱) 山艺 续提要 国学 丛综 山大

成祉府君(王萦绪)自著年谱不分卷 (清)王萦绪撰(清)王凤文等续补 清刻本 年谱知见

敬亭(王祖肃)自记年谱不分卷 (清)王祖肃撰 清刻本(贩记、杭谱均误作康熙间精刻本) 贩记 杭谱 年谱知见

纪晓岚(昀)年谱不分卷　王崇焕撰　天津图书馆藏稿本　年谱知见

温经楼(孔广林)年谱不分卷　(清)孔广林(原题阙党赘翁)撰　首都图书馆藏抄本　北京图书馆藏清稿本　年谱总录　年谱知见

博野尹太夫人年谱不分卷　(清)尹会一编　清乾隆十年刻本　续提要

袁清悫公(彦忠)年谱一卷　(清)袁镐、袁继勤等撰　清乾隆间精刻本　贩续

知非录(一名孔俊峰先生知非录)一卷　(清)孔昭杰撰(清)孔宪阶等注　清咸丰二年刻本(孔昭杰原名孔昭辰,年谱总录误为孔昭展)　山艺　贩记　续提要　年谱总录　年谱知见

郝兰皋(懿行)夫妇年谱附著述考　许维遹撰　清华学报第十卷第一期(1935年1月)　杭谱　年谱总录

王菉友先生年谱初稿二卷　郑时撰　稿本　清诒堂文集附录本　省博　山大

稀龄追忆录(一名知止斋年谱)四卷续录一卷　(清)黄恩彤撰　知止堂集本(联目作五卷续一卷)　贩记　年谱总录　联目　省图　年谱知见

马国翰年表　王重民撰　清代两个大辑佚家评传(1931年1月辅仁学志第三卷第一期)　中国目录学史丛论(1984年中华书局出版)　年谱总录

海丰吴阁学(式芬)年谱不分卷　吴康本撰　稿本　年谱总录

许瀚年谱　袁行云撰　1983年齐鲁书社排印本　山大

马端敏公(新贻)年谱一卷　(清)马新铭、马新祐同撰　清光绪三年刻本　1969年台北文海出版社影印本　贩记　国学　省图　川图　杭谱　年谱总录

杜文正公(受田)年谱(一名杜芝农年谱)一卷　(清)杜翰、杜翻纂　清咸丰间家刻本　续提要　贩记　杭谱　年谱知见

叶石农(葆)自编年谱(一名跛奚年谱)一卷　(清)叶葆撰(清)叶

锡麟续编　清咸丰五年高均儒写刻本　贩记　年谱总录　年谱知见

杜文端公(堮)年谱不分卷　(清)杜堮撰(清)杜翻续编　清咸丰八年家刻本　贩记　年谱知见

四留山人(陈肇)自记不分卷　(清)陈肇撰　清咸丰四年平度陈氏家刻蓝印本　杭谱　年谱知见

大梦纪年(原题山左古鬲津松樵氏未定稿)　(清)汪荆川撰　清道光二十四年刻年　年谱知见

冯桂山(德馨)年谱一卷　(清)冯德馨、冯斯达撰　清同治间刻本　续提要　年谱知见

王文敏公(懿荣)年谱　王崇焕撰　中和月刊第四卷第七期(1943 年 7 月)　年谱总录　年谱知见

丁心斋(守存)编年自记一卷　(清)丁守存撰　清光绪间王氏自刻本(王新传题跋,山艺作编年自记)　山艺　省博　年谱总录　年谱知见

焦雨田(云龙)先生年谱二卷　(清)焦振沧撰　民国二十五年排印本　杭谱　年谱知见

蕴山公(王衍谦)年谱不分卷　王泽澄撰　民国七年北洋政府财政部印刷局排印本(蕴山公传记附)　年谱知见

盛意园(昱)先生年谱不分卷　王崇焕撰　成金补　清稿本　年谱知见

刘象久(恒泰)年谱一卷　(清)刘策先等撰　清光绪二年刻本　贩记

(王守训)自著年谱一卷　(清)王守训撰　稿本(附水源录)　民国四年王常师排印本　省博

福山石坞王君(季寅)年谱一卷　(清)王垿撰　民国十五年石印本　杭谱

先府君晓亭公(曹香蓉)年谱一卷　曹英瑾撰　民国三十七年高堂曹氏排印本　年谱知见　省博

郑叔问(文焯)先生年谱(一名大鹤山人年谱)　戴正诚撰　民国三十年刻本　青鹤杂志第一卷第五至十九期　杭谱　年谱知见

宋明轩(哲元)先生年谱　　佚名撰　一四七画报第三卷第二期(1946 年 4 月 4 日)　年谱总录

退轩(王价藩)自注年谱一卷　　王价藩撰　稿本　省博

屈翼鹏先生(万里)七十著述年表　　刘兆祐编　幼狮月刊第四十八卷第六期(1978 年 12 月)　年谱总录

以上年谱之属

黄县丁氏族谱六卷　　(清)丁朝干等撰　清光绪黄县丁树桢刻本　省博

(黄县)丁氏祖谱不分卷　　(清)丁在麟修　清宣统元年刻本　省图　上图家谱

日照丁氏家乘九十三卷　　丁惟晋编辑　民国十五年排印本(七修本)　上图家谱　省图

江左陈国谢氏世系　　丁锡田撰　石印本　国学

江左琅琊王氏世系　　丁锡田撰　石印本　国学

马氏家谱一卷　　(清)法若真修　清抄本　省博

(新城)王氏族谱十三卷　　(明)王之垣、王象晋编　明崇祯三年毛氏汲古阁刻本　省博　善目

新城王氏世谱八卷　　(清)王兆弘等纂修　清乾隆二十五年刻本　善目　省图

(登州)王氏族谱三卷谱系图一卷　　(明)王言撰(清)王咸正等增修　清乾隆家刻后增修本　省博

芝阳王氏祖谱不分卷　　(明)王道同等撰(清)王克预等增修　清刻本　省博

淄川王氏世谱不分卷　　(清)王作畯、王延寿等修　清道光二十四年刻本　人大谱

鳌山王氏世系谱不分卷　　清光绪十七年敦睦堂刻本　省图

(博山)王氏谱系二卷　　(清)王岩等撰　稿本　省博

黄县王氏族谱不分卷　　(清)王镕经纂修　稿本　善目　省图

琅邪王氏谱略十卷首一卷　　(清)王庆祉等撰　清光绪二十七年序王

氏有容义庄重刻本　东洋

芝阳王氏族谱八卷　(清)王常翰撰　清宣统二年刻本　省图

泰安王氏家谱二卷　王价藩撰王亨豫续　稿本　省博

历城王氏支谱三卷　王功镇改修　民国抄本　省图

高密王氏族谱八卷　王言箴辑　民国二十二年排印本　省图

孔氏族谱　(明)孔弘颢编纂　明天启二年刻本(存三卷)　立振

孔氏大宗谱一卷　(清)孔宪毂编　清光绪二十六年刻本　曲师

孔子世家谱一百零八卷(初集六十二卷二集三十四卷三集十卷四集二卷首一卷)　孔德成总纂　民国二十五年排印本　曲阜文物管理委员会　上图家谱

日照尹氏族谱不分卷　(清)尹琳基等修　民国十七年排印本　省图

滕县生氏族谱四卷　生克昭续修　民国二十五年北京清源寺刻本　山大

临朐冯氏家乘一卷　清抄本　省图

汶阳白氏族谱　(清)白作楫等撰　清刻本(存上卷)　省博

冉氏谱系一卷　(清)冯云鹓编　稿本　省博

高唐白氏族谱不分卷　(清)白丕吉修白庆麟等续修　民国二十七年石印本　省图

胶山安氏家乘不分卷　(清)安□撰　清咸丰元年刻本(安义庄藏板)　东洋

重修济阳江氏族谱八卷　(明)江来岷、江中淮纂修　明万历四十年刻本(存六卷)　善目

郡北济阳江氏宗谱十卷　(明)江国华、江德新纂修　明崇祯十七年刻本　善目

济阳江氏统会宗谱二十三卷末一卷　(清)江华镇等撰　清嘉庆二十五年重修抄本　东洋

济阳江氏金鳌派宗谱不分卷　江志伊等纂修　民国十五年刻本　省图

莒州庄氏族谱不分卷　(清)庄咏丽修　清嘉庆八年庄氏祠堂刻本　省图

安丘刘氏族谱十一卷　(清)刘正学纂修　清康熙十四年刘氏家塾刻本　善目　北图

沂水刘氏家纪八卷　(清)刘玮撰　清刻本　省图

临邑邢氏家乘十二卷　(清)邢振道等编纂邢文梦等重修　清乾隆五十七年刻民国元年修补本　省图

东莱曲氏族谱一卷　(清)曲际清撰　清宣统元年刻本　省图

淄川孙氏家谱一卷　孙乃琨编　民国二十三年济南同志印刷所排印本　省图

淄川毕氏世谱不分卷　(清)毕岱煐纂修　清嘉庆间刻本　善目

淄川毕氏世谱不分卷　(清)毕奎麟等纂　清道光十二年刻本　省图

毕氏家乘一卷南村毕氏家谱一卷　(清)毕奎麟纂修　清抄本　善目

伏乘十九卷附伏氏佚书佚文十三卷　(清)陈蜚声撰　民国十四年十笏园丛刊本　丛综补　国学　双行　省图　山大

莱阳辛氏族谱六卷　(清)辛时震编　清乾隆三十七年莱阳辛氏祠堂刻本　省图

潍县李氏长支谱草稿一卷　(清)李毓庚等修撰　稿本　省博

淄川李氏家谱一卷　(清)李文焕纂修　稿本　善目　省图

续修淄川李氏家谱一卷　李英杰修　稿本　省图

长山李氏大谱不分卷　(清)李述宽编　清光绪三十二年刻本　省图

高密李氏家谱四卷首一卷末一卷　(清)李凌卓、李灵长等修　清光绪三十四年据旧版增补印本　人大谱

(益都)杨氏世谱三卷世系二卷　(明)杨应奎始修　清刻本　省博

(即墨)杨氏家乘　(清)杨贵堡等辑承桂堂族人续修　民国二十五年排印本　山大

东莱杨氏家谱　杨钟山等编　民国十四年石印本　山大

(沂州)杨氏家谱不分卷　杨芝田编　民国二十四年石印本　省图

上图家谱

蓬莱陈氏十四世简历一卷　(清)陈驷门等纂修　稿本　善目　省图

安丘张氏家乘不分卷　(清)陈维崧等撰(清)张贞辑　清刻本　山大　省图

安丘张氏家乘一卷　(清)严允肇等撰　清康熙间刻本　省图

芝阳张氏族谱十一卷首一卷末一卷　(清)张元壮撰(清)张积森补　清末抄本　省图

泗水余氏会通世谱五卷外纪一卷　(明)余瑗纂修　明正德三年刻本　善目

高密单氏家乘世谱三卷　(清)单燽等纂修　清乾隆四十四年高密单氏宗祠刻本　清刻本(人大谱不分卷)　善目　人大谱

高密单氏家乘不分卷　(清)单可琚、单昭虔等修　清同治二年刻本　人大谱

(芝阳)赵氏族谱　(明)赵廷式撰(清)□□续修　清道光十五年黄县赵氏祖茔房刻本(存二卷)　省博

芝阳赵氏族谱四卷　(清)赵延绶辑　清道光十五年刻本　省图

芝阳赵氏长支三支族谱四卷　(清)赵锦等辑　清道光十八年承宁奄刻本　省图

东莱赵氏族谱一卷　(清)赵涛、赵玉藻纂修　清初刻本　省图

城阳赵氏族谱不分卷　(清)赵锡琨、赵子蕃纂修　即墨赵氏稿本　省图　善目

黄县赵氏族谱八卷　(清)赵治策等编　清光绪二十四年石印本　省图

黄县赵氏族谱四卷　(清)赵蒠场等纂修　清光绪间抄本　省图

黄县赵氏长支三支族谱八卷　赵常龄辑　民国四年镂云斋石印本　省图

牟平赵氏谱书四卷　赵田在修　民国六年排印本　省图

东莱赵氏家乘二十六卷　赵琪修　民国二十四年青岛赵氏永厚堂排印本　省图　山大

孟子世家流寓济南府章邱县支谱五卷首一卷　(清)孟广均等修　清道光十四年章邱旧军孟氏刻本　省图

(济南)郭氏族谱一卷　(清)郭通磐纂修　稿本　省图

城阳袁氏族谱不分卷　(清)袁惆得撰　清敦睦堂刻本　省图

乐陵贾氏族谱一卷　清光绪抄本　省图

即墨黄氏家乘约编二卷　(清)黄守平辑　清刻本　省图

即墨黄氏家乘二十卷　(清)黄守平辑　稿本　省图

即墨黄氏家乘二十卷　清末抄本　省图

青州黄氏族谱一卷　(清)黄文正等辑　清抄本　省图

济阳蒋氏宗谱不分卷　(清)江文乐纂修　清乾隆五十九年刻本　善目

淄川韩氏邑乘一卷　(清)韩冲撰　清康熙十九年淄川韩氏自刻本　山艺　省博

章丘焦氏家谱不分卷　(清)焦家麟纂修　清道光七年修清抄本　人大谱

邹平释氏族谱二卷　(清)释存业等纂修　清光绪二十年修　民国二十一年奉先堂排印本　人大谱

高密傅氏族谱不分卷　(清)傅壂、傅云衢纂修　清光绪四年刻本　人大谱

高密高氏族谱不分卷　(清)高氏合族续修　民国六年石印本　人大谱

东郡雷氏族谱二卷　(明)雷金声辑　明万历九年刻本　省图

济阳羔谿族谱一卷　(明)蔡节纂修　清蔡栻抄本　善目

高密綦氏家乘四卷　(清)綦久安、綦寿山等纂修　清同治十一年刻本　人大谱

高密綦氏家乘不分卷　綦德华修　民国六年石印本　省图

东莱翟氏家乘不分卷　清抄本　善目

高密管氏家谱二卷　(清)管鄘等撰　清同治十年重修刻本　东洋

颜氏家乘一卷　清刻本　善目

颜氏家乘□卷　(明)吕兆祥重修　清抄本　善目
德州魏氏家谱四卷　(清)魏朝绥、魏广智等纂修　清乾隆刻本　人大谱
(历城)魏氏族谱一卷　(清)魏文深撰　清刻本　山艺

以上家谱之属

中惠咸阳王赛氏家传不分卷　(元)满东明辑(清)赛宣等续　稿本　省博
淄西毕氏世德家传一卷　(明)毕自严撰　明崇祯间刻本　善目
四世恩纶不分卷　(明)毕自严辑　明末刻朱印本(亦轩题明杨万壶撰,明崇祯刻朱印本)　善目　亦轩
淄川毕氏传志六卷　(明)毕自严撰　明崇祯间刻本　善目　省博
毕氏恩纶录三卷　明万历天启间刻本　明天启间刻本(一卷)　善目
余泽录四卷　(清)蓝润编　明末刻本(存卷二)　山艺　省博
高密李氏世科录　(清)李高撰、李元正补　清乾隆十五年李元正补刻本(存二卷)　山大
胶西高氏世德录十一卷　(清)高凤翰、高敬业等纂修　清得真堂抄本　善目
胶东高氏世德录十卷　(清)高敬业纂、高振翼续纂　稿本　省图
(潍县)刘氏家传一卷　(清)胡振奇、韩梦周等撰　抄本　省博
淄川王氏家传一卷　(清)王培荀撰　清刻本　省图
淄川高氏家模汇编二卷　(清)高之騱辑　清乾隆三年刻本　省图
淄川高氏家模汇编二集二卷　(清)高中谋辑　清抄本　省图
青州府志安邱张氏列传　(清)李广文原著(清)张柏恒辑　清道光二十三年刻本　山大
青州府志安邱张氏列传一卷　(清)张柏恒辑　清道光二十三年安邱张柏恒金乡刻本　清周芝锦抄本　省图　山大　贩续
济宁孙氏列传一卷　孙毓汉撰　清同治十二年刻本　省图　仅好斋
高密傅氏家传汇编　(清)傅尔德修　清刻本　山艺

东莱赵氏先世学行记二卷　赵瑞泉辑　东莱赵氏楹书丛刊本　丛综　山大

守泽汇编(一名海丰吴氏世德录)不分卷　(清)吴重熹辑　原稿本　善本提要

茌平王氏永慕编四卷　王建中纂修　稿本　省图

蓬莱刘氏家传一卷　刘本炎撰　民国十八年石印本　省博

历代纶音一卷　赵瑞泉辑　东莱赵氏楹书丛刊本　丛综　山大

以上家传之属

大司马寮属名一卷　(晋)伏滔撰(清)陈蜚声辑　十笏园丛刊本(附伏乘后)　国学　省图

姓苑一卷　(刘宋)何承天撰(清)王仁俊辑　玉函山房辑佚书补编本　山艺　丛综　省图

何承天说一卷　(刘宋)何承天撰(清)王仁俊辑　玉函山房辑佚书补编本　丛综　山大

百家谱一卷　(梁)王僧孺撰(清)王仁俊辑　玉函山房辑佚书补编　山艺　丛综　山大

元和姓纂十八卷　(唐)林宝撰　宋刻本　影宋抄本　明抄本　旧抄本　四库全书本(十卷)　清嘉庆七年孙星衍,洪莹刻本(十卷)　总目　丛综　山艺　省图

姓纂一卷　(唐)林宝撰(清)王仁俊辑　玉函山房辑佚书补编本　丛综　省图

元和姓纂校勘记二卷佚文一卷　罗振玉撰　雪堂丛刻本　丛综　山大　省图

姓氏新编五卷　(清)韩天骥撰　清嘉庆十五年刻本　贩续

别号八十一说一卷　(清)王祖熙撰　新城王氏遗稿稿本(与余人遗稿一卷合订)　善目　省博

增广姓氏志略不分卷　(清)姜炳然撰　清道光四年述古堂刻本　省博

称谓录一卷　(清)王守训撰　稿本(附形下录后)　省博

水源录二卷　(清)王守训撰　稿本　民国四年王常师排印本　省博

北海王氏朔源记一卷附琅琊统志稿目一卷　王志敎撰　民国三十六年潍县王氏排印本　省博

以上姓名之属

前明山东历科乡试录一卷国朝山东历科乡试录一卷　清抄本　善目

明清鼎甲征信录八卷　(清)阎湘蕙编辑(清)张椿龄增订　清同治四年寿光洱东念劬山房刻本　省图

鼎甲征信录二卷　(清)阎湘蕙辑　清抄本　善目　省图

万历戊戌科进士同年序龄录一卷　明刻本(王寀廷题跋)　省博

山东万历丙午武举录一卷　明抄本　省博

天顺六年山东乡试录一卷　明天顺刻本　善目

成化元年山东乡试录一卷　明成化刻本　善目

成化十年山东乡试录一卷　明成化刻本　善目

成化十六年山东乡试录一卷　明成化刻本　善目

成化十九年山东乡试录一卷　明成化刻本　善目

弘治八年山东乡试录一卷　明弘治刻本　善目

弘治十七年山东乡试录一卷　明嘉靖三十七年游居敬吕时中刻本　善目

正德八年山东乡试录一卷　明正德刻本　善目

正德十一年山东乡试录一卷　明正德刻本　善目

嘉靖四年山东乡试录一卷　明嘉靖刻本　善目

嘉靖七年山东乡试录一卷　明嘉靖刻本　善目

嘉靖十九年乡试录一卷　明嘉靖刻本　善目

嘉靖二十八年山东乡试录一卷　明嘉靖刻本　善目

嘉靖三十四年山东乡试录一卷　明嘉靖刻本　善目

嘉靖三十七年山东乡试录一卷　明嘉靖刻本　善目

嘉靖四十三年山东乡试录一卷　　明嘉靖刻本　善目
隆庆元年山东乡试录一卷　　明隆庆刻本　善目
隆庆四年山东乡试录一卷　　明隆庆刻本　善目
万历四年山东乡试录一卷　　明万历刻本　善目
万历七年山东乡试录一卷　　明万历刻本　善目
万历十年山东乡试录一卷　　明万历刻本　善目
万历二十二年山东乡试录一卷　　明万历刻本　善目
万历甲午科山东乡试同年齿录一卷　　清抄本　善目　北师大
崇祯六年癸酉科山东乡试录一卷　　(清)孙惟谏订辑　清乾隆六年抄本　善目
崇祯十二年己卯科山东乡试录一卷　　明崇祯刻本　善目
崇祯十二年己卯科山东乡试录一卷　　(清)孙惟谏订辑　清乾隆七年抄本　善目
崇祯十五年壬午科山东乡试录一卷　　(清)孙惟谏订辑　清乾隆七年抄本　善目
顺治五年戊子科山东乡试录一卷　　清顺治刻本　善目
顺治八年辛卯科山东同贡序齿录一卷　　清顺治刻本　善目
顺治十一年山东乡试录一卷　　清顺治刻本　善目
康熙三十五年山东乡试录一卷　　清康熙刻本　善目
康熙四十一年山东乡试录一卷　　清康熙刻本　善目
康熙五十年山东乡试题名录一卷　　省博
山东乡试录一卷　　(清)德保编　清乾隆十二年刻本　台湾公藏
乾隆四十四年山东乡试同年齿录一卷　　清乾隆刻本　省图
乾隆五十四年山东乡试题名录一卷　　省博
乾隆六十年山东乡试题名录一卷　　省博
嘉庆三年山东乡试题名录一卷　　省博
嘉庆十二年山东乡试同年齿录一卷　　省图

嘉庆二十一年山东乡试题名录一卷　　省博

道光五年山东乡试同年录一卷　　省图

道光八年山东乡试题名录一卷　　省博

道光十一年山东乡试同门卷不分卷　　省博

道光二十三年山东乡试题名录一卷　　省图

咸丰八年山东乡试同年齿录二卷　　省博

光绪二十三年山东乡试同年齿录四卷　　省博　省图(一卷)

光绪二十三年山东拔贡同年齿录一卷　　省图　省博

光绪二十八年山东乡试题名录一卷　　省博

光绪二十九年山东乡试题名录一卷　　省图

山东已酉科拔贡同年题名录一卷　　省博

嘉靖戊午(三十七年)科山东乡试墨卷甲午(十三年)科会试朱卷　明刻本　省博

万历甲午(二十二年)科乡试朱卷不分卷　　(明)王象晋撰　明万历刻本　善目

山东乙酉科(顺治二年)乡试朱卷一卷顺治四年丁亥春秋房会试朱卷一卷　　(清)杜漺撰　清顺治刻朱印本　善目

康熙五十六年山东乡试朱卷　　清康熙刻本　省图

雍正四年山东乡试朱卷　　清雍正刻本　省图

雍正七年山东乡试朱卷　　清雍正刻本　省图

道光八年山东乡试朱卷　　清道光刻本　省图

光绪十一年山东省选拔贡卷　　清光绪刻本　省图

光绪十四年山东闱墨　　清光绪刻本　省图

光绪十九年山东乡试朱卷　　清光绪刻本　省图

光绪二十年山东闱墨　　清光绪刻本　省图

光绪二十一年山东乡试朱卷　　清光绪刻本　省图

王氏朱卷二卷　　(清)新城王氏辑　明刻清增修本　省博

许瀚顺天乡试墨卷
曹鸿勋会试朱卷
姜渭春会试朱卷
马咸羽会试朱卷
王联璧会试朱卷
刘中度会试朱卷
王懿荣会试朱卷　　清光绪刻本　青图
张佐会试朱卷
蔡曾源会试朱卷
丁麟年会试朱卷
徐金铭会试朱卷
王庸山东乡试墨卷
马兆森顺天乡试墨卷
孙橘堂顺天乡试墨卷
吴树棻顺天乡试墨卷
沈潜山东乡试墨卷
唐书年山东乡试墨卷
赵文翰山东乡试墨卷
王寀亭山东乡试中卷
徐金铭山东乡试墨卷
汪懋琨山东乡试墨卷
李嶙宣统元年选拔贡卷　　以上皆藏省博
海丰吴氏朱卷四卷　　(清)吴重熹撰　清光绪七年吴重熹陈州府署刻本　省博
山东闱墨　　(清)杨传书集　清光绪二十年聚奎堂刻本　省图　山师
山左校士录　　(清)冯誉骥鉴定　清同治五年刻本　山大
山左校士录四书文　　(清)黄体芳辑　清光绪七年四明菇古斋刻本

省图

以上贡举之属

陈确庵先生日记八卷(明崇祯十一年至清康熙十一年) (明)陈瑚撰 清周南抄本 善目

涉志一卷 (明)王若之撰 明万历刻本 明刻本 佚笈姑存本 善目 丛综 山艺 北图

颜修来日记不分卷(清乾隆十八年九月至十二月) (清)颜光敏撰 稿本 善目

李叔向日记不分卷(清乾隆四十三年四月至十二月) (清)李宪乔撰 稿本 善目

李少鹤日记不分卷(清乾隆五十一年五月至七月嘉庆二年三月至八月) (清)李宪乔撰 稿本 善目 省博

少鹤先生日记不分卷(清乾隆五十七年至嘉庆二年) (清)李宪乔撰 稿本 善目

雪峤日记十二卷(道光十五年至二十六年) (清)王培荀撰 清道光二十九年淄川王氏听雨楼刻本 稿本(不分卷) 善目 贩续 省图

澄怀园日记一卷(道光二十年五月至八月) (清)李汝峤撰 清缪氏杏香庐抄本 善目

许印林先生日记不分卷 (清)许瀚撰 海西阁抄本 省博

三味斋中元记十一卷(道光二十八年七月至咸丰三年五月) (清)王煜撰 稿本 省图

般阳高中谋先生日志不分卷(道光二十九年至三十年) (清)高中谋撰 稿本 善目 省图

彭雪嵋先生日记一卷 (清)彭以竺撰 稿本 省博

双鱼双洗庵三次转饷日记不分卷 (清)丁毓瑾撰 民国间丁心佛抄本 省博

戊辰年退轩日记一卷壬申年日记一卷 王价藩撰 稿本 省博

移林日记一卷 丁麟年撰 稿本 省博

还读盦丁丑日记一卷　丁心佛撰　稿本　省博

山左星轺笔记三卷(道光二十一年至二十三年)　(清)李汝峤撰　稿本　善目

迎驾纪恩录一卷　(清)王士禛撰　昭代丛书(康熙本、道光本)本　小方壶斋丛钞本　小方壶斋舆地丛钞本　山艺　丛综　山大　省图

出山异数记一卷　(清)孔尚任撰　昭代丛书(康熙本、道光本)本　丛综　山艺　山大

万里寻亲录一卷　(清)刘弘甲撰　清乾隆刻本　续提要

勺亭识小录八卷外集一卷　(清)毛贽撰　民国十三年三桂堂曝经草堂刻本(山艺作识小录无卷数)　山艺　省图

伟堂笔记一卷　(清)陈官俊撰　稿本(吴保锴跋)　善目

定颖记事二卷　(清)李德林撰　清道光八年刻本　山艺　贩续

在泺笔记一卷　(清)张祥河撰　稿本　省图

朱照杂记不分　(清)朱照撰　稿本　省图

以上杂录之属

附马国翰传记类辑佚书(非山东人著作):

圣贤高士传一卷　(魏)嵇康撰　玉函山房辑佚书本　丛综　山大　省图

以上传纪类凡四百八十七部,一千七百七十一卷,内不分卷者一百三十七部;附录二百四十一部,四百三十六卷,内不分卷者一百十三部。

政书类

汉礼器制度　(汉)叔孙通撰(清)王谟辑　汉魏遗书抄本　山艺　丛综　国学　山大　省图

汉礼器制度　(汉)叔孙通撰(清)孙星衍辑　平津馆丛书本　后知不足斋丛书本　知服斋丛书本　丛书集成初编本　丛综　山大　省图

汉礼器制度一卷　(汉)叔孙通撰(清)王仁俊辑　玉函山房辑佚书续编

本　丛综

梁杂仪注一卷　（唐）段成式撰　说郛（宛委山堂本）本　丛综　山大　省图

南渡宫禁典仪一卷　（宋）周密撰　说郛（宛委山堂本）本　丛综　山大　省图

高宗幸张府节次略一卷　（宋）周密撰　说郛（宛委山堂本）本　五朝小说本　五朝小说大观本　丛综　山大　省图

乾淳御教记一卷　（宋）周密撰　说郛（宛委山堂本）本　丛综　山大　省图

燕射记一卷　（宋）周密撰　说郛（宛委山堂本）本　丛综　山大　省图

大金集礼四十卷　（金）张玮等撰　四库全书本　清沈氏鸣野山房抄本　清抄本（六种，其中三种各存三十八卷）　清初抄本（存三十八卷，清吴焯、丁丙跋）　清抄本（清彭元瑞校并跋）　清抄本（存十三卷，吴昌绶跋）　广雅书局丛书本（附清廖廷相校刊识语一卷、缪荃孙校勘记一卷）　丛书集成初编本（同上）　总目　善目　丛综　山艺　山大　省图

皇明开天玉律四卷　（明）王象乾撰　明万历三十八年刻本　善目　山艺　省博

孔庙礼乐考六卷　（明）瞿九思撰　明万历三十五年史学迁刻本　善目

思陵典礼记四卷　（清）孙承泽撰　借月山房汇钞本　指海本　泽古斋重抄本　式古居汇钞本　丛书集成初编本　丛综　山大　省图

幸鲁盛典四十卷　（清）孔毓圻等奉敕撰　清康熙五十年曲阜孔氏刻本　四库全书本　武英殿聚珍版丛书本　总目　丛综　山艺　省博　省图　山大

祀孔典礼三十五卷　（清）孔传铎撰　清雍正抄本（存二十二卷）　善目

阙里仪注三卷　（清）孔继汾撰　清乾隆刻本　山艺

圣门礼乐志不分卷　（清）孔令贻辑　清光绪十三年阙里砚宽亭刻本　省图　曲师

婚杂仪注一卷　(唐)段成式撰　说郛(宛委山堂)本　绿窗女史本　丛综　山大　省图

孔氏家仪十四卷家仪答问四卷　(清)孔继汾撰　清刻本　台湾公藏

德州宾兴事宜一卷　清同治九年县礼房刻本　省博

年号考二卷　(清)许鸿磐撰　稿本　省博

历代纪元一卷　(清)李源撰　清抄本　清道光元年孙端照羊城刻本　山艺　省图

谥法三卷　(汉)刘熙撰(晋)孔晁注(清)孙冯翼辑　问经堂丛书本　丛综　山大

国朝谥法考一卷　(清)王士禛撰　四库存目　王渔洋遗书本(作谥法考)　昭代丛书(康熙本、道光本)本　总目　丛综　山艺　省图

国朝满汉大臣谥法考一卷年号备考二卷　(清)王煜撰　三味斋存稿四种　稿本　善目　省博

优复恩例不分卷　(清)孟广均纂　清刻本　曲师

优复恩例不分卷　(清)孔继善等汇辑　清刻本　曲师

学典三十卷　(清)孙承泽撰　见四库存目　清抄本(存二卷,叶启发跋)　总目　善目　山艺

纪琉球入太学始末一卷　(清)王士禛撰　清康熙刻带经常集本　昭代丛书(康熙本)本　昭代丛书本(道光本作琉球入太学始末)　丛综　山艺　省博　省图　山大

科名金针一卷　(清)丁守存撰　清光绪元年京都琉璃厂刻本　省博

士乡书院志一卷　清刻本　省博　省图

礼贤书院更定章程一卷　青岛礼贤书院编　民国元年青岛文林堂石印本　山大

礼俗权衡二卷　(清)孙廷铨撰　清康熙四十七年刻沚亭文集本(附沚亭琴谱后)　孙文定公全集本(附沚亭琴谱后)　山艺　联目

附马国翰辑佚书(非山东人著作):

问俗礼一卷　(魏)董勋撰

后养议一卷　　(晋)干宝撰

通疑一卷广林一卷释滞一卷　　(晋)虞喜撰

祭典一卷　　(晋)范汪撰

杂祭法一卷　　(晋)卢谌撰

以上均玉函山房辑佚书本　丛综　省图　山大

以上仪制之属

汉官旧仪一卷补遗一卷　　(汉)卫宏撰　四库全书本　武英殿聚珍版丛书本　(以下均作二卷,补遗一卷)反约编本　榕园丛书本　清芬堂丛书本　励志斋丛书本　丛书集成初编本　总目　丛综　山艺　省图　山大

汉官仪二卷补遗一卷　　(汉)卫宏撰(清)孙星衍校刊并辑补遗　平津馆丛书本　后知不足斋丛书本　知服斋丛书本　丛书集成初编本　四部备要本　丛综　省图　山大

汉旧仪一卷　　(汉)卫宏撰(清)黄奭辑　汉学堂丛书本　黄氏逸书考本　丛综　省图

汉官仪一卷　　(汉)卫宏撰(清)王仁俊辑　五函山房辑佚书续编本　丛综　省图

秘书监志十一卷　　(元)王士点、商企翁撰　广仓学窘丛书本　四库全书　清抄本(五卷存三卷,清张穆跋)　清乾隆抄本(存四卷)　清抄本(清吴骞批注并跋)　清同治六年刘履芬抄本(清刘履芬跋并录吴骞校跋)　清抄本(清李赓芸跋)　清抄本(三种)　总目　丛综　山艺　善目　省图　山大

词林典故一卷　　(明)张位、于慎行等撰　明万历十四年张位刻本　善目

户部题名一卷(永乐至崇祯三年)　　(明)毕自严辑　明崇祯三年刻本　善目

北直河南山东西职官名籍一卷(顺治元年)　　史料丛刊初编本　丛综

四藩分镇一卷　　(明)郑与侨撰　民国二十二年山东省立图书馆抄本双

行续　省图

内阁汉票签中书舍人题名一卷续编一卷　(清)孔宪彝编　清咸丰十一年刻本　国学　省图　山大

光绪三十一年山东同官表二卷　清末济南大公石印局印本　省博

光绪三十三年山东同官表二卷　清末国文报馆石印本　省博

山东省各衙署局所学堂职员一览表　(清)山东省巡抚衙门辑　清宣统元年石印本　山大

山东同官录不分卷　(清)明新等撰　清咸丰九年原刻本　台湾公藏　省图

三事忠告(一名为政忠告)三种四卷(牧民忠告二卷风宪忠告一卷庙堂忠告一卷)　(元)张养浩撰　元刻本(清郭尚先跋)　明隆庆元年贡安国刻本　明刻本　明初刻重修本　明芸叶轩重刻本(为政忠告)　清道光十一年历城尹济源碧轩斋影刻元抄本(傅增湘校并跋)　日本天保五年刻本(三卷)　贷园丛书初集本　如不及斋丛书本(为政忠告)　丛书集成初编本　四部丛刊景印元本　牧令全书本(牧民忠告二卷)　丛综　善目　山艺　台湾公藏　双行　省图　山大

真西山政训摘要　(明)叶廷秀纂评　叶润山辑著全集本　丛综

楚台纪事七卷　(明)李天麟撰　见四库存目　总目　山艺

百僚金鉴十二卷　(清)牛天宿撰　见四库存目　总目　山艺

山东各县县长交代辑要一卷　刘铨撰　民国初检查训练所排印本　省博

胶澳商埠职员表一卷　民国十五年排印本　省博

以上职官之属

山东度支总歌一卷(清乾隆至光绪年间)　清抄本　省图

山左度支备览二卷　(清)朱毓桂撰　清末抄本　省图

山东通省州县经征钱粮数目简明表不分卷　(清)胡廷干编　清光绪三十年抄本　善目

山东度支省例附钱谷款目及兼俸章程不分卷　清抄本　善目

山东谘议局议决宣统三年地方预算案一卷　清宣统油印本　省博

山东谘议局呈送议决宣统三年地方行政经费册　清宣统间排印本　台湾公藏

山东巡抚部院审查宣统三年地方行政经费预算册　清宣统间排印本　台湾公藏

山东巡抚部院札发谘议局宣统三年地方行政经费预算比较表附追加册　清宣统石印本　台湾公藏

山东调查陆军财政局试办宣统三年预算比较表　(清)山东调查陆军财政局编　清宣统间抄本　兵总

山东省赋役全书一百十一卷　清顺治刻本　善目

山东省各府州县现行简明赋役全书四十九种四十九卷　清光绪间刻本　省图

山东济南府齐东县现行简明赋役全书一卷　清光绪二十二年刻本　省博

山东济南府德平县现行简明赋役全书一卷　清光绪二年刻本　省博

山东济南府长清县现行简明赋役全书一卷　清光绪十二年刻本　省博　省图

德州赋役全书一卷　清咸丰六年刻本　省博

山东胶州直隶州现行简明赋役全书一卷　省博

山东青州府寿光县现行简明赋役全书一卷　清道光二十六年刻本　省博

山东青州府寿光县现行简明赋役全书一卷　清同治五年刻本　省博

山东青州府博兴县现行简明赋役全书一卷　清光绪三十二年刻本　省博

山东莱州府高密县现行简明赋役全书一卷　清光绪二十二年刻本　省博

山东登州府黄县现行简明赋役全书一卷　　清光绪十二年刻本　省博

山东泰安府新泰县现行简明赋役全书一卷　　清光绪十二年刻本　省博

山东济宁直隶州嘉祥县现行简明赋役全书一卷　　清同治五年刻本　省博

山东济宁直隶州金乡县现行简明赋役全书一卷　　清光绪三十二年刻本　省博

山东兖州府邹县现行简明赋役全书一卷　　清光绪二年刻本　省博

筹饷卮言一卷　　(清)唐梦赉撰　昭代丛书(道光本)本　丛综　兵总

海运编二卷附海道经海运则例各一卷　　(明)崔旦撰　见四库存目　明嘉靖二十九年刻　金声玉振集本　总目　山艺　省博　省图

山东河务行政沿习利弊报告书一卷　　(清)高裕瑞辑　清宣统二年山东调查局石印本　省博　省图

接管胶济铁路纪二卷　　赵德三撰　民国十三年北京京华书局排印本　山大

山东盐法志四卷　　(明)詹仰庇、查志隆纂修　明万历刻本(存一卷)　善目

山东盐法志十四卷　　(清)莽鹄立等撰　清雍正二年至十二年刻本　台湾公藏

山东盐法志二十二卷　　(清)宋湘、严可均等撰　清刻本　省图　山大

重修山东盐法志二十二卷首一卷附编十卷　　(清)李如枚等修　清嘉庆刻本(另一本题崇福等修,清嘉庆原刻本)　省博

新修山东盐法志二十二卷附援证十卷　　(清)吉纶等奉敕撰　清嘉庆十二年刻本　台湾公藏　省图

山东盐法续增备考六卷　　(清)恩锡等辑　清同治刻本　清抄本　善目　省博　省图

盐法隅说一卷　(清)孙玉庭撰　延厘堂集本　丛综　山艺　贩续

山东黄河南岸十三州县迁民总图附迁民图说　(清)黄玑撰　清光绪二十二年点石斋　石印本　山大

灾赈日记　(清)柳堂撰　清光绪二十五年刻本　山大

以上邦计之属

东牟纪事二卷　(清)张香海撰　牟子全集本　丛综

来复堂海防私筹一卷　(清)丁大椿撰　来复堂全书本　丛综

山东福建海防条议不分卷　(清)龚易图撰　稿本　兵总

烟台海防图　清彩绘纸本(一幅)　中边　兵总

中外(一作中越)交界各隘卡略一卷　(清)徐延旭撰　小方壶斋舆地丛钞本　丛综　省图

以上军政之属

疑狱集四卷　(后晋)和凝、(宋)和㠓撰　四库全书本　总目　丛综　省图　山大　北善

乐陵招详底稿不分卷　(清)包□□撰　清乾隆二十一年抄本　省图

山东全省案稿一卷　清咸丰八年抄本　省图

明刑弼教录　(清)王祖源辑　天壤阁丛书本　丛综　山大

徐雨峰中丞勘语四卷　(清)徐士林撰　圣译楼丛书本　丛综

以上刑法之属

伏侯古今注一卷　(汉)伏无忌撰(清)马国翰辑　玉函山房辑佚书本　丛综　省图　山大

伏侯古今注三卷补遗一卷又补遗一卷　(汉)伏无忌撰(清)茆泮林辑　十种古逸书本　龙谿精舍丛书本　丛书集成初编本丛综　省图　山大

伏侯古今注一卷　(汉)伏无忌撰(清)黄奭辑　汉学堂丛书本　黄氏逸书考本　丛综　省图　山大

元朝典故编年考十卷　(清)孙承泽撰　四库全书本　1988年江苏广陵古籍刻印社据清抄本影印(四册)　总目　丛综　山大

两朝典故编年考一百卷目录五卷　(清)孙承泽撰　抄本　善本提要

澹余笔记一卷　(清)曹申吉撰　江阴缪氏刻藕香零拾本　国学　丛综　山大

以上掌故琐记之属

附马国翰政书类辑佚书(非山东人著作):

帝王要略一卷　(吴)环济撰　玉函山房辑佚书本　丛综　省图　山大

以上政书类九十一部,五百零四卷,内不分卷者十五部;附录十九部,一百三十四卷,内不分卷者一部。

奏议公牍类

皇明疏抄七十卷　(明)孙旬辑　美国国会图书馆藏明万历间两浙都转运盐使司刻本　善本提要

皇明两朝疏抄十二卷　(明)贾三近辑　明万历六年孙杰刻本　明万历十四年蒋科等刻本(二十卷)　善目　善目提要

殿争录六卷　(明)周永春编次　美国国会图书馆藏明万历间刻本　善本提要

解网录一卷　(明)吕黄钟等撰　美国国会图书馆藏明崇祯间刻本(此书专辑救毕自严疏十九篇)　善本提要

清臣奏议一卷　(清)王昕等撰　清抄本　省图

海塘新案不分卷　(清)马新贻、杨昌浚等撰　清抄本　善目

海丰吴氏二世奏稿不分卷　(清)吴绍诗、吴垣、吴坛撰　清抄本　善目

侍御十疏一卷　(明)房如式撰　清抄本　省图

度支奏议一百十九卷(续提要作一百十八卷)　(明)毕自严撰　明崇祯刻本(子目:堂稿二十卷,新饷司三十卷,山东司七卷,湖广司二卷,江西司一卷,边饷司十一卷,浙江司一卷,四川司五卷,广东司一卷,广西

司四卷,云南司十七卷,贵州司二卷,福建司四卷,山西司二卷,河南司一卷,陕西司四卷,册库一卷) 善目 续提要

留计疏草二卷 (明)毕自严撰 明天启六年倪斯蕙刻本 善目 稀见史籍 善本提要

留宪疏草一卷 (明)毕自严撰 明天启刻本(清毕盛鉴题识) 善目

督饷疏草五卷 (明)毕自严撰 明天启刻本 善目 省图

饷抚疏草七卷 (明)毕自严撰 明天启刻本 善目 省图

抚津疏草四卷 (明)毕自严撰 明天启间刻本 明末抄本(不分卷) 善目 贩续 善本提要

毕伯阳奏稿一卷 (明)毕自严撰 明末抄本 善目 省博

毕自严记述奏对不分卷 (明)毕自严撰 清初抄本 善目 省图

抽簪赘言一卷 (明)毕自严撰 明崇祯刻本 善目

明户部尚书毕自严疏稿不分卷 (明)毕自严撰 台湾史语所自抄本 台湾公藏

明户部尚书毕自严回话疏草一卷 (明)毕自严撰 明崇祯刻本 台湾史语所抄本 善目 台湾公藏

辽变会议始末二卷 (明)毕自严辑 明崇祯刻本 善目 省图

辽东疏稿四卷 (明)毕自肃撰 清抄本 善目 善本提要

叶润山疏稿一卷叶润山奏疏一卷 (明)叶廷秀撰 叶润山辑著全书本 丛综

密勿稿三卷 (明)毛纪撰 明嘉靖十六年刻本 见四库存目 善目 总目 山艺 山大 北善

辞荣录不分卷 (明)毛纪撰 见四库存目(作一卷) 明嘉靖十年刻本 善自 总目 山艺 辽宁

司农奏议十卷 (明)赵世卿辑 明万历刻本 省图

两垣奏议一卷 (明)逯中立撰 四库全书本 借月山房汇钞本 指海本 泽古斋重钞本 式古居汇钞本 丛书集成初编本 总目 丛综 山艺 山大 省图

黄侍御疏稿六卷　(明)黄宗昌撰　1973年泰州市古旧书店抄本　省图

西台奏疏二卷　(明)王象恒撰　明末刻本　山艺　善本提要

疏草录略一卷　(明)翟凤翀撰　约清乾隆间刻本　省图　贩续

抚浙疏草四卷　(明)王洽撰　明启祯间刻本(山艺著录抚浙奏疏无卷数)　山艺　善本提要

文敏冯先生奏疏四卷　(明)冯琦撰　明刻本　善目

王若之疏稿一卷　(明)王若之撰　佚笈姑存本　善目　丛综　山艺

王鳌永奏疏不分卷诗稿一卷　(清)王鳌永撰　清苍桧阁抄本　善目　省图

抚郧疏稿不分卷　(清)王鳌永撰　明崇祯刻本　善目　北图

文襄公奏疏十五卷　(清)李之芳撰　见四库存目　清康熙刻本(作奏疏十卷首一卷别录六卷)　台湾"中央研究院"历史语言研究所藏本(李文襄公奏议二卷奏疏十卷别录六卷年谱一卷,版本不详)　总目　山艺　联目　台湾公藏　杭谱　省图　山大

华野疏稿五卷附备员条略一卷年谱附志铭行述一卷崇祀乡贤名宦录一卷　(清)郭琇撰　年谱(清)郭廷翼编　志铭(清)杨玠撰　行述(清)郭廷翼等撰　清雍正乾隆间刻本　四库全书本(无附录)　总目　丛综　山艺　台湾公藏　省图　山大

清忠堂奏疏无卷数　(清)朱宏祚撰　见四库存目　总目　山艺

督漕疏草二十二卷　(清)董讷撰　见四库存目　总目　山艺

左掖疏抄一卷　(清)赵进美撰　清刻本　联目

刘统勋三世奏稿一卷　(清)刘统勋、刘墉、刘镮之撰　稿本(善目作诸城刘氏三世奏稿)　善目　省图

尹少宰奏议十卷　(清)尹会一撰　畿辅丛书本　丛书集成初编本　续提要　丛综　山大　省图

任克溥奏疏一卷　(清)任克溥撰　清道光十年刻本　省图　山艺

先都御史公奏疏三十六卷　(清)杨以增撰(清)杨绍和编辑　稿本(存二十一卷)　善目　省图

延厘堂奏疏三卷补遗一卷　(清)孙玉庭撰　延厘堂集本　丛综　省图　重修清志

毛尚书奏稿十六卷　(清)毛鸿宾撰　清宣统元年刻本　省图　山艺　山师

马端敏公奏议八卷　(清)马新贻撰　清光绪二十年福州督署刻本　山艺

山东剿捻奏稿一卷　(清)曾国藩撰　清抄本　善目　省图

王文敏公奏疏稿一卷　(清)王懿荣撰　清宣统三年江宁印刷厂排印本　山艺　省图　山大

光绪山东地方奏章不分卷　清宣统抄本　省图

奏稿选录(清光绪三十年一月至八月)　民国胶州报刊排印本　省图

郯城公举乡贤呈稿一卷　清末石印本　省图

宁阳存牍一卷　清光绪二十四年粤东省城刻本　省图

山东调查局公牍录要初编二卷　清末排印本　省博

治青案牍一卷　陈祖墡撰　民国四年排印本　省博　省图

清光绪山东公文汇抄　清抄本　省图

宣统二年山东谘议局议案四卷　清宣统油印本　省博

山东谘议局议案　清宣统二年排印本　台湾公藏

山东抚院发交谘议局议案法案及谘询事件录　排印本　台湾公藏

山东巡抚札交谘议局议案法案及谘询事件　清宣统三年排印本　台湾公藏

清末山东省单行章则十五种　清末刻本　排印本　省博

山东交代章程存四卷　清同治十二年山东布政使李元华刻本　省博

重印费县李紫坦致张忠武公书一卷　李景星撰　清光绪山东官书印刷局刻本　省图

厚俗告示一卷　(清)王余英撰　清道光十四年刻日省吾斋杂著本　省博

淄川蒲氏遗稿一卷　稿本　善目

守岐公牍汇存一卷　(清)张兆栋撰　清光绪四年刻本　1979年上海古籍书店重印本　山艺　省图　山艺

谷香公牍一卷补遗一卷　艾绍荃撰　稿本　省博

治邑函牍杂录四卷　周辉远撰　民国二十四年排印本　省博

甘案电文摘要不分卷　唐柯三撰　排印本　国学　省图

胶东十八县请减盐税公文一卷　民国初年稿本　省博

山东悬案细目协定　外交部编　民国十一年排印本　台湾公藏　山大

山东悬案铁路细目协定　外交部编　民国十一年排印本　台湾公藏

曲阜孔府档案史料选编

第一编(全宗类目索引)　曲阜文管会孔繁银等编

第二编(明代档案史料)　山东大学历史系张维华等编

第三编(清代档案史料)　山东大学历史系、曲阜师范学院历史系、中国社会科学院历史研究所等编(共十七册)　1980—1983年齐鲁书社排印本

以上奏议公牍类凡七十一部,四百十七卷,不分卷者十九部;附录二部,二卷。

时令类

乾淳岁时记一卷　(宋)周密撰　说郛(宛委山堂本)本　丛综　省图　山大

水月令一卷　(清)王士禛撰　檀几丛书本　丛综　省图　山大

节序同风录无卷数　(清)孔尚任撰　见四库存目　总目　山艺

月令七十二候诗自注四卷　(清)马国翰辑　玉函山房全集本(作月令七十二候诗)　丛综　贩记　省博　山大

以上时令类凡四部六卷,内不分卷者一部。

地 理 类

地理书抄一卷　(梁)任昉辑(清)王谟辑　重订汉唐地理书抄(抄本、嘉庆本)本　丛综　山艺

方舆考证一百卷首一卷　(清)许鸿磐撰　民国七年济宁潘氏华鉴阁刻本　山艺　台湾公藏　省图

方舆丛录不分卷　(清)许鸿磐撰　稿本　善目　省博　山艺

通鉴纲目地理续考无卷数　(清)张昭潜撰　清刻本　山艺

地理问答不分卷　(清)沧桑撰　民国山东官书局排印本　省图

九州要记一卷　(晋)乐资撰(清)王谟辑　重订汉唐地理书抄(抄本、嘉庆本)本　丛综　山艺

　九州记一卷　(清)王仁俊辑　玉函山房辑佚书补编本　丛综　山艺

十道志二卷　(唐)梁载言撰(清)王谟辑　重订汉唐地理书抄(抄本、嘉庆本)本　丛综　山艺

　十道志佚文一卷　(唐)梁载言撰(清)王仁俊辑　经籍佚文本　丛综　山艺

古今名胜纪里□□卷　(清)邵大纬撰　稿本　省图

山东江南浙江福建四省沿海图　清彩绘绢本　中边　兵总

以上总志之属

春明梦余录七十卷　(清)孙承泽撰　古香斋袖珍本　四库全书本　清抄本(清宋宾王校并跋)　总目　丛综　省博　山大　省图　善目

天府广记四十四卷　(清)孙承泽撰　见四库存目　总目　山艺

夷俗记一卷　(明)萧大亨撰　广百川学海本　宝颜堂秘笈本　说郛续本　傅氏抄本(作北虏风俗)　总目　丛综　山大　山艺　省博　省图

燕魏杂记一卷　(宋)吕颐浩撰　艺海珠尘本　函海本　丛书集成初编本　山大　丛综　省图　山艺

三齐略记一卷　(晋)伏琛撰　说郛(宛委山堂本、商务印书馆本)本(山

艺作齐记不分类）　五朝小说本　五朝小说大观本　山艺　丛综　山大省图

齐地记一卷　（晋）伏琛撰（清）陈蜚声辑　十笏园丛刊本（附伏乘后）　山艺　国学　丛综补

三齐略记一卷　（晋）伏琛撰（清）王仁俊辑　玉函山房辑佚书补编本　丛综

三齐记佚文一卷　（清）王仁俊辑　经籍佚文本　丛综

三齐略记一卷　叶昌炽辑　毂淡庐丛稿本　丛综　山大

齐地记　（南燕）晏模撰　说郛（商务印书馆本）本（山艺作二卷）　山艺　丛综　省图　山大

齐乘六卷附音释一卷　（元）于钦撰　音释（元）于潜撰　四库全书本　明嘉靖四十三年杜思刻本（清佚名录，钱大昕跋）　又一部（周叔弢跋）　又一部（清李文藻校并跋盛百二跋）　清抄本（清益都杨峒批校并跋）　总目　丛综　善目　山大　省图　山艺

山左笔谈一卷　（明）黄淳耀撰　学海类编本　丛书集成初编本　丛综　山大　省图

山东考古录一卷　（清）顾炎武撰　顾亭林遗书补遗本　说铃本　龙威秘书本　艺苑捃华本　学海类编本（二卷）　丛书集成初编本（二卷）　丛综　山大　省图

续山东考古录三十二卷　（清）叶圭绶撰　清咸丰元年沧州叶氏蜗角尖庐济南刻本　清同治八年山东书局刻本　清光绪八年山东书局重刻本　川图　山大　省博　台湾公藏　省图

山东海疆图记五卷首一卷　（清）胡德琳、王尚珏辑　清抄本　善目

山东考略一卷　（清）龚柴撰　小方壶斋舆地丛钞本　丛综　省图

山东地略一卷　（清）马冠群撰　小方壶斋舆地丛钞再补编本　丛综　省图

山东地理问答一卷　（清）刘树德撰　清光绪三十三年上海美华书局排印本　省博

山东郡县图考不分卷　(清)叶圭绶撰　清光绪八年重刻本　省图　山大

山东郡县图考一卷　(清)任镕撰　清刻本　山大　省图

山东省沿革表四卷　(清)张昭潜撰　清抄本(作山东地理沿革表)　清光绪刻本　省图

山东州县歌略并图一卷　(清)潘清荫编　清光绪三十年山东新设官书局刻本　省图

山东沿海舆图　清彩绘绢本(一幅)　中边　兵总

山东乡土教本一卷　祁锡堉撰　民国济南启明印社排印本　省博

山东各县乡土调查录四卷　林修竹编　民国七年排印本　山师　省图

山东古国考　王献唐撰　1983 年齐鲁书社排印王献唐遗书本　山大　省图

春秋邾分三国考、三邾疆邑图考　王献唐撰　1982 年齐鲁书社排印王献唐遗书本　山大　省图

东夷杂考　李白凤撰　1981 年齐鲁书社排印本　山大　省图

大汶口文化讨论文集　山东大学历史系考古教研室编　1979 年齐鲁书社排印本　山大　省图

历城县乡土调查录三编　孙宝生编　民国十七年排印本　省图

山东县名溯原一卷　丁锡田撰　稼民杂著本　丛综　国学　省图

济南名胜古迹辑略一卷　王化东撰　民国三十年济南东兴印社排印本　省博　省图

济南山水古迹考略　民国济南市公署印本　仅好斋

曲阜游览指南一卷　袁书鼎撰　民国初曲阜会文堂刻本　省博　省图

曲阜鲁国故城　山东省文物考古研究所等编　1982 年齐鲁书社排印本　山大

莱史一卷　(明)赵士喆编　东莱赵氏楹书丛刊本　丛综　省图　山大

卞里志二卷　(明)张羽翺撰　明万历刻本(存一卷)　善目

东野志二卷 (明)吕化舜辑(清)孔衍治增辑 明刻清康熙光绪递修本(化舜疑为吕兆祥字) 省图

东野志四卷 (明)吕兆祥撰(明)吕浚、吕逢时辑 清康熙二十五年刻本 善目

登州杂事不分卷 (清)王守训撰 稿本(山艺作三十卷) 省博 山艺

登州杂事续编四卷 (清)赵蔚坊撰 稿本(山艺作续登州杂事九册) 省博 山艺

登州府荣成县造送海口疆域墩铺图 (清)荣成县署绘 清色绘本 中边 兵总

济宁遗事记不分卷 (清)郑与侨撰 清抄本 山艺 省图

淄乘征一卷 (清)毕际有撰 清康熙刻本 1984年省图据康熙本复制 山艺 善目 省图

杞纪二十二卷 (清)张贞撰 见四库存目 清康熙家刻本 总目 山艺 省博 省图

西海征二卷 (清)丁恺曾撰 望奎楼遗稿本 民国二十四年青岛赵永厚堂排印本 山艺 丛综 山大 省图 省博

泗州考古录一卷 (清)许鸿磐撰 清抄本 山东省立图书馆抄本 山艺 省博 双行

东原考古录一卷 (清)蒋作锦撰 清光绪十八年济宁孙聚奎刻本(题蒋裁庵撰) 民国二十一年东平杨安亭排印本 山艺 省图

长河志籍考十卷 (清)田雯撰 德州田氏丛书本 四库全书本 问影楼舆地丛书本 丛书集成初编本 小方壶斋舆地丛钞本(一卷) 总目 山艺 丛综 台湾公藏 山大 省图

颜山杂记四卷 (清)孙廷铨撰 孙文定公全集本 四库全书本 总目 丛综 山艺 省博 山大 省图

般上旧闻六卷 (清)葛周玉撰 稿本 山艺 省博 贩记

掖乘十六卷 (清)侯登岸撰 稿本 掖海丛书本(缺卷一至卷二) 清刘喜海抄本(六卷,刘喜海跋) 善目 丛综 省图

掖海杂志八卷　(清)侯登岸撰　清掖县王氏曝经草堂抄本　省博
胶州湾图　清绘本(色绘一幅)　中边　兵总
志古编不分卷　(清)侯登岸撰　稿本　青图
黄县故事不分卷　赵爱丁撰　稿本　省图
海岱观风录□□卷　明末刻本　善目　省图
　济胜一览不分卷　(明)侯应琛撰　明万历四十六年刻本　善目
历下十六景不分卷　(明)刘敕、陈升辑　明万历三十六年陈升刻本　善目
明湖诗草一卷　(清)刘大坤辑　清历城朱氏红蕉馆刻本(朱宁批校)　省博
新齐音、风沦集二卷　(清)范坰撰　清嘉庆缘督堂刻本　善目
龙洞诗集不分卷　(清)晏蜚声辑　姜桂山房丛书本　省图
　济南竹枝词一卷　(清)王初桐撰　古香堂丛书本　丛综
济南名胜纪事杂咏一卷　清抄本　省图
莱阳竹枝词一卷　(清)蒲日楷撰　稿本　省博
潍县竹枝词自注二卷　(清)郭麟撰　习盦丛刊本　陈蜚声抄本　丛综　山大　省图　亦轩
道光十三年新城采访录一卷　(明)胡公桓辑　清抄本　善目
诸城山海物产志二卷　(清)盛耀初撰　清光绪九年抄本　善目
新城轶事一卷　(清)傅扆撰　清味榄轩抄本　省图
费邑古迹考六卷　(清)杨佑廷撰　清光绪二十二年刻本　省图
费邑艺文存三卷古迹考合璧不分卷　(清)刘宝鼎等撰　清光绪二十八年刻本　省图
潍县古迹录一卷　丁锡田撰　稿本　省博
古青胜迹录一卷　罗象临撰　民国二十三年青州新时代印社排印本　省博
陇蜀余闻一卷　(清)王士禛撰　清初抄本　王渔洋遗书本　昭代丛书

(康熙本)本　说铃本　龙威秘书本　昭代丛书(道光本)本　艺苑捃华本　小方壶斋舆地丛钞本　古今说部丛书本　说库本　丛书集成初编本　善目　丛综　山大　省图

七述一卷　(宋)晁补之撰　清光绪四年丁氏竹书堂刻本　武林掌故丛编本　丛综　山大　省图

武林旧事六卷　(宋)周密撰　明正德十三年宋廷佐刻本(明徐𤊹、清何举跋)　又一部(方谷跋)　明嘉靖三十九年杭州知府陈柯刻本(清周星诒跋)　善目

高寄斋订正武林旧事六卷旧集五卷　(宋)周密撰　明刻宝颜堂秘笈本(清翁同龢跋)　善目　丛综　省图

武林旧事逸四卷　(宋)周密撰　明抄本(清鲍廷博校)　善目

武林旧事六卷后集四卷　(宋)周密撰　清乾隆四十二年江日荚夙夜斋刻本(清周锡瓒录、黄丕烈校跋、丁丙跋)　又一部(章钰校跋)　善目

武林旧事十卷　(宋)周密撰　四库全书本　清乾隆嘉庆间鲍廷博刻知不足斋丛书本(有附录一卷,傅增湘校跋)　清初山晖草堂抄本(卷七至卷十配清初曹炎抄本,清曹炎校并录陆贻典题识)　清初抄本　清抄本(清黄杓校)　清管庭芳抄本(十八卷,管庭芳校)　清光绪三年钱唐丁氏刻本　总目　丛综　山艺　善目　省图　山大　仅好斋

增补武林旧事八卷　(宋)周密撰(明)朱廷焕增补　见四库存目　明崇祯十年朱廷焕刻本(丁立诚跋)　清康熙四十三年澹宁堂刻本　总目　善目　山艺

南宋市肆记一卷　(宋)周密(泗水潜夫)撰　说郛(宛委山堂本)本　丛综　山大　省图

天台前集三卷前集别编一卷拾遗一卷续集三卷续集拾遗一卷续集别编一卷　(宋)李庚撰(宋)林师蒧辑　别编(宋)林表民辑　四库全书本　续台州丛书本　四库全书珍本初集本　总目　丛综　山艺　省图　山大

南雍州记一卷　(刘宋)王韶之撰　说郛(宛委山堂本)本　丛综　山大

省图

始兴记一卷　(刘宋)王韶之撰　说郛(宛委山堂本、商务印书馆本)本　从综　山大　省图

始兴记一卷　(刘宋)王韶之撰(清)曾剑辑　岭南遗书本　丛书集成初编本　从综　山大　省图

始兴记一卷　(刘宋)王韶之撰(清)王仁俊辑　玉函山房辑佚书补编本　从综　省图

北户录三卷　(唐)段公路撰　四库全书本　明刊校宋本(二卷)　说郛(商务印书馆本)本(二卷)　续百川学海本　(以下均作一卷)古今说海本　说郛(宛委山堂本)本　五朝小说本　五朝小说大观本　唐人说荟本　唐代丛书本　学海类编本　古今说部丛书本　说库本　总目　山艺　从综　省图　山大

北户录三卷附校勘记一卷　(唐)段公路撰(唐)崔龟图注　校勘记(清)陆心源撰　十万卷楼丛书本　湖北先正遗书本　丛书集成初编本　从综　省图　山大

星余笔记一卷　(清)王钺撰　见四库存目　世德堂遗书本　总目　山艺　省博　从综

黔书二卷　(清)田雯撰　德州田氏丛书本　四库全书本　黔志四种本　黔南丛书本　粤雅堂丛书本(四卷)　丛书集成初编本　总目　山艺　国学　从综　省图　山大

苗俗记一卷　(清)田雯撰　昭代丛书(道光本)本　从综　国学　省图　山大

黔苗蛮记一卷　(清)田雯撰　小方壶斋舆地丛钞本　从综　国学　省图

雷州记一卷　(清)李廷棨撰　稿本(马国翰、姚椿、王立夫、关友声跋)　民国山东省立图书馆抄本　省图　双行续　善目　山师

薄海番城录十二卷　(清)邵大纬撰　清道光九年刻本　山艺　省博

幼海风土辨证不分卷　(清)张崧辑　稿本　省图　山艺

钦定皇舆西域图志五十二卷　(清)刘统勋撰　四库全书本　总目　丛综　省图

以上杂志之属

禁扁五卷　(元)王士点撰　明钞本　楝亭藏书十二种本　四库全书本　清抄本　总目　善目　丛综　山艺　省图　山大

南宋故都宫殿一卷　(宋)周密撰　说郛(宛委山堂本)本　丛综　山大　省图

先秦宫殿考一卷　(清)牟庭撰　稿本　省博　双行　善目

古不夜城记一卷　(清)孙福海撰　清同治荣成孙葆田刻本　省博

潍县古城考不分卷　(清)郭麟撰　清抄本　稿本　省图　山艺

济南重修先圣庙学记一卷　(清)孙葆田撰　稿本(宋书升、郑杲批校)　省博

洛阳名园记一卷　(宋)李格非撰　顾氏文房小说本　古今逸史本　四库全书本　学津讨原本　海山仙馆丛书本　影印宋明善本丛书十种本　总目　丛综　山艺　省图　山大

吴兴园圃记一卷　(宋)周密撰　说郛(宛委山堂本)本　丛综　山艺　省图　山大

寺塔记一卷　(唐)段成式撰　说郛(宛委山堂本)本　丛综　山大　国学　省图

(青州)法庆寺开山志不分卷附重刊摄生众妙方序　(清)李焕章撰　附(明)朱佑榫撰　抄本　山大

趵突泉志二卷　(清)任宏远撰　清乾隆七年自刻本　山艺　省图

南京鸿胪寺志四卷　(明)桑学夔撰　见四库存目　总目　山艺

(登州)大忠祠考三卷　(明)陈迪撰　清抄本　省图

沂水普照禅寺兴造记一卷　清黄西岳抄本　省图

山东省保存古迹表不分卷　(清)山东宪政调查局编　清宣统二年石印本　国学　山师

广智院说略二卷　时德亭辑　民国十四年抄本　省博

先圣庙林记一卷　(清)屈大均撰　学海类编本　逊敏堂丛书本　丛书集成初编本　丛综　省图　山大

蓬莱陈氏大忠祠考一卷　(清)陈礼门撰　民国十二年蓬莱陈氏排印本　山大　省博　省图

阙里问答一卷　(明)□□撰　百陵学山本　影印元明善本丛书十种本　丛综　省图　山大

孔宅志八卷　(清)诸乾一撰　清康熙刻本　国学

孔宅志八卷　(清)丁之吉撰　清刻本　省图

长白山录一卷补遗一卷　(清)王士禛撰　见四库存目　王渔洋遗书本　檀几丛书本(无补遗)　总目　山艺　丛综　国学　山大　省图

华山志一卷　(金)王处一撰　见四库存目　蓝格抄本　总目　国学　山艺

泰山纪事三卷　(明)宋焘辑　见四库存目　明万历刻本　总目　山艺　省图　省博　北图

泰山小史一卷　(明)萧协中撰　清乾隆五十四年宋思仁原刻本　民国二十一年泰山赵氏排印本　山艺　台湾公藏　省博　省图

泰山纪胜一卷　(清)孔贞瑄撰　见四库存目　说铃本　龙威秘书本　艺苑捃华本　小方壶斋舆地丛钞本　古今说部丛书本　丛书集成初编本　泰山丛书本　总目　山艺　丛综　省博　山大　省图

泰山辑瑞集二卷　(清)林杭学辑　清康熙八年泰安岱署来恩楼刻本　省图　善目

泰山述记十卷　(清)宋思仁撰　清抄本　省图

泰山道里记一卷　(清)聂鈫撰　乾隆三十八年泰山聂氏杏雨山堂刻本　艺海珠尘本　小方壶斋舆地丛钞本　丛书集成初编本　民国十一年排印本　丛综　国学　山艺　省博　省图　山大

岱览三十二卷　(清)唐仲冕撰　清嘉庆十二年果克山房刻本　省博　省图

泰山志二十卷　(清)金棨撰　清光绪二十四年刻本　省图

岱史十八卷　(明)查志隆撰　续道藏本　道藏举要本　明万历十五年戴相尧刻本　清顺治十一年刻本　清康熙三十八年补刻本　丛综　川图　山大　省图

岱史节抄二卷　(明)查志隆撰(□)泰安王亨豫辑　泰安王氏抄本　省博

泰山搜玉集二卷　(明)袁稽撰　抄本　省博　善目

泰山图说一卷　(清)金简撰　泰山丛书本　丛综　省图　山大

泰山脉络记一卷　(清)李光地撰　小方壶斋舆地丛钞本　丛综　山大　省图

岱宗大观一卷　(清)朱云爔撰　民国七年泰安王价藩抄本　泰山丛书本　丛综　省博　省图

岱臆一卷　王亨豫撰　稿本　省博

岱粹抄存不分卷　王价藩、王亨豫辑　省博

灵岩志六卷　(清)李兴祖、马大相撰　清康熙三十五年刻本(山艺作王宏任、马大相、王昕同撰,此从善目)　山艺　善目　省图

灵岩集不分卷　(明)曹一兰辑　明刻本(李盛铎跋)　善目

东镇沂山志五卷目录二卷　(明)王居易辑　明万历十五年刻本　善目　省图

胶东山水志一卷　(清)安璿撰　清抄本　善目

崂山志八卷　(明)黄宗昌撰(清)黄坦续　清末黄象冕排印本　清抄本　民国五年即墨黄氏于斯堂排印本　民国二十三年山东即墨黄敦堂排印本　善目　省博　山艺　省图　川图　山大

崂山名胜志略一卷　(明)黄宗昌撰(清)郭廷翕注　清嘉庆十三年海阳毛淑璜刻本(此书即取崂山志中名胜一卷另刊)　清抄本(作崂山名胜记)　山艺　省博　省图

崂山纪略一卷　(清)纪润撰　民国二十年潍县丁锡田抄本　省博

崂山记一卷　题墨水聋聩道人撰　清抄本　省图

云台山志八卷首一卷末一卷　(清)崔应阶重编　清乾隆三十七年

刻本　省图

崂山艺文志二十四卷　(清)黄肇颚撰　清抄本　民国山东大学图书馆抄本　山艺　善目　山大　省图

蓬莱阁记一卷　(明)游琏辑　明嘉靖元年刻本　善目

蓬莱阁诗集不分卷　(明)喻宗府辑　明弘治十四年自刻本　善目

蓬莱阁集十卷　(明)王云鹭辑　明万历十九年王云鹭郭文灿等刻本　明万历三十一年马行健刻本(程试等续辑)　善目

太白楼集三卷　(明)唐祯辑　明万历二十五年唐氏刻本　善目

五峰山志二卷　(清)李桐辑(清)邵承照详纂　安乐延年室丛书本(山艺作五峰山手镜不分卷,邵承照序作五峰山志)　山艺　丛综　省博　省图

敖山记一卷　(清)赵佑撰　小方壶斋舆地丛钞本　丛综　山大　省图

五莲山志五卷　(清)海霆撰　清康熙刻本　旧抄本　省博　省图

龙山十二景诗　(□)张景森撰　民国四年石印本　青图

焦山志十二卷　(清)卢见曾撰　清乾隆雅雨堂刻本　国学　省图

金山志十卷续金山志二卷　(清)卢见曾撰(清)秋崖续　清雅雨堂刻本　清光绪二十六年重刻本　国学　省图

焦山诗三卷宸翰一卷　(清)卢见曾编　抄本　国学

太岳太和山纪略八卷　(清)王概撰　见四库存目　清乾隆刻本　总目　山艺　省博　国学

神境记一卷　(刘宋)王韶之撰　说郛(宛委山堂本)本　麓山精舍丛书本　荆湘地记二十九种本　丛综　山艺　山大　国学　省图

神境记一卷　(刘宋)王韶之撰(清)陈运溶辑　麓山精舍丛书本　丛综

神境记一卷　(刘宋)王韶之撰(清)王仁俊辑　玉函山房辑佚书补编本　丛综

水经释地八卷　(清)孔继涵撰　微波榭丛书本　积学斋丛书本　丛综　山艺　山大　省图

河源志(一名河源记)一卷　(元)潘昂霄撰　说郛(宛委山堂本、商务印书馆本)本　学海类编本　(以下书名河源记)逊敏堂丛书本　丛书集成初编本　山艺　丛综　省图　山大

河纪二卷　(清)孙承泽撰　见四库存目　清初抄本　清刻本　1985年北京中国书店影印清刻本　总目　山艺　善目　天津　国学　山大

两河清汇八卷　(清)薛凤祚撰　四库全书本　总目　丛综　山艺　山大　省图

治河要语一卷　(清)丁恺曾撰　望奎楼遗稿本　丛综　山艺　省图　山大

河源述一卷　(清)许鸿磐撰　稿本　山艺　省博

河工器具图说四卷　(清)麟庆撰　稿本(周菊伍跋)　善目　省图

山东水利管窥四卷　(清)李方膺撰　清抄本　善目

鲁政辑要不分卷　清抄本　善目

山东运河备览十二卷图一卷　(清)陆耀撰　清乾隆四十一年切问斋刻本　清同治十年运河道库刻本　省图　山大

治黄刍议一卷　王炳燇撰　民国间石印本　省博　省图

历代治黄史六卷首一卷　林修竹修徐振声纂　民国十五年山东河务局排印本　省博

山东全河备考四卷　(清)叶方垣撰　清康熙十九年刻本　善目　台湾公藏

山东通省运河泉源水利全图一册　彩绘抄本　善目　史语

山东诸水编一卷　(清)齐召南撰　小方壶斋舆地丛钞本　丛综　山大　省图

济渎考一卷　(清)田雯撰　小方壶斋舆地丛钞本　丛综　山大　省图

居济一得八卷　(清)张伯行撰　清康熙刻本(另一部五卷)　清嘉庆二十一年(1816)张协鼎刻本　善目　省图

浚小清河议一卷　(清)张鹏撰　小方壶斋舆地丛钞本　丛综　山大　省图

山东河务行政沿习利弊报告不分卷　清宣统二年山东调查局石印本　省图

汴水说一卷　(清)朱际虞撰　昭代丛书(道光本)本　小方壶斋舆地丛钞本　丛综　山大　省图

东西二汉水辩一卷　(清)王士禛撰　昭代丛书(康熙本、道光本)本　小方壶斋舆地丛钞本　丛综　山大　省图

汉水发源考一卷　(清)王筠撰　昭代丛书(道光本)本　小方壶斋舆地丛钞本　丛综　山大　省图

浯溪考二卷　(清)王士禛撰　王渔洋遗书本　息柯居士全集本　丛综　山艺　山大　省图

山东直隶河南三省黄河全图不分卷　(清)李鸿章等修　清光绪十六年上海鸿文书局石印本　台湾公藏

山东黄河全图　清光绪二十九年彩绘本　省图

山东黄河防治图说资料　清末绘写本　省图

莱海述一卷　(明)李世昌撰　清刻本　善目

海表奇观八卷　(清)牛天宿撰　见四库存目　总目　山艺

以上专志之属

北征记一卷　(晋)伏滔撰(清)丁锡田辑　十笏园丛刊本(附伏乘后)　国学　山大

湖山胜概一卷　(宋)周密撰　说郛(宛委山堂本)本　丛综　省图　山大

长春真人西游记二卷　(元)李志常撰　道藏本　指海本　连筠簃丛书本(另一部连筠簃丛书沈曾植注)　皇朝藩属舆地丛书本　道藏举要本　道藏精华录本　丛书集成初编本　宛委别藏本(书名长春子游记)　四部备要本(有附录一卷)　清道光四年刘喜海抄本(清刘喜海跋)　清抄本(清周星诒跋)　清赵氏能静居抄本　四部备要本　丛综　善目　国学　山大　省图

长春真人西游记注二卷　王国维撰　蒙古史料校注本　海宁王忠

戆公遗书本　海宁王静安先生遗书本　丛综　山大　省图

元长春真人西游记地理考证一卷　(清)丁谦撰　浙江图书馆丛书本　丛综　山大　省图

南游录三卷　(明)王悦撰　清咸丰松竹斋抄本　省图

游崂山记一卷　(明)张允抡撰　清乾隆四十一年昌阳瀛甲堂刻本　省博

三叟同游记三卷　(明)毕自严、张延登、杨櫕撰　明刻本

鲁邹游记一卷　(明)叶廷秀撰　叶润山辑著全书本　丛综

历下志游四卷外编四卷　(清)师史氏撰　申报馆丛书本　丛综　山大

游崂山记一卷　(清)张道浚撰　学海类编本　丛书集成初编本　丛综　省图

伊蒿公粤游纪略一卷　(清)张诠撰　清抄本(王士禛评点批校)　省博

晋游日记略稿不分卷　(清)毕际有撰　清初抄本(蒲松龄评,王献唐跋)　善目　双行

南征纪略二卷　(清)孙廷铨撰　见四库存目　清初刻本(清汤滏校并跋,廉让居主人跋)　稿本　清道光抄本　清抄本(一卷,清翁同龢跋)　孙文定公全集本　总目　丛综　善目　国学　山艺　省博　山大　省图　仅好斋　省博

蜀道驿程记二卷　(清)王士禛撰　见四库存目　王渔洋遗书本　清光绪十七年成都虽园重刻本　总目　丛综　山艺　山大

皇华纪闻四卷　(清)王士禛撰　王渔洋遗书本　丛综　省博　山大

南来志一卷　(清)王士禛撰　见四库存目　王渔洋遗书本　总目　丛综　山艺　山大

北归志一卷　(清)王士禛撰　见四库存目　王渔洋遗书本　总目　丛综　山艺　山大

秦蜀驿程后记二卷(康熙三十四年二月至七月)　(清)王士禛撰

见四库存目　清王氏稿本(王士禛校)　王渔洋遗书本　总目　丛综　善目　山艺　山大

广州游览小志一卷　(清)王士禛撰　见四库存目　王渔洋遗书本　昭代丛书(康熙本、道光本)本　学海类编本　小方壶斋舆地丛钞本　丛书集成初编本　总目　丛综　国学　山艺　山大　省图

赐沐纪程一卷　(清)王士禛撰　清康熙刻王渔洋全集本　国学　山大

粤游日记一卷　(清)王钺撰　见四库存目　世德堂遗书本(附星余笔记后)　山艺　省图

黔行记略一卷　(清)曹师彬撰　安丘曹氏家集十三种清光绪间抄本　山大

南行日记一卷　(清)曹申吉撰　清康熙刻本　清乾隆三十五年刻本(附澹余集后)　安丘曹氏家集十三种清光绪间抄本　省博　山大　联目　省图

黄山纪游诗一卷　(清)曹贞吉撰　安邱曹氏遗集三种清康熙刻本　安丘曹氏家集十三种清光绪间抄本　善目　北图　山大　省图

黄山纪游词一卷　(清)曹霖撰　清乾隆刻本　安丘曹氏家集十三种清光绪间抄本　善目　青图　省博　省图　山大

云高洞游草一卷　(清)张笃庆撰　稿本(吴棻题跋)　省博

知北游草一卷　(清)张笃庆撰　清初抄本(周稚廉跋)　善目　省博

浙游漫录一卷浙游重记一卷(康熙三十二年十一月至十二月)　(清)颜光敩撰　稿本　善目

近游草一卷　(清)赵国麟撰　清刻本　省博　山艺

滇行日记二卷　(清)李澄中撰　见四库存目　清刻本　白云村全集本　总目　丛综　山艺　省博

南中所见录一卷　(清)宫尔劝撰　清乾隆刻本　山艺　省博

西征记一卷　(清)张寅撰　稿本　善目　山艺　省图

秉兰录二卷　(清)安箕撰　清李玉亭抄本　古今文艺丛书本　民国二十五年山东省图书馆抄本(作一卷)　丛综　省博　山大　双行续　省

图

滇游记一卷附记一卷　(清)毕曰濩撰　见四库存目　总目　山艺

苍洱小记一卷　(清)毕曰濩撰　见四库存目　总目　山艺

进藏纪程一卷　(清)王世睿撰　昭代丛书(道光本)本　小方壶斋舆地丛钞本　丛综　山艺　国学　省图　山大

楚蜀纪游一卷　(清)吕烜撰　清抄本　善目　省图

恩平程纪一卷(乾隆三十四年至三十五年)　(清)李文藻撰　稿本　民国二十年李有经抄本(李友经跋)　善目　省博　双行续　省图

长途备忘录一卷　(清)李文藻撰　稿本　省博

滇游路记二卷　(清)丁大训撰　清道光二十七年刻本　省博　省图

青城游记　(清)王培荀撰　抄本(题王雪峤撰,培荀字雪峤)　川图

宦游杂记不分卷(道光二十九年至咸丰八年)　(清)马秀儒撰　稿本(山艺作一百六十卷)　善目　山艺　省图

蜀程偶记一卷　(清)葛忠弼撰　蓬莱葛氏诗文稿五种稿本　善目　省图

新疆小记草十二卷首一卷　(清)李里撰　稿本(存九卷)　善目　省图

西行甲子集五卷　(清)李里撰　清光绪二十六年步沆抄本　省图

李石桐先生赴岑溪日记一卷　(清)李怀民撰　稿本　省博

游豹山记一卷　(清)王煜撰　三味斋存稿四种稿本　善目　省博

西征记略诗全集一卷　(清)李生麟撰　民国十年李氏石印本　省博

流民记四卷　(清)王庸撰　清光绪十一年巾箱本　国学　贩记

浙使纪程诗录一卷　(清)吴树梅撰　清光绪二十五年长沙督学使署刻本　省博　省图　青图

西行纪程二卷西征集一卷　(清)孟传铸撰　清宣统二年章丘王翰绿野堂排印秋根书室文集本　山大　省博　省图

五省游行略记不分卷　朱仝瓅撰　排印本　国学

热河游记一卷　郝允贤撰　清末南京树新社排印本　省博

两京纪游二卷　丁锡田撰　民国十二年石印本　台湾公藏
青州纪游不分卷　周聿修撰　民国排印本　双行续
东游纪程二卷　唐仰杜撰　民国二十九年排印本　省博

以上游记之属

佛国记一卷　(晋)法显撰　秘册汇函本　唐宋丛书本　说郛(宛委山堂本)本　五朝小说本　五朝小说大观本　四库全书本　增订汉魏丛书本　龙谿精舍丛书本　稗乘本(书名三十国记)　学津讨原本(沈曾植批校)　总目　善目　丛综　山艺　山大　省图
法显记　说郛(商务印书馆本)本　丛综
晋释法显佛国记地理考证一卷　(清)丁谦撰　横山草堂丛书本　浙江图书馆丛书本　丛综　省图　山大
越南世系沿革略一卷　(清)徐延旭撰　小方壶斋舆地丛钞本　丛综　省图　山大
越南山川略一卷　(清)徐延旭撰　小方壶斋舆地丛钞本　丛综　省图
越南道路略一卷　(清)徐延旭撰　小方壶斋舆地丛钞本　丛综　省图　山大
越南辑略二卷　(清)徐延旭撰　清光绪三年梧州郡署刻本　山艺　台湾公藏　省图　山大
使琉球记一卷　(清)张学礼、王垓撰　清抄本　善目　省图

以上中外杂记之属

以上地理类凡二百二十八部,八百七十一卷,内不分卷者三十九部;附录三十六部,一百二十四卷,内不分卷者三部。

目录类

李中麓藏书文一卷　民国王价藩抄本　仅好斋
儒藏说一卷　(清)周永年撰　松邻丛书本　丛综　山大
琉璃厂书肆记一卷后记一卷　(清)李文藻撰　民国十四年慎初堂排

印本　民国二十三年瑞安陈氏据原稿影印本(无后记)　京津风土丛书本　丛综　省博　双行续　省图

七略别录一卷　(汉)刘向撰(清)马国翰辑　玉函山房辑佚书本　丛综　省图　山大

国史经籍志五卷附录一卷　(明)焦竑撰　明万历三十年陈汝元函三馆刻本　见四库存目　粤雅堂丛书本　丛书集成初编本　日本曼山馆据徐象橒梅隐书屋活字本重刻本　总目　山艺　丛综　山大　省博　台湾公藏　省图

钦定四库全书简明目录二十卷　(清)纪昀等撰(清)刘喜海校注　清抄本　善目

书目类编不分卷　(清)刘喜海辑　清道光十年刘氏味经书屋刘如海抄本　善目　北善

书目汇编二卷　(清)刘喜海辑　清道光十一年刘氏味经书屋刘如海抄本(朝鲜书目一卷　日本所刊书目一卷)　善目

清史艺文志不分卷　(清)王守训、田智枚辑　故宫博物院图书馆藏光绪间国史馆稿本　善目

昭德先生郡斋读书志二十卷　(宋)晁公武撰(宋)姚应绩编　宛委别藏本(书名作衢本郡斋读书志)　清嘉庆二十四年汪氏艺芸书舍刻本　清光绪六年会稽章氏重刻本　清光绪十年长沙王氏校刻本　山艺　丛综　参考目　省图　山大　双行

郡斋读书志四卷后志二卷考异一卷附志一卷　(宋)晁公武撰　考异、附志(宋)赵希弁撰　养和堂丛书本　清康熙六十一年海宁陈师曾刻袖珍本　四库全书本　宋淳祐十年黎安朝袁州刻本(作昭德先生郡斋读书志)　四部丛刊影印宋袁州本　续古逸丛书影印宋袁州本　总目　丛综　山艺　台湾故宫　文史哲　省图　山大

玉轩新纂古今书目二卷　(明)刘元亮撰　稿本　民国二十二年济南聚文斋书店抄本　民国邢蓝田抄本　省博　省图　山大　北师大

濮阳李蒲汀先生家藏目录(一名李蒲汀书目)一卷　(明)李廷相藏并撰　玉简斋丛书本　前中央研究院藏清初宋荦抄本　丛综　国学

书目总录　山大

天一阁见存书目十二卷　(清)刘喜海撰　清刘氏嘉荫簃抄本(张镜夫跋)　天一

池北书目一卷碑目一卷　(清)王士禛藏　清道光十二年味经书屋刘如海抄本　梁氏慕真轩藏抄本(一名新城王氏书目)　善目　北图　书目总录

渔洋书籍跋尾二卷　(清)王士禛撰　啸园丛书本　丛综　山艺　省图　省博　山大

重辑渔洋书跋　(清)王士禛撰陈乃乾校辑　1958年中华书局上海编辑所排印本　古籍目录　山大

选明代山左诗钞采访书目一卷　(清)王士禛辑　清德州卢见曾刻本　善目

蒲留仙遗著考略与志异遗稿　刘阶平撰　1950年台北正中书局排印本　台湾公藏

佳山堂书目一卷　(清)冯溥藏　清道光十二年味经书屋刘如海抄本(与池北书目合订一册)　善目　北图

读书蕞残三卷　(清)王钺撰(清)顾嗣立、王兆符编　见四库存目　清康熙五十三年子琅玡王沛憻刻世德堂遗书本　清康熙六十一年王沛憻重刻世德堂遗书本　清雍正元年重刻本　山艺　书目总录　总目　丛综　省图　山大　省博

别本读书蕞残二卷　(清)王钺撰　见四库存目　总目　山艺

都中购书目录不分卷　(清)李文藻撰　稿本　省图

王氏合集书目考略一卷　(清)允灌撰　稿本　省图

慎贻堂书目一卷　(清)毕忠吉藏　清刘氏味经书屋抄本　北图

雪泥书屋遗书目一卷补遗一卷　(清)牟庭撰(清)牟房编次　旧抄本　清道光二十三年自刻本(清周悦让跋)　民国王献唐油印本　民国间褒殷堂排印本(王献唐题跋)　民国二十二年张镜芙抄本(不分卷)　山艺　善目　贩记　省博　山大　双行　双行续

刘燕庭藏书目不分卷　(清)刘喜海藏　胶县张鉴祥抄本　山大

海源阁藏书目一卷　(清)杨绍和撰　清光绪十四年元和江标师鄦室刻江刻书目三种本　丛综　山艺　省博　山大　省图

楹书隅录五卷续编四卷　(清)杨绍和撰　清光绪二十年杨氏海源阁刻本　民国元年董康补刻本　前中央研究院藏高氏辨蟫居抄本　山艺　山大　书目总录　省图

海源阁宋元秘本书目四卷　(清)杨保彝撰　底稿本(王献唐跋)　民国二十年山东省立图书馆排印本(王献唐校订)　前中央研究院藏旧抄本　清杨氏海源阁抄本(善目作宋存书室宋元秘本书目四卷,杨绍和编)　清光绪九年孙传凤抄本(北图作宋存书室目录四卷,杨以增藏并编)　新城王寀亭止适斋抄本(省博作海源阁宋存书室目录四卷)　善目　省博　山大　北图　省图

海源阁书目不分卷　(清)杨保彝撰　稿本　省图　山艺

海源阁普通本书目　山东省立图书馆编　稿本　省图

玉函山房藏书簿录二十五卷续编一卷　(清)马国翰撰　清道光二十九年自刻本　清光绪十五年绣江李氏刻本　山艺　省博　山大　书目总录

玉函山房辑佚书目录一卷手稿存目一卷　(清)马国翰撰(清)蒋式瑆辑　清光绪十三年历城郭霖刻本　省博　山大

海丰吴氏藏书目不分卷　(清)吴重熹撰　清抄本　善目　北图

石莲闇藏书目不分卷　(清)吴重熹藏并撰　稿本　善目　宁夏

石莲闇藏书目录存　韩滋源编　民国二十四年北平燕京大学图书馆兰晒本　北大

许印林撰校考略一卷附簠斋先生著述目一卷　赵录绰(双行作赵绰,误)撰　抄本　双行

临清徐氏书目　(清)徐坊藏编　稿本(待访)　简志

止适斋藏书目不分卷　王贡忱撰　稿本　省博

笺经室所见宋元书题跋一卷　丁心佛撰　稿本　省博

婴闇书跋一卷　丁心佛撰　稿本　省博

明版书经眼录　王敦化撰　民国间齐鲁大学国学研究所排印本(存子部二卷)　省博　山大

泰山王氏仅好书斋藏书志不分卷　王价藩撰　泰山王亨豫抄本　1989年泰山文管会、泰安市博物馆影印本　泰博　山大

历下访书记存二卷　王价藩撰　稿本　省博

辛丑历下访书记存二卷附藏书杂题一卷　王亨豫撰　稿本　省博

双行精舍书跋辑存　王献唐撰　山东省博物馆编　1983年齐鲁书社排印本　省图　省博　山大

双行精舍书跋辑存续编　王献唐撰山东省图书馆编　1986年齐鲁书社排印本　省图　山大

莱郡经籍考四卷附编一卷　(清)侯登岸撰　民国北海郭氏松南书庐抄本　北普　山艺

登州府志艺文志四卷　(清)周悦让撰(清)王懿荣校补　清末抄本　省图　山大

增修胶县艺文志不分卷　张鉴祥撰　胶县张氏杂抄书目抄本　山大

即墨县艺文志稿不分卷　张鉴祥撰　胶县张氏杂抄书目抄本　山大

南献遗征不分卷　郑文焯撰　苏州书局刻本　国粹学报排印本　山大

续开六郡采访名人书目一卷　(清)卢见曾辑　清德州卢见曾刻本　善目

涉江采珍录二卷锡朋录二卷　(清)许瀚撰　海西阁抄本　省博

曲阜清儒著述记二卷　(清)孔祥霖撰　北平图书馆藏民国十九年该馆重抄清史馆旧藏写本　民国四年济南五三美术印社排印本　省博　书目总录　省图　山大　双行

胶东先哲遗书著录二卷　佚名编　抄本　省博

清代山东人著作汇目不分卷　(光绪)山东通志艺文志底稿本　省博

山东全省官书局书目无卷数　(清)文美斋主人编　清光绪癸卯排印本(省博作一卷无作者)　山大　省博

山东书局图书目录十卷　(清)山东书局编　民国济南山东书局排印本　省图

山东书局木版书籍目录一卷　(清)山东书局编　民国十四年济南山东书局排印本　省图

山东图书馆辛亥年藏书目录　保厘东编　清宣统三年山东图书馆石印本　北大　书目　总录　省图

国立北平图书馆善本书目乙编四卷　赵录绰编　民国二十四年国立北平图书馆排印本　台湾公藏　省图

国立中央图书馆善本书目初稿第一辑五卷　屈万里编　民国二十六年南京国立中央图书馆油印本　台湾公藏

汇刻书目初编二十卷　(清)顾修编(清)朱学勤增订(清)王懿荣重编　民国八年上海千顷堂石印本　台湾公藏　省图

簿录通考二册　张鉴祥编　梁氏慕真轩藏稿本　书目总录

古今书目简志不分卷　韩锷编　民国二十六年山东大学油印本　山大

汉人经解辑存序目一卷　(清)孙葆田撰　岁余偶录本　丛综　省图

国朝治说文家书目一卷附未刻书目　(清)尹彭寿撰　清光绪十九年诸城尹氏金泉精舍刻本　斠经室集初刻本　丛综　书目总录

桑梓之遗书画目录五卷桑梓之遗录文一卷　(清)高凤翰撰　稿本　省博

拟史籍考校例一卷　(清)许瀚撰　稿本(王献唐跋)　省图　双行续善目

金石名著汇目一卷续目一卷补遗一卷　田士懿撰　民国十五年田氏北平刻本　稿本(善目作汇目一卷续一卷再续一卷拾遗一卷)　总目　省博　川图　善目　金石书录

篆刻参考书传本书目一册　王敦化撰　民国间济南沂风堂排印本　民国二十九年山东聚文斋书店排印本　省博　台湾公藏

古铜印谱书目　王敦化撰　民国排印本　省图　山大

印谱知见传本书目一卷　王敦化撰　民国间齐鲁大学国学研究所排印

本　民国二十九年山东聚文斋书店排印本　台湾公藏　省图　省博　山大

老子考略一册　(清)张尔岐编　北京大学图书馆藏李盛铎旧藏稿本(焦循旧藏)　书目总录

录鬼簿续编一卷　(明)贾仲明撰　天一阁明蓝格抄本(附录鬼簿后)　北京大学影印明抄本　1957年文学古籍出版社马廉校注本

以上目录类凡七十六部,一百七十七卷,内不分卷者二十七部。

金石类

金石苑七种一百二十一卷　(清)刘喜海辑　稿本(丛综作一百十八卷,王国维跋)　又一本(不分卷)　清道光二十六年刘氏来凤堂刻本(六卷)　同文图书馆石印本(六卷)　民国十三年武进陶氏石印本(六卷)　六译馆丛书本(增补目一卷)　善目　丛综　贩记　版刻图录　金石书录　省博　山大

攀古小庐杂著三种三卷　(清)许瀚撰　稿本　清抄本　清海丰吴重熹刻本　善目　丛综补　省博　双行

潍县陈氏宝簠斋金文册三种三卷　(清)吴重熹辑　稿本　丛综补

斠经室集初刻五种九卷　(清)尹彭寿撰　清光绪二十一年诸城尹氏刻本　丛综

余园丛刻二种三十六卷　柯昌济辑　民国二十四年胶西柯氏排印本　丛综

金石三例十五卷　(清)卢见曾辑　清乾隆二十年德州卢氏雅雨堂刻本　清栖霞郝氏重刻本　金石全例本　清嘉庆十六年饶向荣刻本　清光绪四年南海冯氏读有用书斋朱墨套印本　清光绪抄本　日本宽政十一年刻本(清王芑孙评)　善目　丛综　金石书录　山艺　静嘉　川图　省博　山大　丛综

以上类编之属

金石录三十卷　(宋)赵明诚撰　宋淳熙龙舒郡斋刻本(张元济跋)　宋开禧元年浚仪刻本(存卷十一至二十,清余集补抄序及后序,清翁方纲、吴应溶、洪颐煊、顾广圻、江藩、沈涛、余集等跋)　明范氏卧云房抄本　明祁承㸁澹生堂抄本　明崇祯五年谢恒抄本　明抄本(清顾元泰校并跋)　清顺治七年谢世箕刻本　清光绪十三年朱记荣刻槐庐丛书本(章钰校点并跋,章寿康校并跋)　清初抄本(王士禛跋,陈奕禧批校并跋)　清吕无党抄本(清吕无党校,张元济跋)　清初抄本(佚名录,清叶国华、何焯校跋,清丁丙跋)　清杨氏四知堂抄本　清抄本(清顾霖校跋并录,钱谷、陆贻典题识,吴志忠校跋并录,叶国华、何焯、顾广圻题识)　清赵氏小山堂抄本(清丁丙跋)　清抄本(清翁方纲批校并跋)　清嘉庆徐氏治朴学斋抄本(清徐松、叶启发题识)　清抄本(清钱大昭、钱东垣校并跋,唐翰题、吴重熹跋)　清抄本(佚名录,清何焯校,清丁丙跋)　清抄本(佚名录,清何焯批校)　清抄本(佚名临钱仪吉校跋)　清乾隆二十七年卢见曾刻雅雨堂刻本(清钱大昕校)　又一本(清黄丕烈校并跋,顾广圻校跋并影抄叶国华、何焯题识)　又一本(清顾广圻校并跋又录何焯识)　又一本(清张廷济校并跋)　又一本(清赵坦、魏锡曾跋)　又一本(清叶志诜录,何焯等校)　又一本(清丁丙依宋刻十卷本校)　牛运震空山堂刻本　四库全书本　三长物斋丛书本　行素草堂金石丛书本　结一庐朱氏剩余丛书本(附札记一卷今存碑目一卷,民国缪荃孙撰)　嘉业堂丛书本(附札记一卷今存碑目一卷,民国缪荃孙撰)　四部丛刊续编本(附校勘记一卷,张元济撰)　中华书局古逸丛书三编景印宋淳熙龙舒郡斋刻本　总目　善目　丛综　金石书录　山艺　山大　省图　亦轩

金石录后序　(宋)李清照撰　绿窗女史本　丛综

金石录补二十七卷续跋七卷　(清)叶奕苞撰　别下斋丛书本(二十七卷)　涉闻梓旧本(续七卷)　行素草堂金石丛书本　丛综　金石书录　山大　省图

金石录校证　金文明撰　1985年上海书画出版社排印本　山大

金石图(上卷一名金石经眼录)二卷　(清)牛运震撰、褚峻摹图　清

乾隆八至十年厚石刻本 (总目作金石经眼录一卷、金石图二卷) 清光绪十九年贵池刘氏刻补目本(作金石图说) 总目 善目 丛综 金石书录 山艺 省博 山大 省图

隶续目录补正一卷 (清)桂馥撰 清抄本(清桂馥校跋,佚名过录清李文藻、翁方纲校跋) 善目

寰宇金石汇志 (清)刘喜海编 叶氏存古丛刻本 山艺 省图

爱吾鼎斋金石文字一卷 (清)李璋煜撰 稿本(陈介祺题跋) 善目 省博

金石丛目录二册 (清)李佐贤辑 燕京大学图书馆藏孙汝梅、缪荃孙旧藏抄本 金石书录

攈古录二十卷 (清)吴式芬撰 稿本(一卷) 清光绪海丰吴氏刻本 清宣统元年抄本(存十一卷) 残稿本(不分卷) 稿本(清许翰订补,陈介祺批注) 善目 贩记 金石书录 山艺 省博 山大

金石汇目分编二十卷 (清)吴式芬撰 稿本(另一稿本作金石目录分编五卷) 又一本(不分卷) 自刻红印残本(十卷) 清光绪刻本(清陈文郁跋) 善目 金石书录 山艺 省图

舆地金石目不分卷 (清)吴式芬撰 稿本 善目 上图

簠斋藏古目十八卷古朱文官私鉩一卷 (清)陈介祺撰 稿本 善目

传古小启一卷 (清)陈介祺撰 清同治刻本 国学 省博

秦前文字之语二卷 (清)陈介祺撰 稿本 善目

簠斋金石墨拓释存一卷 (清)陈介祺藏并编 稿本 省博

攀古小庐古器物录二卷古器物释文初草一卷 (清)许瀚撰 民国间王献唐双行精舍抄本 省博

稚鹤题识金石拓本不分卷 (清)淳于鸿恩辑 拓印本(陈介祺、丁树桢等题跋) 善目 省博

金石拓片不分卷 (清)淳于鸿恩辑 拓印本 善目 省博

青箱古集金石拓本十六卷 (清)王锡棨辑 拓印稿本(王懿荣、宋书

升题跋) 善目 省博

藤梧馆金石题咏集录一卷 (清)孔广栻撰 稿本(王献唐题跋) 善目 省博 双行

石泉书屋金石题跋一卷 (清)李佐贤撰 房山山房丛书本 清抄本 善目 丛综 金石书录

刻鹄轩集古录一卷 (清)王筠辑 稿本 善目 省博 双行

簠斋金石文考释一卷 (清)陈介祺撰 云窗丛刻袖珍本 丛综 金石书录 山艺

燕庭金石丛稿不分卷 (清)刘喜海撰 台湾史语所据嘉业堂藏刘氏手稿蓝格抄本 台湾公藏

微波榭丛抄(一名碑刻纂言)不分卷 (清)孔继涵辑 稿本 善目 省博 双行

杂录不分卷 (清)刘喜海撰 金石苑本 丛综 山大

陈簠斋丈笔记一卷手札一卷 (清)陈介祺撰 滂喜斋丛书本(刻于传古别录后) 丛书集成初编本(作陈簠斋笔记一卷手札一卷) 丛综 金石书录 国学 山艺 省博 省图

簠斋尺牍不分卷 (清)陈介祺撰 民国八年上海涵芬楼影印本(金石书录作十二册) 石印本(五册,与吴大澂讨论金石函件) 金石书录 省博 省图 山大 双行

天壤阁杂记一卷 (清)王懿荣撰 灵鹣阁丛书本 丛书集成初编本 美术丛书初集第六集本 王文敏公遗集本 丛综 金石书录 山艺 省图 山大

翠墨园语一卷 (清)王懿荣辑 古学汇刊本 丛综 金石书录 山艺 省图 山大

形下录一卷 (清)王守训撰 稿本 省博

增广金石名著汇目一卷续一卷再续一卷拾遗一卷 田士懿撰 稿本 善目 省图

诸城王氏金石丛书提要一卷 王维朴撰 民国十九年诸城王氏盉盦

排印盉盦著书本　金石书录　省博　北普　省图

以上总志之属

焦山古鼎考一卷　（清）王士禄撰　昭代丛书（康熙本）本　丛综　金石书录　省图　山大

长安获古编一卷附编目一卷　（清）刘喜海撰　自刻本（二卷）　湫漻斋丛书本（作长安获古编目一卷）　稿本（戴熙批校、陈介祺题跋，不分卷）　清同治刻本（王献唐批校，二卷补目一卷）　清光绪三十一年刘鹗补刻标题本　民国间陈绳夫刻本（王献唐题跋，作长安获古编目一卷附封泥印古录一卷）　善目　丛综　贩记　金石书录　山艺　省博　省图　双行

长安获古编目一卷　（清）胡琨撰　民国二十二年瑞安陈氏校刻本　金石书录

嘉荫簃藏器目一卷　（清）刘喜海撰　灵鹣阁丛书本　丛书集成初编本　丛综　山艺　省博　山大　省图

爱吾鼎斋藏器目一卷　（清）李璋煜撰　灵鹣阁丛书本　丛书集成初编本　丛综　山艺　省博　山大　省图

二十三家金文目四卷　（清）高鸿裁撰　潍县高氏辨蟫居稿本　省博

双虞壶斋藏器目一卷　（清）吴式芬撰　灵鹣阁丛书本　丛书集成初编本　丛综　山艺　省博　山大　省图

分类彝器目不分卷　（清）吴式芬撰　稿本　善目

捃古录金文三卷　（清）吴式芬撰　稿本（清丁艮善校）　又一本（吴重熹校、吴豳校）　清光绪二十一年海丰吴重熹刻本（清吴重熹校、吴豳校）　民国二年西泠印社重刻本　善目　贩记　金石书录　山艺　类编　省博　双行

捃古录金文校订存三卷　（清）许瀚撰　王献唐双行精舍抄本　省博

石泉书屋藏器目一卷　（清）李佐贤撰　灵鹣阁丛书本　丛书集成初编本　丛综　山艺　省博　山大　省图

簠斋藏器目一卷　（清）陈介祺撰　灵鹣阁丛书本　丛书集成初编本

丛综　山艺　山大　省图

簠斋藏器目第二本一卷　(清)陈介祺撰　灵鹣阁丛书本　丛书集成初编本　丛综　省博　省图

潍县陈氏宝簠斋藏古目一卷　(清)陈介祺撰　稿本　民国十四年陈文会石印手稿本(作簠斋藏古目三册)　民国九年广仓学宭排印本(作簠斋藏古册目并题记一卷)　善目　金石书录　省博　省图　双行

潍县陈氏宝簠斋藏器目一卷　(清)陈介祺藏　清同治十一年吴重熹抄本(陈介祺跋)　善目

宝簠斋藏古册目并题记一卷　(清)陈介祺撰　稿本　清抄本(十六卷)　善目　省博

簠斋吉金录八卷　(清)陈介祺藏并撰　民国七年邓实风雨楼影印本　民国二十四年翻印本　善目　金石书录　省博　省图　川图

簠斋吉金目一卷　(清)陈介祺撰　稿本　善目

潍县陈氏宝簠斋藏金文册目释二卷　(清)陈介祺撰　清潍县陈氏抄本(陈介祺题跋)　善目

潍县陈氏宝簠斋藏刘氏集金文册目释一卷　(清)陈介祺撰　清潍县陈氏抄本　善目

潍县陈氏宝簠斋藏日照许氏东武李氏利津李氏集金文册目释一卷　(清)陈介祺撰　清潍县陈氏抄本　善目

晚清二十三家藏器目不分卷　(清)王懿荣辑　清王兰西抄本　善目

潍县陈氏宝簠斋金文册目三卷　(清)吴重熹辑　稿本(陈介祺批校并跋)　善目　丛综补(潍县陈氏宝簠斋藏刘氏集金文目一卷、潍县陈氏宝簠斋藏李氏集金文目一卷、簠斋摘录利津李氏集金文目一卷)

选青阁藏器目一卷　(清)王锡棨撰　灵鹣阁丛书本　丛书集成初编本　丛综　山艺　省博　省图　山大

牛氏空山堂藏镜一卷　(清)牛运震藏　清拓本(清吴文题识、许瀚释文并跋)　善目　北善

清爱堂家藏钟鼎彝器款识法帖一卷　(清)刘喜海辑　清道光十六年

史部

拓印本　清道光十八年原石拓印本　清光绪三年尹彭寿补刻本　金石书录　台湾公藏　省博

刘燕庭释盂鼎铭拓本一卷　(清)刘喜海辑释　拓本　善目　省博

彝器原拓册　(清)许瀚鉴定　清拓本　山大

二百镜斋镜文四卷　(清)陈介祺原拓王献唐辑　山东省立图书馆藏本　双行

簠斋藏镜二卷　(清)陈介祺藏宣哲编订　民国十四年蟫隐庐影印本　金石书录　山大

古镜录六卷(原缺卷三、卷五至六)　(清)林树寅撰　掖海丛书本　丛综

青箱古集续编　(清)王苍编　诸城王维朴旧藏精拓本　山大

移林馆吉金图识一卷　丁麟年撰　清光绪日照丁氏石印本　民国三十年日照丁氏家藏印本　金石书录　台湾公藏　省博　山大

日照丁氏藏器目一卷　丁麟年藏陈邦福辑　民国二十年丹徒陈氏刻红印本　湫漻斋丛书本　丛综　金石书录　省博　省图　双行

啸堂集古录二卷　(宋)王俅撰　宋刻本(元干文傅、清翁方纲、阮元、黄绍箕、朱文钧跋,滕用享题款)　明影宋刻本(清方辅、吴骞、周叔弢跋,佚名录吴骞校跋)　又一本(傅增湘跋)　清初影宋抄本　清何堂据宋淳熙本影抄本(清何堂跋)　四库全书本　四部丛刊本　百一庐金石丛书本　续古逸丛书本　清嘉庆间春鸳湖张氏刻本(有张蓉镜考异二卷)　总目　善目　丛综　省图　山艺

东武刘氏款识一卷　(清)陈介祺编　民国八年商务印书馆影写本(附清仪阁集古款识后,续提要于书名上冠"陈簠斋写"四字)　续提要　金石书录　省博　山大

诸城刘氏金文拓本释不分卷　(清)刘喜海藏并辑　清同治吴重熹抄本　善目

周虢季子白盘释文一卷　(清)王筠撰　潍县丁锡田抄本　省博　双行

陶嘉书屋钟鼎彝器款识目录八卷　(清)许瀚撰　稿本　善目

攀古小庐金文集释一卷　(清)许瀚撰　稿本　善目　省博

攀古小庐镜铭一卷　(清)许瀚藏并撰　稿本　善目

日照许氏诸城李氏金文拓本释不分卷　(清)许瀚、李璋煜藏　清同治吴重熹抄本　善目

许印林先生吉金考识一卷　(清)许瀚撰　王献唐双行精舍抄本　省博

积古斋释文正误、攀古小庐校刊记不分卷　(清)许瀚撰(善目作清时庸劢撰)　单县时氏音学丛稿本(一册)　善目

金文释存一卷　(清)陈介祺撰　清抄本　善目　省博

周聃毁说释一卷　(清)陈介祺撰　清抄本　善目

十钟山房金文四卷　(清)陈介祺原拓王献唐辑　山东省立图书馆藏本　双行

簠斋金文考释一卷　(清)陈介祺撰　稿本(不分卷)　云窗丛刻袖珍本　善目　金石书录

潍县陈氏金文拓本释不分卷　(清)陈介祺撰　清同治十年吴重熹抄本(清吴重熹校)　善目

宝簠斋集各家彝器释不分卷　(清)陈介祺撰　稿本　善目　省博

中郎遗矩无卷数　(清)丁艮善编　清光绪十四年刻本　贩记

邳伯罍考　王献唐撰　考古学报一九六三年二期

韡华阁集古录跋尾甲篇十五卷　柯昌济撰　民国二十四年余园丛刻本　丛综　金石书录

(簠斋)传古别录一卷　(清)陈介祺撰　与石居石印手稿本　滂喜斋丛书本　天壤阁丛书增刊本　丛书集成初编本　美术丛书本(作传古别录)　叶氏传古丛书本(作传古别录,民国叶铭校订)　丛综　金石书录　山艺　山大　省图

金文分域编二十一卷　柯昌济撰　民国二十四年余园丛刻本　丛综　川图

金文分域续编十四卷　柯昌济撰　民国二十六年新新印书局排印本　省博

以上金之属

吉金所见录十六卷　(清)初尚龄撰　清嘉庆二十四年古香书屋原刻本　清道光七年印本　金石书录　山艺　台湾公藏　山大　省图

古泉苑一百卷附皇朝钱法一卷　(清)刘喜海辑　稿本　善目　省博　山艺

古泉苑目录一卷　(清)刘喜海辑　清咸丰五年刘氏嘉荫簃抄本(袁克文批)　善目

历代古泉录不分卷　(清)刘喜海辑　清道光元年诸城刘雯抄本(刘喜海题跋)　善目　省博

新莽货布范　(清)刘喜海藏　1929年神州国光社印　川图　山大

古泉汇六十四卷　(清)李佐贤撰　清同治三年李氏石泉书屋刻本(清陈介祺批校并跋,清李佐贤批校)　善目　丛综　山艺　金石书录　省博　山大　省图

续泉汇十四卷补遗二卷　(清)李佐贤、鲍康撰　清同治李氏石泉书屋刻本　清光绪元年刻本　金石书录　省博　山艺　山大

竹朋所藏古泉汇墨本　(清)李佐贤藏　墨拓本　山大

泉货汇考十二卷　(清)王锡棨撰　稿本(王懿荣跋)　又一本(不分卷)　民国十三年中华书局影印本　善目　贩续　金石书录　川图

选青阁古泉存不分卷　(清)王锡棨辑　拓印本(鲍康、李佐贤、陈介祺等题跋)　善目　省博

古泉钱范一卷　(清)吴式芬辑　稿本　善目

簠斋所藏齐刀范不分卷　(清)陈介祺藏　拓本　省图

陈簠斋释齐刀拓本一卷　(清)陈介祺藏　稿本　善目　省博

簠斋藏古金化不分卷　(清)陈介祺辑　清陈氏簠斋拓本　善目

簠斋泉范不分卷　(清)陈介祺辑　清陈氏簠斋拓本　善目

(王廉生)古泉精选拓本附陆硕庭泉拓　(清)王懿荣辑　清末神州

国光社石印原拓本　尺五楼藏本　川图

遁盦古泉存不分卷　(清)丁善庆辑　清宣统元年拓印本　省博

钱谱一卷　(题宋)董逌撰　说郛(宛委山堂本)本　翠琅玕馆丛书(冯非年本黄任恒本)本　艺术丛书本　芋园丛书本　明刻本(后附泉志鼎录二种)　丛综　金石书录　川图　山大　省图

嘉荫簃论泉截句二卷　(清)刘喜海撰(清)刘虞采等注　清道光十八年自刻本　清咸丰五年赵钫重刻本　观古阁丛刻本　丛综　金石书录　省博　川图　山大　双行续　山艺

泉苑菁华、古泉丛话合刻四卷　(清)刘喜海、戴熙撰　民国二十四年丁福保影印本　省博　山大

嘉荫簃古泉随笔八卷　(清)刘喜海撰　稿本　清抄本　清刘氏嘉荫簃抄本(清刘喜海订补并跋)　善目　贩续

续泉说一卷　(清)李佐贤撰　观古阁丛刻本　民国二十年石印本　吾庐笔谈本　丛综　贩记　金石书录　省图

李竹朋续泉说一卷附续丛编一卷　(清)李佐贤撰　续丛编(清)鲍康撰　清同治十三年歙县鲍氏刻本　民国二十二年石印本　省博　川图　山大

红藕花轩泉品九卷　(清)马国翰辑　清刻本　清抄本(不分卷)　善目　贩记　省博　山大　省图

圜币浅说一卷　(清)丁喜庆撰　抄本　省博

古泉小识一卷　(清)黄承艭撰　稿本　善目　省博

货币源流考一卷　吴桂华撰　民国十五年齐鲁大学国学研究所石印本　省博

中国古代货币通考不分卷　王献唐撰　稿本　1983年齐鲁书社排印王献唐遗书本　省博　山大　省图

古钱新探　朱活撰　1984年齐鲁书社排印本　山大　省图

以上钱币之属

两汉印萃五卷　(清)郑支宗摹刻　清乾隆四十九年钤印本(印学系于

乾隆四十七年） 金石书录 印学

齐鲁古印攈四卷续一卷 （清）高庆龄、高嘉玉辑 清光绪十七年潍县高氏古雪书庄钤印本 善目 金石书录 台湾公藏 省图 省博 山大

秦汉印章拾遗四卷 （清）高庆龄藏并辑 清钤印本（台湾公藏作高鸿裁藏，三卷） 又一本（不分卷） 善目 台湾公藏 南开 山大

得壶山房印寄不分卷 （清）李佐贤撰 清钤印本（王献唐题跋） 善目 金石书录 省博 双行

周秦玉印玺一卷 （清）陈介祺辑 钤印稿本 善目

秦汉官印类选不分卷 （清）陈介祺辑 钤印稿本 善目

簠斋题秦印册一卷 （清）陈介祺藏 清钤印稿 善目 省博

千鉩斋古鉩选不分卷 （清）陈介祺藏（清）吴大澂辑 清光绪元年钤印本 善目

簠斋藏古玉印谱一卷 （清）陈介祺藏 民国间上海神州国光社石印朱墨套印本（清志作簠斋藏玉印谱） 台湾公藏 清志 山大

万印楼印谱不分卷 （清）陈介祺辑 清光绪钤印本 善目

十钟山房印举不分卷 （清）陈介祺辑 钤印稿本 清道光钤印本 清同治十二年陈氏十种山房钤印本 清光绪九年陈氏十种山房钤印本 民国十二年涵芬楼石印本（二册） 1985 年北京中国书店影印涵芬楼本 善目 金石书录 山大 省图 双行续

陈簠斋手拓古印集四册 （清）陈介祺撰 清光绪七年钤印本 古文字类编 省图

簠斋印集不分卷 （清）陈介祺辑并注释 清道光二十七年钤印稿本 善目 省图

双虞壶斋印存八卷 （清）吴式芬辑 清吴氏双虞壶斋钤印本（善目不分卷） 清钤印本 清光绪吴氏刻钤印本 善目 金石书录 省图

续齐鲁古印攈十六卷 （清）郭裕之辑 清光绪十八年潍县郭氏钤印本（间有丁佛言释文） 善目 贩记 金石书录 山艺 省博 省图 古

文字类编　青图

古印偶存不分卷　(清)王石经、田镕叡、高鸿裁、刘嘉颖辑　清光绪十六年钤印本(二十册)　金石书录　省图　北图

印邮四册　(清)高文瀚撰　清光绪十一年钤印本　金石书录　古文字类编　省图

印揭八册　(清)赵允中辑　清光绪十七年钤印本　金石书录

稽庵古印笺四卷　(清)孙文楷辑释　稿本　清光绪十一年孙氏保铸山房刻钤印本　清宣统间保铸山房印本　民国元年保铸山房影印本　善目　贩记　省博　省图　山大

鉴古斋印存二卷　(清)孙文楷辑释　清钤印本(陈介祺题跋)　省博

褒景庐秦汉印选不分卷　胡柏年辑　钤印本　省图

吉金室藏印一卷观古阁藏印一卷绿天深处藏印二卷　(清)王常益辑　清钤印本(王懿荣、鲍康题跋)　省博

秋蝴蝶斋集印一卷　(清)王景□辑释　清钤印　稿本　省博

杨氏海源阁印砚拓本三卷　王献唐辑　民国海曲王氏双行精舍拓印本　双行

两汉印帚三卷　王献唐辑　民国二十二年山东省立图书馆钤印本　类编　双行　省图　山大

五镫精舍印话　王献唐撰　1985年齐鲁书社排印本　山大　省图

印文辑略　孙维周(家桢)辑　民国九年济南慈济印刷所排印本　山大　省图

汉印字类纂十二卷　孟昭鸿纂摹　民国二十二年西泠印社石印本　金石书录

汉印分均三集二卷　孟昭鸿纂摹　民国二十二年西泠印社石印本　金石书录

齐大研究所藏印类释一卷附录一卷　民国钤印本　省图

封泥货币文字一卷　(清)刘喜海辑　石印本　双行

泥封印古录一卷　(清)刘喜海辑　民国刻本　双行

汉官私印泥封考三卷　(清)吴式芬、陈介祺撰(清)翁大年编　稿本(陈介祺校)　1982年台北艺文印书馆影印封泥考略汇编本　善目　山大

汉泥封考略二卷　(清)吴式芬、陈介祺藏并辑(清)翁大年编　清抄本(陈介祺跋)　1982年台北艺文印书馆影印封泥考略汇编本　善目　金石书录　山大

封泥考略十卷　(清)吴式芬、陈介祺撰　清光绪十八年石印本　清光绪三十年石印本　1982年台北艺文印书馆影印封泥考略汇编本　稿本(翁大年编,陈介祺校)　善目　山艺　省博　省图　山大

续封泥考略六卷再续封泥考略四卷　周明泰撰　1982年台北艺文印书馆影印封泥考略汇编本　山大

齐鲁封泥集存一卷　罗振玉辑　民国二年上虞罗氏影印本　金石书录

魏平乐亭侯印考一卷　王献唐撰　稿本　双行

临淄封泥文字不分卷叙目一卷　王献唐编　民国二十五年山东省立图书馆拓印本　民国二十五年日照王氏海岳楼排印本(临淄封泥文字叙目)　台湾公藏　山大　省图

双行精舍陶骨印存一卷　王献唐辑　海岳楼拓印本　双行

以上玺印之属

石鼓文汇六卷　(清)尹彭寿撰　清诸城尹氏来山园自刻本　清光绪十九年历城赵凤章刻本(作一卷)　斠经室集初刻本(作一卷)　丛综　山艺　省图　金石书录

石鼓文音训集证一卷　(清)尹彭寿撰　稿本　善目　省图

汉碑摹本一卷　(清)马邦玉辑　摹本　善目　省博

汉碑录文四卷　(清)马邦玉辑　清道光二十七年灵石杨氏连筠簃刻本　清光绪七年补正本　民国七年济南新华印字馆石印本(作三卷)　山艺　省博　台湾公藏　金石书录　省图

汉石存目二卷　(清)王懿荣撰　稿本　清抄本(清翁同龢补订并跋)　斠经室集初刻本　雪堂丛刻校补本　王文敏公遗集本(卷八)　善目

从综　山艺　省博　省图　金石书录　山大

魏晋石存目一卷　(清)尹彭寿撰罗振玉校补　雪堂丛刻本　从综　省博　省图

南北朝存石目八卷　(清)王懿荣编　清抄本(莫棠批校)　稿本(孔壮、冯汝玠题记,不分卷)　善目　川图　山艺

刻碑姓名录三卷　(清)黄锡蕃辑　清抄本(清刘喜海补辑并跋)　善目

待访碑目不分卷　(清)吴式芬撰　稿本　善目

各省碑目不分卷　(清)时庸劢撰　单县时氏音学丛稿本　善目

搜古汇编七十卷　(清)刘喜海辑　金石苑本　从综

贞珉阐古录一卷佛幢证古录一卷　(清)刘喜海辑　清抄本　善目

明拓颜家庙碑　(唐)颜真卿书　鲁荡平藏　民国四十二年台北鲁氏影印本　台湾公藏

百汉印斋砚拓一卷　王献唐辑拓　拓印本　双行

佛金山馆秦汉碑跋一卷　(清)牟房残稿董井辑录　民国二十三年瑞安陈氏褎殷堂排印山左先哲遗书甲编本　川图　山大

双钩华山庙碑一卷　(清)丁彦臣摹　清同治七年济南府文友堂刻本　台湾公藏

重修青山行宫碑文一卷　(清)万瑜撰　曹县万氏诗文集六种清抄本　善目

阙特勒碑释跋不分卷　(清)丁麟年辑　民国日照丁氏移林馆刻本　台湾公藏

庚子消夏录碑帖考一卷　(清)孙承泽撰　绿满书窗本　从综　省图

桂未谷先生藏碑跋语一卷　(清)桂馥撰　清抄本　善目

汉碑题跋无卷数　(清)桂馥撰　传抄本　贩续

访碑拓碑笔札一卷　(清)陈介祺撰　习盦丛刊本　从综　省图　山大

苍崖先生金石例十卷　(元)潘昂霄撰　元刻本　明初刻本(清顾广圻校)　明刻本(清金锡爵跋、清丁丙跋)　明龙宗武刻本　明抄本清初海虞毛氏抄本　清抄本(清丁丙跋)　淡生堂余苑本　清吴兴姚氏屖守斋

抄本(清姚宗甲鲍珍校跋)　清德州卢氏雅雨堂金石三例本　栖霞郝氏重刻卢氏金石三例本　四库全书本　李氏金石四例活字本　校补金石例四种本　读有用书斋金石三例本　反约篇本　式训堂丛书三集本　朱氏金石全例本　随盦徐氏丛书翻元本(附缪荃孙札记一卷)　蜀刻十一种本　总目　善目　丛综　山艺　金石书录　省图　山大　善本提要

以上石之属

志雅堂杂抄摘抄一卷齐东野语摘抄一卷云烟过眼录摘抄一卷　(宋)周密撰　玉说荟刻本　丛综

享金簿摘抄一卷　(清)孔尚任撰　玉说荟刻本　丛综

古玉图考补正一卷　郑文焯撰　民国二十三年艺海一勺本　金石书录

以上玉之属

殷虚书契补释一卷　柯昌济撰　民国十四年自刻本　金石书录

殷虚文字缀合释文一卷　柯纯清撰　中国史学会济南分会油印本　省博

甲骨叕存、甲骨地名通检　曾毅公撰　民国二十九年齐鲁大学排印本　金石书录

柏根氏旧藏甲骨文字　齐鲁大学国学研究所编　民国影印本　曲师

以上甲骨之属

秦汉瓦当文字不分卷　(清)陈介祺辑　原拓本　省图

齐鲁陶文不分卷　(清)陈介祺拓　王献唐辑　原拓本　省博　双行

齐鲁陶文不分卷　王献唐辑　海岳楼拓印本　省博　双行

簠斋藏陶八册　(清)陈介祺辑　北京大学图书馆藏拓本　金石书录

簠斋陶文释存不分卷　(清)陈介祺辑释　稿本　善目　省博

簠斋砖瓦文字四十卷　(清)陈介祺拓　王献唐辑　拓印本　省博　双行

槙山藏陶不分卷　(清)孙文楷辑撰　稿本　善目　省博

木庵古陶文字不分卷　(清)孙文澜辑　清抄本(孙文楷题跋)　双行

精舍抄本（作一卷） 省图 双行

邹滕古陶文字不分卷 王献唐编 民国二十二年石印本 台湾公藏

三代古陶轩古瓦拓片一卷 （清）陈介祺辑 拓印本 省博

秦始皇诏量瓦残字二十种 （清）陈介祺辑释 稿本 善目 省博

秦诏量瓦集拓一卷 （清）陈介祺拓王献唐辑 山东省立图书馆藏本 双行

簠斋汉量文字二卷 （清）陈介祺辑释 稿本（善目不分卷） 善目 省博

十钟山房藏齐鲁三代两汉瓦当文字目一卷十钟山房藏齐鲁秦汉瓦当文字目一卷簠斋古泥封目一卷簠斋泉范目一卷 （清）陈介祺撰 稿本 善目

攀古小庐砖瓦文字一卷附石瓦当文字目一卷 （清）许瀚撰 清抄本 稿本（善目作攀古小庐瓦当文字不分卷） 善目 省博

上陶室砖瓦文捃五卷 （清）高鸿裁编 清光绪二十年潍县高氏原拓本 贩记 金石书录 省图

天壤阁瓦当不分卷 （清）王懿荣辑释 稿本（王献唐题跋） 省博 双行

山左瓦当文字不分卷 （清）吴大澂摹释 民国齐鲁大学拓本

瓦当文字不分卷 民国齐鲁大学藏拓本 省图

山东邹县滕县古城址调查 中国科学院考古研究所山东队 考古一九六五年十二期

以上陶之属

山东省碑文三卷 （清）岳濬等监修 乾隆山东通志本 石庐 省图

山东秦汉碑刻 山东文物总店编 1984年齐鲁书社排印本 山大 省图

山东汉画像石选集 山东省博物馆、山东省文物考古研究所编 1982年齐鲁书社排印本 山大 省图

山东汉画像石研究 李发林撰 1982年齐鲁书社排印本 山大 省图

山左汉魏六朝贞石目一卷续目一卷再续一卷补遗一卷　田士懿撰　民国十二年高唐田氏济南刻本(附录泰山石经峪金刚经残字)　金石书录　省博　山大　省图

山左南北朝石刻存目(一名山左北朝石存目)一卷　(清)尹彭寿撰　清光绪十八年自刻本　灵鹣阁丛书本　丛综　省博　山大　省图

山左金石志二十四卷　(清)毕沅、阮元同撰　清嘉庆二年仪征阮氏小琅环仙馆刻本　台湾公藏　省博　省图

山东金石志五卷　(清)尹彭寿撰　稿本　善目　省图

山东金石志稿不分卷　(清)孙文楷、高鸿裁撰　稿本　善目

山左金石约录不分卷　(清)宋书升撰　稿本　省图

山左碑目四卷　(清)段松苓撰　清抄本　圣译楼丛书本　善目　丛综　台湾公藏　山艺　省博　省图　双行续

山左访碑录十三卷　(清)法伟堂撰　抄本　清宣统元年山东提学司罗正钧石印本　宣统元年济南国文报馆石印本　顾氏金石舆地丛书本　丛综　金石书录　山艺　省博　省图　石庐

山左石刻丛编四十卷　(清)胡聘之辑　清光绪元年胡氏刻本　省图

山东金文集存三篇　曾毅公编　民国二十九年齐鲁大学石印本　台湾公藏　省博　山大　省图

山左金石约录不分卷　清抄本　省图

山左冢墓遗文一卷　罗振玉辑　自刻本(台湾公藏有补遗一卷)　金石书录　台湾公藏

山东石志目二卷　稿本　省博

山东省保存古迹事项统计表一卷　高裕瑞辑　清宣统二年石印本　省博　双行

山东古物调查表二卷　北洋政府内务部编　民国八年山东省印铸局排印本(台湾公藏不分卷)　台湾公藏　石庐　省图　山大

山东全省金石造像墓碑调查表一卷　抄本　省博

山东省东临道所属各县古物调查表一卷　民国初年排印本　省博

山东省胶东道所属各县古物调查表一卷　民国初年排印本　省博
山东省进德会金石书画展览物品纪略四卷　王献唐、余秉申辑　民国间排印本　省博　山大
东巡金石录八卷　(清)崔应阶、梁翥鸿辑　清乾隆刻本　善目　金石书录　省博
历城金石考二卷　(清)李文藻、周永年撰　旧抄精本(缪荃孙校疑即乾隆历城县志金石考)　石庐
济南金石志四卷　(清)冯云鹓撰　稿本　清道光二十年济南郡斋刻本　善目　金石书录　省博　省图　山大
淄川石刻记略一卷　(清)高廷谋辑　清抄本　善目
益都金石记四卷益都金石略二卷　(清)段松苓撰　清抄本　清光绪九年益都丁氏刻本(金石书录仅著录益都金石记作六卷,光绪九年李溱刻本)　善目　金石书录　山艺　省博　省图　山大
益都金石略二卷　(清)傅洪撰　清刘氏嘉荫簃抄本(清刘喜海跋、朱文钧校并跋)　善目
秦琅琊刻石一卷　民国上海艺苑真赏社影印本　省图
诸城金石志四卷　(清)尹彭寿撰　稿本(王懿荣题签)　善目
诸城金石小识一卷石刻存目一卷　(清)尹彭寿撰　稿本(清潘祖荫跋)　善目　省图
潍县金石志八卷　(清)郭麟辑、陈介祺订　稿本(王宲廷跋)　民国间排印本　善目　贩记　山艺　省博　省图
潍县宏福寺造像碑考一卷　(清)郭麟撰　习盦丛刊本　丛综　丛综补　重修清志　省图　山大
黄县曩器　王献唐撰　1960年山东人民出版社排印本　山大　省图
福山金石志残稿一卷附补　(清)王懿荣撰刘承幹编　王崇烈抄送书目(作福山金石记一卷)　王文敏公遗集本　金石书录　山艺
东莱北魏石刻考略一卷　(清)汪彦份撰　伦明藏抄本　金石书录
莒南大店春秋时期莒国殉人墓　山东省博物馆、临沂地区文物组、莒

南县文化馆　考古学报1973年3期　山大

泰山金石志四卷　(清)金棨撰　原刻本(泰山志卷十五至十八)　石庐　省图

岱岩访古日记一卷　(清)黄易撰　遁盦金石丛书本　石庐

泰山秦篆二十九字南宋精拓本　有正书局辑　民国十四年上海有正书局印本　台湾公藏　省图

泰山经石峪刻字六卷　清光绪三十三年鄂城刻本　省图

泰山经石峪金刚经　山东省泰山风景区管理局等藏拓　1984年齐鲁书社排印本　山大　省图

泰山石刻记一卷　(清)孙星衍撰　稿本(清丁丙跋)　旧抄本　善目　石庐

岱顶秦篆残刻题跋一卷　(清)叶志诜辑　清道光十七年刻本　善目

泰安金石录一卷补遗一卷　(清)徐宗幹撰　道光泰安县志本　石庐　省图

济宁金石志八卷　(清)徐宗幹修(清)许瀚等撰　清道光二十五年通州徐氏闽中刻本(山艺作济州金石志)　山艺　省博　省图

济宁汉碑释文一卷　(清)张弨撰　稿本(顾蔼吉批校)　善目　省博

济州学碑释文一卷　(清)张弨撰　张丞斋遗集本　楚州丛书本　清抄本　善目　丛综　金石书录

汉武梁祠堂石刻画像考六卷　(清)瞿中溶撰　清抄本　善目

至圣林庙碑目六卷　(清)孔昭薰、孔宪庚编　清道光十八年孔氏家族刻本(徐乃昌校)　清光绪二十二年积学斋丛书本　善目　贩记　金石书录　山艺　山大

曲阜碑碣考四卷　(清)孔祥霖撰　民国三年上海广智书局排印本　贩记　金石书录　台湾公藏　省博　山大　石庐　省图

曲阜现存古碑拓本　民国间拓印本　台湾公藏

孔子庙堂碑考一卷　(清)翁方纲撰　清嘉庆十二年刻本　善目　贩记

曲阜礼器图考二卷　(清)潘相撰　影抄本　石庐

石门碑醳一卷补一卷　(清)王森文撰　涉闻梓旧本　叶氏存古丛书本　丛书集成初编本　丛综　山艺　省图

邹县金石志不分卷　(清)吴企宽、孟广均撰　清道光抄本　善目

滕县汉殷微子墓碑考一卷　(清)杨浚撰　稿本　善目

嘉祥汉石画记疏证一卷　(清)曾甫撰　稿本　善目

曹州碑文一卷　(清)李登明、谢冠撰　乾隆曹州府志本　石庐　省图

宁阳县碑记一卷　(清)李温皋撰(清)刘兴汉、陈学夔重修　抄本(康熙续修宁阳县志内抽抄)　石庐

城武金石志三卷　(清)袁章华修(清)刘士瀛撰　清道光城武县志本　石庐　省图

金石苑三巴汉石纪存不分卷　(清)刘喜海辑　清道光二十六年刘氏来凤堂刻本　善目

三巴舂古志目一卷　(清)刘喜海撰　清陆增祥抄本　善目

鼓山题名六卷　(清)刘喜海撰　金石苑本　丛综　山大

乌石山题名三卷　(清)刘喜海撰　金石苑本　丛综　山大

洛阳存古录三十二卷　(清)刘喜海撰　金石苑本　丛综　山大

昭陵复古录十卷　(清)刘喜海撰　金石苑本　清抄本(作一卷)　善目　丛综　山大

临汀苍玉洞宋人题名一卷附录一卷　(清)刘喜海辑　清道光十四年刻本(善目作苍玉洞题名石刻一卷)　百一庐金石丛书本　丛综　山艺　善目　省图

江西金石存佚总目不分卷　(清)吴式芬撰　稿本　善目

以上郡邑之属

海东金石苑八卷　(清)刘喜海撰　稿本　清同治十二年观古阁丛刻本(一卷,只录题跋,无原文)　清光绪七年张德容二铭草堂刻本(四卷)　民国十一年刘氏嘉业堂校刻金石丛书本　善目　丛综　金石书录　省

博　省图　山大

海东金石苑补遗六卷附录二卷　刘承幹校录　民国十一年刘氏嘉业堂刻金石丛书本　丛综　贩记　金石书录　省博　山大　省图

海东金石存考一卷待访目一卷　(清)刘喜海撰　稿本　清抄本　本犀轩丛书本　信古阁小丛书本　遁盦金石丛书本(海东金石存考一卷)　西泠印社聚珍版本　善目　丛综　金石书录　省图

海东撷古志八卷　(清)刘喜海辑　清抄本　善目

高句丽永乐好太王碑考一卷　王志修撰　清光绪二十一年奉天军粮署刻本　金石书录

高丽国永乐好太王碑释文纂考一卷　郑文焯撰　清光绪二十六年平湖宋氏经注斋刻本　贩记　山大

以上域外之属

附金石书录目山东方志金石志：

(光绪)山东通志金石志六卷　(清)孙葆田等纂　民国四年山东通志(卷一四七至一五二)排印本　民国二十三年商务印书馆影印本

(乾隆)历城县志金石考三卷　(清)李文藻等纂　清乾隆三十七年历城县志(卷二十三至二十五)刻本

(民国)续修历城县志金石考二卷　(民国)夏曾德、夏金年同纂　民国十三年续修历城县志(卷三十一至三十二)排印本

(道光)章邱县志金石录一卷金石杂缀金石志余附　(清)曹懋坚纂　清道光十五年章邱县志(卷十四)刻本

(道光)邹平县志金石志一卷　(清)罗宗瀛修　清道光十六年邹平县志(卷十七艺文考上)刻本

(道光)临邑县志金石志三卷　(清)沈淮等纂修　清道光十七年临邑县志(卷十三至十五)刻本

(同治)临邑县志金石志三卷　(清)陈鸿翙、赵敏功纂　清同治十三年临邑县志(卷十三至十五)刻本

(道光)陵县志金石志一卷附补遗外篇　(清)李图等纂　清道光

二十六年陵县志（卷十七）刻本　清光绪元年刻本

（乾隆）曲阜县志金石志二卷　（清）潘相纂　清乾隆三十九年曲阜县志（卷五十一至五十二）刻本

（光绪）邹县续志金石志一卷　（清）钱柗等纂　清光绪十八年邹县续志（卷十）刻本

（民国）续滕县志金石志一卷　生克昭纂　民国三十年续滕县志（卷五）刻本　民国三十三年北京法源寺刻本

（光绪）峄县志碑碣志一卷　（清）王宝田等纂　清光绪三十年峄县志（卷二十四）刻本

（乾隆）泰安县志金石志一卷　（清）萧儒林等纂　清乾隆四十七年泰安县志（卷十一）刻本

（道光）泰安县志金石录一卷　（清）蒋大庆等编纂　清道光八年泰安县志（卷十一）刻本　清同治六年修补本

（民国）重修泰安县志金石志二卷　孟昭章等纂修　民国十八年重修泰安县志（卷十三至十四艺文志内）排印本

（嘉庆）肥城县志金石志一卷　（清）曾冠英编　清嘉庆二十年肥城县志（卷六）刻本

（民国）莱芜县志金石志一卷　张梅亭等纂修　民国十一年莱芜县志（卷十六）排印本

（道光）东平州志金石略一卷　（清）唐鉴等纂　清道光五年东平州志（卷二十二）刻本

（光绪）东平州志金石录二卷　（清）卢崟纂　清光绪七年东平州志（卷二十一至二十二）刻本

（乾隆）东昌府志金石志二卷　（清）周永年等纂　清乾隆四十二年东昌府志（卷二十二至二十三）刻本

（嘉庆）东昌府志金石志二卷　（清）谢香开等纂　清嘉庆十三年东昌府志（卷四十一至四十二）刻本

（光绪）高唐州志金石录　（清）鞠建章纂　清光绪三十三年高唐州

志(卷七之二)刻本

(道光)钜野县志金石志三卷　(清)黄维翰纂修　清道光二十六年钜野县志(卷二十至二十二)刻本

(光绪)益都县图志金石志三卷　(清)法伟堂等纂　清光绪三十三年益都县图志(卷二十六至二十八)刻本

(乾隆)诸城县志金石考二卷　(清)李文藻等纂　清乾隆二十九年诸城县志(卷十四至十五)刻本

(道光)诸城县续志金石考一卷　(清)朱学海纂　清道光十四年诸城县续志(卷五)刻本

(光绪)临朐县志石刻志一卷　(清)邓嘉辑等纂　清光绪十年临朐县志(卷九下)刻本

(光绪)费县志金石志二卷　(清)李敬纂修　清光绪二十二年费县志(卷十四上下)刻本

(光绪)增修登州府志金石志三卷　(清)周悦让、慕荣榦同纂　清光绪七年增修登州府志(卷六十五至六十七)刻本

(道光)平度州志金石考一卷　(清)李图、王大钥同纂　清道光二十九年平度州志(卷二十四)刻本

(道光)重修胶州志金石考一卷　(清)李图等纂　清道光二十五年重修胶州志(卷三十九)刻本

(民国)济宁直隶州续志碑目金目一卷　袁绍昂等纂　民国十六年济宁直隶州续志(卷十九艺文二)排印本

(同治)金乡县志略碑刻一卷　(清)李垒撰　清同治元年金乡县志略(卷十下)刻本

以上金石类凡二百八十二部,一千二百三十六卷,内不分卷者八十部;附录五十四部,一百二十二卷,内不分卷者三部。

以上史部十五类,凡一千四百二十六部,七千六百八十六卷,内不分卷者三百四十部;附录三百八十八部,一千零四十三卷,内不分卷者一百二十六部。

子部

儒家类

孔子家语十卷　(魏)王肃注　明抄本(三卷)　明嘉靖十八年汤克宽南京刻蓝印本　明嘉靖三十三年吴郡黄周贤等仿宋刻本　明刻本(王国维校并跋)　明嘉靖三十五年黄鲁曾刻本　明隆庆六年徐祚锡刻本　明万历吴勉学刻本　明毛氏汲古阁刻本(清卢文弨校并跋,另一本孙诒让校并跋,又一本叶德辉跋)　明嘉靖四十三年陆治抄本(清惠栋评点、王鸣盛跋)　清抄本　四库全书本　子书百家本　百子全书本　清光绪六年文素堂刻本　四部丛刊影印明翻宋本　四部备要本　总目　丛综　善目　山艺　省图　山大　仅好斋

家语一卷　(魏)王肃注(清)任兆麟选辑　述记本　丛综　省图　山大

家语佚文一卷　(清)王仁俊辑　经籍佚文本　丛综

家语证伪十一卷　(清)范家相撰　会稽徐氏铸学斋丛书本　江氏聚珍版丛书本　丛综

家语疏证六卷　(清)孙志祖撰　式训堂丛书本　校经山房丛书本　丛综　山大　省图

孔子家语疏证十卷　(清)陈士珂撰　湖北丛书本　丛书集成初编本　丛综　山大　省图

孔子家语十卷　(清)姜国伊正本并补注　守中正斋丛书本　丛综

孔子集语二卷　(宋)薛据辑　范氏奇书本　四库全书本(三卷)　子书百家本(一卷)　百子全书本(一卷)　清抄本(清顾之逵跋)　清孔广

粲校刻本　总目　从综　山大　省图　曲师

孔子集语十七卷　（清）孙星衍辑　平津馆丛书本　二十二子本　二十五子汇函本　子书二十二种本　子书二十八种本　子书四十八种本　从综　省图　山大

颜子书七卷首一卷　（周）颜回撰　圣门十六子书本　清道光刻本　从综　国学

颜子十卷　（清）张象耒辑　清道光三年爱古堂刻本（贩续作六卷）　山艺　贩续

新编颜子五卷　（元）李纯仁辑　明抄本（罗振常跋）　善目

颜子二卷后总论一卷删订诸家总说一卷颜子世家一卷　（明）潘府集注　明刻本（清丁丙跋）　善目

颜子二卷　（明）薛应旂辑　明嘉靖十五年吴维岳刻本　善目

颜子二卷　（明）颜欲章辑　明万历三十六年自刻本　善目

漆雕子一卷　（周）漆雕氏撰（清）马国翰辑　玉函山房辑佚书本　从综　山艺　省图　山大

有子书六卷首一卷　（周）有若撰　圣门十六子书本　清道光刻本　从综　国学

闵子书六卷首一卷　（周）闵损撰　圣门十六子书本　清道光刻本　从综　国学

冉子书五卷首一卷　（周）冉求撰　圣门十六子书本　清道光刻本　从综　国学

冉子书四卷首一卷　（周）冉雍撰　圣门十六子书本　从综

宰子书七卷首一卷　（周）宰予撰　圣门十六子书本　清道光刻本　从综　国学

曾子书八卷首一卷　（周）曾参撰　圣门十六子书本　从综　国学　山艺

曾子全书一卷　（周）曾参撰（宋）汪晫辑　曾思二子全书本　四库全书本（作曾子）　总目　从综　善目　山大　省图

子曾子一卷　(宋)赵汝腾辑　明抄本(罗振常跋)　善目

曾子全书三卷　(明)曾承业辑　见四库存目　明万历四十三年曲阜曾氏自刻本　总目　善目　山艺

曾子四卷　(明)李宗延辑　明天启四年刘尚信刻本　善目

曾子十二篇读本一卷　(北周)卢辩注(清)孔广森补注　曾子四种本　丛综

曾子一卷　(周)曾参撰(清)任兆麟选辑　述记本　丛综　省图

重辑曾子遗书十四卷　严式海辑　曾子四种本　丛综

曾子问讲录四卷　(清)毛奇龄撰　西河合集本　曾子四种本　丛综　山大　省图

曾子注释四卷叙录一卷　(清)阮元撰　文选楼丛书本　丛书集成初编本　皇清经解本(无叙录)　曾子四种本(注释一卷)　丛综　山大　省图

曾子古本辑注五卷　(清)顾宗伊辑注　曲台四书辑注本　丛综

曾子章句一卷附录一卷　(清)魏源撰　清陈沆抄本　善目

曾子点注二卷　(清)雷柱撰　西京清麓丛书续编本　丛综

曾子大孝编注一卷　(清)邵懿辰撰　半岩庐所著书本　丛综

曾子学十六卷　(周)曾参撰丁儒侯辑注　民国三十三年排印本　山大

宓子一卷　(周)宓不齐撰(清)马国翰辑　玉函山房辑佚书本　丛综　山艺　省图　山大

晏子春秋八卷　(周)晏婴撰　明沈启南刻本　明李氏绵妙阁刻本　明刻本(清王懿荣跋)　明活字印本　明万历十六年吴慎保刻本(四卷)　明黄之寀刻本(四卷)　明吴中珩刻本(四卷)　二十子本(四卷)　明凌濛初刻套印本(六卷)　明刻本(六卷)　明藏修馆刻本(七卷)　清嘉庆二十一年吴鼒刻本　先秦诸子合编本　四库全书本　韩晏合编本　子书百家本　百子全书本　四部丛刊影印明活字本　古书丛刊本　总目　丛综　山艺　善目　省图　版刻图录　山大

晏子春秋一卷　(周)晏婴撰(清)任兆麟选辑　述记本　丛综　省图　山大

晏子佚文一卷　(周)晏婴撰(清)王仁俊辑　经籍佚文本　丛综

晏子春秋内编二卷　(周)晏婴撰(明)周子义注　子汇本　景印元明善本丛书十种本　丛综　山大　省图

晏子春秋校正一卷　(清)卢文弨撰　抱经堂丛书本　绍兴先正遗书本　丛书集成初编本　丛综　山大　省图

晏子春秋七卷　(周)晏婴撰(清)孙星衍校　经训堂丛书本　丛书集成初编本　丛综　山大　省图

晏子春秋七卷附音义二卷校勘记二卷　(周)晏婴撰(清)孙星衍校并撰音义　校勘记(清)黄以周撰　二十二子本　二十五子汇函本　子书二十二子本　子书二十八种本　子书四十八种本　四部备要本　丛综　山大　省图

晏子春秋七卷　(周)晏婴撰(清)钱熙祚校　指海本　丛综　山大　省图

晏子春秋平议一卷　(清)俞樾撰　春在堂全书本　丛综　山大　省图

晏子春秋斠补定本一卷　刘师培撰　刘申叔先生遗书本　丛综　山大　省图

晏子春秋斠补二卷附佚文辑补一卷黄之寀本校记一卷　刘师培撰　刘申叔先生遗书本　丛综　山大　省图

晏子春秋补释一卷　刘师培撰　刘申叔先生遗书本　丛综　山大　省图

晏子春秋校注八卷　张纯一撰　诸子集成本　丛综

晏子春秋六卷　(周)晏婴撰(明)杨慎评点　合诸名家批点诸子全书本　丛综

晏子　(周)晏婴撰(明)归有光辑评　诸子汇函本　丛综　山大　省图

晏子二卷　(周)晏婴撰(明)马权奇删评　且且庵初笺十六子本　丛综

晏子春秋一卷　(周)晏婴撰张之纯评注　评注诸子菁华录本　丛综　山大

晏子春秋集释　吴则虞撰　1962年中华书局排印本　1982年中华书局新诸子集成本　山大

子思子六卷首一卷　(周)孔伋撰　圣门十六子书本　丛综　国学　山艺

子思子全书一卷　(周)孔伋撰(宋)汪晫辑　曾思二子全书本　四库全书本(书名作子思子)　总目　丛综　山大　山艺　省图　善目

子思子一卷　(周)孔伋撰(清)洪颐煊辑　抄本　问经堂丛书本　经典集林本　丛综　山艺　国学　山大

子思子遗编辑注三卷　(清)顾宗伊辑注　曲台四书辑注　丛综

谰言一卷　(周)孔穿撰(清)马国翰辑　玉函山房辑佚书本　丛综　山艺　国学　山大　省图

鲁连子一卷　(周)鲁仲连撰(清)马国翰辑　玉函山房辑佚书本　丛综　山艺　国学　省图

鲁连子一卷　(周)鲁仲连撰(清)洪颐煊辑　问经堂丛书本　经典集林本　丛综

荀子补注二卷　(清)郝懿行撰　郝氏遗书本　周秦诸子校注十种本齐鲁先哲遗书本　石印本　丛综　山艺　省博　山大　省图

荀子性善证六卷　姜忠奎撰　民国十五年排印本　贩记　国学　省博　省图

以上先秦儒家之属

孔丛子三卷　(汉)孔鲋撰　宋刻本(宋宋咸注七卷)　明正德嘉靖间覆宋刻本　明嘉靖二十九年蔡宗尧刻本　明崇祯六年孔胤植刻本　明刻本(七卷释文一卷)　清孔毓圻、孔毓埏刻本　子汇本　汉魏丛书本　先秦诸子合编本　四库全书本　摛藻堂四库全书荟要本　龙谿精舍丛书

本　丛书集成初编本　景印元明善本丛书十种本　广汉魏丛书本(二卷)　子书百家本(二卷)　百子全书本(二卷)　增定汉魏六朝别解本(一卷)　四部丛刊本(七卷附释文一卷)　四部备要本(七卷附释文)　宋咸注宛委别藏本(七卷)　明归有光辑评诸子汇函本(不分卷)　总目　丛综　山艺　善目　山大　明版图录　省图

刘敬书一卷　(汉)刘敬撰(清)马国翰辑　玉函山房辑佚书本　丛综　国学　山艺　山大　省图

兒宽书一卷　(汉)兒宽撰(清)马国翰辑　玉函山房辑佚书本　丛综　山艺　山大　省图

公孙弘书一卷　(汉)公孙弘撰(清)马国翰辑　玉函山房辑佚书本　丛综　国学　山艺　山大　省图

忠经一卷　(汉)马融撰(汉)郑玄注　明嘉靖四十五年刻本　小十三经本　津逮秘书本　学津讨原本　廿二子全书本　子书百家本　百子全书本　丛书集成初编本　丛综　山艺　山大　省图

中论二卷　(汉)徐幹撰　明弘治十五年黄纹刻本　明嘉靖四十四年杜思刻本(傅增湘校跋并录黄丕烈题识)　明刻本(清黄丕烈、顾广圻校)　明刻本(清陈鳣校)　明抄本(清丁丙跋)　清嘉庆十八年焦循抄本　景印元明善本丛书本　汉魏丛书本　广汉魏丛书本(清张锡瑜校跋、王大隆跋)　两京遗编本　四库全书本　子书百家本　百子全书本　四部丛刊景印明嘉靖四十四年本　增定汉魏六朝别解本(一卷)　总目　丛综　山艺　善目　省图　山大

中论纂一卷　(汉)徐幹撰　且且庵初笺十六子本　丛综

中论二卷附札记二卷逸文一卷　(汉)徐幹撰　札记(清)陈鳣撰并辑逸文　小万卷楼丛书本　龙谿精舍丛书本　丛书集成初编本　丛综　山大　省图

中论佚文一卷　(汉)徐幹撰(清)王仁俊辑　经籍佚文本　丛综

徐子　(汉)徐幹撰(明)归有光辑评　诸子汇函本　丛综　省图　山大

读中论一卷　(清)俞樾撰　春在堂全书本　丛综　省图　山大

中论平议补录　(清)俞樾撰　诸子评议补录本　丛综

仲长统论一卷　(汉)仲长统撰　两京遗编本　丛书集成初编本　景印元明善本丛书本　丛综　山大　省图

仲长子昌言二卷　(汉)仲长统撰(清)马国翰辑　玉函山房辑佚书本　丛综　山艺　山大　省图

仲长子昌言一卷　(汉)仲长统撰(清)王仁俊辑　玉函山房辑佚书续编本　丛综

簧山子　(汉)仲长统撰(明)归有光辑评　诸子汇函本　丛综　山大　省图

去伐论集三卷　(魏)王粲撰(清)马国翰辑　玉函山房辑佚书本(原题晋袁宏撰今从山东通志艺文志考证)　丛综　山艺　山大　省图

王氏新书一卷　(魏)王基撰(清)马国翰辑　玉函山房辑佚书本　丛综　山艺　山大　省图

孙氏成败志一卷　(晋)孙毓撰(清)马国翰辑　玉函山房辑书本　丛综　山艺　山大　省图

孙氏成败志一卷　(晋)孙毓撰(清)王仁俊辑　玉函山房辑佚书续编本　丛综

研畿集略三卷　(明)丘濬纂补(明)叶廷秀点增　叶润山辑著全书本　丛综

以上经济之属

儒言一卷　(宋)晁说之撰　四库全书本　学海类编本　丛书集成初编本　抄本　总目　丛综　山艺　省图　国学

明本释三卷　(宋)刘荀撰　四库全书本　武英殿聚珍版丛书本　畿辅丛书本　清芬堂丛书本　丛书集成初编本　复性书院丛书本　总目　丛综　山艺　省图

士翼三卷　(明)崔铣撰　明万历九年乐安崔氏家塾刻本(王献唐跋)　崔洹野集本　明嘉靖十四年平阳刻本(作四卷)　四库全书本(作四卷)　总目　善目　丛综　双行续

松窗寤言一卷　(明)崔铣撰　金声玉振集本　今献汇言本　说郛续本　借月山房汇钞本　泽古斋重钞本　丛书集成初编本　纪录汇编本(以下作松窗寤言摘录)景印元明善本丛书本　丛综

程志十卷　(明)崔铣撰　明嘉靖刻本　崔洹野集本　善目　丛综

崔氏家塾志一卷　(明)崔铣撰　明万历十三年张文翰等刻本　善目

监惩录前编一卷后编一卷附编一卷　(明)殷士儋撰　明刻本　明隆庆四年金舆山房刻本(存后编一卷,附编一卷)　善目

百警编二卷　(明)王之垣撰　清抄本　正谊堂丛书本(山艺著录正谊堂丛书本,今未见)　山艺　省博　善目　青图

日言一卷　(明)孔承倜撰　见四库存目　总目　山艺

养正图解二卷　(明)焦竑撰　见四库未收书提要　明万历二十二年吴怀让刻本　明万历刻本　清康熙八年曹钤刻本　清乾隆张栋抄本　总目　丛综　善目　山艺

消闲录十卷　(明)成勇撰　见四库存目　山艺　总目

感述录六卷续录四卷　(明)赵维新撰　见四库存目　清康熙三年毕忠吉刻茌邑三先生合刻本　总目　山艺　丛综　省博　善目　省图　山大

四大恩论一卷　(明)颜茂猷撰(明)叶廷秀评　叶润山辑著全书本　丛综

呻吟语一卷　(明)吕坤撰(明)叶廷秀辑　叶润山辑著全书本　丛综

困知记一卷　(明)罗钦顺撰(明)叶廷秀辑　叶润山辑著全书本　丛综

抄朱子札言四卷　(明)叶廷秀纂评　叶润山辑著全书本　丛综

吕先生语录一卷　(明)吕柟撰(明)叶廷秀辑评　叶润山辑著全书本　丛综

讲学大义一卷　(明)叶廷秀撰　叶润山辑著全书本　丛综

偶言四卷　(明)叶廷秀撰　叶润山辑著全书本　丛综　山艺

叶先生偶言一卷　(明)叶廷秀撰(明)张玮参(明)巢子梁订　叶润山辑注全书本　丛综

醉笔堂三十六善一卷　(清)李日景撰　檀几丛书本　国学　山大　省图

近思续录四卷　(清)刘源渌撰　见四库存目　清康熙三十二年马常沛抄本(清马常沛跋)　清刘源渌五世孙庄年刻本　清光绪十七年刘景宸补刻本(十四卷)　清嘉庆十二年刘耀椿抄本　清抄本　清嘉庆刘氏家刻本　清光绪三十一年三原张普重刻正谊书院本　总目　山艺　省博　善目　省图　山大　北图

冷语二卷　(清)刘源渌撰(清)吴廷栋、窦埈同补注　见四库存目　清光绪十七年六安求我斋刻本　总目　贩记　山艺

读书日记六卷　(清)刘源渌撰　见四库存目　清雍正五年刻本　清宣统二年刻本　总目　国学　省博　善目　山艺　省图　山大　清华　山师

读书日记补编二卷　(清)刘源渌撰　清雍正间刻本　国学　山艺　省博　善目　山大　省图

砚山斋集一卷　(清)孙承泽撰　清雍正十二年孙琰刻本　善目　北善

考正晚年定论　(清)孙承泽撰　见四库存目　总目　山艺

明辩录二卷　(清)孙承泽撰　见四库存目　总目　山艺

朱子语类纂十三卷　(清)王钺辑　世德堂遗书本　见四库存目　总目　丛综　山艺　省博　善目　省图

知非录一卷　(清)邓锺岳撰　见四库存目　清乾隆聊城邓氏家刻本　总目　省博　山艺

刘叔子太极论二卷　(清)刘汶撰　清乾隆浙江海宁蓝应桂有文斋刻本(王寀廷题跋)　省博

刘鲁田先生遗文一卷　(清)刘汶撰　民国七年济宁刘氏雕龙室刻本　省博

张子渊源录十卷　(清)张谬撰　见四库存目　总目　山艺

蝶庵自药一卷　(清)邱志广撰　清雍正刻本　柴村全集本　国学　丛综　山艺(著录柴村集)　总目(著录柴村集)

困学编二卷　(清)吕思问撰　清乾隆二十七年刻本　山艺

困勉斋私记四卷　(清)阎循观撰　见四库存目　清乾隆三十八年树滋堂刻西涧草堂集本　总目　省博　丛综　山艺　省图

思辩录十四卷　(清)贾声槐撰　清道光七年自刻本　省博　省图

䌹斋随笔一卷　(清)孔毓焞撰　求恕斋丛书本　丛综　续提要　山大　省图

理堂日记八卷　(清)韩梦周撰　清道光三年潍县韩氏静恒书屋刻理堂集本　贩记　山艺　省博　山大　省图

京师太学堂讲义九种　(清)孔继涵编　清乾隆三十四年刻本　台湾公藏

荆园小语集证无卷数　(清)张子觉撰　清刻本　山艺　省图

愚山日记二卷　(清)庄恩巘撰　清刻本　山艺

日省吾斋日录无卷数　(清)王德瑛撰　清道光间王氏自刻本　贩续　省博　山艺

养正编二卷　(清)王德瑛撰　清道光福山王氏自刻本　省博　山艺

顺正编一卷　(清)王德瑛撰　清道光福山王氏自刻本(山艺作四卷)　省博　山艺

管窥录一卷　(清)王鲁得撰　清刻本　山艺

天水世泽五种六卷　(清)赵燮撰　清道光二十六年赵洛衍刻本　省博　省图

五子近思录随笔注释十四卷　(清)李元绸撰　民国十一年章邱孟雒川绿野堂刻本　省博　山艺　省图　山大

集义编　(清)李廷槐撰　清道光十四年刻本　山艺　省图　山师

泺源问答十二卷　(清)沈可培撰　清嘉庆二十年雪浪斋刻本　稿本　善目　省图

五事尊闻五卷　(清)田昂、马洪庆编　清咸丰六年延绿吟馆刻本　山艺

尊孔大义二卷孔孟图歌二卷　江钟秀撰　清光绪三十三年历城江氏勉成先志本　南大丛

以上性理之属

颜氏家训二卷　(北齐)颜之推撰　元刻本(七卷附考证一卷,清何焯、钱大昕、孙星衍、黄丕烈跋)　明正德十三年颜如环刻本　明嘉靖三年傅钥刻本　明嘉靖程伯祥刻本(清黄丕烈校跋并抄补缺页,另一本佚名校、清丁丙跋)　明刻本(明冯武校并题款)　明万历二年颜懋乾刻本　明万历三年颜嗣慎刻本(清柳树芳跋,另四本分别由清柳树芳、丁丙、莫棠、李盛铎跋)　明万历六年颜忠邦刻本　明郝之璧刻本　明天启二年刻本　清初刻本(清杨沂孙校跋)　清康熙五十八年朱轼刻本(清张蓉镜录黄廷鉴校)　清抄本(七卷,附考证一卷,清鲍廷博校)　汉魏丛书本　增订汉魏丛书本(清姚觐元录何焯校跋)　广汉魏丛书本　格致丛书本　四库全书本　摛藻堂四库全书荟要本　子书百家本　百子全书本　四部丛刊景印明刊本　关中丛书本　增订汉魏六朝别解本(一卷)　说郛(宛委山堂本)本　五朝小说本(一卷)　五朝小说大观本(一卷)　总目　善目　丛综　山艺　省图　山大

颜氏家训七卷附考证一卷　(北齐)颜之推撰　考证(宋)沈揆撰知不足斋丛书本　诸子集成本　广汉魏丛书本(二卷考证一卷)　丛综　山大　省图

颜氏家训二卷　(北齐)颜之推撰(清)朱轼评点　朱文端公藏书本　丛综

颜氏家训七卷附注补并重校一卷注补正一卷壬子年重校一卷　(北齐)颜之推撰(清)赵曦明注(清)卢文弨校并撰注补　注补正(清)钱大昕撰　抱经堂丛书本(清严树萼录徐鲲补注、严元照跋,另一本清周星治跋,又一本傅增湘跋)　龙谿精舍丛书本　丛书集成初编本　四部备要本　渭南严氏孝义家塾丛书本　丛综　山大　省图

颜氏家训斠记一卷　(清)郝懿行撰　戊寅丛编本　民国辛酉山西图书馆排印本(田九德编)　丛综　贩记　国学　山大

颜氏家训　费有容点注　1928年上海群学社排印本　山大

颜氏家训集解　王利器撰　1980年中华书局排印本　山大

葛端肃公家训(原名视履家训,又名葛氏家训)二卷　(明)葛守礼

撰　明万历德平葛氏刻本　清嘉庆德平葛周玉重刻本　山艺

朱子学训三卷　(明)叶廷秀钞评　叶润山辑著全书本　丛综

梅叟闲评四卷　(清)郝培元撰(清)郝懿行注　郝氏遗书本　丛综　省博　山艺　省图　国学

觉悔集家训编　(清)刘淮撰　清刻本　山艺

家藏贯珍录一册　(清)张潜撰　清雍正十二年刻本　清乾隆间补刻本　清道光间重刻本　山艺　省图

颜氏家诫四卷　(清)颜光敏撰　稿本(刘湄跋)　清稿本(附顾炎武、阮元订正修改笺读四卷)　善目　曲师

家政须知一卷　(清)丁耀亢撰　清抄本　省图

训蒙书三卷　(清)高祺祚撰　稿本　省图

来复堂家规不分卷　(清)丁大椿撰　清道光二十年来复堂全集本　国学

来复堂学内编　(清)丁大椿撰　清道光二十年来复堂全集刻本　国学

治家格言诗一卷　(清)马国翰撰　玉函山房全集本　丛综　省博　山大

敦睦恒言不分卷　(清)尹琳撰　民国九年排印本　国学

李氏家训一卷　(清)李毓秀撰　清光绪十一年栖霞李氏楼山书屋刻本　省博

格言辑要不分卷　(清)静轩主人述　清光绪间北京聚文斋刻本　山大

葆真斋遵言初编二卷续编四卷补遗一卷　(清)王远焌撰　清光绪三十三年上海商务印书馆排印本　省博

海曲卜氏传录宝训一卷　(清)卜景淇辑　稿本　省图

俚言劝世一卷　(清)李毓秀撰　清光绪十一年栖霞李氏楼山书屋刻本　省博

游艺山房家训四卷　(清)丁明善撰　清光绪日照刻本(与文集、诗集合刻)　省博

先正读书诀一卷　(清)周永年辑　清道光间王大淮刻本　清同治五年

周鹄重刻本　清同治六年王鹄刻本　灵鹣阁丛书本　丛书集成初编本　清光绪四年重刻本　贩续　山艺　省博　山大　省图

教童子法一卷　(清)王筠撰　灵鹣阁丛书本　云自在龛丛书本　王菉友九种本　丛书集成初编本　丛综　山大　省图

厉学一卷　(晋)虞溥撰(清)马国翰辑　玉函山房辑佚书本　丛综　山艺　国学　山大　省图

志学箴一卷　(清)杨以增撰　清聊城杨氏自刻本　山艺　国学

礼理篇一册　(清)杨以增编　清聊城杨氏自刻本　山艺

读书法六卷　(清)何学周撰　清刻本　山艺

来复堂小学补　(清)丁大椿撰　清道光二十年诸城丁氏来复堂刻本　国学

书张尚书之洞劝学篇后一卷　(清)郑杲撰　郑东父遗书本　丛综　山艺　省图

科名捷法　(清)丁守存(心斋)撰　清同治八年刻本　国学　省图

尊宗赘议一卷　江钟秀撰　清光绪三十三年历城江氏刻勉成先志本　省博　南大丛

以上礼教之属

附马国翰儒家类辑佚书(非山东人著作)：

景子一卷　(周)景□撰

世子一卷　(周)世硕撰

魏文侯书一卷　(周)魏文侯撰

李克书一卷　(周)李克撰

公孙尼子一卷　(周)公孙尼撰

宁子一卷　(周)宁越撰

王孙子一卷　(周)王孙撰

李氏春秋一卷

董子一卷　(周)董无心撰

徐子一卷　(周)徐□撰

▲子部

虞氏春秋一卷　　(周)虞卿撰

平原君书一卷　　(汉)朱建撰

至言一卷　　(汉)贾山撰

河间献王书一卷　　(汉)刘德撰

吾丘寿王书一卷　　(汉)吾丘寿王撰

严助书一卷　　(汉)严助撰

正部论一卷　　(汉)王逸撰

魏子一卷　　(汉)魏朗撰

周生子要论一卷　　(魏)周生烈撰

周子一卷　　(吴)周昭撰

顾子新言一卷　　(吴)顾谭撰

典语一卷　　(吴)陆景撰

通语一卷　　(吴)殷基撰

谯子法训一卷　　(蜀)谯周撰

袁子正书一卷　　(晋)袁准撰

夏侯子新论一卷　　(晋)夏侯湛撰

华氏新论一卷　　(晋)华谭撰

梅子新论一卷　　(晋)梅□撰

顾子义训一卷　　(晋)顾夷撰

以上均玉函山房辑佚书本　丛综　山大　省图

以上儒家类凡一百二十二部,三百五十八卷,内不分卷者十六部;附录八十部,二百三十三卷,内不分卷者六部。

道家类

田子一卷　　(周)田骈撰(清)马国翰辑　玉函山房辑佚书本　丛综　山艺　山大　省图

道德经二卷　(周)李耳撰(魏)王弼注　四库全书本(书名作老子注)　摛藻堂四库全书荟要本　总目　丛综　山艺　省图

老子道德真经二卷　(周)李耳撰(魏)王弼注　合刻周秦经书十种本　三经晋注本　明刻本(附道德经古今本考正一卷)　明末刻本　清福建刻武英殿聚珍版丛本(清杨希闵校并跋)　丛综　善目

老子道德经二卷　(周)李耳撰(魏)王弼注　武英殿聚珍版丛书本(卢文弨校并跋、丁晏批校并跋、杨希闵校并跋)　子书百家本　百子全书本　古逸丛书本　丛书集成初编本　清乾隆二十八年张策家抄本(清张策跋)　清宋茂初抄本(清董增儒跋)　丛综　山大　省图　善目

老子道德真经二卷附音义一卷　(周)李耳撰(魏)王弼注　音义(唐)陆德明撰　三子合刊本　二十二子本(清杨沂孙、王仁俊校并跋)　二十五子汇函本　子书二十二种本　子书二十八种本　袖珍古书读本本　子书四十八种本　诸子集成本　四部备要本　丛综　善目　山大　省图

道德真经注四卷　(魏)王弼撰　道藏本　道藏举要本　明抄本　丛综　山大　省图

老子道德经注二卷　(魏)王弼撰严复评点　私立北泉图书馆丛书本　丛综

古老子二卷　(元)许剑道人撰　见四库存目　总目　山艺

老子一卷　(周)李耳撰(明)焦竑注释(明)翁正春评林　注释九子全书本　丛综

老子翼三卷老子考异一卷　(明)焦竑撰　明万历十六年王元贞刻本　明万历古吴陈长卿刻本　四库全书本　总目　丛综　山艺　山大　省图

老子翼八卷　(明)焦竑撰　清光绪二十一年金陵渐西村舍刻本(首一卷)　金陵丛书本　丛书集成初编本　续道藏本(六卷)　丛综　山艺　省博　山大　省图

老子元翼二卷考异一卷附录一卷　(明)焦竑撰　清乾隆三多斋刻本　省博

老子说略二卷　(清)张尔岐撰　清抄本　清光绪孔氏岳雪楼抄本　四库全书本　清道光十九年刻本　木犀轩旧藏稿本(梁目作老子考略)　总目　丛综　山艺　梁目　山大　省图　善目

道德经悬解二卷　(清)黄元御撰　见四库存目　清抄本　总目　山艺　山东中医

老子哲学　武汉阶撰任熹辑　民国抄本　山大

文子二卷　(周)辛钘撰　子汇本　二十子本　先秦诸子合编本　四库全书本　摛藻堂四库全书荟要本　墨海金壶本　景印元明善本书十种本　明嘉靖刻本(一卷)　清抄本(十二卷清孙星衍校并跋,附篇目考一卷,稿本,孙星衍撰)　总目　丛综　山艺　山大　省图

文子二卷附校勘记一卷　(周)辛钘撰　校勘记(清)钱熙祚撰　守山阁丛书本　四部备要本　丛综　山大　省图

通玄真经十二卷附校勘记一卷　(周)辛钘撰(唐)徐灵府注　校勘记张元济撰　宋刻本(卷十二配影宋抄本)　四部丛刊景印宋刻本　丛综　山大　省图

文子　(周)辛钘撰(明)归有光辑评　诸子汇函本　丛综　山大　省图

通玄真经一卷　(周)辛钘撰(明)谢汝韶注　二十家子书本　丛综　山大

文子一卷　(周)辛钘撰张之纯评注　评注诸子菁华录本　丛综　山大

通玄真经注十二卷　(唐)徐灵府撰　道藏本(题默希子撰)　道藏举要本(题默希子撰)　铁华馆丛书本　续古逸丛书本　丛书集成初编本　重刊道藏辑要女集本(题默希子注,不分卷)　丛综　山大　省图

通玄真经缵义十二卷释音一卷　(元)杜道坚撰　道藏本　道藏举要本　丛综　山大　省图

文子缵义十二卷　（元）杜道坚撰　四库全书本　武英殿聚珍版丛书本　二十二子本　二十五子汇函本　子书二十二种本　子书二十八种本　子书四十八种本　丛书集成初编本　四部备要本　总目　丛综　山大　省图

读文子一卷　（清）俞樾撰　春在堂全书本　丛综　山大　省图

文子平议补录　（清）俞樾撰　诸子平议补录本　丛综　山大

道言十二卷　（周）辛钘撰（唐）徐灵府（宋）朱弁（元）杜道坚注（明）钟惺辑评　合刻五家言本　丛综

尊生镜二卷　（明）程绍撰　明抄本（清卢世㴶跋）　山艺　善目　省图

庄子翼八卷庄子附录一卷　（明）焦竑撰　明万历十六年王元贞刻本（有阙误一卷）　续道藏本　四库全书本　金陵丛书本　总目　丛综　山艺　省博　山大　省图

庄子五卷　（周）庄周撰（明）焦竑注释（明）翁正春评林　注释九子全书本　丛综

南华评注　（清）张坦撰　见四库存目　总目　山艺

南华本义二卷　（清）林仲懿撰　见四库存目　总目　山艺

南华指月六册　（清）张士保撰　稿本　善目　山艺　省博　科学院

有是斋老庄合笺四卷　（清）苏质民撰　稿本（吴见鸿题跋）　省博

冲虚至德真经八卷　（周）列御寇撰（晋）张湛注　宋刻宋元递修本（缺页配汲古阁影印宋抄本，清黄丕烈、汪骏昌、叶昌炽跋）　元刻本（王献唐跋）　元刻本　六子全书本（清沈大成、顾广圻、管礼耕校，清黄丕烈、丁绍基、赵宗建校并跋，叶景葵跋）　铁华馆丛书本　四部丛刊景印北宋本　丛综　山艺　善目　省图　山大　北师大

列子八卷　（周）列御寇撰（晋）张湛注　四库全书本　增订汉魏丛书本　湖海楼丛书本　诸子集成本　丛书集成初编本　总目　丛综　山艺　山大　省图

列子冲虚至德真经注八卷　（晋）张湛撰　合刻周秦经书十种本　丛综

冲虚至德真经八卷　(周)列御寇撰(晋)张湛注(唐)殷敬顺释文　元刻明修本　明初刻本　明刻本(清周星诒校并跋)　十子全书本　列子八卷　二十二子　二十五子汇函本　子书二十二种本　子书二十八种本　子书四十八种本　袖珍古书读本本　四部备要本　丛综　山大　省图　善目

列子张湛注校正一卷　(清)卢文弨撰　抱经堂丛书本　绍兴先正遗书本　丛书集成初编本　丛综　山大　省图　善目

列子补正四卷　王叔岷撰　1948年上海商务印书馆排印本　山大

列子集释　杨伯晋撰　1979年中华书局排印本　山大

列子张湛注补正一卷　胡怀琛撰　朴学斋丛书本　丛综　山大

黔娄子一卷　(周)黔娄撰(清)马国翰辑　玉函山房辑佚书本　丛综　山艺　山大　省图

附马国翰道家类辑佚书(非山东人著作)：

伊尹书一卷　(商)伊挚撰

辛甲书一卷　(周)辛甲撰

公子牟子一卷　(周)魏公子牟撰

老莱子一卷　(周)老莱子撰

郑长者书一卷　(周)郑长者撰

以上均玉函山房辑佚书本　丛综　山大　省图

以上道家类凡十九部,七十卷,内不分卷者二部;附录二十九部,一百十卷,内不分卷者三部。

兵家类

风后握奇经一卷附握奇经续图一卷八阵总述一卷　(汉)公孙弘解　续图(□)□□撰　八阵总述(晋)马隆述　续百川学海本　津逮秘书本　唐宋丛书本　说郛(宛委山堂本)　五朝小说大观本　五朝小说本　增订汉魏丛书本　子书百家本　百子全书本　鲍红叶丛书本　子书

▲子部

四十八种本　夷门广牍本(以下书名无风后二字)　四库全书本　景印元明善本丛书十种本　艺海珠尘本　凌氏传经堂丛书本　总目　山艺　丛综　山大　省图

握奇经订本一卷　(清)李光地注　李文贞公全集本　榕村全书本(作握奇经注)　丛综　山大　省图

握奇经订本一卷　(清)李光地注(清)刘绍攽订　西京清麓丛书外编本　丛综

握奇经定本一卷正义一卷图一卷　(清)张惠言辑　大亭山馆丛书本　清抄本(握奇经一卷,清谭献校)　丛综　山大　省图　善目

六韬六卷　题(周)吕望撰　武经七书本　武学经传三种本　三代遗书本　四库全书本　四部丛刊本　续古逸丛书本　子书百家本(三卷)　百子全书本(三卷)　子书二十八种本(三卷)　子书四十八种本(三卷)　清顺治八年影宋抄本　总目　丛综　山大　省图　善目

六韬六卷佚文一卷　(周)吕望撰(清)孙星衍校　佚文(清)孙同元辑　平津馆丛书本　长恩书室丛书本　半亩园丛书本　吴书七种本　清孙氏寿松堂抄本(佚文一卷)　丛综　山大　省图　善目

六韬一卷　(周)吕望撰(清)黄奭辑　汉学堂丛书本　黄氏逸书考本　丛综　山大　省图

六韬佚文一卷　(周)吕望撰(清)王仁俊辑　经籍佚文本　丛综

六韬六卷　(周)吕望撰(宋)施子美讲义　施氏七书讲义本　丛综

六韬直解六卷　(明)刘寅撰　景印明本武经七书直解本　丛综

子牙子　(周)吕望撰(明)归有光辑评　诸子汇函本　丛综　山大　省图

太公金匮一卷　(周)吕望撰(清)洪颐煊辑　问经堂丛书本　经典集林本　丛综　山艺　山大

太公兵法逸文一卷　(清)汪宗沂辑　渐西村舍汇刊本　丛综　省图

孙子三卷　(周)孙武撰　武学经传三种本　子书百家本　百子全书本　续古逸丛书本　二十子本(一卷)　四库全书本(一卷)　武经三子全

书本(一卷)　清咸丰四年丁晏抄本(孙子兵法十三篇一卷,清段朝端跋)　清咸丰十年翁同书家抄本(一卷,清翁同书批并跋)　总目　丛综　国学　善目　山艺　省图　山大

孙子兵法(银雀山汉墓竹简)　银雀山汉墓竹简整理小组编　1976年文物出版社排印本　山大

孙子三卷　(周)孙武撰魏武帝注　武经七书本　平津馆丛书本　长恩书室丛书乙集本　半亩园丛书本　孙武司马法本　兵书七种本　丛书集成初编本　广汉魏丛书本(二卷)　清抄本(二卷,清王懿荣跋,佚名录王念孙校、吴大澂跋)　丛综　善目　国学　省图　山大

孙子三卷　(周)孙武撰魏武帝注(清)凌堃增注　凌氏传经堂丛书本　丛综

十一家注孙子三卷　(周)孙武撰(汉)曹操(唐)杜牧等注　宋刻本(与宋郑友贤十家注孙文是说一卷合刻)　宋刻本(存一卷下,清潘祖荫跋)　抄道藏本　善目　国学

孙子十家集注十三卷　(周)孙武撰(宋)吉天保集　明嘉靖刻本　四部丛刊景印明嘉靖三十四年谈恺刻本　日本嘉永六年刻本　浙江书局刻本　国学　丛综　省图　山大

孙子十一卷　(周)孙武撰(宋)施子美讲义　施氏七书讲义本　丛综

孙子注一卷　(宋)梅尧臣撰　明末梅士生刻本　善目

孙武子　(周)孙武撰(明)归有光辑评　诸子汇函本　丛综　山大　省图

孙子一卷　(周)孙武撰(明)王世贞评释　兵垣四编本　丛综

孙子集注一卷　(周)孙武撰(清)邓廷罗注　兵镜本　丛综　山大

孙子一卷　(周)孙武撰张之纯评注　评注诸子菁华录本　丛综　山大

孙子集注十三卷　(宋)吉天保辑　四部丛刊本　丛综　省图　山大

孙子注解十三卷附遗说一卷　(宋)吉天保辑　遗说(宋)郑友贤撰　道藏本　道藏举要本　丛综　山大　省图

孙子十家注十三卷附遗说一卷　(宋)吉天保辑(清)孙星衍(清)吴人骥校　遗说(宋)郑友贤撰　宛委别藏本　子书二十八种本　丛综　山大　省图

孙子十家注十三卷附叙录一卷遗说一卷　(宋)吉天保辑(清)孙星衍(清)吴人骥校　叙录(清)毕以珣撰　遗说(宋)郑友贤撰　岱南阁丛书本　二十二子本　二十五子汇函本　子书二十二种本　子书四十八种本　袖珍古书读本本　诸子集成本　丛书集成初编本　四部备要本　丛综　山大　省图

孙武子直解三卷　(明)刘寅撰　景印明本武经七书直解本　丛综

孙武子三卷　(明)陈珂断、陈天策注　明正德刻本　善目

新刊京本孙武子十三篇本义三卷　(明)郑霦撰　明成化二十年陈道刻本　善目

孙子书三卷　(明)赵本学解　明万历七年梁梦龙刻本　明万历四十三年梁见孟刻本　善目

孙子取衷十三卷　(明)赵庭撰　明万历三十七年刻本　善目

孙子参同三卷　(明)李贽撰　明万卷楼刻本　明刻本　善目

孙子参同五卷　(明)闵于忱辑　明万历四十八年闵于忱松筠馆刻套印本　善目

孙武子会解四卷　(明)郭良翰辑　明崇祯三年郭氏万卷堂刻本　善目

批点孙子正义十三卷新镌孙氏兵法衍义十三卷　(明)施逢原批点并衍义　明崇祯十二年自刻本　善目

孙子约钞一卷　明抄本　善目

孙子汇征八卷　(清)郑端撰　清康熙抄本　善目

孙子平议补录　(清)俞樾撰　诸子平议补录本　丛综　山大

孙子注不分卷　(清)毕以珣撰　清嘉庆二年刻本　山大

孙子叙录一卷　(清)毕以珣撰　清阳湖孙星衍刻岱南阁丛书　孙子十家注校本　日本嘉永六年(1853)复刻平津馆丛书本　清咸丰五年淡香

斋木活字本　二十二子本　四部备要本　山艺　山大　省图　兵总

孙子选注　夏寿田选注　民国石印本　山大　省图

孙子释证十三卷　刘文垕撰　北京中国书店重印本　山大

孙子今译　郭化若译　1961年中华书局影印本十一家注孙子附录　1962年上海排印本　山大　省图

孙子注释　中国人民解放军52928部队、山西大学中文系同编　1975年山西人民排印本　山大

孙子今注今译　魏汝霖撰　1977年台湾商务印书馆排印本　山大　省图

孙子兵法新注　中国人民解放军军事科学院战争理论研究部孙子注释小组编　1977年中华排印本　山大　省图

孙子兵法浅说　吴如嵩撰　1983年北京战士出版社排印本　山大　省图

孙子兵法概论　陶汉章撰　1985年北京解放军出版社排印本　山大　省图

孙子会笺　杨炳安撰　1986年中州古籍出版社排印本　山大　省图

孙子兵法校释　〔日〕服部千春撰　1987年北京军事科学出版社排印本　山大　省图

孙膑兵法(银雀山汉墓竹简)　(周)孙膑撰　文物出版社影印本　山大　省图

孙膑兵法校理　张震泽撰　1984年中华书局排印本　山大

吴子评释(一名吴子)一卷　(明)王士骐评释　明天启元年苕上吴兴闵氏朱墨套印本　兵总

司马法三卷　(周)司马穰苴撰　武经七书本　武学经传三种本　平津馆丛书本　长恩阁丛书本　半亩园丛书本　兵书七种本　四部丛刊本　续古逸丛书本　四部备要本　四库全书本(一卷)　子书百家本(一卷)　百子全书本(一卷)　武经三子全书本(一卷)　总目　丛综　山艺　山大　省图

司马法三卷逸文一卷　(周)司马穰苴撰　逸文(清)钱熙祚辑　指海本　丛综　山大

司马法一卷　(周)司马穰苴撰(清)任兆麟选辑　述记本　丛综　山大　省图

司马兵法一卷　(周)司马穰苴撰(清)王仁俊辑　玉函山房辑佚书续编本　经籍佚文本(书名司马法佚文一卷)　丛综　省图

司马法一卷逸文一卷　(周)司马穰苴撰(□)□□注(清)张澍辑　二酉堂丛书本　丛综　山大　省图

司马法五卷　(周)司马穰苴撰(宋)施子美讲义　施氏七书讲义本　丛综

司马子　(周)司马穰苴撰(明)归有光辑评　诸子汇函本　丛综　山大　省图

司马法三卷　(周)司马穰苴撰(清)凌堃注　凌氏传经堂丛书本　丛综

司马法直解一卷　(明)刘寅撰　宛委别藏本　景印明本武经七书直解本(三卷)　丛综　省图　山大

司马法集解二卷　(明)阎禹锡辑　明弘治元年邢表刻本(清孙星衍跋)　善目

评注司马法一卷　(清)陈玖撰　子书四十八种本　丛综　山大　省图

司马法古注三卷附音义一卷　曹元忠辑并撰音义　笺经室丛书本　善目　丛综　山大

武闱三子全书析疑大全无卷数　(清)张权时撰　清光绪七年文会堂刻本(二册)　清光绪二十四年成都刻本(三册)　兵总

心书(一名诸葛孔明心书)一卷　题(蜀)诸葛亮撰　见四库存目　明正德十二年韩袭芳铜活字印本　明刻本　明万历三十三年书林郑少斋刻本(李盛铎跋)　明黄邦彦刻本(附八阵合变图说一卷)　广汉魏丛书本　增订汉魏丛书本　子书百家本　百子全书本　兵书七种本　鲍红

叶丛书本　子书四十八种本　说郛(商务印书馆本)本　总目　丛综　善目　山艺　省图　山大

新书一卷　题(蜀)诸葛亮撰　增订汉魏六朝别解本　唐宋丛书本　说郛(宛委山堂本)本　学海类编本　丛书集成初编本　丛综

武侯武备心法百章一卷　题(蜀)诸葛亮撰　清抄本　善目

兵要一卷　(蜀)诸葛亮撰(清)王仁俊辑　玉函山房辑佚书续编本　丛综

十六策一卷　题(蜀)诸葛亮撰　见四库存目　总目　山艺

将苑一卷　题(蜀)诸葛亮撰　见四库存目　总目　山艺

武侯全书(一名诸葛忠武侯全书)二十卷首一卷　题(蜀)诸葛亮撰　(明)王士骐编(明)薛寀评　明崇祯十一年刻本　清光绪十年红杏山房刻本　孙氏祠堂藏本(作诸葛武侯全书,无薛寀评)　兵总　兵录　善目

美芹十论一卷　题(宋)辛弃疾撰　见四库存目　旧抄本(二册)　总目　山艺　兵总

守城机要一卷　(宋)陈规撰　明辩斋丛书本　丛综　山大

守城录四卷　(宋)陈规(宋)汤璹撰　四库全书本　墨海金壶本　瓶华书屋丛书本　守山阁丛书本　长恩书室丛书本　半亩园丛书本　丛书集成初编本　总目　丛综　国学　山艺　省图　北善

兵筹类要十卷　(宋)綦崇礼撰　四库全书辑永乐大典本(北海集附)　四库全书珍本初集本　总目　丛综　山艺　山大

练兵实纪九卷杂集六卷　(明)戚继光撰　明万历二十五年邢玠刻本　明天启刻本　四库全书本　墨海金壶本　敏果斋七种本　三书宝鉴本　守山阁丛书本　瓶华书屋丛书本　丛书集成初编本　清道光二十三年钱唐许乃钊刻本　清咸丰四年无棣吴之勷光霁堂刻本　戚大将军练兵纪效合刻本　总目　丛综　山艺　省图　省博　山大

练兵实纪类抄十五卷　(明)戚继光撰　抄本(十册有图)

纪效新书十八卷首一卷　(明)戚继光撰　明嘉靖间东牟戚氏刻本　明隆庆刻本　明万历二十三年徐梦麟刻本　明万历二十一年福建布政

司刻本(十四卷、卷十三配清抄本) 明万历十六年李承勋刻本(十四卷、卷十二配另一明抄本) 明万历二十年庄氏刻本(十四卷) 明万历二十三年书林江殿卿明雅堂刻本 明崇祯十七年刻本(十四卷) 明版筑居傅少山刻本 明万历刻本 明刻本 四库全书本 学津讨原本 敏果斋七种本 三书宝鉴本 戚大将军练兵纪效合刻本 清道光二十一年杭州刻本(有首一卷) 总目 丛综 明版图录 山艺 省图 省博 山大

长子心钤无卷数 题(明)戚继光撰 见四库存目 总目 山艺

孟公武略类编五卷南塘戚侯武略六至十八卷 (明)戚继光撰 明天启二年抄本 兵录

莅戎要略一卷 (明)戚继光撰 见四库存目 学海类编本 逊敏堂丛书本 丛书集成初编本 总目 丛综 山艺 省图 山大

武经将略不分卷 (明)戚继光撰 明崇祯九年刻本(一册) 兵录

武备新书十四卷 题(明)戚继光撰 见四库存目 总目 兵录

新编皇明戚将军将略韬略世法一卷 (明)戚继光撰 武书大全新编韬略世法本 明古闽陈廷对辑韬略世法□□本 明崇祯间刻本 兵总 兵录

重订批点类辑练兵诸书十八卷附传略一卷 (明)戚继光撰(明)董承诏辑(明)陈士缜批点 传略(明)董承诏等撰 明天启二年董承诏刻本 抄本 总目 稀见 北图

补释戚少保南北兵法要略五卷补释兵法要略一卷 (明)郭应响辑 明抄本(二种) 善目

洪尚书重补戚少保南北平定略六集附武侯心书一卷 (明)戚继光撰(清)洪承畴补(清)余璟订 旧抄本 稀见史籍 台中图善目

戚少保手定略无卷数 (清)洪承畴编 阳湖孙氏祠堂藏本 兵目 兵录

戚少保治兵语录 (明)戚继光撰台湾武学书局编 1956年台湾武学书局编武学基本丛书本 兵录

兵机秘纂十三卷　(明)周永春撰　明万历四十七年刻本　善目　明版图录

守城要略四卷　(明)宋祖舜撰　清道光九年抄本　清道光九年东阿周天爵刻本　清咸丰二年刻本　山艺　省图　兵总　山师

守城要览节要四卷　(明)宋祖舜撰　清咸丰四年安邱刘耀椿刻本　省博

兵书辑要一卷　(清)刘万清撰　稿本　省图

防守摘要一卷　抄本　省博

西洋自来火铳制法无卷数　(清)丁守存撰　清道光二十年刻本　兵总

筑寨图说附事宜　(清)丁守存撰　清同治二年刻本　兵总

火攻秘要一卷　(清)丁守存撰　旧抄本　兵总

丙丁秘龠无卷数　(清)丁守存撰　稿本　兵总

新火器说无卷数　(清)丁守存撰　清同治初年刻本

用地雷法无卷数　(清)丁守存撰　清道光二十二年刻本　兵总

德国武备操法(一名体操法)六卷　〔德〕瑞乃尔译(清)萧诵芬述　清光绪二十六年武备学堂刻本　清光绪二十六年六艺书局石印本　兵书二十一种本　清光绪二十九年石印本(五卷)　兵总

济南城守营得胜阵图不分卷　旧抄本(一册)　兵总

济南城守营各汛舆图　旧抄本(一册)　兵总

以上兵家类凡五十四部,一百九十五卷,内不分卷者十六部;附录五十四部,二百二十七卷,内不分卷者十四部。

法 家 类

管子二十四卷　(周)管仲撰　二十子本　子书百家本　百子全书本　丛综　山大　省图

管子一卷　(周)管仲撰(清)任兆麟选辑　述记本　丛综　山大　省图

内业一卷　(周)管仲撰(清)马国翰辑　玉函山房辑佚书本　丛综　山大　省图

管子二十四卷　(周)管子撰(唐)房玄龄注　宋刻本(清黄丕烈、戴望跋)　明嘉靖十二年安正书堂刻本(冒广生、郭沫若跋)　明万历黄之寀刻二十子本　明万历吴勉学刻本　清初影宋抄本(清黄丕烈校跋)　清陈奂家抄本(清陈奂校跋;并录黄丕烈题识,郭沫若、潘承弼跋)　清抄本(清王闿运跋)　四库全书本　摛藻堂四库全书荟要本　四部丛刊景印宋刻本　总目　丛综　山艺　省图　善目　明版图录　山大

管子二十四卷　(周)管仲撰(唐)房玄龄注(明)刘绩补注　明万历刻本　明刻本(清陆贻典、黄丕烈校并跋,另一本清顾广圻校并抄补缺页,又录陆贻典校跋,又一本清王芑孙跋,冒广生跋)　中都四子集本　管韩合刻本　子书二十二种本　二十二子本　二十五子汇函本　子书二十八种本　子书四十八种本　湖北先正遗书本　四部备要本　丛综　省图　山大　善目

管子补注二十四卷　(明)刘绩撰　四库全书本　总目　丛综　省图　山大

管子二十四卷　(唐)房玄龄注(明)刘绩补注(明)朱长春补注　明刻本(存卷一至十二,明张榜等评,清叶裕仁跋,李锡畴校跋并录顾广圻批校题识)　十子全书本　丛综　善目　省图　山大

管子榷二十四卷　(明)朱长春撰　明万历四十年张维枢刻本　善目

管子治略窾言八卷　(明)凌登嘉辑评　明万历刻本(清宋翔凤批并跋、黄国瑾跋)　善目

管子校本二卷管子校议不分卷管子按不分卷　(清)丁士涵撰　稿本(清陈奂批)　善目

管子二十四卷附校正二十四卷　(周)管仲撰(唐)尹知章注　校正(清)戴望撰　诸子集成本　丛综　山大　省图

管子二卷　(周)管仲撰(明)归有光辑评　诸子汇函本　丛综　山大　省图

删定管子一卷　（清）方苞撰　抗希堂十六种本　丛综　山大　省图

管子义证八卷　（清）洪颐煊撰　传经堂丛书本　积学斋丛书本　丛综　山大

管子识误一卷　（清）宋翔凤撰　周秦诸子校注十种本　丛综　山大

管子校一卷　（清）许光清撰　涉闻梓旧本　丛书集成初编本　丛综　山大　省图

管子平议六卷　（清）俞樾撰　春在堂全书本　丛综　山大　省图

读管子一卷　（清）许光瑑撰　诗契斋十种本　丛综

管子校正二十四卷　（清）戴望撰　清抄本（作管子正误）　吴兴丛书本　清代学术丛书本　清同治十二年刻本　民国二十三年商务印书馆排印国学基本丛书本　丛综　善目　省图　山大

管子通一卷　（清）周悦让撰　稿本　善目　省图

管子学不分卷　（清）张佩纶撰　稿本　善目

管子集注二十四卷　（清）王仁俊撰　稿本　善目

管子余义一卷　章炳麟撰　章氏丛书本　丛综　山大　省图

管子校补一卷　刘师培撰　刘申叔先生遗书本　丛综　山大　省图

管子隐义一卷　邵瑞彭撰　邵次公遗著本　丛综

管子二十四卷　（周）管仲撰（清）吴汝纶点勘　桐城吴先生点勘诸子七种本　丛综　山大

管子一卷　（周）管仲撰张之纯评注　评注诸子菁华录本　丛综　山大

管子纂诂二十四卷　〔日〕安井衡撰　日本庆应元年江户书林玉山堂重刻本　山大　省图

管子通释　支伟成撰　1924年泰东书局排印本　山大

管子窥源　罗根泽撰　1931年中华书局排印本　山大

管子集校　郭沫若撰　1956年科学出版社　排印本　山大　省图

管子注释　赵守正撰　1982年广西人民出版社排印本　山大　省图

管子今诠　石一参撰　1988年中国书店重印商务印书馆本　山大

省图

管子小匡篇节评一卷　（清）刘光蕡撰　烟霞草堂遗书本　丛综

弟子职一卷　（周）管仲撰（清）任兆麟选辑　述记本　丛综　山大　省图

弟子职注一卷　（清）张尔岐撰　清张孝宽刻本　蒿庵全集本　山艺　丛广

弟子职笺释一卷　（清）洪亮吉撰　洪北江全集本　山大　省图

弟子职集解一卷　（清）庄述祖撰　珍艺宧遗书本　槐庐丛书初编本　式训堂丛书初集本　校经山房丛书本　孙谿朱氏经学丛书初编本　端溪丛书本　丛书集成初编本　丛综　山大　省图

弟子职古本考注一卷　（清）王绍兰撰　萧山王氏十万卷楼辑佚七种本　丛综

弟子职正音一卷　（清）王筠撰　王菉友九种本　天壤阁丛书本　式训堂丛书本　丛书集成初编本　清咸丰二年贺蕙、贺荃等刻鄂宰四稿本　丛综　省博　山艺　山大　省图

弟子职一卷　（周）管仲撰（清）许瀚音　天壤阁丛书本　丛书集成初编本　丛综　山大　省图

弟子职韵部一卷　（清）许瀚撰　清道光二十八年平定张穆写刻本　省博

弟子职注一卷　（清）孙同元撰　仰视千七百二十九鹤斋丛书本　丛书集成初编本　丛综　山大　省图

弟子职解诂一卷　（清）桂文灿撰　南海桂氏经学本　丛综　山大

弟子职一卷　（清）王元启补注　惺斋先生杂著本　丛综

弟子职诂一卷　（清）王贞撰　百本书斋藏书本　丛综

弟子职章句训纂一卷　（清）邵承照辑　安乐延年室丛书本　丛综

管子弟子职说例一卷　宋育仁撰　问琴阁丛书本　丛综

弟子职音谊一卷　杨钟羲（钟广）撰　周秦诸子校注十种本　留垞丛刻本　丛综　山大

管子地员篇注四卷　(清)王绍兰撰　清光绪十七年寄虹山馆校刻本　山大

管子地员篇校释　夏纬瑛撰　1981年北京农业出版社重印中华排印本　山大　省图

管子轻重篇新释　马非百撰　1979年中华书局排印本　山大　省图

法家裒集无卷数　(明)陈永辑　见四库存目　总目　山艺

风纪辑览四卷　(明)傅汉臣撰　明嘉靖刻本　国学

勘语四卷　(清)徐士林撰　清光绪三十二年武进李祖年圣译楼刻本　山艺　省博

洗冤广编二卷　(清)刘柏辑　清乾隆二年济南刘氏自刻本　省博

检尸考要一卷　(清)朱纲撰　清雍正四年刻本　山艺

附马国翰法家类辑佚书(非山东人著作):

申子一卷　(周)申不害撰　玉函山房辑佚书本　丛综　山大　省图

以上法家类凡十六部,一百四十一卷,内不分卷者一部;附录四十二部,二百六十五卷,内不分卷者八部。

墨家类

墨子十五卷　(周)墨翟撰　明嘉靖二十二年唐尧臣刻本　明嘉靖江藩刻本(叶德辉跋)　明嘉靖三十一年芝城铜活字蓝印本　明天启郎氏堂策槛刻本(郎兆玉评,四库底本)　明万历九年茅坤刻本(六卷)　明万历九年书林童恩泉涵春楼刻本(六卷,徐鸿宝校)　明抄本　清黄氏士礼居抄本(清黄丕烈、丁丙跋,孙诒让题识)　清同治九年孙诒让家抄本(清戴望、孙诒让校并跋)　道藏本　四库全书本　摛藻堂四库全书荟要本　四部丛刊景印嘉靖三十二年唐尧臣刻本　道藏举要本　子汇本(一卷)　景印元明善本丛书十种本(一卷)　先秦诸子合编本(四卷)　说郛(宛委山堂本、商务印书馆本)本　总目　丛综　省图　版刻图录　明版图录　山大　善目

墨子佚文一卷　(周)墨翟撰(清)王仁俊辑　经籍佚文本　丛综

诘墨一卷　(汉)孔鲋撰　广汉魏丛书本　说郛本　增订汉魏丛书本　子书百家本　百子全书本　丛综　山大　省图

墨子　(周)墨翟撰(明)归有光辑评　诸子汇函本　丛综　省图

墨子十五卷　(周)墨翟撰(明)郎兆玉评　且且庵初笺十六子本　丛综

墨子十六卷附编目考一卷　(周)墨翟撰(清)毕沅校注　经训堂丛书本　子书百家本　百子全书本　二十二子本　二十五子汇函本　子书二十二种本　子书四十八种本　袖珍古书读本本　丛书集成初编本　四部备要本　丛综　山大　省图　墨目

墨子校记一卷　(清)翁方纲撰　稿本　善目

墨商三卷补遗一卷　(清)王景羲撰　稿本(墨商三卷)　敬乡楼丛书本　丛综　山大　善目

墨子刊误二卷　(清)苏时学撰　清同治六年自刻本(清陈澧跋)　端溪丛书本　周秦诸子斠注十种本　丛综　山大　善目

墨子注七卷　(清)王闿运撰　湘绮楼全书本　丛综　山大　省图

墨子斠注补正二卷　王树枏撰　陶庐丛刻本　丛综

墨辩解故序一卷　廖平撰　新订六译馆丛书本　丛综　山大

墨子拾补二卷　刘师培撰　刘申叔先生遗书本　丛综　山大　省图

墨子平议三卷　(清)俞樾撰　春在堂全书本　丛综　山大　省图

墨子间诂十五卷附录一卷后语二卷　(清)孙诒让撰　稿本(存一至十三卷)　诸子集成本　丛综　山大　省图

墨子十六卷　(周)墨翟撰(清)吴汝纶点勘　桐城吴先生点勘诸子七种本　丛综　山大

墨子一卷　(周)墨翟撰张之纯评注　评注诸子精华录本　丛综　山大

墨子经说解二卷　(清)张惠言撰　风雨楼秘笈留真本　手稿本(清张惠言、华世芳跋)　清抄本(孙诒让校)　清光绪三十五年国粹学报

馆石印本　清宣统元年国学保存会影印本　清宣统二年邓实真景印本　丛综　善目　墨目

墨经诂义二卷　叶瀚撰　晚学庐丛稿本　丛综

墨经诂义初稿一卷　叶瀚撰　晚学庐丛稿本　丛综

墨守要义一卷　叶瀚撰　晚学庐丛稿本　丛综

墨子引书说一卷　(清)孙国仁撰　砭愚堂丛书本　丛综

墨子间诂参证　马宗霍撰　1984 年齐鲁书社排印本(与淮南旧注参证合刊)　山大　省图

墨子校释商兑　王焕镳撰　1986 年中国社会科学出版社排印本　山大　省图

墨子集解　张纯一编　1936 年世界书局排印本　1988 年成都古籍书店重印本　山大　省图　墨目

墨辩疏证　范耕研撰　1935 年商务印书馆排印本　山大

墨辩发微　谭戒甫撰　1958 年科学出版社排印本　1964 年中华书局排印本　山大　省图

墨经校诠　高亨撰　1958 年科学出版社排印本　中华书局新编诸子集成本　山大　省图

墨子间诂笺　张纯一撰　1922 年商务印书馆排印本　山大

墨子综释　支伟成撰　1925 年上海泰东书局排印本　山大

墨子　唐敬杲选注　1933 年上海商务印书馆排印本　山大

墨子　钱穆撰　1934 年上海商务印书馆排印本　山大

墨子辩经讲疏　顾惕生撰　1936 年南京至诚书局排印本　山大

墨子学案　梁启超撰　上海商务印书馆排印共学社哲人传记丛书本　山大

墨子读本　谭正璧撰　1949 年上海中华书局排印本　山大

墨子　任继愈撰　1956 年上海人民出版社排印本　山大　省图

墨子城守各篇简注　岑仲勉撰　1958 年北京古籍出版社排印本　山大　省图

墨子·非乐　　吉联抗译注　1962年北京音乐出版社排印本　省图　山大

墨辩讨论一卷　　栾调甫撰　民国十五年中华书局子学社丛书排印本　墨目

墨子研究论文集　　栾调甫撰　1957年北京人民出版社排印本　省图　山大

俞抄墨子三卷本考证一卷　　栾调甫撰　民国排印本　双行

附马国翰墨家类辑佚书(非山东人著作):

史佚书一卷　　(周)史佚撰

田俅子一卷　　(周)田俅撰

隋巢子一卷　　(周)隋巢子撰

胡非子一卷　　(周)胡非子撰

缠子一卷　　(周)缠子撰

以上均玉函山房辑佚书本　丛综　山大　省图

以上墨家类凡七部,二十二卷,内不分卷者二部;附录三十九部,一百零一卷,内不分卷者十六部。

农 家 类

齐民要术十卷杂说一卷　　(后魏)贾思勰撰　明嘉靖三年马纪刻本(清陈揆、张步瀛校并跋,清管庆祺校)　明刻本(清焦循跋、陈揆校并跋)　清道光抄本(清谈师吉校并跋)　秘册汇函本　津逮秘书本　四库全书本　摛藻堂四库全书荟要本　学津讨原本　子书百家本　百子全书本　观象庐丛书本　渐西村舍丛书本　龙谿精舍丛书本　四部丛刊本　四部备要本　丛书集成初编本　总目　丛综　山艺　山大　省图　善目

要术佚文一卷　　(后魏)贾思勰撰(清)王仁俊辑　经籍佚文本　丛综

齐民要术校二卷　　(清)陆心源撰　潜园总集本　丛综

齐民要术校释　缪启愉撰　1982年农业出版社排印本　山大

农书三十六卷　(元)王祯撰　明嘉靖九年山东布政使司刻本　明万历二年济南章邱县刻本　明万历四十五年文远堂刻本　明刻本　四库全书辑永乐大典本(二十二卷)　武英殿聚珍版丛书本(二十二卷)　广雅书局重刻武英殿聚珍版丛书本(三十六卷)　福建重刻武英殿聚珍版丛书本(以万历二年章丘刻本为底本)　总目　丛综　善目　山艺　西谛书话　省图　山大

宝训八卷　(清)郝懿行撰　郝氏遗书本　丛综　山艺　省图　山大

探春历记一卷　(汉)东方朔撰　夷门广牍本　水边林下本　五朝小说本　五朝小说大观本　丛书集成初编本　景印元明善本丛书十种本　丛综　山大　省图

农谚一卷　(清)马国翰撰　玉函山房辑佚书本　丛综　山艺　省博　省图

新抄布谷经一卷　(清)吕湛恩撰　清咸丰八年芝阳居易堂抄本　省博　善目

农蚕经一卷　(清)蒲松龄撰　清抄本(附抄本聊斋文集后)　清末干卿抄本　路大荒抄本　省博　省图　双行

广蚕桑说辑补二卷　(清)沈练撰　清同治元年刻本　贩记　山艺

野蚕录四卷　(清)王元綎辑　清宣统元年安庆同文官印书馆排印本　续提要　山大　省图

农桑简要新编一卷　(清)范村农撰　清光绪泰安知府石祖芬刻本　省博　省图

蚕桑录要五卷　(清)黄恩彤撰　稿本　省博　善目

二如亭群芳谱二十八卷首一卷　(明)王象晋撰　明末汲古阁刻本(清高鸿裁批校,山艺作群芳谱)　山艺　省图　省博　山大

花木汇钞一卷　(清)蒲松龄撰　清抄本　省图

丁莲峰先生菊谱一卷　(清)丁善长绘撰　民国九年石印本　省博

去膽必效录二卷　(清)黄恩彤撰　稿本　省博　善目

白蜡虫谱一卷北菌谱一卷　（清）张崧撰　清抄本　山艺　省图

蜂衙小记一卷　（清）郝懿行撰　郝氏遗书本　丛综　山艺　山大　省图

记海错一册　（清）郝懿行撰　郝氏遗书本　丛综　山艺　山大　省图

肉攫部一卷　（唐）段成式撰　说郛(宛委山堂本、商务印书馆本)本　古川学海本　唐代丛书本　五朝小说本　五朝小说大观本　唐人说荟本　丛综　山大　省图

燕子春秋一册　（清）郝懿行撰　郝氏遗书本　丛综　山艺　山大　省图

鸽经一卷　（清）张万钟撰　檀几丛书本　丛综　山大　省图

河干赘语七卷　（清）黄恩彤撰　稿本　省博　善目

相牛经一卷　（周）宁戚撰　百川学海本　说郛本　水边林下本　五朝小说本　五朝小说大观本　丛综　山大　省图

相牛经一卷　（周）宁寂撰（清）王仁俊辑　玉函山房辑佚书续编本　丛综

附马国翰农家类辑佚书(非山东人著作)：

神农书一卷　（魏）吴普等述

野老书一卷

范子计然三卷

养鱼经一卷　（周）陶朱公(范蠡)撰

尹都尉书一卷　（汉）尹口撰

汜胜之书二卷　（汉）汜胜之撰

蔡癸书一卷　（汉）蔡癸撰

养羊法一卷　（汉）卜式撰

家政法一卷

以上均玉函山房辑佚书本　丛综　山大　省图

以上农家类凡二十六部，一百十九卷，内不分卷者二部；附录十一部，十四卷。内不分卷者一部。

医 家 类

素问悬解十三卷附校余偶识一卷　(清)黄元御撰　见四库存目　清同治十一年阳湖冯氏刻本　总目　山艺　山东中医

灵枢悬解九卷　(清)黄元御撰　见四库存目　清光绪六年阳湖冯氏刻本　总目　山艺　山东中医

难经悬解二卷　(清)黄元御撰　见四库存目　清同治十一年阳湖冯氏刻本　古本医学丛书影印本　总目　山艺　山东中医

伤寒论十卷附伤寒明理论三卷论方一卷　(汉)张机撰(晋)王叔和编(金)成无己注　四库全书本　仲景全书本　武昌医学馆丛书本　1925年武进恽氏影印宋刻本　1956—1959年重庆人民出版社排印本　丛综　山艺　山东中医　省图

注解伤寒论十卷　(汉)张机撰(晋)王叔和编(金)成无己注　四库全书本　四部丛刊本　四部备要本　仲景全书本　古今医统正脉全书本　总目　丛综　山艺　山大　省图

伤寒悬解十五卷　(清)黄元御撰　见四库存目　黄氏医书八种本　总目　山艺　山东中医　省图

伤寒说意十一卷　(清)黄元御撰　见四库存目　清咸丰十一年燮和精舍刻本　黄氏医书八种本　清抄本　总目　山艺　山东中医　省图

伤寒指南二卷　(清)于溥泽撰　清刻本　山艺

伤寒论选注十卷　(清)臧应詹撰　清末庄湛严、庄蔼如抄校本　清抄本　山艺　省图

金匮玉函经八卷　(汉)张仲景撰(晋)王叔和集　清康熙五十五年起秀堂刻本　1956年人民卫生出版社影印康熙本　山艺　山东中医

金匮悬解二十二卷　(清)黄元御撰　见四库存目　黄氏医书八种本　清光绪二十年上海图书集成书局排印本　总目　山艺　山东中医　省图

医学启蒙汇编六卷　(清)翟良撰　清康熙五年刻本(山艺作医学启蒙)　贩续　山艺　山东中医　省图

四圣心源十卷　(清)黄元御撰　见四库存目　清燮和精舍刻本　清望云草庐刻本　清咸丰二年小琅环山馆刻本　清光绪二十年上海图书集成书局石印本　黄氏医书八种本　总目　山艺　山东中医　省图

四圣悬枢四卷　(清)黄元御撰　见四库存目　黄氏医书八种本　总目　山艺　山东中医　省图

素灵微蕴四卷　(清)黄元御撰　见四库存目　黄氏医书八种本　总目　山艺　山东中医　省图

医药家枨三卷　(清)王铨撰　清光绪二年文莫室刻本　贩续

医门普度二卷　(清)孔毓礼撰　清刻本　国学

脚气治法总要二卷　(宋)董汲撰　四库全书本　三三医书本　豫恕堂丛书本(作脚气治法)　四库全书珍本初集本　民国二十三年商务印书馆排印本　总目　丛综　山艺　山东中医　山大　省图

温病解　(清)黄元御撰　黄氏医书八种本　山东中医　省图

瘟疫论类编五卷附松峰说疫备用良方一卷　(明)吴有性原撰(清)刘奎评释(清)刘秉锦补释　清乾隆五十二年敦厚堂刻本　清嘉庆四年清咸丰五年敦厚堂刻本　清道光二十年宝庆仁记书局刻本　清道光刻本　清同治元年集古堂刻本　贩记　续提要　山东中医　省图

瘟疫论　(清)曹施周撰　清刻本　山艺

痢疾论四卷　(清)孔毓礼撰　清刻本　国学　省图

论白喉捷要一卷　(清)尹铭瀚撰　稿本　省图

小儿斑疹备急方论　(宋)董汲撰　周氏医学丛书本(山艺作小儿斑疹论无卷数)　周澄之校刻医学丛书本　丛综　山艺

钱氏小儿药证真诀(一名钱氏小儿药证直诀)三卷　(宋)钱乙撰　明成化六年刻本(十卷,作校正钱氏小儿药证直诀)　明崇祯元年梁忠刻本(四卷,作钱氏小儿直诀)　清康熙六十年赵清起秀堂重刻宋本　汲古书院本　薛氏医安本　武英殿聚珍版丛书本　惜阴轩丛书本　周氏医学丛书本(增附方一卷) 周澂之校刻医学丛书本(增附方一卷) 民国四年上海千顷堂石印本 丛书集成初编本 1955年人民卫生出版社影印本 丛综 续提要 山艺 山大 山东中医 省图 善目

类证注释钱氏小儿方诀十卷 (宋)钱乙撰(明)熊宗立注 明初刻本 痘疹大全本 丛综 省图 善目

钱氏儿科案疏 (宋)钱乙撰张山雷疏 民国二十一年上海大东书局石印本 山东中医 省图

小儿药证直诀笺正 (宋)钱乙原撰张山雪笺正 1958年上海卫生出版社排印本 山东中医

痘科汇编释意三卷 (清)翟良撰 约顺治间刻本 约清康熙间刻本(作痘科类编释意) 清乾隆十五年绿野堂刻本(作痘科类编释意四卷) 贩续 山艺 省图

疹科纂要一卷 (清)翟良撰 清乾隆三十八年致和堂刻本 清道光元茂堂刻本 省博 省图

痘科温故集二卷 (清)唐威原撰(清)房陆参订 清乾隆十七年绍衣堂刻本 贩续 国学

痘科补阙 (清)刘登俊撰 清光绪十一年刻本 (山艺作痘科补阙捷响) 山艺 山东中医 省图

痘疹大成四卷 (清)侯功震撰 清同治十年会心堂刻本 清光绪二年忠恕堂刻本 山艺 山东中医 省图

摄生消息论一卷 (金)丘处机撰 见四库存目 学海类编本 道藏精华录本 丛书集成初编本 总目 丛综 山艺 山大 山东中医 省图

脉经十卷 (晋)王叔和撰(宋)林亿等校定 见四库存目 元天历三年广勤书堂刻本(作新刊王氏脉经) 明成化十年毕玉刻本(叶德辉跋), 明正德十三年刘氏慎独斋刻本(作新刊西晋王氏脉经大全) 明万历三年福建布政司督粮道刻本 明万历二十九年吴勉学刻古今医统正脉全书本 明万历三年袁表刻本 明书林童文举刻本 明天启四年缪希雍刻本(附人元脉影归指图说二卷) 宛委别藏本 守山阁丛书本 周氏

医学丛书本　中国医学大成本　守中正斋丛书　四部丛刊本(作新刊王氏脉经)　1956 年人民卫生出版社影印本　1958 年科技卫生出版社影印本　总目　丛综　山东中医　山大　版刻图录　明版图录　善目　省图　北善

人元脉影归指图说二卷　(晋)王叔和撰(宋)林亿等校定　明天启四年缪希雍刻本(与脉经合刻)　明末沈际飞刻本(与脉经合刻)　善目

脉经真本十卷　(晋)王叔和撰(清)张伯校正　守中正斋丛书本　丛综

新刊校正王叔和脉诀四卷　(晋)王叔和撰(明)熊宗立注解　明隆庆六年四仁堂刻本　明万历种德堂熊冲宇刻本(作新刊太医院校正图注指南王叔和脉诀四卷)　医要集览九种明抄本(王叔和脉诀一卷)　明内府刻医要集览九种本(王叔和脉诀一卷)　善目

锲王氏秘传叔和图注释义脉诀评林捷径统宗八卷　(晋)王叔和撰(明)王文洁释评　明万历二十七年书林安正堂刻本　善目

脉诀汇编说统一卷经络汇编一卷　(清)翟良撰　清康熙六年刻本　贩续　山艺　北图

脉学注释汇参证治二卷　(清)汪文绮撰　清道光十二年刻本　贩续

玉楸药解八卷　(清)黄元御撰　见四库存目(四库总目及山艺作四卷)　黄氏医书八种本　总目　山艺　山东中医　省图

太平圣惠方一百卷　(宋)王祐、王怀隐撰　1958 年人民卫生出版社排印本　山艺　山东中医

旅舍备要方一卷　(宋)董汲撰　四库全书本　墨海金壶本　珠尘别录本　长恩阁丛书本　半亩园丛书本　丛书集成初编本　总目　丛综　山艺　山东中医　山大　省图

如宜方二卷　(元)艾元英撰　见四库存目　总目　山艺

灵秘十八方加减一卷　(明)胡嗣廉撰　见四库存目　总目　山艺

保安堂三补简便验方四卷　(明)王象晋撰　明万历四十二年刻本　明崇祯二年刻本　明崇祯十七年刻本(书名无保安堂三字)　清初抄本　山艺　善目　山东中医

普门医品四十八卷附医品补遗四卷　(明)王化贞撰　见四库存目总目　山艺　北图

长沙药解四卷　(清)黄元御撰　见四库存目　清乾隆十八年刻本　黄氏医书八种本　总目　山艺　省图

得心录一卷　(清)李文渊撰　见四库存目　总目　山艺

祖氏医案四卷　(清)祖承业撰　济南张韵皋校录　抄本　亦轩

麓人孙氏医案六十五卷　(清)孙起舜撰　清蒋珊、田先登抄本(存五十七卷)　省图

信验方录四卷续录四卷　(清)卢荫长辑　清嘉庆九年刻本(信验方录四卷)　清道光十二年刻本(信验方一卷续一卷)　清咸丰四年汉阳叶志诜两广督署刻本　贩续

医故三卷附录一卷　郑文焯撰　大鹤山房全书本　丛综

本草须知不分卷　(清)李震甲撰　稿本　省图

泰山药物志四卷　高宗岳编　民国二十八年高氏排印本(四册)　仅好斋

以上医学类凡五十八部,四百七十卷,内不分卷者六部;附录二部,不分卷。

历 算 类

天步真原一卷　〔西洋〕穆尼阁撰(清)薛凤祚译　四库全书本　指海本　丛书集成初编本　总目　丛综　山艺　山大　省图

天学会通一卷　(清)薛凤祚撰　四库全书本　总目　丛综　山艺　山大　省图

益都薛氏遗书不分卷　(清)薛凤祚撰　清康熙刻本(章钰跋)　善目

天文解经一卷　(清)孙廷芝撰　清道光自刻本　省博　省图

方圆图说九卷　(明)李笃培撰　明抄底本　省博　善目

图书说一卷　(清)王筠撰　稿本　善目　省图

数术记遗一卷　(汉)徐岳撰(北周)甄鸾注　秘册汇函本　津逮秘书本　说郛本　四库全书本　微波榭丛书本　学津讨原本　槐庐丛书本　丛书集成初编本　从综　山艺　山大　省图

数学九章十八卷　(宋)秦九韶撰　四库全书本　宜稼堂丛书本(附清宋景昌撰扎记四卷)　丛书集成初编本(四卷)　总目　从综　山艺　山大　省图

开方易简一卷　(清)孙廷芝撰　清道光自刻本　省博

同度记四卷　(清)孔继涵撰　手稿本　稿本　微波榭丛书本(一卷)　积学斋丛书本(一卷)　从综　善目　北图

衍元小草二卷　(清)孔庆霁、孔庆霭、劳絅章撰　清光绪二十四年劳乃宣清苑官廨刻本　矩斋筹算六种本　从综　省博　青图　山大

新法句股引蒙细草二卷　(清)郭恩敷撰　清光绪二十六年潍阳书院刻本　山大　山师

八线拾级二卷　(清)刘光照译　清光绪三十年上海华美书馆铅印本　省博

形学备旨十卷　〔美〕狄考文选译(清)邹左文笔述(清)刘永锡参阅　清光绪二十八年上海美华书馆排印本　山大　省图　续提要

附马国翰历算类辑佚书(非山东人著作):

灵宪一卷　(汉)张衡撰

浑仪一卷　(汉)张衡撰

昕天论一卷　(吴)姚信撰

年历一卷　(晋)皇甫谧撰

穹天论一卷　(晋)虞耸撰

安天论一卷　(晋)虞喜撰

以上玉函山房辑佚书本　从综　山大　省图

以上历算类,凡十四部,四十九卷,内不分卷者一部;附录六部,六卷。

术 数 类

参两图说二卷　(明)杨观光撰　见四库存目　总目　山艺

造化究源二卷　(清)丁守存撰　清同治丁氏旷视山房刻本　省博

东方朔占书三卷　题(汉)东方朔撰　见四库存目　总目　山艺

风角书八卷　(清)张尔岐撰　清开州李若琳刻本　正觉楼丛刻本　清周氏藉书园抄本(作四卷)　丛综　山艺　省博　善目　省图　双行

真魔论一卷　(清)张尔岐撰　清抄本　省图

周易分野一卷　(汉)费直撰(清)马国翰辑　玉函山房辑佚书本　丛综　山艺　山大　省图

费氏易林一卷　(汉)费直撰(清)马国翰辑　玉函山房辑佚书本　丛综　山艺　山大　省图

焦氏易林校略十六卷　(清)翟云升撰　五经岁编斋校书本　丛综　山艺　山大　省图

卜易集锦一卷　(清)孙维彬撰　抄本　省博

简易秘传(一名增册卜易)一卷　(清)丁耀亢(野鹤老人)撰(清)李文辉增删　清康熙李文辉抄本　省博

六壬心镜要三卷后集一卷　(宋)徐道符撰　见四库存目　总目　山艺

灵棋经二卷　题(汉)东方朔撰　四库全书本　墨海金壶本　珠丛别录本　长恩阁丛书本　述古丛钞本　藏修堂丛书本　仿知不足斋丛书本　翠琅玕馆丛书本　芋园丛书本　丛书集成初编本　总目　丛综　山艺　山大　省图

罗经说一卷附天玉经抉奥一卷选择利用一卷　(清)赵永阓撰　清抄本　省博

阳宅十书四卷　(明)王君荣撰　苏州坊间翻刻本　山艺　省图

阳宅真诀三卷　(明)周继撰　明万历刻本　山艺　国学

地理水法宗旨二卷　(清)程永芳撰　清康熙刻本　国学

地理归源四卷　(清)林光甲撰　清刻本　山艺

天步真原人命部三卷　〔西洋〕穆尼阁撰(清)薛凤祚译　守山阁丛书本　丛书集成初编本　丛综　山大　省图

太清神鉴六卷　(后周)王朴撰　四库全书本　墨海金壶本　守山阁丛书本　粤雅堂丛书本　丛书集成初编本　总目　丛综　山艺　山大　省图

人伦大统赋一卷　(金)张行简撰(元)薛延年注　四库全书本　玲珑山馆丛书本(二卷)　十万卷楼丛书(二卷)　丛书集成初编本(二卷)　总目　丛综　山艺　山大　省图

甲遁真授秘籍不分卷　(清)薛凤祚撰　清咸丰二年花雨巢校刻本　山艺

湮波钓叟歌直解一卷　(清)丁恺曾撰　民国二十四年青岛赵永厚堂排印本　望奎楼遗稿本　丛综　省博　省图

奇门占验一卷　(清)丁恺曾撰　民国二十四年青岛赵永厚堂铅印本望奎楼遗稿本　丛综　省博　省图

梦书一卷　(清)王照圆辑　列女传校正附刻本　郝氏遗书本　龙谿精舍丛书本　丛综　山艺　省博　山大　省图

邹子一卷　(周)邹衍撰(清)马国翰辑　王函山房辑佚书本　丛综　山艺　山大　省图

邹子书一卷　(周)邹衍撰(清)王仁俊辑　玉函山房辑佚书续编本　丛综　省图

五行大义五卷　(隋)萧吉撰　佚存丛书本　知不足斋丛书本　宛委别藏本　常州先哲遗书本　丛书集成初编本　总目　丛综　山艺　山大　省图

附马国翰数术类辑佚书(非山东人著作):

太玄经一卷　(晋)杨泉撰

泰阶六符经一卷

未央术一卷

宋司星子韦书一卷　(周)司星子韦撰

太史公素王妙论一卷　(汉)司马迁撰

瑞应图一卷　(梁)孙柔之撰

白泽图一卷

天镜一卷

地镜一卷

地镜图一卷

梦隽一卷　(唐)柳灿撰

杂五行书一卷

请雨止雨书一卷

易洞林三卷补遗一卷　(晋)郭璞撰

阴阳书一卷　(唐)吕才撰

以上均玉函山房辑佚书本　丛综　山大　省图

以上术数类凡二十六部,七十六卷,内不分卷者二部;附录十六部,十九卷。

艺 术 类

云烟过烟录四卷　(宋)周密撰　明末冯舒家抄本(一卷)　清抄本(一卷,清鲍廷博校)　清抄本(一卷,清谢□校注,周星诒校并跋)　清刘履芬抄本(一卷)　清抄本(二卷,清严元照校跋并录清丁敬题识,清劳格校并跋)　清抄本(二卷,清罗以智录严元照校并跋)　清抄本(二卷,清丁丙跋)　清抄本(清赵宗建校并跋)　宝颜堂秘笈本　四库全书本　奇晋斋丛书本(清吴翌凤校)　十万卷楼丛书本(二卷)　丛书集成初编本(二卷)　美术丛书本(二卷)　清光绪刻本　民国十七年复印本　总目　山艺　国学　丛综　善目　省图　山大

砚山斋杂记四卷　(清)孙承泽撰　四库全书本　四库全书珍本初集本

总目　丛综　国学　省图　山大

享金簿一卷　　(清)孔尚任撰　民国十七年复印本　美术丛书初集本　丛综　国学　山大　省图

庚子销夏记八卷　　(清)孙承泽撰　清乾隆鲍氏知不足斋刻本(善目作鲍廷博、郑竺刻本,清陈鳣跋、何焯跋;另一本傅增湘跋并录何焯、翁方纲、何绍基题识)　清宁野堂刻本　清抄本　四库全书本　学古斋金石丛书本　风雨楼丛书本　总目　丛综　山艺　善目　省博　省图　山大　双行

庚子销夏记校文一卷　　(清)何焯撰　艺海珠尘本　古学汇刊本(增清魏锡金撰校勘记一卷)　丛综

以上总论之属

无咎题跋一卷　　(宋)晁补之撰　津逮秘书本　丛书集成初编本　丛综　山艺　省图　山大

书画鉴影二十四卷　　(清)李佐贤撰　手稿本　石泉书屋全集本　清同治十年刻本　贩记　丛综　山艺　利津文管　省图

岳雪楼书画录五卷　　(清)孔广镛、孔广陶辑　清光绪十五年三十有三万卷堂精刻本　双行

广川书跋一卷　　(宋)董逌撰(清)徐维则辑　会稽徐氏初学堂群书辑录本　丛综

广川书跋十卷　　(宋)董逌撰　明吴氏丛书堂抄本(清叶万、张蓉镜跋,黄丕烈校)　明秦氏雁里草堂抄本(叶德辉跋)　明抄本　明抄本(清朱锡庚跋,叶德辉跋)　清初抄本　清乾隆四十二年卢文弨抄本(卷六至十配清抄本,清卢文弨校,丁丙跋)　王氏书画苑本　津逮秘书本　四库全书本　行素草堂金石丛书本　槐庐丛书本　适园丛书本　丛书集成初编本　丛综　善目　山艺　省图　山大

笔势论略一卷　　(晋)王羲之撰　说郛(宛委山堂本)本　丛综　省图　山大

书论一卷　　(晋)王羲之撰(清)王仁俊辑　玉函山房辑佚书续编本　丛

▲子部

综　省图

清熙斋四体书法　(晋)王羲之辑　刻本　台湾公藏

唐孙过庭草书谱　(唐)孙过庭书(清)陈介祺手摹安岐勒石　民国二十五年上海中华书局影印吴同龢藏旧拓本　台湾公藏

法书通释二卷　(明)张绅撰　见四库存目　夷门广牍本　丛书集成初编本　景印元明善本丛书十种本　总目　丛综　山艺　省图

隶法琐言一卷　(清)张在辛撰　琐言本　丛综

书法三昧一卷　(清)刘墉撰　稿本　省图

国朝隶品一卷　(清)桂馥撰　雪堂丛刻本　丛综　山艺　省图

字学一得　(清)单为濂撰　奉萱草堂文钞附刻本　山艺

历代帝王法帖释文考异　(明)顾从义辑(清)张忻重订　稿本　省博　善目

闲者轩帖考一卷　(清)孙承泽撰　知不足斋丛书本(与庚子销夏记合刻)　娱园丛刻本　榆园丛刻本　风雨楼丛书本　古今文艺丛书本　丛书集成初编本　丛综　山艺　省图　山大

研山斋珍赏集览十卷　(清)孙承泽撰　清抄本(另一清抄本一卷)　善目

谷园摹古法帖存一卷　(清)孔继涑摹　清曲阜孔氏摹刻本　省博

淳化帖释文十卷　(清)徐朝弼撰　清嘉庆徐氏刻本　国学

滋蕙堂法帖题跋一卷　(清)曾恒德撰　昭代丛书(道光本)本　丛综　省图

刘武仲字册跋尾一卷　(清)杨以增撰　山东省立图书馆季刊排印本　双行续

荥阳郑文公之碑　烟台地区博物馆等编　1980年齐鲁书社影印本　山大

仿山赋一卷　(元)苏大年撰　清乾隆朱文震抄本(清朱长湝跋)　省图

社诗杂书一卷　(清)刘泽清等书　稿本　省图

黄石遗墨一卷　(清)法若真撰　稿本　省图

草书字汇六卷　(清)王士禛辑　稿本　省图

纪之竹行书一卷　(清)纪之竹书　稿本　省图

冯大木先生手泽一卷　(清)冯廷櫆书　稿本　省图

古诗十九首书帖一卷　(清)刘淇书　清写本　省图

高南阜左手墨迹一卷　(清)高凤翰书　稿本　省图

玉虹楼帖不分卷　(清)孔继涑书　稿本　省图

绘事逋还杂咏一卷　(清)朱崇厚撰　清乾隆朱氏慎影堂自刻本　省图　山艺

毛鸿宾字册一卷　(清)毛鸿宾书　稿本(清毛承霖跋)　省图

澹园书画精册不分卷　(清)于祉撰并画　稿本　省图

广川画跋六卷　(宋)董逌撰　明韩宸刻本(清黄廷鉴校,清周星诒、秦更年、丁丙跋,魏锡曾校并跋)　明抄本(清丁丙跋)　清抄本　王氏书画苑本　四库全书本　十万卷楼丛书本　藏修楼丛书本　适园丛书本　翠琅玕丛书本　艺术丛书本　芋园丛书本　丛书集成初编本　总目　丛综　山艺　山大　省图　善目

画品(一名德隅斋画品)一卷　(宋)李廌撰　百川学海本　宝颜堂秘笈本　说郛本　四品汇钞本　美术丛书本　顾氏文房小说本　天都阁藏书本　(以下均名德隅斋画品)四库全书本　丛书集成初编本　王氏书画苑本　总目　丛综　山艺　山大　省图

中麓画品一卷　(明)李开先撰　见四库存目　明抄本　函海本　丛书集成初编本　美术丛书本　总目　丛综　山艺　省图　善目

解画琐言一卷　(清)张在辛撰　琐言本　清乾隆戊辰刊本　贩续

鹤涧老人题画诗一卷　(清)姜仲子撰　约清康熙四十七年刻本　贩续

高西园诗画录一卷　(清)高凤翰撰(清)邓元鏸编　清光绪刻本　亦轩　山大

清画家诗史十集二十卷　(清)李浚之辑　民国十九年刻本　贩记　山师

淄川毕氏古屏记一卷　(清)毕盛鉴辑　稿本　省博

十八尊者图　(清)丁善长绘　民国十九年丁氏石印本　山大

以上书画之属

乐府杂录一卷　(唐)段安节撰　续百川学海本　古今说海本　说郛本　古今逸史本　五朝小说本　五朝小说大观本　四库全书本　唐人说荟本　唐代丛书四集本　墨海金壶本　学海类编本　守山阁丛书本　湖北先正遗书本　增补曲苑全集本　丛书集成初编本　景印元明善本丛书十种本　中国文学参考资料小丛书本　总目　丛综　山艺　山大　省图

丝桐内外编二卷　(明)刘珠撰　明万历十七年刻本　贩记　山艺

沚亭琴谱一卷　(清)孙廷铨撰　沚亭诗集附刻本　孙文定公全集本　清康熙四十七年刻本(与沚亭文集合刻)　山艺　联目　省图　山大

琴谱指法省文一卷　(清)孙廷铨撰　清顺治至康熙师俭堂刻孙文定公全集本　丛综　省博　善目　省图

琴苑心传全编二十卷　(清)孔兴诱辑　清康熙九年刻本　贩续

龙吟馆琴谱二卷　(清)毛式郇撰　底稿本　贩续

桐荫山馆琴谱一卷　(清)王既雨、王心源、王秀南撰　诸城王氏抄本

琴学指南一卷　曲冬辑　稿本　省博

觱篥格　(唐)段成式撰　说郛(宛委山堂本)本　丛综　山大　省图

乾淳教坊乐部一卷　(宋)周密撰　说郛(宛委山堂)本　丛综　国学　山大　省图

以上音乐之属

印纪二卷　(明)凌云撰　约明天启六年刻本　贩续

带经堂印谱　(清)王启汧辑　淄博市图书馆藏本　淄图

续三十五举一卷再续三十五举一卷　(清)桂馥撰　仁和葛元煦刻本　清道光归安姚氏咫进斋丛书本　昭代丛书本　篆学琐著本　借月山房汇钞本　指海本　泽古斋重钞本　啸园丛书本　式古居汇钞本　丛综　山艺　省博　山大　省图

续三十五举一卷(乙巳更定本)　(清)桂馥撰　篆学琐著本　海山仙

馆丛书本　咫进斋丛书本　吉林探源书舫丛书本　丛书集成初编本　美术丛书本　丛综　山艺　省图　山大

相印轩印谱存一卷　(清)张贞撰　清康熙钤印本　善目　省博

相印轩印存不分卷　(清)张贞撰　民国二十四年渠印社影印本　省博

(安邱)张氏印谱四卷　(清)张在乙辑并藏　清钤印本　省图

篆印心法一卷　(清)张在辛撰　清乾隆家刻柏庭琐言十种本　丛综　山艺　省图　省博

张卯君印谱一卷　(清)张在辛撰　清钤印本　善目　省博

印谱宝典四十八卷　(清)张在戊撰　稿本　山艺　善目　省博

高南阜印谱一卷　(清)高凤翰撰　清钤印本(佚名题跋)　善目　省博

六印山房印记一卷附西亭十二字印记一卷　(清)高凤翰辑　清康熙五十三年钤印本(清田霡题诗)附清乾隆二年刻钤印本　善目

松雪堂印萃四卷　(清)郭启翼撰　清乾隆五十年钤印本　贩记　山艺　善目　省图　省博

望华楼印谱一卷　(清)朱崇典辑　清乾隆钤印本　善目　省图　省博

耕心堂印府二卷　(清)王祖斌撰并释文　钤印稿本　省博　善目

松筠桐荫馆印谱四卷　(清)郭伟勣撰　清钤印本　善目　省博　省图　印谱考　印谱知见

慎德堂印谱存二卷　(清)郭伟勣撰　清钤印本　省博　善目

印章初学须知一卷　(清)郭伟勣撰　清潍县郭氏松筠桐荫馆刻本　山艺　省博　善目

百岁纪年集印一卷　(清)郭伟勣撰　清钤印本　省博　善目

芸斋印谱一卷　(清)刁嶙篆　清乾隆三十年潍县曾员珂忠恕堂刻本　省博　善目　山师

四本堂印谱四卷　(清)陈森年辑　清乾隆四十七年印本　贩记　省图

松岩印谱一卷　(清)聂际茂撰　清乾隆十八年印本　贩续

怀古堂印谱不分卷　(清)聂际茂摹　清乾隆四十年钤印本　贩续　山艺

阴隲文印谱一册　(清)聂际茂篆(清)李文沐摹　清嘉庆十八年印本　清道光三十年钤印本　山艺　省图

文亭印草四卷二集四卷　(清)毕以绣撰　清嘉庆十八年钤印袖珍本　贩记　省图

仲平印存一卷　(清)郑基太篆辑　清道光钤印本(花寿山、孔庆彝等题跋)　省博　善目

双虞壶斋印谱四册　(清)吴式芬撰　清光绪间印本　贩记　山艺　省图

甄古斋印谱一卷　(清)王石经篆辑　民国十三年上海涵芬楼影印本　省博　省图

海隅山馆印存一卷　(清)丁树桢撰　清钤印本　省博

宝经堂印谱一卷　(清)李学瑢篆辑　清钤印稿本　省博

封氏印谱四卷　(清)封大受撰　拓本　国学

海岳楼藏印甲集二卷　王献唐撰　钤印本　(王献唐手跋)　省博　双行

以上印谱之属

尤射一卷　(魏)缪袭撰　增订汉魏丛书本　续百川学海本　唐宋丛书本　说郛(宛委山堂本)本　五朝小说本　五朝小说大观本　丛综　山艺　山大

杂剧段数一卷　(宋)周密撰　说郛(宛委山堂本)本　丛综　省图　山大

偏安艺流一卷　(宋)周密撰　重订欣赏编本　说郛(宛委山堂本作艺流供奉志一卷)　丛综　省图　山大

打马图(一名打马图谱,又名打马图经)一卷　(宋)李清照撰　重订欣赏编本　清嘉庆二十二年秦氏石研斋抄本(清秦恩复跋)　清翁同龢抄本　绿窗女史本　说郛(宛委山堂本)本　夷门广牍本(以下均作打马图谱)　游艺四种本　观自得斋丛书本　景印元明善本丛书十种本　粤雅堂丛书本　丽廔丛书本　郎园先生全书本　丛综　山艺　山大

省图　善目
诗禅不分卷　(明)李开先撰　清抄本　山艺　善目
掉谱合参一卷　(清)王国祉撰　清康熙三十二年刻本
清寤斋心赏编一卷　(明)王象晋撰　见四库存目(总目、山艺作清寤斋欣赏编)　明刻本　王渔洋遗书本　总目　丛综　省博　山艺　山大　省图
六家奕谱六卷　(清)王彦侗编　清咸丰七年刻本　山艺　省图
投壶算草一卷　(清)牟庭撰　清抄本　山艺　省博
清诒堂灯谜一卷　(清)王筠辑　稿本　善目　省图
覆瓿社灯谜一卷　(清)王筠撰　稿本(清王彦侗跋)　善目　省图
平陵勤拙斋灯谜笑言一卷　题历下平陵子撰　抄本　省图

以上游艺之属

附马国翰艺术类辑佚书(非山东人著作):
艺经一卷　(魏)邯郸淳撰
草书状一卷　(晋)索靖撰
四体书势一卷　(晋)卫恒撰
投壶变一卷　(晋)虞潭撰
古今乐录一卷　(陈)释智匠撰
琴历一卷
琴书一卷　(唐)赵惟暕撰
水饰一卷　(唐)杜宝撰

以上均玉函山房辑佚书本　丛综　省图　山大

以上艺术类凡一百部,二百七十七卷,内不分卷者十四部;附录九部,九卷。

工 艺 类

墨经一卷　(宋)晁贯之撰　续百川学海本　小十三经本　重订欣赏编

本　夷门广牍本　津逮秘书本　唐宋丛书本　说郛本　楝亭藏书十二种本　四库全书本　学津讨原本　涉园墨萃本　丛书集成初编本　美术丛书本　景印元明善本丛书十种本　总目　丛综　山艺　山大　省图

摩墨亭墨考一卷　　(清)颜懋企、颜崇槼撰　底稿本　清乾隆抄本(傅增湘跋,山艺作颜氏墨考,贩续作残本摩墨亭墨考,无卷数)　山艺　善目　贩续

辑砚琐言一卷　　(清)张在辛撰　琐言本　丛综

砚史四卷　　(清)高凤翰撰　清道光中宿迁王相摹刻本　清咸丰元年(一作二年)秀水王相勒石拓本　贩续　山艺　省博　山大

笔经一卷　　(晋)王羲之撰　五朝小说本　五朝小说大观本　说郛(宛委山堂本)本　古今说部丛书本　丛综　山艺　山大　省图

酒谱一卷　　(宋)窦苹撰　百川学海本　唐宋丛书本　说郛(宛委山堂本)本　四库全书本　总目　丛综　山艺　山大　省图

以上工艺类凡六部,九卷。

杂家类

於陵子一卷　　(周)陈仲子撰　秘册汇函本　廿二子全书本　子书百家本　百子全书本　子书四十八种本　丛书集成初编本　清光绪崇文书局刻本　国学　丛综　山艺　山大

尹文子二卷　　(周)尹文撰　道藏本　明嘉靖三十年刘禋刻本　明泰和堂刻本　明刻本　明抄本　且且庵初笺十六子本　佞汉斋丛书本　道藏举要本　十二子本(一卷)　五子书本(一卷)　子汇本(一卷)　二十家子书本(一卷)　先秦诸子合编本(一卷)　四库全书本(一卷)　墨海金壶本(一卷)　廿二子全书本(一卷)　子书百家本(一卷)　四部丛刊本(一卷)　景印元明善本丛书十种本(一卷)　总目　丛综　山艺　山大　善目

尹文子　(周)尹文撰(明)归有光辑评　诸子汇函本　丛综　山大　善目

尹文子佚文一卷补遗一卷　(周)尹文撰(清)王仁俊辑　经籍佚文本

尹文子一卷　(周)尹文撰(清)汪继培校　湖海楼丛书本　清芬堂丛书本　丛综　山大

尹文子一卷附校勘记逸文一卷　(周)尹文撰　校勘记(清)钱熙祚撰并辑逸文　守山阁丛书本　袖珍古书读本本　诸子集成本　四部备要本　丛综　山大

尸子　(周)尸佼撰(明)归有光辑评　诸子汇函本　丛综　山大

尸子三卷附录一卷　(周)尸佼撰附录(清)惠栋辑(清)任兆麟补遗　心斋十种本　丛综　山艺　山大

尸子二卷　(周)尸佼撰(清)孙星衍辑　问经堂丛书本　平津馆丛书本　子书百家本　百子全书本　求是斋丛书本　四部备要本　丛综　山艺　山大

尸子二卷存疑一卷　(周)尸佼撰(清)汪继培辑　湖海楼丛书本　二十二子本(王仁俊校)　二十五子汇函本　子书二十二种本　子书二十八种本　子书四十八种本　丛综　善目　山大

尸子一卷　(周)尸佼撰张之纯评注　评注诸子菁华录本　丛综　山大

尸子一卷　(周)尸佼撰(清)任兆麟选辑　述记本　山艺　丛综　山大

公孙龙子悬解　王献唐撰　民国十七年中华书局排印本　省博

邹阳书一卷　(汉)邹阳撰(清)马国翰辑　玉函山房辑佚书本　丛综　山艺　山大

终军书一卷　(汉)终军撰(清)马国翰辑　玉函山房辑佚书本　丛综　国学　山艺　山大

主父偃书一卷　(汉)主父偃撰(清)马国翰辑　玉函山房辑佚书本　丛综　山艺　山大

严安书　　(汉)严安撰(清)马国翰辑　玉函山房辑佚书本　丛综　山艺　山大

刘子十卷　　题(梁)刘勰撰(或题北齐刘昼)　宋刻本(卷一至卷二配明刻本,清孙星衍、黄丕烈跋)　明刻本(清黄丕烈跋)　明万历二十年蒋以化刻本(清丁丙跋)　明末刻本(清卢文弨校并跋)　明龙川精舍抄本　明抄本(清叶子寅、许心扆跋,清黄丕烈、陆拙生校并跋)　道藏本　四库全书本　畿辅丛书本　道藏举要本　丛书集成初编本　汉魏丛书本(作刘子新论,清黄丕烈校并跋,清陆损之校)　百子全书本(傅增湘校并跋)　清抄本　总目　丛综　善目　山大

任子道论一卷　　(魏)任嘏撰(清)马国翰辑　玉函山房辑佚书本　丛综　山艺

昭德新编三卷　　(宋)晁迥撰　晁氏三先生集本　四库全书本　总目　丛综　山大

晁氏客语一卷　　(宋)晁说之撰　百川学海本(王国维校并跋)　明嘉靖三十三年晁瑮宝文堂刻本　明抄本　晁氏三先生集本　说郛(宛委山堂本)本　四库全书本　学海类编本　丛书集成初编本　说郛本　总目　丛综　善目　山艺　山大

文昌杂录六卷补遗一卷　　(宋)庞元英撰　清徐氏传是楼抄本　雅雨堂藏书本(清沈钦韩校注并跋,王国维校并跋)　四库全书本　学津讨原本　丛书集成初编本　总目　丛综　山艺　善目　山大　省图

诗谭续集一卷　　(宋)罗大经撰(明)叶廷秀节评　叶润山辑注全书本(此书节录罗大经撰鹤林玉露)　丛综

支谈三卷　　(明)焦竑撰　见四库存目　宝颜堂秘籍本　总目　丛综　山艺　山大

小憩余言仅斋率笔　　(明)戴流撰　明杨士聪刻本　明崇祯济宁李用质姑苏刻本　山艺

教款捷要无卷数　　(清)马伯良撰　清康熙十七年刻本　清乾隆四十五年重刻本　清嘉庆二十二年刻本　贩续

澹浦恒言四卷　(清)贾应宠撰　清抄本　善目　省博
学基四卷　(清)王吉中撰　稿本　善目　省博

以上杂学之属

东原录一卷　(宋)龚鼎臣撰　四库全书本　函海本　艺海珠尘本　十万卷楼丛书本　丛书集成初编本　宋人小说本　总目　丛综　山艺　山大
珩璜新论(一名孔氏杂说)一卷　(宋)孔平仲撰　古今说海本　格致丛书本　唐宋丛书本　说郛(宛委山堂本)本　说库本　四库全书本　墨海金壶本　珠丛别录本　宋人小说本　宝颜堂秘笈本(四卷)　学海类编本(四卷)　丛书集成初编本(四卷)　明嘉靖三十七年杨氏七桧山房抄本(清杨仪、黄丕烈校并跋)　明王氏郁冈斋抄本　明抄本　清抄本(清陈鳣校跋、清丁丙跋)　总目　丛综　山艺　善目　山大
师友谈记(一名济南先生师友谈记)一卷　(宋)李廌撰　百川学海本　豫恕堂丛书本　说郛(宛委山堂本、商务印书馆本)本　四库全书本　学津讨原本　反约篇本　榕园丛书本　丛书集成初编本　总目　丛综　山艺　山大
齐东野语二十卷　(宋)周密撰　明正德十年胡文璧刻本(另一本四库底本,又一本清孙星衍跋)　稗海本　津逮秘书本(清劳权补目并录吴翌凤校跋)　明刻本　四库全书本　学津讨原本　说库本　宋人小说本　丛书集成初编本　历代小史本　(以下均为一卷)说郛(宛委山堂本)本　五朝小说本　五朝小说大观本　无一是斋丛钞本　景印元明善本丛书十种本　总目　丛综　山艺　山大　省图　善目
齐东野语二十卷　(宋)周密撰　1983年中华书局点校本　山大
浩然斋视听钞一卷　(宋)周密撰　说郛(宛委山堂本)本　说郛(商务印书馆本作浩然斋意抄)本　古今说部丛书本　丛综　山艺　山大
志雅堂杂钞一卷　(宋)周密撰　明抄本(明姚咨校并跋)　清康熙五十九年吴允嘉抄本(清吴允嘉批校并跋)　清抄本(清李文锐补目并跋、戴光曾跋、鲍廷博校)　清王氏十万卷楼抄本　清抄本(清周星诒跋)　说郛(宛委山堂本)本　古今说部丛书本　美术丛书本　笔记小说大观本

得月簃丛书本 (以下均为二卷)粤雅堂丛书本 清嘉庆十四年余集刻本 清抄本(八卷,清丁丙跋) 学海类编本(十卷,傅增湘校并跋) 丛综 山艺 山大 善目 双行续

逌旃璅语一卷 (明)苏祐撰 见四库存目 说郛续本 总目 丛综 山艺 山大

笔麈(一名谷山笔麈)十八卷 (明)于慎行撰 明万历四十一年于纬刻本(清李葆恂、吴重熹跋) 明天启五年于纬刻本 明天启沈域刻本 清抄本 民国十年东阿教育工厂石印本 总目 善目 山艺 省图 省博 山大 善本提要

焦氏笔乘六卷续集八卷 (明)焦竑撰 见四库存目 明万历间刻本 粤雅堂丛书本 金陵丛书本 丛书集成初编本 总目 丛综 山艺 山大 善本提要

蒿庵闲话二卷 (清)张尔岐撰 清康熙徐氏真合斋磁版印本 清信芳阁活字印本(蒋因培跋)见四库存目 清李文藻家抄本(清李文藻校并跋,李希圣跋) 贷园丛书初集本(善目著录乾隆刻本,疑即此本,清张澍批校) 昭代丛书(道光本)本 (以下均为一卷)粤雅堂丛书本 清代笔记丛刊本 笔记小说大观本 丛书集成初编本 总目 丛综 善目 山艺 省博 省图 山大 双行续

槐轩小草一卷 (清)王曰高撰 清康熙刻本 善目 省图

暑窗臆说二卷 (清)王钺撰 世德堂遗书本 清康熙家刻本 善目 丛综 山艺 省博

艮斋笔记八卷 (清)李澄中撰 稿本 清抄本(另一清抄本存后四卷) 山艺 善目 省图

雪岩翁集八卷 (清)成芸撰 清抄本 善目 省图

志壑堂杂记一卷 (清)唐梦赉撰 昭代丛书(道光本)本 丛综 国学 山大

分甘余话四卷 (清)王士禛撰 清康熙王兆梀写刻本(光鼐题跋) 清康熙程哲七略书堂刻本 王渔洋遗书本(清焦循批并跋) 四库全书本 说铃本(二卷) 古今说部丛书本(二卷) 民国十六年扫叶山房石印

本　总目　山艺　丛综　善目　省博　仅好斋　山大　山师

古夫于亭杂录六卷　(清)王士禛撰　王渔洋遗书本(五卷)　清康熙如皋范邃广陵刻本(王宷廷题跋)　四库全书本　啸园丛书本　1988 年中华书局赵伯阳点校本　总目　丛综　善目　山艺　省博　山大　省图

池北偶谈二十六卷　(清)王士禛撰　稿本(不分卷)　清康熙三十六年临汀郡署刻本　王渔洋遗书本　四库全书本　清代笔记丛刊本　清代笔记小说大观本　民国二十五年大连图书供应社排印本　1982 年中华书局靳斯仁点校本　总目　丛综　善目　省博　省图　山艺　山大　山师

居易录三十四卷　(清)王士禛撰　清道光六安晁氏活字本　王渔洋遗书本　四库全书本　学海类编本　丛书集成初编本(三卷)　总目　丛综　山艺　善目　国学　省博　山大

香祖笔记十二卷　(清)王士禛撰　王渔洋遗书本(清潘德舆批)　清康熙四十四年家刻本　四库全书本　申报馆丛书本　清代笔记丛刊本　笔记小说大观本　1982 年上海古籍出版社湛之点校本　总目　丛综　善目　省博　山艺　山大

庚寅漫录一卷　(清)王士骥撰　稿本　清抄本　善目　省图　北图

聊斋鹤轩笔札一卷　(清)蒲松龄撰　清抄本　省博

海上随笔　(清)刘翼明撰　抄本　青图

奈园录三卷　(清)颜光敏撰　颜修来杂著五种稿本　丛综补

幼学编不分卷　(清)田雯撰　清刻本　山艺　山师

侧垫录八卷　(清)田需撰　清抄本　山艺　善目

拾箨余闲一卷　(清)孔毓埏撰　清抄本(孔继涵校,善目作一卷)　清康熙五十九年刻本(佚名校)　贩记　山艺　善目　北善

青社遗闻一卷　(清)安致远撰　清梁成元抄本　民国十六年潍县十笏园删节本　省博

古欢堂笔记一卷　(清)田同之撰　稿本　善目　省博

什一录四卷　(清)王沛憻撰　清雍正元年黄日瑚刻本　善目　省博

过庭录一卷　(清)傅亶初撰　清乾隆间傅廷鎏刻光绪间傅丙昌修本　山艺　省博

红榈书屋未刻稿二卷　(清)孔继涵撰　民国山东省立图书馆抄本　省图　双行续

小沧浪笔谈四卷　(清)阮元撰　文选楼丛书本　丛书集成初编本　丛综　山大

晒书堂笔记二卷晒书堂笔录六卷　(清)郝懿行撰　郝氏遗书本　丛综　山艺　省博　省图　山大

旅食贤已录六卷　(清)张中峰撰　清嘉庆二十三年于书佃抄本　省图

南圃笔谈无卷数　(清)高贞明撰　清光绪二十九年费邑高氏文山堂刻本　贩续　山大

瀛山笔记二卷　(清)黄士埙撰　清乾隆三十年绣雪堂刻本　贩续

乔朴轩杂记一卷　(清)乔子忠撰　清嘉庆自刻本　省博

徐沟笔记一卷　(清)王筠撰　稿本　山艺　善目　省博

十二笔舫杂录十二卷　(清)李兆元撰　清道光光刻本　掖海丛书本　丛综　山艺

听雨楼随笔八卷　(清)王培荀撰　清道光二十五年自刻本　1987 年巴蜀书社魏尧西点校本　山艺　善目　省博　山大

乡园忆旧录六卷　(清)王培荀撰　清道光二十五年自刻本　清增刻道光本(八卷)　山艺　善目　省博　山师

意园偶记不分卷　(清)孙孝源撰　稿本(文赓亮批)　省图　双行续

蟫食余编六卷　(清)周怀绶撰　稿本(汤永清跋)　省图

三味斋随录一卷　(清)王煜撰　三味斋存稿四种稿本　善目　省博

游艺山房杂记六卷　(清)丁明善撰　清光绪日照刻本(与文集、诗集合刻)　省博

竹筠辑稿不分卷　(清)王竹筠辑　稿本　省图

欢喜无量轩随笔一卷　(清)查葆琛撰　稿本　省图

春韭园随笔四卷　(清)郭麟撰　稿本　省图

适斋随笔一卷适斋笔记一卷　(清)王守训撰　稿本　善目　省博

兴学创闻一卷　(清)江钟秀撰　清光绪三十三年历城江氏刻勉成先志本　南大丛　青图

御书征言无卷数　(清)江钟秀撰　清光绪三十三年历城江氏刻勉成先志本　南大丛

明湖客影录一卷　孙松龄撰　民国三十六年排印本　省博

藜青室札记一卷寄庵札记一卷还读庵笔记不分卷　丁心佛撰　稿本　省博

建屏杂记一卷退轩旧闻录一卷　王价藩撰　稿本　省博

退轩呓语一卷　王价藩撰　稿本　省博

次通杂录一卷丛花斋谈丛一卷岵原杂记一卷　王亨豫撰　稿本　省博

东轩杂记一卷　王常师撰　稿本　省博

青社琐记四卷　邱琮玉撰　稿本(存四卷)　省博

睡余醒笔不分卷　郝允贤撰　民国二十六年蓬莱育文印书社排印本　省博

拙窝未定稿一卷　李云恬撰　民国二十四年大连乾昌印刷术排印本　省博

拙窝杂存一卷　李云恬撰　民国二十五年排印本　省博

以上杂说之属

王子正论一卷　(魏)王肃撰(清)马国翰辑　玉函山房辑佚书本　丛综　山艺

困学纪闻钞二卷　(清)刘孔中选(清)周亮工参订　清顺治八年刻本(经史两集)　贩续

困学纪闻札记不分卷　(清)马星翼撰　民国山东省立图书馆抄本　省图

西圃丛辨三十二卷　(清)田同之编　清乾隆十九年德州李世垣刻本　清乾隆德州田氏诗野堂刻本　德州田氏丛书本　丛综　善目　山艺

省图　省博　山大

札朴十卷　(清)桂馥撰　清嘉庆十八年山阴李氏刻本　心矩斋丛书本　丛综　山艺　贩记　国学　省博　山大

雪泥书屋杂志四卷　(清)牟庭撰　清牟房辑抄本(存二卷)　清道光二十八年安吉官署刻本　清咸丰五年牟房安吉郡署刻本　民国栖霞霞山石印局石印本　山东省图书馆抄本　续提要　贩记　贩续　省博　省图　山大

雪泥书屋杂著一卷　(清)牟庭撰　抄本　省博

篛园日札八卷　(清)成瓘撰　稿本(初稿五卷,续稿不分卷,存卷一至四,清叶志诜跋)　稿本(存卷一至四)　清抄本(七种九卷)　清道光十七年成瓘重定写本　商务印书馆排印本　善目　山艺　山大

虫弋十八卷　(清)李国柱撰　清抄本　山艺　善目　省博

倦游庵槧记不分卷　(清)周悦让撰　清家抄底本(赵孝录题跋)　稿本(二十五卷)　民国二十七年王献唐四川抄本并题跋　山艺　善目　省博

菉友臆说一卷附录一卷　(清)王筠撰　稿本　清光绪二十二年安邱王彦侗武阳学署刻本(贩记无附录一卷)　灵鹣阁丛书本　丛书集成初编本　贩记　丛综　国学　善目　山艺　山大

菉友蛾术编二卷　(清)王筠撰　王菉友九种本　清咸丰十年宋官疃刻本　丛综　山艺　贩记　省博

管见举隅二卷读书绪论二卷　(清)王培荀撰　清道光二十八年至二十九年淄川王氏荣梨官廨刻本　贩记

攀古小庐杂著十二卷　(清)许瀚撰　稿本(不分卷)　清光绪海丰吴重憙刻本　贩记　善目

吾庐笔谈八卷　(清)李佐贤撰　清光绪元年刻本　石泉书屋全集本　丛综　山艺　山大

家言随记四卷　(清)王贤仪撰　清同治九年男钟霖素风堂刻本　山艺　省博

▲子部

午窗随笔四卷　(清)郭梦星撰　宝树堂遗书本　丛综　山艺
袁氏随笔考证三卷补遗一卷　(清)张绩田撰　稿本　善目　省博
岁余偶录二卷　(清)孙葆田撰　清同治自刻本　省博

以上杂考之属

谈助一卷　(宋)晁载之撰　说郛(商务印书馆本)本　丛综　山艺　山大
续谈助五卷　(宋)晁载之(郘亭书目及善目均题晁伯亨)辑　明嘉靖四十年茶梦斋姚咨抄本(清姚咨、张燮、黄丕烈、孙原湘跋)　清钱氏守山阁抄本　清抄本　粤雅堂丛书本　十万卷楼丛书本　丛书集成初编本　丛综　善目　山艺　山大　省图
青莲露六笺六卷　(明)叶苇撰　明万历四十年刻本　贩记
靳史三十卷　(明)查应光辑　明天启五年刻本　贩续
笔谈一卷　(明)王崇义撰　约明崇祯间刻本　贩续
冬心斋摭言枕秘不分卷　(清)王士禛撰(清)金农辑　清郑小邑抄本　善目
膘鲭小纪不分卷　(清)颜崇椝撰　稿本　省图
微波榭杂抄不分卷　(清)孔广栻辑　稿本　善目
在庵笔闻四卷　(清)单可基撰　清嘉庆抄本　省图　山大
订补庐中集十卷　(清)周南撰(清)周东晓订补　清乾隆五十八年自抄本　省图
读书杂录不分卷　(清)刘耀椿撰　民国二十七年抄本　省图
绍衣堂偶记一卷　(清)杨和庵辑　稿本　省图
读古偶志一卷　(清)孔传铎撰　清道光十一年刻本　贩记　山艺
式古编五卷　(清)庄瑶撰　清道光十八年刻本　民国八年莒州知州周仁寿捐奉郁文馆石印本　山艺　省博
樵语二卷　(清)翟化鹏撰　民国元年排印本　贩续　省博
谚语类钞四卷附一卷　(清)阎湘蕙辑　民国二十六年山东省立图书馆抄本　省图
采真别墨一卷　郑文焯撰　稿本　善目

悔庵丛纂二卷　丁心佛撰　稿本　省博

日记故事二卷　王相撰　通行本　石印本　国学

以上杂纂之属

皇览一卷　(魏)刘劭(魏)王象、缪袭等撰(清)孙冯翼辑　问经堂丛书本(山东通志艺文志考证皇览系王象缪袭等撰,今从山艺补缪袭)　丛书集成初编本　丛综　山艺

纂要一卷　(刘宋)颜延之撰(清)马国翰辑　玉函山房辑佚书本　丛综　山艺　山大

要雅一卷　(刘梁)刘杳撰(清)马国翰辑　玉函山房辑佚书本　丛综　山艺　山大

修文殿御览残一卷　(北齐)徐之才、颜之推撰　鸣沙石室佚书本　龙谿精舍丛书本　丛综　山艺

太平御览一千卷　(宋)李昉、张宏等纂　四库全书本　清嘉庆二十三年歙县鲍氏刻本　中华书局重印涵芬楼宋刻本　总目　山艺　山大　善目

册府元龟一千卷　(宋)王钦若、杨亿、戚纶等奉敕撰　四库全书本　明崇祯李嗣章刻本　中华书局影印涵芬楼宋刻本　总目　丛综　山艺　山大　善目

后六帖三十卷　(宋)孔传撰　明刻本　四库全书本(与唐白居易的白氏六帖合为白孔六帖一百卷)　总目　丛综　山艺　山大

龙筋凤髓判注四卷　(唐)张鷟撰(明)刘允鹏注(清)陈春补正　四库全书本　学津讨原本(二卷)　湖海楼丛书本　海山仙馆丛书本　丛书集成初编本　总目　丛综　山艺　山大

诗学事类二十四卷　(明)李攀龙撰　见四库存目　格致丛书本　总目　丛综　山艺　山大

诗学大成二十四卷　(明)李攀龙撰　明唐顺之刻本　国学

韵学事类十二卷　(明)李攀龙撰　格致丛书本　总目　丛综　山艺

韵学渊海大成十二卷　(明)李攀龙撰　旧刻本　见四库存目　总目

山艺

经济类编一百卷　(明)冯琦撰　明万历三十二年周家栋刻本(王鼎题跋)　四库全书本　总目　丛综　善目　山艺　山大　省博

玉海纂二十二卷　(明)刘鸿训编　见四库存目　八珍斋刊巾箱本　清初刘孔中邓汉仪等刻本　总目　善目　省博　山艺

焦氏类林八卷　(明)焦竑撰　见四库存目　粤雅堂丛书本　丛书集成初编本　总目　丛综　山大　山艺

典制纪略　(清)孙承泽撰　见四库存目　总目　山艺

文苑汇典十卷　(清)张之騄撰　稿本　省图

制义文统类编不分卷　(清)赵国麟辑注　清乾隆五年存二堂刻本　省博

二酉汇删二十四卷　(清)王训撰　清康熙三年王氏择雅堂刻本　见四库存目　总目　山艺

古今疏十五卷　(清)朱虚撰　清顺治万卷楼刻本　见四库存目　总目　山艺

咏孝类编六卷　(清)夏中言撰　清嘉庆二十一年齐河马受昌刻本　山艺

古今氏族纪里五十四卷　(清)邵大纬撰　稿本(无卷数)　山艺　省图

诗赋骈字类珠八卷　(清)萧熿撰　清嘉庆二十一年福山萧氏万卷楼刻本　山艺　省博

诗赋骈字类珠续集二十四卷　(清)萧燂、萧培畹撰　清道光十六年福山萧氏家刻本　省博

缦耕斋同姓名录八卷附录一卷　(清)张兴留辑　稿本　善目　山艺　省图

人镜集五十四卷　(清)孟云峰撰　清咸丰元年章邱孟氏鹤山堂刻本　贩记　山艺　省博

增定诗韵便览五卷　(清)王星奎撰　清同治十三年刘守琪刻本　省博

青图

急就新篇十卷　　(清)郭麟撰　稿本　省图

以上类书之属

附马国翰杂家类辑佚书(非山东人著作):

惠子一卷　　(周)惠施撰

苏子一卷　　(周)苏秦撰

阙子一卷　　(周)阙□撰

由余书一卷　　(周)由余撰

蒯子一卷　　(汉)蒯通撰

晁氏新书一卷　　(汉)晁错撰

徐乐书一卷　　(汉)徐乐撰

崔氏政论一卷　　(汉)崔寔撰

蒋子万机论一卷　　(魏)蒋济撰

刘氏政论一卷　　(魏)刘廙撰

阮子政论一卷　　(魏)阮武撰

世要论一卷　　(魏)桓范撰

杜氏体论一卷　　(魏)杜恕撰

笃论一卷　　(魏)杜恕撰

诸葛子一卷　　(吴)诸葛恪撰

裴氏新言一卷　　(吴)裴玄撰

默记一卷　　(吴)张俨撰

士纬一卷　　(吴)姚信撰

新义一卷　　(吴)刘廞撰

秦子一卷　　(吴)秦菁撰

陈子要言一卷　　(吴)陈融撰

唐子一卷　　(吴)唐滂撰

时务论一卷　　(晋)杨伟撰

化清经一卷　(晋)蔡洪撰

邹子一卷　(晋)邹□撰

苏子一卷　(晋)苏彦撰

陆氏要览一卷　(晋)陆机撰

杜氏幽求新书一卷　(晋)杜夷撰

干子一卷　(晋)干宝撰

析言论一卷附古今训　(晋)张显撰

广志二卷　(晋)郭义恭撰

孙子一卷　(晋)孙绰撰

苻子一卷　(晋)苻朗撰

文释一卷　(刘宋)江邃撰

少子一卷　(南齐)张融撰

洞极真经一卷　(后魏)关朗撰

博物记一卷　(汉)唐蒙撰

袁子正论一卷　(晋)袁准撰

古今通论一卷　(晋)王婴撰

读书记一卷　(隋)王劭撰

鉴戒象赞一卷　(后魏)常景撰

古今善言一卷　(刘宋)范泰撰

以上均玉函山房辑佚书本　丛综　山大　省图

以上杂家类凡一百五十五部,二千九百七十一卷,内不分卷者二十四部;附录五十三种,八十一卷。

小　说　类

世说新语三卷　(刘宋)刘义庆撰(梁)刘孝标注　唐写本(一卷)　宋宝庆三年刘应登原刻　宋元间坊肆增刻评语本(叶昌炽晋书题记)　宋刻

本(三卷) 元至元二十四年刘应登原刻元坊肆增刻评语本 元坊刻本 朝鲜旧抄本 明渤海吴瑞征刻巾箱本 明嘉靖十四年袁褧嘉趣堂刻本(明周天爵跋,另一本清冯舒批校、何煌校并录陈景云等校语,又一本清陈庆华跋,又一本严复批校,又一本傅增湘校并跋) 明嘉靖四十五年太仓曹氏刻本 明万历七年管大勋刻本 明万历二十五年赵氏野鹿园刻本 明万历三十二年邓原岳刻本 明万历三十七年周氏博古堂刻本(清丁晏批校,另一本傅增湘跋并录清何焯批校题识) 明万历间吴兴凌瀛初刻朱墨黄蓝四色套印本 明刻本(邓邦述校并跋,另一本丁祖荫校并跋) 清道光八年周心如纷欣阁刻本(清李慈铭校注并跋) 清光绪十七年思贤讲舍校本(清程笃原校注) 明吴勉学刻本(以下均为六卷) 明吴中珩刻本 明凌瀛初刻四色套印本 明正德四年赵俊刻本(八卷) 四库全书本 摛藻堂四库全书荟要本 惜阴轩丛书本 龙谿精舍丛书本 四部丛刊本(附清沈岩校语一卷) 四部备要本 崇文书局汇刻书本(六卷) 诸子集成本(六卷) 总目 善目 丛综 山艺 省图 山大

世说新语广钞二卷 (明)邢侗辑 明末刻本 善目

世说旧注一卷 (明)杨慎辑 说郛续本 函海本 丛书集成初编本 丛综 山大

(世说新语刘注)引用书目一卷佚文一卷 叶德辉撰 清光绪十七年思贤讲舍刻本(附世说新语后) 善目

(世说新语)校勘小识一卷补一卷 (清)王先谦校注 清光绪十七年思贤讲舍刻本(附世说新语后) 善目

庐陵官下记 (唐)段成式撰 说郛(宛委山堂本)本 丛综 山艺 国学 省图 山大

酉阳杂俎(一名唐段少卿酉阳杂俎)二十卷续集十卷 (唐)段成式撰 明刻本(清丁晏跋) 明万历三十六年李云鹄刻本(李盛铎跋) 明万历三十六年常熟赵琦美脉望馆刻本 明刻本(续集配明万历三十六年李云鹄刻本,清黄丕烈校并跋) 明万历书林郑能琅嬛斋刻本 清初抄本(清劳权题识) 津逮秘书本 四库全书本 摛藻堂四库全书荟要

本　学津讨原本　崇文书局汇刻书本(清谭献校并跋)　湖北先正遗书本　丛书集成初编本　四部丛刊景印明刻本　清光绪三年崇文书局刻本　1987年中华书局方南生点校本　总目　丛综　善目　山艺　省图　山大　仅好斋

酉阳杂俎校一卷　　(清)蒋光煦校　涉闻梓旧本　丛书集成初编本　丛综　山大　省图

唐摭言(一作摭言)十五卷　　(五代)王定保撰　清影宋抄本　明万历清真馆刻本　明天一阁棉纸蓝格写本　明抄本(邓邦述跋,另一明抄本存卷一至十)　清王氏池北书库抄本(清王士禛跋)　清初抄本(清宋筠校跋并录王士禛、朱彝尊题识)　清初抄本(清丁丙跋)　清抄本(存卷一至二　七至十二)　清金氏文瑞楼抄本(清宋宾王录朱彝尊、王士禛跋,李宏信校并跋)　清抄本(存卷八至十五,清厉鹗校并跋,劳权题识)　清抄本(清黄丕烈、顾广圻跋,周星诒校并跋)　清道光二十三年管廷芬抄本(清管廷芬、丙鸿跋)　雅雨堂藏书本(作摭言,傅增湘校并录清厉鹗题识)　四库全书本　学津讨原本　啸园丛书本　丛书集成初编本　中国文学参考资料小丛书本　中华书局点校本　总目　丛综　山艺　善目　省图　山大

唐摭言校一卷　　(清)蒋光煦撰　涉闻梓旧本　丛书集成初编本　丛综　省图　山大

梁四公记一则　　(唐)梁载言撰　旧小说本　丛综　山艺

鉴戒录十卷　　(后蜀)何光远撰　知不足斋丛书本(傅增湘校)　清抄本(清黄丕烈校并跋)　四库全书本　学津讨原本　学海类编本　崇文书局丛书本　说郛(商务印书馆本)本　总目　丛综　善目　山艺　山大　省图

太平广记五百卷目录十卷　　(宋)李昉等撰　明嘉靖四十五年谈恺刻本(清周星诒跋,另一本清丁丙跋)　明活字印本(存一至二百六十、二百六十五至五百)　明许自昌刻本(清吴骞跋,另一本傅增湘录清陈鳣跋、吴骞题识)　清沈氏野竹斋抄本　明有嘉堂抄本　四库全书本　清嘉庆元年宝章堂刻本　笔记小说大观本　总目　丛综　善目　山艺

省图　山大　仅好斋

孔氏谈苑(一名谈苑)四卷　(宋)孔平仲撰　明穴砚斋抄本　明抄本(清黄廷鉴跋)　宝颜堂秘笈本(书名作谈苑)　四库全书本　艺海珠尘本(五卷)　丛书集成初编本(五卷)　总目　丛综　善目　山艺　省图　山大

续世说十二卷　(宋)孔平仲撰　明抄本　清张蓉镜抄本(清孙原相、蒋凤藻跋)　清抄本　宛委别藏本　守山阁丛书本　粤雅堂丛书本　丛书集成初编本　四部备要本　善目　丛综　山艺　山大　省图

暇日记一卷　(宋)刘跂撰　五朝小说本　说郛(宛委山堂本)本　五朝小说大观本　丛综　山艺　山大　省图

陶朱新录一卷　(宋)马纯撰　说郛(宛委山堂本)本　五朝小说本　五朝小说大观本　四库全书本　墨海金壶本　珠丛别录本　广四十家小说本　总目　丛综　山艺　山大　省图

谈薮一卷　(宋)庞元英撰　见四库存目　百川学海本　说郛(宛委山堂本)本　五朝小说本　学海类编本　古今说部丛书本　总目　丛综　山艺　山大　省图

澄怀录三卷　(宋)周密撰　明嘉靖二十六年百川高氏抄本(清林佶跋)　明抄本(傅增湘校并跋)　明抄本　清抄本　清吴翌凤家抄本　清二如居抄本(清丁丙跋)　清光绪二年李文田家抄本(清潘祖荫跋、傅增湘校)　精抄本　清厉樊榭钞校本　榕园丛书本　丛综　山艺　国学　省图　山大　善目

癸辛杂识前集一卷后集一卷续集二卷别集二卷　(宋)周密撰　明抄本(明冯梦龙校,清冯文昌、黄丕烈、韩应陛跋)　明抄本　清张氏照旷阁抄本(清张海鹏校)　清卢文弨抄本(清卢文弨校并跋、丁丙跋)　稗海本　津逮秘书本　清带绿堂重印津逮秘书本(清吴骞跋)　四库全书本　学津讨原本　1988年中华书局吴企明点校本　总目　善目　丛综　国学　省图　山大

至正直记四卷　(元)孔齐撰　见四库存目　粤雅堂丛书本(书名作静斋至正直记)　总目　丛综　山艺　山大　省图

▲子部

玉堂丛语八卷　(明)焦竑撰　见四库存目　明万历四十六年钱塘徐象橒曼山馆刻本　总目　山艺　省图　山大

剪桐载笔一卷　(明)王象晋撰　见四库存目　汲古阁刻本　总目　省博　山艺　善目

云蕉馆纪谈一卷　(明)孔迩撰　稗乘本　说郛续本　古今说部丛书本　丛书集成初编本　丛综　国学　山大　省图

渔洋说部精华十二卷　(清)王士禛撰(清)刘坚编　清康熙刻王渔洋全集本　啸园丛书本　民国三年扫叶山房石印本　丛综　省博　国学　山大　续提要　省图

闺阁语林不分卷　(清)王士禄辑　清道光王允灌抄并跋(存一卷)　山艺　省博　善目

秋灯丛话十八卷　(清)王槭撰　清乾隆四十三年原刻本　清嘉庆七年刻本　续提要　山艺　省博　山大

耳谭一卷　(清)叶承宗撰　泺函卷五后附刻本　山艺

海鸥小谱一卷　(清)赵执信撰　清抄本　昭代丛书(道光本)本　花近楼丛书本　拜鸳楼校刻四种本　香艳丛书本　清人说荟本　双棋景闇丛书本(题清秋谷老人撰)　郎园先生全书本(题清秋谷老人撰)　香艳小品本(有附录一卷)　丛综　善目　山艺　省图　省博　山大

渠邱耳梦录一卷　(清)张贞撰　清康熙刻本(另有张柏恒增订本)　山艺　省博　善目　省图

瓜架夕谈四卷　(清)谢香开撰　清刻本　山艺

小豆棚笔记十六卷　(清)曾衍东撰　申报馆丛书本　丛综　国学

人海丛谈一卷　(清)吴侍曾撰　清吴重熹刻吴氏文存本　山艺

废铎呓六卷　(清)林培玠撰　清道光刻本　民国七年林懋琮上海排印本　山艺　省博　省图

拗人传一卷　(清)刘家龙撰　清刻本　清抄本　山艺　善目　省博　省图

竹如意二卷　(清)马国翰撰　清光绪十五年刻本　玉函山房全集本

丛综　山艺　省图　山大

以上杂录之属

山海经笺疏十八卷图赞一卷订讹一卷　(清)郝懿行撰　清嘉庆十四年阮氏琅嬛仙馆刻本(王筠、朱次琦批校)　郝氏遗书本　龙谿精舍丛书本　四部备要本　丛综　善目　山艺　省博　山大

山海经校注　袁珂撰　1980年上海古籍出版社排印本

复校穆天子传六卷补遗一卷　(清)翟云升撰　清道光掖县翟氏五经岁遍斋刻本　丛综　山艺　省博　山大

神异经一卷　(汉)东方朔撰　格致丛书本　四库全书本　总目　丛综　山艺　省图　山大

神异经佚文一卷　(汉)东方朔撰(清)王仁俊辑　经籍佚文本　丛综

神异经一卷　(汉)东方朔撰(晋)张华注　汉魏丛书本　广汉魏丛书本　说郛本　五朝小说本　五朝小说大观本　增订汉魏丛书本　龙威秘书本　子书百家本　百子全书本　古今说部丛书本　说库本　汉魏小说采珍本　丛综　山艺　省图　山大

海内十洲记一卷　(汉)东方朔撰　顾氏文房小说本　古今逸史本　广汉魏丛书本　宝颜堂秘笈本　说郛(宛委山堂本)本　五朝小说本　五朝小说大观本　四库全书本　增订汉魏丛书本　龙威秘书本　艺苑捃华本　子书百家本　百子全书本　鲍红叶丛书本　古今说部丛书本　说库本　景印元明善本丛书十种本　道藏本(作十洲记)　道藏举要本(作十洲记)　粤雅堂丛书本(作十洲记不分卷)　十万卷楼丛书本(作十洲记不分卷)　丛书集成初编(作十洲记不分卷)　总目　丛综　山艺　省图　山大

太清记一卷　(刘宋)王韶之撰　说郛(宛委山堂本)本　古今说部丛书本　丛综　国学　省图　山大

述异记二卷　(梁)任昉撰　汉魏丛书本　广汉魏丛书本　格致丛书本　稗海本　四库全书本　摛藻堂四库全书荟要本　增订汉魏丛书本　龙威秘书本　子书百家本　百子全书本　随盦徐氏丛书本　合刻三志本(一卷)　说郛(宛委山堂本)本(一卷)　五朝小说本(一卷)　五朝

小说大观本(一卷)　古今说部丛书本(一卷)　汉魏小说采珍本(一卷)　丛综　山艺　省图　山大

述异记佚文一卷　(梁)任昉撰(清)王仁俊辑　经籍佚文本　丛综

还冤记一卷　(北齐)颜之推撰　明万历三十六年刻颜氏传书本　续百川学海本　唐宋丛书本　说郛(宛委山堂本)本　五朝小说本　五朝小说大观本　增订汉魏丛书本　古今说部丛书本　宝颜堂秘笈本(作还冤志)　诒经堂藏书本(作还冤志)　四库全书本(作还冤志三卷)　善目　丛综　丛综补

集灵记一卷　(北齐)颜之推撰　说郛(宛委山堂本)本　古今说部丛书本　丛综　山艺　省图　山大

集灵记一卷　(北齐)颜之推撰鲁迅辑　古小说钩沈本　丛综　山大

诺皋记一卷　(唐)段成式撰　合刻三志本　说郛(宛委山堂本)本　唐人说荟本　唐代丛书本　龙威秘书本　艺苑捃华本　说库本　丛综　国学　省图　山大

支诺皋一卷　(唐)段成式撰　唐人说荟本　唐代丛书本　说库本　丛综　国学　省图　山大

异疾志一卷　(唐)段成式撰　合刻三志本　唐人说荟本　唐代丛书本　逊敏堂丛书本　丛综　国学　省图　山大

效颦集三卷　(明)赵弼撰　见四库存目　总目　山艺

聊斋志异十六卷　(清)蒲松龄撰　清乾隆十六年历城张希杰铸雪斋抄本(十二卷)　清乾隆三十一年青柯亭刻本(即赵起杲刻本)　清乾隆三十二年王金范刻本(十八卷)　清乾隆黄炎熙选抄本　清道光三年经纶堂刻本(何守奇评)　清道光十九年花木长荣之馆刻本(两截楼板,何垠注)　清道光二十二年广顺但氏自刻朱墨套印本(但伦明评)　清光绪十七年四川合阳喻焜刻四家(王士禛、冯镇峦、何守奇、但伦明)合评本　善目　西谛　贩记　省图　志异三会本后记

聊斋志异原稿附校勘记　(清)蒲松龄撰　校勘记袁金铠编　1933年影印本　山大

聊斋志异不分卷　(清)蒲松龄撰　1955年文学古籍刊行社影印手稿本(存四册237篇)　山大

聊斋志异注十六卷　(清)蒲松龄撰(清)吕湛恩注　清道光五年观古堂刻本　省图　省博　山大

评注聊斋志异图咏十六卷　(清)蒲松龄撰(清)吕湛恩注　清光绪十二年上海同文书局石印本　1981年北京中国书店影印同文书局本　西谛　景深　山大

聊斋志异新评十六卷　(清)蒲松龄撰(清)吕湛恩注　清向治八年羊城青云楼刻朱墨套印本　清同治十年羊城儒林阁刻本　清光绪三十三年书业德刻本　省图　省博　西谛

聊斋志异不分卷　(清)蒲松龄撰　清乾隆前抄本(存四册,王献唐题跋,栾调甫批校并跋)　善目　省博

批点聊斋志异十六卷　(清)蒲松龄撰　清道光十年天德堂刻本　西谛

铸雪斋抄本聊斋志异十二卷　(清)蒲松龄撰　1975年上海人民出版社排印本　1979年上海古籍出版社排印本　古籍目录　山大

聊斋志异二十四卷　(清)蒲松龄撰　1981年齐鲁书社影印清抄本　1981年齐鲁书社排印本　山大

聊斋志异新抄八卷　(清)蒲松龄撰(清)李鹏林编　清乾隆六十年桂月楼刻本　台湾公藏

聊斋志异拾遗　(清)长白荣誉校定　清道光初年得月簃丛书本　花近楼丛书本(一卷)　丛广　志异三会本后记

聊斋志异遗稿四卷　(清)蒲松龄撰(清)刘瀛珍编　清道光四年黎阳段甦刻本　清道光四年碧纱待月疏刻巾箱本(有附录一卷)　清光绪四年聚珍堂排印本　贩记　台湾公藏　志异三会本后记

聊斋志异逸编二卷　(清)蒲松龄撰刘鼎元编　民国三年肇东刘滋桂刻本　民国八年排印本　西谛　志异三会本后记

聊斋志异(会校、会注、会评本)十二卷　(清)蒲松龄撰张友鹤辑

校　1962年中华书局上海编辑所排印本　古籍目录　山大

聊斋志异(附白话笺注)　(清)蒲松龄撰　1957年商务印书馆排印本　古籍目录　山大

聊斋志异选　人民文学出版社编辑部编　1959年人民文学出版社排印本　古籍目录　山大

聊斋志异选注　刘阶平撰　1970年中华排印本　山大

评注聊斋志异选　中山大学中文系《聊斋志异》选评小组选注　1977年人民文学出版社排印本　山大

聊斋志异选　张友鹤选注　1978年人民文学出版社排印本　山大

聊斋志异选　严薇青、朱其铠选注　1984年齐鲁书社排印本　山大

聊斋志异说唱集　关德栋、李万鹏同编　1983年上海古籍出版社排印本　山大

聊斋志异戏曲集　关德栋、车锡伦同编　1983年上海古籍出版社排印本　山大

聊斋志异丛论　孙一珍撰　1984年齐鲁书社排印本　山大

烟雨楼续聊斋志异八卷　(清)解鉴撰(清)宋翘删订　清光绪十九年抄本　山大　山师　山艺

松筠阁钞异十二卷　(清)高承勋辑　清道光八年刻本　贩记

以上志怪之属

东方朔记不分卷　说郛(商务印书馆本)本　丛综

夜叉传一卷　(唐)段成式撰　合刻三志本　唐人说荟本　唐代丛书本　丛综　省图　山大

剑侠传四卷　(唐)段成式撰　古今逸史本　秘书廿一种本　丛书集成初编本　景印元明善本丛书十种本　说郛(宛委山堂本)本　(以下均为一卷)五朝小说本　五朝小说大观本　唐人说荟本　唐代丛书本　龙威秘书本　艺苑捃华本　说库本　晋唐小说畅观本　丛综　省图　山大

聂隐娘传一卷　(唐)段成式撰　古今说海本　无一是斋丛钞本(题唐

郑文宝撰） 绿窗女史本 旧小说本(不分卷） 丛综 省图 山大

东阳夜怪录一卷 （唐)王洙撰 唐代丛书本 唐人说荟本 说郛(宛委山堂本)本 虞初志本 合刻三志本(作夜怪录） 唐宋传奇集本(朱题著者） 丛综 省图 山大

玉友传 （宋)刘跂撰 旧小说本 丛综

以上传奇之属

豪谱一卷 （清)高承勋撰 续知不足斋丛书本 丛书集成初编本 丛综 国学 省图 山大

以上谐谑之属

新刻金瓶梅词话十卷一百回 题兰陵笑笑生撰 明万历刻本 民国二十二年古佚小说刊行会影印本 香港星海文化公司全校本 民国二十四年中国文学珍本丛书精装本 民国二十五年中央书店排印国学珍本文库本 通目

新刻绣像批评金瓶梅二十卷一百回 题兰陵笑笑生撰 明崇祯刻本 吴晓铃藏抄本 傅惜华藏清顺治间坊刻本(作绣像八才子词话） 1989年齐鲁书社王汝梅点校本 齐鲁书社点校本王汝梅前言 通目 山大

批评第一奇书金瓶梅一百回 题清张竹坡评 康熙三十四年序刻本(玩花书屋藏板） 清崇经堂刻本(有图） 清刻本 1987年齐鲁书社排印节删本 北善 通目 山大

续金瓶梅十二卷六十四回 （清)丁耀亢(原题紫阳道人)撰 清顺治刻本 清抄本(作续金瓶梅后集） 清抄本(作新演续金瓶梅全集） 1987年齐鲁书社排印本 北善 通目

醉醒石十五回 题东鲁古狂生编辑 明原刻本 民国武进董氏新刻诵芬室丛刊本 1956年古典文学出版社排印本 西谛书话 古籍目录

醒世姻缘传一百回 （清)〔蒲松龄〕(题西周生辑著)撰 清刻本 清同德堂刻本 清同治九年刻本 清光绪二十年上海书局石印本 东亚图书馆排印本 广益书局排印本 1980年齐鲁书社排印本 1981年上

海古籍出版社排印本　(此书据通目考证以蒲松龄作较为可信,此从《西谛书目》)　通目　西谛　山大

绿野仙踪一百回　(清)〔李百川〕撰　北京大学藏旧抄本　清道光二十年武昌聚英堂刻小本　上海书局石印本　(此书通目作江南人,据郑振铎《谈金瓶梅词话》作山东人)　通目　西谛书话

梦中缘四卷十五回　(清)李修行撰　清有益堂刻本　清三义堂刻本　清崇德堂刻本(清光绪十一年莲溪氏序)　通目

新镌古本批评三世报隔帘花影四十八回　(清)四桥居士撰　湖南刻大字本　(据通目考证系窜改丁耀亢续金瓶梅而成)　通目　省博

郭种德批程甲本红楼梦　(清)郭种德批　手批本　平原图书馆

评订红楼梦六卷一百二十回　(清)张枞恒评订　稿本　善目　省图

以上章回之属

附马国翰小说家类辑佚书(非山东人著作):

青史子一卷

宋子一卷　(周)宋钘撰

志林新书一卷　(晋)虞喜撰

裴子语林二卷　(晋)裴启撰

郭子一卷　(晋)郭澄之撰

俗说一卷　(梁)沈约撰

玄中记一卷　(□)郭□撰

齐谐记一卷　(刘宋)东阳无疑撰

笑林一卷　(魏)邯郸淳撰

以上均玉函山房辑佚书本　丛综　省图　山大

以上小说类凡八十部,九百十八卷,内不分卷者十七部;附录二十一部,三十三卷,内不分卷者七部。

佛教类

牟子一卷　(汉)牟融撰　子书百家本　百子全书本　平津馆丛书本

丛综　山艺　山大　省图

佛说杂藏经一卷　（晋释）法显译　郎园先生全书本(山艺书名作杂藏经)　丛综　山艺　山大

大般泥洹经六卷摩诃僧祇律四十六卷比丘尼僧祇律一卷波罗提木叉僧祇戒本一卷　（晋释）法显等译　大藏经本　山艺

大般涅槃经四十卷　（晋释）法显译　大藏经本　山艺

南本大般涅槃经三十六卷　（刘宋释）慧观等撰　大藏经本　山艺

释达性论　（刘宋）颜延之撰　见弘明集　山艺

达性论　（刘宋）何承天撰　见弘明集　山艺

正二教论　（齐）明僧绍撰　见弘明集　山艺

灭惑论　（梁）刘勰撰　见弘明集　山艺

赵州禅师语录　（唐释）从谂撰　释藏本　山艺

法藏碎金录十卷　（宋）晁迥撰　四库全书本　说郛(宛委山堂本)本(一卷)　总目　丛综　省图　山大

晁文元公道院集要三卷　（宋）晁迥撰(宋)王古删定　晁氏三先生集本　四库全书本(作道院集要)　总目　丛综　山艺　山大　省图

大藏圣教法宝标目十卷　（宋）王古撰　释藏本　山艺

金刚经直解一册　（明）王象晋撰　明崇祯十七年(清顺治元年)刻本　清乾隆刻本　山艺　省图

续五灯会元　（清）成楚奉敕撰　大藏经本　山艺　省图

心经真诠　（清）单铝撰　清刻本　山艺

金刚般若波罗密经解易知二卷　（清）王泽泩注解　清刻本　抄本　省博　省图

般若波罗密多心经句解易知一卷　（清）王泽泩注解　清刻本　抄本　省博

金刚经浅说三卷　（清）张士保撰　稿本　省博

楞严义贯存四卷　（清）张士保撰　稿本　山艺　省博

金刚般若波罗密经随闻记　释倓虚讲释仁道记　民国三十年青岛湛

山寺印经处排印本　山大

以上佛教类凡二十四部,一百六十五卷,内不分卷者九部。

道 教 类

太平经一百十九卷　(汉)襄楷撰　道藏本(山艺著录一百七十卷,中华书局排印王明合校本)　从综　山艺　省图

洞玄灵宝五岳古本真形图一卷　(汉)东方朔撰　道藏本　从综　山艺　省图

黄帝阴符经颂一卷　(金)元阳子撰　道藏本　重刊道藏辑要本　从综　山艺　省图

黄帝阴符经注一卷　(金)刘处玄撰　道藏本　见四库存目　总目　从综　山艺　省图

阴符经一卷　(明)葛含馨点校(明)叶廷秀重阅　叶润山辑著全书本　从综

元阳子金液集　(金)元阳子撰　道藏本　从综　山艺　省图

大丹直指二卷　(金)丘处机述　道藏本　从综　山艺　省图

还丹歌诀二卷　(金)元阳子撰　道藏本　从综　山艺　省图

丹阳真人语录一卷　(金)马钰述(金)王颐中集　道藏本(山艺著录丹阳六集)　重刊道藏辑要本　道藏精华录本　从综　省图

邱祖全书一卷　(金)丘处机撰　证道秘书本　从综

西游原旨四十八卷　(金)丘处机撰　稿本(陕西某氏收藏,见1985年2月28日《文摘报》,捐献何处待考)　文摘报

皇经注解三卷宝号一卷　(明)周玄贞纂辑　明万历十六年刻本　清康熙三十年重刻本　贩续

鹿游子四卷　(明)宋祖舜撰　明万历四十七年刻本　贩续

大成道乡修真全集　题劳山二道士撰　民国二十三年青岛山东印书馆排印本

阴符经解一卷　(明)焦竑撰　见四库存目　宝颜堂秘笈本　总目　丛综　山艺　山大　省图

感应篇句解　(清)祝赓撰　清刻本　山艺

感应篇注解　(清)刘尔楫撰　清刻本　山艺

太上感应篇赘言一册　(清)于觉世撰　清刻本　山艺

以上道教类凡十八部,一百八十六卷,内不分卷者五部;附录五部,五卷。

以上子部十五类凡七百二十五部,六千零二十六卷,内不分卷者一百十七部;附录三百六十七部,一千零九十六卷,内不分卷者五十七部。

集部

楚辞类

七谏　(汉)东方朔撰　见全汉文卷二十五　山艺　山大　省图

后招魂赋　(宋)晁补之撰　见四部丛刊本鸡肋集卷二　山艺　山大　省图

离骚中正　(清)林仲懿撰　见四库存目　清乾隆十年世锦堂刻本　总目　山艺　山大

评注离骚二卷　(清)董淑昌撰　见空山堂集　山艺

楚辞韵解八卷　(清)邱仰文撰　清乾隆三十七年硕松堂刻本　善目　山艺　楚目

楚辞述芳二卷杂记三篇　(清)牟庭撰　清乾隆六十年栖霞牟氏俗园刻本　贩记　善目　北图

离骚经章句义疏一卷　(清)张象津撰　清道光九年刻白云山房集本　清道光十六年拜经堂刻白云山房集本　丛综　山艺　楚目　山大　省图

离骚分段约说一卷　(清)黄恩彤撰　清光绪二年西安益兴堂刻本　省博

以上楚辞类凡八部,十七卷,内不分卷者三部。

别集类

孔臧赋　(汉)孔臧撰　全前汉文卷十三　山大　省图　山艺

东方先生集三卷　(汉)东方朔撰　明平原康丕显刻康福庆校本　汉魏名家集本(一卷)　汉魏六朝诸家文集本(不分卷)　汉魏六朝百三家集本(作东方大中集一卷)　诗纪(一卷)　全前汉文卷二十五(一卷)　全汉诗卷二十三(一卷)　丛综　山艺　善目　山大　省图

吉云子　(汉)东方朔撰(明)归有光辑评　诸子汇函本　丛综　山大　省图

兒宽赋　(汉)兒宽撰　全前汉文卷二十八　山艺　山大　省图

萧望之赋　(汉)萧望之撰　全前汉文卷三十三　山艺　山大　省图

魏相集　(汉)魏相撰　全前汉文卷二十九　山艺　山大　省图

韦玄成集　(汉)韦玄成撰　诗纪　全汉文卷三十三　全汉三国晋南北朝诗:汉诗卷二　先秦汉魏晋南北朝诗:汉诗卷二　山艺　山大　省图

陈汤集　(汉)陈汤撰　全前汉文卷四十三　山艺　山大　省图

师丹集　(汉)师丹撰　全前汉文卷四十七　山艺　山大　省图

卫宏赋颂诔七首　(汉)卫宏撰　全后汉文卷二十七　山艺　山大　省图

刘梁集　(汉)刘梁撰　全后汉文卷六十四　山艺　山大　省图

杨刻蔡中郎集校勘记一卷　(清)许瀚撰(清)高均儒补校　抄本　1985年齐鲁书社排印本　省博　山大

郑司农集一卷　(汉)郑玄撰　雅雨堂藏书本(山艺作郑玄集二卷)　丛综　山大　省图

郑康成集一卷　(汉)郑玄撰　汉魏六朝名家集初刻本　丛综　山艺

徐伟长集六卷　(汉)徐幹撰　汇刻建安七子集本　建安七子集本(一卷)　汉魏六朝名家集初刻本(一卷)　诗纪　全后汉文卷九十三　全汉三国晋南北朝诗:三国诗卷三　先秦汉魏晋南北朝诗:魏诗卷三

1989年中华书局俞绍初辑校建安七子集本　丛综　山艺　山大　省图

孔北海集一卷　(汉)孔融撰　汉魏六朝百三名家集本(作孔少府集)　四库全书本　乾坤正气集本　汉魏六朝名家集初刻本(作孔文举集)　建安七子集(作孔文举集)　增订汉魏六朝别解本(作孔少府集)　诗纪　全汉三国晋南北朝诗:汉诗卷二　先秦汉魏晋南北朝诗:汉诗卷七　1989年中华书局俞绍初辑校建安七子集本　总目　丛综　山艺　山大　省图

祢衡集　(汉)祢衡撰　全后汉文卷八十七　山艺　山大　省图

王侍中集一卷　(汉)王粲撰　汉魏六朝百三名家集本　建安七子集本(作王仲宣集四卷)　增订汉魏六朝别解本(不分卷)　汇刻建安七子集本(作王仲宣集四卷)　汉魏六朝名家集初刻本(作王仲宣集三卷)　全后汉文卷九十至九十一　全汉三国晋南北朝诗:三国诗卷三　先秦汉魏晋南北朝诗:魏诗卷二　1989年中华书局俞绍初辑校建安七子集本　丛综　山艺　山大　省图

魏刘公干集一卷　(汉)刘桢撰　汉魏六朝百三名家集本　建安七子集本　汉魏六朝名家集初刻本　汇刻建安七子集本(二卷)　诗纪　全后汉文卷六十五　全汉三国晋南北朝诗:三国诗卷三　先秦汉魏晋南北朝诗:魏诗卷三　1989年中华书局俞绍初辑校建安七子集本　丛综　山艺　山大　省图

以上汉

蜀丞相诸葛亮文集六卷　(蜀)诸葛亮撰　明正德十二年阎钦刻本(存四至六卷)　善目

蜀丞相诸葛孔明文集六卷　(蜀)诸葛亮撰　明刻本　善目

武侯集十六卷　(蜀)诸葛亮撰(明)钱世垚辑　明万历四十五年钱世垚刻本　善目

汉诸葛武侯全集四卷　(蜀)诸葛亮撰(明)诸葛清辑　明天启元年诸葛清刻本　善目

汉丞相忠武侯书三卷　(蜀)诸葛亮撰(明)诸葛羲辑　明崇祯五年诸葛羲刻本　善目

汉丞相诸葛忠武侯全集九卷首一卷　(蜀)诸葛亮撰(明)诸葛羲辑　明崇祯刻本　善目

诸葛忠武侯集二卷　(蜀)诸葛亮撰(明)单恂辑　明崇祯十一年净名斋刻本(有单恂辑附录一卷)　善目

诸葛丞相集四卷　(蜀)诸葛亮撰(清)朱璘辑　清康熙三十七年万卷堂刻本(有附录一卷)　善目

诸葛丞相集一卷　(蜀)诸葛亮撰(明)张溥辑　汉魏六朝百三名家集本　从综　山大

诸葛武侯集　(蜀)诸葛亮撰　增定汉魏六朝别解本　从综

诸葛武侯文集四卷　(蜀)诸葛亮撰　正谊堂全书本　四忠遗集本(作诸葛武侯集四卷首一卷)　从综

诸葛忠武侯文集六卷首一卷　(蜀)诸葛亮撰　西京清麓丛书续编本　新刻诸葛宗岳史四公文集本　从综

汉丞相诸葛忠武侯集二十一卷　(蜀)诸葛亮撰　重刊道藏辑要本　从综

吴质集　(魏)吴质撰　全三国文卷三十　全汉三国晋南北朝诗:三国诗卷三　先秦汉魏晋南北朝诗:魏诗卷五　山艺　山大　省图

王修集　(魏)王修撰　全后汉文卷九十四　山艺　山大　省图

管宁集　(魏)管宁撰　全三国文卷二十四　山艺　山大　省图

华歆集　(魏)华歆撰　全三国文卷二十二　山艺　山大　省图

王朗集　(魏)王朗撰　全三国文卷二十二　山艺　山大　省图

卞兰集　(魏)卞兰撰　全三国文卷三十　山艺　山大　省图

高堂隆集　(魏)高堂隆撰　全三国文卷三十一　山艺　山大　省图

王肃集　(魏)王肃撰　全三国文卷二十三　山艺　山大　省图

缪袭集　(魏)缪袭撰　诗纪　全三国文卷三十八　全汉三国晋南北朝诗:三国诗卷三　山艺　山大　省图

王弼集　(魏)王弼撰　全三国文卷四十四　山艺　山大　省图

程晓集　(魏)程晓撰　诗纪　全三国文卷三十九　全汉三国晋南北朝

诗:三国诗卷二　先秦汉魏晋南北朝诗:晋诗卷一　山艺　山大　省图

孙该集　　(魏)孙该撰　全三国文卷三十　山艺　山大　省图

吕安集　　(魏)吕安撰　全三国文卷五十三　山艺　山大　省图

高柔集　　(魏)高柔撰　全三国文卷二十七　山艺　山大　省图

以上三国

羊祜集　　(晋)羊祜撰　全晋文卷四十一　山艺　山大　省图

刘毅集　　(晋)刘毅撰　全晋文卷三十五　山艺　山大　省图

华峤集　　(晋)华峤撰　全晋文卷六十六　山艺　山大　省图

三都赋三卷　　(晋)左思撰　唐写本　善目　省博

左秘书集二卷附录一卷　　(晋)左思撰(清)周世敬辑　清嘉庆周氏目耕楼抄本　善目

左太冲集一卷　　(晋)左思撰　汉魏六朝名家集初刻本　丛综　山艺　省图　山大

左九嫔集一卷附录一卷　　(晋)左芬撰(清)周世敬辑　清嘉庆周氏目耕楼抄本　善目　山艺

郁金颂　　(晋)左芬撰　绿窗女史本　丛综

刘宝集　　(晋)刘宝撰　全晋文卷七十五　山艺　山大　省图

卞粹集　　(晋)卞粹撰　全晋文卷八十四　山艺　山大　省图

闾邱冲集　　(晋)闾邱冲撰　诗纪　全晋文卷一二四　全汉三国晋南北朝诗:晋诗卷一　先秦汉魏晋南北朝诗:晋诗卷八　山艺　山大　省图

刘寔集　　(晋)刘寔撰　全晋文卷三十九　山艺　山大　省图

虞溥集　　(晋)虞溥撰　全晋文卷七十九　山艺　山大　省图

王廙集　　(晋)王廙撰　全晋文卷二十　山艺　山大　省图

王旷集　　(晋)王旷撰　全晋文卷二十一　山艺　山大　省图

诸葛恢集　　(晋)诸葛恢撰　全晋文卷一一六　山艺　山大　省图

卞壸集　　(晋)卞壸撰　全晋文卷八十四　山艺　山大　省图

刘超集　　(晋)刘超撰　全晋文卷一二二　山艺　山大　省图

王导集　　(晋)王导撰　全晋文卷十九　山艺　山大　省图

郗鉴集　　(晋)郗鉴撰　全晋文卷一〇九　山艺　山大　省图

王胡之集　　(晋)王胡之撰　全晋文卷二十　全汉三国晋南北朝诗:晋诗卷五　先秦汉魏晋南北朝诗:晋诗卷十二　山艺　山大　省图

王洽集　　(晋)王洽撰　全晋文卷十九　山艺　山大　省图

晋王右军集二卷　　(晋)王羲之撰　汉魏六朝百三名家集本　全晋文卷二十二至二十六　全汉三国晋南北朝诗:晋诗卷五　先秦汉魏晋南北朝诗:晋诗卷十三　丛综　山艺　山大　省图

王右军集选一卷　　(晋)王羲之撰(清)吴汝纶评选　汉魏六朝百三家集选本　丛综　山大　省图

王彪之集　　(晋)王彪之撰　诗纪　全晋文卷二十一　全汉三国晋南北朝诗:晋诗卷五　先秦汉魏晋南北朝诗:晋诗卷十四　山艺　山大　省图

伏滔集十一卷　　(晋)伏滔撰　全晋文卷一三三　山艺　山大　省图

王猛集　　(晋)王猛撰　全晋文卷一五二　山艺　山大　省图

王徽之集　　(晋)王徽之撰　全晋文卷二十七　全汉三国晋南北朝诗:晋诗卷五　先秦汉魏晋南北朝诗:晋诗卷十三　山艺　山大　省图

郗愔集　　(晋)郗愔撰　全晋文卷一〇九　山艺　山大　省图

郗超集　　(晋)郗超撰　全晋文卷一一〇　全汉三国晋南北朝诗:晋诗卷五　先秦汉魏晋南北朝诗:晋诗卷十二　山艺　山大　省图

谢道韫集二卷　　(晋)谢道韫撰　诗纪　全晋文卷一四四　全汉三国晋南北朝诗:晋诗卷七　先秦汉魏晋南北朝诗:晋诗卷十三　山艺　山大　省图

王肃之集　　(晋)王肃之撰　全汉三国晋南北朝诗:晋诗卷五　先秦汉魏晋南北朝诗:晋诗卷十三　山艺　山大　省图

晋王大令集一卷　　(晋)王献之撰　汉魏六朝百三名家集本　诗纪　全晋文卷二十七　全汉三国晋南北朝诗:晋诗卷五　先秦汉魏晋南北朝诗:晋诗卷十三　丛综　山艺　山大　省图

王大令集选一卷　(晋)王献之撰(清)吴汝纶评选　汉魏六朝百三家集选本　丛综　山大　省图

徐邈集九卷　(晋)徐邈撰　全晋文卷一三六　山艺　山大　省图

徐乾集二十一卷　(晋)徐乾撰　全晋文卷一三八　山艺　山大　省图

王珣集　(晋)王珣撰　全晋文卷五十九　山艺　山大　省图

王珉集　(晋)王珉撰　全晋文卷二十　山艺　山大　省图

伏系之集　(晋)伏系之撰　全晋文卷一三三　山艺　山大　省图

卞范之集　(晋)卞范之撰　全晋文卷一四〇　山艺　山大　省图

王谧集　(晋)王谧撰　全晋文卷二十　山艺　山大　省图

王诞集　(晋)王诞撰　全晋文卷十九　山艺　山大　省图

羊徽集　(晋)羊徽撰　全晋文卷十四　全汉三国晋南北朝诗:晋诗卷七　先秦汉魏晋南北朝诗:晋诗卷十三　山艺　山大　省图

徐广集十五卷　(晋)徐广撰　全晋文卷一三六　山艺　山大　省图

以上晋

王弘集　(刘宋)王弘撰　全宋文卷十八　山艺　山大　省图

王昙首集　(刘宋)王昙首撰　全宋文卷十八　山艺　山大　省图

王韶之集　(刘宋)王韶之撰　诗纪　全宋文卷十八　全汉三国晋南北朝诗:宋诗卷二　先秦汉魏晋南北朝诗:宋诗卷四　六朝诗汇　山艺　山大　省图

羊欣集　(刘宋)羊欣撰　全宋文卷二十二　山艺　山大　省图

何衡阳集一卷　(刘宋)何承天撰　汉魏六朝百三名家集本　增订汉魏六朝别解本(不分卷)　丛综　山艺　山大　省图

何衡阳集选一卷　(刘宋)何承天撰(清)吴汝纶评选　汉魏六朝百三家集选本　丛综　山大　省图

何长瑜集　(刘宋)何长瑜撰　诗纪　全宋文卷四十　全汉三国晋南北朝诗:宋诗卷五　先秦汉魏晋南北朝诗:宋诗卷四　山大　山艺　省图

颜延之集一卷　(刘宋)颜延之撰　汉魏诸名家集本　汉魏六朝百三名家集本(作颜光禄集)　增订汉魏六朝别解本(作颜光禄集)　汉魏六朝

名家集初刻本(作颜延年集四卷) 丛综 山艺 省图

鲍氏集十卷 (刘宋)鲍照撰 明正德五年朱应登刻本 清初抄毛氏汲古阁影宋抄本 四部丛刊景印毛斧季校宋本 清影宋抄本(存六至十卷) 四部备要本 六朝诗集本(作八卷) 汉魏诸名家集本 四库全书本(以上二本作鲍明远集) 明毛氏汲古阁刊汉魏六朝百名家集本 汉魏六朝百三名家集本 六朝四家全集本(以上三本作鲍参军集二卷) 增定汉魏六朝别解本(作鲍参军集不分卷) 汉魏六朝名家集初刻本(作鲍明远集三卷) 总目 善目 丛综 山艺 藏园

鲍参军集选一卷 (刘宋)鲍照撰(清)吴汝纶评选 汉魏六朝百三家集选本 丛综 山大 省图

鲍照集校补一卷 (清)卢文弨撰 抱经堂丛书本 绍兴先正遗书本 丛书集成初编本 丛综 山大 省图

王微集 (刘宋)王微撰 全宋文卷十九 山艺 山大 省图

王僧虔集 (刘宋)王僧虔撰 全齐文卷八 山艺 山大 省图

王僧达集 (刘宋)王僧达撰 诗纪 全宋文卷十九 全汉三国晋南北朝诗:宋诗卷五 先秦汉魏晋南北朝诗:宋诗卷六 六朝诗汇 山艺 山大 省图

颜测集 (刘宋)颜测撰 全宋文卷三十八 山艺 山大 省图

王素集 (刘宋)王素撰 诗纪 全汉三国晋南北朝诗:宋诗卷五 先秦汉魏晋南北朝诗:宋诗卷十 山艺 山大 省图

刘瑀集 (刘宋)刘瑀撰 全宋文卷三十九 山艺 山大 省图

卞伯玉集 (刘宋)卞伯玉撰 全宋文卷四十 全汉三国晋南北朝诗:宋诗卷五 先秦汉魏晋南北朝诗:宋诗卷一 山艺 山大 省图

王叔之集 (刘宋)王叔之撰 诗纪 全宋文卷五十七 全汉三国晋南北朝诗:宋诗卷五 先秦汉魏晋南北朝诗:宋诗卷一 六朝诗汇 山艺 山大 省图

以上刘宋

刘祥集 (南齐)刘祥撰 全齐文卷十八 山艺 山大 省图

刘善明集　(南齐)刘善明撰　全齐文卷十八　山艺　山大

崔祖思集　(南齐)崔祖思撰　全齐文卷二十一　山艺　山大　省图

王文宪集一卷　(南齐)王俭撰　汉魏六朝百三名家集本　诗纪　全齐文卷九至十一　全汉三国晋南北朝诗:齐诗卷二　先秦汉魏晋南北朝诗:齐诗卷一　丛综　山艺　山大　省图

王文宪集选一卷　(南齐)王俭撰(清)吴汝纶评选　汉魏六朝百三家集选本　丛综　山大　省图

邱巨源集　(南齐)邱巨源撰　诗纪　全齐文卷十七　全汉三国晋南北朝诗:齐诗卷四　先秦汉魏晋南北朝诗:齐诗卷二　山艺　山大　省图

王僧祐集　(南齐)王僧祐撰　诗纪　全汉三国晋南北朝诗:齐诗卷二　先秦汉魏晋南北朝诗:齐诗卷一　山艺　山大　省图

王宁朔集一卷　(南齐)王融撰　汉魏六朝百三名家集本　增订汉魏六朝别解本(不分卷)　诗纪　全齐文卷十二至十三　全汉三国晋南北朝诗:齐诗卷一　先秦汉魏晋南北朝诗:齐诗卷二　六朝诗汇　丛综　山艺　山大　省图

王宁朔集选一卷　(南齐)王融撰(清)吴汝纶评选　汉魏六朝百三家集选本　丛综　山大　省图

徐孝嗣集　(南齐)徐孝嗣撰　诗纪　全齐文卷二十　全汉三国晋南北朝诗:齐诗卷二　先秦汉魏晋南北朝诗:齐诗卷二　六朝诗汇　山艺　山大　省图

王寂集　(南齐)王寂撰　全汉三国晋南北朝诗:齐诗卷二　先秦汉魏晋南北朝诗:齐诗卷五　山艺　山大　省图

以上南齐

刘霁集　(梁)刘霁撰　诗纪　全汉三国晋南北朝诗:梁诗卷十二　先秦汉魏晋南北朝诗:齐诗卷八　六朝诗汇　山艺　山大　省图

何僩集　(梁)何僩撰　全梁文卷五十九　山艺　山大　省图

鲍几集　(梁)鲍几撰　诗纪　全汉三国晋南北朝诗:梁诗卷十二　先秦汉魏晋南北朝诗:梁诗卷二十四　六朝诗汇　山艺　山大　省图

王揖集　（梁）王揖撰　全梁文卷四十八　全汉三国晋南北朝诗:梁诗卷十一　先秦汉魏晋南北朝诗:梁诗卷二　山艺　山大　省图

刘昭集　（梁）刘昭撰　全梁文卷六十二　山艺　山大　省图

刘歊集　（梁）刘歊撰　全梁文卷五十七　山艺　山大　省图

何思澄集　（梁）何思澄撰　诗纪　全汉三国晋南北朝诗:梁诗卷十二　先秦汉魏晋南北朝诗:梁诗卷十五　六朝诗汇　山艺　山大　省图

何子朗集　（梁）何子朗撰　诗纪　全汉三国晋南北朝诗:梁诗卷十二　先秦汉魏晋南北朝诗:梁诗卷二十六　六朝诗汇　山艺　山大　省图

何水部集二卷　（梁）何逊撰　明正德间工部都水司刻本(作何水部诗集一卷)　清抄本(三卷)　清乾隆十九年江昉贻清堂刻六朝二家集本　清雍正二年项道晖群玉书堂刻本　六朝诗集本　四库全书本(一卷)　四部备要本(一卷)　明万历四十一年张燮刻七十二家集本(作何记室集三卷,有附录一卷,傅增湘校并跋)　汉魏六朝百三名家集本(作何记室集一卷)　诗纪　全梁文卷五十九　全汉三国晋南北朝诗:梁诗卷十三　先秦汉魏晋南北朝诗:梁诗卷八　六朝诗汇　1988年齐鲁书社李伯齐校注本　总目　善目　丛综　山艺　山大　省图　善本提要　藏园

何记室集选一卷　（梁）何逊撰(清)吴汝纶评选　汉魏六朝百三家集选本　丛综　山大　省图

萧洽集　（梁）萧洽撰　全汉三国晋南北朝诗:梁诗卷十　先秦汉魏晋南北朝诗:梁诗卷十一　山艺　山大　省图

王籍集　（梁）王籍撰　诗纪　全汉三国晋南北朝诗:梁诗卷十　先秦汉魏晋南北朝诗:梁诗卷十七　六朝诗汇　山艺　山大　省图

任彦升集六卷　（梁）任昉撰　汉魏诸名家集本　汉魏六朝百三名家集本(作任中丞集一卷)　增定汉魏六朝别解本(作任中丞集不分卷)　汉魏六朝名家集初刻本(作五卷)　诗纪　全梁文卷四十一至四十四　全汉三国晋南北朝诗:梁诗卷六　先秦汉魏晋南北朝诗:梁诗卷五　六朝诗汇　丛综　山艺　山大　省图

任中丞集选一卷　(梁)任昉撰(清)吴汝纶评选　汉魏六朝百三名家集本　丛综　山大　省图

王左丞集一卷　(梁)王僧孺撰　汉魏六朝百三名家集本　增定汉魏六朝别解本(不分卷)　丛综　山艺　山大　省图

王左丞集选一卷　(梁)王僧孺撰(清)吴汝纶评选　汉魏六朝百三家集选本　丛综　山大　省图

王詹事集一卷　(梁)王筠撰　汉魏六朝百三名家集本　丛综　山艺　山大　省图

王詹事集选一卷　(梁)王筠撰(清)吴汝纶评选　汉魏六朝百三家集选本　丛综　山大　省图

以上梁

张散骑集一卷　(陈)张正见撰　汉魏六朝百三名家集本　丛综　山艺　山大　省图

徐孝穆集六卷　(陈)徐陵撰　明文漪堂抄本(作七卷,清吴骞、唐翰题,傅增湘跋)　四库全书本(清吴兆宜笺注,附清徐文炳撰备考一卷)　摛藻堂四库全书荟要本(同上)　四部备要本(同上)　清刻本(同上)　文选遗集本(十卷)　四部丛刊景印明屠隆本(十卷)　诗纪　全陈文卷六至十一　全汉三国晋南北朝诗:陈诗卷二　先秦汉魏晋南北朝诗:陈诗卷五　六朝诗汇　总目　善目　丛综　山艺　山大　藏园

徐仆射集一卷　(陈)徐陵撰　汉魏六朝百三名家集本　增定汉魏六朝别解本(不分卷)　善目　丛综

徐仆射集选一卷　(陈)徐陵撰(清)吴汝纶评选　汉魏六朝百三家集选本　丛综　山大　省图

以上陈

崔光集二卷　(后魏)崔光撰　全后魏文卷二十三至二十四　山艺　山大　省图

冯元兴集　(后魏)冯元兴撰　诗纪　全汉三国晋南北朝诗:北魏诗　先秦汉魏晋南北朝诗:北魏诗卷一　山艺　山大　省图

温侍读集一卷　(北魏)温子昇撰　汉魏六朝百三名家集本　诗纪　全后魏文卷五十一　全汉三国晋南北朝诗:北魏诗　先秦汉魏晋南北朝诗:北魏诗卷二　六朝诗汇　丛综　山艺　山大　省图

崔赡集　(北齐)崔赡撰　全北齐文卷六　山艺　山大　省图

萧悫集　(北齐)萧悫撰　诗纪　全隋文卷十三　全汉三国晋南北朝诗:北齐诗　先秦汉魏晋南北朝诗:北齐诗卷二　六朝诗汇　山艺　山大　省图

萧㧑集　(北周)萧㧑撰　诗纪　全后周文卷十九　全汉三国晋南北朝诗:北周诗　先秦汉魏晋南北朝诗:北周诗卷一　六朝诗汇　山艺　山大　省图

萧大圜集　(北周)萧大圜撰　全隋文卷十三　山艺　山大　省图

赋颂碑诔　(北周)唐瑾撰　全后周文卷六　山艺　山大　省图

王司空集一卷　(北周)王褒撰　六朝诗集本(作王子渊集一卷)　汉魏六朝百三名家集本　增定汉魏六朝别解本(不分卷)　丛综　山艺　山大　省图

王司空集选一卷　(北周)王褒撰(清)吴汝纶评选　汉魏六朝百三家集选本　丛综　山大　省图

以上北朝

颜师古集　(唐)颜师古撰　全唐诗中华书局本卷三十　全唐文卷一四七　山艺　山大　省图

马周集　(唐)马周撰　全唐诗中华书局本卷三十九、四十六　全唐文卷一五五　山艺　山大　省图

任希古集　(唐)任希古撰　全唐诗中华书局本卷四十四　山艺　山大　省图

员半千集　(唐)员半千撰　全唐诗中华书局本卷十四、九十四、外编上　全唐文卷一六五　山艺　山大　省图

崔融集　(唐)崔融撰　全唐诗中华书局本卷十八、五十四、六十八、外编上　全唐文卷二一七　唐文拾遗卷十六　唐文续拾卷二　山艺　山大

省图

徐彦伯集　(唐)徐彦伯撰　全唐诗中华书局本卷十四、十七、二十、二十一、二十八、七十六　全唐文卷二六七　唐文续拾卷三　山艺　山大　省图

孙逖集一卷　(唐)孙逖撰　唐人集本　广十二家唐诗本(作唐孙集贤诗集一卷)　全唐诗中华书局本卷四十五、一一八、五四〇、八八二　全唐文卷三〇八至三一三　唐文拾遗卷十九　丛综　山艺　山大　省图

储光羲集五卷　(唐)储光羲撰　唐人集本　广十二家唐诗本(作储光羲诗集五卷)　四库全书本(作储光羲诗五卷)　储氏丛书本(作储光羲诗集五卷附录一卷)　总目　丛综　山艺　山大　省图

崔国辅集　(唐)崔国辅撰　全唐诗中华书局本卷十九、二十、二十一、二十四、二十五、二十六、一一九、一六〇、二〇二、七八六、外编下　全唐文卷四〇二　山艺　山大　省图

宗玄先生文集三卷　(唐)吴筠撰　道藏本　四库全书本(作宗玄集三卷)　全唐文卷九二五至九二六　总目　丛综　山艺　山大　省图

颜鲁公文集十五卷补遗一卷附录一卷　(唐)颜真卿撰　明嘉靖二年锡山安氏馆刻本　明嘉靖锡山安氏馆铜活字印本　清嘉庆七年颜崇椝刻本　清抄本(以上皆有宋留元刚撰年谱一卷)　明万历十七年刘思诚刻本　明万历二十四年颜胤祚刻本(无补遗、附录)　明抄本(无附录)　四库全书本　四部丛刊景印明刻本　明万历颜欲章刻本(颜欲章辑,二十卷)　三长物斋丛书本　四部备要本(作三十卷补遗一卷)　乾坤正气集本(作十四卷)　总目　善目　丛综　山艺　明版图录　山大　藏园

文忠集十六卷拾遗四卷　(唐)颜真卿撰　拾遗(清)黄本骥辑(清)孙星华增订　武英殿聚珍版丛书本(福建本、广雅书局本,木活字本只文忠集十六卷)　丛书集成初编本　丛综

颜鲁公诗集一卷　(唐)颜真卿撰　唐百家诗本　全唐诗中华书局本卷一五二、七八八、外编上、下　丛综　山大　省图

张建封集　(唐)张建封撰　全唐诗中华书局本卷二七五、五四八、外编

上　山艺　山大　省图

段文昌集　(唐)段文昌撰　全唐诗中华书局本卷十三、三三一、外编上　全唐文卷六一七　唐文拾遗卷二十六　山艺　山大　省图

段成式集　(唐)段成式撰　全唐诗中华书局本卷五八三、五八四、七〇一、七九二　全唐文卷七八七　唐文拾遗卷三十　山艺　山大　省图

刘叉诗　(唐)刘叉撰　全唐诗中华书局本卷二十、三九五、外编下　山艺　山大　省图

羊士谔集二卷　(唐)羊士谔撰　唐人集本　唐百家诗本(作一卷)　唐诗百名家全集本(作一卷)　唐人五十家诗集本(作一卷)　全唐诗中华书局本卷二七一、三一〇、三三二、四六九、六九〇　全唐文卷六一三　丛综　国学　山艺　山大　省图

刘沧诗　(唐)刘沧撰　全唐诗中华书局本卷五八六　山艺　山大　省图

司空表圣诗五卷　(唐)司空图撰　唐诗百名家全集本(三卷)　四部丛刊景印唐音统签本　嘉业堂丛书本　全唐诗中华书局本卷二十三、二九二、三〇一、六三二、六三三、六三四、六四七、六七四、六七六、八八五、八九一、外编上、下　丛综　山大　省图

司空表圣文集十卷　(唐)司空图撰　宋刻本　清初影宋抄本　明抄本　明抄本(清毛表校)　清初抄本(清王士禛跋、傅增湘跋)　清初抄本(佚名校)　清抄本(清杨复吉校并跋)　清张位抄本　清抄本(清赵怀玉校并跋)　清抄本(清王宗炎校并跋)　清道光二十一年王仲翔抄本(清王其康跋并录赵怀玉校)　清道光二十二年劳格抄本(清劳格校跋并录何焯题识,劳权跋并录赵辑宁题识,鲍廷博、赵怀玉、杨复吉、沈叔埏校语)　清抄本(清王振声录王峻跋,有补遗一卷)　清抄本(作司空表圣一鸣集十卷)　四库全书本　结一庐朱氏剩余丛书本　四部丛刊景印旧抄本　续古逸丛书景印宋蜀刻本　乾坤正气集本(作司空表圣集四卷)　嘉业堂丛书本(附录一卷校记一卷)　总目　善目　丛综　山艺　山大　藏园

宫词一卷　(五代)和凝撰　四家宫词本　毛晋辑十家宫词本　倪灿辑十家宫词本　丛综　山艺　山大

以上唐、五代

河东先生集十五卷　(宋)柳开撰　明吴氏丛书堂抄本(附宋张景撰行状一卷)　清初抄本(附行状一卷,清何焯批校并跋)　清初抄本(清王闻远校并跋)　清影宋抄本　清抄本(附行状一卷,清彭元瑞校)　清乾隆六十年兰溪文印堂刻本(附行状一卷)　清道光十一年东武刘氏味经书屋抄本(附行状一卷)　清读古楼抄本(附行状一卷)　清初抄本(作十六卷,卷十六系宋张景撰柳公行状)　清抄本(作十六卷)　清抄本(作河东先生文集十六卷,清周星诒、柯逢时跋,周李世惠跋并录何焯题识)　清初抄本(作河东柳仲塗先生文集十五卷,即四库底本,存一至十卷)　清初抄本(作河东柳仲塗先生文集十六卷,清丁丙跋)　清南阳村抄本(作河东柳仲塗先生文集十六卷)　清抄本(同上)　四库全书本(作河东集十五卷附录一卷)　三宋人集本(有附录一卷)　四部丛刊景印抄本(作十六卷)　总目　善目　丛综　山艺　山大　善本提要　藏园

乖崖先生文集十二卷附录一卷　(宋)张咏撰　宋咸淳五年伊庚崇阳县斋刻本(卷七至十二及附录配明赐书楼抄本,清黄丕烈抄补并跋)　宋刻本　明祁氏澹生堂抄本(卷一至七配清抄本,清丁丙跋)　清康熙四十九年吕无隐抄本(清吕无隐跋,蒋继轼校并题款)　清沈氏鸣野山房抄本(清丁丙跋)　清光绪八年莫祥芝刻本(清萧穆校)　清抄本　清据宋咸淳龚梦龙本抄有朱笔校(无附录)　清抄本(作张乖崖文集十一卷)　清抄本(作乖崖集十二卷)　清抄本(作乖崖先生全集十二卷)　四库全书本(作乖崖集十二卷附录一卷)　续古逸丛书景印宋刻本　总目　善目　丛综　山艺　山大　善本提要　藏园

张乖崖事文录四卷　(宋)张咏撰　五名臣遗集本　丛综

乖崖集存六卷　(宋)张咏撰　怀潞园丛刊本　代耕堂全集附本　丛综　山大

乖崖诗抄一卷　(宋)张咏撰　宋诗钞初集本　宋代五十六家诗集本(作乖崖诗集一卷)　丛综　山大　省图

王黄州小畜集三十卷　(宋)王禹偁撰　宋绍兴十七年黄州刻递修本

(卷二十五至三十配清吕氏吾研斋抄本,清黄丕烈跋) 明万历三十七年谢氏小草斋抄本(明谢肇淛跋) 明抄本 清康熙五十九年蒋继轼家抄本(清蒋继轼抄补并校跋,翁同书校并跋) 清宋氏漫堂抄本 清倪氏经锄堂抄本(清丁丙跋) 清江乡归氏抄本(清曹炎校) 清抄本(清彭元瑞校并跋) 清抄本(卷二十四至三十配清田雯抄本) 清抄本(清王鸣韶跋) 清抄本(佚名墨笔校,杨思敬朱笔校补并跋,有外集一卷) 清抄本(作六十二卷,清黄丕烈校并跋) 清乾隆二十五年赵熟典爱日堂刻本(清吴翌凤、黄丕烈、张绍仁校并跋) 又一本(清朱锡嘉校并跋) 四库全书本(作小畜集) 摛藻堂四库全书荟要本(作小畜集) 四部丛刊初印本景印经锄堂抄本(二次印本、缩印二次印本景印宋刊配吕无党抄本,附札记一卷,张元济撰) 武英殿聚珍版丛书本(有拾遗一卷,拾遗清劳格辑目,清孙星华录文) 总目 善目 丛综 山艺 山大 善本提要

王黄州小畜外集二十卷 (宋)王禹偁撰 清乾隆四十一年吴翌凤抄本(清卢文弨校,吴翌凤校并跋) 清道光十一年东武刘氏味经书屋抄本(存七至十三卷) 清抄本(清翁方纲校并跋) 清抄本(清丁丙跋,存七至十三卷) 清抄本(存七至十三卷) 清抄本(清佚名校,作十三卷,存七至十三卷) 武英殿聚珍版丛书本 四部丛刊景印影宋写本(以上均作十三卷,存七至十三卷) 总目 善目 丛综 山大

小畜集钞一卷 (宋)王禹偁撰 宋诗钞初集本 宋代五十六家诗集本 丛综 山大

小畜集补钞一卷 (宋)王禹偁撰 宋诗钞补本 丛综 山大

王黄州小畜集校二卷 (清)陆心源撰 潜园总集本 丛综 山大

穆参军集三卷 (宋)穆修撰 清康熙二十六年谭杨仲抄本(清朱之赤跋) 清康熙金侃抄本 清嘉庆十六年穆士荣树香堂刻本 清东武刘氏味经书屋抄本 清经锄堂抄本 清抄本(清李文藻批校并跋) 清抄本(清王闻远校并跋) 清抄本(清丁丙跋,以上各本均附遗事一卷) 清抄本(录何焯校) 四库全书本 三宋人集本 清汪氏摛藻堂抄本(书名作穆参军先生文集三卷遗事一卷) 清钱氏述古堂抄本 清抄本(清何焯校) 清张蓉镜曾吟轩抄本 清光绪四年刘履芬抄本 四部丛刊景

印述古堂影宋抄本(有校补一卷,孙毓修撰。以上各本书名均作河南穆公集附遗事一卷) 清抄本(□棫林校并跋,书名作河南穆先生诗文集三卷穆参军遗事一卷) 清萧江声抄本(清卢文弨、鲍廷博校) 清抄本(清管嗣复跋,以上两本书名作河南穆先生文集三卷穆参军遗事一卷) 清抄本(清丁丙跋,书名作河南穆先生集三卷遗事一卷) 清道光十五年许瀚抄本(清许瀚跋) 清道光瑞安项霁水仙亭抄本 清抄本(清冯登府跋) 清抄本(傅增湘校并跋,章钰跋) 清抄本(章钰跋) 枕碧楼丛书本(以上各本书名均作河南集一卷附遗事一卷) 宋百家诗存本(作一卷) 总目 善目 丛综 山艺 山大

徂徕文集二十卷 (宋)石介撰 明抄本(清丁丙跋) 清康熙五十六年石键刻本(书名作徂徕石先生全集二十卷附录一卷) 清初抄本 清初抄本(清叶挺生跋) 清张位抄本 清抄本(剑舟居士校) 清抄本(清□仲卿顾沅跋) 清抄本(清鲍桂星跋) 清彭氏知圣道斋抄本(清彭元瑞校并跋,书名作新雕徂徕石先生文集二十卷) 清光绪九年潍县张氏刻明影宋抄本 四库全书本(作徂徕集) 1984年中华书局陈植锷点校本 总目 善目 丛综 山艺 山大 省图 藏园

徂徕集校记二十卷 (清)徐坊、徐埴撰 归璞堂稿本 善目

石守道先生集二卷 (宋)石介撰 正谊堂全书本 丛书集成初编本 善目 丛综 山大 仅好斋

徂徕诗抄一卷 (宋)石介撰 宋诗钞初集本 宋代五十六家诗集本(作徂徕诗集) 丛综

石徂徕文抄一卷 (宋)石介撰 清杏雨山堂聂氏刻本 仅好斋

珠溪诗集一卷 (宋)李师中撰 两宋名贤小集本 宋诗纪事 丛综 山大 省图 山艺

忠肃集二十卷 (宋)刘挚撰 四库全书本 武英殿聚珍版丛书本(福建本、广雅书局本有拾遗一卷,清劳格辑目,清孙星华录文) 畿辅丛书本 丛书集成初编本(有拾遗一卷) 两宋名贤小集本(作刘忠肃集一卷) 总目 丛综 山艺 山大 省图

济南集八卷 (宋)李廌撰 清东武李氏研绿山房抄本 清钱塘丁氏八

千卷楼抄本　清抄本(清沈叔埏校并跋,存一至四卷)　四库全书本　宋人集本　总目　善目　丛综　山艺　山大

济南先生文粹五卷　(宋)李廌撰　苏门六君子文粹本　丛综　善目

李方叔遗稿一卷　(宋)李廌撰　两宋名贤小集本　丛综

乐静先生李公文集三十卷　(宋)李昭玘撰　清道光四年东武刘氏味经书屋抄本(清刘喜海跋,存一卷、三至三十卷)　清抄本(清陆心源跋)　清抄本　四库全书本(作乐静集)　四库全书珍本初集本(作乐静集)　宋百家诗存本(作乐静居士集一卷)　总目　善目　丛综　山艺　国学　山大　省图

济北晁先生鸡肋集七十卷　(宋)晁补之撰　明崇祯八年吴郡顾凝远诗瘦阁刻本(清丁丙跋)　又一本(傅增湘校)　明抄本(有目录二卷)　明光泽堂抄本(有目录二卷)　清初抄本(有目录二卷)　清抄本　四库全书本(作鸡肋集)　摛藻堂四库全书荟要本(作鸡肋集)　四部丛刊景印明刻本　总目　善目　丛综　山艺　山大　省图

鸡肋集钞一卷　(宋)晁补之撰　宋诗钞初集本　丛综　山大　省图

鸡肋集补钞一卷　(宋)晁补之撰　宋诗钞补本　丛综　山大

济北先生文粹二十一卷　(宋)晁补之撰　苏门六君子文粹本　丛综　山艺　善目

景迂生集(一名嵩山文集)二十卷　(宋)晁说之撰　清初抄本(嵩山文集)　清初抄本(作嵩山景迂生文集二十卷杂文一卷)　明谢氏小草斋抄本(作景迂生文集,卷一至九、十六至十八配清抄本,清丁丙跋)　清抄本(作景迂生文集,清丁丙跋,佚名校)　清抄本　清抄本(清孔广栻题识)　四库全书本　摛藻堂四库全书荟要本　四部丛刊续编景印旧抄本(作嵩山文集二十卷附卷三负薪对校勘表一卷,校勘表张元济撰)　两宋名贤小集本(作景迂小集一卷)　总目　善目　丛综　山艺　山大　省图

具茨晁先生诗集一卷　(宋)晁冲之撰　明嘉靖三十三年晁氏宝文堂刻本(清章绶衔跋)　清初影抄明嘉靖晁氏宝文堂本　清初抄本(书名作具茨先生晁冲之叔用诗集注抄一卷,王修校并跋)　清刻本　晁氏三先

生集本　善目　丛综　山艺　山大　省图

晁具茨先生诗集十五卷　(宋)晁冲之撰　清乾隆刻巾箱本　清张慧华程覃叔合抄本(清道光翁遂盦题识)　宛委别藏本　海山仙馆丛书本　丛书集成初编本　(山艺著录晁具茨集)　善目　丛综　山艺　山大　省图

具茨集钞一卷　(宋)晁冲之撰　宋诗钞初集本　宋代五十六家诗集本　丛综

具茨集补钞一卷　(宋)晁冲之撰　宋诗钞补本　丛综

姑溪居士文集五十卷后集二十卷　(宋)李之仪撰　明吴氏丛书堂抄本(文集五十卷,存十七卷)　清徐氏传是楼抄本(卷十四至二十五配清抄本)　清研经楼抄本(卷一至十三配清抄本,清丁丙跋)　清抄本(杨守敬跋)　清宝米斋抄本(文集卷二十三至二十九后抄配入)　清抄本　清抄本(佚名校)　清抄本(清佚名校,存文集一至十三卷,后集一至十三卷)　清抄本(作文集四十七卷附录一卷)　四库全书本(作前集五十卷)　粤雅堂丛书本　丛书集成初编本　宋百家诗存本(作姑溪集一卷)　总目　善目　丛综　山艺　山大　省图

学易集八卷　(宋)刘跂撰　四库全书本　武英殿聚珍版丛书本　畿辅丛书本　清芬堂丛书本　丛书集成初编本　总目　丛综　山艺　山大　省图

西台集二十卷　(宋)毕仲游撰　四库全书本　武英殿聚珍版丛书本　山右丛书初编本　丛书集成初编本　总目　丛综　山艺　山大　省图

傅忠肃公文集三卷　(宋)傅察撰　清抄本(清吴允嘉校并跋、丁丙跋)　清鸣野山房抄本　清味书室抄本(清丁丙跋)　清抄本(清徐时栋跋,傅增湘校并跋)　清彭氏知圣道斋抄本　清抄本　清大兴傅氏抄本(有首一卷,末一卷;清傅以礼校)　清光绪傅以礼抄本(傅伯寿编,傅以礼校并跋)　清光绪十八年傅以礼演慎斋刻本(有傅以礼撰首一卷校勘记一卷,傅增湘校补并跋)　清抄本　四库全书本(作忠肃集)　宋百家诗存本(作傅忠肃集一卷)　两宋名贤小集本(作傅忠肃公集一卷)　乾坤正气集本(作傅忠肃集一卷)　总目　善目　丛综　山艺　山大　省图

忠穆集八卷　(宋)吕颐浩撰　四库全书本　四库全书珍本初集本　总目　丛综　山艺　山大　省图

北海集四十六卷附录三卷　(宋)綦崇礼撰　四库全书本　四库全书珍本初集本　清抄本(残存三册)　总目　丛综　山艺　山大　省图　双行续

重辑李清照集　黄墨谷编著　1981年齐鲁书社排印本　山大

蕊阁集一卷　题(宋)辛弃疾撰　见四库存目　清赵氏小山堂抄本(作二卷)　总目　善目　山艺

蠹斋先生铅刀编三十二卷　(宋)周孚撰　明抄本(清吴焯跋,有目录二卷拾遗诗一卷)　清抄本(附拾遗诗一卷)　清抄本(清丁丙跋,附拾遗诗一卷)　清抄本(清丁丙跋,卷二十五至三十二、拾遗诗配另一清抄本)　清周大辅郗公钟室抄本(周大辅批校)　四库全书本　宋百家诗存本(作蠹斋铅刀编一卷)　总目　善目　丛综　山艺　山大　省图

嵩山居士集五十四卷　(宋)晁公溯撰　宋乾道四年刻本　清初抄本(作新刊嵩山居士文全集)　清彭氏知圣道斋抄本(同上)　清抄本(作嵩山居士文集)　总目　善目　丛综　山艺　山大　省图

雪山集十六卷　(宋)王质撰　四库全书本　武英殿聚珍版丛书本　湖北先正遗书本　丛书集成初编本　清乾隆四十一年孔氏微波榭抄本(作十二卷,清孔继涵跋)　清嘉庆十三年秦氏石研斋抄本(作十二卷,清秦恩复、翁同书跋,存卷一、三至十二卷)　清抄本(作十二卷,清李文藻跋)　总目　善目　丛综　山艺　山大　省图

林泉结契五卷　(宋)王质撰　见四库存目　清抄本(清宋荦辑)　学海类编本　两宋名贤小集本　丛书集成初编本　总目　善目　丛综　山艺　山大　省图

方泉先生诗集三卷　(宋)周文璞撰　清初抄本(清朱彝尊题识,王礼培题识)　清冰蕸阁抄本　清抄本(罗振玉题识)　清抄本(清盛起校)　南宋群贤小集本　汲古阁景钞南宋六十家小集本　两宋名贤小集本(作方泉诗集)　四库全书本(作方泉集四卷)　宋百家诗存本(作方泉集一卷)　总目　善目　丛综　山艺　山大　省图

汶阳端平诗隽四卷　(宋)周弼撰(宋)李龏选　清抄本(清丁丙跋)四库全书本　南宋群贤小集本　汲古阁景钞南宋六十家小集本两宋名贤小集本(作端平诗隽四卷)　总目　善目　丛综　山艺　山大　省图

端平集一卷　(宋)周弼撰　宋百家诗存卷十五　丛综　山大　省图

翦绡集二卷　(宋)李龏撰　见四库存目　民国十一年上海古书流通处影印清鲍廷博知不足斋影写南宋八家集本　清初毛氏汲古阁影宋抄本　清抄本(作三卷)　诗词杂俎本　南宋群贤小集本　汲古阁景钞南宋六十家小集附本　丛书集成初编本　总目　善目　丛综　山艺　山大　省图

梅花衲一卷　(宋)李龏撰　清初毛氏汲古阁影宋抄本　清抄本　南宋群贤小集本　汲古阁景钞南宋六十家小集附本　民国十一年上海古书流通处影印清鲍廷博知不足斋影写南宋八家集本　善目　丛综　山大　省图

以上宋

漆园集　(金)李之翰撰　中州集　山艺　山大　省图

昆仑集　(金)郭长倩撰　中州集　山艺　山大　省图

山林长语　(金)刘迎撰　中州集　山艺　山大　省图

张行简集　(金)张行简撰　中州集　山艺　山大　省图

东皋集　(金)桑之维撰　中州集　山艺　山大　省图

复轩集　(金)阎长言撰　中州集　山艺　山大　省图

仙乐集五卷　(金)刘处玄撰　道藏本　重刊道藏辑要本(作一卷)　丛综　山艺　山大　省图

云光集四卷　(金)王处一撰　道藏本　重刊道藏辑要本(作一卷)　丛综　山艺　山大　省图

水云集三卷　(金)谭处端撰　道藏本　道藏举要本　重刊道藏辑要本(作一卷)　元诗选二集本(作一卷)　丛综　山艺　山大　省图

太古集四卷　(金)郝大通撰　道藏本　道藏举要本　重刊道藏辑要本(作一卷)　丛综　山艺　山大　省图

磻溪集六卷　(金)丘处机撰　金刻本(作栖霞长春子丘神仙磻溪集三卷,傅增湘跋)　清抄本(傅增湘校并跋)　道藏本　道藏举要本　重刊道藏辑要本(作一卷)　元诗选二集本(作一卷)　善目　丛综　山艺　省图

闲闲老人滏水文集校札记二卷附录一卷　(清)吴重熹撰　石莲盦汇刻九金文集本(附金赵秉文撰闲闲老人滏水文集二卷后)　丛综

以上金

小亨集六卷　(元)杨弘道撰　四库全书本　四库全书珍本初集本　抄本　总目　丛综　国学　山艺　山大　省图

兰轩集十六卷　(元)王旭撰　四库全书本　四库全书珍本初集本　清乾隆翰林院抄本　总目　善目　丛综　山艺　国学　山大　省图

如是翁编　(元)周驰撰　元遗山集　山艺　山大

五峰集　(元)燕公楠撰　元史类编　山艺　山大

王陌庵诗集二卷　(元)王士熙撰　宋元四十三家集本　丛综　山大

江亭集一卷　(元)王士熙撰　元诗选二集本　丛综　山大　省图

王鲁公诗钞一卷　(元)王士熙撰　见四库存目　总目　山艺

静轩集五卷附录一卷　(元)阎复撰　藕香零拾本　丛综　山艺　山大　省图

太平金镜策八卷　(元)赵天麟撰　见四库存目　总目　山艺

勤斋集八卷　(元)萧𣂏撰　旧写本　四库全书本　总目　丛综　山艺　山大　藏园

中庵先生刘文简公文集二十五卷　(元)刘敏中撰　元元统间刻本(杨绍和跋)　清抄本　抄本(汪中校,黄丕烈校并跋,陈鳣、顾广圻跋,作中庵集二十卷,存八至十八卷)　清乾隆翰林院抄本　(以下作中庵集二十卷)清抄本　四库全书本(二十卷)　总目　善目　丛综　山艺　国学　北平　山大　善本提要

张文忠公文集二十八卷　(元)张养浩撰　元刻本　清初抄本　(以下皆有附录一卷)清乾隆四十二年邵晋涵家抄本　清影抄元刻本(清陆心

源补序并跋) 善目

归田类稿二十四卷 (元)张养浩撰 四库全书本 清乾隆五十五年周永年、毛堃刻本(作元张文忠公归田类稿二十卷附录一卷,傅增湘校补并跋) 总目 善目 丛综 山艺 山大

云庄类稿一卷 (元)张养浩撰 元诗选初集本 丛综 山大

农务集三卷 题(元)王桢撰 见四库存目 总目 山艺

荻溪集二卷 题(元)王偕撰 见四库存目 总目 山艺

以上元

黄忠宣公文集十三卷别集六卷 (明)黄福撰 见四库存目(作黄忠宣集八卷) 明嘉靖间冯时雍刻本 总目 山艺 国学 善本提要

北郭集六卷 (明)徐贲撰 四库全书本 四部丛刊三编景印明成化本(作十卷补遗一卷) 总目 丛综 山艺 山大 省图

徐幼文集无卷数 (明)徐贲撰 盛明百家诗前编本 丛综

澹轩集七卷 (明)马愉撰(明)刘时勉编 见四库存目 明山东参政邢居正青州刻本 总目 山艺

别本澹轩集八卷 (明)马愉撰(明)迟凤翔补编 明迟凤翔刻本 总目 山艺

履阁诗集一卷 (明)张坦撰 天津诗人小集本 丛综 山大

铭夏诗钞 (明)郭鼎撰 原刻本(一册) 青图 省图

刘古直集十六卷 (明)刘珝撰 见四库存目 总目 山艺

礼庭吟二卷 (明)孔承庆撰 见四库存目 清康熙三十九年衍圣公孔毓圻重刻本 总目 山艺

鳌峰类稿二十六卷 (明)毛纪撰 见四库存目(明诗综作鳌头类稿,误) 明嘉靖二十一年刻本 总目 善目 山艺 省博 省图

海庙集四卷 (明)毛纪撰(明)任万里撰 清康熙毛霖抄本 善目 省博

东冈小稿六卷 (明)李昆撰 明嘉靖二年武林黄绾等刻本(省博作五卷) 善目 山艺 省博 省图

海壑吟稿十一卷　(明)赵完璧撰　明万历十年刻本　四库全书本　抄本　总目　丛综　山艺　国学　山大　省图　贩续

边华泉集八卷　(明)边贡撰　明嘉靖十七年司马泰刻本(明刘天民辑)　明万历魏允孚刻本(清丁丙跋)　明四家集本(作二卷)　盛明百家诗前编本(作一卷)　善目　丛综　善本提要

边华泉诗集七卷附录一卷　(明)边贡撰　弘正四杰诗集本　丛综

边华泉集八卷集稿六卷　(明)边贡撰　明万历魏允孚刻本　清抄本　善目

华泉诗集八卷　(明)边贡撰　明嘉靖十七年濮州苏祐刻本　善目

华泉集十四卷　(明)边贡撰　四库全书本　总目　丛综　山艺　省图

华泉先生集选四卷　(明)边贡撰(清)王士禛选　见四库存目　王渔洋遗书本　总目　善目　丛综　山艺　省博　山大　省图

崔洹野集二十卷　(明)崔铣撰　明崔氏家塾刻清修本(附明金宝符撰年谱一卷)　省博　省图

洹词十二卷　(明)崔铣撰　明赵府味经堂刻本　明赵府味经堂刻清乾隆三十六年黄邦宁重修嘉靖刻本　四库全书本　续中州名贤文表本(作崔文敏公洹词)　总目　善目　丛综

崔氏洹词十七卷附录四卷　(明)崔铣撰　明嘉靖三十三年周镐等刻本　善目

后渠子四卷　(明)崔铣撰(明)于孔兼辑　明刻本　善目　丛综

崔后渠集一卷　(明)崔铣撰　广理学备考第二函本　丛综

崔仲凫文钞一卷　(明)崔铣撰　明刻本　善目

石川集四卷附录一卷　(明)殷云霄撰　见四库存目　总目　山艺

方伯集一卷　(明)冯裕撰　冯氏五先生集本　善目　丛综　山艺　省博　省图

杨应奎遗文一卷　(明)杨应奎撰　清初抄本　善目　省博

芦南集一卷　(明)邹颐贤撰　清乾隆十六年德州邹士廉刻本　善目　山艺　省博

▲集部

函山集十卷　(明)刘天民撰　见四库存目　清抄本(一作函山先生文集,一作函山先生集)　总目　善目　山艺

函山集选　(明)刘天民撰(清)王士禛选　清王士禛刻本　山艺

止止堂集五卷　(明)戚继光撰　见四库存目　明万历二年刻本(存二卷)　明抄本(作四卷)　清光绪十四年山东书局刻本　总目　善目　山艺　国学　明版图录　省博　山大　省图

孙刺史集无卷数　(明)孙重光撰　明孙重光山西自刻本　山艺

蓝侍御集二卷　(明)蓝田撰　稿本(清周亮工评)　善目　省博

蓝侍御集十卷　(明)蓝田撰　明万历十五年即墨蓝思绍姑苏刻本　善目

北泉文集五卷　(明)蓝田撰　清抄本(四库存目著录北泉集无卷数)　总目　善目　山艺

北泉草堂诗集二卷　(明)蓝田撰　清抄本　善目

北海野人稿一卷　(明)黄祯撰　见四库存目　总目　山艺

耘石诗稿一卷　(明)黄祯撰　稿本(清逢源主人跋)　善目　省博

拟骚集二卷二友传一卷　(明)黄祯撰　明刻本　善目

愚谷集十卷　(明)李舜臣撰　四库全书本　总目　丛综　山艺　省图

三巡集稿一卷　(明)苏祐撰　明嘉靖刻本　善目

谷原文草四卷　(明)苏祐撰　见四库存目　总目　山艺

谷原诗集八卷　(明)苏祐撰　明嘉靖三十七年濮州龚秉德刻本(李盛铎跋)　明刻本(四库存目著录谷原集十卷,提要云即苏祐诗集)　总目　善目　山艺

苏督抚集一卷　(明)苏祐撰　盛明百家诗后编本　丛综　山大

睡足轩诗选(一名边仲子诗)一卷　(明)边习撰(清)王士禛、徐夜选　见四库存目(作边仲子诗)　清抄本　王渔洋遗书本　总目　善目　丛综　山艺　国学　省博　山大　省图

陂门山人集八卷　(明)冯惟健撰　冯氏五先生集本(收录赋一篇诗百首)　明嘉靖三十五年冯惟讷刻本　(山艺作陂门集)　丛综　善目

山艺　省博　省图

葛端肃公文集十八卷　(明)葛守礼撰　见四库存目(作端公集十卷)　明万历十年刻本　明万历十年刻清乾隆五十六年钟大受重修本　清嘉庆七年德平葛周玉棣萼山房刻本(增识阙一卷附录一卷)　总目　善目　山艺　省博　山大　省图

郭康介公集二卷　(明)郭宗皋撰　清嘉庆二十五年王善埕刻本(作一卷,山艺卷数同)　清光绪元年日照丁守存刻本　山艺　省博

周汉中集四卷　(明)周显宗撰　见四库存目　总目　山艺

李中麓闲居集十二卷　(明)李开先撰　见四库存目(作闲居集)　明嘉靖三十六年刻本　明嘉靖三十六年刻崇祯十四年补修本(附年谱一卷)　明隆、万间刻本　清抄本　又一清抄本(清李文藻跋)　中华书局藏路工藏抄本　上海编辑所藏抄本　中华书局路工辑校李开先集本　总目　善目　山艺　省图　善本提要

中麓山人拙对一卷续对一卷　(明)李开先撰　明嘉靖刻本　清抄本　善目　善本提要

塞上曲一卷　(明)李开先撰　明嘉靖刻本　善目

烟霞小稿一卷　(明)逯希韩撰　附李开先闲居集　山艺　山大

靳两城先生集二十卷　(明)靳学颜撰　见四库存目(作两城集)　明万历十七年东鲁靳氏家刻本(清吴以诚评)　又一本(清丁丙跋)　总目　善目　山艺　国学　省博　省图

间存集八卷　(明)靳学颜撰　明刻本　善目

海浮山堂诗稿五卷文稿五卷　(明)冯惟敏撰　明嘉靖四十五年刻本(山艺作山堂诗稿,无卷数)　善目　山艺

冯海浮集一卷　(明)冯惟敏撰　盛明百家诗后编本　丛综　山大

石门集一卷　(明)冯惟敏撰　冯氏五先生集本　善目　丛综　山艺　省图

宋祠部集六卷　(明)宋延年撰　明隆庆六年刻清光绪六年宋氏家塾重修本　明万历三年宋伯华刻本　善目　山艺　省博　省图

大行集一卷　(明)冯惟重撰　冯氏五先生集本　善目　丛综　山艺　省博　省图　山大

冯光禄诗集十卷　(明)冯惟讷撰　明万历刻本(卷八至十、墓志铭配抄本)　冯氏五先生集本(作光禄集一卷)　善目　丛综　山艺　省博　省图

冯少洲集一卷　(明)冯惟讷撰　盛明百家诗前编本　丛综

赵大纲诗集无卷数　(明)赵大纲撰　清刻本　山艺

赵元哲诗集八卷　(明)赵邦彦撰　明万历十年朱应毂刻公文纸印本(存五至八卷,山艺作赵少虚诗集)　善目　山艺

午川集无卷数　(明)许玠撰　明李少卿刻本　山艺

四溟山人全集二十四卷　(明)谢榛撰　明万历二十四年赵府冰玉堂刻本　明万历二十四年赵府冰玉堂刻重编本(清高鸿裁跋)　清抄本　善目　省博

四溟山人诗十卷　(明)谢榛撰(明)盛以进辑　明万历四十年盛以进刻本　善目　山艺

四溟集十卷　(明)谢榛撰　四库全书本　问影楼丛刻初编本(作四溟山人诗集)　总目　丛综　山艺　省图　山大

四溟诗钞五卷　(明)谢榛撰　清抄本(邓汝功批校)　善目　省博

四溟山人集选一卷　(明)谢榛撰(清)陈允衡选　诗慰本　丛综

谢茂秦集二卷　(明)谢榛撰　明嘉靖刻本　盛明百家诗前编本　善目　丛综　山大

适晋稿六卷　(明)谢榛撰　明刻本　善目

白雪楼诗集十卷　(明)李攀龙撰　见四库存目　明嘉靖四十二年魏裳刻本　明隆庆六年刻本　明刻本　明隆庆四年汪时元刻本(作十二卷)　总目　善目　山艺　国学　省图　善本提要

沧溟先生集三十卷　(明)李攀龙撰　明隆庆刻本　明徐履道起凤馆刻本　明万历三年莱州卫胡来贡刻本　明万历二十八年吴用光刻本　明万历三十四年陈陞刻本　明刻本(以上各本均有附录一卷)　明万历二

年徐中行刻本(作三十二卷) 明自新斋余泰垣刻本(作三十二卷) 明万历二十六年刻本 明万历二十六年刻重修本(以上二本作三十一卷,有附录一卷、附录补遗一卷) 清道光二十七年历城李献方景福堂刻本 四库全书本 摛藻堂四库全书荟要本(以上三本作沧溟集三十卷附录一卷) 总目 善目 丛综 山艺 国学 台湾公藏 山大 省图 善本提要

沧溟诗集十四卷 (明)李攀龙撰 明四子诗集本 丛综

续李沧溟集一卷 (明)李攀龙撰 盛明百家诗后编本 丛综

李沧溟集选四卷 (明)李攀龙撰 见四库存目(题宋光廷选) 明宋光廷刻本 又一明刻本(以上二种皆作补注李沧溟先生文选四卷,宋祖骏、宋祖骅补注) 日本书林向荣堂刻本 总目 善目 山艺 国学

沧溟集选不分卷 (明)李攀龙撰(清)姚佺、孙枝蔚选 四杰诗选本 丛综

李沧溟近体诗集二卷 (明)李攀龙撰〔日本〕近江宇鼎注 日本宝历间刻本 国学

李学宪集一卷 (明)李攀龙撰 盛明百家诗前编本 丛综

拟古乐府二卷 (明)李攀龙撰 明刻本 善目

沧溟先生文钞九卷 (明)李攀龙撰 明万历刻本 善目 国学

新锲会元汤先生批评沧溟文选评林五卷 (明)李攀龙撰(明)汤宾尹评 明书林詹霖宇刻本 善目

刻注释李沧溟先生文选狐白四卷 (明)李攀龙撰(明)杨九经注释 明刻本 善目

沧溟先生尺牍三卷 (明)李攀龙撰(清)张所敬编 日本宝历元年刻本 静嘉

快然堂初草一卷 (明)徐岱清撰 稿本 省博

见一诗稿一卷 (明)王崇义撰 约明崇祯刻本 抄本 贩续 青图

存家诗稿八卷 (明)杨巍撰 明万历三十年海丰杨岑刻本(即四库底本) 四库全书本 总目 善目 丛综 山艺 山大 省图

杨梦山诗选三卷　(明)杨巍撰(清)王士禛选订　清康熙间德州谢重辉刻本(见总目提要)　总目　山艺

金舆山房稿十四卷　(明)殷士儋撰　见四库存目　明万历十八年邵陛刻本　总目　善目　山艺　省博　善本提要　北图

朝鲜游稿一卷　(明)万爱民撰　曹县万氏诗文集六种清抄本　善目　省图

东岱山房诗录十三卷外集一卷　(明)李先芳撰　明嘉靖刻本(山艺作东岱山房稿三十卷,另有清平阁集十二卷)　善目　山艺　国学

李氏山房诗选六卷　(明)李先芳撰　见四库存目　明刻本(善目作三卷)　总目　善目　山艺

李氏山房集四卷　(明)李先芳撰　明隆庆六年刻本　善目

江右诗稿二卷　(明)李先芳撰　见四库存目　明嘉靖刻本(善目作东岱山房诗录江右稿)　总目　善目　山艺　北图

李尚宝集一卷　(明)李先芳撰　盛明百家诗前编本　丛综

濠梁集一卷高斋集一卷　(明)李先芳撰　明万历五年刻本　善目　善本提要

庞眉生集十六卷　(明)于慎思撰　见四库存目　明万历二十七年于慎行刻本　总目　善目　山艺

讱斋诗草一卷　(明)黄作孚撰　即墨黄氏诗钞本　丛综　山艺

愧非集十四卷　(明)马攀龙撰　见四库存目　总目　山艺

交绣阁诗草四卷文一卷　(明)张梦鲤撰　清抄本　清乾隆抄本(作交绣阁诗集四卷)　善目　山艺　省图　亦轩

沈太史诗集无卷数　(明)沈渊撰　清刻本　山艺

虚白堂诗草二卷　(明)张焕撰　清刻本　山艺

松柏堂集一卷　(明)常秉仁撰　清刻本　山艺

弘山集四卷　(明)张后觉撰　明万历二十七年张尚淳刻本　清康熙三年毕忠吉茌邑三先生合刻本(善目作张弘山先生集)　善目　省博　省图　山大　北图

黄发翁诗文集二卷续集二卷　(明)毕木撰　明抄本(黄发翁集二卷)　明万历四十六年家刻本(黄发翁续集一卷,清毕盛鉴跋)　清康熙三十九年毕盛胄抄本　善目　山艺　省博　省图

黄发翁全集四卷戏笔一卷　(明)毕木撰　清毕丰增等刻本(有首一卷末一卷)　善目　北图

谷城山馆文集四十二卷　(明)于慎行撰　见四库存目　明万历于纬等刻本　明万历三十五年周时泰刻本(清查慎行、查岐昌跋)　总目　善目　山艺　国学　省图　善本提要　从综补

谷城山馆诗集二十卷　(明)于慎行撰　四库全书本　明万历三十二年东阿于氏家刻本(省博存五卷)　总目　善目　从综　山艺　省博　省图　山大　善本提要　从综补

于少保诗选不分卷　(明)于慎行撰(□)雷暎辑　稿本　善目

忠肃公和梅花百咏　(明)于慎行撰　清康熙葵丘刻本　北善

问竹轩诗稿二卷　(明)梁南撰　稿本(清梁溥跋)　善目　省图

铨部王先生文集一卷诗集一卷　(明)王教撰　明万历四十四年刻本(山艺作铨部王先生诗文集不分卷,善本提要著录美国国会图书馆藏明万历间刻本铨部王先生诗集一卷修县志小序一卷)　山艺　省图　善本提要

秋澄诗集一卷　(明)王教撰　清抄本　善目　省博

孟我疆先生集六卷　(明)孟秋撰　清康熙三年益都毕忠吉刻茌邑三先生合刻本(山艺作我疆集五卷,另有大道吟一卷、气志吟一卷)　山艺　省博　省图　山大　从综

集玉山房稿十卷　(明)葛昕撰(明)葛如龙等编　清抄本(即四库底本)　四库全书本　清嘉庆九年德平葛周玉树滋堂刻本　总目　善目　从综　山艺　省博　省图　山大　北图

来禽馆集二十九卷　(明)邢侗撰　见四库存目　明万历四十六年刻本　清康熙十九年郑雍重修本　明崇祯十年版筑居刻本(作二十八卷)　总目　善目　山艺　国学　省博　山大　省图　善本提要

沛园集五卷　(明)邢侗撰　明天启四年赐绯堂刻本　明刻本(不分卷)　善目

邢子愿杂著不分卷　(明)邢侗撰　明刻本　善目

雍野李先生快独集十八卷　(明)李尧民撰　见四库存目　明万历三十六年康丕扬刻本(山艺作快独集)　总目　善目　山艺　省图　北图

宗伯集八十一卷目录一卷　(明)冯琦撰　明万历三十五年刻本明万历三十五年刻增修本　明万历三十五年青箱刻本(作六卷)　明万历三十九年书林余泗泉萃庆堂刻本(作六卷)　善目　山艺　国学　省博　省图

冯用韫先生北海集四十六卷目录一卷　(明)冯琦撰　明万历四十四年林有麟刻本　善目　山艺　省博　省图　善本提要

文敏冯先生诗集六卷　(明)冯琦撰　明末刻本　善目

冯用韫先生书牍四卷　(明)冯琦撰　清乾隆三年程崟刻本　明末刻本(作宗伯冯先生尺牍)　善目　省博

傅伯俊诗草七卷　(明)傅光宅撰　明万历间聊城傅氏刻本　善本提要

见山楼诗钞一卷　(明)黄嘉善撰　即墨黄氏诗钞本　丛综　山艺

仪部张先生文集二卷　(明)张敬撰　明万历张至发刻本(山艺作张仪部集无卷数)　善目　山艺　省博　北图

燕喜堂集十五卷　(明)刘一相撰　清初抄本　善目　山艺　省图

东山余墨五卷东山论草三卷　(明)葛引生撰　明隆庆间刻本(东山论草)　明天启间刻本(东山余墨)　东山葛氏遗书本　丛综　山艺　善本提要

崇雅堂集十五卷附录一卷　(明)钟羽正撰　(清)高有闻、丁耀亢(野鹤)编　见四库存目　清顺治十五年丁耀亢刻本　清光绪五年昌乐阎湘蕙重刻本　总目　善目　贩续　省博　山艺　省图

段黄甫诗稿无卷数　(明)段黼撰　见四库存目　总目　山艺

葛太史集五卷　(明)葛曦撰　见四库存目　清嘉庆八年德平葛周玉树滋堂刻本　总目　山艺　省博

弗告堂集二十六卷　(明)于若瀛撰　明万历三十一年刻本(有抄配)　善目　省博　省图　南开　禁书知见

鹤隐集、雨萝集无卷数　(明)王象明撰　清刻本　山艺

大云集无卷数　(明)曹璜撰　见四库存目(提要云抄本十册)　总目　山艺

青藜馆集四卷　(明)周如砥撰　见四库存目　明崇祯十五年周爆刻本　总目　善目　山艺　国学

周季平先生文集三十二卷　(明)周如砥撰　明天启刻本(山艺作周太史文集)　善目　山艺

至性文章一卷　(明)周如砥撰　清刻本　省博

澹园集四十九卷　(明)焦竑撰　明万历三十四年黄云蛟刻本　善目　贩记　山艺

澹园续集二十七卷　(明)焦竑撰　明万历三十九年金励朱汝鳌刻本(山艺作三十五卷)　善目　山艺

石隐园藏稿八卷　(明)毕自严撰　明末抄本(不分卷)　清顺治十七年毕际有刻本　清康熙二十五年毕际有刻本(有首一卷,即四库底本)　四库全书本　总目　善目　丛综　山艺　国学　省图　山大

石隐园文稿不分卷　(明)毕自严撰　清初抄本(清毕盛鉴跋)　善目　北善

石隐园诗草一卷　(明)毕自严撰　民国十四年毕柱抄本　省图

毕自严遗稿一卷　(明)毕自严撰　稿本　明崇祯抄本　善目　省图

焚黄稿一卷　(明)毕自严撰　原稿本　亦轩

奉使朝鲜稿一卷　(明)朱之蕃撰　见四库存目(作奉使稿无卷数)　明万历刻本(同朝鲜柳根等撰东方和音一卷合刻)　总目　善目　山艺

岱宗藏稿五十卷　(明)杨梦衮撰　牛津大学藏明万历刻本　明天启秣陵广庆堂刻本　明抄本(有目录二卷)　明末抄本(有补遗一卷)　善目　省博　省图

岱宗小稿十六卷　(明)杨梦衮撰　明天启刻本　抄本(存五卷)　善目

贩记　山艺

丽光楼诗钞一卷　　(明)张嗣诚撰　清乾隆抄本　山艺　亦轩

琪山集十二卷　　(明)赵秉忠撰　明万历刻本　善目　山艺　省博　省图　善本提要

镜山庵集六种二十五卷附词一卷　　(明)高出撰　明天启高若骈等刻本　清宣统元年高日庆抄本　清活字印本(又有十八阙一卷,同清高琨撰绍镜集一卷合刻)　善目　山艺　丛综补

镜山庵初删稿六卷　　(明)高出撰　旧刻本(二十卷)　节抄本(删去涉及辽事者)　山艺　丛综补

卢隐集六卷郎潜集六卷　　(明)高出撰　明万历四十五年自刻本(传是楼书目及山艺尚著录高孩之集十二卷)　善目　山艺　国学　丛综补　北善　贩续

尺牍补遗四卷　　(明)公鼐撰　明万历刻本　善目　省博

青峊居集一卷　　(明)宋焘撰　明万历间自刻清修本　善目　山艺　省博

夕佳轩草、楚游遗稿无卷数　　(明)张养晦撰　明刻本(楚游遗稿,秣陵刻本)　山艺

蟋蟀轩草不分卷　　(明)刘士骥撰　见四库存目　总目　山艺

赐闲堂集四卷　　(明)王象晋撰　清顺治九年王与敕等刻本(山艺作二十卷)　善目　山艺　省博　省图　善本提要　北图

郢封里吟一卷　　(明)王象晋撰　明末刻本　善目

平山堂诗集五卷续集一卷　　(清)刘应宾撰　清初刻本　善本提要　山艺

五品稿九卷　　(明)李若讷撰　明万历四十三年刻本　善目　山艺　省博　省图

四品稿九卷　　(明)李若讷撰　明天启二年刻本(山艺尚著录四品续稿十卷、杨花诗二卷)　善目　山艺　省博

长馨轩集□□卷　　(明)王雅量撰　清初抄本(存卷一,唐仰杜跋,山艺

无卷数)　善目　山艺　省图

太古堂遗编十四卷　(明)高弘图撰　见四库存目(作太古堂集二卷)　清抄本　总目　善目　山艺

问山亭诗十卷　(明)王象春撰　明万历刻本(山艺著录问山亭集四卷)　清康熙树音堂抄本(作十六卷)　旧抄本(作问山亭集三卷)　山艺　省图　亦轩

问山亭主人遗诗一卷续集一卷补一卷　(明)王象春撰　清三十六砚斋抄本(清王士骥、王士禛辑)　喜咏轩丛书本(作问山亭主人遗诗正集一卷续集一卷补集一卷附录一卷)　善目　丛综　山大

问山亭遗诗拾遗一卷　(明)王象春撰(清)王祖昌辑　清抄本　善目　省图

王季木问山亭诗集选一卷酉戌草一卷辛亥草二卷癸丑草一卷壬子草一卷甲寅草一卷　(明)王象春撰　明抄本(清王士禛批点删定,山艺著录甲寅草,附问山亭集四卷后)　善目　山艺　北图

济南百咏一卷　(明)王象春撰　明万历四十四年自刻本,清初抄本(清王士禛批校)　善目　人大　北图

齐音一卷　(明)王象春撰　清抄本　山艺　省博

鸿集亭诗草一卷　(明)黄宗扬撰　即墨黄氏诗钞本　丛综　山艺

水絃楼诗文底稿一卷　(明)王启叡撰　稿本　善目　省博

云黄集一百卷目录一卷　(明)傅国撰　明万历刻本　明崇祯十三年刻本(作八十二卷)　善目　山艺　省博　北图

素园诗一卷就正诗一卷秋兴诗一卷和朱文公感兴诗一卷和儆学诗一卷远道随笔一卷　(明)叶廷秀撰　叶润山辑著全书本　丛综

儆学诗一卷　(明)吕维祺撰(明)叶廷秀评　叶润山辑著全书本　丛综

和儆学诗续集一卷　(明)喻龙撰(明)叶廷秀评　叶润山辑著全书本　丛综

四素山房集二十卷　(明)刘鸿训撰　明崇祯十六年刘孔中刻本　善目　贩续　山艺　省博　省图　善本提要

皇华集十三卷　(明)刘鸿训撰　明天启间朝鲜刻本　善目　省博

解元常公诗集一卷乡贤常公诗集一卷松柏堂诗集一卷　(明)常康撰　明末常吉士刻本(山艺著录松柏堂后集一卷)　山艺　省图

于斯堂诗集一卷　(明)黄宗昌撰　即墨黄氏诗钞本　丛综　山艺

恒山游草一卷　(明)黄宗昌撰　明刻本　山艺

持忠集二卷　(明)张瑶撰　清乾隆五年张儒刻本　善目　山艺　省博

小筑迩言十六卷　(明)徐标撰　明崇祯刻本　又一本(作二十五卷首一卷)　清道光十年陈钧抄本(作八卷,附徐公经济录一卷)　善目　山艺　省博　善本提要

刘柘山先生遗集不分卷　(明)刘璞撰　民国十一年莒州刘氏石印本　省博

笼鹅馆集四卷　(明)王与玟撰　抄本　山艺　青图　善目

万柳老人诗集残稿一卷晓园子诗集残稿一卷附录一卷　(明)宋继澄、宋琏等撰　民国十七年排印庐乡丛书本(山艺著录万柳集一册,凡八十四首,附子瑚史论九首琏九首琏文二首)　山艺　省博

松涛诗稿四卷　(明)周文漪撰　稿本(清孙象森、赵士隶、民国周幹庭跋)　善目　省图

钟仙遗稿无卷数　(明)王乘箓撰　清刻本(一册)　山艺

津门中都启稿一卷　(明)王若之撰　佚笈姑存本(山艺作启笺一卷)　善目　丛综　山艺

王若之诗卷二卷续一卷　(明)王若之撰　佚笈姑存本(山艺著录续诗卷一卷)　善目　丛综　山艺

再游草一卷　(明)王若之撰　明崇祯刻本(山艺著录游草一卷)　善目　山艺

瘖咏一卷宴赋一卷　(明)王若之撰　明刻本　清顺治二年傅敏刻佚笈姑存本(山艺作宴赋瘖咏集不分卷)　善目　山艺

薄游书牍一卷　(明)王若之撰　佚笈姑存本　善目　丛综

尚之遗诗无卷数　(明)谭其志撰　清莱芜程云刻本　山艺

陇首集一卷　(明)王与胤撰(清)王士禛编　见四库存目　清康熙刻王渔洋全集本　总目　善目　山艺　国学　省博　省图　山大

左忠贞公集十一卷附录一卷　(明)左懋第撰　清道光丁未湘乡族裔辉春校刻本　左氏双忠集本　丛综　省图

左忠贞公文集八卷　(明)左懋第撰　乾坤正气集本　丛综

左忠贞公剩稿四卷　(明)左懋第撰　清乾隆五十八年莱阳左彤九刻本　善目　山艺

梅花屋诗草一卷　(明)左懋第撰　稿本　清乾隆五十八年从孙彤九刻本　旧抄本　善目　山艺　省博　亦轩

萝石山房文抄四卷　(明)左懋第撰　清乾隆五年自刻本(山艺尚著录萝石山房集四卷,又有六卷本,以及别集一卷、左侍郎奏稿一卷)　善目　山艺　省博

左萝石文抄　(明)左懋第撰　清乾隆四十六年左公祠刻本　仅好斋

高忠节公遗集二卷　(明)高名衡撰　民国二十三年青岛慎记印务局排印本　省博

更生吟无卷数　(明)高名衡撰　见四库存目　总目　山艺

敬亭集十卷补遗一卷　(明)姜埰撰　明末汲古阁刻本　见四库存目　清光绪十六年山东书局刻本(有附录一卷)　总目　山艺　国学　省图

远游草一卷附录一卷　(明)董应雷撰　清嘉庆十年福山鹿林松刻本(山艺远游草无卷数,又著录东皋子集)　山艺　省博

澹心斋诗集一卷　(明)黄宗臣撰　即墨黄氏诗钞本　丛综　山艺

含章馆诗集无卷数　(明)黄培撰　明宋继澄评本　明抄本(作即墨黄锦衣诗一卷)　清康熙抄本　山艺　亦轩　中科院文研所　清集总目

崖西诗稿一卷　(明)姜垓撰　传抄本　山艺

莱阳姜贞文公篇什不分卷　(明)姜垓撰　清福山王氏翠墨园藏抄本　山大

莱阳嵯峨山人诗一卷　(明)姜圻撰　明抄本　亦轩

镜岩楼诗集一卷　(明)黄宗庠撰　即墨黄氏诗钞本(丛综作清人,此从

山艺)　丛综　山艺

张仲子自娱草四卷　(明)张光启撰　民国十二年章丘章氏石印本(山艺作自娱草)　排印本　山艺　省博　省图　青图

日损堂诗集、练要堂文集无卷数　(明)刘孔和撰　清曹耕隝、邓孝威海陵刻本　山艺　善目

太古园诗集一卷　(明)王僴撰　清乾隆元年胶州宋云会刻本　抄本(青图)　民国二十九年济南王少岑抄本　善目　山艺　省博　省图青图　北图

胶州王无竟先生诗稿一卷附俞曲园临终自寿诗　(明)王僴撰　民国十三年诸城丘啸文抄本　省博

晓园文集　(明)宋琏撰　抄本(一册)　青图

匪石斋诗草二卷　(明)李复泰撰　稿本(清潘江批校)　善目　省博

以上明

蒿庵集三卷　(清)张尔岐撰　见四库存目　清乾隆三十八年济阳县衙刻本　清乾隆三十八年听泉斋刻本　清光绪十五年山东书局刻本(附蒿庵闲话二卷)　总目　善目　山艺　省博　省图　山大

蒿庵集捃逸一卷　(清)张尔岐撰罗振玉辑　百爵斋丛刊本　丛综　山大

高间云集六卷　(清)董养性撰　见四库存目　总目　山艺

徐太拙诗稿三卷　(清)徐振芳撰　见四库存目(作徐太拙诗稿无卷数,提要云是集凡分三种,一曰雪鸿草,一曰三素草,一曰楚萍草)　清抄本(楚萍草一卷、渑溪草一卷、三素草一卷)　总目　善目　山艺

徐太拙先生遗集存六卷　(清)徐振芳撰　民国二十三年徐三曾刻本省博　山师(八卷)　清别集总目(八卷)

徐东痴诗集二卷　(清)徐夜撰(清)王士禛选并批点　王渔洋遗书本(作徐诗二卷)　清康熙三十年刻本　清康熙三十七年刻本　丛综　山艺　省博　联目　省图

桓台隐君诗集四卷　(清)徐夜撰　民国二十三年桓台索镇徐氏刻本

省博

萧亭诗选六卷　（清）张实居撰（清）王士禛选辑　见四库存目　清康熙三十四年桓台知县孙元衡刻本　王渔洋遗书本　总目　善目　丛综　贩续　山艺　省博　青图　省图

尊水园集略十二卷补遗二卷　（清）卢世漼撰　清顺治刻本（藏园作清刊本）　清顺治刻十七年卢孝余增修本　善目　山艺　省博　青图　省图　藏园

西山诗存一卷附录一卷　（清）董樵撰　清嘉庆十年福山鹿林松刻本　山艺　省博

昱青堂杂集一卷　（清）吴脉鬯撰　蓬莱吴灌先杂述三种本　丛综

昱青堂诗集一卷　（清）吴脉鬯撰　清道光二十年蓬莱吴氏柏柳堂刻本　山艺　省博　省图

织斋文集八卷　（清）李焕章撰　清光绪十三年李振甲尚志堂刻本　山艺　省博　青图　省图　山大

织斋集钞八卷　（清）李焕章撰　见四库存目　稿本　清抄本（作织斋集一卷，李澄中批校）　总目　贩记　山艺　省博

兰雪堂诗集三卷　（清）谢宾王撰　见四库存目　总目　山艺

黄山诗留十六卷　（清）法若真撰　见四库存目　清康熙三十六年法樏刻本　总目　山艺　省博　省图　善目

东庄遗迹诗一卷　（清）蓝润撰　清乾隆三十三年蓝中璨抄本　善目　省博

聿修堂集一卷　（清）蓝润撰　见四库存目　清康熙三十二年抄本　总目　善目　贩续　山艺

梦吟集一卷续集一卷　（清）王天眷撰　见四库存目　总目　山艺

柴村全集十九卷附录一卷　（清）邱志广撰　清雍正四年刻本（子目：柴村文集十二卷、蝶庵自药一卷、柴村诗钞五卷首一卷附柴村赋集一卷、清邱性善撰德滋堂歌诗附钞一卷。总目、山艺作柴村集。省博存柴村文集十二卷、蝶庵自药一卷）　总目　善目　丛综　山艺　省博　青图

心远堂诗集十二卷　(清)李霨撰　清康熙十年刻本(十卷)　清康熙十六年刻本　贩续

语石斋诗稿不分卷　(清)单若鲁撰　稿本　山艺　省图

泺函十卷　(清)叶承宗撰(清)叶承祧辑　清顺治十七年历城叶氏友声堂刻本　清初友声堂抄本(周菊伍跋)　清抄本　山艺　省图

退食槐声留余集不分卷　(清)艾元征撰　清刻本　山艺　省图

偕园诗草一卷　(清)房可壮撰　清光绪刻本　山艺　青图　省图

李文襄公集二十九卷　(清)李之芳撰　清康熙四十年彤锡堂刻本(附清光袒撰年谱一卷,山艺作十二卷)　善目　山艺　省博

李文襄公棘听草十二卷附赋役详稿一册　(清)李之芳撰　清康熙四十年彤锡堂刻本　山艺　省博　北善

文襄公别录六卷　(清)李之芳撰　见四库存目　总目　山艺

王太常集　(清)王漪撰　清光绪八年福山王氏天壤阁四川成都府署刻本　青图　省图

佳山堂诗集十卷二集九卷　(清)冯溥撰　见四库存目　清康熙古吴朱士儒刻本　总目　山艺　省博　青图　省图　山大　善目

安雅堂集十四卷　(清)宋琬撰　清顺治至乾隆宋氏家刻本(省博作安雅堂遗集)　民国十六年刻本　山艺　省博　青图　山大　省图

安雅堂诗集十卷　(清)宋琬撰　清抄本　善目

安雅堂诗一卷　(清)宋琬撰　见四库存目　稿本(不分卷)　清顺治十七年刻本(即安雅堂全集本)　清丁耀亢批校题跋顺治刻本　四部备要本　总目　善目　丛综　贩记　山艺　省博　省图　山大

宋先生诗八卷　(清)宋琬撰　五大家诗钞本　丛综

宋荔裳诗一卷　(清)宋琬撰　皇清百名家诗本　丛综　联目

安雅堂诗选一卷　(清)宋琬撰(清)严津选　燕台七子诗刻本　丛综

荔裳诗选一卷　(清)宋琬撰(清)吴之振选　八家诗选本　丛综

荔裳诗钞一卷　(清)宋琬撰(清)刘执玉选　国朝六家诗钞本　丛综　省图

荔裳诗钞二卷　(清)宋琬撰(清)邵玘、屠德修辑　国朝四大家诗钞本　丛综　省图

安雅堂未刻稿八卷　(清)宋琬撰　乾隆三十一年刻本(即安雅堂全集本)　四部备要本　丛综　山艺　省图　青图　山大

宋荔裳入蜀诗一卷　(清)宋琬撰　清王渔洋家抄本(清王渔洋等批校题跋,藏园无卷数,附文五首)　善目　北图　藏园

入蜀集二卷　(清)宋琬撰　安雅堂全集本(山艺著录宋琬孙宋永年刻安雅堂未刻稿二卷,即入蜀集)　四部备要本　丛综　贩记　山艺　省图　山大

荔裳集文一卷诗一卷　(清)宋琬撰　清顺治七年宣城门人储日升校刻本　贩记

安雅堂拾遗诗无卷数安雅堂拾遗文二卷　(清)宋琬撰　见四库存目　清乾隆元年宋琬族孙宋邦宪刻本　国朝文会本(仅拾遗文)　总目　联目　山艺

安雅堂文集二卷重刻文集二卷书启一卷　(清)宋琬撰　安雅堂全集本　丛综　贩记　省图

湄湖吟十一卷听松轩遗文一卷　(清)杜漺撰　清康熙刻道光九年杜堮修补本(山艺作湄湖吟十二卷)　善目　山艺　省图

随缘草堂文稿一卷　(清)王章撰　清井伭刻本　山艺

守约堂集一卷　(清)王章撰　清刻本　抄本(作守约堂诗余一册)　山艺　青图

息轩草一卷　(清)王樛撰　稿本　清刻本　善目　山艺　省博　省图

息轩草初集一卷二集二卷附墓铭一卷　(清)王樛撰　清康熙十年王橘刻本　善目　省博

松涛室诗稿一卷　(清)周若水撰　清顺治安邱周氏家刻本(山艺不分卷,仅著录见山左诗续钞)　善目　山艺　省博

投老吟一卷　(清)刘公言撰　清刻本　山艺

石民诗二卷　(清)杨青藜撰　清乾隆十七年刻本　贩记　山艺

御墨楼诗集三卷二集二卷　(清)刘正宗撰　清顺治六年刻本　山艺　贩续　北图

逋斋诗四卷二集二卷又二卷　(清)刘正宗撰　清顺治刻本　善目　省博　省图　北图　贩续

逋斋诗四卷鸿雪斋草一卷　(清)刘正宗撰　清顺治间刻本(清邓之诚跋)　善目　贩记　贩续

逋斋诗选四卷　(清)刘正宗撰(清)王辰辑　清顺治十三年王辰刻本　善目　青图

北归诗草水程集一卷陆程集一卷　(清)朱纬撰　清初抄本(清唐梦赉批校并跋)　省图

已亥存稿一卷　(清)孙承泽撰　见四库存目　总目　山艺

志壑堂全集四十九卷　(清)唐梦赉撰　四库存目(著录志壑堂诗十五卷)　清康熙、雍正间庄山书屋刻本　清雍正西湖书林刻本(志壑堂诗集十二卷文集十二卷,诗后集五卷,文后集三卷,辛酉同游倡和诗余后集二卷,阮亭选志壑堂诗十五卷)　总目　善目　贩记　山艺　青图　北图

志壑堂后集删十卷　(清)唐梦赉撰　清康熙间庄山书屋刻本　联目

留余堂文集一卷诗集一卷附自撰年谱　(清)王清撰　约清康熙间刻本(山艺著录留余堂诗集无卷数,见山左诗钞)　贩续　山艺

程天翼诗一卷　(清)程云撰　皇清百名家诗本　丛综

松壶集二十卷　(清)程云撰　清康熙刻本(省博存五卷)　善目　山艺　省博　中科院　贩续

破梦斋诗草一卷　(清)王锳撰　清康熙间王楷刻本(山艺作一册)　善目　山艺　省博

光碧堂稿一卷　(清)赵宏文撰　清道光三十年泰安赵氏翠瑞园刻本　省博　省图

清止阁集九卷　(清)赵进美撰　清初抄本　清抄本(作十四卷)　清顺治十五年刻本　清康熙间刻本　善目　贩记　山艺　省图

清止阁诗八卷　(清)赵进美撰　清顺治刻本　善目

沚亭删定文集二卷　(清)孙廷铨撰　见四库存目　孙文定公全集本　总目　善目　丛综　山艺　省图　山大

沚亭自删诗一卷　(清)孙廷铨撰　孙文定公全集本　善目　丛综　山艺　省图　山大

说研堂诗集无卷数　(清)孙廷铎撰　民国二十年排印本(山艺仅著录见山左诗钞)　山艺　青图　山大

绪园新集一卷　(清)孙廷铎撰　清初刻本　善目　省博

南疑诗集十一卷　(清)王夺标撰　清康熙间刻本　善目　山艺　北图

丁野鹤诗集三种七卷　(清)丁耀亢撰　清顺治刻本(吴残衫箫丐批校题跋,陆舫诗草五卷、归山草一卷、听山亭草一卷)　省博

丁野鹤集十三卷　(清)丁耀亢撰　清顺治至康熙间刻本(逍遥游三卷、陆舫诗草五卷、椒丘诗二卷、丁野鹤先生遗稿三卷、家政须知一卷)　善目

丁野鹤诗钞十卷　(清)丁耀亢撰　见四库存目(椒邱集一卷、陆舫诗草五卷、江干草一卷、归山草一卷、听山亭草一卷)　总目　山艺　省图

丁野鹤先生遗稿三卷　(清)丁耀亢撰　丁野鹤先生诗词稿本　丛综　北图　省图

陆舫纪年诗五卷补遗一卷　(清)丁耀亢撰　丁野鹤先生诗词稿本　丛综　贩记

椒丘诗二卷　(清)丁耀亢撰　丁野鹤先生诗词稿本　丛综

逍遥游二卷　(清)丁耀亢撰　丁野鹤先生诗词稿本　善目　丛综

乐园遗稿一卷　(清)万惟檀撰　曹县万氏诗文集六种清抄本　善目　省图

仍园集一卷　(清)万士炼撰　曹县万氏诗文集六种清抄本　善目　省图

栖云阁诗十六卷拾遗三卷　(清)高珩撰(清)赵执信编　见四库存目　清乾隆淄川高氏家刻本　清乾隆四十一年畏天斋刻本　总目　善目　山艺　省博　青图　山大　省图

栖云阁文集十五卷　(清)高珩撰(清)陆耀编　清乾隆淄川高氏家刻本　清乾隆四十一年畏天斋刻本　善目　山艺　省博　青图　山大　省图　贩续

栖云阁诗略不分卷　(清)高珩撰　见四库存目　总目　山艺

留畊堂遗诗四卷　(清)高玮撰　清乾隆己卯刻本　善目　山艺

东村集十卷　(清)李呈祥撰　见四库存目　总目　山艺

钟一士遗稿四种五卷　(清)钟谔撰　清顺治丁耀亢张有闻刻本(山艺作掇蓝亭诗海上杂咏又诗一卷文一卷)　省博　山艺　善目

安静子诗文集五种十四卷　(清)安致远撰　见四库存目(提要云文集九卷,曰玉珰集四卷、纪城文稿四卷、蟹音一卷;诗集四卷,曰柳村杂咏二卷,岳江草、倦游草各一卷,总名之曰纪城诗草;附词集吴江旅啸一卷)　清康熙兰雪堂刻本　清同治二年自锄园刻本(作安静子集)　总目　丛综　山艺　省博　省图　山大

纪城文稿四卷诗稿四卷　(清)安致远撰　清康熙三十四年兰雪堂刻本　安静子集本　善目　丛综　青图　省图　南开

玉硙集四卷　(清)安致远撰　清康熙四十一年安箕刻本　安静子集本　善目　丛综　青图　省图　山大

胆余轩集八卷　(清)孙光祀撰　清康熙三十三年刻本　见四库存目　清孙建长刻印样底本　总目　善目　山艺　省博　青图

司勋五种集二十卷　(清)王士禄撰　见四库存目　总目　山艺

考功集选四卷　(清)王士禄撰(清)王士禛选　清康熙抄本(王士禛批校)　王渔洋遗书本　丛综　山艺　善目　省博　山大　省图

十笏草堂诗选十一卷　(清)王士禄撰(清)梁熙、王士禧等辑　清初刻增修本　善目

十笏草堂诗选九卷辛丑诗二卷十笏草堂辛甲集七卷　(清)王士禄撰　清康熙间刻本　善目　贩续

十笏草堂诗四卷　(清)王士禄撰　国朝十家诗钞本(山艺作十笏草堂诗略八卷)　丛综　山艺　省博

王西樵诗选六卷诗话一卷　(清)王士禄撰(清)顾有孝选　清康熙十一年刻本　善目　省博　省图

西樵诗选一卷　(清)王士禄撰(清)吴之振选　八家诗选本　丛综

西樵山人诗集一卷附燃脂集残本　(清)王士禄撰　皇清百名家诗本(作王西樵诗一卷)　清抄本(梅岑评点,山艺作西樵山人诗集二十卷)　丛综　善目　山艺　省博

表余堂诗一卷　(清)王士禄撰　稿本(王士禛评点,山艺著录有士禄与弟士禛少作合编本表余落笺合选十一卷,此即合选中士禄之底稿)　善目　省博

涛音集八卷　(清)王士禄撰　清乾隆五十七年掖县儒学刻本(二册)　旧抄本　青图　山大

带经堂全集九十二卷　(清)王士禛撰　清康熙四十九年至五十年歙县程哲七略书堂刻本　清乾隆十二年黄晟重修本　善目　贩记　山艺　台湾公藏　联目　省博　省图　山大

渔洋山人诗合集十八卷　(清)王士禛撰　清康熙三十三年锡山于野草堂刻本　善目

落笺堂初稿一卷　(清)王士禛撰　清顺治王士禄刻本　山艺

渔洋山人秋柳诗笺注一卷　(清)王士禛撰(清)郑鸿注　清同治十一年曲阜郑氏自刻本　省博

渔洋山人秋柳诗笺一卷　(清)王士禛撰(清)王祖源笺　天壤阁丛书本　丛书集成初编本　丛综　山大

阮亭诗选十七卷　(清)王士禛撰　清康熙元年刻本　善目　省图

过江集一卷　(清)王士禛撰　清顺治十八年刻本　贩续　山艺

入吴集一卷　(清)王士禛撰　清康熙间刻本　善目　贩续　山艺

阮亭甲辰诗(一名阮亭冶春绝句)一卷　(清)王士禛撰　清康熙三年刻本　双行

渔洋山人诗集二十二卷续集十六卷　(清)王士禛撰　见四库存目　清康熙八年吴郡沂泳堂刻本　总目　善目　丛综　山艺　省博　省图

渔洋山人文略十四卷　(清)王士禛撰　见四库存目　王渔洋遗书本　总目　丛综　山艺　省博　省图　山大

渔洋山人乙亥文稿一卷　(清)王士禛撰　稿本(清韩崇、章绶衔跋)　善目

蚕尾集十卷续集二卷后集二卷　(清)王士禛撰　见四库存目　王渔洋遗书本(蚕尾续集有稿本,清钱维乔、吴蔚光、翁同龢、翁斌孙、邵松年、许星箕、俞樾跋)　总目　善目　丛综　山艺　台湾公藏　省博　省图　山大

南海集二卷　(清)王士禛撰　见四库存目　王渔洋遗书本　总目　善目　丛综　山艺　省博　省图　山大

雍益集一卷　(清)王士禛撰　见四库存目　王渔洋遗书本　总目　善目　丛综　山艺　省博　省图　青图　山大

陇蜀归来稿无卷数　(清)王士禛撰　手稿本(一册)　亦轩

王文简公诗文残稿一卷说部残稿一卷　(清)王士禛撰　稿本　善目

渔洋山房诗不分卷　(清)王士禛撰　清康熙内府抄本　善目

渔洋山人精华录十卷　(清)王士禛撰(清)林佶辑　王渔洋遗书本(清林佶写刻)　四部丛刊景印林佶写刻本　四库全书本(作精华录)　总目　善目　丛综　山艺　省博　省图　青图　山大

渔洋山人精华录笺注十二卷补一卷续补一卷续录笺注一卷年谱一卷附录一卷　(清)王士禛撰(清)金荣笺注　清康熙五十一年刻本(十二卷补一卷)　清雍正间凤翙堂刻乾隆二年续刻本　善目　联目　省图

渔洋山人精华录训纂十卷年谱一卷注补二卷金氏精华录笺注辩讹一卷　(清)惠栋撰　清惠氏红豆斋刻本　四部备要本(无辩讹)　善目　丛综　省图

王贻上与林吉人手札一卷王贻上与汪于鼎手札一卷　(清)王士禛撰　烟画东堂小品本　丛综　山大

古夫于亭稿二卷　(清)王士禛撰　清康熙四十六年成文昭刻本　清乾隆三十一年固堂仿林佶刻本　善目　山艺　省博

和艺圃诗十二咏一卷　(清)王士禛撰　约清康熙间刻本(艺圃诗一卷,清江都吴绮撰)　贩续　善目　北善

王氏渔洋诗钞十二卷　(清)王士禛撰　二家诗钞本　丛综

阮亭诗钞八卷　(清)王士禛撰(清)邵玘、屠德修辑　国朝四大家诗钞本　丛综　省图

渔洋山人集外诗二卷　(清)王士禛撰　观自得斋丛书本　丛综　省图

王阮亭诗一卷　(清)王士禛撰　皇清百名家诗本　丛综

阮亭诗钞二卷　(清)王士禛撰(清)刘执玉选　国朝六家诗钞本　丛综　省图

王贻上诗选一卷　(清)王士禛撰(清)邹漪选　名家诗选本　丛综

阮亭诗选一卷　(清)王士禛撰(清)吴之振选　八家诗选本　丛综

渔洋山人古诗抄校本十七卷　(清)王士禛撰　清嘉庆七年苏斋刻本　联目

带经堂集文录二卷　(清)王士禛撰　国朝文录本　丛综　联目　省图

渔洋山人手柬　(清)王士禛撰　民国十六年上海商务印书馆影印本(一册)　山大

抱山堂小草一卷函玉集一卷　(清)王士禧撰　清抄本　稿本(函玉集)　善目　北图

抱山诗集二卷　(清)王士禧撰　清康熙王士禧自刻本　山艺

抱山集选一卷　(清)王士禧撰(清)王士禛辑　见四库存目　王渔洋遗书本　总目　善目　丛综　山艺　省博　省图

话雨山房诗草二卷　(清)傅扆撰　稿本　善目　省图

渍槐堂近诗一卷燕南日征草一卷落花诗一卷渍槐堂集唐一卷　(清)傅扆撰　清顺治十六年刻本(邓之诚跋)　善目　贩续

渍槐堂近诗六卷　(清)傅扆撰　清抄本　善目　省图

澹余诗集四卷　(清)曹申吉撰　清康熙五十九年刻本　清乾隆三十五

年曹益厚补刻本　安邱曹氏遗集三种清康熙刻本　清光绪刻本　安邱曹氏家集十三种清光绪间抄本　善目　贩记　山艺　省博　北图　省图　青图　山大

曹澹余诗一卷　(清)曹申吉撰　皇清百名家诗本　丛综

信心斋稿四卷　(清)李赞元撰　清道光刻本　山艺　青图　省图

尚书公养素堂诗集一卷　(清)王骘撰　清抄本(书名作养素堂集外稿一卷)　福山王氏传家集清抄本(山艺作养素堂诗集二百卷诗六种)　善目　山艺　省博

养素堂文集八卷奏稿一卷　(清)王骘撰　清嘉庆五世孙善宝福德堂刻本　贩记　山艺　省图

诗草二卷四友堂诗二卷　(清)綦汝楫撰　清顺治十七年江西赵钥刻本(山艺仅著录四友堂诗二卷)　山艺

槐轩集十卷　(清)王曰高撰　见四库存目　清康熙八年自刻本　清雍正五年茌平王念祖刻本　总目　善目　山艺　省博　省图

清风堂诗二卷　(清)傅亶初撰　清光绪刻本　山艺　青图

子言先生诗集二卷　(清)王飏昌撰　民国八年高密王传玏等石印本(山艺著录宋伯集四卷)　山艺　省博

世德堂诗文集四卷　(清)王钺撰　见四库存目　清康熙四十年自刻本(附有水西纪略一卷)　清康熙五十三年王氏家刻本　总目　善目　贩记　丛综　山艺　省博　省图

燕游草一卷　(清)王钺撰　稿本(郑之诚跋)　善目

种德堂文集　(清)孙必振撰　清刻本(二册,山艺作种德堂遗稿三卷)　山艺　青图　省图

柯邨遗稿八卷　(清)邱元武撰　清康熙诸城邱元履刻本　善目　山艺　省博　青图　省图

聊园诗略十三卷　(清)孔贞瑄(清)孔尚任订　清康熙四十七年刻本　贩续　北善

聊园文集无卷数诗集十卷　(清)孔贞瑄撰　清康熙四十八年刻本

贩续　上图

聊园全集十五卷　(清)孔贞瑄撰　见四库存目　总目　山艺

笠山诗选五卷　(清)孙蕙撰　见四库存目　清雍正刻本　清王筠批校本　总目　善目　山艺　省博　青图

强恕堂诗集八卷　(清)高之騱撰　清乾隆三年刻本　见四库存目　总目　山艺　青图　省图

茹荼吟无卷数　(清)张氏撰　清刻本　山艺

夕霏亭诗集一卷　(清)黄垍撰　即墨黄氏诗钞本(山艺著录白鹤峪集十八卷,未刊,此系白鹤峪集中之一种)　丛综　山艺

望溪逸集十卷　(清)韩梦周辑　潍县高氏藏抄本　方望溪遗集附录

望溪文集补遗一卷　(清)孙葆田辑　清刻山渊阁丛书本　方望溪遗集附录

慎余堂诗集五卷　(清)王元弼撰　清康熙二十年刻本　贩续　北图　善目

载云舫集十卷　(清)闵奕仕撰　清康熙二十三年精刻本　贩续

世耕堂诗集二卷　(清)孙一致撰　清康熙二十八年刻本　贩续

可则轩近存诗稿二卷　(清)李珍撰　清康熙三十八年精刻本　贩续

溪翁诗草无卷数　(清)宋永清撰　清康熙四十五年刻本(张锡三评点)　清康熙四十九年刻本　贩记

硕园诗稿三十卷　(清)王昊撰　清康熙四十二年王良穀抄本(清王良穀跋并题诗,作三十五卷)　清康熙五十八年刻本　清乾隆十二年王良穀刻本　善目　贩记　省图

红雪轩稿六卷　(清)高景芳撰　清康熙五十八年刻本　贩记　省图

玉照堂集无卷数　(清)孙賁撰　清康熙间刻本　贩记

带月草堂诗集一卷　(清)颜怀礼撰(清)颜怀绎编　见四库存目　清雍正颜士埙刻本　总目　善目　山艺　省博

惇裕堂集　(清)孙宝侗撰　民国二十一年石印本(二册)　山艺　青图

敦好堂诗集三卷　(清)袁藩撰　清抄本　省图

古欢堂集三十六卷　(清)田雯撰　德州田氏丛书本　四库全书本　总目　善目　丛综　山艺　省博　青图　省图　山大

山姜诗选二十卷补刻一卷　(清)田雯撰　清康熙刻本　省图

珂雪集一卷　(清)曹贞吉撰　见四库存目(作珂雪诗无卷数)　清康熙四十四年刻本　安邱曹氏家集十三种清光绪间抄本　总目　善目　贩记　山艺　省博　青图　山大

珂雪二集一卷　(清)曹贞吉撰　清康熙十一年曹申吉刻本　安邱曹氏家集十三种清光绪间抄本　善目　贩记　山大

珂雪诗集不分卷　(清)曹贞吉撰　清抄本　安邱曹氏家集十三种清光绪间抄本(三卷)　善目　山大

朝天集一卷鸿爪集一卷　(清)曹贞吉撰　清康熙二十六年刻本(附珂雪诗)　安邱曹氏遗集三种清乾隆刻本　安邱曹氏家集十三种清光绪间抄本　善目　贩记　省博　青图　山大　北图　省图

杏村诗集七卷　(清)谢重辉撰　见四库存目　清康熙四十七年间刻本　总目　贩续　山艺　北图　善目

晴川集一卷　(清)冯廷櫆撰(清)王士禛批点　清抄本　善目　省图

冯舍人遗诗六卷　(清)冯廷櫆撰　见四库存目　清雍正十一年冯德培刻本　二冯诗集本　总目　丛综　山艺　双行续　省图

梅亭小草一卷　(清)王宜绳撰　清刻本　山艺　叙录

修来文抄一卷　(清)颜光敏撰　颜修来杂著五种稿本　丛综补

乐圃诗集七卷补遗一卷　(清)颜光敏撰　见四库存目　清王士禛刻十子诗略本(善目作乐圃集七卷补遗一卷)　总目　善目　山艺　省博　青图　联目　省图　北图

乐圃集不分卷　(清)颜光敏撰　颜氏三家集稿本(王献唐跋)　善目　省博

未信堂近稿不分卷　(清)颜光敏撰　清康熙刻本(国学作一卷)　善目　国学

王桢集一卷　(清)王桢撰　清诗汇卷一百十七　联目

柳村诗集十二卷　（清）董讷撰　见四库存目　清康熙董思凝刻本　总目　山艺　省博　省图

似山亭诗四卷　（清）董访撰　清康熙间刻本　贩记　山艺

重知堂诗二卷　（清）赵善庆撰　见四库存目　总目　山艺

祇芳园遗诗四卷祇芳园遗诗别集二卷补遗一卷　（清）颜伯珣撰　清嘉庆二十五年刘杰凤锄月轩刻本(贩记作嘉庆二十四年,误)　贩记　山艺　省图

祇芳园集二卷续编一卷　（清）颜伯珣撰　颜氏三家集稿本(王献唐跋)　海岱人文三十一种清抄本　善目　省博

佳水堂稿一卷　（清）颜伯珣撰　海岱人文三十一种清抄本　善目　省博

读书堂近草一卷　（清）王启涑撰　新城王氏遗稿稿本　山艺　善目　省博

半园偶集一卷　（清）王兆润辑　新城王氏遗稿稿本　善目　省博

圣感寺二十八纪诗一卷　（清）王□□撰　新城王氏遗稿稿本　善目　省博

紫雪轩诗集一卷　（清）黄坦撰　即墨黄氏诗钞本　丛综

友晋轩诗集一卷　（清）黄埙撰　即墨黄氏诗钞本　丛综　山艺

镜庵诗选五卷　（清）刘翼明撰　清康熙刻本　山艺　青图

古钵集选一卷　（清）王士祜撰　见四库存目　王渔洋遗书本　总目　丛综　山艺　省博　省图

京口游诗一卷　（清）王士祜撰　清康熙间刻本　贩续

栗里诗草一卷　（清）黄堣撰　即墨黄氏诗钞本　丛综　山艺

修竹山房诗草一卷　（清）黄塽撰　即墨黄氏诗钞本　丛综　山艺

渠亭山人半部稿四卷　（清）张贞撰　清康熙二十八年刻本　清康熙三十二年至四十七年刻本(善目作五卷,渠亭文稿一卷、或语一卷、潜州集一卷、娱老集一卷、遗稿一卷,多出遗稿一卷)　善目　贩记　山艺　省博　国学　台湾公藏　青图　省图　山大

杞田集十四卷遗稿一卷　(清)张贞撰　清康熙四十九年春岑阁刻本　善目　贩记　省博　山大　省图　南开

石语亭诗钞一卷　(清)黄宗崇撰　即墨黄氏诗钞本　丛综　山艺

见山堂遗诗原本　(清)赵作肃撰　清乾隆间刻本(一册,清王士禛评点)　山艺

颜澹园藏稿一卷水明楼诗六卷　(清)颜光猷撰　颜氏三家集稿本(王献唐题跋)　清康熙二十三年刻本　海岱人文三十一种清抄本(水明楼诗六卷)　善目　贩记　山艺　省博　省图

颜太师真稿一卷朱卷一卷后稿一卷　(清)颜光猷撰　阙里颜氏丛书本　国学

永德堂诗草一卷　(清)黄贞观撰　即墨黄氏诗钞本　丛综　山艺

快山堂诗集一卷　(清)黄贞麟撰　即墨黄氏诗钞本　丛综

秋谷七言诗八首一卷　(清)赵执信撰　稿本　善目

因园集十三卷　(清)赵执信撰　四库全书本　总目　丛综　山艺　省图

饴山诗集二十卷　(清)赵执信撰　稿本(九卷)　清康熙三年刻本　清乾隆十七至十九年益都赵氏因园刻本(饴山诗集即因园集,分卷有所不同,见四库提要)　四部备要本　善目　丛综　山艺　省博　青图　山大　联目　省图

饴山文集十二卷附录一卷　(清)赵执信撰　清乾隆三十九年因园刻本　四部备要本　善目　丛综　山艺　山大　省图

饴山文录一卷　(清)赵执信撰　国朝文录本　丛综　省图

秋谷诗钞一卷　(清)赵执信撰　国朝六家诗钞本　丛综　省图

赵执信诗选　赵蔚芝、刘聿鑫选注　1983年齐鲁书社排印本

宝菌堂遗诗二卷　(清)赵执端撰　见四库存目　总目　山艺

琅琊念庵王先生什一录四卷　(清)王沛憻撰　清康熙六十年黄曰瑚刻本　善目

匡山集六卷　(清)王沛恂撰　见四库存目　清雍正刻本　总目　善目

集部

山艺　青图

水东草堂诗一卷　（清）田需撰　德州田氏丛书本　善目　丛综　山艺　省博　山大

文喜堂诗集十六卷　（清）赵作舟撰　清道光四年赵铭彝重刻本　山艺　贩续

栖泌园诗稿二卷　（清）张重润撰　清乾隆抄本（山艺作栖泌园遗稿一卷）　山艺　亦轩

远秀堂集八卷　（清）孔毓埏撰　清乾隆八年孔传镛刻本　善目　贩记　山艺　北善

丽则集一卷　（清）孔毓埏撰　稿本（佚名评点）　善目　山艺　省博

远秀堂集文二卷赋一卷诗一卷词一卷　（清）孔毓埏撰　清抄本（孔继涵校）　善目　北善

栩野诗存上下二卷　（清）徐田撰　民国二十一年鉴庐丛刊排印本（山艺作栩野诗集）　山艺　省博　省图　山大

漫草一卷　（清）纪之健撰　清康熙四十六年刻本（山艺仅著录见山左诗钞）　贩续　山艺

既翕堂合稿二卷　（清）姜其垓撰　清黄县姜氏既翕堂刻本　清同治十一年刻本（作既翕堂诗稿）　善目　山艺　省博

友柏堂遗诗选二卷　（清）冯协一撰　见四库存目　总目　山艺

鹤侣斋集三卷　（清）孙勷撰　见四库存目　清道光咸丰间延绿吟馆刻本（作五卷）　总目　山艺　省图

鹤侣斋诗一卷　（清）孙勷撰　清道光二十三年孙世隆延绿吟馆刻本（鹤侣斋集诗一卷文二卷，此乃单行本诗集）　省博　省图　山大

鹤侣斋诗文稿无卷数　（清）孙勷撰　清咸丰刻本　青图

鹤侣斋文存稿无卷数　（清）孙勷撰　稿本　贩续　南开

倚云阁诗集一卷　（清）汪灏撰　见四库存目　总目　山艺　省图

兴安余韵、途中吟、闾中吟不分卷　（清）侯封公撰　清刻本　山艺

蒙木集一卷　（清）钟辕撰　清康熙钟氏自刻本　善目　山艺　省博

鬲津草堂诗六卷　(清)田霢撰　见四库存目　德州田氏丛书本　清乾隆刻本(不分卷)　总目　善目　丛综　山艺　省博　青图　山大　省图

昆仑山房明季百一诗二卷　(清)张笃庆撰　清抄本(王士禛评,后有道光十八年华亭龚延煌跋)　丙辰排印本　善目　贩记　青图　省图

昆仑山房诗集残稿三卷　(清)张笃庆撰　清抄本　清刻蓝印本(山艺作一册)　善目　山艺　省图

渔洋山人评点昆仑山房诗稿三卷　(清)张笃庆撰　稿本(清王士禛批,王献唐跋)　善目　省图　双行续

昆仑山房诗二卷　(清)张笃庆撰　稿本　清抄本　省图

昆仑山房诗稿一卷　(清)张笃庆撰　清抄本(笈堂题跋)　善目　省博

昆仑山房集三卷　(清)张笃庆撰　见四库存目　清抄本(二卷,王士禛评点,省图作昆仑山房全集不分卷)　旧抄本(青图)　善目　山艺　省博　青图　省图

有怀堂文集一卷诗集一卷　(清)田肇丽撰　见四库存目　德州田氏丛书本(山艺作有怀堂诗文集一卷)　总目　善目　丛综　山艺　省博　山大　省图

隐厚堂遗诗二卷附录一卷　(清)张在辛撰　清光绪三十一年安邱张介禄刻本　山艺　省博　山大

写照琐言一卷撰杖琐言一卷烬余志略一卷侑觞琐言一卷画石琐言一卷夕照回光一卷　(清)张在辛撰　琐言本　丛综　省图

涧堂诗钞一卷　(清)毕海珖撰　稿本(赵执信批校,山艺作涧堂诗草无卷数,见山左诗钞)　善目　山艺　省博

湖海集十三卷　(清)孔尚任撰　见四库存目　清康熙二十七年介安堂刻本　总目　善目　贩续　山艺　联目　山大

长留集九卷　(清)孔尚任撰　清康熙五十四年岱宝楼刻长留集孔刘合刻本　善目　北图　版刻图录

石门山集不分卷　(清)孔尚任撰　清康熙刻本(一册)　清抄本　曲师

崟嵫山人诗集四卷　(清)谢乃实撰　清康熙刻本　见四库存目(不分卷)　清乾隆间刻本　总目　贩记　山艺

藜乘初集一卷二集二卷　(清)刘以贵撰　清刻本　见四库存目　总目　山艺　北图

颜学山近稿一卷　(清)颜光敩撰　阙里颜氏丛书本　清康熙刻本　善目　国学

怀轩遗稿一卷　(清)颜光敩撰　海岱人文三十一种清抄本(山艺无卷数、版本)　善目　国学

嘉谷堂遗草一卷　(清)颜肇亮撰　海岱人文三十一种清抄本　善目　省博

取此居文集二卷　(清)周正撰(清)李应廌评　清康熙临清张氏刻本(清张谦宜批校、邓之诚跋)　善目　贩续　山艺　省图

钟水堂诗三卷　(清)颜肇维撰　见四库存目　清康熙刻本　清雍正刻本　总目　山艺　青图　省图

云根清壑山房诗一卷观稼楼诗二卷吴船书屋诗一卷枫香集一卷　(清)朱缃撰　见四库存目(作橡村集四卷)　清乾隆朱氏家刻本(前三种王士禛评定)　济南朱氏诗文汇编本　总目　善目　丛综　山艺　省博　省图

苍雪山房稿一卷　(清)朱纲撰　见四库存目　清乾隆朱氏家刻本(清王士禛评定)　济南朱氏诗文汇编本　总目　善目　丛综　山艺　省博　省图

梦村集二卷　(清)朱纬撰　见四库存目　总目　山艺

知畏堂诗集五卷目录一卷　(清)赵执瑨撰　清乾隆二十七年赵氏知畏堂刻本　善目　省博　省图

铁峰山人诗集五卷　(清)赵执瑨撰　清乾隆间赵氏知畏堂刻本　山艺

衔山阁诗集七卷　(清)王特选撰　清刻本(山艺尚著录半舫斋古文八卷,未刊)　山艺

竹啸余音不分卷　(清)王特选撰　清康熙刻本　善目

金门集一卷霸台集一卷　(清)逯选撰　清刻本　山艺

绮树阁诗稿一卷赋稿一卷　(清)安箕撰　见四库存目　安静子集附本　总目　善目　丛综　山艺　省博　省图

约庐诗稿二卷　(清)安箕撰　稿本(赵愚轩跋)　省图

张稚松先生文集二卷　(清)张谦宜撰　清抄本　善目

䌹斋诗集十二卷焚余一卷　(清)张谦宜撰　清抄本　善目

䌹斋诗选二卷补遗一卷　(清)张谦宜撰　清乾隆二十四年胶州法辉祖刻本(清李文渊批识、李文藻跋)　善目　山艺　省博

二十四泉草堂集十二卷　(清)王苹撰　清康熙五十六年文登于熙学刻本(李镆题跋)　善目　贩记　山艺　省博　省图

蓼村集四卷　(清)王苹撰　见四库存目　清乾隆三十八年桂林胡德琳刻本(山艺尚著录蓼谷纪年集十二卷,李文藻编)　清木活字印本　总目　善目　山艺　省博　青图　省图

拙庵近稿一卷　(清)赵国麟撰　清乾隆泰安赵氏家刻本(王价藩题跋)　善目　山艺　省博

云月砚轩古体诗稿一卷　(清)赵国麟撰　清刻本(山艺作云月砚轩藏稿无卷数)　善目　山艺　省博

调皖纪行草一卷　(清)赵国麟撰　清康熙刻本　贩续　善目　山艺

塞外吟一卷　(清)赵国麟撰王价藩辑　民国泰安王氏抄本　山艺　省博

与点集一卷　(清)赵国麟撰　清泰安赵氏家刻本　省博

柴溪草一卷续草一卷蕉雨轩草一卷续集一卷幂暱居诗选一卷柴溪草四集一卷续集一卷鸭脚园诗草一卷柿叶轩草一卷　(清)丘宗圣撰　清康熙四十六年刻本　贩续

何端简公集十二卷　(清)何世璂撰　清道光二十四年澹志堂刻本　贩续　山艺　省博　青图　省图

玉阳治稿存一卷(卷五)　(清)苏璜撰　清雍正七年刻本　山艺

半庵诗稿无卷数　(清)劳嶬撰　见四库存目　总目　山艺

怡云山人南溟集五卷　(清)宫尔劝撰　清乾隆三十三年颐志堂刻本　贩记　山艺　山大

石堂集十二卷　(清释)元玉撰　清初泰安普照寺刻后修本　省博　省图

蒲松龄文集一卷　(清)蒲松龄撰　稿本　又一本(二卷)　善目

聊斋文集□□卷　(清)蒲松龄撰　稿本(张元济、王献唐、王统照跋,存卷七)　善目　省图　双行续

聊斋文集四卷　(清)蒲松龄撰　清抄本(杨宣子跋)　清道光二十九年邢祖恪抄本　清宣统二年上海国学扶轮社印行本(二卷)　善目　省博　联目　省图

聊斋文集十卷　(清)蒲松龄撰　清抄本(附农蚕经一卷)　又一本(六卷)　省博

聊斋文集残本　(清)蒲松龄撰　清道光间许鸿磐抄本　省博

聊斋四六文集八卷　(清)蒲松龄撰　清道光蒲庭杕抄本　清道光抄本(梦兰批校)　省博　省图　贩续

聊斋诗集二卷　(清)蒲松龄撰　清抄本(清萧龙友批,王沧佩、王献唐跋)　善目　省博　双行

聊斋诗文集不分卷　(清)蒲松龄撰　清抄本(佚名录清王士禛跋)　善目

聊斋先生遗集一卷　(清)蒲松龄撰　清光绪二十年石印本　贩记

聊斋文集三卷诗二卷　(清)蒲松龄撰　民国九年上海天宝书局石印本　省博

鲁灵集三卷　(清)蒲松龄撰　民国五年黑龙江报排印本　省博

蒲松龄集一卷　(清)蒲松龄撰　清诗汇卷三十八　国朝文汇甲集卷二十一　联目

蒲松龄集　(清)蒲松龄撰路大荒编　1986年上海古籍出版社排印本　山大

聊斋佚文辑注　蒲松龄纪念馆编盛伟辑注　1986年齐鲁书社排印本

山大　省图

姱节堂尺牍二卷　　(清)毕际有辑　原稿本　亦轩

练溪集五卷　　(清)傅米石撰　见四库存目　总目　山艺

昆阳诗稿一卷　　(清)赛珠撰　稿本　山艺　省博

枣花田舍诗一卷　　(清)曹霦撰　清道光曹镮抄本　山艺　省博

龙溪草堂集十卷　　(清)王世睿撰　见四库存目　总目　山艺

白云村文集四卷卧象山房诗正集七卷　　(清)李澄中撰　白云村全集本　清康熙四十四年诸城李氏庞垲等刻本(伦明校)　善目　丛综　山艺　省博　山大

卧象山房诗集二十四卷文集二卷　　(清)李澄中撰　稿本　善目　省图

卧象山房集三卷(赋一卷文一卷诗一卷)附录二卷(滇南集一卷艮斋文选一卷)白云村集八卷　　(清)李澄中撰　见四库存目　清康熙庞垲福建建宁刻本　总目　善目　山艺

卧象山房诗二卷赋一卷　　(清)李澄中撰　清康熙诸城知县程甲化刻本　省博

李渔村先生稿一卷　　(清)李澄中撰　稿本(诸城张侗石民评点)　善目　省博　双行

艮斋文选一卷　　(清)李澄中撰　抄本　清康熙刻本　善目　山艺　青图

滇南集一卷　　(清)李澄中撰　白云村全集本　善目　丛综　山艺　青图

华萼馆诗草一卷　　(清)黄鸿中撰　即墨黄氏诗钞本　丛综　山艺

来山阁诗草一卷　　(清)黄体中撰　即墨黄氏诗钞本　丛综　山艺

砚思集六卷　　(清)田同之撰　古欢堂全集本　德州田氏丛书本　丛综　山艺　省博　省图　山大

二学亭文涘四卷　　(清)田同之撰　古欢堂全集本　德州田氏丛书本　丛综　山艺　省博　省图

西圃近稿一卷　(清)田同之撰　稿本　善目　省博

西圃诗册一卷　(清)田同之撰　稿本　善目　省图

诗竹堂汇稿十六卷　(清)田同之撰　清乾隆七年刻本　省图

寒香阁诗集四卷　(清)邓锺岳撰　见四库存目　清乾隆刻本　总目　山艺　青图　省图

出塞集一卷　(清)卢见曾撰　清乾隆十一年刻本　清末石印本　总目　善目　贩续　山艺　省博　省图

雅雨堂文遗集四卷诗遗集二卷　(清)卢见曾撰(清)金在恒辑　清道光二十年雅雨堂刻本　贩续　山艺　省博　省图

恤纬斋诗一卷　(清)颜恤纬(小来)撰　民国二十年秦玉璋抄本　海岱人文三十一种清抄本(山艺题颜氏撰,颜光敏女,海岱人文三十一种清抄本,省博、善目题颜懋价撰,误。)　善目　山艺　省博

晚香堂诗不分卷　(清)颜恤纬撰　稿本　立振

藉兰阁草不分卷　(清)孔丽贞撰　稿本　山艺　立振

东篱集二卷续集一卷　(清)王碧莹撰　抄本　山艺　青图

东武高士刘翼明诗稿一卷　(清)刘翼明撰　稿本　善目　省博

历亭吟稿一卷　(清)何氏撰　清王象山等刻本　山艺

砚炉阁诗集五卷　(清)冷玉娟撰　清康熙昌阴周西园刻本(山艺仅著录见山左诗抄)　山艺　省博　贩续

峡猿草一卷绿窗小咏一卷　(清)周淑履撰　清抄本　山艺　省图

海沂诗集二十卷附绿窗诗草一卷　(清)宋之韩撰　附(清)宋母王氏撰　清嘉庆二十五年刻本(山艺著录绿窗诗草一卷)　贩记　山艺　省博　省图

王碧莹诗集一卷　(清)王顺德撰　稿本　善目　省博

申椒集二卷　(清)孔传铎撰　清康熙四十五年家刻本　善目　贩记　山艺　曲师　北善

安怀堂文集二卷申椒二集一卷　(清)孔传铎撰　清孔氏红萼书屋抄本　善目　山艺

盟鸥草一卷　(清)孔传铎撰　清康熙刻本(石莘石氏题跋)　善目　山艺　省博

绘心集二卷　(清)孔传铎撰　清康熙刻本　善目　山艺　北善

补闲集二卷　(清)孔传鋕撰　清康熙四十五年刻本　善目　贩记　山艺　青图

望奎楼古文集四卷四书制艺文一卷诗集四卷　(清)丁恺曾撰　望奎楼遗稿本　丛综　山艺　省博　青图　省图

涵清馆诗草一卷　(清)黄克中撰　即墨黄氏诗钞本　丛综　山艺

郭广文遗篇四种四卷　(清)郭翘楚撰　清宣统三年费县知县吴士钊石印本　省博　省图

陪尾山房诗钞一卷　(清)阎廷倬撰　清乾隆三十八年树滋堂刻本　山艺　省博　省图

纯斋遗草一卷　(清)孔继濩撰　清康熙家刻本　山艺　曲师　北大

悦轩文钞二卷附史席闲话一卷　(清)鞠濂撰　清宣统二年黄县丁树桢海隅山馆刻本　贩记　山艺　省博　省图　山大

半阁诗选一卷　(清)吴象默撰　清雍正十三年吴氏家刻本(山艺仅著录见山左诗钞)　善目　山艺　省博

自怡集三卷　(清)李文驹撰　抄本　山艺　青图　山大

蠡勺诗删一卷　(清)毕霨撰　稿本(清毕所铛跋,山艺作蠡勺诗测)　善目　山艺　省图

柳香亭稿一卷　(清)黄文渊撰　清抄本　善目　省博

夷白草一卷　(清)高凤举撰　底稿本　1965年山东省博物馆抄南阜山人全集本(山艺无卷数)　山艺　省博　贩续

南阜山人全集四十四卷　(清)高凤翰撰　清诸城刘氏嘉荫簃抄本(清刘喜海题跋)　善目　省博

南阜山人诗集类稿二十八卷　(清)高凤翰撰　原稿本　稿本(文存稿十卷:击林集一卷、湖海集二卷、岫云集一卷、鸿雪集四卷、归云集二卷,归云集省博有藏本)　善目　省博　藏园

南皋山人诗集类稿七卷　(清)高凤翰撰　见四库存目　清乾隆二十八年胶州高元质刻本　清乾隆刻本(作南皋诗集七卷,王献唐手校)　稿本(三十九卷)　清抄本(二十一卷)　总目　善目　山艺　省博　省图　亦轩　山大

南皋山人敩文存稿十五卷　(清)高凤翰撰　原稿本　稿本　清抄本(贩记作十四卷)　善目　贩记　藏园

春草堂诗订一卷江行草一卷竹西亭稿一卷鸡肋编余一卷　(清)高凤翰撰　稿本　善目

高南皋诗刻不分卷　(清)高凤翰撰(清)孔继𬭸辑　清刻本　亦轩

南皋山人诗四十一卷附夷白草文十五卷　(清)高凤翰撰　1965年山东省博物馆抄本　省博

南州草一卷　(清)高凤翰撰　影抄清康熙刻本　亦轩

南皋山人有声画一卷　(清)高凤翰撰　清抄本(王心岑批校)　善目　省博

高凤翰手札不分卷　(清)高凤翰撰　稿本(李之雍跋)　省图

胡峄阳先生遗书　(清)胡翔瀛撰　民国排印本　青图

方起英诗一卷　(清)方起英撰　历城三子诗本　丛综

狮山诗钞四卷　(清)方起英撰　清刻本　山艺　青图

海愚诗钞十二卷　(清)朱孝纯撰　清乾隆五十九年刻本　贩记　山师

绿筠轩诗四卷　(清)张元撰　见四库存目　清抄本(作二卷,清沈廷芳跋)　清乾隆四十二年张廷寀刻本　稿本(清张廷寀辑)　总目　善目　贩续　山艺　省博　省图　亦轩

平山诗草一卷　(清)张元撰　稿本(清宋弼题跋)　清乾隆十五年胶州张秉义刻本　省博

樵云诗瓿四卷　(清)于观贞撰　1935年排印本　山艺　青图　山大

其田居诗集二卷　(清)李长畴撰　清乾隆二十二年自刻本　山艺　省博

渔山吟四卷　(清)张扶舆撰　清乾隆刻本　清道光刻本　山艺　省博

青图　省图　贩续

勘圃存诗二卷　(清)袁潢撰　清袁氏家刻本　山艺

吟风弄月诗稿四卷　(清)毕宿焘撰　稿本(清毕所铛跋)　善目　省图

刘伍宽诗一卷　(清)刘伍宽撰　历城三子诗本　丛综

海右堂遗诗一卷　(清)刘伍宽撰　清道光九年登桂刻本　省博　省图

海右堂集钞一卷　(清)刘伍宽撰　清乾隆三十二年刘之垣抄本(山艺著录海右草堂集十二卷)　善目　山艺

敬复堂稿　(清)李宜芳撰　清乾隆刻本(一册)　青图

空山堂文集十二卷诗集六卷　(清)牛运震撰　清嘉庆八年刻本　空山堂全集本　丛综　贩记　山艺　省博　省图　山大

允吾诗草一卷金城诗草一卷归田诗草一卷　(清)牛运震撰　约清乾隆间空山堂刻本　贩记

省斋自存草十卷　(清)邱仰文撰　清乾隆间刻本　山艺

听雨楼诗二卷　(清)张作哲撰　清抄本(李果僭题跋)　善目　山艺省博

晓燕堂诗钞　(清)臧祚巩撰　清刻本(一册)　青图

放鹤村文集五卷　(清)张侗撰　见四库存目　清刻本　总目　山艺省博

其楼诗文集九卷　(清)张侗撰　民国七年振华石印本　山艺　省博青图　省图　山大

偶存草堂集六卷　(清)林之蒨撰　见四库存目　总目　山艺　贩续

拙斋集一卷　(清)李远撰　清乾隆刻本　见四库存目　总目　山艺

桐阴书屋诗二卷　(清)朱崇勋撰　见四库存目　清乾隆二十五年刻本　济南朱氏诗文汇编本　总目　善目　丛综　贩续　山艺　省博　青图　省图

湖上草堂诗一卷　(清)朱崇道撰　见四库存目　稿本(西安评并跋,作诗稿一卷)　清乾隆二十五年刻本　济南朱氏诗文汇编本(附朱崇勋桐阴书屋诗二卷后)　总目　善目　丛综　贩续　山艺　省博　省图

冰壑诗钞六卷　(清)朱令昭撰　见四库存目　清乾隆二十八年刻本(贩续作冰壑集六卷)　总目　贩续　山艺

冰壑诗全稿三卷　(清)朱令昭撰　稿本(存二至三卷)　善目

冰壑堂诗稿二卷　(清)朱令昭撰　稿本(王公舒、柳少师跋)　善目　省图

皇华集一卷附石湖草一卷　(清)朱令昭撰　稿本(张希杰跋)　善目　省图

朱令昭诗一卷　(清)朱令昭撰　历城三子诗本　丛综

鹅浦集六卷　(清)朱怀朴撰　见四库存目　总目　山艺

东谷文集四卷　(清)蒲立德撰　清抄本(山艺著录东谷诗二卷,见山左诗续钞)　善目　省博

舒晓斋存稿三卷　(清)黄溶撰　见四库存目　总目　山艺

贻谷堂诗钞一卷　(清)张学慎撰　清乾隆抄本　亦轩

停云诗草　(清)辛宜岷撰　抄本(一册)　青图　山艺

学静轩遗诗一卷　(清)孔淑成撰　逊敏堂丛书本　丛综　山艺

待园遗稿八卷　(清)朱永龄撰　清乾隆二十六年刻本　山艺

鹊华山人诗集一卷　(清)任宏远撰　清乾隆十九年刻本　山艺　省图

质庵诗文集五卷　(清)李瀍撰　清乾隆抄本(作质庵文集)　清乾隆李氏好音书屋刻本　善目　贩续　山艺　省博　省图

大昆仑山人稿三卷　(清)单烺撰　清乾隆刻本(山艺著录大昆仑山人诗二卷)　善目　省博　青图　山大

钝斋诗集二卷　(清)阎循厚撰　清乾隆二十八年韩梦周树滋堂刻西涧草堂全集本　山艺　省博　山大

病中吟一卷　(清)张颀撰(清)高凤翰评　手稿本(山艺作病中枕上吟)　山艺　亦轩

蕉园集不分卷　(清)颜懋侨撰　颜氏三家集稿本(王献唐跋,山艺作二卷)　海岱人文三十一种清抄本(一卷)　善目　山艺

石镜斋集一卷履月轩稿一卷玉磐山房集一卷蕉园集拾遗一卷西华

行稿一卷半江楼诗一卷十客楼诗一卷雪浪山房集一卷 (清)颜懋侨撰 海岱人文三十一种清抄本(山艺书名略有异同) 善目 山艺

江干幼客诗集一卷 (清)颜懋侨撰 清乾隆刻本 善目 省博

秋庐吟草一卷旧止草堂集一卷癸巳编一卷什一编一卷夷门游草一卷 (清)颜懋伦撰 海岱人文三十一种清抄本 善目 省博

愚溪诗集一卷 (清)单宗元撰 清乾隆四十三年李怀民古柏堂刻本(山艺著录愚溪诗一卷) 山艺 省博

西窗诗草二卷 (清)单宗元撰 清光绪高密单氏蘧庐刻本 山艺 省博

迂斋学古编四卷 (清)法坤宏撰 清乾隆三十九年胶州法氏海上庐刻本 善目 山艺 省博 青图 省图

小乖崖稿不分卷 (清)张象恩撰 原稿本(山艺作小乖崖诗文) 山艺 亦轩

省吾斋稿四卷 (清)窦光鼐撰 清刻本 清嘉庆刻本(作省吾斋文集) 清光绪刻本(作省吾斋文稿) 青图 省图

省吾斋诗赋集十二卷 (清)窦光鼐撰 清嘉庆六年窦汝瑄刻本 山艺 省博 青图

窦东皋应制诗 (清)窦光鼐撰 清刻本(三册) 青图

东皋先生诗集三卷 (清)窦光鼐撰 清嘉庆三年无锡秦氏刻本(一册) 青图 贩记

遂初集二卷 (清)张启愚撰 稿本 善目 山艺 省图

南园题画诗一卷 (清)王右弼撰 清王氏写刻本 山艺

蒙泉学诗草八卷 (清)宋弼撰 清乾隆间刻本 贩记 山艺 省图

一松斋集八卷 (清)孙扩图撰 清同治十年刻孙毓汉改订底本 山艺 省博 青图 省图 山大

小颜家诗一卷 (清)颜崇谷撰 海岱人文三十一种清抄本 善目 山艺 省博

遁斋稿二卷　(清)朱倬撰　清乾隆刻本(一册)　青图

倚华楼诗四卷　(清)朱琦撰　清乾隆二十六年刻朱氏家集本(山艺著录倚华楼集不分卷,见山左诗续钞)　济南朱氏诗文汇编本　善目　丛综　山艺　省博　省图

倚云楼诗四卷　(清)朱琦撰　清乾隆刻本　善目　省博

铁峰集一卷　(清)朱琦撰　稿本　善目　省图

鹤亭诗稿四卷　(清)朱承煦撰　底稿本　贩记

四松斋集一卷　(清)谢子超撰　清乾隆刻本(省图作诗集二卷文一卷赠言一卷)　山艺　青图　省图

西郛集一卷　(清)颜懋企撰　海岱人文三十一种清抄本(山艺尚著录覆瓿集一卷)　善目　山艺　省博

午树堂诗集八卷　(清)崔振宗撰　清刻本　山艺　青图

刘文清公遗集十七卷附应制诗三卷　(清)刘墉撰(清)刘喜海辑　清道光六年东武刘氏味经书屋刻本　山艺　省博　青图　省图　山大

石庵诗钞不分卷　(清)刘墉撰　清嘉庆刘澧抄本(山艺作四卷)　善目　山艺　省博

旧雨草堂诗八卷　(清)董元度撰　清乾隆四十二年申发祥助刻本　善目　山艺　省博　青图　省图

课余录、扬舲集、岭南集不分卷　(清)黄立世撰　清乾隆刻本(一册)　青图

说饼庵四六文一卷　(清)朱曾传撰　稿本　省图

说饼庵诗集　(清)朱曾传撰　抄本　清嘉庆刻本(一册)　山艺　青图

腐毫集二卷补遗一卷　(清)朱曾传撰(清)余正酉补　手稿本　亦轩

尧封剩稿一卷　(清)陈岠撰　清惜阴堂抄本　善目　省图

艾堂外篇存二卷补遗一卷　(清)李锳撰　清道光四年李兆元刻本　山艺　省博

戆斋诗草二卷　(清)张心钤撰　清乾隆抄本　亦轩

柳韵楼诗稿三卷　(清)田滋撰　稿本(山艺著录柳韵楼遗稿不分卷,见

山左诗续抄) 善目 省博 山艺

理堂全集二十三卷 (清)韩梦周撰 清道光四年静恒书屋刻本 省图

理堂文集十卷 (清)韩梦周撰 清道光三年潍县韩氏静恒书屋刻本 贩记 山艺 省博 青图 省图 山大

理堂诗集四卷外集一卷附录一卷 (清)韩梦周撰 清道光四年潍县韩氏静恒书屋刻本 贩记 山艺 省博 青图 省图 山大

余人遗稿一卷 (清)王祖熙撰 新城王氏遗稿稿本 善目 省博

知稼堂集六卷 (清)李林撰 清道光李氏家刻本 抄本 山艺 省博 青图

王氏遗书 (清)王荣绪撰 稿本(二十四册,山艺著录遗稿一卷) 山艺 青图

秋鹤诗钞四卷 (清)戴如煌撰 清乾隆留余堂刻本 善目 山艺 省博 省图

香雪园重订诗不分卷 (清)张廷叙撰 稿本(山艺作香雪园诗) 山艺 省图

南圃诗草五卷 (清)张作宾撰 清道光十八年孙如珠刻本 山艺 省博

雷波钓叟集一卷 (清)王积光撰(清)王懿荣辑 清抄王氏传家集本 善目 省博

李南涧先生诗稿八卷 (清)李文藻撰 稿本(恩平集一卷、桂阳集四卷、潮阳集一卷) 善目

李南涧先生文集一卷 (清)李文藻撰 清抄本(清赵之谦跋) 清刻本(作南涧文集) 善目 山艺

南涧居士文稿一册 (清)李文藻撰 稿本 藏园

南涧文稿不分卷 (清)李文藻撰 稿本(王献唐题跋) 善目 省博 双行 北图

南涧先生文稿二卷 (清)李文藻撰 稿本 善目 省博

李南涧先生古文三卷 (清)李文藻撰 稿本(阎湘蕙辑,王献唐跋)

善目　省博　省图　双行

岭南诗集八卷　(清)李文藻撰　清乾隆益都李氏家刻本　山艺　省博　省图　山大

南涧遗文二卷附录一卷补编一卷　(清)李文藻撰　邈园丛书本　丛综

李南涧诗文钞不分卷　(清)李文藻撰　民国宝文斋抄本　省图

李静叔遗文一卷　(清)李文渊撰(清)罗有高校　清乾隆三十二年李文藻刻本　贩记　山艺　省博　省图

锦江集　(清)李万青撰　清嘉庆刻本(二册)　山艺　青图

蓼溪诗略二卷　(清)王中孚撰　清乾隆刻本　善目　省图

清远楼稿　(清)王元默撰　清王筠抄本(二册)　山艺　青图

果园诗钞十卷　(清)郭恩孚撰　清光绪刻本　青图　省图

寒斋诗文集二卷　(清)万崇谦撰　曹县万氏诗文集六种清抄本(山艺作寒斋诗稿无卷数、版本)　善目　山艺

西涧草堂文集四卷　(清)阎循观撰　见四库存目　清乾隆三十八年树滋堂刻本　总目　贩续　山艺　省博　青图　省图

西涧草堂诗集四卷　(清)阎循观撰　清乾隆三十八年韩梦周树滋堂刻本　贩续　山艺　省博　青图　省图

秋水阁遗草一卷烟草亭诗略一卷吾有山房稿一卷近日吟诗略一卷尾箕吟一卷易辙吟一卷鸾台偶吟一卷旧南草堂集一卷　(清)颜懋价撰　海岱人文三十一种清抄本(山艺仅收秋水阁诗,无卷数、版本,余均失收。海岱人文三十一种清抄本尚有恤香斋诗一卷,据山艺著录系颜光敏女颜氏所撰,颜懋价称谓先姑。集名晚香堂诗,后更名恤纬。省博及善目著录误。)　善目　山艺　省博

壶海生草六卷　(清)王钟泰撰(清)王懿荣辑　福山王氏传家集清抄本(山艺作一册,善目作一卷)　善目　山艺　省博

得月楼诗稿　(清)王元崁撰　清道光刻本(一册)　山艺　青图

鸿雪斋诗稿二卷　(清)张映纬撰　清光绪十五年张贻琯刻本　山艺

省博

寓拙轩稿　(清)李源撰　清道光重刻本(一册,山艺仅著录见武定诗续抄)　山艺　青图

退轩诗录十五卷　(清)钟廷瑛撰　清嘉庆二十二年读易堂刻本　山艺　省博　省图　山师

碧山堂集四卷　(清)王衍醇撰　清道光二十三年刻本　山艺

摩墨亭稿一卷种李园近稿一卷　(清)颜崇槼撰　稿本　清道光二十九年刻本(贩记、山艺著录种李园集摩墨亭集无卷数)　善目　贩记　山艺　省图　双行续

寸知集诗四卷　(清)赵培基撰　清道光二十六年孙洛衍刻本　山艺　省博

锦秋老屋稿无卷数　(清)朱照撰　手稿本(二册)　山艺

荭谷杂体文稿七卷红榈书屋诗集四卷　(清)孔继涵撰　孔氏原稿本(作红榈书屋文集七卷)　微波榭丛书本(善目著录清抄本红榈书屋诗集九卷)　善目　丛综　贩记　山艺　省图　藏园　山大

微波榭遗书一卷　(清)孔继涵撰　二余堂丛书本　丛综

仪郑堂文集二卷　(清)孔广森撰　小瑯環仙馆叙录书本　食旧堂丛书本　文选楼丛书本(作仪郑堂文)　丛书集成初编本　丛综　省图　山大

顨轩骈俪文三卷　(清)孔广森撰　顨轩孔氏所著书本　四部备要本(作骈俪文)　丛综　山艺　省博　省图　山大

仪郑堂遗稿一卷　(清)孔广森撰　清乾隆五十二年刻本　八家四六文钞本　丛综　贩续

林汲山房遗文不分卷　(清)周永年撰　清抄本(清叶名澧题款)　清叶氏宝芸斋抄本　善目

怀友录一卷　(清)方昂撰(清)周永年评　原稿本　亦轩

啸岩草一卷　(清)王积熙撰(清)王懿荣辑　清抄福山王氏传家集本　省博

菊园诗草一卷　（清）王积熙撰（清）丁善宝、郭杭之选　稿本　善目　省图

靖言堂文集　（清）臧梦元撰　清乾隆刻本（一册）　青图

白石山房诗存二卷　（清）黄玉瑚撰　清嘉庆六年黄氏自刻本　山艺　省博

紫书阁诗一卷　（清）蓝中珪撰　清乾隆自刻本　省博　山艺

梅楼诗存十六卷　（清）李簀撰　民国十年单县周自齐刻本　排印本（山艺仅著录见山左诗续钞）　山艺　省博　青图　省图　山大

砺坡草堂诗选一卷　（清）张梃撰　清道光张星熨刻本（山艺著录砺坡诗草一卷）　省博　山艺

乾隆辛卯迎銮恭进诗册无卷数　（清）初彭龄撰　清刻本　山艺

亦农山人诗稿一卷　（清）葛覃楚撰　蓬莱葛氏诗文稿五种稿本　善目　省图

云谷草堂诗钞一卷　（清）张敷撰　清道光十二年刻本　山艺

苍雪斋稿一卷　（清）王佳宾撰　稿本　山艺　省图

余青园诗集四卷补遗一卷　（清）焦式冲撰　清嘉庆十九年自刻本　山艺　省博　青图

醉月亭遗诗一卷　（清）于秉信撰　清刻本（附于氏读史长句后）　山艺

华不注山房诗集二卷　（清）尹廷兰撰　清抄本（不分卷）　清道光七年历城李肇庆刻本　山艺　省博　省图　青图

华不注山房文集二卷　（清）尹廷兰撰　清道光二十七年其孙尹式芳刻本　山艺　省博　省图　青图

书岩剩稿一卷　（清）杨峒撰　仰视千七百二十九鹤斋丛书本　丛书集成初编本　丛综　省图

杨书岩先生古文钞二卷　（清）杨峒撰　稿本（丁培基、李章甫题跋）　旧抄本　善目　贩记　省博

密娱斋诗稿一卷　（清）邓汝功撰　见四库存目　总目　山艺

止止轩诗稿六卷　（清）赵钧彤撰　清嘉庆间莱阳赵氏止止轩刻本　民

国十三年排印本　省博　青图　省图　山师

延厘堂文集一卷诗集二卷　(清)孙玉庭撰　延厘堂集本　丛综　山艺　联目　省图

松露书屋诗稿不分卷　(清)郝允秀撰　稿本(张惠夫、张敦夫批点,张廷寀题跋)　善目　省博

芝田书札　(清)汪镛撰　稿本　省图

石桐先生诗钞十六卷　(清)李怀民撰　清乾隆间刻本(无卷数,凡十一种)　清光绪十二年李楹西安郡斋刻本(即李氏三先生诗钞本)　丛综　贩续　山艺　省博　省图　青图

少鹤诗钞二卷　(清)李宪乔撰　稿本　善目　山艺　省博

少鹤内集十卷鹤再南飞集一卷龙城集一卷宾山续集一卷　(清)李宪乔撰　约清嘉庆间刻本　清光绪十二年李楹西安郡斋刻本(即李氏三先生诗钞本,丛综作少鹤先生诗钞十三卷)　丛综　贩记　省博　省图　山艺　北大

过岭集二卷　(清)李宪乔撰　清刻本　省博

韦庐初集一卷续集一卷近集一卷　(清)李秉礼撰(清)李宪乔选订　清嘉庆三年刻本　贩记　省图　贩续

叔白诗钞无卷数　(清)李宪暠撰　清光绪二十四年李楹西安郡斋刻本(一册)　山艺　省博　省图　山大

定性斋集一卷附莲塘遗集一卷　(清)李宪暠撰　清乾隆间刻本(贩记莲塘遗集作莲坡遗集)　李氏三先生诗钞本　丛综　贩记　省图

医俗轩诗文集不分卷　(清)孔昭熺撰　清道光七年曲阜孔庆钰保合堂刻本　省博

挹秀山房诗集八卷西江一棹集一卷　(清)刘塄撰　清道光六年东武刘喜海味经书屋刻本　省博　省图

半阁偶笔一卷　(清)王兆润撰　稿本　善目　省博

梦筑堂诗初集一卷　(清)单襄棨撰　清乾隆五十五年单华炬等刻本　山艺　省博　山大　山师

守坡居士诗集十二卷　(清)宫去矜撰　清乾隆三十三年颐志堂刻本　贩记　山艺　省博　青图　山大

水厓斋诗一卷　(清)颜懋龄撰　海岱人文三十一种清抄本　善目

煨芋岩居文集无卷数　(清)王善宝撰　清光绪十三年曾孙王季寅补刻本　贩记　省图

煨芋岩居诗集二十卷　(清)王善宝撰　清嘉庆十八年刻本　贩续　山艺　省图

煨芋岩居诗续集五卷　(清)王善宝撰　清道光十四年曾孙王伯方补刻本　清光绪十一年刻本　贩续

焚余诗草不分卷附玉台词钞　(清)于学谧撰　家刻本(一册)　山艺

玉磬山房诗集十三卷文四卷　(清)刘大观撰　清道光刻本(山艺著录玉磬山房诗稿六卷)　清嘉庆二十二年刻本(作诗集八卷文二卷)　山艺　省博　省图　贩续

行脚集、怀州集　(清)刘大观撰　清嘉庆间刻本(一册)　青图

石桐先生评定刘松岚诗　(清)刘大观撰　抄本(一册)　青图

听雪轩诗钞　(清)王淑撰　清光绪刻本(一册)　青图

峨山集　(清)李岩撰　抄本(一册)　青图

怡堂六草八卷　(清)李世治撰　清刻本　山艺　省博　省图

藤梧馆诗钞一卷　(清)孔广栻撰　清孔氏藤梧馆抄本　善目　山艺　北善 2593

藤梧馆杂体文一卷藤梧馆诗草一卷　(清)孔广栻撰　稿本　善目　省图　北善

竹堂诗草六卷　(清)王心清撰　清嘉庆刻本　省博　青图　省图

挹翠堂诗稿不分卷　(清)毕所铛撰　稿本　善目　山艺　省图

石菌山房诗稿一卷　(清)龙岭撰　稿本(山艺著录石菌山斋诗稿不分卷,见山左诗续钞)　山艺　省博

春晖草堂剩稿无卷数　(清)邬正阶撰　清尹彭寿辑刻本　山艺

白云山房诗集三卷文集六卷　(清)张象津撰　白云山房集本(山艺

著录白云山房集十二卷) 丛综 山艺 省图

三复轩集 (清)王麒文撰 清乾隆刻本(一册,山艺仅著录见山左诗续钞) 山艺 青图

许云峤先生手书诗文稿一卷 (清)许鸿磐撰 稿本 善目 省博

许云峤文集一卷 (清)许鸿磐撰 稿本(王贡忱跋) 善目 省博

六观楼文集不分卷 (清)许鸿磐撰 底稿本 善目 贩记

六观楼文集拾遗一卷 (清)许鸿磐撰(清)李福泰辑 清同治九年李福泰粤东节署刻本 贩记 山艺 省博 青图

六观楼文存一卷诗存一卷 (清)许鸿磐撰 清同治刻本 民国十三年排印本 贩记 青图

竹石居稿四卷 (清)单可基撰 清嘉庆十二年高密单氏鉴古堂刻本(山艺作二卷) 山艺 省博

凝绪堂诗稿八卷 (清)孔宪培撰 清嘉庆二年精刻本(山艺著录凝绪堂诗集不分卷,见山左诗汇钞,省博存二卷) 善目 贩记 省博 山艺 省图

荣园诗草一卷 (清)阎学淳撰 清抄本(杨文荪题词,在明甫跋) 省博

时文笔谱 (清)朱曾武撰 清嘉庆刻本(一册) 青图

海右集八卷 (清)徐子威撰 清刻本 山艺 省图

云樵诗选 (清)徐子威撰 清嘉庆刻本(一册) 青图

直庵诗稿二卷 (清)王宁炜撰 清道光高密王相钤刻本(省图本作者作王宁焯) 山艺 省博 青图 省图

林于未定稿不分卷 (清)彭云鹤撰 稿本(清乔勋、王滨、吴乃赓跋,山艺著录篋中诗草一卷) 善目 省图

春舫诗钞四卷 (清)盖方泌撰 清嘉庆刻本 山艺

课心斋稿四卷 (清)单可垂撰 清道光十年高密单氏耐寒轩刻本 山艺 省博 青图

止止轩古文二卷 (清)单可垂撰 清刻本 山艺

养中之塾文集一卷　（清）朱曾哲撰　清道光二十年刻本　稿本(朱大田辑,单为鏓跋,有续集一卷)　善目　丛综　贩记　山艺　省图

纯甫文稿一卷　（清）朱曾哲撰　稿本(清成瓘、牟庭等批)　善目　省图

小澥草堂古今诗合刻一卷　（清）牟愿相撰　清咸丰二年栖霞牟氏家刻本(山艺著录小澥草堂集二卷)　省博　山艺

晚学集八卷　（清）桂馥撰　清乾隆五十九年刻本　清道光二十一年刻本　清道光二十七年毛氏尚友斋抄本(七卷)　稿本(马星翼跋,四卷)　式训堂丛书二集本　校经山房丛书本　丛书集成初编本　民国山东省立图书馆季刊排印本　善目　丛综　贩记　山艺　省博　青图　省图　双行　双行续　山大

未谷诗集四卷　（清）桂馥撰　稿本(作一卷)　清道光二十一年曲阜孔宪彝等刻本　清道光二十七年毛氏尚友斋抄本(一卷)　善目　贩记　山艺　省博　省图　双行

品竹斋稿一卷　（清）桂馥撰　底稿本　贩续

篑山堂诗钞二十一卷　（清）王赓言撰　清嘉庆十六年刻本(作十六卷)　清道光刻本　善目　贩记　山艺　省博　省图

车中吟存草二卷　（清）王赓言撰　清嘉庆二十三年刻本(山艺作车中吟)　山艺　青图

南行吟草一卷　（清）王应垣撰　清乾隆十六年雨梦山房刻本　清道光十六年刻本(即东武王氏家集本,山艺仅著录见山左诗汇钞)　丛综　贩续　山艺　青图　省图　省博

槐荫书屋诗钞一卷　（清）李湘撰　清光绪李毓璋石印本　民国二十五年排印本　山艺　省博　省图

洸西草堂集十四卷　（清）高如岱撰　清刻本　山艺

邁庐文集一卷　（清）单铝撰　清道光高密单立德刻本(山艺作邁庐古文集一卷)　山艺　省博

邁庐遗文一卷　（清）单铝撰　清乾隆刻本　清道光元年刻本　贩续

青图

求是斋文集一卷　(清)刘晖撰　清抄本(柯劭忞跋)　善目　山艺　省图

白羊山房诗钞六卷　(清)单可惠撰　清道光刻本(苇村题跋,山艺著录白羊山房诗一卷古乐府一卷)　省博

清厚堂诗钞一卷　(清)单华炬撰　清道光八年高密单氏清穆堂刻本　山艺　省博　山大　山师

铁山园诗稿二卷　(清)孔庆镕撰　清嘉庆十七年刻本　清道光元年刻本(四卷)　贩续　省图

铁山园诗集七卷　(清)孔庆镕撰　清道光十年刻本　清道光十九年刻本(八卷)　贩记　山艺

湘浦诗钞二卷赋钞一卷试帖二卷　(清)李廷芳撰　清道光七年刻本(山艺著录湘浦诗钞二卷)　山艺　省博　省图

李湘浦诗钞不分卷　(清)李廷芳撰　稿本(清纪昀、王芑孙跋)　善目　省博

碧梧红豆草堂诗一卷安蔬草堂五言排律一卷　(清)李廷芳撰稿本(张秉钧跋。善目尚著录稿本碧梧红豆草堂诗不分卷,清吴鼒、孙伯渊批校并跋)　善目　省图

安蔬草堂诗钞　(清)李廷芳撰　清嘉庆刻本(一册)　青图

清爱堂诗钞七卷　(清)李廷芳撰　清道光元年文宝斋刻本　省博　青图　省图　山师

袁江于役草一卷　(清)李廷芳撰　稿本　善目　省图

松涧诗稿一卷　(清)宋绳先撰　清道光五年种松书屋刻本　贩续　山艺　省图

秋水亭文略八卷　(清)王祖昌撰　稿本　中科院抄本不分卷　稀见史籍

秋水亭诗草四卷续集三卷补编一卷　(清)王祖昌撰　清嘉庆七年邱县刘大观刻本　贩续　山艺　省博　青图　省图

秋水亭遗稿一卷　(清)王祖昌撰　清嘉庆抄本(清王筠跋)　善目　省博

确唐诗抄二卷　(清)王宁娗撰　清咸丰七年高密王氏春晖堂刻本　山艺　省博

拟我法集　(清)牟庭撰　清咸丰刻本(一册)　青图

雪泥书屋遗文四卷杂文一卷　(清)牟庭撰　传抄本(贩续著录牟房述,杂文作五篇)　民国山东省立图书馆抄本　贩记　贩续　省图

雪樵诗集四卷续集四卷　(清)鹿林松撰　清道光十七年刻本(山艺著录雪樵诗集四卷)　贩记　清志　山艺

蝶轩诗集一卷　(清)阎佩瑜撰　清抄底本　山艺　省博

王太史宧稿　(清)王敛福撰　清乾隆刻本(二册)　青图

卢溪诗草一卷　(清)臧法高撰　清嘉庆自刻本　清活字印本　善目　省博　省图　山艺

四香阁诗集五卷　(清)王余芊撰　清嘉庆二十年其弟余英刻本　山艺

瓣香阁集一卷　(清)高梅先撰　清刻本(山艺作瓣香阁诗钞)　山艺　省博　省图

埋香坞集一卷　(清)高月娟撰　清刻本(山艺作埋香坞遗诗,不分卷)　山艺　省博

仪廷四伯手泽汇存一卷　(清)葛宾昶撰葛习之辑　稿本　善目　省博

闲情集一卷　(清)耿维莘撰　清嘉庆自刻本　省博　山艺

兰圃遗诗　(清)邢顺德撰　清乾隆刻本(一册,山艺作兰圃诗草一卷)　山艺　青图

卓庵吟草　(清)李诒经撰　清嘉庆刻本(二册,山艺著录卓然诗稿二卷)　青图

竹西斋诗　(清)徐缙文撰　清道光刻本(一册,山艺作竹西吟草)　山艺　青图

半隐园诗集一卷　(清)董芸撰　清嘉庆八年历城朱宁红蕉馆刻本　山

艺　省博

啸雪亭诗原本不分卷　(清)董芸撰　旧抄本(一册)　亦轩

广齐音一卷　(清)董芸撰　清历城朱畹刻本　山艺　省博

敦雅堂诗集一卷　(清)黄如瑀撰　清刻本　山艺　青图

春旭斋诗存　(清)王继文撰　清刻本(二册,山艺作春旭斋诗稿)　山艺

藤花轩诗钞初集一卷续集一卷　(清)陈汝庚撰　清道光十八年绿野堂刻本(山艺著录藤花轩诗钞,见山左诗汇钞)　山艺　省博　山大

观海集一卷　(清)孔广权撰　清道光刻本　山艺

天籁集一卷　(清)邓廷法撰　清嘉庆抄本　山艺　省图

晒书堂文集十二卷外集二卷别集二卷　(清)郝懿行撰　郝氏遗书本　丛综　山艺　省博　青图　省图

晒书堂诗钞二卷试帖一卷　(清)郝懿行撰　郝氏遗书本　丛综　山艺　省博　省图

晒书堂时文一卷　(清)郝懿行撰　郝氏遗书本　丛综　省图

婉佺诗一卷　(清)王照圆撰　清光绪郝联微东路厅刻本(山艺著录婉佺诗草,见闺秀正始集)　山艺　省博

晒书堂闺中文存一卷　(清)王照圆撰　郝氏遗书本　丛综　省图　山大

心向往斋诗文集十三卷附录一卷　(清)孔继鑅撰　求恕斋丛书本　丛综　贩记　省图　山大

心向往斋诗集三种五卷(用陶韵诗二卷壬癸诗录一卷于南诗录二卷)　(清)孔继鑅撰　清道光二十九年至咸丰六年孔广牧刻本　贩记

勿二三斋诗集一卷　(清)孔广牧撰　求恕斋丛书本(附孔继鑅心向往斋诗文集后)　丛综　联目　青图　山大　省图　曲师

恭寿文堂遗诗一卷　(清)葛镜海撰　蓬莱葛氏诗文稿五种稿本　善目　省图

春雨园诗三卷　(清)石丹文撰　稿本(作春雨园诗录四卷)　清嘉庆二

十五年刻本　省博　省图

蓼莽诗存八卷　（清）郭书俊撰　清道光十八年潍县郭氏绍衣堂刻本（山艺著录全本,凡八卷）　山艺　省博　青图　省图　山大

遂初草庐诗集一卷　（清）杜堮撰　清同治九年滨州杜氏家刻本（丁菊甦批校）　清刻本（作十卷）　山艺　省博　青图　省图

一枝集四卷　（清）邵大纬撰　稿本　善目　省博

慙存文稿一卷　（清）王厚庆撰　清抄福山王氏传家集本　善目　省博

镜虹书屋吟草一卷　（清）孔昭虔撰　清历城余正酉辑抄本　善目　省博

镜虹吟室诗钞四卷镜虹吟室经进稿一卷　（清）孔昭虔撰　清道光十七年刻本　贩续　山艺　青图　省图

萝月山房古文一卷萝月山房古近体诗一卷　（清）曹元询撰　安邱曹氏家集十三种清光绪间抄本（山艺作萝月山房集,无卷数、版本）　山艺　山大

拜经书屋文稿无卷数　（清）孔昭辰撰　清道光十四年刻本　山艺

孤灯吟草一卷　（清）孔昭辰撰　清道光十四年刻本　山艺

却扫斋诗草二卷　（清）杨潾撰　清同治四年刻本（一册）　山艺　青图　济史志　清志

怀续堂文集一卷　（清）马邦玉撰　鱼台马氏著丛书抄本（山艺作二卷）　山艺　省图

听雪轩古文稿　（清）邱锡珧撰　清道光二十八年诸城邱氏刻本（三册）　山艺　青图　山大

说剑山房诗草初编　（清）李湘棻撰　清道光刻本（一册）　青图

碧琅玕馆诗钞　（清）李湘茝撰　清咸丰刻本（二册）　山艺　青图　省图

五亩宅诗草五卷　（清）王大来撰　清光绪族弟王葆崇刻本　山艺　省图　山大

镂冰诗集一卷　（清）阎清澜撰　清抄底本　善目　山艺　省博

泼墨轩诗三卷词三卷　（清）戴鉴撰　清慎道书屋抄本（清许瀚跋，作诗集一卷）　清道光二十三年济宁王庆瑚慎余堂刻本（山艺著录泼墨轩诗稿一卷、冷淘轩诗稿）　贩续　山艺　省博　青图　省图

真研斋诗草一卷　（清）翟凝撰　清嘉庆间历城李肇长刻本　山艺　青图

真研斋诗一卷　（清）翟凝撰　清道光七年刻本　省博　青图

学半斋集一卷　（清）王延庆撰　福山王氏传家集清抄本（山艺著录学半斋文集四卷）　善目　山艺　省博

郭氏礼耕堂文钞一卷　（清）郭圩撰　清抄本（仅好斋书名作礼耕堂集，抄本）　善目　省博　仅好斋

古缶书屋诗无卷数　（清）马邦举撰　清刻本　山艺

九水山房文存二卷　（清）毕亨撰　清咸丰二年聊城杨氏海源阁刻本（即海源阁丛书本）　丛综　贩记　山艺　省博　青图　省图　山大

朐阳吟草　（清）李垣撰　抄本（一册）　青图

李方伯幼年诗稿　（清）李璋煜撰　抄本（一册）　青图

蔗园诗文集无卷数　（清）张丰撰　清刻本　山艺

陶情集一卷　（清）张鸿猷撰　清道光十二年刻本（附诗余一卷）　山艺　青图　山大

式训集十六卷　（清）张伯恒撰　清道光二十一年式训堂刻本　山艺　省博　青图　省图　山大

鞠梦庐诗钞四卷　（清）张善恒撰　清光绪二十九年张介禄刻本　山艺　青图

次庐遗稿一卷　（清）韦瑞三撰　清嘉庆八年刻本　山艺

集唐初刻（一名若仙集唐）二卷　（清）韩步鳌撰　清嘉庆二十一年潍县韩氏守正轩刻本　省博　青图

集唐二刻一卷　（清）韩步鳌撰　清道光四年潍县韩氏守正轩刻本　省博　青图

绿野斋文集四卷　（清）刘鸿翱撰　清道光七年同怀堂刻本　贩记　山

艺　省图　山大

绿野斋前后合集六卷太湖诗草一卷制艺一卷　(清)刘鸿翱撰　清道光二十四年福建自刻本　贩记　山艺　省博　青图　省图　山大

次白文稿一卷　(清)刘鸿翱撰　稿本　善目　省图

春及园虫鸣草四卷　(清)孔昭恢撰　稿本(清慕宗懿跋并题诗、方世振题诗,山艺著录春及园诗稿)　清道光二十三年刻本　善目　北善　人大

春及园虫鸣草选抄一卷　(清)孔昭恢撰　稿本　善目　北善

意园诗钞不分卷　(清)杨潾撰　清抄本　省图

缙云山人诗集八卷附录一卷杂著二卷　(清)李莹撰　稿本　民国十四年济南排印本(山艺只著录缙云山人诗集,不分卷)　贩续　山艺　省博　山大

周文忠公尺牍二卷　(清)周天爵撰　清同治七年黄叔林苏松太道署刻本　山艺　省博

静吾斋诗文钞二卷　(清)陈述经撰　清抄本　山艺　省图

见山书屋诗钞二卷　(清)王青藜撰　清刻本　山艺

范墅诗草一卷　(清)周奕黉撰　清道光历城李肇庆周乐刻本　山艺　省博　青图

奉萱草堂文钞一卷　(清)单为鏓撰　清周涛严家正校刻本　单氏全书本　清刻本(作奉萱草堂集)　丛综　贩记　山艺　省图　山大

奉萱草堂诗集二卷　(清)单为鏓撰　单氏全书本　丛综　贩记　山大

奉萱草堂文续集一卷　(清)单为鏓撰　单氏全书本　孔氏山渊阁丛刊本　丛综　贩记

帚金集四卷　(清)吴连周撰　清道光二十一年章邱周氏灌蔬园刻本　清咸丰五年刻本(山艺不分卷,仅著录见山左诗汇钞)　贩记　山艺　省博

高唐齐音二卷　(清)吴连周撰　清道光二十一年灌蔬园刻本　清光绪二十七年承继堂刻本　山艺　省博　省图　青图　山大

史梅叔诗集十二卷　(清)史襄龄撰　清道光十五年刻本(山艺不分卷)　山艺　省博

鸿捅斋诗集初刻二卷　(清)李图撰　清道光二十七年刻本　山艺　省博　省图　山大

鸿捅斋文集初刻一卷　(清)李图撰　清道光刻本　山艺　省博　青图

铸亭诗钞、铸亭山人诗续钞　(清)朱道衍撰　清嘉庆刻本(各一册,山艺作铸亭山人诗钞)　山艺　青图

如好色斋稿十卷　(清)范垌撰　清嘉庆二十五年刻本　山艺　省博　省图

绿云堂稿四卷　(清)谢焜撰　清嘉庆间刻本　清刻本(作二卷)　山艺　省图

夷安诗草一卷墨香书屋诗草一卷　(清)赵书奎撰　清光绪赵蔚坊刻本　省博　山艺　青图　省图

南阮集二卷　(清)谢九锡撰　清刻本　山艺

藕唐诗集十五卷　(清)王玮庆撰　东武王氏家集本(清嘉庆二十五年蕉叶山房刻本,贩续作十四卷,山艺作十二卷)　丛综　贩续　山艺

碧香阁遗稿一卷　(清)单茝楼撰　东武王氏家集本(清嘉庆十六年刻本,贩续附哀挽诗一卷,单茝楼乃王玮庆妻)　丛综　贩续　省博　青图

易泉先生诗钞四卷　(清)冯继聪撰　清咸丰八年刻本　山艺　省图

蕉窗呓语一卷大梦记年一卷诗文合钞一卷　(清)汪荆川撰　清道光二十四年刻本　山艺　青图

石林诗稿三卷续稿一卷梦情集一卷　(清)李阔撰　清嘉庆刻本　山艺　省图　青图

带经舫诗钞一卷　(清)张岫撰　清光绪十四年江西书局刻本(省图有集钞二卷)　山艺　省博　青图　省图

带经舫稿一卷　(清)张岫撰　清道光张振庶等刻本　省博

慎献斋存稿无卷数　(清)孔昭任辑　清刻本(四册)　曲师

节慎斋文集无卷数　(清)王延年撰　清刻本　山艺

殊翁合编二卷　(清)齐培元撰　清同治六年刻本　山艺　青图　省图　山艺

知远斋全集八卷　(清)时式敷撰　清时氏家刻本　山艺

小琅玕馆杂体诗草一卷　(清)庄瑶撰　清光绪刻本　山艺

醉蝶园诗草附补遗　(清)李鸣谦撰　清道光刻本(一册,山艺作醉蝶园诗稿)　山艺　青图

松龛古今体诗存八卷看云秋室馆课诗存二卷看云秋室馆课赋存一卷　(清)慕维德撰　清道光自刻本(山艺著录松龛诗存八卷、赋存一卷)　山艺　省博　省图

邮筒草六卷　(清)杨玉堂撰　清咸丰五年寿光杨氏淡远堂刻本　省博　山艺

西坪诗钞二卷　(清)王文骧撰　清同治九年诸城王祺海九仙山馆刻本　山艺　省博

述耐堂诗集八卷　(清)孔继煵撰　稿本　善目　省图

秋门诗钞二卷　(清)余正酉撰　清道光二十八年海棠书屋刻本　山艺　省博　省图　青图

澹园古文选二卷诗选八卷　(清)于祉撰　清道光刻本　贩记　山艺

澹园续稿二卷　(清)于祉撰　清同治六年刻本　贩记　山艺

澹园全集　(清)于祉撰　清刻本(七册)　青图

庄年信札不分卷　(清)刘耀椿撰　稿本(十二函)　省图

石村诗集(一名燕来堂诗稿)二卷　(清)岳赓廷撰　清道光二十四年刻本　贩记　青图

坦室遗文一卷坦室杂著一卷　(清)李文桂撰　清同治十三年刻本　贩记　山艺　省博　青图　省图

双清阁雁庐诗集八卷　(清)郭同芸撰　清道光二十一年潍县陈象轸刻本　山艺　省博　青图　省图　山大

震庵集　(清)郭去咎撰　清道光二十七年刻本(一册)　山艺

秋蛩吟　(清)郭磐石撰　清道光刻本(一册,山艺仅著录见山左诗汇钞)

山艺　青阁

紫藤居诗草二卷　（清）黄守和、黄守宽撰　旧抄本　山艺　亦轩　清志

垚居书屋赋诗稿上下二卷　（清）孙久撰　清刻本（一册）　山艺

映山楼诗钞无卷数　（清）于仙龄撰　清刻本　山艺

秋岩诗集三卷　（清）郝篔撰　清道光五年济阳知县李若林刻本　山艺　省博

碧梧轩吟稿　（清）郝篔撰　清道光刻本（一册）　青图

集思堂外集六卷　（清）陈□□凝斋撰（清）陈用光参订　清道光四年刻本　贩续

鹤鸣诗钞二卷　（清）朱熊光撰　清道光刻本　青图

藕香书屋诗钞　（清）耿询撰　清道光刻本（一册）　青图

亦海集　（清）萧与澄撰　清道光刻本（一册）　青图

怀戎诗草　（清）赵后素撰　清道光刻本（一册）　青图

郭外楼诗刻　（清）王宜人撰　清道光刻本（一册）　青图　省图

龙溪诗集　（清）任兆坚撰　抄本（一册）　青图

秋桥诗选四卷　（清）王德容撰　清道光二十二年刻本　山艺　省博　青图　省图

秋桥诗续选（原名思竹斋存稿）四卷　（清）王德容撰　清道光三十年刻本　山艺　省博　青图　省图

意为草不分卷　（清）杨岳春撰　清同治七年刻本（一册）　山艺

青山著书吟草一卷　（清）张应昕撰　清同治二年章丘张氏元善堂刻本　山艺　省博

寓蜀草四卷　（清）王培荀撰　清道光二十七年济南王氏慎思堂四川刻本　贩续　青图　省图　山师

雪峤外集一卷　（清）王培荀撰　清道光二十七年旭阳官廨刻本　贩续　青图　省图

听雨楼吟社诗二卷秋海棠诗一卷旭阳赠别一卷琴鹤轩诗集

(清)王培荀撰　清道光刻本(五册,省图存残本)　青图　省图

艮山文集八卷　(清)贾声槐撰　清道光刻本　青图　省图

清诒堂文集　(清)王筠撰屈万里、郑时辑　民国二十五年辑稿本　1987年齐鲁书社排印本　山大

王筠手写杂稿不分卷　(清)王筠撰　稿本　省图

斐园课草　(清)王筠撰　稿本(二册)　青图

菉友课艺　(清)王筠撰　稿本(一册)　青图

菉友公制艺不分卷　(清)王筠撰　清光绪抄本　省图

来复堂集　(清)丁大椿撰　清道光二十年刻本(十二册)　青图

是真语者斋吟草不分卷　(清)周乐撰　稿本(清张杰、周天爵、梁士俊、刘耀椿、王鸣凤跋)　善目　省图

二南诗钞二卷续钞一卷补遗一卷　(清)周乐撰(清)余正酉选　清道光九年纫香斋刻本　山艺　省博　青图　省图　山大

二南文集二卷文外集二卷制艺不分卷　(清)周乐撰　清道光二十二年枕湖书屋刻本　贩记　山艺　省博　青图　省图

正气吟无卷数　(清)周乐撰　清刻本(一册)　山艺　山大

雪舫山人诗草四卷　(清)隗宗瀛撰　石印本　山艺　青图(三卷)

饭山堂诗集二卷　(清)李清濂撰　石印本　山艺

静远堂诗存一卷　(清)孟继尧撰　民国六年孟昭澐、孟昭鸿石印本(山艺著录静远斋诗文集)　省博　省图

自然草四卷　(清)郭梦龄撰　清道光抄本(存一卷)　清同治九年郭简之刻本(山艺作自然集)　山艺　省博　青图　省图

香亭文稿一卷附湘茝文两篇　(清)阎湘蕙撰　稿本　善目　省博

王焯诗稿一卷　(清)王焯撰　稿本　善本　省博

春鴳集四卷　(清)王焯撰　稿本　善目　省博

涉园文存四卷　(清)韩景城撰　清同治十二年植荆堂刻本　省博

南浦诗草　(清)张作斌撰　清道光刻本(一册)　青图

玉清述而编七卷玉清遗草二卷　(清)郭殿镐撰　清道光三十年家刻

本(蒋梦元题跋,山艺著录述而编、玉清诗草,皆不分卷)　山艺　省博　山大

从绿轩诗集四卷　(清)赵洛衍撰　清道光自刻本(山艺作从绿轩集五卷)　山艺　省博

光裕堂诗二卷　(清)傅日嶙撰　清光绪二十五年傅丙昌光裕堂刻本　山艺　省博　青图　省图　山大

知止堂集十三卷续集六卷外集六卷飞鸿集四卷余集一卷秋声词一卷飞鸿集文一卷　(清)黄恩彤撰　清光绪六年宁阳黄氏家刻本　山艺　省博　省图

憩亭赋稿一卷使粤诗草二卷忘余诗草一卷　(清)黄恩彤撰　清道光二十八年刻本　贩记　省图

余霞集三卷　(清)黄恩彤撰　清宣统元年黄力田、黄福田济南国文报馆石印本　山艺　省博　青图　仅好斋

秋虫吟草二卷愧漏书屋文集一卷　(清)葛忠弼撰　蓬莱葛氏诗文稿五种稿本　善目　省图

饮和堂诗存二卷　(清)马桐芳撰　清嘉庆刻本(山艺仅著录见山左诗汇钞)　山艺　青图

马子琴诗　(清)马桐芳撰　清道光刻本(一册)　青图

憨斋诗删十一卷　(清)马桐芳撰　清道光刻本　青图　省图

聊以自娱集一卷续一卷　(清)马桐芳撰　清道光十二年饮和堂刻本　贩续

纫香草堂文钞一卷　(清)李廷棨撰　清同治十一年李恩绂、李澍集刻本　山艺　省博　青图

纫香草堂诗集四卷　(清)李廷棨撰　清咸丰刻本　清刻本　省图　仅好斋　青图　山师(十卷)

种玉山房诗草一卷　(清)李廷棨撰　玉函山房全集本　丛综　山大　青图

纫香草堂赋钞一卷　(清)李廷棨撰　清同治十一年李恩绂、李澍集刻

本　省博　省图

柿园诗稿二卷　(清)李郰撰　清道光刻本(李廷棨题跋)　山艺　省博　省图　青图

柳园吟草二卷　(清)蒋大庆撰　民国七年泰安王价藩辑抄本　省博

砚泉诗草无卷数　(清)李之雍撰　清道光十四年刻本(一册)　山艺

敝帚文存二卷敝帚诗存二卷　(清)黄来麟撰　清同治十一年刻本　山艺　省图

复斋诗钞四卷　(清)王功后撰　清道光四年诸城陈凤岐、王昐刻本　山艺　省博

诒谷堂遗稿无卷数　(清)马汝舟撰　清道光十五年刻本　贩续

恭寿堂仅存稿一卷　(清)方浩撰　清道光十九年刻本　贩记

续绍录一卷　(清)万毓聍撰　曹县万氏诗文集六种清抄本(山艺无卷数版本)　善目　山艺

玉函山房诗钞八卷文集五卷　(清)马国翰撰　玉函山房全集本　丛综　贩记　山艺　省博　青图

玉函山房诗集九卷　(清)马国翰撰　清光绪十五年绣江李氏刻本　贩记　山艺　省博　省图

海棠百咏一卷　(清)马国翰撰　清光绪十五年绣江李氏刻本　贩记　山艺

玉函山房制义二卷　(清)马国翰撰　玉函山房全集本　丛综

玉函山房试帖一卷续一卷　(清)马国翰撰　玉函山房全集本　丛综

希音阁诗集四卷　(清)赵似祖撰　清道光燕海吟坛刻本(山艺作八卷)　山艺　省博

元圃诗钞一卷　(清)陈超撰　清道光间历城马国翰刻本　清光绪刻本(一册)　山艺　青图　玉函

焚余诗草二卷　(清)郑云龙撰　清道光刻本(山艺仅著录见山左诗汇钞)　山艺　青图

莼圃诗稿无卷数　(清)王经袖撰　清道光间刻本(四册)　山艺

稚香山房诗钞　(清)朱世德撰　清宣统二年石印本(二册)　山艺　青图

赠云山馆遗诗三卷　(清)孟传璇撰　清道光二十四年章邱孟氏安素堂刻本　山艺　省博　青图　省图　山师

石泉书屋类稿八卷诗钞六卷律赋二卷尺牍二卷馆课诗二卷制艺二卷制艺补编一卷　(清)李佐贤撰　石泉书屋全集本　丛综　山艺　省博　省图

攀古小庐文一卷　(清)许瀚撰　清咸丰七年高均儒刻本　清光绪元年杨氏函青阁重刻本(有补遗一卷)　海西阁抄本(不分卷,附许志和年谱)　贩记　山艺　省博

攀古小庐诗稿一卷　(清)许瀚撰　海西阁抄本(山艺作二卷)　山艺　省博

攀古小庐尺牍一卷　(清)许瀚撰　海西阁抄本　省博

攀古小庐遗集不分卷　(清)许瀚撰(清)吴重熹辑　兰晒印本　省博

印林文存一卷诗存一卷　(清)许瀚撰李继璋辑　抄本　省博

印林书札一卷　(清)许瀚撰　双行精舍抄本　省博

攀古小庐全集　(清)许瀚撰　1985年齐鲁书社出版袁行云编校本　山大

六一堂文集四卷对山堂诗集一卷　(清)李焕然撰　清同治五年刻本(省图作文集三卷)　山艺　省图

密厓文钞二卷白沟草二卷蓼六吟二卷宦豫草二卷锦城吟二卷宦蜀草六卷栈云小稿二卷驿镫小稿二卷笋舆吟二卷潼江草二卷听莺池馆闲咏二卷燕游小草二卷楚游小草二卷篷背吟二卷慈竹轩制艺一卷　(清)张香海撰　牟子全集本　张牟子诗文集四种本　丛综　山艺　省博

啖蔗山房吟稿四卷　(清)张香海撰　清道光自刻本　省博　青图

七十二砚斋癸甲集一卷　(清)吴步韩撰　稿本　善目　山艺　省图

种德堂未焚草一卷　(清)王绅撰　清王葆崇刻本　山艺

面城居诗草一卷　（清）王服芳撰　清王葆崇刻本　山艺
瘦菊轩藏稿一卷　（清）姬凤举撰　清徐宗勉刻本　山艺
青艾集一卷　（清）姬凤举撰　清徐宗勉刻本　山艺
芝田藏稿一卷　（清）王龄芝撰　清徐宗勉刻本　山艺
客邸闲吟一卷　（清）张兆惠撰　清胶州徐宗勉刻本　山艺
韦每斋试帖六卷对吴试帖二卷　（清）徐守真撰　清光绪二十四年徐宗勉嘉裕堂刻本　省博
文字禅一卷　（清释）孚一撰　清胶西徐宗勉刻本　山艺
孔叙仲诗草四种六卷　（清）孔宪彝撰　稿本（清丁晏、盛大士等评点，绣山诗草一卷、拿云馆小草三卷、拿云馆诗草一卷、对岳楼诗稿一卷）　善目
绣山文钞一卷　（清）孔宪彝撰　习盦丛刊本　丛综　省博　省图
对岳楼诗录二卷续录四卷韩斋文稿四卷　（清）孔宪彝撰　清道咸间刻本（善目著录稿本韩斋稿四卷）　善目　贩记　山艺　省博　青图
拿云馆诗草一卷　（清）孔宪彝撰　清道光十四年刻本　贩记
觉世真经诗一卷　（清）王镕撰　清道光稿本　省图
梦松堂帖本诗存卷上　（清）孙炳甲撰　清道光二十八年周璞韫刻黄山诗讷评点本　省博
适我集一卷　（清）王绍镄撰　清抄本（山艺作适我集诗稿无卷数）　山艺　省图
睡余轩诗稿一卷　（清）李培撰　清李炳炎、李炳耀石印本　山艺
听秋山馆吟草二卷　（清）张焕祚撰　清同治三年自刻本　山艺　省博
伯若遗著一卷　（清）张奉举撰　稿本　山艺　省博
王文直公遗集六卷　（清）王东槐撰　清光绪七年滕县王宜勋等刻本　山艺　省博　青图　省图
讼过书屋文钞一卷　（清）侯相芝撰　清光绪于莲等刻本（山艺著录讼过书屋古文钞蛩吟集不分卷）　山艺　省博
侯端介先生集不分卷　（清）侯相芝撰　清抄本　省图

小藤花轩诗钞无卷数　(清)陈枚撰　清刻本　山艺

琴山诗钞　(清)陈枚撰　清同治刻本(四册)　青图　省图

袖云石屋诗钞六卷　(清)李恩巇撰　清光绪刻本　山艺　青图

之游唾余录二卷　(清)孙福海撰　清光绪十六年孙葆田刻本(省图作之游存余录)　贩记　山艺　省图　山大　山师

天畅轩忆得偶存诗稿四卷　(清)杨恩祺撰　清同治五年刻本　山艺

杞园吟稿八卷　(清)孔昭珩撰　稿本(山艺作杞园集十四卷)　善目　山艺　省图

碧桐吟馆诗草、回春集、自述诗无卷数　(清)孙毓湝撰　孙氏家藏稿本　山艺

仍可轩诗钞一卷　(清)朱廷相撰　清道光自刻本(山艺不分卷,仅著录见山左诗汇钞)　山艺　省博　省图　山师

淡如菊斋诗稿二卷附录文二篇　(清)黄恩澍撰　清光绪三十四年宁阳黄力田石印本　山艺　省博

片云小草一卷　(清)黄恩澍撰　清光绪三十四年宁阳黄力田刻本　山艺　省博

凤翔纪事诗存一卷　(清)张兆栋撰　清光绪四年刻本　山艺　青图　省博

无我相斋诗选四卷　(清)何邻泉撰　清道光二十五年刻本　清光绪三十一年刻本　山艺　青图

十三经阁诗录二卷　(清)孔宪庚撰　清道光十七年刻本(山艺不分卷)　贩记　山艺

经之文钞一卷　(清)孔宪庚撰　习盦丛刊本　丛综　省博　省图

竹石山樵六十自寿百韵一卷　(清)丁守存撰　清同治十年丁氏湖北粮道署刻本　省博

不自知编一卷　(清)毕瀚昭撰　清光绪十六年上海万选书局石印本　省博

百里囊中集　(清)侯功震撰　清道光刻本(一册)　山艺　青图

桧月山房文集仅存一卷诗集仅存一卷　(清)黄来晨撰　清刻本　山艺
松石诗钞二卷　(清)乔岳撰　清道光二十年刻本　清咸丰二年刻本　贩续　山艺　省博
嵛麓草堂吟草一卷　(清)季奉常撰　民国九年其孙季景祺九芝堂刻本(山艺不分卷)　山艺　省博　省图　山大　山师
观城张湘畹先生遗集一卷　(清)张梦兰撰　稿本　省博
清雅堂诗草一卷　(清)赵棻撰　稿本(张绩田、杨绍程题跋)　省博
亦庐诗集　(清)左赓澄撰　民国五年石印本(一册)　青图　山艺
三余书屋诗草无卷数　(清)郭起隆撰　清同治十一年潍县郭征庸刻本(一册)　山艺　省博
醉琴诗无卷数　(清)李醉琴撰　清刻本　山艺
刻烛吟馆诗钞四卷　(清)吕玉璜撰　清道光二十九年刻本　贩续
昔味斋存稿十四卷　(清)杨炳撰　清咸丰六年刻本　贩续
妙香室诗集　(清)赵德懋撰　清咸丰刻本(一册)　青图
憩云阁内外集　(清)郭兆封撰　清咸丰刻本(一册)　青图
春皋诗草　(清)张堉初撰　清咸丰刻本(一册)　青图
春樵诗选一卷　(清)房洪恩撰　清咸丰元年刻本　山艺　省图
晚香堂吟草一卷　(清)赵鄘撰　清抄本　山艺
郛亭诗稿一卷　(清)孙楫撰　清光绪十七年刻本　山艺　青图
东道集一卷玉牺馆诗集一卷紫薇阁集一卷纶音堂诗集四卷　(清)徐河清撰　清同治七年金陵将军幕中刻齐东韵语本　清别集总目
枝栖吟草一卷　(清)杜义荣撰　稿本(山艺作枝栖吟)　善目　山艺　省图
缦耕斋诗钞一卷　(清)张兴留撰　清宣统间石印本　山艺
衣德堂诗稿二卷　(清)黄宝书撰　清光绪三十四年宁阳黄力田石印本(山艺作衣德堂诗稿摘钞一卷)　山艺　省博
迟庵集杜诗一卷　(清)孙毓汶撰　清济宁孙氏家刻思归读庐丛书本

山艺
后乐堂别集　(清)黄志澄撰　清同治刻本(一册)　青图
存惺轩诗钞　(清)杜荫灏撰　民国九年石印本(十一册)　青图
二琴居士小集一卷　(清)王象瑜撰　清末潍县高鸿裁辨蟫居抄本　善目　山艺　省博
记事珠一卷　(清)张恩煦撰(清)王懿荣辑　清抄王氏传家集本　善目　省博
随缘诗草初集二卷　(清)赵庆恬撰　清咸丰刻本　山艺
瓣香斋诗钞十二卷　(清)王明萼撰　清光绪二十二年自刻本(省博作六卷)　山艺　省博　青图
就正诗草续刻一卷　(清)郑晓如撰　清光绪十九年刻本　省博
依萱草堂诗稿二卷　(清)刘德华撰　清光绪十七年刘庚长刻本　省博
紫桂仙馆遗稿二卷　(清)林树梅撰　清刻本　山艺
松鹤堂记事初草一卷　(清)唐传猷撰　民国六年邹县唐柯三济南新华印字馆排印本　山艺　省博　省图　善目
畹香村会稿八卷　(清)郭绥之撰　清咸丰十一年自刻本　山艺　省博　省图
沧江诗集十卷　(清)郭绥之撰　清同治郭恩孚刻本　清光绪刻本　省博　青图　省图
沧江菁华录四卷　(清)郭绥之撰　清同治郭恩孚刻本　清光绪十九年刻本　山艺　青图　省图　山师
餐霞集四卷　(清)郭绥之撰　清咸丰刻本　清同治四年刻本　山艺　青图　省图　徐家汇
聊复集三卷　(清)郭绥之撰　清同治六年刻本　山艺　省图
靖侯诗草一卷　(清)郭绥之撰　稿本　善目
尺牍偶存一卷　(清)郭绥之撰　稿本　善目
春雨堂诗选无卷数　(清)柯蘅撰　清同治间刻本(一册)　山艺　省图
蕉园诗集一卷　(清)韩凤举撰　民国二十五年曹鼎文排印本　省博

省图

枕云诗草无卷数 (清)刘晴岚撰 清宣统二年单县朱鸿黻石印本(二册) 山艺 省博

耕道猎德斋诗文集十卷 (清)周怀绥撰 稿本(汤寿名、吴檀倚、许晋奎跋) 省图

秋风剩叶诗草一卷 (清)杜班撰 清咸丰黄县杜申锡刻本 民国二十年黄县杜煜德抄本 山艺 省博

芹香书屋文集一卷 (清)王执宜撰(清)王懿荣辑 福山王氏传家集清抄本 善目 省博

鬑金山馆咏人集一卷 (清)牟房撰 稿本(张梦兰题跋) 善目 省博

养鱼堂制艺一卷 (清)王兴檀撰 稿本 善目 省博

锜斋诗集一卷 (清)李长霞撰 清刻本(附春雨堂诗选后) 掖海丛书本 抄本 山艺 青图

晚悔堂诗集八卷 (清)李西堂撰 清光绪十八年自刻本 山艺 省博 省图

寄园烬余集一卷 (清)牛颐志撰 清光绪刻本 山艺 青图

退思庐文存一卷 (清)杨以增撰 民国九年杨承训海源阁刻本 省博 青图 省图 山大

杨以增致许瀚手札不分卷 (清)杨以增撰 稿本(八通) 省图

仪晋观堂诗钞一卷 (清)杨绍和撰 民国九年聊城杨氏海源阁刻本 清刻本(山艺作仪晋观堂诗集,不分卷) 山艺 省博 省图

赐庆堂文稿一卷 (清)武震撰 清宣统元年历城武福恭刻本 山艺 青图 山大

仓泉杂咏存稿二卷 (清)王守中撰 清同治五年稿本(存上卷) 亦轩

青桐轩诗集二卷 (清)郭杭之撰 清光绪二十一年刻本 山艺 省图

焦雨田先生遗集四卷 (清)焦云龙撰 民国二十五年排印本 省博

古禅子诗钞一卷 (清)杨成炗撰 清光绪二十三年竹寿堂刻本 山艺

山大

听绿山房诗钞一卷　(清)翟熙典撰　清同治刻本　山艺　青图

东山草堂诗钞四卷　(清)柳晋撰　清刻本(附旧雨集后)　山艺

校经室文集六卷补遗一卷　(清)孙葆田撰　稿本(不分卷)　求恕斋丛书本　丛综　山艺　省博　山大　省图

小岘山房诗稿五卷　(清)周抡文撰　清刻本　山艺

散芳集轶草一卷　(清)于淮珠撰　清同治七年临淄彭氏刻本(山艺作散芳集)　山艺　省博

种蕉吟馆试帖近稿二卷　(清)孔宪彀撰　稿本(存一册)　立振

春风坐余草　(清)孔宪彀撰　稿本(四册)　青图

六斋诗存二卷　(清)丁善宝撰　清光绪九年清勤堂刻本　山艺　省博　青图　省图　山大

三䕫堂诗草六卷后集一卷　(清)孙星撰　民国十三年孙映煦等济南石印本　省博　青图　省图　山大

双松书屋诗稿一卷　(清)孟广琛撰　民国六年石印本　省博　省图

秋水斋诗稿六卷　(清)王霖溥撰　民国十四年王炜辰排印本　省博

未定草诗钞四卷　(清)朱宗默撰　清光绪济阳艾绍荃抄本　省博

三味斋诗录一卷　(清)王煜撰　稿本　善目　省博

韵香阁诗草一卷　(清)孔祥淑撰　清光绪十年保山刘氏刻本　清光绪十二年刻本　清光绪十三年石印本　贩记　省博　青图　曲师

鸿雪山房诗集六卷　(清)傅培源撰　清光绪二十五年高密单氏光裕堂刻本　山艺　省博　青图　省图　山大

出山草诗十二卷文五卷制艺二卷　(清)周铭旂撰　清光绪十七年奉天官廨刻本　省博

遂闲居诗草　(清)周铭旂撰　清宣统刻本(一册)　青图

古愚轩集十二卷　(清)王遂善撰　民国十年石印本　民国二十八年排印本　省博　省图

南扶山房诗钞二卷　(清)张英麟撰　民国十四年济南新华印字馆石印

本　省博　青图　省图

大风楼诗钞一卷　(清)郭翊撰　清刻本　山艺　省博　青图　省图

六慎斋文存四卷　(清)徐金铭撰　民国十四年柳堂等捐资刻本　省博　省图

玉雪轩七律一卷　(清)王镕经撰　稿本(附黄县王氏族谱后)　善目　省图

梅花奇石之斋稿三卷　(清)王镕经撰　稿本　善目　省博

心海诗钞一卷诗续钞一卷　(清)王镕经撰　稿本　善目　省博

芋僧遗稿二卷　(清)曹作霖撰　清刻红印本　省博

铁怀诗集　(清)韩仲荆撰　抄本(一册)　青图

韩二州先生文抄　(清)韩仲荆撰　抄本(一册)　青图

归瓻斋诗词钞一卷　(清)杨保彝撰　民国九年海源阁刻本　省图

王文敏公遗集八卷　(清)王懿荣撰　清宣统排印本　求恕斋丛书本　丛综　贩记　省博　省图　省图　山大

福山王文敏公墨迹手札一卷　(清)王懿荣撰　民国间上海有正书局石印本　省博

福山王文敏公手书诗稿一卷　(清)王懿荣撰　民国十年黄县王常师石印本　省博

王文敏公经进稿二卷　(清)王懿荣撰　清宣统三年排印本　山艺

王懿荣手翰一卷　(清)王懿荣撰　稿本　省图

王文敏公书札　(清)王懿荣撰　手稿本　山大　省图

石莲闇诗十卷　(清)吴重熹撰　民国五年刻本(二册)　青图

郑东甫文稿一卷　(清)郑杲撰　稿本　善目

东甫遗稿四卷　(清)郑杲撰　民国二十四年排印本(二册)　青图　北图

玉映楼缬芳集不分卷　(清)王维言撰　稿本　省图

秋湘馆诗稿不分卷　(清)赵钜弼撰　稿本　省图

旷庐诗集二十卷　(清)白永修撰　清光绪间刻本　山艺　青图

旷庐诗续集二卷附补正　（清）白永修撰　民国间胶东亦园刻本　山师　青图　省图

惜阴书屋诗集四卷　（清）李毓恒撰李继璋辑　稿本　善目　省图

文学天性斋诗钞八卷　（清）王守训撰　稿本　山艺　省博

文学天性斋文钞二卷　（清）王守训撰　稿本（山艺作一卷）　山艺　省博

零文抄存一卷　（清）王守训撰　稿本　省博

延寿客斋遗稿四卷　（清）魏迺勷撰　民国二十二年魏宗莲刻本　省博　青图　省图

汪惠毅公文集选钞一卷　（清）汪宝树撰　抄本　省博

东渠诗存一卷附联语　（清）汪宝树撰　民国十九年泰安王价藩抄本　省博

王季樵太史手书函稿一卷达篘尺牍二卷　（清）王锡蕃撰　稿本　善目　省博

别画湖庄小草四卷　（清）张僖撰　清光绪石印本　民国五年石印本　山艺　青图　省图

南唐杂事诗一卷　（清）孙榕撰　清光绪二十二年济宁孙氏排印本　贩记　山艺　山大

无为斋文集十二卷　（清）张昭潜撰　清光绪四年张氏自刻本　山艺　青图　省图

无为斋诗集二卷　（清）张昭潜撰　清刻本　省图

无为斋续集六卷　（清）张昭潜撰　清光绪二十六年潍县郭恩孚刻本　山艺　省图

固有草堂拟古一卷助息园诗草一卷　（清）王葆崇撰　清宣统元年王鸿图石印本　山艺　省博　青图

古余香阁诗一卷　（清）慕昌溎撰　清光绪三十二年南皮张氏排印本　清代兴堂刻本　民国十八年南皮张氏代兴堂刻本　山艺　省博　青图　北图

秋蝴蝶斋文稿一卷诗稿不分卷　（清）王景辭撰　稿本　善目　省博
靡他吟一卷　（清）胡氏(胶州李允平妻)撰　清徐宗勉刻本　山艺
都门赘语一卷　（清）韩又黎撰　清光绪六年刻本　贩记
唯心集三卷末一卷　（清释）昌仁撰　清光绪十三年刻本　贩记
初篁书庐文稿不分卷宋晋之遗文遗稿不分卷　（清）宋书升撰　稿本　善目　省博
旭斋文钞一卷　（清）宋书升撰丁锡田辑　民国潍县文献丛刊排印本　省博　省图
星福堂全集　（清）孙斗南撰　清光绪刻本(一册)　青图
蝴蝶诗　（清）高丙谋撰　清光绪刻本(一册)　青图
留香草堂律赋　（清）徐宗稺撰　清光绪刻本(一册)　青图
两间书屋醉吟草　（清）管启昭撰　清光绪刻本(一册)　青图
省香斋诗集六卷　（清）孔庆鏭撰　清光绪十七年陕西刻本(二册)　青图
洗心斋履霜集　（清）臧达德撰　清刻本(一册)　青图
裕远堂遗草　（清）臧搢臣撰　清刻本(一册)　青图
退园续集二卷　（清）孙卿裕撰　民国十三年石印本　省博　青图　省图
养蒙堂遗集四卷　（清）朱渊撰　泰州新华书店古旧部抄本　山大
思益轩觚存三十六咏　（清）傅丙鉴撰　甲子刻本　青图
新甫诗草一卷　（清）单荫堂撰　民国十一年高密单氏石印本　省博
遁夫诗集十五卷词一卷　（清）王在宣撰　民国二十二年排印本　省博　青图　山大
瓠樽吟草一卷　（清）王在宣撰　稿本　省博
徐悔斋集　（清）徐继儒撰　民国二十四年刻本(八册)　青图　省图
石农遗怀六卷　（清）王炜辰撰　民国十七年上海排印本　省博
秋菊园诗钞一卷　（清）单步青撰　民国十一年高密单氏石印本　省博

酌雅堂诗草二卷　(清)于铭训撰　民国十七年排印本　省博　省图

文山草堂诗集一卷　(清)于霖逢撰　清抄本　省博

惜余轩集四钞二卷　(清)董锦章撰　民国六年莱州董氏石印本　省博　省图

秋水阁天香诗集四卷　(清)徐桂馨撰　稿本　省博

燹余吟草一卷　(清)陈祖墡撰　民国八年排印本　省博

畏垒山民诗草一卷　(清)辛晋忠撰　民国十二年排印本　省博　省图

海天居诗集存四卷附待轩诗集一卷　(清)王绍周撰　民国十一年诸城王氏石印本　省博　省图　山师

香谷诗草一卷　(清)单荫葛撰　民国十一年高密单氏石印本　省博

椿荫阁诗草一卷　(清)单绮江撰　民国十年排印本　省博　省图

楚泽吟草一卷　(清)王丕煦撰　民国十五年排印本　省博　省图

安遇堂集四编四卷首一卷　(清)于清泮撰　民国三十二年排印本　省博　省图

秋香吟草一卷　(清)张嵩甫撰　民国元年石印本　省博

叔子文集二卷　(清)丁毓瑾撰　稿本　省博

双渔双洗庵文集一卷　(清)丁毓瑾撰　稿本(孙象辰、倪廷庆序跋)　省博

梦国诗草一卷　(清)赵应泰撰　稿本(小菘题跋)　省博

可斋诗稿一卷　(清)王常益撰　清抄本　省博

一松山房存稿十卷　(清)张梅亭撰　民国二十一年莱芜张氏石印本　省博　省图

似园诗草六卷　(清)崔广沅撰　民国排印本　省博

就正草二卷　(清)郝允贤撰　民国十三年河南商务印书馆排印本　省博

杜梨轩诗钞二卷文钞一卷　(清)杨云泉撰　稿本　省博

游艺山房文集二卷诗集四卷附录一卷　(清)丁明善撰　稿本　清光绪日照刻本　省博　济善

乾一楼诗集一卷　（清）卢衍庆撰　民国十八年芜湖文华堂排印本　省博

清念堂诗录一卷　（清）王谢家撰　清光绪二十四年山东巡抚李秉衡助资刻本(王裕商题跋)　省博

螺楼海外文字一卷　（清）李汝谦撰　民国五年石印本　省博　省图　山大

辛盦骈体文钞一卷烬余集一卷　（清）许钟璐撰　民国间排印本　省博　省图

欢喜念佛斋诗钞一卷　（清）夏莲居撰　民国二十六年北京宣外刻经院排印本　省博

秋舲诗草四卷续草一卷　（清）马棨臣撰　清光绪二十五年平城李毓林刻本　省博　省图

学源堂文集十九卷诗集十卷　（清）郭菉撰　民国二十八年排印本　贩续　省图

紫溟诗文集　（清）单作哲撰　民国二十二年石印本(二册)　青图

传经堂全集　（清）单作哲撰　民国二十二年石印本(一册)　青图

乌几轩诗草　（清）钟淦撰　稿本(二册)　青图

十琴吟草　（清）钟淦撰　抄本(一册)　青图

寒毡杂咏　（清）马其撰　抄本(二册)　青图

云亭诗附年谱、词　（清）马其撰　抄本(一册)　青图

醉月窗未定草四卷　（清）郑毓本撰　清光绪三十四年郑肇垣抄本　省图

李楚航先生诗集一卷　（清）李楚航撰　稿本(何积爱、任喜、关友声等跋)　省图

泰山石堂老人文集　（清释）元玉撰　民国二十一年据泰山赵新儒校勘本排印本　山大

养正诗歌初集二集　（清）步翼鹏撰　民国十六年排印本　青图

以上清

附民国人诗文集:

高太史集无卷数　高熙喆撰　稿本(一函)　山大

蓼园诗钞五卷　柯劭忞撰　民国十二年无锡廉泉刻本　中华书局排印本　省博　青图　双行　山大

二珠山人诗集二卷　柯劭憼撰　稿本　山艺

二州山房遗集二卷　柯劭憼撰　清末刻本　省博　曲师

亦佳园诗存　臧煜珍等撰　民国六年排印本(二册)　青图

沈韶诗存一卷　张英麟撰　民国八年南扶山房石印本　贩记

画隐轩题画诗存　刘嘉颖撰　民国十五年排印本(一册)　青图　省图

守拙轩诗钞　匡超撰　民国三十二年排印本(一册)　青图

龟川逋公吟草一卷　靳云鹏撰　民国排印本(青图作龟山吟草,民国十五年排印本)　国学　青图

笼春堂诗稿　高登云撰　稿本(一册)　青图

金庐山房诗草　李鸿畴撰(一册)　抄本　青图

齐燕联唱　李贻隽撰　抄本(八册)　青图

小隐园诗集未定草　董锡典撰　抄本(一册)　青图

无竹居诗存　郭金篆撰　抄本(一册)　青图

留痕集四卷　张延芳撰　民国二十七年排印本　省博

明湖文草一卷　赵玉珂撰　稿本　省博

灵泉文集八卷　孙迺琨撰　民国二十九年桓台苗世德排印本　省博　省图

谷香文集一卷补遗一卷　艾绍荃撰　稿本　省博

谷香诗集二卷补遗二卷　艾绍荃撰　稿本　省博

何素朴手书函稿一卷　何素朴撰　稿本　省博

石杉二十春秋存稿一卷　王常师撰　稿本　省博

杏坡山人诗草　左升远撰　石印本(一册)　青图

华胥吟草四卷　孙承先撰　石印本　青图

梦波纪草　王各山(一作王峪)撰　石印本(一册)　青图

安居轩存稿　张绍价撰　排印本(一册)　青图

伏园诗钞　王灿斗辑　排印本(一册)　青图

独醒庐诗集一卷还读盦唱酬诗不分卷还得盦诗集二卷还独盦诗钞存一卷　丁心佛撰　稿本　省博

怀虚诗草一卷　谢鸿涛撰　民国二十四年排印本　省博

挹爽轩漫稿一卷附读乐斋谈丛一卷　李肇禔撰　稿本(王亨豫题跋)　省博

丁准夫游蒙草一卷　丁准夫撰　民国十三年山东国学研究所石印本　省博

退轩诗草一卷退轩杂集一卷知退轩文稿四卷旧雨草堂诗文集一卷　王价藩撰　稿本　省博

春晖草堂诗存三卷　王亨豫撰　稿本　省博

丁子瑜杂文一卷　丁毓瑾撰　稿本　省博

联语录二卷　赵新儒撰　民国二十三年泰山赵氏排印本　省博

以上别集类凡一千七百五十九部,六千三百八十九卷,内不分卷者三百三十四部;附录四部,三十三卷

总集类

茌邑三先生合刻四种二十一卷　(明)毕佐周辑(清)王曰高、毕忠吉重订　清康熙三年益都毕忠吉刻本　清康熙五年茌平张愚刻本　丛综　山艺　省博　山大　省图

冯氏五先生集五种五卷　(明)冯琦辑　明万历冯琦刻本　善目　丛综　省博　省图

微波榭钞诗三种八卷　(清)孔继涵编　清乾隆孔继涵抄并批校题跋　省图　双行续

历城三子诗三种三卷　(清)桑调元、沈廷方辑　清乾隆二十六年柏香

堂刻本　丛综

新城王氏遗稿五种五卷　(清)王祖熙、王心润等撰　稿本　善目　省博

新城王氏杂文诗词十一种十一卷　清王士禄、王士禛撰　清康熙间刻本　善目　北图

即墨黄氏诗钞十七种十七卷　(清)黄簪世辑　清乾隆三十一年盐官官署刻本　丛综　贩续　山艺　青图

(高密)李氏三先生诗钞三种三十一卷　(清)李怀民、李宪乔、李宪暠撰　清光绪十二年李氏西安郡斋刻本(省博藏高密三李诗钞十七卷,清单铝辑)　丛综　省博　省图

东武王氏家集四种十八卷　王维朴辑　清嘉庆道光间刻本　丛综

济南朱氏诗文汇编八种十三卷附一种一卷　(清)□□辑　清道光中刻本　丛综　省图

蓬莱葛氏诗文稿五种七卷　(清)葛忠弼辑　稿本　善目　省图

海岱人文三十一种三十九卷　(清)王懿荣辑　清王氏精抄本　清抄本　善目　省博

福山王氏传家集八种八卷　(清)王懿荣辑　清王氏辑抄本(王懿荣题记)　善目　省博

曹县万氏诗文集六种七卷　(清)万名炜辑　清抄本　善目　省图

曹氏家集七种　(清)曹申吉等撰　清光绪刻本　青图

安邱曹氏遗集三种九卷　(清)曹益厚编　清康熙刻本　善目　北图

安邱曹氏家集十三种二十三卷　清光绪间抄本　山大　丛综补

般阳诗钞十一种　(清)孙锡嘏辑　稿本　善目　省博

范湖吟社诗钞二十四种　朱长庚辑　民国二十年定陶朱氏畲经堂刻本　省博

以上类编之属

文选音注十二卷　(明)王象乾撰　日本贞享四年刻本　静嘉

文选删注十二卷　(明)王象乾撰　明万历刻本　日本承应三年刻本

静嘉　省图

评苑文选傍训大全十五卷　(明)王象乾撰　日本元禄十三年刻本　静嘉

文选拟题诗一卷　(清)马国翰撰　玉函山房全集本　从综

以上文选之属

玉台新咏十卷　(陈)徐陵编　明崇祯六年赵均刻本　明五云溪馆铜活字印本　清嘉庆十六年翁心存影抄冯知十影宋抄本　清影明抄本　明崇祯二年冯班抄本　清初抄本　明嘉靖十九年郑玄抚刻本(有明郑玄抚辑续五卷)　明嘉靖二十二年杨士开刻本(同上)　明万历七年茅元祯刻本(同上)　明天启二年沈逢春刻本(有明郑玄抚辑续四卷)　清乾隆三十九年刻本　四库全书本　摛藻堂四库全书荟要本　清芬堂丛书本　四部丛刊影印明五云溪馆活字本　四部备要本(吴兆宜注程际盛删补)　日本文化十年刻本　1955年文学古籍刊行社影印明寒山赵氏刻本　1985年中华书局排印校点本(吴兆宜笺注)　总目　善目　从综　山艺　古籍目录　静嘉　省图　善本提要

玉台新咏考异十卷　(陈)徐陵辑(清)纪容舒考异　清乾隆河间纪氏抄本　清抄本　四库全书本　畿辅丛书本　丛书集成初编本　总目　从综　山大　省图

玉台新咏校正十卷　(陈)徐陵辑(清)纪昀校正　稿本　清撷英书屋抄本　善目　北图

玉台新咏定本十卷　(陈)徐陵辑(清)梁章钜注　稿本　善目

乐府诗集一百卷　(宋)郭茂倩辑　宋刻本　元至正元年集庆路儒学刻本　元至正元年集庆路儒学刻明修本　明末毛氏汲古阁刻本　明毛氏汲古阁刻公文纸印本(以上各本均有目录二卷)　明抄本(存七卷)　四库全书本　摛藻堂四库全书荟要本　四部丛刊影印明汲古阁本　四部备要本　1955年文学古籍刊行社影印宋本(据元刻本旧抄本配补)　中华书局排印点校本　总目　善目　从综　山艺　古籍目录　山大　省图　北善

汉魏诗纪二十卷　(明)冯惟讷辑　明嘉靖王应璧刻本　善目

汉魏诗选不分卷　(清)李澄中辑　稿本　清研绿山房抄本　善目　省图

诗纪一百三十卷前集十卷外集四卷别集十二卷　(明)冯惟讷辑　明嘉靖三十九年甄敬刻本　明万历四十一年冯琦、黄承玄刻本　四库全书本(作古诗纪一百五十六卷)　明万历吴琯、谢陛、陆弼、俞策金陵刻本(作诗纪一百五十六卷目录三十六卷)　日本享和元年刻本(古逸十卷,方天眷校、秦鼎校)　总目　善目　丛综　山艺　省博　国学　静嘉　省图　善本提要　藏园　北善

诗纪匡谬一卷　(清)冯舒撰　四库全书本　知不足斋丛书本　丛书集成初编本　总目　丛综　省图

风雅广逸十卷附录一卷　(明)冯惟讷辑　明嘉靖间刻本　善本提要

古今诗删三十四卷　(明)李攀龙辑　明汪时元刻本(徐中行订,有目录一卷)　明泰昌元年蒋一梅刻本(徐中行订,作诗删评苑)　四库全书本　旧抄本　日本宽保三年刻本　总目　善目　丛综　山艺　国学　山大　静嘉　省图

诗删二十三卷　(明)李攀龙辑(明)钟惺、谭元春评　明刻朱墨套印本　善目　善本提要　山大

诗宿二十八卷(有诗人考世二卷)　(明)刘一相辑　见四库存目　明万历三十六年长山刘氏原刻本　总目　善目　山艺　国学　省图　善本提要

然脂集二百卷　(清)王士禄辑　抄本　清道光十五年新城王允丰抄本(存二卷)　山艺　省博　济博

闺阁诗林一卷　(清)王士禄辑　稿本　善目　省博

闺阁语林存一卷　(清)王士禄辑　清道光王允灌抄本　善目　省博

大小雅堂五七言古今体诗歌行钞不分卷　(清)王士禛辑　清于胡鲁觞蝶精舍抄本　善目

阮亭选古诗三十二卷　(清)王士禛辑　见四库存目　清康熙天藜阁刻本　王渔洋遗书本　袖珍古书读本　四部备要本(总目、山艺作古诗选,

省博作渔洋古诗选三十二卷附惜抱轩辑选一卷) 总目 善目 丛综 山艺 省博 省图

古诗笺三十二卷 (清)王士禛辑(清)闻人倓笺 清乾隆三十一年芷兰堂刻本 善目 省图

王文简公五言诗十七卷七言诗歌行十五卷 (清)王士禛辑(清)翁方纲订 苏斋丛书本(善目作王文简公五七言诗钞三十二卷) 善目 丛综 省图

七言诗歌行钞十五卷 (清)王士禛辑(清)宋荦校 清康熙三十六年蒋景祁刻本 善目 省图

庙莹诗集二卷 (清)孔衍淳订辑 清康熙六年刻本 曲师

历亭诗文会编十卷 (清)喻成龙、李兴祖选 清康熙三十二年刻本 亦轩

历代名家诗赋钞一卷 (清)蒲松龄辑 稿本 善目

读诗类编十八卷 (清)张映汉辑 稿本 清嘉庆十九年敬述堂刻本 善目 贩续 省图

山左金元诗选一卷 赵东甫(愚轩)辑 稿本 省图

文馆词林 (唐)许敬宗等辑 佚存丛书本(存四卷) 粤雅堂丛书本(存四卷) 古逸丛书本(存十四卷) 适园丛书本(存二十三卷) 丛书集成初编本(存十八卷) 清同治三年刘履芬抄本(存四卷) 清光绪二十三年傅氏七林书堂抄本(存二十卷,另有傅以礼辑叙录一卷) 善目 丛综 山大 省图

新锲焦太史汇选百家评林历代古文珠玑十九卷 (明)焦竑辑 明万历刻本 善目

新锲焦太史汇选百家评林名文珠玑十三卷 (明)焦竑辑 明天启刻本 善目 省图

新镌重订增补名文珠玑不分卷 (明)焦竑辑 明刻本 善目 省图

新镌焦太史汇选中原文献经集六卷史集六卷子集七卷文集四卷通考一卷 (明)焦竑辑(明)陶望龄评、朱之藩注 明万历二十四年汪

元湛等刻本　善目　省图　存目　山艺

古学文存辨体八卷　(清)王昊、徐与乔辑　清康熙五年醉耕堂刻本　善目

滋德堂古文续集二卷　(清)王萦绪撰　稿本(少岩、秦琏跋)　善目　省图　山艺

以上通代之属

汉代乐府诗笺注四卷　(清)曲滢生撰　排印本　贩记

中兴间气集二卷　(唐)高仲武辑　唐人选唐诗六种本　唐人选唐诗八种本　四库全书本　唐人选唐诗十种本　四部丛刊影印明翻宋本(附校文一卷,清何焯撰)　总目　从综　山艺　山大　省图

唐贤绝句三体诗法　(宋)周弼编　日本宽永二十年刻本(绝句一卷,附锦绣段一卷)　静嘉

笺注唐贤绝句三体诗法二十卷　(宋)周弼辑(元释)圆至注　元刻本　明嘉靖二十八年吴春刻本　明火钱刻本　日本文政四年刻本　善目　静嘉

三体唐诗六卷　(宋)周弼辑(元释)圆至注(清)高士奇补注　清康熙朗润堂刻本(作唐三体诗六卷,又有清高士奇辑续唐三体诗八卷)　四库全书本　总目　善目　从综　山艺　山大　省图

碛砂唐诗三卷　(宋)周弼辑(元释)圆至注(清)盛传敏、王谦释　清抄本　清康熙十九年刻本　善目　省图

唐僧弘秀集十卷　(宋)李龏编　宋刻本　明黄鲁曾刻本　明万历四十七年沈春泽刻本　明汲古阁刻本　四库全书本　抄本　总目　善目　从综　山艺　国学　静嘉　山大　省图　北图

唐诗选七卷　(明)李攀龙辑　见四库存目　明闵氏刻朱墨套印本(王穉登评)　明凌氏刻朱墨套印本(作李于鳞唐诗广选,凌瑞森、凌南荣辑评)　明末刻本(作钟伯敬评注唐诗选七卷附录一卷,明钟惺评注,刘孔敦批点)　明万历二十八年武林一初斋刻本(蒋一葵笺释,有附录一卷)　明刻本(蒋一葵笺释,陈继儒订)　又一本(蒋一葵笺释,高江批点)

明施大猷刻朱墨套印本(有汇释七卷,明蒋一葵撰;诗韵辑要五卷,明王穉登辑;又有附录一卷) 明崇祯元年黄永鼎刻本(作郊庵重订李于鳞唐诗选七卷,蒋一葵笺释,有明黄永鼎辑郊庵增订唐诗评一卷) 明晏良棨刻本(镌李及泉参于鳞笺释唐诗选七卷,明李颐参阅) 明朱墨套印本(作朱批唐诗苑七卷附录一卷,孙鑛评点) 日本文化十年刻本(服部元乔校) 日本天明四年刻本(作八卷,户崎允明注,山本信有校) 总目 善目 山艺 省博 静嘉 省图 善本提要 双行 山大

新刻李袁二先生精选唐诗训解七卷卷首一卷 (明)李攀龙辑(明)袁宏道校 明万历四十六年居仁堂余献可刻本 善目 善本提要

新刻钱太史评注李于鳞唐诗选玉七卷卷首一卷 (明)李攀龙编选(清)钱谦益评注 明万历刻本 善本提要

中唐十二家诗集十一卷 (明)朱之蕃编 明万历金陵书坊王世茂刻本 善目

晚唐十二家诗集十二种十二卷 (明)朱之蕃编 明万历金陵朱氏刻本 善目

唐人万首绝句选七卷 (清)王士禛辑 清康熙松花屋刻本 王渔洋遗书本 四库全书本 清同治金陵书局刻本 清光绪刻本 总目 善目 丛综 山艺 省博 国学 青图 山大 省图

唐贤三昧集三卷 (清)王士禛辑 王渔洋遗书本 四库全书本 清乾隆五十二年听雨斋刻本 清抄本 石印本 总目 善目 丛综 山艺 省博 青图 省图

十种唐诗选十七卷 (明)王士禛辑 见四库存目 原写稿本(作五卷) 王渔洋遗书本 清宋氏漫堂抄本 总目 善目 丛综 山艺 省博 青图 山大 省图 藏园 山师

渔洋唐诗选不分卷 (清)王士禛辑 清抄本 省博

唐文粹诗选六卷 (清)王士禛辑 清康熙刻本 善目 国学

唐四家诗选十卷 (清)王士禛选 清天藜阁藏版本 仅好斋

唐诗类释十九卷 (清)臧岳撰 清康熙刻本 清乾隆三十九年重刻本

山艺

全唐五言八韵诗四卷　(清)张希贤(清)李文藻编　清乾隆间刻本　山艺　省图

六家诗选无卷数　(清)李宪乔评选　稿本(六家:陶靖节、韦苏州、王摩诘、孟襄阳、储光羲、柳子厚)　贩续

唐诗绎律六卷　(清)朱曾武编注　清嘉庆十六年绿玉堂刻本　山艺　省博　省图　山师

唐诗肄雅八卷所论一卷　(清)鞠恺辑　清乾隆二十五年玉树堂刻本　省博

唐诗一卷　(清)李廷棨选辑　清道光李廷棨抄本(清李廷棨批)　省图

宋诗英华四卷　清丁耀亢抄本　善目　省图

宋人绝句一卷　(清)王士禛辑　清乾隆朱振图抄本　善目

宏正诗钞十卷　(明)杨巍编　见四库存目　总目　山艺

文章正论十五卷绪论五卷　(明)刘祜编　见四库存目　明万历十九年徐图刻本　总目　山艺　国学　省图　山大

滑耀编无卷数　(明)贾三近编　见四库存目　总目　山艺

明百家诗选三十四卷　(明)朱之蕃编　见四库存目　明万历周时泰刻本(作盛明百家诗选三十四卷首一卷)　总目　善目　山艺

新选七襄章十一卷　(明)朱之蕃辑　明万历三十七年刻本　善目

群芳诗钞八卷　(明)王象晋原辑(清)俞鹏程增选　清乾隆二十六年刻本　贩续

明诗选十二卷首一卷　(明)李攀龙辑(明)陈子龙增删　明崇祯豹变斋刻本　善目　省图

边李诗选合刻二卷　(明)刘敕、(清)许邦才选　清李杰士嘉庆十一年愿斋刻本　山艺　济出版志

明人诗文选集一卷　(清)王化洽辑　稿本　善目　省图

二家诗选二卷　(清)王士禛选辑　王渔洋遗书本　四库全书本(明徐祯卿撰迪功集选一卷、明高叔嗣撰苏门集选一卷)　总目　丛综　山艺

省博　青图　省图　山大

十子诗略□□卷　(清)王士禛辑　清初刻本　山艺

感旧集十六卷　(清)王士禛编　清乾隆十七年德州卢氏雅雨堂刻本　清初抄本(四卷)　民国八年上海有正书局排印本　善目　贩记　山艺　省博　西谛　省图　山大

新安二布衣诗无卷数　(清)王士禛辑　清康熙刻本　山艺　国学

敬业堂饴山樊榭山房三家诗集录三卷　(清)李宪乔辑评　手稿本　亦轩

诗约三卷　(清)林昌辑(清)马桐芳集评　清道光聊城杨培林刻本　山艺

亡友遗诗一卷　(清)李诒经、王宁烻辑　清嘉庆抄本　清嘉庆高密单立憻格庐刻本　山艺　省博　省图

国朝闺秀香咳集十卷附录一卷　(清)许夔臣辑　稿本　申报馆丛书余集本　善目　丛综　山艺　西谛　省图

香咳集选存三卷(卷一至三)　(清)许夔臣辑　香艳丛书第八集本　国学珍本文库第一集本　丛综

香咳集选存三卷(卷四至六)　(清)许夔臣辑　香艳丛书第九集本　丛综

本朝廿二家诗不分卷　(清)桂馥辑　清抄本　善目

心仪集不分卷停云集不分卷　(清)谢焜辑　清道光间合刻本　山艺　省博　青图　亦轩

同馆诗四卷　(清)高远询辑　绮霞阁刻本　国学

会心新钞不分卷　(清)杨致祺编　抄本(二册)　山艺

双鱼藏弃一卷　(清)张笃庆辑　清抄本(王献唐题跋)　善目　省博　双行

李导江等诗稿一卷　(清)王祖昌辑　清抄本　善目　省博

明文正气集二编　(清)孙葆田辑　清光绪十六年济南尚志堂刻本　省图

旧雨新编一卷　(清)梁华廷辑　稿本　善目　省博

土乡烈女诗文略　(清)栾銮等撰　清同治刻本(一册)　青图

二家诗律选二卷　(清)李丰纶辑　清同治五年李氏商邱官舍刻本　清刻本(作二家律选)　省博　省图

归兴集唐二种　(清)周金然辑　清刻本(旅怀集唐、赠行集唐)　省图

明湖载酒集　陈琪辑　清宣统二年片云楼排印本(省博存二集)　省博

海滨诗选一卷　青岛海滨诗社辑　民国二十年排印本　省博

以上断代之属

会稽掇英总集二十卷　(宋)孔延之辑　四库全书本　清道光刻本　总目　丛综　山艺　静嘉　山大　省图

　会稽掇英总集校一卷　(清)陆心源撰　潜园总集本　丛综

　续会稽掇英集校补五卷　(清)陆心源撰　潜园总集本　丛综

严陵集九卷　(宋)董弅辑　四库全书本　渐西村舍汇刊本　丛书集成初编本　总目　丛综　山艺　山大　省图

赤城集十八卷　(宋)林表民辑　四库全书本　台州丛书乙集本　丛综　山艺　山大　省图

荆山集二卷　(明)王宪辑　明正德十五年傅希准刻本　善目

三台文献录二十三卷　(明)李时渐编　见四库存目　总目　山艺

豳风概一卷　(明)蒋如苹编　见四库存目　明万历三十六年刻本　总目　山艺

海岳灵秀集二十二卷　(明)朱观熰辑　明隆庆鲁藩永训书院刻本　善目

齐鲁诗选　(清)王士禄等撰　清溉堂刻本　省图

鲁蜀文献二卷　(清)陈兰芝辑　清乾隆五十三年刻本　善目　中山

山左明诗钞三十五卷　(清)宋弼辑　见四库存目　清乾隆三十六年李文藻恩平县衙刻本　清乾隆舜溪闲人抄本(存一卷)　总目　善目　山艺　西谛　省博　青图　省图

　山左明诗选　(清)徐宗幹辑　清道光刻本(三册)　青图

国朝山左诗钞六十卷　(清)卢见曾辑　清乾隆二十三年德州卢氏雅雨堂刻本　善目　贩记　山艺　西谛　省博　青图　省图　山大

国朝山左诗续钞三十二卷补钞四卷　(清)张鹏展辑　清嘉庆十八年四照楼刻本　贩记　省博　青图　省图　山大

国朝山左诗汇钞前集无卷数　(清)余正酉辑　底本(十六册)　亦轩

国朝山左诗汇钞后集三十九卷　(清)余正酉辑　清道光二十八年海棠书屋刻本　山艺　省博　青图　省图(作三十卷)

国朝山左诗补钞七卷　(清)宋弼辑　清抄本　善目　清华　上博　津图　湖北

山左古文钞八卷　(清)刘鸿翱辑　清道光八年邹平李景峄刻本　贩记　山艺　省博　青图　省图　亦轩

山左古文钞选不分卷　清抄本　省图

桑梓之遗录文十卷　(清)陈介锡辑　清抄本　善目　省博

耆献文征　(清)靳维熙辑　清宣统刻本(二册)　青图

济南名士诗钞一卷　(清)郝允秀编　清抄本(省图无著者,据山艺补)　山艺　省图

国朝历下诗钞四卷　(清)王钟霖辑　清道光刻本　清光绪四年京师翰茂斋刻本　山艺　省图　青图

章邱诗钞一卷　清抄本　省图

绣水诗钞八卷　(清)吴连周、高仲恂辑　清道光二十五年灌疏园刻本　山艺　省博　山师

胶州文钞一卷　(清)张谦宜辑　稿本(李疏峰评点、王曰钦题跋)　省博

即墨诗存十二卷　(清)周翕璜编　清道光二十一年小岘山房刻本(贩记、山艺作即墨诗乘)　贩记　山艺　台湾公藏　青图　省图

即墨诗乘一卷　(清)周抡文辑　清咸丰刻本　山艺　省图

般阳诗萃十五卷　(清)冯继照撰　清道光二十七年冯氏柳波馆刻本　山艺　省博　省图

旧抄淄川名家诗钞一卷　(清)高珩、唐梦赉撰　清抄本　善目　省博

新城古文钞不分卷　(清)耿曰椿辑　稿本　善目　省图

牟平遗香集十六卷　(清)宫卜万辑　清抄本(一卷)　清道光十八年刻本　贩续　山艺　青图　省图　山师

登州文录二卷　(清)周悦让辑　清抄本(王守训批校,山艺作登州文钞,不分卷)　善目　山艺　省博

昌阳吟筒录附莱乱文件　(清)赵朝典辑　清宣统间排印本(一册)　青图

国朝昌阳诗综十卷外集一卷　(清)王先声辑　稿本　善目

黄邑弦歌集一卷　(清)丁树馨辑　清同治七年黄县丁氏自刻本　省博　青图　省图

黄县诗征不分卷　(清)张庭诗辑　稿本(王景龢、姜郿渠题跋)　善目　省博

黄县诗文汇钞一卷　(清)尹继美辑　清光绪十五年鼎古堂刻本　省博

涛音集八卷　(清)王士禄、王士禛辑　清乾隆五十七年掖县县令汤惟镜与历城杨龙泉等刻本　善目　山艺　西谛　省博　青图　省图

掖诗采录六卷　(清)李兆元、张彤辑　清嘉庆张氏刻本　省博　省图

蓬莱诗选一卷　张本芬、孙嘉乐辑　民国九年排印本　省博　省图

东武诗存十卷　(清)王赓言编　清嘉庆二十五年化香阁刻本　贩记　山艺　西谛　青图　省图

琅邪诗略七卷　(清)隋平、张侗辑　清下密杜荣庵刻本　善目　贩记　山艺　省博

琅邪放鹤村诗集一卷　(清)张侗撰　清抄本　省图

琅邪诗人诗第一编不分卷　(清)冯昆铗辑　清抄本　省图

渠风集略七卷　(清)马长淑编　见四库存目　清乾隆八年辑庆堂刻本　总目　善目　贩记　山艺　省博　省图　山大

青州明诗钞四卷　(清)赵东甫(愚斋)辑　稿本　民国二十九年寿光赵氏排印本　省博　青图　省图　山师

益都先正诗丛钞八卷　(清)段松苓辑　清光绪十年益都段氏古穆堂刻本　山艺　国学　省博　省图　山大(补编一卷附编一卷)

益都丁壬集　(清)丘瑞玉等撰　清光绪十九年益都旌贤书院刻本(三册)　青图　省图

阙里诗选三卷　(清)钱福润等辑　清康熙刻本　西谛

曲阜诗钞八卷　(清)孔宪彝辑　稿本　清道光二十三年曲阜孔氏刻本　善目　贩记　山艺　省博　青图　省图　曲师　山师

桃园村艺文录一卷　王价藩辑　稿本　省博

安德诗搜一卷　(清)程先贞辑　稿本(清右璨跋)　善目　省图

安德明诗选遗一卷　(清)田同之辑　德州田氏丛书本　稿本(清孙元履跋)　丛综　善目　山艺　省博　北图

新济艺文二卷外编一卷　(清)张尔岐辑　清康熙刻本　善目　山艺　省博

武定明诗钞四卷　(清)李衍孙辑　稿本(张綍杜惟俭跋,不分卷)　清乾隆间刻本　善目　山艺　青图　省图　山大

国朝武定诗钞十四卷　(清)李衍孙编　稿本(不分卷)　清乾隆五十九年刻本(山艺作十二卷)　善目　山艺　国学　省图　山大

武定诗续钞二十四卷　(清)李佐贤辑　清同治六年利津李氏刻本　贩记　山艺　西谛　省博　青图　省图　山大

武定诗补钞不分卷　稿本　善目　省图　山大

武定李氏存家诗钞不分卷　清抄本　省图

倪城风雅二卷　(清)劳巘编　见四库存目　清乾隆九年刻本　总目　贩续　山艺

无棣文征四卷　韩邦治辑　民国十一年无棣县小学石印本　民国十三年无棣县教育会石印本　省博　省图

海曲诗钞六卷续钞二卷　(清)宋佩玉辑　清同治九年日照丁守存湖北粮道署旷视山房刻本　山艺　省博　省图

费县艺文存三卷　(清)刘宝鼎等辑　清光绪二十六年费县刻本　省博

省图

曹南文献录八十二卷附录六卷　(清)徐继儒辑　民国六年曹县徐氏刻本　省博　省图

高密诗存二卷　(清)单作哲编　清乾隆二十九年高密单氏自刻本　抄本　山艺　玉函

国朝邑人(冠县)诗钞无卷数　(清)赵青坛辑　手写本(二册)　清乾隆四年冠县赵氏手稿本　山艺　山师

采访潍县艺文册不分卷　(清)高鸿裁辑　稿本　省图

以上郡邑之属

于氏家藏诗略四卷　(明)于玭、于慎思、于慎言撰　明万历刻本　山艺　省图　善目

其顺堂三世遗诗无卷数　(清)朱攸编　清乾隆朱攸自刻本　山艺　省图

棣华书屋近刻四种四卷　(清)朱缃、朱绛、朱纲撰　清乾隆刻本　善目　山艺　省博

山东即墨杨氏诗文集不分卷　清抄本　省图

(即墨)黄氏诗续钞无卷数　(清)黄肇颚辑　抄本(二册)　山艺

埙篪编二卷　(明)高举、高誉撰　清光绪二十年淄川高氏刻本　山艺　省博　省图

王氏一家言　(清)王如英辑　民国七年石印本(十六册)　青图

琅琊二子近诗合选(一名表余落笺合选初集)十一卷　(清)王士禄、王士禛撰(清)周南、王士禧等编　清顺治刻本(贩记作约清康熙刻本)　善目　贩记　山艺　北图

新城王氏家集　(清)王士禛辑　清王氏家塾刻本(八册)　青图　省图

(海阳)程氏所见诗钞二十四卷　(清)程鸿绪辑　清嘉庆刻本　国学

(莱阳)双山世业文集二卷　(明)张嗣成、(清)张重润等撰　清乾隆抄本　亦轩

(莱阳)董氏遗稿一卷　(清)董应雷、董樵、董道东撰　清嘉庆十三年

福山鹿林松刻本　山艺　青图

世美堂诗钞不分卷　(清)赵鸾掖辑　东莱赵氏楹书丛刊本(山艺著录世美堂诗存,不分卷)　丛综　山艺　省图

世美堂文钞一卷　赵琪辑　东莱赵氏楹书丛刊本　丛综　省图

(齐河)郝氏四子诗钞七卷　(清)郝敬亭等撰　清道光十三年晒书堂刻巾箱本　省图

(潍县)三郭诗草　郭济远、郭恩煌、郭恩煇撰　排印本(一册)　青图

二客吟二卷　(清)李怀民、李宪乔撰　清乾隆间凝香阁刻本　清同治六年刘履芬抄本(一卷)　清刘大观凝寒阁刻本　贩记　山艺　省博

(高密)单氏诗文汇存全集　单步青辑　民国十六年石印本(三十一册)　青图　省图　山大

东武刘氏诗萃八卷　(清)刘延圻辑　民国十二年刘氏爱闻簃石印本　贩记　青图　省图

(诸城)刘氏贡举文集　(清)刘文霁辑　清道光刻本(四册)　青图

(诸城)李氏世业　(清)李相等撰　抄本(二册)　青图

(诸城)孟氏家集　(清)孟广琛等撰　石印本(二册)　青图

曹氏诗文集　(清)曹申吉等撰　清刻本　省图

曹贞吉父子诗稿不分卷　(清)曹贞吉、曹涵、曹淑等撰　稿本　省博

(安丘)曹氏家学守待　(清)曹贞吉等撰　清刻本　省图

(寿光)张氏诗集合编　(清)张昀辑　清咸丰刻本(四册)　青图　省图

清江三孔集(一名三孔先生清江文集)四十卷　(宋)王蓬辑　清吕氏讲习堂影写元刊本(作三十卷)　四库全书本　豫章丛书本　明墨格写本(后增孔氏杂说一卷)　明抄本　又一明抄本(三十卷,配清抄本)　旧写本(作三十卷)　旧写本　清彭氏知圣道斋抄本(清彭元瑞校)　清抄本(三十卷,清鲍廷博校并跋)　清抄本(傅增湘校并跋)　总目　善目　丛综　山艺　静嘉　山大　省图　藏园

三孔先生文集五卷　(宋)孔文仲、孔武仲、孔平仲撰　明孔尚斌刻本

善目

三孔先生诗集三卷　(宋)孔文仲、孔武仲、孔平仲撰　清抄本　善目

阙里孔氏诗钞十四卷　(清)孔宪彝辑　稿本　抄本　清道光十六年曲阜孔氏刻本　清道光二十二年刻本　善目　贩记　西谛　省博　青图　省图　曲师

卜氏三世诗草三卷　(清)卜梦人、卜宁一、卜祚光撰　清抄本(清许瀚题款)　善目　省图

颜氏三家集不分卷　(清)颜光猷等撰　稿本(王献唐题跋)　善目　省博　双行

东莱二李先生集不分卷　(清)李钧、李瑛撰　清抄本　省图

家世遗诗集一卷　(清)成瓘辑　清抄本　省图

(德州)田氏全集　(清)田同之等撰　清刻本　省图

陵县康氏诗稿合集　康懋采等撰　抄本　省图

武定李氏家集不分卷　(清)李衍孙等撰　稿本　善目　省图

海丰吴氏诗存四卷　(清)吴重熹辑　清光绪十年刻本　清宣统二年刻本(省博存三卷)　贩记　省博　青图　省图

海丰吴氏文存四卷　(清)吴重熹辑　清宣统二年刻本　贩记　青图

以上氏族之属

同文馆唱和诗十卷　(宋)邓忠世等撰　四库全书本　四库全书珍本初集本　总目　丛综　山艺　山大　省图

联句私钞四卷　(明)毛纪编　见四库存目　总目　山艺

海岱会集十二卷　(明)冯琦辑　四库全书本　清道光阎湘蕙抄本　清抄本(善目作三卷)　民国山东省立图书馆抄本　总目　善目　丛综　山艺　省博　西谛　省图　双行续

江南春词集一卷附录一卷附考一卷　(明)朱之蕃辑　考(清)梁廷枏撰　粟香室丛书本　丛综

梁园风雅二十七卷　(明)赵彦复编　见四库存目　清雍正刻本　总目　山艺　国学

西曹秋思一卷　(明)叶廷秀、黄道周、董养河撰　见四库存目　清抄本　总目　善目　山艺　北图

就园唱和诗不分卷　(清)王士骊辑　清初抄本　省图

西城别墅倡和集无卷数　(清)王士禛编　清康熙二十九年刻本　贩续

蜀冈禅智寺唱和诗一卷　(清)王士禛编　清康熙刻本　贩续

彭王倡和一卷　(清)王士禛、彭孙遹撰　清康熙刻本　善目

甘棠遗爱一卷　(清)朱宁编　清嘉庆十六年刻本　山艺　省图　青图

漳江颂言无卷数　(清)李师敏辑　清李师敏自刻本(二册)　山艺

登高新唱一卷　(清)杨德昭编　清刻本　山艺

莱菔唱和诗一卷　(清)黄永宁辑　旧抄本　省博

和鸣集一卷　(清)郝懿行、王照圆撰　郝氏遗书本　丛综　山艺　省图

曹南诗社唱和集　(清)李经野辑　排印本(四册)　青图

带经舫集钞二卷　(清)张岫编　清道光四年刻本　清光绪刻本　山艺　省图

蜀道连辔集一卷附停绣草一卷　(清)王培荀、王者政撰　清道光三十年刻本　山艺　省博　青图

百八唱和集一卷　(清)马国翰、李廷棨撰　玉函山房全集本　丛综　山艺

慈仁寺展禊诗一卷　(清)孔宪彝编　清咸丰刻本　国学

孔庙汉碑唱和诗无卷数　(清)沈宗约、孔宪庚、王大堉、王鸿等撰　清刻本(一册)　山艺

津步联吟集一卷词一卷　(清)吴重熹、李葆恂撰　义州李氏丛刻本　丛综　省图

历亭秋唱　(清)周学渊等撰　清宣统二年蓬莱许长庚石印本　省图

东莱赵氏先正酬唱集一卷　赵琪辑　东莱赵氏楹书丛刊本　丛综　省图

郝允贤等唱和诗一卷　郝允贤等撰　稿本　省博

西园唱和诗草一卷　李树春辑　民国济南大中华仿宋印刷局排印本　省博　省图

以上唱酬之属

历下十六景诗二卷　(明)刘敕撰　明万历三十六年陈升刻本　善本提要　善目

载书图诗一卷附池北书库记　(清)王士禛编　见四库存目　清康熙刻本　总目　善目　丛综　山艺　省博　青图　省图　山大　双行

浮家汎宅图诗一卷　(清)张贞编　清康熙四十九年春岑阁刻本　贩续　省图

石隐园题咏一卷　(清)毕际有等撰　民国十四年毕柱抄本　省图

槐荫堂自叙册题跋二卷　(清)魏治淳辑　清道光七年魏氏文华斋刻本　山艺　省博　省图

小莲花室图卷题辞五卷　(清)孔宪彝编　清道光二十五年刻本　贩记

尺五庄饯春诗荟一卷题辞一卷　(清)孔宪彝辑　清道光二十七年刻本　贩记

潼关咏史(一名消夏同咏)一卷　(清)周乐、李肇庆等撰　清道光十五年纫香斋刻本　贩续

铁园题咏初编一卷续编一卷　(清)王泽田辑　民国二十五年王氏石印本　省博　省图　青图

茌山亦兰亭修禊吟一卷　(清)黄经藻辑　清光绪三十年刻本　省博

汪氏两园图咏合刻无卷数　(清)汪承镛辑　清同治十二年济南刻本　省图

寿诸饯别诗选无卷数　(清)顾洪龄辑　清宣统三年石印本　省博

以上题咏之属

颜氏家藏尺牍四卷姓氏考一卷　(清)颜光敏辑　海山仙馆丛书本　丛书集成初编本　民国三十年商务印书馆排印本(山艺题颜崇椝编)　丛综　贩续　山艺　省图

▲集部

是亦斋集牍不分卷　(清)葛习之辑　清名人书札　省博

顾黄书寮杂录　王献唐辑　1984年齐鲁书社排印本(此书收录翁方纲、周永年、桂馥、王筠、陈介祺、王懿荣等七十余通书札)　山大

海源阁珍存尺牍二十卷　(清)杨以增藏　原札(存第二十卷)　省图

师友词翰不分卷　(清)陈介祺等撰　原札(十七通)　省图

雪泥鸿爪不分卷　(清)王铭荣辑　名人书札(四册)　省博

鸿雪留踪不分卷　(清)王锡荣辑　名人书札　省博

以上尺牍之属

试帖前选四卷　(清)宋弼辑　清嘉庆济南泺源书院刻本　省博

山左诗课四卷　(清)阮元订　清乾隆五十八年七录书阁刻本　贩记　省图

(山东掖县)尚志堂课卷　尚志堂集录　抄本　山大

以上课艺之属

以上总集类凡二百六十五部,二千二百二十四卷,内不分卷者六十四部;附录十部,五十一卷,内不分卷者二部

诗文评类

三百篇诗评一卷　(清)于祉撰　清道光刻本　贩记　山艺

诗笺三种三卷(古诗十九首附笺一卷苏李诗笺一卷渔洋山人秋柳诗笺一卷附第三首补笺)　(清)李兆元撰　清嘉庆二十四年掖县李氏十二笔舫刻本　贩记　山艺

重订中晚唐诗主客图说二卷　(清)李怀民撰　清嘉庆十八年莱阳赵擢彤刻本　清道光二年抄本　善目　山艺　省博　山大

重订主客图二卷说一卷补遗一卷　(清)李怀民撰　清嘉庆十年刻本　贩记

偶论四名家诗四卷　(清)李宪乔撰　稿本　山师　善目

读杜私言一卷　(清)卢世㴶撰　明崇祯四年刻本　钱卢两先生读杜合

刻本　丛综　山艺　贩记

杜诗胥钞十五卷赠言一卷大凡一卷余论一卷　(清)卢世潅撰　明崇祯七年卢氏尊水园刻本(杜集书目著录崇祯四年刻本,恐误)　清刻本(省图藏九卷)　善目　杜集书目　省图　北图

杜律注例(一名杜诗七言律注例)四卷　(清)张笃行撰　稿本(省图作杜诗七言律注例)　乾隆二十四年刻本(杜诗七言律有清顺治十六年刻本,见杜集提要)　善目　杜集书目　省图

红萼轩杜诗汇二种六卷　(清)孔传铎撰　清抄本(杜诗分体四卷杜诗分韵二卷)　杜集书目

杜律浅说二卷　(清)庄咏撰　清道光二十四年清和堂刻本　山艺　贩记　贩续

杜诗选注不分卷　(清)许瀚撰　清同治间稿本　杜集书目

高密李氏评选孟诗一卷　(清)李宪乔撰　清同治七年刻本　山艺

论唐诗绝句　(清)冯继聪撰　清咸丰刻本(四册)　青图

增定唐诗定律一卷　(清)张和恩撰　清道光二十年历城徐贡书带草堂抄本　省博

二家律选　(清)柯蘅、郭绥之合撰　清同治刻本(一册)　青图　省图

五代诗话十二卷　(清)王士禛撰(清)宋弼等补辑　见四库存目　稿本　清乾隆十三年养素堂刻本　总目　善目　山艺　省博　省图　双行藏园

五代诗话十卷　(清)王士禛撰(清)郑方坤删补　四库全书本　粤雅堂丛书初编本　丛书集成初编本　1989年书目文献出版社李珍华点校本　总目　善目　丛综　贩记　山大　省图

文心雕龙十卷　(梁)刘勰撰　元至正十五年刻明修本　明弘治十七年冯允中刻本　明嘉靖十九年汪一元刻本　明嘉靖二十二年佘诲刻本(明来立相、陈绍祉跋)　又一本(傅增湘录明徐𤊹校)　明隆庆三年鲁藩三畏堂刻本　明万历七年张之象刻本(清徐渭仁校)　明万历八年刻本　明万历十年原一魁刻两京遗编本(清曾星垞批校)　明天启七年谢恒抄

本(清冯舒校并跋) 清抄冯班抄本(清冯班跋并录钱允治跋) 四库全书本 摛藻堂四库全书荟要本 增订汉魏丛书本 崇文书局汇刻书本 四部丛刊影印明本 丛书集成初编本 景印元明善本丛书十种本 增定汉魏六朝别解本(一卷) 总目 善目 丛综 山艺 山大 省图藏园

文心雕龙训故十卷 (梁)刘勰撰(明)王惟俭训故 明万历三十九年王惟俭刻本 善目 省图

杨升庵先生批点文心雕龙十卷 (梁)刘勰撰(明)杨慎批点(明)梅庆生音注 明万历三十七年梅庆生刻本(百瞻楼录清顾广圻及谭献批校) 明万历三十七年梅庆生刻天启二年重修本(清沈岩录何焯校跋) 又一本(清赵彦偁校) 又一本(傅增湘校并跋) 明天启六年刻本 善目 省图

文心雕龙十卷 (梁)刘勰撰(明)杨慎、曹学佺评 明刻本 清道光二十二年读味斋刻本 善目 省图

合刻五家言文心雕龙文言十卷 (梁)刘勰撰(明)杨慎、曹学佺、钟惺评 明末刻合刻五家言本(佚名录明钱允治跋) 善目

文心雕龙十卷 (梁)刘勰撰(明)梅庆生音注、钟惺评 明刻本 善目 省图

文心雕龙十卷 (梁)刘勰撰(明)归有光辑评 合刻五家言本 丛综

云门子 (梁)刘勰撰(明)归有光辑评 诸子汇函本 丛综 山大 省图

文心雕龙十卷 (梁)刘勰撰(清)黄叔琳辑注 清乾隆六年黄氏养素堂刻本(清陈鳣校并跋) 又一本(清孙诒让跋并倩人录黄丕烈、顾广圻批校) 又一本(清陈澧批校) 又一本(清莫彝孙录诸家批校) 又一本(王文焘录诸家校并跋) 又一本(刘浚录清冯舒、黄丕烈、顾广圻及谭献等人批校) 又一本(邵章录清顾广圻及谭献批校) 四库全书本(书名作文心雕龙辑注十卷) 龙豁精舍丛书本(附民国李群补注) 袖珍古书读本(清纪昀评) 四部备要本(清纪昀评) 1957年中华书局排印本 总目 善目 丛综 山大 省图

文心雕龙札记　黄侃撰　民国十六年北京文化学社排印本　山大

文心雕龙注十卷　(梁)刘勰撰范文澜注　1958年人民文学出版社排印中国古典文学理论丛书本　山大　省图

文心雕龙校注　(梁)刘勰撰(清)黄叔琳注(清)李详补注杨明照校注拾遗　1958年古典文学出版社排印本　1959年中华书局上海编辑所排印本　1982年上海古籍出版社排印本　1985年台北崧高书社排印本(以上两种书名为文心雕龙校注拾遗)　山大　省图

文心雕龙校释　(梁)刘勰撰刘永济校释　1963年中华书局上海编辑所排印本　山大　省图

文心雕龙私记一卷　叶瀚撰　晚学庐丛书稿本　丛综

文心雕龙校证　(梁)刘勰撰王利器校笺　1980年上海古籍出版社排印本　山大　省图

文心雕龙译注　(梁)刘勰撰陆侃如、牟世金译注　1981年齐鲁书社排印本　山大　省图

文心雕龙注释　(梁)刘勰撰周振甫注　1981年人民文学出版社排印本　山大　省图

文心雕龙今译附词语简释　周振甫译　1986年中华书局排印本　山大　省图

文心雕龙诠释　(梁)刘勰撰张长青、张会恩释　1982年湖南人民出版社排印本　山大　省图

文心雕龙译注　(梁)刘勰撰赵仲邑译注　1982年漓江出版社排印本　山大　省图

文心雕龙绎旨　(梁)刘勰撰姜书阁述　1984年齐鲁书社排印本　山大　省图

文心雕龙今读　(梁)刘勰撰贺绥世编著　1987年郑州文心出版社排印本　山大

文章始一卷　(梁)任昉撰(清)任兆麟校　心斋十种本　丛综　山艺　省图

文章缘起一卷　(梁)任昉撰　夷门广牍本　砚北偶钞本　四库全书本　诗触本　文学津梁本　景印元明善本丛书十种本　学海类编本(明陈懋仁注)　丛书集成初编本(同上)　邵武徐氏丛书初刻本(明陈懋仁注,清方熊补注)　清抄本　总目　善目　丛综　山大　省图

二十四诗品一卷　(唐)司空图撰　说郛(宛委山堂本)本　五朝小说本　五朝小说大观本　砚北偶钞本　历代诗话本　诗触本　唐人说荟本　唐代丛书三集本　龙威秘书三集本　诗画书三品本　明辨斋丛书外集本　艺苑捃华本　玉溪苗馆丛书本　津逮秘书本(以下书名作诗品二十四则)　学津讨原本　丛书集成初编本　四部备要本　续百川学海本(以下书名作诗品)四库全书本　紫藤书屋丛刻本　拜梅山房几上书本　四品汇钞本　谈艺珠丛本　总目　丛综　山艺　山大　省图

二十四诗品浅解一卷　(清)杨廷芝撰　清道光十八年即墨知县秦锡九刻本　清光绪元年刻本　1962年山东人民出版社孙昌熙、刘淦校点本　贩记　山艺　省博　山大　古籍目录　省图　贩续

二十四诗品臆说一卷　(唐)司空图撰(清)孙联奎注　清咸丰延庆堂刻本　省博　山大　古籍目录

司空图诗品解说　祖保泉编　1964年安徽人民出版社排印本　山大　古籍目录

二十四诗品探微　乔力撰　1983年齐鲁书社排印本　山大

浩然斋雅谈三卷　(宋)周密撰　四库全书本　武英殿聚珍版丛书本　忏花庵丛书本　丛书集成初编本　词话丛编本(一卷)　总目　善目　丛综　山艺　山大　省图

沧浪诗话补注一卷　(宋)严羽撰(清)王玮庆注　东武王氏家集本(清嘉庆二十四年蕉叶山房刻本)　丛综　贩续　青图

修辞鉴衡二卷　(元)王构撰　四库全书本　指海本　郎园先生全书本　丛书集成初编本　文学津梁本(一卷)　总目　丛综　山艺　山大　省图　北图

诗家直说一卷　(明)谢榛撰　见四库存目　明万历四十年盛以进刻本(善目作二卷)　说郛续本　谈艺珠丛本(作四卷)　总目　善目　丛综

山艺　山大　省图

四溟诗话四卷　(明)谢榛撰　海山仙馆丛书本　历代诗话续编本　丛书集成初编本　丛综　山大　省图　双行续

过庭诗话二卷　(明)刘世伟撰　见四库存目　总目　山艺

诗谭十卷　(明)叶廷秀撰　见四库存目　总目　山艺　北图

续诗谭一卷　(明)叶廷秀撰　叶润山辑著全书本　丛综　山艺

石室谈诗二卷　(明)赵士喆撰　东莱赵氏楹书丛刊本　清抄本　丛综　山艺　省博　省图

然脂集例一卷　(清)王士禄撰　见四库存目　昭代丛书(康熙本、道光本)本　总目　丛综　山艺　山大　省图

带经堂诗话三十卷首一卷　(清)王士禛撰(清)张宗柟编辑　清乾隆二十七年南曲旧业刻本　清同治十二年广州藏修堂刻本　中华书局排印本　善目　贩记　省博　山大　省图

然灯记闻一卷　(清)王士禛选(清)何世璂录　天壤阁丛书本　国朝名人著述丛编本　学诗法程本　观自得斋丛书本　吉林探源书舫丛书二集本　谈艺珠丛本　古今说部丛书六集本　清诗话本　清抄本　善目　丛综　山艺　青图　山大　省图

律诗定体一卷　(清)王士禛撰　清乾隆二十三年画锦堂刻本　天壤阁丛书本　国朝名人著述丛编本　学诗法程本　观自得斋丛书本　吉林探源书舫丛书二集本　古今说部丛书六集本　清诗话本　善目　丛综　山艺　省博　山大　省图

渔洋诗法三卷　(清)王士禛撰(清)李因培重订　清乾隆二十三年画锦堂刻本　善目　省博

师友诗传录一卷　(清)郎廷槐问(清)王士禛、张笃庆、张实居答　四库全书本　学海类编本　国朝名人著述丛编本　谈艺珠丛本　古今说部丛书十集本　清诗话本　丛书集成初编本　总目　善目　丛综　山艺　山大　省图

师友诗传续录一卷　(清)刘大勤问(清)王士禛答　四库全书本　国朝

名人著述丛编本　谈艺珠丛本　古今说部丛书十集本　清诗话本　诗触本(作古夫于亭诗问答)　清抄本(有续录一卷,四库底本)　总目　善目　丛综　山大　省图

渔洋答问一卷　(清)王士禛撰　花薰阁诗述本　花雨楼丛钞续钞本(作诗答问二卷)　观自得斋丛书本(作渔洋山人诗问二卷)　丛综　省博　山大

渔洋山人评校集钞不分卷　(清)王士禛撰　稿本　省博

诗论正宗二卷　(清)王士禛撰(清)王廷铨辑　清乾隆二十五年仁和成城刻本　省博　省图　贩续

慎墨堂诗品二卷　(清)王士禛撰(清)邓汉仪论次　清康熙间刻本　贩续

诗问四卷　(清)王士禛撰　清康熙刻本(清张宗柟跋,潘承弼跋)　清乾隆四十二年春晖草堂刻本(二卷,洪楠云录)　善目　省博　山大

谐声别部六卷　(清)王士禛撰(清)喻端士辑　清乾隆刻本　善目

阮亭论诗绝句一卷　(清)王士禛撰　清康熙间刻本　贩续

渔洋诗话三卷　(清)王士禛撰　王渔洋遗书本　清雍正三年刻本　清乾隆二十三年竹西书屋重刻本　诗触本　清诗话本　檀几丛书本(一卷)　三家诗话选本(一卷)　民国十一年扫叶山房石印本　丛综　仅好斋　山大

　渔洋诗话提要一卷　(清)翁方纲撰　稿本　善目

　渔洋诗话拾唾不分卷　(清)安浚德辑　稿本　善目　省图

渔洋诗话汇编十六卷　(清)王士禛撰(清)王煜辑　稿本　省博

渔洋分类诗话　(清)王士禛撰(清)喻端士编　清同治间刻本(一册)　青图

王文简公七言古体平仄论一卷　(清)王士禛撰　清诗话本　清乾隆五十三年刻本(善目作王文简公论七言古体平仄)　善目　丛综　贩记　山艺　省博　山大

声调谱一卷　(清)赵执信撰　四库全书本　艺海珠尘本　花薰阁诗述

本　国朝名人著述丛编本　古今说部丛书六集本　清诗话本　天壤阁丛书本(以下作声调前谱一卷后谱一卷续谱一卷)　学诗法程本　求实斋丛书本　玉鸡苗馆丛书本　吉林探源书舫丛书本　谈艺珠丛本　清咸丰三年傅氏池生春草轩抄本　清诗话本(作赵秋谷所传声调谱二卷)　清抄本(佚名增辑,作二十卷)　总目　善目　丛综　山艺　青图　山大　省图

声调谱一卷拾遗一卷　(清)赵执信撰　拾遗(清)翟翚撰　清诗话本　丛综　山大　省图

谈龙录一卷　(清)赵执信撰　四库全书本　贷园丛书本　艺海珠尘本　花薰阁诗述本　天壤阁丛书本　国朝名人著述丛编本　学诗法程本　吉林探源书舫丛书本　谈艺珠丛书　适园丛书本　清诗话本　清乾隆李文藻抄本　清咸丰三年傅氏池生春草轩抄本(清傅以礼校并跋)　清徐暎玉抄本(封文权跋)　清郑传绪抄本　1986年齐鲁书社排印赵蔚芝、刘聿鑫注释本　总目　善目　丛综　山艺　省博　山大　省图

覞斋诗谈八卷覞斋论文六卷　(清)张谦宜撰　清乾隆二十三年法辉祖刻家学堂遗书本(清李文渊批识、李文藻跋,善目著录家学堂遗书二种十四卷)　善目　丛综　贩记　山艺　省图

诗谈一卷　(清)张谦宜撰　稿本　清抄本　善目

制艺纲目一卷　(清)赵国麟撰　约清道光间刻本　贩续　省图

谭艺一得一卷　(清)张元撰　清乾隆十三年刻本　善目　省博

西圃文说三卷诗说一卷　(清)田同之撰　稿本(西圃文说一卷)　德州田氏丛书本　善目　丛综　山艺　省博　山大

声诗微旨一卷　(清)田同之撰　稿本(孙元复题跋)　善目　省博

渔洋山人精华录会心偶笔六卷　(清)伊应鼎撰　清乾隆广川袁承宠刻本(佚名批校)　抄本　善目　山艺　省博　青图　省图

诗说二种二卷　(清)宋弼撰　清乾隆二十二年泺源书院刻本(声调汇说一卷、通韵谱说一卷)　贩续　山艺

诗法易简录十四卷录余绪论一卷　(清)李锳撰　清乾隆三十二年刻

本 清道光二年刻本 贩记 贩续 山艺 省图

诗述四卷 (清)李其彭撰 清乾隆四十一年徐子素等刻本 省博

五七言古诗声调一卷 (清)桂馥撰 稿本 贩续

诗法浅说六卷 (清)叶葆撰 清嘉庆六年刻本 贩续

学诗须知六卷附诗品一卷 (清)叶葆撰 清嘉庆六年晋祁书业堂刻本 省博 贩续

文话二卷 (清)朱曾武撰 清嘉庆十九年绿玉堂刻本 贩续

古文笔谱二卷 (清)朱曾武撰 清道光十六年刻本 山艺

律诗拗体四卷古韵图说一卷 (清)李兆元撰 清道光二年十二笔舫刻本 贩记 山艺 省博

嵎阳诗说八卷 (清)王偁撰 清道光间罗田潘氏刻卧园四种本 南大丛

历下偶谈十卷续编十卷匡山丛话(一名鹊华馆纪闻)五卷 (清)王偁撰 清道光十一年刻本(贩记题鹊华馆主人王晓堂撰) 清道光间罗田潘氏刻卧园四种本(著录匡山丛话五卷) 贩记 南大丛 省图 丛综

试律最豁解不分卷 (清)王泽浤撰 清乾隆王氏自刻本 清光绪二十年双文堂刻本 省博

东泉诗话八卷 (清)马星翼撰 清道光二十一年宝汉斋刻本 贩记 山艺 省图 山大

高密三李诗话不分卷 (清)李怀民、李宪暠、李宪乔撰 稿本 善目 省博

紫荆书屋诗话一卷 (清)李怀民等撰 民国元年高密李氏刻本 省博

凝寒阁诗话存一卷 (清)李宪乔撰 清抄本 民国元年高密李氏刻本 省博 山师

拗法谱一卷附通转韵考一卷 (清)李宪乔撰 清光绪二十四年刻本 抄本 贩记 山艺 青图 省图

小澥草堂诗小评一卷诗杂论一卷 (清)牟愿相撰 清咸丰二年牟氏

家刻本　省博

澹园诗话一卷　（清）于祉撰　清道光刻本　贩记　山艺

藕舲诗话　（清）王玮庆撰　精抄稿本（一册）　青图

文法合刻七卷　（清）于学训编　清嘉庆二十五年晚香书屋刻本　贩续

憨斋诗话四卷　（清）马桐芳撰　清道光十二年饮和堂刻本　贩续　山艺　省图　山大

买春诗话一卷　（清）马国翰撰　玉函山房全集本　丛综　贩续　山艺　青图　山大

尊西诗话二卷　（清）张曰斑撰　清道光十五年刻本　贩续　山艺　省博

种李园诗话无卷数　（清）颜崇椝撰　稿本（省图作二卷）　贩续　省图

常惺惺斋随录不分卷　（清）吴重周撰　清海丰吴氏文存本（一册）　山艺

彩衣楼诗话四卷　（清）王守训撰　稿本（赵蔚坊题跋）　善目　省博

诗牌集一卷　（清）法伟堂等撰　清光绪十二年追来堂刻本　省博

登州诗话三卷　（清）王守训撰　稿本（赵蔚坊跋）　清赵蔚坊抄本（王常师跋）　民国丁心佛抄本　善目　省博

登州诗话续编不分卷　（清）赵蔚坊撰　稿本　善目　省博

山渊阁选读古文词序目一卷　（清）孙葆田撰　稿本　亦轩

辛盦诗说三卷　（清）许钟璐撰　民国间排印本　省博

高太史论文抄十卷　高熙喆撰　清宣统元年滕县高氏家刻本　仅好斋

以上诗文评类凡九十四部三百五十一卷,内不分卷者十一部;附录二十五部七十四卷,内不分卷者十六部。

词　类

词坛合璧四种十五卷　（明）朱之蕃编　明刻本　善目

名家词钞六十种六十卷　（清）孔传铎编　清抄本　善目　西谛

吴氏石莲庵刻山左人词十七种四十八卷附一种一卷　(清)吴重熹辑　清光绪二十七年海丰吴氏金陵刻本　丛综　山大　山师

山左人词三种　(清)赵执信、曹一风、郝定业等撰　抄本(邵瑞彭、王献唐跋)　省博　双行

以上类编之属

闲斋琴趣外编六卷　(宋)晁元礼撰　清初毛氏汲古阁影宋抄本　景刊宋金元明本词四十种本　善目　丛综

琴趣外篇六卷　(宋)晁补之撰　宋名家词本　吴氏石莲庵刻山左人词本　中国文学珍本丛书本　四部备要本　四库全书本(作晁无咎词)　景刊宋金元明本词四十种本(作晁氏琴趣外篇)　清初影宋抄本(作晁氏琴趣外篇)　清乾隆翰林院抄本(作晁无咎词)　总目　善目　丛综　山艺　山大　省图

姑溪词一卷　(宋)李之仪撰　宋名家词本　四库全书本　中国文学珍本丛书第一辑本　四部备要本　吴氏石莲庵刻山左人词本(作三卷)　总目　丛综　山艺　山大　省图

晁叔用词一卷　(宋)晁冲之撰　校辑宋金元人词本　丛综　山艺

漱玉词一卷　(宋)李清照撰　诗词杂俎本　四库全书本　校辑宋金元人词本　丛书集成初编本　四印斋所刻词本(有补遗一卷附录一卷)　吴氏石莲庵刻山左人词本(有补遗一卷附录一卷)　文艺小丛书第一辑本(不分卷)　词学小丛书本(书名作李清照词)　总目　丛综　山艺　西谛　山大　省图

孏窟词一卷　(宋)侯寘撰　宋名家词本　四库全书本　吴氏石莲庵刻山左人词本　中国文学珍本丛书第一辑本　四部备要本　精妙典雅词本　宋元十名家词本　宋元十家词本　总目　丛综　山艺　国学　山大　省图

拙庵词一卷　(宋)赵磻老撰　宋元人词本　四印斋所刻词本　吴氏石莲斋刻山左人词本　丛综　山艺　山大　省图

稼轩词四卷　(宋)辛弃疾撰　清初毛氏汲古阁影宋抄本　宋名家词本

▲集部

四库全书本　中国文学珍本丛书第一辑本　四部备要本　百家词本(作稼轩词甲集一卷乙集一卷丙集一卷丁集一卷)　景刊宋金元明本词四十种本(作稼轩词甲集一卷乙集一卷丙集一卷)　校辑宋金元人词本(作稼轩词丁集一卷)　词学小丛书本(作辛弃疾词一卷)　总目　善目　丛综　山艺　省图　山大

稼轩长短句十二卷　(宋)辛弃疾撰　元大德三年广信书院刻本　明嘉靖十五年历城王诏刻本(明李濂评)　明嘉靖二十四年何孟伦刻本(明李濂评,书名作辛稼轩词)　明抄本　四印斋所刻词本　景刊宋金元明本词四十种本　吴氏石莲庵刻山左人词本(书名作稼轩词)　四部备要本(有补遗一卷、朱祖谋撰补遗校记一卷)　1959年中华书局印本　善目　丛综　山艺　西谛　省图　山大　善本提要

稼轩词补遗一卷附校记一卷　(宋)辛弃疾撰　校记朱祖谋撰　彊村丛书本　丛综　山大

稼轩词疏证六卷　梁启超、梁启勋撰　稿本　善目

审斋词一卷　(宋)王千秋撰　宋名家词本　四库全书本　吴氏石莲庵刻山左人词本　中国文学珍本丛书第一辑本　四部备要本　百家词本　丛综　山艺　省图

和清真词一卷　(宋)杨泽民撰　清咸丰七年劳权抄本　清赵氏小山堂抄本　宋元名家词本(山艺著录续和清真词一卷)　善目　丛综　省图　善本提要

梦窗词校议二卷　郑文焯撰　四明丛书第一集本　丛综

弁阳老人词一卷　(宋)周密撰　清芷兰之室抄本　善目　北善

草窗词二卷补二卷　(宋)周密撰　知不足斋丛书本　曼陀罗华阁丛书本　吴氏石莲庵刻山左人词本　丛书集成初编本　百家词本(作草窗词集二卷附录一卷)　宋元人词本(草窗词一卷)　善目　丛综　山艺　西谛　山大　省图

苹洲渔笛谱二卷　(宋)周密撰　知不足斋丛书本　宛委别藏本　丛书集成初编本　蒙香室丛书本(一卷)　善目　丛综　山艺　山大　省图

苹洲渔笛谱二卷集外词一卷附校记一卷　(宋)周密撰(清)江昱考

证并辑集外词　校记朱祖谋(孝臧)撰　彊村丛书本　四部备要本　清乾隆四年抄本(无校记)　清乾隆五十一年江恂刻本(无校记)　善目　丛综　山大　省图

龟峰词一卷　(宋)陈人杰撰　四印斋所刻词本　百家词本(题陈经国撰)　丛综　国学　山大　省图

钓月词一卷　(宋)赵闻礼撰　又次斋词编本　校辑宋金元人词本　丛综　山艺

栖霞长春子丘神仙磻溪集词一卷　(金)丘处机撰　清抄本(作磻溪词,朱祖谋批校)　景刊宋金元明本词四十种本　彊村丛书本(作磻溪词)　善目　丛综　山大

中庵诗余一卷　(元)刘敏中撰　彊村丛书本　丛综　山大

中庵乐府二卷　(元)刘敏中撰　校辑宋金元人词本　丛综

兰轩词一卷　(元)王旭撰　彊村丛书本　丛综　山大

草堂诗余一卷　(明)常秉仁撰　明刻本　山艺

二乡亭词三卷　(清)宋琬撰　见四库存目(四卷,附安雅堂诗安雅堂遗文)　安雅堂全集本　吴氏石莲庵刻山左人词本　清名家词本(一卷)　百名家词钞初集本(一卷)　国朝名家诗余本(二卷)　四部备要本(二卷)　总目　丛综　山艺　山大　省图

湄湖诗余草一卷　(清)杜漺撰　清道光间刻湄湖吟本　国学　省图

竹西词一卷　(清)杨通佺撰　吴氏石莲庵刻山左人词本　百名家词钞甲集本(山艺不分卷,题杨通俊撰)　丛综　山艺　山大　省图

志壑堂词一卷　(清)唐梦赉撰　百名家词钞初集本　吴氏石莲庵刻山左人词本　丛综　山艺　山大　省图

吴江旅啸一卷　(清)安致远撰　见四库存目　清康熙刻安静子集本(附安静子集)　总目　丛综　青图　山大　省图

炊闻词二卷　(清)王士禄撰　见四库存目　国朝名家诗余本　吴氏石莲庵刻山左人词本　四部备要本　清名家词本(一卷)　总目　丛综　山艺　省图　西谛　山大　省图　双行续

衎波词二卷　（清）王士禛撰　国朝名家诗余本　榆园丛刻本　四部备要本　吴氏石莲庵刻山左人词本（附一卷）　丛书集成初编本（附一卷）　清名家词本（一卷）　百名家词钞初集本（一卷）　清抄本　善目　丛综　山艺　山大　省图

阮亭诗余一卷　（明）王士禛撰（清）邱石常、徐夜评　仰视千七百二十九鹤斋丛书本　丛书集成初编本　丛综　省图

阮亭诗余略一卷　（清）王士禛撰　清康熙刻本　省博

续古宫词一卷　（清）孔尚任撰　清康熙介安堂刻本　善目

珂雪词二卷　（清）曹贞吉撰　清康熙刻本（有补遗一卷）　四库全书本　吴氏石莲庵刻山左人词本（有补遗一卷）　四部备要本（有补遗一卷）　清名家词本（一卷）　百名家词钞甲集本（一卷）　总目　善目　丛综　山艺　青图　山大　省图

峇嵖山人诗余一卷　（清）谢乃实撰　清乾隆福山谢氏家刻本（附峇嵖山人诗文集）　山艺　省博

聊斋词一卷　（清）蒲松龄撰　清抄本（作词集一卷，与聊斋诗集二卷合抄，清萧龙友批，王沧佩、王献唐跋）　清宣统三年国学扶轮社排印本　民国九年上海天宝书局石印本（作二卷，与聊斋文集三卷诗二卷合印）　1986 年上海古籍出版社路大荒整理蒲松龄集本　贩续　省博　西谛双行　山大　省图

问天词　（清）蒲松龄撰　清抄本　省图

秋谷词翰一卷　（清）赵执信撰　稿本　善目

饴山词一卷　（清）赵执信撰　抄本　清乾隆间刻饴山诗文集本　国学省博　省图

知畏堂诗余一卷　（清）赵执瑄撰　清乾隆二十七年赵氏知畏堂刻本（附知畏堂诗集后）善目　省博　省图

衔山阁诗余一卷　（清）王特选撰　清刻本　山艺

石帆词二卷　（清）刘可培撰　清乾隆间刻本　贩续

晚香词三卷　（清）田同之撰　德州田氏丛书本　吴氏石莲庵刻山左人

词本　丛综　山艺　青图　山大　省图

诗竹词一卷　(清)田同之撰　稿本　省博

红萼轩词二卷　(清)孔传铎撰　清康熙间刻本(山艺著录红萼词二卷炊香词三卷,西谛书名作红萼词)　贩记　山艺　西谛　北善　善目

蝶庵词一卷　(清)孔传鋕撰　清抄本　善目

清涛词二卷　(清)孔传鋕撰　清康熙四十五年刻本　清光绪十二年刻本　清抄本　善目　贩记　山艺　西谛

渔父词一卷附渔家傲月节词　(清)孔继涵撰　稿本　省博

红榈书屋词集九卷　(清)孔继涵撰　清乾隆二十九年四雨庄张氏刻本　山艺

尼防杂事词一卷　(清)孔继涵撰　稿本　善目

斫冰词三卷　(清)孔继涵撰　微波榭丛书本　清抄本　善目　丛综　西谛　省图

旧雨草堂诗余一卷　(清)董元度撰　清乾隆四十二年申发祥助刻本(旧雨草堂诗附刻本)　善目　省博　国学　省图

秋影山房词无卷数　(清)李翮撰　清刻本(一册)　山艺　山大

砺坡草堂词一卷　(清)张梃撰　清道光张星炅刻本　省博

桐花吟馆词四卷　(清)徐缙文撰　清道光二十年刻本　贩记　山艺

晒书堂诗余一卷　(清)郝懿行撰　郝氏遗书本(附晒书堂诗抄后)　丛综　山艺　山大　省图

镜虹吟室词集(一名绘声琴雅)二卷　(清)孔昭虔撰　清道光十七年刻本　贩记　山艺　省图

贮云词三卷　(清)孔昭薰撰　清道光十八年刻本　贩记　山艺

海南归棹词二卷　(清)刘耀椿撰　清咸丰五年历城花寿山刻本　贩记　山艺　省博　青图　省图　山大

松香词钞摘录无卷数　(清)郭去咎撰　清陈圩刻本　山艺

饮冰子词存一卷　(清)孔广牧撰　求恕斋丛书本(附心乡往斋诗文集后)　丛综　山艺　山大　省图

纫香草堂诗余一卷　(清)李廷棨撰　清刻本　山艺
红藕花榭诗余一卷　(清)孟传璇撰　清道光二十四年刻本　贩续
怀香草堂词一卷　(清)单为濂撰　清道光二十四年四川邹光钺刻本　山艺　省博　青图
靖侯词稿一卷　(清)郭绥之撰　稿本　省图
眠琴阁词六卷　(清)张僖撰　石印本　山艺
眠琴小筑词无卷数　(清)张僖撰　底稿本　贩记
雪蕉轩诗余一卷　(清)杭楚沅撰　清光绪间刻本　贩续
一松山房诗存二卷　(清)张梅亭撰　民国抄本　省图
石莲闇词一卷　(清)吴重熹撰　民国四年刻本　贩记
辛盦词一卷　(清)许钟璐撰　民国间排印本　省博
冷红词四卷　郑文焯撰　稿本　大鹤山房全书本　善目　丛综　省图　山大
比竹余音四卷　郑文焯撰　稿本(无卷数)　大鹤山房全书本　善目　丛综　省图
苕雅四卷余集一卷苕华诗余一卷　郑文焯撰　稿本　大鹤山房全书本(苕雅余集一卷)　善目　丛综　省图
瘦碧词二卷　郑文焯撰　大鹤山房全书附本　丛综　省图
樵风乐府九卷　郑文焯撰　稿本(不分卷)　大鹤山房全书本　清名家词本(一卷)　清季四家词本(二卷)　善目　丛综　省图
蒙拾堂词稿一卷　梁文灿撰　民国十八年排印小书巢丛刊本　省图　山大

以上别集之属

绝妙好词七卷　(宋)周密辑　清初毛氏汲古阁抄本　清康熙二十四年柯崇朴小幔亭刻本　清康熙三十七年高士奇清吟堂刻本　清康熙小瓶庐刻本　清雍正三年项絪群玉书堂刻本　善目
绝妙好词笺七卷　(宋)周密辑(清)查为仁、厉鹗笺　清乾隆十五年查氏澹宜书屋刻本　四库全书本　清道光八年杭州爱日轩刻本　总目

善目　丛综　山艺　国学　山大　省图　双行

绝妙好词笺七卷续钞一卷续钞补录一卷　(宋)周密辑(清)查为仁、厉鹗笺　续钞(清)余集辑　补录(清)徐楙辑　清同治十一年章寿康刻本(无补录一卷)　袖珍古书读本　四部备要本　善目　丛综　西谛　山大　省图

绝妙好词续钞一卷　(清)余集辑　清乾隆刻本　西谛　省图

绝妙好词校录一卷旁证一卷　郑文焯撰　稿本　大鹤山房全书本(校录一卷)　善目　丛综　省图

阳春白雪八卷外集一卷　(宋)赵闻礼辑　见四库未收书提要　宛委别藏本　词学丛书本　粤雅堂丛书本　选印宛委别藏本　丛书集成初编本　清道光十年瞿氏清吟阁刻本　清鲍氏知不足斋抄本　清道光十九年边浴礼抄本　善目　贩记　山艺　西谛　山大　省图

秦张诗余合璧二卷　(明)王象晋编　见四库存目　总目　山艺

古今词汇三编六卷　(清)王士禛等辑　清康熙十八年刻本　西谛

广陵倡和词七卷　(清)王士禄、曹尔堪等撰　清康熙刻本　抄本(国学题宋琬辑)　善目　国学

同调词一卷诗余集句一卷　(清)孔传铎辑　稿本　善目　北善

阙里孔氏词钞五卷　(清)孔昭薰、孔昭蒸辑　清道光十九年曲阜孔氏玉虹楼刻本　善目　省博　山艺　省图　曲师

以上总集之属

诗余图谱一卷　(明)万维檀撰　惜阴轩丛书本　明崇祯十年万氏自刻本　善目　丛综　贩记　山艺　省图　北图

花草蒙拾一卷　(清)王士禛撰　赐砚堂丛书新编乙集本　昭代丛书本　词话丛钞本　词话丛编本　丛综　山艺　省图

西圃词说一卷　(清)田同之撰　稿本　德州田氏丛书本　吴氏石莲庵刻山左人词本　词话丛编本　清刻古欢堂全集本　善目　丛综　山艺　省博　省图

红萼轩词牌(一名词坛雅政)一卷　(清)孔传铎辑　约清康熙间精刊

巾箱本(善目作诗余牌,不分卷)　善目　贩记　西谛　山艺　曲师

贾先生古词论述一卷　(清)丁恺曾撰　望奎楼遗稿本　丛综　省图

词源斠律二卷　(清)郑文焯撰　大鹤山房全书本　丛综　省图

以上词评之属

以上词类凡一百部,三百四十七卷,内不分卷者六部;附录二部,七卷。

曲　类

改定元贤传奇十六种十六卷(存六种六卷)　(明)李开先编　明嘉靖刻本　善目

词谑四卷　(明)李开先撰　明嘉靖刻本　清抄本(二卷)　又一清抄本(不分卷,佚名录清陆贻典校)　善目

温经楼杂剧三种三卷　(清)孔广林撰　莲勺庐抄本　西谛

幼髯孔氏所撰传奇杂剧三种四卷　(清)孔广林撰　稿本　丛综　善目

温经楼游戏翰墨二十卷续录一卷　(清)孔广林撰　清嘉庆十七年孔广林抄本　善目　首图

后四声猿散套四种四卷　(清)桂馥撰　清嘉庆九年刻本(吴梅批点并跋)　吴梅抄本(题老落填词;吴梅跋,书名无散套二字,郑振铎跋)　民国七年上海聚珍仿宋印书局排印本(书名无散套二字)　善目　丛综　西谛　青图　山大　省图

六观楼北曲六种六卷　(清)许鸿磐撰　清道光二十六年刻巾箱本　善目　上图　山大　省图

以上类编之属

开坛阐教黄粱梦一卷　(元)马致远、李时中、花李郎、红字李二撰(第二折为李时中撰)　古名家杂剧本　脉望馆钞校本古今杂剧本　古本戏曲丛刊四集本　元曲选本(作邯郸道省悟黄粱梦杂剧)　四部备要本(作邯郸道省悟黄粱梦杂剧)　中国文学珍本丛书第一辑本(作邯郸道

省悟黄粱梦） 元剧全目 杂剧总目 丛综 山大 省图

好酒赵元遇上皇一卷 （元)高文秀撰 脉望馆钞校本古今杂剧本 中国文学珍本丛书第一辑本 孤本元明杂剧本 古本戏曲丛刊四集本 古今杂剧本(作新刊关目好酒赵元遇上皇) 古今戏曲丛刊四集本(作新刊关目好酒赵元遇上皇) 元剧全目 杂剧总目 丛综 山大 省图

黑旋风双献功杂剧一卷 （元)高文秀撰 元曲选本 四部备要本 脉望馆钞校本古今杂剧本(作黑旋风双献功) 中国文学珍本丛书第一辑本(作黑旋风双献功) 古本戏曲丛刊四集本(作黑旋风双献功) 丛综 山大 省图

须贾大夫谇范叔杂剧一卷 （元)高文秀撰 元曲选本 四部备要本 杂剧选本(作须贾谇范雎) 古本戏曲丛刊四集本(作须贾谇范雎) 古今名剧合选本(作谇范叔) 古本戏曲丛刊四集本(作谇范叔) 中国文学珍本丛书第一辑本(作须贾大夫谇范叔一卷) 元剧全目 杂剧总目 丛综 山大 省图

刘玄德独赴襄阳会一卷 （元)高文秀撰 脉望馆钞校本古今杂剧本 孤本元明杂剧本 古本戏曲丛刊四集本 丛综 山大 省图

保成公径赴渑池会一卷 （元)高文秀撰 脉望馆钞校本古今杂剧本 孤本元明杂剧本 古本戏曲丛刊四集本 元剧全目 杂剧总目 丛综 山大 省图

周瑜谒鲁肃残本一卷 （元)高文秀撰 中国文学珍本丛书第一辑本 丛综 山大 省图

包待制智赚生金阁杂剧一卷 （元)武汉臣撰 元曲选本 四部备要本 元人杂剧选本 杂剧选本(作包待制智赚生金阁) 脉望馆钞校本古今杂剧本(作包待制智赚生金阁) 中国文学珍本丛书第一辑本(作包待制智赚生金阁) 古本戏曲丛刊四集本(作包待制智赚生金阁) 元剧全目 杂剧总目 丛综 山大 省图

虎牢关三战吕布残本一卷 （元)武汉臣撰 中国文学珍本丛书第一辑本 元剧全目 杂剧总目 丛综 山大 省图

散家财天赐老生儿杂剧一卷 （元)武汉臣撰 元曲选本 四部备要

本　古今名剧合选本(作天赐老生儿)　古本戏曲丛刊四集本(作天赐老生儿)　古今杂剧本(作新刊的本散家财天赐老生儿)　古本戏曲丛刊四集本(作新刊的本散家财天赐老生儿)　中国文学珍本丛书第一辑本(作散家财天赐老生儿)　元剧全目　杂剧总目　丛综　山大　省图

吕洞宾度铁拐李岳杂剧一卷　(元)岳伯川撰　元曲选本　四部备要本　古今名剧合选本(作铁拐李)　古今杂剧本(作新编岳孔目借铁拐李还魂一卷)　古本戏曲丛刊四集本(作铁拐李)　古本戏曲丛刊四集本(作新编岳孔目借铁拐李还魂一卷)　中国文学珍本丛书第一辑本(作吕洞宾度铁拐李岳一卷)　元剧全目　杂剧总目　丛综　山大　省图

罗光远梦断杨贵妃残本一卷　(元)岳伯川撰　中国文学珍本丛书第一辑本　元剧全目　杂剧总目　丛综　山大　省图

梁山泊李逵负荆杂剧一卷　(元)康进之撰　元曲选本　四部备要本　古今名剧合选本(作李逵负荆)　古本戏曲丛刊四集本(作李逵负荆)　中国文学珍本丛书第一辑本(作梁山泊李逵负荆一卷)　元剧全目　杂剧总目　丛综　山大　省图

沙门岛张生煮海杂剧一卷　(元)李好古撰　元曲选本　四部备要本　元人杂剧选本　古今名剧合选本(作张生煮海)　古本戏曲丛刊四集本(作张生煮海)　中国文学珍本丛书第一辑本(作沙门岛张生煮海)　元剧全目　杂剧总目　丛综　山大　省图

谢金莲诗酒红梨花一卷　(元)张寿卿撰　古名家杂剧本　古杂剧本　元曲大观本　元明杂剧本　中国文学珍本丛书第一辑本　古本戏曲丛刊四集本　元曲选本(作谢金莲诗酒红梨花杂剧一卷)　四部备要本(作谢金莲诗酒红梨花杂剧一卷)　古今名剧合选本(作诗酒红梨花)　古本戏曲丛刊四集本(作诗酒红梨花)　喜咏轩丛书乙编本(作红梨花杂剧)　元剧全目　杂剧总目　丛综　山大　省图

荆楚臣重对玉梳一卷　(明)贾仲名(一作贾仲明)撰　古名家杂剧本　古杂剧本　脉望馆钞校本古今杂剧本　元明杂剧本　古本戏曲丛刊四集本　元曲选本(作荆楚臣重对玉梳记杂剧)　四部备要本(作荆楚

臣重对玉梳记杂剧) 古今名剧合选本(作重对玉梳记) 古本戏曲丛刊四集本(作重对玉梳记) 明剧全目 杂剧总目 丛综 山大 省图

萧淑兰情寄菩萨蛮一卷　(明)贾仲名(一作贾仲明)撰 古名家杂剧本 古杂剧本 脉望馆钞校本古今杂剧本 古本戏曲丛刊四集本 元曲选本(作萧淑兰情寄菩萨蛮杂剧) 四部备要本(作萧淑兰情寄菩萨蛮杂剧) 古今名剧合选本(作萧淑兰) 古本戏曲丛刊四集本(作萧淑兰) 明剧全目 杂剧总目 丛综 山大 省图

李素兰风月玉壶春杂剧一卷　(明)贾仲名(一作贾仲明)撰(旧题元武汉臣撰) 元曲选本 四部备要本 杂剧选本(作李素兰风月玉壶春,下同) 元曲大观本 中国文学珍本丛书第一辑本 古本戏曲丛刊四集本 明剧全目 杂剧总目 丛综 山大 省图

铁拐李度金童玉女(一名金安寿)一卷　(明)贾仲名(一作贾仲明)撰 古名家杂剧本 脉望馆钞校本古今杂剧本 元曲大观本 古本戏曲丛刊四集本 元曲选本(作铁拐李度金童玉女杂剧) 四部备要本(作铁拐李度金童玉女杂剧) 元明杂剧四种本(作新镌铁拐李度金童玉女) 古本戏曲丛刊四集本(作新镌铁拐李度金童玉女) 明剧全目 杂剧总目 丛综 山大 省图

吕洞宾桃柳升仙梦一卷　(明)贾仲名(一作贾仲明)撰 古名家杂剧本 脉望馆钞校本古今杂剧本 孤本元明杂剧本 古本戏曲丛刊四集本 明剧全目 杂剧总目 丛综 山大 省图

园林午梦一卷　(明)李开先撰 会真六幻本 汇刻传剧本 一笑散清抄本 1959年中华书局路工点校李开先集本 善目 明剧全目 综丛 山大 省图

打哑禅一卷　(明)李开先撰 路工藏清初抄本 一散笑清抄本 1959年中华书局路工点校李开先集本 善目 明剧全目 山大 省图

不伏老一卷　(明)冯惟敏撰 明刻本 海浮山堂词稿本 诵芬室丛刊二编本 盛明杂剧二集本 古本戏曲丛刊四集本(作一世不伏老) 国学图书馆藏传抄本(作梁状元不伏老殿传胪记一卷) 善目 明剧全目 杂剧总目 丛综 国学 西谛 山大 省图

僧尼共犯传奇一卷　(明)冯惟敏撰　明刻本　脉望馆钞校本古今杂剧本　古本戏曲丛刊四集本　孤本元明杂剧本(作僧尼共犯)　善目　明剧全目　杂剧总目　丛综　山大　省图

司马入相传奇一卷　(明)桑绍良撰　脉望馆钞校本古今杂剧本　古本戏曲丛刊四集本　孤本元明杂剧本(作独乐园司马入相)　丛综　明剧全目　杂剧总目　山大　省图

金紫芝改号孔方兄一卷　(清)叶承宗撰　清顺治中叶氏友声堂刻本　清人杂剧二集本(书名题孔方兄)　丛综　清剧全目　存目汇考　山大

贾阆仙除日祭诗文一卷　(清)叶承宗撰　清顺治中叶氏友声堂刻本　清人杂剧二集本(书名题贾阆仙)　丛综　清剧全目　存目汇考　山大

十三娘笑掷神奸首一卷　(清)叶承宗(稷门啸史)撰　清顺治中叶氏友声堂刻本　清人杂剧二集本　丛综　清剧全目　存目汇考　山大

狗咬吕洞宾杂剧一卷　(清)叶承宗(稷门啸史)撰　清顺治中叶氏友声堂刻本　清人杂剧二集本　丛综　清剧全目　存目汇考　山大

祭皋陶一卷　(清)宋琬(二乡亭主人)撰　安雅堂全集本　丛综　清剧全目　存目汇考　西谛　山大　省图

闹窨附考词九转货郎儿　(清)蒲松龄撰　抄本　1986年上海古籍出版社路大荒整理蒲松龄集本　存目汇考　清剧全目　省图

钟妹庆寿　(清)蒲松龄撰　抄本　1986年上海古籍出版社路大荒整理蒲松龄集本　存目汇考　清剧全目　省图

闹馆　(清)蒲松龄撰　1986年上海古籍出版社路大荒整理蒲松龄集本　清剧全目

小豆棚(一名述意)一卷　(清)曾衍东撰　申报馆丛书余集本(附小豆棚笔记后)　清剧全目　山大

放杨枝一卷投圂中一卷谒府帅一卷题园壁一卷　(清)桂馥撰　清嘉庆九年刻后四声猿散套本　吴梅抄后四声猿本　清道光二十九年木

活字印后四声猿本　清人杂剧初集后四声猿本　善目　丛综　西谛　青图　山大　清剧全目　存目汇考　省图

璇玑锦杂剧一卷　（清）孔广林撰　幼髯孔氏所撰传奇杂剧三种本　清人杂剧二集本　莲勺庐抄温经楼杂剧三种本　善目　丛综　西谛　山大　存目汇考　清剧全目

女专诸杂剧一卷　（清）孔广林撰　幼髯孔氏所撰传奇杂剧三种本　清人杂剧二集本　莲勺庐抄温经楼杂剧三种本　善目　丛综　西谛　山大　存目汇考　清剧全目

松年长生引一卷　（清）孔广林撰　清人杂剧二集本　莲勺庐抄温经楼杂剧三种本　丛综　西谛　山大　清剧全目　存目汇考

西辽记北曲一卷雁帛书北曲一卷女云台北曲一卷孝女存孤北曲一卷儒吏完城北曲一卷三钗梦北曲一卷　（清）许鸿磐撰　清道光中刻六观楼北曲六种本　清同治十三年刻六观楼北曲六种本　丛综　清剧全目　贩记　西谛　上图　山大　存目汇考　省图　吉林大学

荡妇秋思四折附葬花一卷　（清）孔昭虔撰　稿本　清嘉庆间抄本(清孔昭薰跋)　善目　省博　省图

以上杂剧之属

新编林冲宝剑记二卷　（明）李开先(中麓放客)撰　明嘉靖二十六年自刻本　古本戏曲丛刊初集本　1959年中华书局路工辑校李开先集本　善目　丛综　山大　省图　北善

断发记二卷(一折)德武离婚　（明）李开先撰　1959年中华书局路工辑校李开先集本　山大　省图

瑶台梦一卷立地成佛一卷　（清）赵进美撰　抄本　清抄清止阁集本　存目汇考　省图

化人游一卷　（清）丁耀亢(野航居士)撰　清顺治五年刻本(作化人游词曲一卷)　丁野鹤先生诗词稿本　古本戏曲集成第五集影印本　善目　丛综

西湖扇二卷　（清）丁耀亢(紫阳道人)撰　清顺治原刻本　清康熙煮茗

堂刻本　古本戏曲集成第五集影印本　善目　存目汇考　展览目录

表忠记(一名蚺蛇胆)二卷　(清)丁耀亢撰　丁野鹤先生诗词稿本　胡氏退补斋刻本　清抄本(佚名批,作进呈杨忠愍蚺蛇胆表忠记二卷)　古本戏曲集成第五集影印本　善目　丛综　国学　省博　省图　存目汇考　山大

赤松游三卷　(清)丁耀亢撰　清顺治刻本(作赤松游传奇)　丁野鹤先生诗词稿本　古本戏曲集成第五集影印本　善目　丛综　省图　存目汇考

桃花扇传奇二卷　(清)孔尚任撰　清兰雪堂刻本(伏侯校并跋)　清许少怀燕山堂抄本(许少怀批校)　清康熙四十七年刻本　清康熙西园刻本　清道光十三年刻本(四卷)　清光绪二十一年合肥李国松刻本　清光绪三十一年新民丛报排印本(不分卷)　民国暖红室汇刻传奇本　广陵古籍刊印社增图校正桃花扇本　1988年人民文学出版社王季思、苏寰中、杨德平合注本　善目　贩记　存目汇考　省博　西谛　山大　省图

小忽雷二卷大忽雷一卷附曲谱一卷双忽雷本事一卷　(清)顾彩(梦鹤居士)、孔尚任(岸堂主人)撰　曲谱双忽雷本事(民国)刘世珩辑　汇刻传剧本　清乾隆义竹斋抄本(作小忽雷传奇二卷)　清抄本(清叶志铣跋,作小忽雷传奇二卷)　善目　丛综　存目汇考　省博　山大

小忽雷传奇　戴胜兰、徐振贵校注　1988年齐鲁书社排印本　山大

东城老父斗鸡忏传奇二卷　(清)孔广林撰　幼髫孔氏所撰传奇杂剧三种本　莲勺庐抄本　善目　丛综　西谛　存目汇考

玉马珮银筝记二卷　(清)路术淳撰　清康熙展谑斋刻本　国学　北图　善目　存目汇考

软羊脂传奇二卷　(清)孔传鋕撰　稿本(清西峰樵人跋)　抄本(作软羊脂,题也足园叟撰)　古本戏曲丛刊第五集影印本　善目　存目　汇考　北图　山大　省图　善本提要

软邮筒二卷　(清)孔传鋕撰　稿本　抄本(作软邮筒,题也是园叟撰)　古本戏曲丛刊第五集影印本　善目　上图　存目汇考　山大　省图

软锟铻　(清)孔传鋕(也是园叟)撰　抄本　古本戏曲丛刊第五集影印

本　善目　存目汇考　山大　省图

玉尺楼传奇二卷　(清)朱萬穉撰(清)卢见曾删订　清乾隆卢氏雅雨堂刻本(曲考、曲海目、曲录、善目作卢见曾撰,误)　善目　西谛　存目汇考

旗亭记二卷　(清)金兆燕撰(清)卢见曾改订　清乾隆二十四年卢氏雅雨堂刻本(曲考、曲海目、曲录作卢见曾撰,误)　清抄本(罗振常跋)　善目　西谛　北图　存目汇考

青衿侠传奇一卷　(清)纪圣宣(选)撰　清道光纪圣征抄本　善目　省博

以上传奇之属

云庄张文忠公休居自适小乐府一卷补遗一卷附校记一卷　(元)张养浩撰　校记卢前撰　饮虹簃所刻曲本(山艺著录云庄乐府一卷)　民国十九年孔德学校图书馆排印本　1988年齐鲁书社王佩增校笺本　丛综　山艺　西谛　山大　省图

乔梦符小令一卷　(元)乔吉撰(明)李开先编　明隆庆间刻本　民国十六年上海中原书局排印元人散曲三种本　善本提要　山大

南曲次韵一卷　(明)李开先(明)王九思撰　明嘉靖刻本　饮虹簃所刻曲本　1959年中华书局路工辑校李开先集本　善目　丛综　西谛　山大　省图

四时悼内一卷附录一卷中麓小令(一名傍粧台百曲)不分卷卧病江皋一卷　(明)李开先撰　清抄本　1959年中华书局路工辑校李开先集本　善目　山大

金山雅调北山小令一卷　(明)薛岗撰　明抄本　善目　省博

坐隐先生精订冯海浮山堂词稿存二卷　(明)冯惟敏撰　明汪氏环翠堂刊四词宗合刻本(西谛跋)　西谛

海浮山堂词稿四卷　(明)冯惟敏撰　明嘉靖四十五年刻本(王怡柳题跋)　散曲丛刊本(省博不分卷,山艺作山堂词稿,不分卷)　抄本　1981年上海古籍出版社凌景埏、谢伯阳点校本　丛综　山艺　省博　西

谛　山大　省图

词脔一卷　（明）刘效祖撰　饮虹簃所刻曲本　丛综　山大　省图　北图

陶情令一卷　（明）杨应奎撰　清抄本　北图

适暮稿一卷　（明）王克笃撰　清嘉庆二十一年王志超抄本　善目　省图

小令集一卷　（明）丁綵撰　吴晓玲藏明崇祯抄本　全明散曲

续小令集一卷　（明）丁惟恕撰　明崇祯十三年刻本　北图

孙峡峰小令一卷　（明）孙峡峰撰　清康熙抄本　山大

醒梦戏曲一卷　（清）高珩撰　清初刻本（僧济颠批校并跋）　善目　省图

清止阁词余一卷　（清）赵进美撰　抄本　山大

快曲一卷　（清）蒲松龄撰　清抄本　省图

芸窗醒脾二卷　（清）萧儒林（岱麓西园）撰　稿本　善目　省博　散曲家书目

以上散曲之属

幸云曲（存二十八回）　（清）蒲松龄撰　清抄本（杨宣子评校）　1986年上海古籍出版社路大荒整理蒲松龄集本　善目　省博　山大　省图

慈悲曲一卷　（清）蒲松龄撰　清抄本　1986年上海古籍出版社路大荒整理蒲松龄集本　善目　省博　山大　省图

磨难曲三十六回　（清）蒲松龄撰　民国石印本　1986年上海古籍出版社路大荒整理蒲松龄集本　省博　山大　省图

富贵神仙十四回　（清）蒲松龄撰　清酌月书屋抄本　1986年上海古籍出版社路大荒整理蒲松龄集本　善目　省博　山大　省图

逃学传一卷　（清）蒲松龄撰　清末石印本　1986年上海古籍出版社路大荒整理蒲松龄集本　省博　山大　省图

禳妒咒二卷三十三回　（清）蒲松龄撰　清抄本　1986年上海古籍出版社路大荒整理蒲松龄集本　善目　山大　省图

聊斋俚曲选　关德栋编　1980年齐鲁书社排印本　山大　省图

以上杂曲之属

贾凫西鼓儿词一卷　(清)贾应宠(凫西)撰　清抄本　清光绪三十三年上海均益图书公司出版国字丛书本　近现代丛书　排印本　西谛　善目

历代史略鼓儿辞二卷　(清)贾应宠(凫西)撰　清抄本　善目

木皮子词一卷　(清)贾应宠(凫西)撰　天壤阁丛书增刊本　双棋景闇丛书本(作木皮散人鼓词)　郎园先生全书本(同上)　清抄本　善目　丛综　国学　山大　青图

贾凫西木皮词校注　(清)贾应宠(凫西)撰关德栋、周中明校注　1982年齐鲁书社排印本　山大

东郭传鼓词一卷(附问天鼓词一卷)　(清)蒲松龄撰　清抄本　1930年上海中华书局排印本　善目　省博　西谛

石破天惊不分卷　(清)王筠辑　清王筠抄本　善目　省图　双行续

燕子笺弹词十八回　(清)赵钧彤撰　稿本　清咸丰五年燕海吟坛　刻本　省博

庚戌水灾传鼓儿辞一卷　(清)马益撰　清抄本　省图

以上弹词、鼓词之属

乐府新编阳春白雪前集五卷后集五卷　(元)杨朝英辑　随盦徐氏丛书本　散曲丛刊本(有补集一卷附校记一卷,任讷补并撰校记)　丛综　山师

朝野新声太平乐府九卷　(元)杨朝英辑　见四库存目　四部丛刊景印元刊本　总目　丛综　山艺　山大　省图

以上曲总集之属

玉尺楼曲谱六卷　(清)卢见曾撰　清抄本　善目

以上曲评之属

以上曲类凡一百十一部,一百九十一卷,内不分卷者十部;附录二部,不分卷。

以上集部六类凡二千三百三十七部,九千五百十九卷,内不分卷者四百二十八部;附录四十三部,一百六十五卷,内不分卷者二十部。

丛书部

然脂百一编五种五卷　（清）王士禄编（清）傅以礼重编　清光绪八年傅以礼家抄本（清傅以礼校注并跋，蒋凤藻跋）　善目　北图

雅雨堂藏书十三种一百三十五卷　（清）卢见曾辑　清乾隆二十一年至二十五年德州卢氏雅雨堂刻本　善目　丛综　山艺　续提要　省博　山大　省图

微波榭丛书三十八种一百四十五卷　（清）孔继涵辑　清乾隆中曲阜孔氏刻本　丛综　山艺　续提要　省博　省图

微波榭钞书三种五卷　（清）孔继涵辑　清乾隆孔继涵家抄本（清孔继涵跋）　善目　省博

贷园丛书初集十二种五十一卷　（清）周永年辑　清乾隆五十四年历城周氏竹西书屋据益都李文藻刊版重编印本　丛综　山艺　续提要　省博　省图

海源阁丛书六种三十七卷　（清）杨以增辑　清咸丰中聊城杨氏海源阁刻本　丛综　续提要　省图

天壤阁丛书三十二种七十四卷　（清）王懿荣辑　清同治光绪间福山王氏刻本　丛综　山艺　续提要　省博　省图

齐鲁遗书十八种三十六卷　（清）高鸿裁辑　清高氏辨蟫居稿本　省博　丛综补　善目

十笏园丛刊　（清）陈蜚声辑　民国十四年丁氏十笏斋石印本　丛综补

国学

济宁李氏礲墨亭丛书六十三种二百七卷　(清)李毓恒编　稿本(善目题李冬涵编,冬涵乃毓恒字)　善目　丛综补

诚正堂丛书四集十八种一百二十一卷　艾绍荃辑　稿本　省博

掖海丛书十一种二十五卷　赵琪辑　东莱赵氏永厚堂稿本　丛综

临清徐氏秘笈七种八卷　佚名辑　蕃香馆蓝栏旧抄本　史语

以上杂纂之属

玉函山房辑佚书六百零一种七百二十二卷　(清)马国翰辑　清光绪九年长沙嫏嬛仙馆刻本　清光绪十年章邱李氏据马氏刊版重印本　清光绪十年楚南书局刻本　丛综　省博　山大　省图

玉函山房辑佚书续补二十种二十一卷　(清)马国翰辑(清)蒋式瑆校录　清光绪十五年李元翀刻本　山艺　省博　省图

以上辑佚之属

习盦丛刊(一名潍县文献丛刊)八种九卷　丁锡田辑　民国潍县丁氏排印本　丛综　省博　省图　丛综补

以上郡邑之属

德州田氏丛书十三种一百零一卷　(清)田雯等撰　清康熙乾隆间刻本　丛综　山大

阙里颜氏丛书五种十四卷　(清)颜氏辑　清康熙水明楼刻本　国学

颜氏遗书八种三十二卷首一卷　(清)颜崇椝辑　清乾隆间刻本　续提要

鱼台马氏著丛书十二种五十一卷　(清)马维骧辑　民国二十三年山东省立图书馆抄本　省图

东莱赵氏楹书丛刊十四种二十一卷　赵琪辑　民国二十四年东莱赵氏永厚堂排印本　丛综　省博　山大

以上氏族之属

崔氏六种二十三卷　(明)崔铣撰　明万历崔氏家塾刻本　善目

崔洹野集七种三十五卷附一种一卷　(明)崔铣撰　明刻清乾隆三十

七年补版印本　丛综

谷城山馆全集四种九十四卷　(明)于慎行撰(明)郭应宠编　明万历于纬刻清康熙重修本　善目　丛综补

佚笈姑存九种十卷　(明)王若之撰　清顺治二年傅敏刻本(丛综著录清刻本六种七卷)　善目　丛综

东山葛氏遗书三种九卷　(明)葛引生撰　清嘉庆九年东山葛氏树滋堂刻本　丛综

孙文定公全集六种十二卷　(清)孙廷铨撰　清康熙十七年师俭堂刻本　善目　丛综　省博　青图　省图

安雅堂全集七种二十卷　(清)宋琬撰　清顺治至乾隆间刻本　丛综

蓬莱吴灌先著述三种四卷　(清)吴脉鬯撰　民国十二年排印本　丛综

望奎楼遗稿九种十七卷　(清)丁恺曾撰　民国二十四年青岛赵氏永厚堂排印本　丛综　省博　省图

世德堂遗书七种二十三卷　(清)王钺撰　清康熙五十三年刻本　善目　丛综　青图　省图

丁野鹤先生诗词稿十种二十卷　(清)丁耀亢撰　清康熙间煮茗堂刻本(贩记、续提要作丁野鹤集)　丛综　贩记　续提要

柴村全集五种十六卷　(清)邱志广撰　见四库存目　清雍正四年刻本　总目　丛综　山艺

白云村全集四种十四卷　(清)李澄中撰　清康熙三十八年刻本(省图存文集四卷)　丛综　省图

王渔洋遗书三十八种二百七十三卷　(清)王士禛撰　清康熙刻本　善目　丛综　山艺　山大　省图

渔洋山人著述四十四种二百五十三卷　(清)王士禛撰　清康熙间刻本(续提要作四十种二百五十卷)　续提要　省博　山大

渔洋山人全集三十八种二百四十八卷　(清)王士禛撰　清康熙八年吴郡沂咏堂刻本　善目　山艺　省博

颜修来杂著五种七卷　(清)颜光敏撰　稿本　善目　从综补

赵饴山全集五种三十七卷　(清)赵执信撰　清乾隆刻本　续提要　山大

空山堂全集九种九十九卷　(清)牛运震撰　清嘉庆二十三年滋阳牛氏空山堂刻本　从综　国学　省博

琐言十种十卷　(清)张在辛撰　清乾隆十三年刻本　清精刻本(作柏庭琐言四种一卷)　从综　省图　双行　贩续

顨轩孔氏所著书七种六十卷　(清)孔广森撰　清嘉庆二十二年曲阜孔氏仪郑堂刻本　从综　山艺　省博

延厘堂集八卷　(清)孙玉庭撰　清同治十一年孔毓汉刻本　从综　山艺　山大

六观楼杂著四种五卷　(清)许鸿磐撰　稿本　善目　省博

郝氏遗书三十一种二百零七卷　(清)郝懿行撰　清嘉庆至光绪间刻本　从综　山艺　省博

雪泥书屋全书两种二卷　(清)牟庭撰　清嘉庆自刻本　善目　从综补　北善

王菉友先生著书四种四卷　(清)王筠撰　清咸丰二年贺蕙、贺蓉、贺荃刻本(清王筠订补)　善目

王菉友著述九种十三卷　(清)王筠撰　清道光咸丰间刻本　从综　省博

鄂宰四种九卷　(清)正筠撰　清咸丰十二年刻本　清光绪十七年经术楼刻本　清光绪八年刻本(四种四卷)　山艺　南大从　省博　山大　省图　从综补

五经岁遍斋校书三种三十二卷　(清)翟云升撰　清道光中东莱翟氏刻本　从综　省图

翟云升所著书三种四十五卷　(清)翟云升撰　清道光十七年刻本　续提要

玉函山房全集十二种四十一卷　(清)马国翰撰　清光绪十五年绣江

李廷棨刻本　丛综

白云山房集四种十三卷　(清)张象津撰　清道光十六年张绳武等拜经堂刻本　丛综　山艺　省博　省图　青图

来复堂全书八种十三卷　(清)丁大椿撰　清道光二十年刻本　丛综

石泉书屋全集十五种一百六十五卷　(清)李文桂、李佐贤撰　清咸丰至光绪间利津李氏刻本　丛综　山艺　省博　省图

牟子全集十七种三十九卷　(清)张香海撰　清道光咸丰间刻本　丛综

单氏全书(一名单征君全集)十四种十五卷　(清)单为鏓撰　清同治七年刻本　丛综

宝树堂遗书三种七卷　(清)郭梦星撰　清同光间刻本　续提要　山艺　省图

孔广陶手稿五种五卷　(清)孔广陶撰　稿本　善目　丛综补

如谏果室丛刻三种三卷　(清)王延钊撰　清宣统二年北京益森书馆排印本　续提要

大鹤山房全书十一种二十七卷　郑文焯撰　清光绪至民国间刊民国九年苏州交通图书馆汇印本　丛综　省图　山大

勉承先志七种八卷　江钟秀撰　清光绪三十三年历城江氏刻本　南大丛

柯凤孙遗著三种七十九卷　柯劭忞撰　北京大学研究院文史部排印本　续提要

稼民杂著三种三卷　丁锡田撰　民国十七年潍县丁氏石印本　丛综　续提要　省图

诂雅堂丛著六种　丁惟汾撰　1966年台湾中华丛书编审委员会影印中华丛书本

以上独撰之属

以上丛书部凡六十五部,三千八百十八卷,内不分卷者一部。

以上经、史、子、集四部(不包括丛书)四十七类,凡五千二百零八部,二

万八千零十二卷,内不分卷者九百八十七部;附录一千三百二十六部,三千二百八十九卷,内不分卷者二百十部。

山东文献书目索引

书名索引

山东文献书目索引说明

一、本索引分书名、著者索引、汉字笔画字头检字表三部分。

二、本索引采用《现代汉语词典》四角号码检字表编排,先取书名、著者第一个字的四角号码,然后取第二个字上两角的号码依次排列。

三、同书异名,均于书名下用圆括弧加注,并将异名另行立目,相互参见。

四、书名相同、卷数不同者,分别立目;书名相同,著者不同,除分别立目外,并分别于书名下加注著者姓名,以资区别。

五、书目中与山东文献有关的非山东人著作(书目中低一格排),本索引均统一编排,不再区分。

0

0010_4　主

80　主父偃书一卷　257

0010_8　立

44　立地成佛一卷　422

0011_2　瘟

00　瘟疫论　241
00　瘟疫论类编五卷　241

0011_8　痘

00　痘疹大成四卷　242
24　痘科汇编释意三卷　242
痘科补阙　242
痘科温故集二卷　242

0012_0　痢

00　痢疾论四卷　241

0012_2　疹

24　疹科纂要一卷　242

0012_7　病

46　病榻泣血记一卷　115
50　病中吟一卷　346

(0012_7)　鸾

23　鸾台偶吟一卷　350

0014_7　瘦

16　瘦碧词二卷　415
44　瘦菊轩藏稿一卷　370

0020_0　广

00　广齐音一卷　359
10　广蚕桑说辑补二卷　238
22　广川画跋六卷　251
广川书跋一卷　249
广川书跋十卷　249
32　广州游览小志一卷　171
40　广志二卷　269
广东燕济会馆名宦传二卷　107
44　广苍一卷　80
广林一卷　147
74　广陵倡和词七卷　416
86　广智院说略二卷　164

0020_7　庐

74　庐陵官下记　270

0021_1　靡

24　靡他吟一卷　378

0021_2　鹿

38　鹿游子四卷　281

0021_4　庄

17　庄子五卷　221
庄子翼八卷庄子附录一卷　221
72　庄氏易义一卷　13
80　庄年信札不分卷　364

0021_4　庞

77　庞眉生集十六卷　313

0021_5　雍

10　雍正七年山东乡试朱卷　141
雍正四年山东乡试朱卷　141
67　雍野李先生快独集十八卷　315
80　雍益集一卷　329

0021_9 应

22 应制诗三卷 348

0022_2 序

43 序卦图说三卷 10

0022_4 齐

00 齐音一卷 318

20 齐乘六卷附音释一卷 158

27 齐鲁诗选 391

齐鲁遗书十八种三十六卷 431

齐鲁古印捃四卷续一卷 189

齐鲁封泥集存一卷 191

齐鲁陶文不分卷 193,193

30 齐永明诸王孝经讲义一卷 51

32 齐谐记一卷 279

34 齐诗传二卷 25

齐诗传一卷 25

齐诗遗说考四卷叙录一卷 25

38 齐论语一卷 55

齐论语问王知道逸文补一卷 55

40 齐大研究所藏印类释一卷附录一卷 190

齐东野语二十卷 259,259

齐东野语摘抄一卷 193

44 齐地记 158

齐地记一卷 158

齐燕联唱 381

77 齐民要术十卷 237

齐民要术杂说一卷 237

齐民要术校二卷 237

齐民要术校释 238

0022_7 方

00 方言音释 71

方言译十三卷 71

26 方伯集一卷 308

方泉先生诗集三卷 304

47 方起英诗一卷 344

60 方圆图说九卷 244

77 方舆考证一百卷首一卷 157

方舆丛录不分卷 157

(0022_7) 帝

10 帝王要略一卷 152

(0022_7) 高

00 高唐齐音 362

(光绪)高唐州志金石录 200

高斋集 313

高唐白氏族谱不分卷 133

10 高丽国永乐好太王碑释文纂考一卷 199

高西园诗画录一卷 251

17 高柔集 289

22 高柴编年 118

高柴年表 118

27 高句丽永乐好太王碑考一卷 199

30 高寄斋订正武林旧事六卷旧集五卷 162

高密高氏族谱不分卷 136

高密王氏族谱八卷 133

高密三李诗话不分卷 408

高密傅氏家传汇编 137

高密傅氏族谱不分卷 136

高密诗存二卷 395

高密遗书十六种十六卷附三种三卷 3
高密李氏家谱四卷首一卷末一卷 134
高密李氏评选孟诗一卷 401
高密李氏世科录 137
高密綦氏家乘四卷 136
高密綦氏家乘不分卷 136
高密单氏家乘不分卷 135
高密单氏家乘世谱三卷 135
高密管氏家谱二卷 136
高宗幸张府节次略一卷 145
37 高间云集六卷 321
40 高太史集无卷数 381
高太史论文抄十卷 409
高南阜诗刻不分卷 344
高南阜先生(凤翰)研史年谱一卷 129
高南阜左手墨迹一卷 251
高南阜印谱一卷 253
50 高忠节公遗集二卷 320
77 高凤翰手札不分卷 344
高凤翰年谱 129
90 高堂隆集 288

(0022_7) 离

17 离骚经章句义疏一卷 285
离骚中正 285
离骚分段约说一卷 285

(0022_7) 商

66 商瞿编年 118

(0022_7) 腐

00 腐毫集二卷补遗一卷 348

0023_0 卞

26 卞伯玉集 292
40 卞壶集 289
44 卞范之集 291
60 卞里志二卷 159
80 卞兰集 288
90 卞粹集 289

(0023_0) 亦

00 亦庐诗集 372
24 亦佳园诗存 381
38 亦海集 365
40 亦农山人诗稿一卷 352

0023_2 豪

38 豪谱一卷 278

0023_7 庶

80 庶人礼略类编一卷 38

(0023_7) 廉

38 廉洋灭贼记一卷 94

0024_1 庭

34 庭诰一卷 75

0024_7 夜

77 夜叉传一卷 277

(0024_7) 废

87 废铎呓六卷 273

(0024_7) 度

40 度支奏议一百十九卷 152

书名索引

0025_2 摩

31 摩诃僧祇律四十六卷 280

60 摩墨亭稿一卷 350

摩墨亭墨考一卷 256

0026_2 磨

10 磨难曲三十六回 425

0026_5 庙

44 庙茔诗集二卷 386

90 庙堂忠告一卷 148

（0026_5） 唐

00 唐文粹诗选六卷 388

07 唐韵正摘抄一册 79

17 唐子一卷 268

19 唐孙过庭草书谱 250

23 唐代石经略二卷 67

27 唐贤三昧集三卷 388

唐贤绝句三体诗法 387

28 唐僧弘秀集十卷 387

30 唐宋纪琐缀录三十二卷 98

34 唐诗一卷 389

唐诗肄雅八卷所论一卷 389

唐诗绎律六卷 389

唐诗选七卷 387

唐诗类释十九卷 388

50 唐摭言（一作撫言）十五卷 271

唐摭言校一卷 271

53 唐书年山东乡试墨卷 142

60 唐四家诗选十卷 388

77 唐段少卿酉阳杂俎二十卷续集十卷 270

80 唐人万首绝句选七卷 388

0028_7 庚

00 庚辛之际月表一卷 95

17 庚子消夏录碑帖考一卷 192

庚子销夏记八卷 249

庚子销夏记校文一卷 249

30 庚寅漫录一卷 261

53 庚戌水灾传鼓儿辞一卷 426

0029_9 康

77 康熙三十五年山东乡试录一卷 140

康熙五十六年山东乡试朱卷 141

康熙五十年山东乡试题名录一卷 140

康熙四十一年山东乡试录一卷 140

0033_1 忘

80 忘余诗草一卷 367

0033_6 意

34 意为草不分卷 365

60 意园诗钞不分卷 362

意园偶记不分卷 262

0040_0 文

00 文亭印草四卷二集四卷 254

文庙乐舞全谱二卷附录一卷 40

文章正论十五卷绪论五卷 389

文章缘起一卷 404

文章始一卷 403

文襄公奏疏十五卷 154

文襄公别录六卷 323

10 文正王公(旦)遗事(一名王文正遗事)一卷 112
17 文子 220
文子一卷 220
文子二卷 220
文子二卷附校勘记一卷 220
文子平议补录 221
文子缵义十二卷 221
22 文山草堂诗集一卷 379
23 文馆词林 386
27 文释一卷 269
文鲁斋(赵文颖)阳谷殉难事实 96
30 文字集略一卷 81
文字禅一卷 370
文字蒙求四卷 73
文字指归一卷 81
32 文话二卷 408
33 文心雕龙十卷 401,402,402,402,402
文心雕龙私记一卷 403
文心雕龙绎旨 403
文心雕龙注十卷 403
文心雕龙注释 403
文心雕龙训故十卷 402
文心雕龙译注 403,403
文心雕龙诠释 403
文心雕龙校释 403
文心雕龙校注 403
文心雕龙校证 403
文心雕龙札记 403
文心雕龙今读 403
文心雕龙今译附词语简释 403
34 文法合刻七卷 409
文选音注十二卷 383
文选拟题诗一卷 384
文选删注十二卷 383
40 文喜堂诗集十六卷 336
44 文苑汇典十卷 267
50 文忠集十六卷拾遗四卷 297
60 文昌杂录六卷补遗一卷 258
文昌孝经注一册 51
88 文敏冯先生诗集六卷 315
文敏冯先生奏疏四卷 154
90 文学天性斋文钞二卷 377
文学天性斋诗钞八卷 377

0040_1 辛

00 辛弃疾年谱 125
辛弃疾年表 125
辛亥草一卷 318
10 辛酉春纪事 95
17 辛丑历下访书记存二卷 177
23 辛稼轩先生年谱 125
50 辛忠敏公年谱不分卷 125
60 辛甲书一卷 222
80 辛盦骈体文钞一卷 380
辛盦诗说三卷 409
辛盦词一卷 415

0040_6 章

72 章丘焦氏家谱不分卷 136
章邱诗抄一卷 392
章邱节孝志四卷 108
(道光)章邱县志金石录一卷金石杂缀金石志余附 199

0040_7 享

80 享金簿一卷 249
享金簿摘抄一卷 193

0040_8 交

22 交绣阁诗草四卷文一卷 313

0044_1 辨

17 辨尹畹阶毛氏名物辨一卷 24
27 辨释名一卷 80

(0044_1) 瓣

20 瓣香斋诗钞十二卷 373
瓣香阁集一卷 358

0060_1 音

07 音韵约编不分卷 77
音韵注略十二卷 77
音韵同异辨八卷 77
音韵类聚增补等韵二卷 76
90 音学全书十六卷 77

0071_0 亡

40 亡友遗诗一卷 390

0073_2 玄

50 玄中记一卷 279

(0073_2) 衣

24 衣德堂诗稿二卷 372

(0073_2) 袠

60 袠景庐秦汉印选不分卷 190

0080_0 六

00 六斋诗存二卷 375
10 六一堂文集四卷 369
20 六壬心镜要三卷后集一卷 246
六壬心镜要后集一卷 246
27 六经略注序一卷 67
30 六家奕谱六卷 255
六家诗选无卷数 389
44 六艺论一卷 63,63,63,63,63,63,63,63
六艺论疏证一卷 63
50 六书统二十卷 73
六书溯源十二卷 74
六书蒙拾一卷 73
52 六韬一卷 223
六韬六卷 223,223
六韬六卷佚文一卷 223
六韬佚文一卷 223
六韬直解六卷 223
77 六观楼文集不分卷 355
六观楼文集拾遗一卷 355
六观楼文存一卷诗存一卷 355
六观楼北曲六种六卷 417
六观楼杂著四种五卷 434
六印山房印记一卷 253
94 六慎斋文存四卷 376

0090_6 京

21 京师太学堂讲义九种 214
60 京口游诗一卷 334

0128_2 颜

00 颜辛编年 119
02 颜刻编年 118
10 颜无繇年表 117
12 颜延之集一卷 291

颜延之年谱 123,123
17 颜子二卷 206,206
颜子十卷 206
颜子书七卷首一卷 206
颜子二卷后总论一卷 206
颜子世家一卷 206
颜子推(介)年谱 123
21 颜师古集 296
颜师古年谱 124
22 颜山杂记四卷 160
27 颜修来杂著五种七卷 434
颜修来日记不分卷(清乾隆十八年九月至十二月) 143
颜鲁公文集十五卷补遗一卷附录一卷 297
颜鲁公诗集一卷 297
颜鲁公(真卿)年谱一卷(宋留元刚撰) 124
颜鲁公(真卿)年谱一卷(清黄本骥撰) 124
32 颜测集 292
37 颜澹园藏稿一卷 335
40 颜太师真稿一卷朱卷一卷后稿一卷 335
60 颜回编年 119
72 颜氏三家集不分卷 397
颜氏家乘□卷 137
颜氏家乘一卷 136
颜氏家训二卷 215,215
颜氏家训 215
颜氏家训集解 215
颜氏家训七卷 215,215
颜氏家训考证一卷 215
颜氏家训斠记一卷 215
颜氏家训注补并重校一卷注补正一卷壬子年重校一卷 215
颜氏家诫四卷 216
颜氏家藏尺牍四卷姓氏考一卷 399
颜氏遗书八种三十二卷首一卷 432
90 颜学山近稿一卷 338

0212_7 端

10 端平集一卷 305

0240_0 刘

00 刘彦和身世考索 123
刘彦和简明年谱 123
刘文清公遗集十七卷附应制诗三卷 348
刘玄德独赴襄阳会一卷 418
07 刘毅集 289
刘歊集 294
10 刘霁集 293
12 刘瑀集 292
13 刘武仲字册跋尾一卷 250
17 刘子十卷 258
20 刘统勋三世奏稿一卷 154
21 刘伍宽诗一卷 345
27 刘象久(恒泰)年谱一卷 131
刘鲁田先生遗文一卷 213
刘叔子太极论二卷 213
30 刘宝集 289
刘寔集 289

33 刘梁集 286
38 刘沧诗 298
刘祥集 292
40 刘古直集十六卷 307
41 刘柘山先生遗集不分卷 319
44 刘燕庭释盂鼎铭拓本一卷 185
刘燕庭藏书目不分卷 176
46 刘鰓年谱 123
47 刘超集 289
48 刘敬书一卷 210
50 刘中度会试朱卷 142
刘忠宣公年谱(明刘大夏)二卷附录二卷 125
刘忠肃公行年纪一卷 112
67 刘昭集 294
72 (诸城)刘氏贡举文集 396
刘氏政论一卷 268
(潍县)刘氏家传一卷 137
77 刘熙事迹考 59
刘叉诗 298
80 刘善明集 293

0280_0 刻

12 刻孔圣全书八卷 111
16 刻碑姓名录三卷 192
25 刻生民未有编四卷续刻一卷 106
刻生民未有编续刻一卷 106
27 刻鹄轩集古录一卷 182
30 刻注释李沧溟先生文选狐白四卷 312
刻宋郑一拂先生祠录一卷 113
95 刻烛吟馆诗钞四卷 372

0292_1 新

00 新齐音风沧集二卷 161
02 新刻孔门儒教列传四卷 106
新刻绣像批评金瓶梅二十卷一百回 278
新刻李袁二先生精选唐诗训解七卷卷首一卷 388
新刻金瓶梅词话十卷一百回 278
新刻钱太史评注李于鳞唐诗选玉七卷卷首一卷 388
10 新元史二百五十七卷 87
新元史考证五十八卷 87
11 新疆小记草十二卷首一卷 172
12 新刊校正王叔和脉诀四卷 243
新刊京本孙武子十三篇本义三卷 225
23 新编颜子五卷 206
新编皇明戚将军将略韬略世法一卷 229
新编林冲宝剑记二卷 422
27 新修山东盐法志二十二卷 150
30 新济艺文二卷外编一卷 394
新安二布衣诗无卷数 390
新定鲁论语述二十卷 55
新定礼一卷 31,32
34 新法句股引蒙细草二编 245
新选七襄章十一卷 389
40 新义一卷 268
43 新城王氏家集 395
新城王氏遗稿五种五卷 383
新城王氏杂文诗词十一种十一卷

383
新城王氏世谱八卷 132
新城古文钞不分卷 393
新城轶事一卷 161
44 新莽货布范 187
53 新书一卷 228
53 新甫诗草一卷 378
59 新抄布谷经一卷 238
80 新镌重订增补名文珠玑不分卷 386
新镌焦太史汇选中原文献经集六卷史集六卷子集七卷文集四卷通考一卷 386
新镌古本批评三世报隔帘花影四十八回 279
新镌孙氏兵法衍义十三卷 225
87 新锲孔圣宗师出身全传四卷 111
新锲焦太史汇选百家评林名文珠玑十三卷 386
新锲焦太史汇选百家评林历代古文珠玑十九卷 386
新锲会元汤先生批评沧溟文选评林五卷 312
90 新火器说无卷数 230

0391_2 就

10 就正诗一卷 318
就正诗草续刻一卷 373
就正草二卷 379
60 就园唱和诗不分卷 398

0512_7 靖

00 靖言堂文集 352
27 靖侯诗草一卷 373
靖侯词稿一卷 415
38 靖海常公銮生墓表一卷附墓铭一卷 114

0710_4 望

24 望华楼印谱一卷 253
32 望溪文集补遗一卷 332
望溪逸集十卷 332
40 望奎楼诗集四卷 343
望奎楼遗稿九种十七卷 433
望奎楼古文集四卷 343

0724_7 毅

77 毅军纪略一卷 95

0733_8 戆

00 戆斋诗草二卷 348

0742_7 郭

00 郭广文遗篇四种四卷 343
郭康介公集二卷 310
17 郭子一卷 279
23 郭外楼诗刻 365
25 郭种德批程甲本红楼梦 279
47 郭超凡先生读易日记一卷 9
50 郭中丞(郭梦星)行述一卷 114
72 郭氏礼耕堂文钞一卷 361
(济南)郭氏族谱一卷 136

0762_0 韵

00 韵辨十一卷 77
20 韵香阁诗草一卷 375
韵集一卷 76,76,76,76,76
22 (毛诗)韵例一卷 79

30 韵字鉴四卷 77
韵字蒙引五卷 77
韵字折衷四卷 78
31 韵汇校一卷 77
34 韵法一卷 77
38 (毛诗)韵谱一卷 22
47 韵切指归二卷 76
67 韵略一卷 81
韵略汇通二卷 76
90 韵学渊海大成十二卷 266
韵学事类十二卷 266
韵学弟子训四卷 78

0821$_2$ 施

71 施氏诗说一卷 26

0823$_2$ 旅

80 旅食贤己录六卷 262
旅舍备要方一卷 243

0823$_3$ 於

42 於(于)斯堂诗集一卷 319
74 於陵子一卷 256

0824$_0$ 放

47 放鹤村文集五卷 345
57 放杨枝一卷 421

0828$_1$ 旗

00 旗亭记二卷 424

0844$_0$ 效

21 效颦集三卷 275

(0844$_0$) 敦

47 敦好堂诗集三卷 332
64 敦睦恒言不分卷 216
70 敦雅堂诗集一卷 359
96 敦煌古写本毛诗校记一卷 20
敦煌古写本周易王注校勘记二卷 6

1

1000$_0$ 一

44 一枝集四卷 360
48 一松斋集八卷 347
一松山房诗存二卷 415
一松山房存稿十卷 379

(1010$_0$) 二

10 二百镜斋镜文四卷 185
二酉汇删二十四卷 267
11 二琴居士小集一卷 373
15 二珠山人诗集二卷 381
20 二乡亭词三卷 412
二千字文注释一卷 76
30 二家律选 401
二家诗律选二卷 391
二家诗选二卷 389
二客吟二卷 396
32 二州山房遗集二卷 381
40 二十三家金文目四卷 183
二十四泉草堂集十二卷 339
二十四诗品浅解一卷 404
二十四诗品一卷 404
二十四诗品探微 404
二十四诗品臆说一卷 404
二南文集二卷文外集二卷制艺不分

卷 366
二南诗钞二卷续钞一卷补遗一卷 366
二友传一卷 309
46 二如亭群芳谱二十八卷首一卷 238
90 二学亭文涘四卷 341

1010_1 三

00 三齐记佚文一卷 158
三齐略记一卷 157,158,158
07 (潍县)三郭诗草 396
10 三五历记一卷 102
三五寇记无卷数 95
三元通纪一卷 90
三百篇诗评一卷 23,400
12 三孔先生文集五卷 396
三孔先生诗集三卷 397
三孔先生清江文集四十卷 396
22 三出辨误一卷 110
23 三代古陶轩古瓦拓片一卷 194
三台文献录二十三卷 391
25 三体唐诗六卷 387
26 三皇五帝征实录六卷 90
27 三郏疆邑图考 159
30 三字石经春秋一卷 67
三字石经尚书一卷 67
32 三礼四十九卷 26
三礼条辨十四卷 27
三礼义宗一卷 36
三礼义宗四卷 36,36,37
三礼目录一卷 38,38,38,38
三礼图一卷 38
三巡集稿一卷 309
三迁志五卷 105
三迁志六卷 105,105
三迁志十二卷 105
40 三古君臣世谱二卷附补遗一卷 102
44 三苍一卷 80
47 三都赋三卷 289
50 三事忠告四卷 148
60 三国书法十卷 101
65 三味斋诗录一卷 375
三味斋中元记十一卷(道光二十八年七月至咸丰三年五月) 143
三味斋随录一卷 262
77 三叟同游记三卷 170
三巴舂古志目一卷 198
三贔堂诗草六卷后集一卷 375
80 三复轩集 355
三余书屋诗草无卷数 372
87 三钗梦北曲一卷 422

(1010_1) 正

07 正部论一卷 218
10 正二教论 280
24 正德八年山东乡试录一卷 139
正德十一年山东乡试录一卷 139
28 正俗备用字解五卷 74
30 正字略二卷 75
正字略考订本一卷 75
正字简四卷 75
80 正气吟无卷数 366

1010_2 五

00 五亩宅诗草五卷 360
17 五子近思录随笔注释十四卷 214
21 五行大义五卷 247
23 五代诗话十卷 401
五代诗话十二卷 401
五代史阙文一卷 91
五代史肪截四卷 101
27 五经文字疑一卷 66
五经要义一卷 67
五经便览 65
五经岁遍斋许学三书三种十四卷附一种二十二卷 68
五经岁遍斋校书三种三十二卷 434
五经通论一卷 67
五经通义一卷 67
五经异义二卷 62
五经翼六种二十卷 65
五经然否论一卷 67
五经疑问一卷 65,65
五经大义一卷 67
五峰集 306
五峰山志二卷 167
44 五莲山志五卷 167
40 五七言古诗声调一卷 408
50 五事尊闻五卷 214
60 五品稿九卷 317
82 五镫精舍印话八卷 190
90 五省游行略记不分卷 172

1010_3 玉

10 玉雪轩七律一卷 376
12 玉硊集四卷 327
17 玉函山房制义二卷 368
玉函山房试帖一卷续一卷 368
玉函山房诗集九卷 368
玉函山房诗钞八卷文集五卷 368
玉函山房辑佚书六百零一种七百二十二卷 432
玉函山房辑佚书续补二十种二十一卷 432
玉函山房辑佚书目录一卷手稿存目一卷 176
玉函山房藏书簿录二十五卷续编一卷 176
玉函山房全集十二种四十一卷 434
21 玉牺馆诗集一卷 372
23 玉台新咏十卷 384
玉台新咏定本十卷 384
玉台新咏校正十卷 384
玉台新咏考异十卷 384
玉台词钞 354
27 玉磐山房集一卷 346
35 玉清述而编七卷 366
玉清遗草二卷 366
38 玉海纂二十二卷 267
40 玉友传 278
41 玉轩新纂古今书目二卷 174
47 玉磬山房诗集十三卷文四卷 354
49 玉楸药解八卷 243
51 玉虹楼帖不分卷 251
65 玉映楼缬芳集不分卷 376
玉映楼多识录四种十六卷 3

67 玉照堂集无卷数 332
76 玉阳治稿存一卷(卷五) 339
77 玉马珮银筝记二卷 423
玉尺楼传奇二卷 424
玉尺楼曲谱六卷 426
90 玉堂荟记二卷 93
90 玉堂丛语八卷 273

1010_4 王

00 王庸山东乡试墨卷 142
王廙集 289
王文正遗事 112
王文正公(旦)遗事一卷 112
王文正公笔录一卷 97
王文正笔录(一名王文正公笔录,又名沂公笔录)一卷 97
王文宪集一卷 293
王文宪集选一卷 293
王文直公遗集六卷 370
王文简公五言诗十七卷七言诗歌行十五卷 386
王文简公诗文残稿一卷说部残稿一卷 329
王文简公七言古体平仄论一卷 406
王文敏公哀启一卷 115
王文敏公经进稿二卷 376
王文敏公遗集八卷 376
王文敏公奏疏稿一卷 155
王文敏公书札 376
王文敏公懿年谱 131
07 王韶之集 291
10 王西樵诗选六卷诗话一卷 328
12 王弘集 291
16 王碧莹诗集一卷 342
17 王珣集 291
王珉集 291
王弼集 288
王子正论一卷 263
王司空集一卷 296
王司空集选一卷 296
18 王联璧会试朱卷 142
19 王孙子一卷 217
20 王季木问山亭诗集选一卷 318
王季樵太史手书函稿一卷 377
22 王彪之集 290
24 王侍中集一卷 287
27 王修集 288
王詹事集一卷 295
王詹事集选一卷 295
王鲁公诗钞一卷 306
王粲行年考 122
王叔之集 292
28 王微集 292
王徽之集 290
王僧虔集 292
王僧祐集 293
王僧达集 292
30 王宁朔集 293
王宁朔集选一卷 293
王守训自著年谱一卷 131
王寀亭山东乡试中卷 142
王寂集 293
32 王诞集 291

33 王谧集 291
37 王渔洋画像题咏集一卷 114
王渔洋遗书三十八种二百七十三卷 433
王朗集 288
38 王洽集 290
40 王大司农(骘)年谱(一名大司农王公年谱)不分卷 127
王大令集选一卷 291
王太史宦稿 358
王太常集 323
王太常(溍)年谱一卷 128
王左丞集一卷 295
王左丞集选一卷 295
王希贤墓志表一卷 114
王右军集选一卷 290
41 王桢集一卷 333
43 王献之年表 123
44 王蕴山(珩谦)传记一卷 115
王考功(士禄)年谱一卷 127
王莽官名录一卷 86
王若之疏稿一卷 154
王若之诗卷二卷续一卷 319
王黄州小畜集三十卷 299
王黄州小畜集校二卷 300
王黄州小畜外集二十卷 300
王菉友先生著书四种四卷 434
王菉友著述九种十三卷 434
王菉友先生年谱初稿二卷 130
47 王懿荣手翰一卷 376
王懿荣会试朱卷 142
王猛集 290
王胡之集 290
50 王素集 292
王肃集 288
王肃之集 290
王肃注论语一卷 55
56 王揖集 294
58 王鳌永诗稿一卷 154
王鳌永奏疏不分卷 154
60 王旷集 289
王昙首集 291
71 王阮亭行述一卷 114
王阮亭诗一卷 330
王陌庵诗集二卷 306
72 王氏新书一卷 211
(新城)王氏族谱十三卷 132
(登州)王氏族谱三卷谱系图一卷 132
王氏一家言 395
王氏朱卷二卷 141
王氏遗书 349
王氏渔洋诗钞十二卷 330
(博山)王氏谱系二卷 132
王氏丧服要记一卷 31
王氏合集书目考略一卷 175
73 王贻上与汪于鼎手札一卷 329
王贻上与林吉人手札一卷 329
王贻上诗选一卷 330
77 王导集 290
80 王念庵(沛憻)年谱二卷 127
88 王筠手写杂稿不分卷 366
王籍集 294
93 王煓诗稿一卷 366

(1010_4)　至

00　至言一卷　218

10　至正直记四卷　272

77　至圣编年世纪二十四卷　116

至圣先师孔子刊定世家七卷　110

至圣先师孔子年谱一卷　115

至圣谱考一卷　117

至圣林庙碑目六卷　197

至圣年表正讹一卷　117

95　至性文章一卷　316

1010_8　巫

17　巫马施编年　118

巫马施年表　118

1011_2　琉

10　琉璃厂书肆记一卷后记一卷　173

(1011_2)　疏

44　疏草录略一卷　154

1013_6　蚕

77　蚕尾集十卷续集二卷后集二卷　329

蚕桑录要五卷　238

1017_7　雪

20　雪航肤见十卷　100

雪舫山人诗草四卷　366

22　雪峤外集一卷　365

雪峤日记十二卷(道光十五年至二十六年)　143

雪岩翁集八卷　260

雪山集十六卷　304

33　雪浪山房集一卷　347

37　雪泥鸿爪不分卷　400

雪泥书屋稿(四书丛论)不分卷　62

雪泥书屋杂志四卷　264

雪泥书屋遗文四卷杂文一卷　358

雪泥书屋杂著一卷　264

雪泥书屋遗书目一卷补遗一卷　175

雪泥书屋全书二种二卷　434

40　雪樵诗集四卷续集四卷　358

44　雪蕉轩诗余一卷　415

1020_0　丁

00　丁亥抄一册　79

09　丁麟年会试朱卷　142

17　丁子瑜杂文一卷　382

30　丁准夫游蒙草一卷　382

33　丁心斋(守存)编年自记一卷　131

44　丁莲峰先生菊谱一卷　238

67　丁野鹤集十三卷　326

丁野鹤先生诗词稿十种二十卷　433

丁野鹤先生遗稿三卷　326

丁野鹤诗集三种七卷　326

丁野鹤诗钞十卷　326

72　(黄县)丁氏祖谱不分卷　132

1020_1　严

30　严安书　258

74　严助书一卷　218

严陵集九卷　391

1021_2　元

26　元和姓纂十八卷　138

元和姓纂佚文一卷　138
元和姓纂校勘记二卷　138
42　元长春真人西游记地理考证一卷　170
47　元朝典故编年考十卷　151
60　元圃诗钞一卷　368
76　元阳子金液集　281
77　元邱处机年谱　125

1022_7　万

07　万韵新书三卷附韵法一卷　77
47　万柳老人诗集残稿一卷　319
60　万里寻亲录一卷　144
71　万历二十二年山东乡试录一卷　140
万历十年山东乡试录一卷　140
万历七年山东乡试录一卷　140
万历戊戌科进士同年序龄录一卷　139
万历四年山东乡试录一卷　140
万历甲午(二十二年)科乡试朱卷不分卷　141
万历甲午科山东乡试同年齿录一卷　140
77　万印楼印谱不分卷　189

1022_7　丙

10　丙丁秘龠无卷数　230
丙丁抄一册　79

(1022_7)　两

00　两京纪游二卷　173
31　两河清汇八卷　168
37　两汉高士赞一卷　102
两汉碎金一卷　100
两汉节义传三卷　103
两汉史断六卷　101
两汉印帚三册　190
两汉印萃五卷　188
两间书屋醉吟草　378
41　两垣奏议一卷　153
44　两苏经解七种六十四卷　3
47　两朝典故编年考一百卷目录五卷　152

(1022_7)　丽

72　丽则集一卷　336
90　丽光楼诗抄一卷　317

(1022_7)　雨

44　雨萝集无卷数　316

(1022_7)　鬲

35　鬲津草堂诗六卷　337

(1022_7)　宵

22　宵幽古韵考一卷　79

1023_2　震

00　震庵集　364

1024_7　覆

01　覆瓿社灯谜一卷　255

1030_2　零

00　零文抄存一卷　377

1040_0　干

17　干子一卷　269
37　干禄字书一卷　74
干禄字书笺证一卷　75

(1040_0) 于

00 于文定公读史漫录二十卷 100
40 于南诗录二卷 359
42 于斯堂诗集一卷 319
72 于氏家藏诗略四卷 395
90 于少保诗选不分卷 314

(1040_0) 耳

31 耳谭一卷 273

1040_4 要

10 要雅一卷 266
43 要术佚文一卷 237
77 要用字苑一卷 81

1040_7 夏

27 夏侯子新论一卷 218
64 夏时考训蒙 36
90 夏小正正义一卷 36
夏小正传注一卷 36
夏小正释义一卷 36
夏小正诗十二卷 36
夏小正读记一卷 36
夏小正笺疏一卷 36

1040_9 平

00 (道光)平度州志金石考一卷 201
07 平韵两收考一卷 78
22 平山诗草一卷 344
平山堂诗集五卷续集一卷 317
30 平定耿逆记一卷 93
平宋录三卷 92
40 平南王元功垂范二卷 94
71 平仄两用考一卷 78
平原君书一卷 218
平原拳匪纪事一卷 95
74 平陵勤拙斋灯谜笑言一卷 255
80 平入要略 76
92 平叛记二卷 94

1041_2 无

22 无咎题跋一卷 249
23 无我相斋诗选四卷 371
34 无为斋文集十二卷 377
无为斋诗集二卷 377
无为斋续集六卷 377
45 无棣文征四卷 394
88 无竹居诗存 381

1044_0 开

00 开方易简一卷 245
40 开坛阐教黄粱梦一卷 417
71 开原图说二卷 93

1044_7 再

24 再续三十五举一卷 252
再续封泥考略四卷 191
38 再游草一卷 319

(1044_7) 聂

72 聂隐娘传一卷 277

1050_6 更

25 更生吟无卷数 320

1052_7 霸

23 霸台集一卷 339

1060_1 吾

00 吾庐笔谈八卷 264

40 吾有山房稿一卷 350
72 吾丘寿王书一卷 218

(1060$_1$) 晋

10 晋王大令集一卷 290
晋王右军集二卷 290
27 晋释法显佛国记地理考证一卷 173
晋纪一卷 88
30 晋安帝纪一卷 89
晋宋书故一卷 101
38 晋游日记略稿不分卷 170
40 晋声略考一卷 78
53 晋书一百三十卷 86
晋书一卷 88,89
晋书十七卷补遗一卷 88
80 晋八王易知略一卷 103

(1060$_1$) 雷

32 雷州记一卷 163
34 雷波钓叟集一卷 349

1060$_2$ 石

00 石庵诗抄不分卷 348
02 石刻存目一卷 196
10 石瓦当文字目一卷 194
14 石破天惊不分卷 426
22 石川集四卷附录一卷 308
26 石泉书屋制艺二卷 369
石泉书屋制艺补编一卷 369
石泉书屋馆课诗二卷 369
石泉书屋律赋二卷 369
石泉书屋诗钞六卷 369
石泉书屋藏器目一卷 183
石泉书屋尺牍二卷 369
石泉书屋全集十五种一百六十五卷 435
石泉书屋金石题跋一卷 182
石泉书屋类稿八卷 369
27 石经正误一卷(仪礼郑注句读附录) 30
石经仪礼一卷 67
石经鲁诗一卷 24,67
石经论语一卷 67
石经公羊一卷 67
石经尚书一卷 17,67
石徂徕文抄一卷 301
石徂徕(介)年谱 124
30 石室谈诗二卷 405
石守道先生集二卷 301
31 石语亭诗钞一卷 335
石渠礼论一卷 39
37 石湖草一卷 346
石门碑醳一卷补一卷 198
石门集一卷 310
石门山集不分卷 337
40 石农遣怀六卷 378
42 石杉二十春秋存稿一卷 381
44 石鼓文音训集证一卷 191
石鼓文汇六卷 191
石莲闇词一卷 415
石莲闇诗十卷 376
石莲闇藏书目不分卷 176
石莲闇藏书目录存 176
石菌山房诗稿一卷 354
石村诗集(一名燕来堂诗稿)二卷

364
石林诗稿三卷续稿一卷 363
47 石帆词二卷 413
石桐先生评定刘松岚诗 354
石桐先生诗钞十六卷 353
77 石隐园文稿不分卷 316
石隐园诗草一卷 316
石隐园藏稿八卷 316
石隐园题咏一卷 399
石民诗二卷 324
80 石镜斋集一卷 346
90 石堂集十二卷 340

(1060$_2$) 百

10 百两篇一卷 18
22 百岁纪年集印一卷 253
24 百僚金鉴十二卷 148
30 百家谱一卷 138
37 百汉印斋砚拓一卷 192
48 百警编二卷 212
60 百里囊中集 371
80 百八唱和集一卷 398

(1060$_2$) 面

43 面城居诗草一卷 370

1060$_4$ 西

00 西亭十二字印记一卷 253
21 西征集一卷 172
西征记一卷 171
西征记略诗全集一卷 172
西行纪程二卷 172
西行甲子集五卷 172
22 西山诗存一卷附录一卷 322
23 西台集二十卷 303
西台奏疏二卷 154
24 西华行稿一卷 346
27 西郛集一卷 348
30 西窗诗草二卷 347
31 西江一棹集一卷 353
37 西湖扇二卷 422
西湖游幸记一卷 92
西辽记北曲一卷 422
西涧草堂文集四卷 350
西涧草堂诗集四卷 350
38 西海征二卷 160
西洋自来火铳制法无卷数 230
西游原旨四十八卷 281
40 西樵山人诗集一卷 328
西樵诗选一卷 328
41 西坪诗钞二卷 364
43 西城别墅倡和集无卷数 398
50 西秦录一卷 99
55 西曹秋思一卷 398
60 西圃文说三卷 407
西圃近稿一卷 342
西圃诗说一卷 407
西圃诗册一卷 342
西圃词说一卷 416
西圃丛辨三十二卷 263
西园唱和诗草一卷 399

(1060$_4$) 酉

53 酉戌草一卷 318
76 酉阳杂俎(一名唐段少卿酉阳杂俎)二十卷续集十卷 270

酉阳杂俎校一卷　271

1062_0　可

00　可斋诗稿一卷　379
72　可则轩近存诗稿二卷　332

1064_8　醉

11　醉琴诗无卷数　372
16　醉醒石十五回　278
54　醉蝶园诗草附补遗　364
77　醉月亭遗诗一卷　352
醉月窗未定草四卷　380
88　醉笔堂三十六善一卷　213

1071_7　瓦

90　瓦当文字不分卷　194

1073_2　云

00　云亭诗附年谱、词　380
云高洞游草一卷　171
云庄张文忠公休居自适小乐府一卷补遗一卷附校记一卷　424
云庄类稿一卷　307
23　云台二十八将图赞一卷　102
云台山志八卷首一卷末一卷　166
37　云门子　402
40　云樵诗选　355
44　云蕉馆纪谈一卷　273
云黄集一百卷目录一卷　318
50　云中纪变一卷　93
云中事记一卷　93
47　云根清壑山房诗一卷　338
77　云月砚轩古体诗稿一卷　339
80　云谷草堂诗钞一卷　352
90　云光集四卷　305
96　云烟过眼录四卷　248
云烟过眼录摘抄一卷　193

1077_2　画

10　画石琐言一卷　337
44　画林雁塔不分卷　108
60　画品(一名德隅斋画品)一卷　251
72　画隐轩题画诗存　381

1080_2　贾

24　贾先生古词论述一卷　417
27　贾凫西木皮词校注　426
贾凫西鼓儿词一卷　426
37　贾阆仙除日祭诗文一卷　421

1080_4　天

00　天府广记四十四卷　157
天文解经一卷　244
10　天一阁见存书目十二卷　175
天玉经抉奥一卷　246
12　天水世泽五种六卷　214
21　天顺六年山东乡试录一卷　139
天步真原一卷　244
天步真原人命部三卷　246
23　天台续集三卷　162
天台续集拾遗一卷　162
天台续集别编一卷　162
天台前集三卷　162
天台前集拾遗一卷　162
天台前集别编一卷　162
40　天壤阁瓦当不分卷　194
天壤阁杂记一卷　182
天壤阁丛书三十二种七十四卷

431
50 天史十三卷 94
57 天畅轩忆得偶存诗稿四卷 371
80 天镜一卷 248
88 天籁集一卷 359
90 天学会通一卷 244

1080_9 灭

43 灭惑论 280

1090_0 不

23 不伏老一卷 420
26 不自知编一卷 371

1090_4 栗

60 栗里诗草一卷 334
栗里年谱(晋陶潜) 123

1111_4 班

44 班范肪截四卷 101

1111_7 甄

40 甄古斋印谱一卷 254

1112_0 珂

10 珂雪二集一卷 333
珂雪集一卷 333
珂雪诗集不分卷 333
珂雪词二卷 413

1112_1 珩

14 珩璜新论(一名孔氏杂说)一卷 259

1120_7 琴

22 琴山诗钞 371
35 琴清英一卷 40
38 琴谱指法省文一卷 252
44 琴苑心传全编二十卷 252
47 琴鹤轩诗集 365
琴趣外篇六卷 410
53 琴书一卷 255
71 琴历一卷 255
90 琴学指南一卷 252

1122_1 彝

41 彝轩孔氏所著书七种六十卷 434
彝轩骈俪文三卷 351
彝轩经说十卷 65

1140_0 斐

60 斐园课草 366

1162_7 砺

44 砺坡草堂诗选一卷 352
砺坡草堂词一卷 414

1164_0 研

22 研畿集略三卷 211
研山斋珍赏集览十卷 250

1168_2 硕

48 硕松堂读易记十六卷 8
60 硕园诗稿三十卷 332

1173_2 裴

17 裴子语林二卷 279
72 斐氏新言一卷 268

1180_9 燹

80 燹余吟草一卷 379

1201_3 飞

37 飞鸿集四卷余集一卷 367

▲书名索引

飞鸿集文一卷　367

1210_8　登

00　登高新唱一卷　398
32　登州府志艺文志四卷　177
登州府荣成县造送海口疆域墩铺图　160
登州文录二卷　393
登州文献记一卷　96
登州诗话三卷　409
登州诗话续编不分卷　409
登州杂事不分卷　160
登州杂事续编四卷　160

1211_0　北

07　北郭集六卷　307
21　北征记一卷　169
北虏三娘子列传一卷　108
26　北泉文集五卷　309
北泉草堂诗集二卷　309
27　北归诗草水程集一卷　325
北归诗草陆程集一卷　325
北归志一卷　170
30　北户录三卷　163
北户录三卷附校勘记一卷　163
38　北海三考三卷　112
北海王氏朔源记一卷　139
北海集四十六卷附录三卷　304
北海经学七录八卷　3
北海耆旧传十二卷　107
北海野人稿一卷　309
北海人范二卷　109
40　北直河南山东西职官名籍一卷(顺治元年)　147
44　北燕录一卷　99
北菌谱一卷　239
50　北史论略一卷　101

1212_7　瑞

00　瑞应图一卷　248

1217_2　瑶

23　瑶台梦一卷　422

1220_0　列

17　列子八卷　221
列子张湛注补正一卷　222
列子张湛注校正一卷　222
列子集释　222
列子补正四卷　222
列子冲虚至德真经注八卷　221
22　列仙传赞一卷　109
列仙传校三卷　109
列仙传校正二卷　109
列仙传校正三卷　109
列仙传叙赞一卷叙录一卷　109
25　(陈官俊)列传碑文一卷　114
40　列女传补注八卷　108
列女传补注校正一卷　108
列女传叙录一卷　108

1223_0　弘

22　弘山集四卷　313
33　弘治八年山东乡试录一卷　139
弘治十七年山东乡试录一卷　139

1223_4　张

00　张文忠公文集二十八卷　306

▲书名索引

12 张烈妇传一卷 114
15 张建封集 297
17 张子渊源录十卷 213
20 张乖崖文行录四卷 112
张乖崖事文录四卷 299
张稚松先生文集二卷 339
21 张行简集 305
24 张佐会试朱卷 142
25 张仲子自娱草四卷 321
26 张穆亭林年谱订补 126
27 张尔岐传一卷 113
张尔岐年谱一卷 126
30 张宫太保(张英麟)哀荣录一卷 115
40 张士保先生评传 115
44 张孝廉(张嗣伦)行略一卷 114
48 张散骑集一卷 295
72 张氏音括一卷 79
张氏三礼图一卷 39
(寿光)张氏诗集合编 396
(安邱)张氏印谱四卷 253
77 张卯君印谱一卷 253
72 张乐全先生(宋张方平)行状不分卷 113

1233_0 烈

26 烈皇勤政记一卷 93

1240_0 刊

12 刊谬正俗八卷 70

1240_1 延

50 延寿客斋遗稿四卷 377
58 延厘堂文集一卷诗集二卷 353
延厘堂集八卷 434
延厘堂奏疏三卷补遗一卷 155

1241_0 孔

00 孔广陶手稿五种五卷 435
孔庙礼乐考六卷 145
孔庙汉碑唱和诗无卷数 398
01 孔颜孟三氏志提纲一卷 111
孔颜孟三氏志六卷 111
12 孔北海集一卷 287
孔北海(融)年谱不分卷 122
17 孔孟重行周疏议一卷 66
孔孟志略三卷 111
孔孟事迹图谱四卷 111
孔孟图歌一卷 111
孔孟图歌二卷 214
孔子庙堂碑考一卷 197
孔子卒年考 110
孔子三朝记一卷 36
孔子集语二卷 205
孔子集语十七卷 206
孔子编年五卷(宋胡仔撰) 115
孔子编年五卷(宋胡仔撰,清胡培翚注) 116
孔子编年(一名孔子年潜)四卷 117
孔子编年十七卷 117
孔子生年考 110
孔子纪年不分卷 117
孔子家语十卷 205
孔子家语十卷 205
孔子家语疏证十卷 205

孔子字学考一卷　60
孔子评传　110
孔子门人考一卷　106
孔子通纪八卷　116
孔子论语年谱一卷　116
孔子世家补订一卷　110
孔子世家谱一百零八卷　133
孔子世家考二卷　110
孔子世家笺注一卷　110
孔子艺事考二卷　110
孔子事迹图谱　109
孔子圣迹图不分卷　109
孔子弟子考一卷　106
孔子弟子目录一卷(汉郑玄撰,清王谟辑)　106
孔子弟子目录一卷(汉郑玄撰,清袁钧辑)　106
孔子年谱一卷(清孔衍海撰)　115
孔子年谱一卷(明陈镐撰)　116
孔子年谱不分卷(清张次仲、沈继震撰)　116
孔子年谱一卷(清宋庆长、宋际编)　116
孔子年谱一卷(清张宿煌撰)　116
孔子年谱不分卷(清郑环撰)　117
孔子年谱一卷(清包大爟撰)　117
孔子年谱四卷(清狄子奇撰)　117
孔子年谱(清林瀛撰)　117
孔子年谱一卷(清冠宗撰)　117
孔子年谱二卷(清黄嗣东撰)　117
孔子年谱一卷(刘汝霖撰)　117
孔子年谱纲目一卷　116
孔子年谱辑注一卷　116
孔子年表一卷(清孔尚任撰)　115
孔子年表一卷(清林春溥撰)　117
孔子年表一卷(清魏源撰)　117
孔子年表(钱穆撰)　117
21　孔颖达年谱　123
23　孔臧赋　286
孔俊峰先生知非录　130
26　孔鲤编年　118
孔鲤颜回生卒年表　119
27　孔伋编年一卷　120
30　孔注论语一卷　54
孔宅志八卷(清丁之吉撰)　165
孔宅志八卷(清诸乾一撰)　165
37　孔门传道录十六卷　106
孔门实纪十二卷首一卷　106
孔门源流考十卷　106
孔门弟子传略二卷　106,116
40　孔志四卷　110
孔东塘先生年谱六卷　128
60　孔易释文七卷　7
72　孔氏族谱　133
孔氏三出辩一卷　110
孔氏家仪十四卷　37,146
孔氏家仪答问四卷　37,146
孔氏实录十四卷　111
孔氏祖庭广记十二卷　104
孔氏谈苑(一名谈苑)四卷　272
孔氏大宗谱一卷　133
孔氏杂说一卷　259
孔氏本末一卷　111
77　孔圣生年月日考异一卷　110

(新锲)孔圣宗师出身全传四卷 116

孔圣图谱三卷 109

孔圣全书三十五卷 111

87 孔叙仲诗草四种六卷 370

88 孔丛子三卷 209

孔丛伯说经五稿五种三十六卷 3

90 孔尚任年谱 128

孔尚任年谱附交游考 128

1242_2 形

10 形下录一卷 182

90 形学备旨十卷 245

1243_0 孤

91 孤灯吟草一卷 360

1262_1 斫

32 斫冰词 414

1266_9 磻

32 磻溪集六卷 306

1280_4 癸

10 癸辛杂识前集一卷后集一卷续集二卷别集二卷 272

17 癸巳编一卷 347

癸丑草一卷 318

1290_0 水

10 水西纪略一卷 94

10 水云集三卷 305

20 水紘楼诗文底稿一卷 318

27 水经释地八卷 167

31 水源录二卷 139

40 水东草堂诗一卷 336

67 水明楼诗六卷 335

71 水厓斋诗一卷 354

77 水月令一卷 156

88 水饰一卷 255

1313_2 琅

17 琅琊二子近诗合选(一名表余落笺合选初集)十一卷 395

琅邪统志稿目一卷 139

琅琊凤麟两公年谱合编一卷 126

琅琊念庵王先生什一录四卷 335

琅邪放鹤村诗集一卷 393

琅邪王氏谱略十卷首一卷 132

琅邪王羲之世系谱二卷 123

琅邪王羲之世系图一卷 123

琅邪诗略七卷 393

琅邪诗人诗第一编不分卷 393

1314_0 武

27 武经将略不分卷 229

武侯武备心法百章一卷 228

武侯集十六卷 287

武侯心书一卷 229

武侯全书二十卷首一卷 228

武侯年谱一卷 123

武备新书十四卷 227

30 武定诗补钞不分卷 394

武定李氏家集不分卷 397

武定李氏存家诗钞不分卷 394

武定明诗钞四卷 394

武定诗续钞二十四卷 394

37 武闱三子全书析疑大全 227

44 武林旧事六卷 162
武林旧事十卷 162
武林旧事六卷后集四卷 162
武林旧事逸四卷 162

1418_1 琪

22 琪山集十二卷 317

1464_7 破

44 破梦斋诗草一卷 325

1519_0 珠

32 珠溪诗集一卷 301

1529_0 殊

80 殊翁合编二卷 364

1540_0 建

00 建文辨疑一卷 92
建文后事一卷 92
建文年谱二卷 92
建安(孔融、徐幹、王粲)诗谱初稿 122
38 建谱志余一卷 93
77 建屏杂记一卷 263

1568_2 碛

19 碛砂唐诗三卷 387

1611_5 理

90 理堂文集十卷 349
理堂诗集四卷外集一卷附录一卷 349
理堂日记八卷 214
理堂全集二十三卷 349

1623_6 强

46 强恕堂诗集八卷 332

1660_2 碧

13 碧琅玕馆诗钞 360
20 碧香阁遗稿一卷 363
22 碧山堂集四卷 350
41 碧梧红豆草堂诗一卷 357
碧梧轩吟稿 365
47 碧桐吟馆诗草不分卷 371

1661_5 醒

44 醒梦戏曲一卷 425
醒世姻缘传一百回 278

1664_0 碑

02 碑刻纂言不分卷 182

1710_2 卫

30 卫宏一卷 74
卫宏赋颂诔七首 286

(1710_2) 盂

17 盂子十四卷 58
盂子辩证不分卷 112
盂子高氏章句一卷 59
盂子章句一卷 58
盂子章指二卷篇叙一卷 59
盂子音义二卷 59
盂子音义考证二卷 59
盂子刘注一卷 58
盂子刘氏注一卷 58,58
盂子丁氏手音一卷 59
盂子张氏音义一卷 59

孟子编略六卷 120
孟子编年不分卷(清黄玉蟾撰) 120
孟子编年四卷(清狄子奇撰) 120
孟子编年考一卷 121
孟子生卒年月考一卷 111
孟子生卒年月考辩证一卷 111
孟子程氏章句一卷 59
孟子纪年不分卷 120
孟子备考存二卷 59
孟子注一卷 58,58
孟子注疏解经十四卷 58
孟子述义二卷 59
孟子述义续一卷 59
孟子论文七卷 59
孟子世家流寓济南府章邱县支谱五卷首一卷 136
孟子綦母氏注一卷 59
孟子事实录二卷 111
孟子时事考征四卷 111
孟子时事略一卷 111
孟子陆氏注一卷 59
孟子年谱一卷(元程复心撰) 120
孟子年谱一卷(清管同撰) 120
孟子年谱二卷(清曹之升撰) 120
孟子年谱一卷(清冯云鹓撰) 121
孟子年谱一卷(清马征麟撰) 121
孟子年谱一卷(清包大爟撰) 121
孟子年谱不分卷(清赵大浣撰) 121
孟子年谱不分卷(清施彦士撰) 120
孟子年谱一卷考一卷(清魏源撰) 120
孟子年谱不分卷(清黄本骥撰) 121
孟子年谱(钱穆撰) 121
孟子年表一卷(清王特选、孟衍泰撰) 120
孟子年表一卷(清孟经国撰) 121
孟子年表一卷(清魏源撰) 121
孟子年表一卷(清蒋一鉴撰) 121
孟子年表一卷(明吕兆祥、吕逢时撰) 120
孟子年表不分卷(清胡毓寰撰) 121
孟子年略不分卷 121
孟子郑氏注一卷 59,59
23 孟我疆先生集六卷 314
40 孟志五卷 111
72 (诸城)孟氏家集 396
80 孟公武略类编五卷 229

1712_0 习

30 习字诀一卷 76
80 习盦丛刊(一名潍县文献丛刊) 432

1712_7 邛

26 邛伯罍考 186

1721_5 翟

10 翟云升所著书三种四十五卷 434

1722_7 帚

80 帚金集四卷 362

1740_7 子

00 子言先生诗集二卷 331
10 子牙子 223
60 子思子一卷 209
子思子六卷首一卷 209
子思子遗编辑注三卷 209
子思子全书一卷 209
子思年寿考 120
80 子曾子一卷 207

1740_8 翠

60 翠墨园语一卷 182

1742_0 聊

00 聊斋文集□□卷 340
聊斋文集残本 340
聊斋文集三卷诗二卷 340
聊斋文集四卷 340
聊斋文集十卷 340
聊斋先生遗集一卷 340
聊斋佚文辑注 340
聊斋俚曲选 426
聊斋诗文集不分卷 340
聊斋诗集二卷 340
聊斋词一卷 413
聊斋志异十六卷 275
聊斋志异(白话笺注) 277
聊斋志异二十四卷 276
聊斋志异不分卷 276,276
聊斋志异新评十六卷 276
聊斋志异新抄八卷 276
聊斋志异戏曲集 277
聊斋志异注十六卷 276
聊斋志异选(人民文学出版社) 277
聊斋志异选(严薇青、朱其铠选) 277
聊斋志异选(张友鹤选注) 277
聊斋志异选注 277
聊斋志异遗稿四卷 276
聊斋志异逸编二卷 276
聊斋志异说唱集 277
聊斋志异拾遗 276
聊斋志异原稿附校勘记 275
聊斋志异(会校、会注、会评本)十二卷 276
聊斋志异丛论 277
聊斋鹤轩笔札一卷 261
聊斋四六文集八卷 340
28 聊以自娱集一卷续一卷 367
43 聊城县宪纲一卷乡宦一卷 108
60 聊园文集无卷数诗集十卷 331
聊园诗略十三卷 331
聊园全集十五卷 332
80 聊复集三卷 373

1742_7 邢

17 邢子愿杂著不分卷 315

1744_0 取

21 取此居文集二卷 338

1750_7 尹

00 尹文子 257
尹文子一卷 257
尹文子二卷 256
尹文子一卷附校勘记逸文一卷

257
尹文子佚文一卷补遗一卷　257
47　尹都尉书一卷　239
90　尹少宰奏议十卷　154

1752_7　那

60　那罗延室稽古文字　74

1761_2　砚

22　砚山斋集一卷　213
砚山斋杂记四卷　248
26　砚泉诗草无卷数　368
50　砚史四卷　256
60　砚思集六卷　341
93　砚炉阁诗集五卷　342

1762_0　司

30　司空表圣文集十卷　298
司空表圣诗五卷　298
司空图诗品解说　404
40　司农奏议十卷　153
64　司勋五种集二十卷　327
77　司马子　227
司马法三卷　226,227
司马法三卷逸文一卷　227
司马法五卷　227
司马法一卷　227
司马法一卷逸文一卷　227
司马法集解二卷　227
司马法直解一卷　227
司马法古注三卷附音义一卷　227
司马兵法一卷　227
司马入相传奇一卷　421

1762_0　酌

10　酌雅堂诗草二卷　379

1762_7　郡

00　郡斋读书志四卷　174
郡斋读书志考异一卷　174
郡斋读书志附志一卷　174
郡斋读书志后志二卷　174
11　郡北济阳江氏宗谱十卷　133

(1762_7)　确

00　确唐诗钞二卷　358

1771_7　己

00　己亥存稿一卷　325
17　己丑抄一册　79

1777_2　函

10　函玉集一卷　330
22　函山集十卷　309
函山集选　309

1780_4　买

50　买春诗话一卷　409

1780_9　灵

22　灵岩志六卷　166
灵岩集不分卷　166
26　灵泉文集八卷　381
30　灵宪一卷　245
34　灵秘十八方加减一卷　243
41　灵枢悬解九卷　240
44　灵棋经二卷　246

1790_9　录

26　录鬼簿续编一卷　179

80 录余绪论一卷 407

1818_1 璇

17 璇玑锦杂剧一卷 422

1833_4 憨

00 憨斋涛话四卷 409

憨斋诗删十一卷 367

1843_6 聪

77 聪圣志四卷附录一卷 110

1848_4 联

27 联句私钞四卷 397

31 联语录二卷 382

1865_1 群

44 群芳诗钞八卷 389

1874_0 改

30 改定元贤传奇十六种十六卷(存六种六卷) 417

1918_2 琐

00 琐言十种十卷 434

1940_0 孙

00 孙文定公全集六种十二卷 433

10 孙玉庭自记年谱 129

13 孙武子 224

孙武子三卷 225

孙武子直解三卷 225

孙武子会解四卷 225

17 孙子三卷 223

孙子三卷(魏武帝注) 224

孙子三卷(魏武帝注,清凌堃增注) 224

孙子十一卷 224

孙子一卷(明王世贞评释) 224

孙子一卷(张之纯评注) 224

孙子一卷(晋孙绰撰) 269

孙子平议补录 225

孙子取衷十三卷 225

孙子集注一卷 224

孙子集注十三卷 224

孙子参同五卷 225

孙子参同三卷 225

孙子约钞一卷 225

孙子释证十三卷 226

孙子注一卷 224

孙子注不分卷 225

孙子注解十三卷附遗说一卷 224

孙子注释 226

孙子汇征八卷 225

孙子选注 226

孙子十家集注十三卷 224

孙子十家注十三卷附遗说一卷 225

孙子十家注十三卷附叙录一卷遗说一卷 225

孙子书三卷 225

孙子兵法(银雀山汉墓竹简) 224

孙子兵法新注 226

孙子兵法浅说 226

孙子兵法校释 226

孙子兵法概论 226

孙子今注今释 226

孙子今译 226

孙子会笺 226

孙子叙录一卷　225
25　孙峡峰小令一卷　425
30　孙该集　289
39　孙逖集一卷　297
47　孙橘堂顺天乡试墨卷　142
52　孙刺史集无卷数　309
72　孙氏尔雅正义拾遗一卷　68
孙氏礼记集解补正六十一卷　34
孙氏成败志一卷　211
孙氏成败志一卷　211
73　孙膑兵法校理　226
孙膑兵法(银雀山汉墓竹简)　226

2

2010_4　壬

12　壬癸诗录一卷　359
17　壬子草一卷　318
50　壬申年日记一卷　143

2010_5　重

07　重韵辨义四卷　74
12　重刊宋绍熙公羊传注附音本校记一卷　44
重刊摄生众妙方序　164
27　重修山东盐法志二十二卷首一卷附编十卷　150
重修济阳江氏族谱八卷　133
重修青山行宫碑文一卷　192
(民国)重修泰安县志金石志二卷　200
(道光)重修胶州志金石考一卷　201
31　重订主客图二卷说一卷补遗一卷　400
重订中晚唐诗主客图说二卷　400
重订批点类辑练兵诸书十八卷附传略一卷　229
46　重辑渔洋书跋　175
重辑曾子遗书十四卷　207
重辑李清照集　304
77　重印费县李紫坦致张忠武公书一卷　155
86　重知堂诗二卷　334
88　重纂三迁志十卷　105

2011_2　乖

22　乖崖张公语录二卷　112
乖崖集存六卷　299
乖崖先生文集十二卷附录一卷　299
乖崖诗抄一卷　299

2011_5　缠

17　缠子一卷　237

2020_2　乡

27　乡贤录一卷　107
乡贤常公诗集一卷　319
60　乡园忆旧录六卷　262
90　乡党句解四卷　56
乡党约说一卷　56
乡党图考补正六卷　56
乡党图考札记一卷　56

2022_1　停

10　停云集不分卷　390

停云诗草　346
22　停绣草一卷　398

2022_7　仿

22　仿山赋一卷　250

(2022_7)　禹

10　禹贡正字一卷　17
禹贡说义稿一卷　17
禹贡地理今释考二卷　17
禹贡书法一卷　17
禹贡辑解二卷　17
禹贡今释一卷　17

(2022_7)　傍

90　傍妆台百曲不分卷　424

2022_8　乔

43　乔朴轩杂记一卷　262
44　乔梦符小令一卷　424

2023_2　依

44　依萱草堂诗稿二卷　373

2026_1　信

18　信验方录四卷续录四卷　244
33　信心斋稿四卷　331

2033_1　焦

04　焦竑年谱　126
10　焦雨田先生遗集四卷　374
焦雨田(云龙)先生年谱二卷　131
22　焦山诗三卷宸翰一卷　167
焦山志十二卷　167
焦山古鼎考一卷　183
72　焦氏四书讲录十四卷　60
焦氏易林校略十六卷　246
焦氏笔乘六卷续集八卷　260
焦氏类林八卷　267

2040_0　千

30　千字鉴略一卷　101
83　千鉢斋古鉢选不分卷　189

2040_7　爱

10　爱吾鼎斋藏器目一卷　183
爱吾鼎斋金石文字一卷　181

2060_5　看

10　看云秋室馆课诗存二卷　364
看云秋室馆课赋存一卷　364

2060_9　香

00　香亭文稿一卷　366
10　香雪园重订诗不分卷　349
37　香祖笔记十二卷　261
60　香咳集选存三卷　390
香咳集选存三卷(卷四至六)　390
80　香谷诗草一卷　379

2064_1　辞

44　辞荣录不分卷　153

2071_4　毛

00　毛文龙孔有德列传一卷　113
34　毛诗二十卷　21
毛诗序义疏一卷　26
毛诗辨韵五卷　78
毛诗音残三卷　24
毛诗韵谱一卷　22
毛诗韵考八卷　78

毛诗韵聿不分卷　79
毛诗韵串三册　79
毛诗二南残卷一卷　20
毛诗正韵四卷韵例一卷　79
毛诗王氏注四卷　21
毛诗重言一卷增补一卷　78
毛诗集解训蒙一卷　23
毛诗集注一卷　22
毛诗续记　22
毛诗传笺七卷　20
毛诗名物疏钞不分卷　24
毛诗名物考七卷　23
毛诗徐氏音一卷　24
毛诗注二十卷　20
毛诗注一卷　21
毛诗注疏二十卷　21
毛诗字分韵不分卷　79
毛诗述义一卷　26
毛诗沈氏义疏二卷　26
毛诗问难一卷　21
毛诗说略八卷首一卷　23
毛诗谱一卷　24,24,24
毛诗谱畅一卷　26
毛诗十五国风义一卷　26
毛诗义驳一卷　22
毛诗义问一卷　21,26
毛诗声类诗声分例一册　79
毛诗古音三卷　78
毛诗古韵五卷　22
毛诗古韵贯三册　79
毛诗奇句韵考四卷　22
毛诗杂论一卷　22
毛诗草虫经一卷　26
毛诗故训传三十卷　21
毛诗申郑义一卷　22
毛诗奏事一卷　22
毛诗拾遗一卷　26
毛诗题纲一卷　26
毛诗质疑六卷　22
毛诗驳一卷　22
毛诗马氏注一卷　26
毛诗周氏注一卷　26
毛诗异同评三卷　22,26
毛诗异同评一卷　22,22
毛诗隐义一卷　26
毛诗双声叠韵说增补不分卷　78
毛诗总辨不分卷　23
毛诗舒氏义疏一卷　26
毛诗笺音义证一卷　26
毛诗笺疏辨异三十卷　23
毛诗答杂问一卷　26
37　毛鸿宾字册一卷　251
90　毛尚书奏稿十六卷　155

2090_4　采

30　采访潍县艺文册不分卷　395
40　采真别墨一卷　265
80　采善录一卷　108

(2090_4)　集

00　集唐初刻(一名若仙集唐)二卷　361
集唐二刻一卷　361
10　集玉山房稿十卷　314
17　集灵记一卷　275,275

27 集解孝经一卷 51
30 集注毛诗一卷 22,26
集注尔雅一卷 80
集注丧服经传一卷 32,32
40 集义编 214
60 集思堂外集六卷 365

2090_7 秉

80 秉兰录二卷 171

2091_5 稚

20 稚香山房诗钞 369
47 稚鹤题识金石拓本不分卷 181

2102_7 师

40 师友诗传录一卷 405
师友诗传续录一卷 405
师友词翰不分卷(原札十七通) 400
师友谈记(一名济南先生师友谈记)一卷 259
77 师丹集 286

2108_2 顺

10 顺正编一卷 214
33 顺治五年戊子科山东乡试录一卷 140
顺治十一年山东乡试录一卷 140
顺治四年丁亥科春秋房会试朱卷一卷 141
顺治八年辛卯科山东同贡序齿录一卷 140

2110_0 上

77 上陶室砖瓦文攟五卷 194

(2110_0) 止

21 止止轩诗稿六卷 352
止止轩古文二卷 355
止止堂集五卷 309
32 止适斋藏书目不分卷 176

2111_2 红

10 红雪轩稿六卷 332
44 红萼轩词二卷 414
红萼轩词牌(一名词坛雅政)一卷 416
红萼轩杜诗汇二种六卷 401
红藕花轩泉品九卷 188
红藕花榭诗余一卷 415
47 红榈书屋未刻稿二卷 262
红榈书屋诗集四卷 351
红榈书屋词集九卷 414

2112_7 与

21 与点集一卷 339
77 与居录一卷 104

2116_1 缙

10 缙云山人诗集八卷附录一卷杂著二卷 362

2120_7 卢

00 卢文肃公年谱一卷 129
10 卢霖生自述年谱一卷 129
32 卢溪诗草一卷 358
77 卢隐集六卷 317

2121_1 征

22 征剿纪略四卷 96

2121_2 虚

26 虚白堂诗草二卷 313

2121_7 虎

30 虎牢关三战吕布残本一卷 418

2122_0 何

02 何端简公集十二卷 339

何端简公(世璂)年谱不分卷 128

12 何水部集二卷 294

17 何子朗集 294

何承天说一卷 138

21 何衡阳集一卷 291

何衡阳集选一卷 291

27 何僴集 293

30 何注论语一卷 55

37 何记室集选一卷 294

42 何长瑜集 291

50 何素朴手书函稿一卷 381

60 何思澄集 294

72 何氏公羊解诂续十论一卷 44

何氏公羊解诂再续十论一卷 44

何氏公羊解诂十论一卷 44

2122_1 行

37 行间日记四卷附录一卷 94

77 行脚集 354

(2122_1) 衍

10 衍元小草二卷 245

34 衍波词二卷 413

(2122_1) 衔

22 衔山阁诗集七卷 338

衔山阁诗余一卷 413

(2122_1) 衡

44 衡藩宫词一卷 101

(2122_1) 衢

50 衢本郡斋读书志二十卷 174

2122_7 儒

00 儒言一卷 211

44 儒藏说一卷 173

50 儒吏完城北曲一卷 422

2128_2 须

10 须贾大夫谇范叔杂剧一卷 418

2128_4 虞

33 虞溥集 289

72 虞氏春秋一卷 218

2140_6 卓

00 卓庵吟草 358

2155_0 拜

27 拜经书屋文稿无卷数 360

2160_0 占

60 占易秘解一卷 10

2180_2 贞

17 贞珉阐古录一卷 192

60 贞固斋书义四卷 60

贞固斋易义不分卷 7

2202_7 片

10 片云小草一卷 371

2210_1 丝

47 丝桐内外编二卷 252

2212_7 绣

12 绣水诗钞八卷 392
22 绣山文钞一卷 370

2220_0 制

40 制义文统类编不分卷 267
44 制艺一卷(清刘鸿翱撰) 362
制艺不分卷(清周乐撰) 366
制艺纲目一卷 407

2220_0 侧

55 侧垫录八卷 261

2220_7 岁

80 岁余偶录二卷 265

2221_2 能

53 能书录一卷 108

2221_4 任

00 任彦升集六卷 294
17 任子道论一卷 258
40 任克溥奏疏一卷 154
任希古集 296
50 任中丞集选一卷 295

(2221_4) 崖

10 崖西诗稿一卷 320

2221_5 崔

15 崔融集 296
25 崔仲凫文钞一卷 308
31 崔洹野集二十卷 308
崔洹野集七种三十五卷附一种一卷 432
崔洹野(铣)年谱一卷 126
37 崔祖思集二十卷 293
60 崔国辅集 297
71 崔后渠集一卷 308
72 崔氏六种二十三卷 432
崔氏政论一卷 268
崔氏家塾志一卷 212
崔氏洹词十七卷附录四卷 308
77 崔瞻集 296
90 崔光集二卷 295

2222_1 嵛

44 嵛麓草堂吟草一卷 372

2222_7 鼎

60 鼎甲征信录二卷 139

(2222_7) 嵩

22 嵩山文集二十卷 302
22 嵩山居士集五十四卷 304

2226_2 偕

60 偕园诗草一卷 323

2227_0 仙

72 仙乐集五卷 305

2233_1 熊

00 熊文端公(赐履)年谱一卷 128

2240_1 毕

26 毕自严遗稿一卷 316
毕自严记述奏对不分卷 153
毕伯阳奏稿一卷 153
72 毕氏家乘一卷 134
毕氏恩纶录三卷 137
80 毕公墓碑一卷 113

90 毕少保公(自严)传一卷 113

2260_1 峇

21 峇嵺山人诗文集一卷 413
峇嵺山人诗集四卷 338
峇嵺山人诗余一卷 413

2265_3 畿

43 畿辅人物志二十卷 103
畿辅人物略不分卷 103

2271_0 比

72 比丘尼僧祇律一卷 280
88 比竹余音四卷 415

2272_1 断

23 断发记二卷(一折) 422

2274_7 饭

22 饭山堂诗集二卷 366

2277_0 山

32 山渊阁选读古文词序目一卷 409
38 山海经校注 274
山海经笺疏十八卷图赞一卷订讹一卷 274
40 山左度支备览二卷 148
山左石刻丛编四十卷 195
山左北朝石存目一卷 195
山左瓦当文字不分卷 194
山左碑目四卷 195
山左访碑录十三卷 195
山左诗课四卷 400
山左汉魏六朝贞石续目一卷再续目一卷 195
山左汉魏六朝贞石目补遗一卷 195
山左汉魏六朝贞石目一卷 195
山左冢墓遗文一卷 195
山左南北朝石刻存目(一名山左北朝石存目)一卷 195
山左古文钞八卷 392
山左古鬲津松樵氏未定稿 131
山左古文钞选不分卷 392
山左校士录 142
山左校士录四书文 142
山左教案二编一卷 95
山左书画志略十三卷 108
山左星轺笔记三卷(道光二十一年至二十三年) 144
山左明诗选 391
山左明诗钞三十五卷 391
山左人词三种 410
山左金元诗选一卷 386
山左金石约录不分卷 195
山左金石约录不分卷 195
山左金石志二十四卷 195
山左笔谈一卷 158
山东兖州府邹县现行简明赋役全书一卷 150
山东度支总歌一卷(清乾隆至光绪年间) 148
山东度支省例附钱谷款目及兼俸章程不分卷 148
山东文化史研究乙编附地名表 97
山东交代章程存四卷 155
山东万历丙午武举录一卷 139

▲书名索引

山东石志目二卷　195
山东登州府黄县现行简明赋役全书一卷　150
山东水利管窥四卷　168
山东武义士兴学始末记一卷　115
山东郡县图考一卷　159
山东郡县图考不分卷　159
山东己酉科拔贡同年题名录一卷　141
山东乙酉科(顺治二年)乡试朱卷一卷　141
山东乡试录一卷　140
山东乡土教本一卷　159
山东劖捻奏稿一卷　155
山东邹县滕县古城址调查　194
山东名人小传不分卷　104
山东各县乡土调查录四卷　159
山东各县县长交代辑要一卷　148
山东济宁直隶州嘉祥县现行简明赋役全书一卷　150
山东济宁直隶州金乡县现行简明赋役全书一卷　150
山东济南府齐东县现行简明赋役全书一卷　149
山东济南府长清县现行简明赋役全书一卷　149
山东济南府德平县现行简明赋役全书一卷　149
山东江南浙江福建四省沿海图　157
山东河务行政沿习利弊报告不分卷　169
山东河务行政沿习利弊报告书一卷　150
山东福建海防条议不分卷　151
山东运河备览十二卷图一卷　168
山东州县歌略并图一卷　159
山东巡抚部院审查宣统三年地方行政经费预算册　149
山东巡抚部院札发谘议局宣统三年地方行政经费预算比较表附追加册　149
山东巡抚札交谘议局议案法案及谘询事件　155
山东诸水编一卷　168
山东汉画像石研究　194
山东汉画像石选集　194
山东沿海舆图　159
(光绪)山东通志金石志六卷　199
山东通省运河泉源水利全图一册　168
山东通省州县经征钱粮数目简明表不分卷　148
山东军兴纪略二十二卷　96
山东闱墨　142
山东调查陆军财政局试办宣统三年预算比较表　149
山东调查局公牍录要初编二卷　155
山东谘议局议决宣统三年地方预算案一卷　149
山东谘议局议案　155
山东谘议局呈送议决宣统三年地方行政经费册　149

▲书名索引

山东海疆图记五卷首一卷　158
山东直隶河南三省黄河全图不分卷　169
山东义和团教案　97
山东义和团调查资料选编　97
山东古物调查表二卷　195
山东古国考　159
山东大学堂史学课本　100
山东盐法续增备考六卷　150
山东盐法志四卷　150
山东盐法志二十二卷　150
山东盐法志十四卷　150
山东莱州府高密县现行简明赋役全书一卷　149
山东地理问答一卷　158
山东地略一卷　158
山东考古录一卷　158
山东考略一卷　158
山东黄河南岸十三州县迁民总图附迁民图说　151
山东黄河防治图说资料　169
山东黄河全图　169
山东教案史料　97
山东青州府博兴县现行简明赋役全书一卷　149
山东青州府寿光县现行简明赋役全书一卷　149,149
山东秦汉碑刻　194
山东泰安府新泰县现行简明赋役全书一卷　150
山东抚院发交谘议局议案法案及谘询事件录　155
山东书局木版书籍目录一卷　178
山东书局图书目录十卷　178
山东曹州教案条约一卷　96
山东图书馆辛亥年藏书目录　178
山东胶州直隶州现行简明赋役全书一卷　149
山东同官录不分卷　148
山东悬案细目协定　156
山东悬案铁路细目协定　156
山东县名溯原一卷　159
山东即墨杨氏诗文集不分卷　395
山东人瑞不分卷　109
山东全河备考四卷　168
山东全省官书局书目无卷数　177
山东全省案稿一卷　151
山东全省金石造像墓碑调查表一卷　195
山东金文集存三篇　195
山东金石志五卷　195
山东金石志稿不分卷　195
山东省碑文三卷　194
山东省保存古迹事项统计表一卷　195
山东省保存古迹表不分卷　164
山东省各府州县现行简明赋役全书四十九种四十九卷　149
山东省各衙署局所学堂职员一览表　148
山东省进德会金石书画展览物品纪略四卷　196
山东省沿革表四卷　159
山东省东临道所属各县古物调查表

一卷　195
山东省胶东道所属各县古物调查表一卷　196
山东省赋役全书一百十一卷　149
44　山姜诗选二十卷补刻一卷　333
山林长语　305
53　山书十八卷　93

2277_0　凶

22　凶礼一卷　31

(2277_0)　幽

44　幽节录一卷　104

(2277_0)　豳

77　豳风概一卷　391

2277_2　出

22　出山草诗十二卷文五卷制艺二卷　375
出山异数记一卷　144
30　出塞集一卷　342
47　出劫记略一卷　94

2290_1　崇

31　崇祯六年癸酉科山东乡试录一卷　140
崇祯十二年己卯科山东乡试录一卷(清孙惟谏订辑)　140
崇祯十二年己卯科山东乡试录一卷　140
崇祯十五年壬午科山东乡试录一卷　140
37　崇祀乡贤录一卷　107
崇祀乡贤名宦录一卷　154
70　崇雅堂集十五卷附录一卷　315

2290_3　紫

10　紫雪轩诗集一卷　334
37　紫溟诗文集　380
42　紫荆书屋诗话一卷　408
44　紫薇阁集一卷　372
紫藤居诗草二卷　365
紫桂仙馆遗稿二卷　373
53　紫书阁诗一卷　352

2290_4　柴

32　柴溪草一卷续草一卷　339
柴溪草四集一卷续集一卷　339
44　柴村全集五种十六卷　433
柴村全集十九卷附录一卷　322

2292_2　彩

00　彩衣楼诗话四卷　409

2300_0　卜

60　卜易集锦一卷　246
72　卜氏三世诗草三卷　397

2315_0　缄

00　缄斋府君(宋瞻祖)年谱不分卷　128

2320_2　参

10　参两图说二卷　246
40　参校周易孔义集说二十卷　9

2321_2　允

10　允吾诗草一卷　345

2321_2　优

80　优复恩例不分卷(清孔继善等汇辑)

146
优复恩例不分卷(清孟广均纂) 146

2322_7 偏

30 偏安艺流一卷 254

2324_2 傅

26 傅伯俊诗草七卷 315
50 傅忠肃公文集三卷 303
77 傅冠县殉难诗文略 96

2325_0 臧

44 臧荣绪晋书二卷 89

2328_4 伏

20 伏乘十九卷 134
伏系之集 291
27 伏侯古今注一卷 151,151
伏侯古今注三卷补遗一卷又补遗一卷 151
32 伏滔集十一卷 290
60 伏园诗钞 382
72 伏氏佚书佚文十三卷 134

2333_8 然

72 然脂百一编五种五卷 431
然脂集二百卷 385
然脂集例一卷 405
91 然灯记闻一卷 405

2340_7 发

44 发蒙记一卷 80
60 发墨守一卷 44,44,45
发墨守评一卷 45
80 发公羊墨守一卷 44,45

2344_0 弁

76 弁阳老人词一卷 411

2350_0 牟

10 牟平遗香集十六卷 393
牟平赵氏谱书四卷 135
17 牟子一卷 279
牟子全集十七种三十九卷 435

2375_0 峨

22 峨山集 354

2376_0 饴

22 饴山文录一卷 335
饴山文集十二卷附录一卷 335
饴山诗集二十卷 335
饴山词一卷 413

2377_2 岱

11 岱顶秦篆残刻题跋一卷 197
22 岱岩访古日记一卷 197
28 岱览三十二卷 165
30 岱宗大观一卷 166
岱宗藏稿五十卷 316
岱宗小稿十六卷 316
50 岱史十八卷 166
岱史节抄二卷 166
70 岱臆一卷 166
90 岱粹抄存不分卷 166

2377_7 馆

44 馆藏朱秋崖手抄后汉书补注稿考证一卷 86

2380_2 贷

60 贷园丛书初集十二种五十一卷 431

2390_4 秘

53 秘书监志十一卷 147

2393_2 稼

41 稼轩长短句十二卷 411
稼轩先生南归后之年表 125
稼轩先生(辛弃疾)年谱一卷(清辛启泰撰) 124
稼轩先生年谱一卷(梁启超撰) 124
稼轩先生年谱一卷(陈思撰) 125
稼轩词四卷 410
稼轩词疏证六卷 411
稼轩词补遗一卷附校记一卷 411
77 稼民杂著三种三卷 435

2396_1 稽

00 稽庵古印笺四卷 190

2412_1 绮

44 绮树阁稿一卷赋稿一卷 339

2416_0 绪

60 绪园新集一卷 326

2418_4 续

00 续齐鲁古印捃十六卷 189
10 续三十五举一卷(乙巳更定本) 252
续三十五举一卷再续三十五举一卷 252
续五灯会元 280
续元功垂范一卷 94
续开六郡采访名人书目一卷 177
续晋阳秋一卷 89
续晋阳秋一卷(清黄奭辑) 89
续晋阳秋二卷(清汤球辑) 89
22 续山东考古录三十二卷 158
26 续泉说一卷 188
续泉汇十四卷补遗二卷 187
27 续绍录一卷 368
续修淄川李氏家谱一卷 134
(民国)续修历城县志金石考二卷 199
30 续安丘乡贤小传一卷 107
34 续诗经音律八卷 78
续诗谭一卷 405
39 续谈助五卷 265
40 续左氏膏肓六卷 41
续李沧溟集一卷 312
续古宫词一卷 413
44 续封泥考略六卷 191
续世说十二卷 272
50 续春秋三界考一卷 47
续春秋左氏传义略一卷 49
79 (民国)续滕县志金石志一卷 200
80 续金山志二卷 167
续金瓶梅十二卷六十四回 278
续公羊墨守三卷附篇三卷 45
续会稽掇英集校补五卷 391
90 续小令集一卷 425

2420_0 什

10 什一编一卷 347

什一录四卷　261

2420_3　仪

07　仪部张先生文集二卷　315
仪部公行状一卷　113
10　仪晋观堂诗钞一卷　374
12　仪廷四伯手译汇存一卷　358
32　仪礼十七卷　29
仪礼疏五十卷　29
仪礼条辨不分卷　30
仪礼注疏十七卷　29
仪礼注疏正讹十七卷　30
仪礼注疏详校十七卷　30
仪礼读本四卷　30
仪礼士冠礼笺一卷　31
仪礼丧服马王注一卷　31
仪礼丧服注一卷　31
仪礼臆测十七卷叙录一卷　30
仪礼郑注句读十七卷　30
87　仪郑堂文集二卷　351
仪郑堂遗稿一卷　351

2421_0　化

35　化清经一卷　269
80　化人游一卷　422

2421_2　先

00　先府君晓亭公(曹香蓉)年谱一卷　131
10　先正读书诀一卷　216
21　先儒(伏胜)年表一卷　121
46　先相国少保公年谱不分卷　128
47　先都御史公奏疏三十六卷　154
50　先秦宫殿考一卷　164
77　先圣庙林记一卷　165
先圣孔子年谱考不分卷　116
先圣生卒年月日考二卷　110
先圣年谱不分卷　115
先圣年谱考二卷　117

2421_4　佳

12　佳水堂稿一卷　334
22　佳山堂诗集十卷二集九卷　323
佳山堂书目一卷　175

2422_1　倚

10　倚云阁诗集一卷　336
倚云楼诗四卷　348
24　倚华楼诗四卷　348

2422_7　侑

28　侑觞琐言一卷　337

2423_1　德

13　德武离婚　422
32　德州魏氏家谱四卷　137
德州宾兴事宜一卷　146
德州田氏丛书十三种一百零一卷　432
德州赋役全书一卷　149
60　德国武备体操法六卷　230
76　德隅斋画品一卷　251

2424_1　侍

27　侍御十疏一卷　152

(2424_1)　待

30　待访碑目不分卷　192
41　待轩诗集一卷　379

60 待园遗稿八卷 346

2426_0 储

90 储光羲集五卷 297

2440_1 华

07 华歆集 288

10 华不注山房文集二卷 352

华不注山房诗集二卷 352

17 华胥吟草四卷 381

22 华峤集 289

华山志一卷 165

26 华泉集十四卷 308

华泉先生集选四卷 308

华泉诗集八卷 308

44 华萼馆诗草一卷 341

67 华野郭公(琇)年谱一卷 128

华野疏稿五卷 154

华野年谱一卷附志铭行述一卷 154

72 华氏新论一卷 218

2441_2 勉

17 勉承先志七种八卷 435

24 勉德堂读易直解四卷 8

2472_7 幼

21 幼髯孔氏所撰传奇杂剧三种四卷 417

28 幼海风土辨证不分卷 163

90 幼学编不分卷 261

2472_7 崂

22 崂山纪略一卷 166

崂山名胜志略一卷 166

崂山记一卷 166

崂山志八卷 166

崂山艺文志二十四卷 167

2476_0 岵

71 岵原杂记一卷 263

2480_2 货

20 货币源流考一卷 188

2490_0 科

27 科名捷法 217

科名金针一卷 146

2492_7 稀

28 稀龄追忆录四卷续录一卷 130

2500_0 牛

30 牛空山(运震)年谱不分卷(夏廷械撰) 129

牛空山(运震)年谱不分卷附补遗及世系表(蒋致中撰) 129

72 牛氏空山堂藏镜一卷 184

2511_7 纯

00 纯斋遗草一卷 343

53 纯甫文稿一卷 356

2519_4 练

10 练要堂文集无卷数 321

32 练溪集五卷 341

72 练兵实纪九卷杂集六卷 228

练兵实纪类抄十五卷 228

2520_6 仲

10 仲平印存一卷 254

17 仲子(由)年表一卷(清冯云鹓撰)

118
仲子年表一卷(明赵时雍撰) 118
22 仲长子昌言一卷 211
仲长子昌言二卷 211
仲长统论一卷 211
40 仲志四卷 111
50 仲由编年 118
仲由年表 118

(2520$_6$) 使

10 使琉球记一卷 173
26 使粤诗草二卷 367

2520$_7$ 律

34 律诗定体一卷 405
律诗拗体四卷 408
60 律吕正声六十卷 39
律吕指掌一卷 40
70 律服考古录二卷 30

2522$_7$ 伟

25 伟堂笔记一卷 144

2522$_7$ 佛

38 佛说杂藏经一卷 280
40 佛幢证古录一卷 192
60 佛国记一卷 173
80 佛金山馆秦汉石跋一卷 192

2523$_0$ 体

56 体操法六卷 230

2523$_2$ 传

27 传经堂全集 380
40 (篁斋)传古别录一卷 186
传古小启一卷 181

2528$_0$ 佚

88 佚笈姑存九种十卷 433

2578$_0$ 峡

44 峡猿草一卷 342

2580$_7$ 肄

38 肄许外篇二卷 73

2590$_0$ 朱

17 朱子语类纂十三卷 213
朱子学训三卷 216
朱君墓铭一卷 114
67 朱照杂记不分卷 144
80 朱令昭诗一卷 346

2590$_6$ 种

10 种玉山房诗草一卷 367
24 种德堂文集 331
种德堂勸史英华录三十六卷 95
种德堂未焚草一卷 369
40 种李园近稿一卷 351
种李园诗话无卷数 409
44 种蕉吟馆试帖近稿上下二卷 375

2600$_0$ 旧

00 旧唐书二百卷 87
10 旧雨新编一卷 391
旧雨草堂诗文集一卷 382
旧雨草堂诗八卷 348
旧雨草堂诗余一卷 414
21 旧止草堂集一卷 347
40 旧南草堂集一卷 350

59 旧抄淄川名家诗钞一卷 393

(2600_0) 白

10 白雪楼诗集十卷 311
白石山房诗存二卷 352
白云山房诗集三卷文集六卷 354
白云山房集四种十三卷 435
白云村集八卷 341
白云村文集四卷 341
白云村全集四种十四卷 433
37 白沟草二卷 369
白泽图一卷 248
54 白蜡虫谱一卷 239
80 白羊山房诗钞六卷 357

(2600_0) 自

23 自然草四卷 366
33 自述诗无卷数 371
37 自记年谱(孙玉庭) 129
44 (王守训)自著年谱一卷 131
80 自镜轩读经札记十卷 66
93 自怡集三卷 343

2602_7 粤

38 粤游日记一卷 171
71 粤匪陷临清纪略 96

2610_4 皇

24 皇华集一卷 346
皇华集十三卷 319
皇华纪闻四卷 170
27 皇经注解三卷宝号一卷 281
皇纲录六卷 90
28 皇览一卷 266
47 皇朝钱法一卷 187
皇朝圣师考七卷 104
67 皇明疏抄七十卷 152
皇明理学名臣言行录三卷 103
皇明两朝疏抄十二卷 152
皇明开天玉律四卷 145
皇明乐律书六卷 39

2614_7 缦

55 缦耕斋诗钞一卷 372
缦耕斋同姓名录八卷附录一卷 267

2618_0 织

00 织斋文集八卷 322
织斋集钞八卷 322

2620_2 伯

44 伯若遗著一卷 370

2621_5 俚

00 俚言劝世一卷 216
31 俚语证古十四卷 71

2622_7 偶

00 偶言四卷 212
38 偶论四名家诗四卷 400
40 偶存草堂集六卷 345

2624_1 得

33 得心录一卷 244
40 得壶山房印寄不分卷 189
77 得月楼诗稿 350

2629_4 保

30 保安堂三补简便验方四卷 243

53　保成公径赴渑池会一卷　418

2633_0　息

41　息轩草一卷　324
息轩草初集一卷二集二卷附墓铭一卷　324

2633_0　憩

00　憩亭赋稿一卷　367
10　憩云阁内外集　372

2641_3　魏

00　魏文侯书一卷　217
02　魏刘公干集一卷　287
10　魏平乐亭侯印考一卷　191
魏晋石存目一卷　192
17　魏子一卷　218
46　魏相集　286
72　(历城)魏氏族谱一卷　137

2672_7　嵎

76　嵎阳诗说八卷　408

2690_0　和

25　和朱文公感兴诗一卷　318
28　和儆学诗一卷　318
和儆学诗续集一卷　318
35　和清真词一卷　411
44　和艺圃诗十二咏一卷　330
67　和鸣集一卷　398

2690_2　泉

24　泉货汇考十二卷　187
44　泉苑菁华古泉丛话合刻四卷　188

2691_4　程

10　程天翼诗一卷　325
25　程朱阙里志八卷　105
40　程志十卷　212
65　程晓集　288
72　(海阳)程氏所见诗钞二十四卷　395

2691_2　綅

00　綅斋诗集十二卷焚余一卷　339
綅斋诗选二卷补遗一卷　339
綅斋诗谈八卷　407
綅斋论文六卷　406

2692_2　穆

23　穆参军集三卷　300
30　穆宗实录七十卷　90

2698_0　积

40　积古斋释文正误　186

2707_0　归

41　归甂斋诗词钞一卷　376
44　归藏一卷附诸家论说　11
60　归田诗草一卷　345
归田杂识上下二卷　113
归田类稿二十四卷　307
归围日记一卷　94
90　归兴集唐二种　391

2710_6　鱼

23　鱼台马氏著丛书十二种五十一卷　432

(2711_2)　经

07　经韵一卷　77
经韵一册　79

27 经络汇编一卷 243
30 经济文章三篇 95
经济类编一百卷 267
经之文钞一卷 371
经字韵补无卷数 78
33 经冶堂解义二卷 65
37 经通十六卷 66
38 经说 66
90 经学概论 66
经学卮言六卷 65

(2711₂) 鲍

23 鲍参军集选一卷 292
67 鲍照集校补一卷 292
72 鲍氏集十卷 292
77 鲍几集 293

2711₇ 纪

08 纪效新书十八卷首一卷 228
10 纪琉球入太学始末一卷 146
30 纪之竹行书一卷 251
43 纪城文稿四卷诗稿四卷 327
65 纪晓岚(昀)年谱不分卷 130

(2711₇) 绝

49 绝妙好词七卷 415
绝妙好词续钞一卷 416
绝妙好词校录一卷旁证一卷 416
绝妙好词笺七卷 415
绝妙好词笺七卷续钞一卷续钞补录一卷 416

2712₀ 约

00 约庐诗稿二卷 339

(2712₀) 纫

20 纫香草堂文钞一卷 367
纫香草堂诗集四卷 367
纫香草堂诗余一卷 415
纫香草堂赋钞一卷 367

(2712₀) 纲

28 纲鉴要编二十四卷 90
60 纲目疑误一卷 89

(2712₀) 絅

00 絅斋随笔一卷 214

2712₂ 缪

43 缪袭集 288
88 缪篆分韵五卷补一卷 75

2712₇ 乌

10 乌石山题名三卷 198
77 乌几轩诗草 380

(2712₇) 邹

10 邹平释氏族谱二卷 136
(道光)邹平县志金石志一卷 199
17 邹子一卷 269
邹子一卷 247
邹子书一卷 247
76 邹阳书一卷 257
77 (光绪)邹县续志金石志一卷 200
邹县金石志不分卷 198
79 邹滕古陶文字不分卷 194

2713₃ 终

77 终军书一卷 257

▲书名索引

2713_6 蠡

27 蠡勺诗删一卷 343

2715_4 绎

50 绎史一百六十卷 90
绎史世系图一卷 90
绎史年表一卷 90

2716_2 绍

00 绍衣堂偶记一卷 265
77 绍陶录(一名韬堂绍陶录)二卷 112
绍熙行礼记一卷 92

2719_9 绿

10 绿云堂稿四卷 363
绿天深处藏印二卷 190
30 绿窗诗草一卷 342
绿窗小咏一卷 342
67 绿野斋文集四卷 361
绿野斋制艺一卷 362
绿野斋前后台集六卷 362
绿野仙踪一百回 279
88 绿�轩诗四卷 344

2720_0 夕

10 夕霏亭诗集一卷 332
24 夕佳轩草无卷数 317
67 夕照回光一卷 337

2720_7 伊

17 伊尹书一卷 222
44 伊蒿公粤游记略一卷 170

2721_2 徂

25 徂徕文集二十卷 301
徂徕集校记二十卷 301
徂徕诗抄一卷 301

2721_2 倪

43 倪城风雅二卷 394

2722_0 勿

10 勿二三斋诗集一卷 359

(2722_0) 御

22 御制评鉴阐要十二卷 100
30 御注孝经疏一卷 52
53 御书征言无卷数 263
60 御墨楼诗集三卷二集二卷 325

2722_2 修

00 修文殿御览残一卷 266
20 修辞鉴衡二卷 404
50 修来文抄一卷 333
88 修竹山房诗草一卷 334

2722_7 仍

10 仍可轩诗钞一卷 371
60 仍园集一卷 326

2725_2 解

10 解元常公诗集一卷 319
解画琐言一卷 251
27 解疑论一卷 43
77 解网录一卷 152

2726_2 貂

19 貂珰史鉴四卷 103

2728_4 侯

02 侯端介先生集不分卷 370

2730_3 冬

33 冬心斋摭言枕秘不分卷 265

2732_0 勺

00 勺亭识小录八卷外集一卷 144

2733_7 急

03 急就新篇十卷 268

2744_7 般

21 般上旧闻六卷 160

44 般若波罗密多心经句解易知一卷 280

76 般阳高中谋先生日志不分卷(道光二十九年至三十年) 143

般阳诗萃十五卷 392

般阳诗钞十一种 383

2744_9 彝

66 彝器原拓册 185

2752_7 鹅

33 鹅浦集六卷 346

2760_1 鲁

17 鲁灵集三卷 340

18 鲁政辑要不分卷 168

27 鲁邹游记一卷 170

32 鲁礼禘祫义一卷 37,37,37

鲁礼禘祫志一卷 37,37

34 鲁连子一卷 209,209

鲁诗传一卷(清王谟辑) 25

鲁诗传一卷(清黄奭辑) 25

鲁传遗说考六卷叙录一卷 25

鲁诗故三卷 25

38 鲁论语一卷 55

60 鲁国先贤传一卷 107

鲁国先贤志一卷 107

鲁蜀文献二卷 391

2760_2 名

27 (毛诗)名物考七卷 22

30 名家词钞六十种六十卷 409

名宦录一卷 107

名宦传(一名广东燕济会馆名宦传)二卷 107

42 名媛韵事五卷 108

71 名臣经世辑要四卷 102

2760_4 各

90 各省碑目不分卷 192

(2760_4) 备

60 备员条略一卷 154

(2760_4) 督

27 督饷疏草五草 153

35 督漕疏草二十二卷 154

2771_2 包

24 包待制智赚生金阁杂剧一卷 418

2771_6 龟

22 龟川逋公吟草一卷 381

龟峰词一卷 412

2771_7 屺

67 屺瞻草堂经说三种七卷 3

屺瞻草堂四史评议十六卷 101

2772_0 饷

51 饷抚疏草七卷 153

2773_2 餐

10 餐霞集四卷 373

2775_4 峄

77 （光绪）峄县志碑碣志一卷 200

2778_2 饮

26 饮和堂诗存二卷 367

32 饮冰子词存一卷 414

2788_1 疑

43 疑狱集四卷 151

2790_1 祭

26 祭皋陶一卷 421

55 祭典一卷 147

2790_2 尔

17 尔雅音注一卷 68

尔雅音义一卷 80

尔雅刘氏注一卷 79

尔雅施氏音一卷 80

尔雅疏十卷 69

尔雅裴氏注一卷 80

尔雅孙氏音一卷 68

尔雅孙氏注三卷 68

尔雅孙氏注一卷 68

尔雅释名不分卷 69

尔雅注疏十一卷 69

尔雅谢氏音一卷 80

尔雅义疏十九卷 69

尔雅直音二卷 69

尔雅李氏注三卷 79

尔雅古音表不分卷 79

尔雅樊氏注一卷 79

尔雅犍为文学注一卷 79

尔雅图赞一卷 80

尔雅顾氏音一卷 80

尔雅郑君注一卷 68

2794_0 叔

17 叔子文集二卷 379

26 叔白诗钞无卷数 353

2795_4 释

00 释废疾一卷 45

27 释名八卷 70

释疑论一卷 39

34 释滞一卷 147

释达性论 280

80 释谷梁废疾一卷 45,46

2799_2 称

36 称谓录一卷 138

2806_3 临

00 临文便览二卷 75

31 临汀苍玉洞宋人题名一卷附录一卷 198

32 临淄封泥文字不分卷叙目一卷 191

35 临清徐氏秘笈七种八卷 432

临清徐氏书目 176

60 临邑邢氏家乘十二卷 134

（道光）临邑县志金石志三卷 199

（同治）临邑县志金石志三卷 199

77 临朐冯氏家乘一卷 133

（光绪）临朐县志石刻志一卷 201

2810_2 监

21 监惩录前编一卷后编一卷附编一卷 212

50 监本正误一卷(仪礼郑注句读附录) 30

监本纂图重言重意互注点校毛诗二十卷图谱一卷 21

监本纂图重言重意互注点校尚书十三卷 14

2810_9 鉴

31 鉴评别录六十卷 101

40 鉴古斋印存二卷 190

43 鉴戒录十卷 271

鉴戒象赞一卷 269

2811_2 纶

00 纶音堂诗集四卷 372

2813_2 绘

33 绘心集二卷 343

40 绘声琴雅二卷 414

50 绘事逋还杂咏一卷 251

2820_0 似

22 似山亭诗四卷 334

60 似园诗草六卷 379

2822_7 伤

30 伤寒论十卷 240

伤寒说意十一卷 240

伤寒论选注十卷 240

伤寒指南二卷 240

伤寒明理论三卷 240

伤寒悬解十五卷 240

2824_0 微

34 微波榭遗书一卷 351

微波榭杂抄不分卷 265

微波榭钞诗三种八卷 382

微波榭钞书三种五卷 431

微波榭丛书三十八种一百四十五卷 431

微波榭丛钞不分卷 182

2824_0 徾

90 徾学诗一卷 318

2826_6 僧

77 僧尼共犯传奇一卷 421

2826_8 俗

38 俗说一卷 279

50 俗书刊误十二卷 75

2829_4 徐

00 徐广集十五卷 291

徐彦伯集 297

10 徐雨峰中丞勘语四卷 151

17 徐子一卷 217

徐子 210

23 徐仆射集一卷 295

徐仆射集选一卷 295

24 徐幼文集无卷数 307

25 徐伟长集六卷 286

36 徐邈集九卷 291

37 徐沟笔记一卷 262

40 徐太拙先生遗集存六卷 321

徐太拙诗稿三卷 321

徐东痴诗集二卷　321
44　徐孝穆集六卷　295
徐孝嗣集　293
48　徐乾集二十一卷　291
72　徐乐书一卷　268
80　徐金铭山东乡试墨卷　142
徐金铭会试朱卷　142
98　徐悔斋集　378

2854_0　牧

77　牧民忠告二卷　148

2873_2　岭

40　岭南集不分卷　348
岭南诗集八卷　350

2886_8　谿

80　谿(溪)翁诗草无卷数　332

2921_2　倦

38　倦游庵椠记不分卷　264

2998_0　秋

00　秋庐吟草一卷　347
12　秋水亭文略八卷　357
秋水亭诗草四卷续集三卷补编一卷　357
秋水亭遗稿一卷　357
秋水斋诗稿六卷　375
秋水阁天香诗集四卷　379
秋水阁遗草一卷　350
17　秋蛩吟　364
20　秋香吟草一卷　379
22　秋岩诗集三卷　365
28　秋舲诗草四卷续草一卷　380
32　秋澄诗集一卷　314
36　秋湘馆诗稿不分卷　376
37　秋门诗钞二卷　364
38　秋海棠诗一卷　365
40　秋声词一卷　367
42　秋桥诗选四卷　365
秋桥诗续选四卷　365
44　秋菊园诗钞一卷　378
47　秋鹤诗钞四卷　349
50　秋虫吟草二卷　367
57　秋蝴蝶斋文稿一卷诗稿不分卷　378
秋蝴蝶斋集印一卷　190
62　秋影山房词无卷数　414
77　秋风剩叶诗草一卷　374
80　秋谷诗钞一卷　335
秋谷词翰一卷　413
秋谷七言诗八首一卷　335
90　秋兴诗一卷　318
91　秋灯丛话十八卷　273

3

3002_7　穹

10　穹天论一卷　245

3010_2　空

22　空山堂文集十二卷诗集六卷　345
空山堂十七史论　101
空山堂易解　8
空山堂全集九种九十九卷　434

3010_3　宝

27　宝经堂印谱一卷　254

32 宝训八卷 238
44 宝菌堂遗诗二卷 335
宝树堂遗书三种七卷 435
88 宝簠斋集各家彝器释不分卷 186
宝簠斋藏古册目并题记一卷 184

3010_4 塞

21 塞上曲一卷 310
23 塞外吟一卷 339

3010_6 宣

20 宣统二年山东高等学堂同学录 108
宣统二年山东谘议局议案四卷 155
77 宣圣世系年表辩证三卷 110

3011_2 流

77 流民记四卷 172

3011_4 注

27 注解伤寒论十卷 240

3011_5 潍

00 潍言三卷 71
77 潍县方言十卷 71
潍县文献丛刊八种九卷 432
潍县职官传稿一卷 108
潍县乡贤传四卷附补遗一卷 107
潍县傅戈庄盐店被焚案记实一卷 96
潍县宏福寺造像碑考一卷 196
潍县李氏长支谱草稿一卷 134
潍县古城考不分卷 164
潍县古迹录一卷 161
潍县陈氏宝簠斋藏刘氏集金文册目释一卷 184
潍县陈氏宝簠斋藏古目一卷 184
潍县陈氏宝簠斋藏日照许氏东武李氏利津李氏集金文册目释一卷 184
潍县陈氏宝簠斋藏器目一卷 184
潍县陈氏宝簠斋藏金文册目释二卷 184
潍县陈氏宝簠斋金文册三种三卷 179
潍县陈氏宝簠斋金文册目三卷 184
潍县陈氏金文拓本释不分卷 186
潍县全城记不分卷 93
潍县金石志八卷 196
潍县竹枝词自注二卷 161

(3011_5) 潼

31 潼江草二卷 369
80 潼关咏史一卷 102
潼关咏史(一名消夏同咏)一卷 399

3011_7 瀛

22 瀛仙笔记二卷 262

3012_4 济

11 济北先生文粹二十一卷 302
济北晁先生鸡肋集七十集 302
30 济宁孙氏列传一卷 137
(民国)济宁直隶州续志碑目金目一卷 201
济宁遗事记不分卷 160

书名索引

济宁汉碑释文一卷 197
济宁李氏礰墨亭丛书六十三种二百七卷 432
济宁金石志八卷 197
32 济州学碑释文一卷 197
34 济渎考一卷 168
40 济南百咏一卷 318
济南重修先圣庙学记一卷 164
济南集八卷 301
济南山水古迹考略 159
济南先生文粹五卷 302
济南先生师友谈记一卷 259
济南朱氏诗文汇编八种十三卷附一种一卷 383
济南名士诗钞一卷 392
济南名胜纪事杂咏一卷 161
济南名胜古迹辑略一卷 159
济南城守营得胜阵图不分卷 230
济南城守营各汛舆图 230
济南金石志四卷 196
济南竹枝词一卷 161
75 济胜一览不分卷 161
76 济阳江氏统会宗谱二十三卷末一卷 133
济阳江氏金鳌派宗谱不分卷 133
济阳蒋氏宗谱不分卷 136
济阳羔谿族谱一卷 136

3013_0 汴

12 汴水说一卷 169

3013_2 濠

33 濠梁集一卷 313

3014_0 汶

76 汶阳端平诗隽四卷 305
汶阳白氏族谱 133

3014_6 漳

31 漳江颂言无卷数 398

3014_7 淳

24 淳化帖释文十卷 250

3020_1 宁

17 宁子一卷 217
76 宁阳存牍一卷 155
宁阳县碑记一卷 198

3020_7 户

07 户部题名一卷(永乐至崇祯三年) 147

3022_7 寓

52 寓拙轩稿 351
60 寓蜀草四卷 365

(3022_7) 褅

38 褅袷觿解篇一卷 37

3023_2 宸

48 宸翰一卷 167

(3023_2) 家

00 家言随记四卷 264
04 家塾讹音辨略四卷 77
家塾授蒙浅语一卷 76
18 家政须知一卷 216
家政法一卷 239
31 家语一卷 205

家语疏证六卷 205
家语佚文一卷 205
家语证伪十一卷 205
44 家藏贯珍录一册 216
家世遗诗集一卷 397

(3023_2) 襪

41 襪妒咒二卷三十三回 425

3026_1 寤

63 寤咏一卷 319

3026_7 启

44 启蒙记一卷 80

3030_2 之

38 之游唾余录二卷 371

3030_3 寒

00 寒斋诗文集二卷 350
20 寒香阁诗集四卷 342
21 寒毡杂咏 380

3033_4 宓

10 宓不齐编年 119
宓不齐年表 120
17 宓子一卷 207

3034_2 守

24 守岐公牍汇存一卷 156
27 守约堂集一卷 324
37 守泽汇编不分卷 138
43 守城要览节要四卷 230
守城要略四卷 230
守城录四卷 228
守城机要一卷 228
44 守坡居士诗集十二卷 354
52 守拙轩诗钞 381
60 守围记一卷 95

(3040_1) 宰

17 宰子书七卷首一卷 206
宰予年表一卷 119
宰予编年 119

3040_4 安

10 安天论一卷 245
24 安德诗搜一卷 394
安德明诗选遗一卷 394
36 安遇堂集四编四卷首一卷 379
44 安蔬草堂五言排律一卷 357
安蔬草堂诗钞 357
57 安静子诗文集五种十四卷 327
60 安鼎名臣录不分卷 103
70 安雅堂文集二卷重刻文集二卷书启一卷 324
安雅堂集十四卷 323
安雅堂诗一卷 323
安雅堂诗集十卷 323
安雅堂诗选一卷 323
安雅堂拾遗文二卷 324
安雅堂拾遗诗无卷数 324
安雅堂未刻稿八卷 324
安雅堂全集七种二十卷 433
72 安丘刘氏族谱十一卷 134
安丘张氏家乘一卷 135
安丘张氏家乘不分卷 135
安丘县学崇祀乡贤小传不分卷续一卷 107

77 安邱王氏说文三种一百三十卷 68
安邱土语一卷 71
安邱曹氏家集十三种二十三卷 383
安邱曹氏遗集三种九卷 383
安居轩存稿 382
91 安怀堂文集二卷申椒二集一卷 342

(3040$_4$) 宴

73 宴赋一卷 319

3040$_7$ 字

20 字统一卷 81
40 字核不分卷 75
44 字林一卷 74
48 字样一卷 75,75
51 字指一卷 81
71 字原万字正宗十六卷 71
77 字母反切指掌一卷 79
90 字学一得 250

3050$_6$ 审

00 审斋词一卷 411

3060$_4$ 客

38 客途记异一卷 93
77 客邸闲吟一卷 370

3060$_6$ 宫

07 宫词一卷 298

(3060$_6$) 富

50 富贵神仙十四回 425

3062$_1$ 寄

00 寄庵札记一卷 263
60 寄园烬余集一卷 374
寄圃老人自记年谱(一名孙玉庭自记年谱,又名自记年谱)一卷 129

3071$_2$ 宦

17 宦豫草二卷 369
38 宦游杂记不分卷(道光二十九年至咸丰八年) 172
60 宦蜀草六卷 369

3072$_2$ 谚

31 谚语类钞四卷附一卷 265

3072$_7$ 访

16 访碑拓碑笔札一卷 192

(3072$_7$) 窃

94 窃愤录一卷续录一卷 92

3073$_1$ 谯

17 谯子法训一卷 218

3073$_2$ 宏

10 宏正诗钞十卷 389

(3073$_2$) 寰

30 寰宇金石汇志 181

3077$_2$ 密

27 密勿稿三卷 153
46 密娱斋诗稿一卷 352
71 密匡文钞二卷 369

3080$_1$ 定

21 定颖记事二卷 144
95 定性斋集一卷 353

(3080_1) 宾

22 宾山续集一卷 353

3080_4 窦

40 窦东皋应制诗 347

3080_9 灾

71 灾赈日记 151

3090_1 宗

00 宗玄先生文集三卷 297

26 宗伯集八十一卷目录一卷 315

77 宗圣谱十四卷 106

3090_2 永

24 永德堂诗草一卷 335

3090_4 宋

10 宋晋之遗文遗稿不分卷 378

17 宋子一卷 279

宋司星子韦书一卷 248

19 宋琐语不分卷 86

24 宋先生诗八卷 323

34 宋诗英华四卷 389

37 宋祠部集六卷 310

44 宋范文正公流寓长山事迹考一卷 113

宋荔裳诗一卷 323

宋荔裳入蜀诗一卷 324

50 宋史四百九十六卷 87

宋史纪事本末十卷 90

宋本古文孝经一卷 49

宋忠献韩魏王君臣相遇别录三卷 112

67 宋明轩(哲元)先生年谱 132

80 宋人绝句一卷 389

宋余仁仲本公羊传经传解诂校记一卷 44

3111_0 汇

02 汇刻书目初编二十卷 178

(3111_0) 沚

00 沚亭琴谱一卷 252

沚亭自删诗一卷 326

沚亭删定文集二卷 326

3111_2 江

00 江亭集一卷 306

10 江干幼客诗集一卷 347

江西金石存佚总目不分卷 198

21 江行草一卷 344

40 江左琅琊王氏世系 132

江左陈国谢氏世系 132

江南春词集一卷附录一卷附考一卷 397

江右诗稿二卷 313

3111_4 汪

02 汪刻系传考证三十卷 72

44 汪懋琨山东乡试墨卷 142

50 汪惠毅公文集选钞一卷 377

72 汪氏两园图咏合刻无卷数 399

(3111_4) 浬

34 浬波钓叟歌直解一卷 247

3111_6 洹

37 洹词十二卷 308

3112_0 河

10 河工器具图说四卷 168

河干赘语七卷 239

27 河纪二卷 168

31 河源述一卷 168

河源记一卷 168

河源志(一名河源记)一卷 168

37 河间献王书一卷 218

40 河东先生集十五卷 299

3112_1 涉

31 涉江采珍录二卷 177

40 涉志一卷 143

60 涉园文存四卷 366

3116_1 涺

32 涺溪考二卷 169

3116_4 酒

38 酒谱一卷 256

3119_4 溧

44 溧花斋杂录不分卷 98

3126_6 福

22 福山王文敏公手书诗稿一卷 376

福山王文敏公墨迹手札一卷 376

福山王氏传家集八种八卷 383

福山石坞王君(季寅)年谱一卷 131

福山金石志残稿一卷附补 196

3130_1 远

20 远秀堂集八卷 336

远秀堂集文二卷赋一卷诗一卷词一卷 336

38 远游草一卷附录一卷 320

远道随笔一卷 318

3130_4 迂

00 迂斋学古编四卷 347

3130_6 逌

08 逌旃璅语一卷 260

3130_9 还

26 还得盦诗集二卷 382

30 还冤记一卷 275

34 还读庵笔记不分卷 263

还读盦丁丑日记一卷 144

还读盦唱酬诗不分卷 382

45 还独盦诗钞存一卷 382

77 还丹歌诀二卷 281

3171_1 证

28 证俗文十九卷 70

证俗音四卷 76

3172_0 订

33 订补庐中集十卷 265

3174_6 谭

44 谭艺一得一卷 407

3174_9 评

30 评注离骚二卷 285

评注聊斋志异选 277

评注聊斋志异图咏十六卷 276

评注司马法一卷 227

31 评订红楼梦六卷一百二十回 279

44 评苑文选傍训大全十五卷 384

3176_1 语

10 语石斋诗稿不分卷 323

3190_4 渠

00 渠亭山人半部稿四卷 334
72 渠丘三张公(张嗣伦、张继伦、张绪伦)合传一卷 107
77 渠邱耳梦录一卷 273
渠风集略七卷 393

3210_0 渊

44 渊若韵辨不分卷 77

3211_8 澄

60 澄怀园日记一卷(道光二十年五月至八月) 143
91 澄怀录二卷 272

3212_1 沂

12 沂水刘氏家纪八卷 134
沂水普照禅寺兴造记一卷 164
80 沂公笔录一卷 97

3212_1 浙

25 浙使纪程诗录一卷 172
38 浙游重记一卷 171
浙游漫录一卷 171

3214_7 浮

30 浮家汎宅园诗一卷 399

3216_3 淄

10 淄西毕氏世德家传一卷 137
20 淄乘征一卷 160
22 淄川高氏家模汇编二卷 137
淄川高氏家模汇编二集二卷 137
淄川王氏家传一卷 137
淄川王氏世谱不分卷 132
淄川石刻记略一卷 196
淄川孙氏家谱一卷 134
淄川毕氏传志六卷 137
淄川毕氏古屏记一卷 251
淄川毕氏世谱不分卷(毕岱煋纂修) 134
淄川毕氏世谱不分卷(毕奎麟等纂修) 134
淄川毕少保公(明毕自严)年谱二卷 126
淄川李氏家谱一卷 134
淄川蒲氏遗稿一卷 156
淄川韩氏邑乘一卷 136
43 淄博平乱记一卷 94
淄博平乱记一卷(清张锡纶撰) 95

3218_4 溪

80 溪翁诗草无卷数 332

3218_5 濮

76 濮阳李蒲汀先生家藏目录(一名李蒲汀书目)一卷 174

3219_0 冰

27 冰壑诗全稿三卷 346
冰壑诗钞六卷 346
冰壑堂诗稿二卷 346

3219_4 泺

17 泺函十卷 323
31 泺源问答十二卷 214

3221_0　礼

00　礼庭吟二卷　307
16　礼理篇一册　217
20　礼统一卷　39
24　礼仪器制改释五十八卷　30
25　礼纬稽命征一卷　38
礼纬斗威仪一卷　38
礼纬含文嘉一卷　38
礼传一卷　35
27　礼经集注十七卷　30
礼疑义一卷　39
礼贤书院更定章程一卷　146
28　礼俗权衡二卷　37,146
37　礼记二十卷　33,33,33
礼记音义隐一卷　35
礼记刘氏音一卷　35
礼记新义疏一卷　35
礼记正义七十卷　33
礼记天算释一卷　34
礼记孙氏注一卷　34
礼记卢氏注一卷　35
礼记熊氏义疏四卷　35
礼记外传一卷　35
礼记佚文一卷　33
礼记皇氏义疏四卷　35
礼记徐氏音三卷　35
礼记注二卷　34
礼记注疏六十三卷　34
礼记注疏补缺一卷　34
礼记读剩稿□卷　34
礼记沈氏义疏一卷　35
礼记义证一卷　35
礼义范氏音一卷　35
礼记提纲集解十二卷　34
礼记思不分卷　34
礼记略解一卷　35
礼记马氏注一卷　35
礼记隐义一卷　35
礼记笺四十九卷　34
38　礼论一卷　36
礼论条牒一卷　39
礼论答问一卷　36,39
礼论钞略一卷　39
40　礼杂问一卷　39
礼义答问一卷　36
90　礼学卮言六卷　37

3224_0　祇

44　祇芳园集二卷续编一卷　334
祇芳园遗诗四卷　334
祇芳园遗诗别集二卷补遗二卷　334

3230_1　逃

90　逃学传一卷　425

3230_2　近

38　近游草一卷　171
60　近日吟诗略一卷　350
近思续录十四卷　213

3230_6　适

00　适斋经说一卷　66
适斋随笔一卷　263
适斋笔记一卷　263

10 适晋稿六卷 311

23 适我集一卷 370

44 适暮稿一卷 425

(3230₆) 遁

00 遁斋稿二卷 348

50 遁夫诗集十五卷词一卷 378

80 遁盦古泉存不分卷 188

3270₀ 训

44 训蒙书三卷 216

88 训纂篇一卷 80

3276₂ 谐

40 谐声别部六卷 406

谐声谱二册 79

3276₄ 话

10 话雨山房诗草二卷 330

3300₀ 心

24 心仪集不分卷 390

27 心经真诠 280

心向往斋诗文集十三卷附录一卷 359

心向往斋于南诗录二卷 359

心向往斋壬癸诗录一卷 359

心向往斋诗集三种五卷 359

心向往斋用陶韵诗二卷 359

31 心远堂诗集十二卷 323

38 心海诗钞一卷诗续钞一卷 376

53 心书一卷 227

3314₇ 泼

60 泼墨轩诗三卷词三卷 361

(3314₇) 浚

90 浚小清河议一卷 168

3316₀ 治

30 治家格言诗一卷 216

31 治河要语一卷 168

44 治黄刍议一卷 168

50 治青案牍一卷 155

60 治邑函牍杂录四卷 156

3318₆ 演

38 演说文一卷 81

3320₀ 补

27 补释戚少保南北兵法要略五卷 229

补释兵法要略一卷 229

30 补宋书刑法志一卷 86

补宋书食货志一卷 86

37 补闲集二卷 343

3330₂ 逋

00 逋斋诗四卷二集二卷又二卷 325

逋斋诗四卷 325

逋斋诗选四卷 325

3330₉ 述

00 述意一卷 421

14 述耐堂诗集八卷 364

17 述异记二卷 274

述异记佚文一卷 275

77 述圣图一册 109

3374₀ 试

25 试律最豁解不分卷 408

试帖前选四卷 400

3375_0 诚

10 诚正堂丛书四集十八种一百二十一卷 432

3376_0 诒

80 诒谷堂遗稿无卷数 368

3390_4 梁

20 梁鳣编年 119
22 梁山泊李逵负荆杂剧一卷 419
40 梁杂仪注一卷 145
60 梁园风雅二十七卷 397
梁四公记一则 271
72 梁氏三礼图一卷 39

3402_7 为

18 为政忠告四卷 148

3411_2 池

12 池北偶谈二十六卷 261
池北书库记 399
池北书目一卷碑目一卷 175

(3411_2) 沈

35 沈潜山东乡试墨卷 142
40 沈太史诗集无卷数 313
47 沈韶诗存一卷 381

(3411_2) 冼

33 冼心斋履霜集 378
37 冼冤广编二卷 234

3413_2 法

00 (青州)法庆寺开山志不分卷 164
30 法家哀集无卷数 234
44 法藏碎金录十卷 280
53 法书通释二卷 250
60 法显记 173

3414_7 波

60 波罗提木叉僧祇戒本一卷 280

3416_1 浩

23 浩然斋视听钞一卷 259
浩然斋雅谈三卷 404

3418_1 洪

44 洪范经传集义一卷 16
90 洪尚书重补戚少保南北平定略六集 229

(3418_1) 滇

21 滇行日记二卷 171
38 滇游记一卷附记一卷 172
滇游路记二卷 172
40 滇南集一卷 341,341

3419_9 溹

60 溹园集 305
70 溹雕开编年 118
溹雕开年表 118
溹雕子一卷 206

3421_0 社

34 社诗杂书一卷 250

3426_1 禧

50 禧寿堂(卢荫溥)自订年谱(一名卢霖生自述年谱,又名卢文肃公年谱) 129

▲书名索引

3430_0 过

00 过庭录一卷 262
过庭诗活三卷 305
31 过江集一卷 328
28 过岭集二卷 353

3430_1 选

50 选青阁古泉存不分卷 187
选青阁藏器目一卷 184
57 选择利用一卷 246
67 选明代山左诗钞采访书目一卷 175

3430_2 边

24 边华泉集八卷集稿六卷 308
边华泉诗集七卷附录一卷 308
25 边仲子诗 309
40 边李诗选合刻二卷 389

3430_5 连

22 连山一卷附诸家论说 11

3430_6 造

24 造化究源二卷 246

3430_8 达

88 达簃尺牍二卷 377
95 达性论 280

3470_0 谢

38 谢道韫集二卷 290
44 谢茂秦集二卷 311
80 谢金莲诗酒红梨花一卷 419

3474_1 诗

00 诗文合钞一卷 363
07 诗韵易记一卷 77
20 诗毛传补证不分卷 23
诗毛氏传解故不分卷 23
25 诗纬汜历枢一卷 25
诗纬推度灾一卷 25
诗纬含神雾一卷 25
26 诗牌集一卷 409
27 诗经辨韵 78
诗经序传择参一卷 23
诗经朱传翼三十卷首一卷 22
诗经条贯四卷 23
诗经说铃十二卷 23
诗经大题不分卷 22
诗经蠡简四卷 23
诗经古韵五卷 22
诗经古韵四卷 78
诗经博证不分卷 23
诗经拾遗一卷 23
诗纪一百三十卷前集十卷外集四卷别集十二卷 385
诗纪匡谬一卷 385
诗约三卷 390
诗纲一卷 22
30 诗宿二十八卷 385
诗家直说一卷 404
31 诗谭十卷 405
诗谭续集一卷 258
33 诗述四卷 408
诗述十卷首二卷 23
34 诗法浅说六卷 408
诗法易简录十四卷录余绪论一卷 407

▲书名索引

37 诗问四卷 406
诗问七卷 22
38 诗说二种二卷 407
诗论正宗二卷 406
诗说一卷 24
诗说二卷 23
诗禅不分卷 255
诗谱一卷 24
诗谱三卷 24
39 诗谈一卷 407
40 诗杂论一卷 408
诗义旁通十二卷 23
诗声类十二卷 78
诗志八卷 22
44 诗草二卷 331
47 诗切不分卷 23
50 诗本韵考二卷 24,78
60 诗品 408
67 诗略说不分卷 23
72 诗删二十三卷 385
73 诗赋骈字类珠八卷 267
诗赋骈字类珠续集二十四卷 267
80 诗人考世 385
诗余集句一卷 416
诗余图谱二卷 416
88 诗竹词一卷 414
诗竹堂汇稿十六卷 342
诗笺三种三卷(古诗十九首附笺一卷苏李诗笺一卷渔洋山人秋柳诗笺一卷附第三首补笺) 400
90 诗学大成二十四卷 266
诗学事类二十四卷 266

3476_0 诂

24 诂幼一卷 76,76
70 诂雅堂丛著六种 435

(3476_0) 诸

43 诸城刘氏金文拓本释不分卷 185
诸城王氏金石丛书提要一卷 182
诸城山海物产志二卷 161
(道光)诸城县续志金石考一卷 201
(乾隆)诸城县志金石考二卷 201
诸城金石志四卷 196
诸城金石小识一卷 196
44 诸葛孔明心书一卷 227
诸葛武侯文集四卷 288
诸葛武侯集 288
诸葛武侯集四卷首一卷 288
诸葛武侯(亮)传一卷 112
诸葛武侯年谱一卷 123
诸葛丞相集一卷 288
诸葛丞相集四卷 288
诸葛子一卷 268
诸葛忠武侯文集六卷首一卷 288
诸葛忠武侯集二卷 288
诸葛忠武侯全书二十卷首一卷 228
诸葛忠武侯年谱不分卷 122
诸葛忠武侯年谱一卷 122,122,123
诸葛忠武侯(亮)年谱一卷 122
诸葛忠武年谱初稿一卷 123
诸葛恢集 289

3476_1 诘

60 诘墨一卷 235

3476_4 诺

26 诺皋记一卷 275

3478_4 读

00 读文子一卷 221
27 读经志疑一卷 66
读经札记六卷 65
32 读礼笔记一卷 37
34 读诗私记二卷 22
读诗经笔记一卷 23
读诗考字二卷补编一卷 24
读诗类编十八卷 386
37 读汉书札记一卷 86,101
40 读古偶志一卷 265
44 读杜私言一卷 400
50 读中论一卷 210
读史譽疑十卷 100
读史纠谬(一名空山堂十七史论)十五卷 101
读史长句一卷 102
读史漫录十四卷 100
读史蒙拾一卷 100
读史抒见八卷 101
读史管窥六卷 101
53 读书绪论二卷 264
读书法六卷 217
读书记一卷 269
读书杂录不分卷 265
读书蕞残三卷 175
读书日记六卷 213
读书日记补编二卷 213
读书堂近草一卷 334
60 读易便解二卷 8
读易例言图解一卷 9
读易解象二卷 9
读易汇参十五卷首一卷 10
读易拾义便抄一卷 8
读易余言五卷 6
72 读乐斋谈丛一卷 382
88 读管子一卷 232

3510_6 冲

21 冲虚至德真经八卷 221
冲虚至德真经八卷 222

3510_7 津

21 津步联吟集一卷词一卷 398
37 津门中都启稿一卷 319

3512_7 清

10 清画家诗史十集二十卷 251
11 清登郡学生于君(于选)墓志 114
20 清爱堂家藏钟鼎器款识法帖一卷 184
清爱堂诗钞七卷 357
21 清止阁集九卷 325
清止阁诗八卷 325
清止阁词余一卷 425
23 清代山东书画家高凤翰年谱 129
清代山东人著作汇目不分卷 177
30 清寤斋心赏编一卷 255
清实录山东史料选 90
31 清江三孔集(一名三孔先生清江文集)四十卷 396

清远楼稿 350
33 清诒堂文集 366
清诒堂灯谜一卷 255
35 清涛词二卷 414
40 清真居士(周邦彦)年谱校记一卷 124
50 清忠堂奏疏无卷数 154
清史艺文志不分卷 174
清末山东省单行章则十五种 155
70 清雅堂诗草一卷 372
71 清厚堂诗钞一卷 357
清臣奏议一卷 152
77 清风堂诗二卷 331
清熙斋四体书法 250
80 清念堂诗录一卷 380
90 清光绪山东公文汇抄 155

3512_7 泲

60 姊园集五卷 315

3514_0 涛

00 涛音集八卷 393
涛音集八卷 328

3518_2 渍

47 渍槻堂集唐一卷 330
渍槻堂近诗六卷 330
渍槻堂近诗一卷 330

3519_0 洙

36 洙泗考信录四卷 110

3520_6 神

28 神僧传一卷 109
40 神境记一卷 167
神境记一卷(清王仁俊辑) 167
神境记一卷(清陈运溶辑) 167
神农书一卷 239
77 神异经一卷 274
神异经一卷(晋张华注) 274
神异经佚文一卷 274

3526_0 袖

10 袖云石屋诗钞六卷 371

3530_0 进

44 进藏纪程一卷 172

3570_0 讲

90 讲学大义一卷 212

3572_7 请

10 请雨止雨书一卷 248

3610_0 泗

12 泗水余氏会通外纪一卷 135
泗水余氏会通世谱五卷 135
32 泗州考古录一卷 180

(3610_0) 湘

33 湘浦诗钞二卷 357
湘浦试帖二卷 357
湘浦赋钞一卷 357
44 湘茝文两篇 366

3611_2 温

00 温病解 241
24 温侍读集一卷 296
27 温经楼游戏翰墨二十七卷续录一卷 417
温经楼杂剧三种三卷 417

温经楼(孔广林)年谱不分卷　130

3611_6　渑

12　渑水燕谈录十卷　97

3614_7　漫

44　漫草一卷　336

3672_7　谒

00　谒府帅一卷　421

3679_4　课

33　课心斋稿四卷　355
80　课余录不分卷　348

3710_4　闺

37　闺阁语林存一卷　385
闺阁语林不分卷　273
闺阁诗林一卷　385

3711_2　泥

44　泥封印古录一卷　190

3711_6　渔

22　渔山吟四卷　344
30　渔家傲月节词　414
38　渔洋唐诗选不分卷　388
渔洋山房诗不分卷　329
渔洋山人文略十四卷　329
渔洋山人乙亥文稿一卷　329
渔洋山人手柬　330
渔洋山人集外诗二卷　330
渔洋山人自撰年谱二卷　127
渔洋山人秋柳诗笺一卷　328,400
渔洋山人秋柳诗笺注一卷　328
渔洋山人评点昆仑山房诗稿三卷　337
渔洋山人评校集钞不分卷　406
渔洋山人诗集二十二卷续集十六卷　328
渔洋山人诗合集十八卷　328
渔洋山人古诗抄校本十七卷　330
渔洋山人著述四十四种二百五十三卷　433
渔洋山人感旧集小传一卷　108
渔洋山人全集三十八种二百四十八卷　433
渔洋山人年谱一卷　329,329
渔洋山人年谱一卷(清金荣撰)　127
渔洋山人年谱一卷(清杨谦撰)　127
渔洋山人年谱注补二卷　329
渔洋山人精华录十卷　329
渔洋山人精华录续录笺注一卷　329
渔洋山人精华录训纂十卷　329
渔洋山人精华录会心偶笔六卷　407
渔洋山人精华录笺注十二卷补一卷续补一卷　329
渔洋诗话三卷　406
渔洋诗话汇编十六卷　406
渔洋诗话提要一卷　406
渔洋诗话拾唾不分卷　406
渔洋诗法三卷　405
渔洋说部精华十二卷　273
渔洋书籍跋尾二卷　175

渔洋感旧集小传四卷补遗一卷 108
渔洋分类诗话 406
渔洋答问一卷 406
80 渔父词一卷 414

3711_7 氾

75 氾胜之书二卷 239

3712_0 洞

00 洞玄灵宝五岳古本真形图一卷 281
47 洞极真经一卷 269

(3712_0) 涧

90 涧堂诗抄一卷 337

(3712_0) 湖

21 湖上草堂诗一卷 345
21 湖山胜概一卷 169
38 湖海集十三卷 337

3712_7 冯

10 冯元兴集 295
38 冯海浮集一卷 310
40 冯大木先生手泽一卷 251
44 冯桂山(德馨)年谱一卷 131
72 冯氏五先生集五种五卷 382
77 冯用韫先生北海集四十六卷目录一卷 315
冯用韫先生书牍四卷 315
80 冯舍人遗诗六卷 333
90 冯惟敏年表 125
冯少洲集一卷 311
冯光禄诗集十卷 311

(3712_7) 写

67 写照琐言一卷 337

(3712_7) 汤

52 汤誓略考一卷 16

(3712_7) 鸿

10 鸿雪斋诗稿二卷 350
鸿需斋草一卷 325
鸿雪山房诗集六卷 375
鸿雪留踪不分卷 400
20 鸿集亭诗草一卷 318
57 鸿捔斋文集初刻一卷 363
鸿捔斋诗集初刻二卷 363
72 鸿爪集一卷 333

(3712_7) 滑

92 滑耀编无卷数 389

3714_0 汉

10 汉元后本纪补一卷 86
汉石经残字证异一卷 66
汉石存目二卷 191
12 汉水发源考一卷 169
13 汉武梁祠堂石刻画像考六卷 197
16 汉碑录文四卷 191
汉碑经义辑略二卷 66
汉碑摹本一卷 191
汉碑题跋无卷数 192
17 汉丞相诸葛忠武侯列传一卷 112
汉丞相诸葛忠武侯集二十一卷 288
汉丞相诸葛忠武侯全集九卷首一卷 288

汉承相忠武侯书三卷　287
23　汉代乐府诗笺注四卷　387
26　汉旧仪一卷　147
汉魏石经残字二卷　66
汉魏石经残字校录二卷　67
汉魏石经残字叙录二卷　66
汉魏石经周易残字集证三卷　67
汉魏诗纪二十卷　384
汉魏诗选不分卷　385
30　汉官私印泥封考三卷　191
汉官旧仪一卷补遗一卷　147
汉官仪二卷补遗一卷　147
汉官仪一卷　147
32　汉礼器制度一卷　144
汉礼器制度　144
汉礼器制度　144
34　汉诸葛武侯全集四卷　287
汉诸葛忠武侯年谱一卷　123
37　汉泥封考略二卷　191
40　汉大司农康成郑公年谱一卷遗事附　121
汉声略考二卷　78
50　汉史亿二卷　100
汉隶辨体四卷　75
汉隶韵编五卷首一卷　75
汉末英雄记一卷　103
53　汉书一百卷(唐颜师古注)　85
汉书音义一卷　85
汉书音义三卷叙录一卷　85
汉书纠缪一卷　85
汉书古字类一卷　86
77　汉印文字类纂十二卷　190
汉印分均三集二卷　190
80　汉人经解辑存序目一卷　178
87　汉郑君年谱不分卷　122

3714_2　将

44　将苑一卷　228

3714_7　汲

77　汲冢书抄一卷　89
汲冢周书十卷(晋孔晁注)　88
汲冢周书十卷　88
汲冢周书逸书一卷　88
汲冢周书校正补遗一卷附录一卷　88
汲冢周书辑要一卷　88

3715_4　浑

24　浑仪一卷　245

3716_1　澹

23　澹台灭明编年　119
澹台灭明年表　119
33　澹浦恒言四卷　259
澹心斋诗集一卷　320
41　澹轩集七卷　307
60　澹园集四十九卷　316
澹园续集二十七卷　316
澹园续稿二卷　364
澹园诗话一卷　409
澹园古文选二卷诗选八卷　364
澹园书画精册不分卷　251
澹园全集　364
80　澹余诗集四卷　330
澹余笔记一卷　152

3716_4 洛

76 洛阳名园记一卷 164

洛阳存古录三十二卷 198

洛阳搢绅旧闻记五卷 97

3716_7 湄

37 湄湖诗余草一卷 412

湄湖吟十一卷 324

3717_2 涵

35 涵清馆诗草一卷 343

3718_1 凝

24 凝绪堂诗稿八卷 355

30 凝寒阁诗话存一卷 417

3718_2 次

00 次庐遗稿一卷 361

26 次白文稿一卷 362

37 次通杂录一卷 263

(3718_2) 漱

10 漱玉词一卷 410

3721_2 视

77 视履家训二卷 215

(3721_2) 祖

72 祖氏医案四卷 244

3721_4 冠

32 冠礼约制一卷 30

3721_7 祀

12 祀孔典礼三十五卷 145

3722_0 初

88 初篁书庐文稿不分卷 378

3722_7 冪

60 冪曆居诗选一卷 339

3722_7 闹

83 闹馆 421

3729_2 祢

21 祢衡集 287

3730_1 逸

50 逸史三传三种三卷 102

77 逸周书逸文一卷 88

逸周书补注二十二卷首一卷末一卷 88

逸周书杂志四卷 88

3730_2 辽

00 辽广实录二卷 93

辽变会议始末二卷 153

40 辽东疏稿四卷 153

50 辽史一百十六卷 87

3730_2 迎

46 迎驾纪恩录一卷 144

(3730_2) 通

00 通玄真经一卷 220

通玄真经注十二卷 220

通玄真经十二卷 220,220

通玄真经缵义十二卷释音一卷 220

通玄真经校勘记一卷 220

24 通德遗书所见录七十二卷 3

27 通疑一卷 147

28 通俗文一卷 80

通鉴至圣备考二卷 117
通鉴纲目地理续考无卷数 157
31 通语一卷 218
45 通转韵考一卷 408

3730_3 退

41 退轩旧闻录一卷 263
退轩(王价藩)自注年谱一卷 132
退轩诗录十五卷 351
退轩诗草一卷 382
退轩杂集一卷 382
退轩呓语一卷 263
60 退园续集二卷 378
60 退思庐文存一卷 374
80 退食槐声留余集不分卷 323

3730_8 迟

00 迟庵集社诗一卷 372

3740_0 闵

17 闵子书六卷首一卷 206
闵子年表一卷 118
56 闵损编年 118
闵损年表 118

3740_1 闻

77 闻见近录一卷 98

3748_2 阙

17 阙子一卷 268
24 阙特勒碑释跋不分卷 192
60 阙里文献考一百卷 105
阙里广志二十卷 104
阙里颜太史真稿不分卷 60
阙里颜氏丛书五种十四卷 432
阙里孔氏诗钞十四卷 397
阙里孔氏词钞五卷 416
阙里仪注三卷 37,145
阙里述闻十四卷补一卷 105
阙里诗选三卷 394
阙里问答一卷 165
阙里志十二卷(明孔贞丛撰) 104
阙里志十三卷(明陈镐撰) 104
阙里志十五卷(明陈镐撰,明孔弘干续修) 104
阙里志二十四卷(明陈镐撰,明孔胤植重纂) 104
阙里年谱传一卷 105
阙里纂要四卷 105

3752_7 闹

30 闹窘 421

3760_1 问

10 问天词 413
问天鼓词一卷 426
22 问山亭主人遗诗一卷续一卷补一卷 318
问山亭诗十卷 318
问山亭遗诗拾遗一卷 318
28 问俗礼一卷 146
88 问竹轩诗稿二卷 314

(3760_1) 间

40 间存集八卷 310
50 间中吟不分卷 336

3760_6 闾

77 闾邱冲集 289

3771_7 记

38 记海错一册 239
50 记事珠一卷 373
60 记吴逆始末一卷 94

3772_0 讱

00 讱斋诗草一卷 313

(3772_0) 词

00 词脔一卷 425
31 词源斠律二卷 417
词谑四卷 417
41 词坛合璧四种十五卷 409
词坛雅政一卷 416
44 词林典故一卷 147

(3772_0) 调

23 调皖纪行草一卷 339

(3772_0) 谰

00 谰言一卷 209

3772_7 郎

31 郎潜集六卷 317

3775_4 译

50 译史补六卷 88

3790_4 闲

00 闲斋琴趣外编六卷 410
37 闲闲老人滏水文集校札记二卷附录一卷 306
44 闲燕常谈一卷 98
闲者轩帖考一卷 250
95 闲情集一卷 358

3813_2 冷

21 冷红词四卷 415
31 冷语二卷 213

(3811_2) 沧

31 沧江诗集十卷 373
沧江菁华录四卷 373
33 沧浪诗话补注一卷 404
37 沧溟集选不分卷 312
沧溟先生文钞九卷 312
沧溟先生集三十卷 311
沧溟先生尺牍三卷 312
沧溟诗集十四卷 312

(3813_2) 滋

24 滋德堂古文续集二卷 387
44 滋蕙堂法帖题跋一卷 250

3814_7 游

24 游崂山记一卷(明张允抡撰) 170
游崂山记一卷(明张道浚撰) 170
27 游豹山记一卷 172
44 游艺山房文集二卷诗集四卷附录一卷 379
游艺山房家训四卷 216
游艺山房杂记六卷 262

3815_7 海

00 海庙集四卷 307
10 海天居诗集存二卷 379
21 海上随笔 261
23 海岱观风录□□卷 161
海岱人文三十一种三十九卷 383
海岱史略一百四十卷 107

海岱会集十二卷　397
27　海壑吟稿十一卷　308
31　海运编二卷　150
海源阁珍存尺牍二十卷　400
海源阁宋元秘本书目四卷　176
海源阁藏书目一卷　176
海源阁书目不分卷　176
海源阁普通本书目　176
海源阁丛书六种三十七卷　431
32　海沂诗集二十卷　342
海浮山堂诗稿五卷文稿五卷　310
海浮山堂词稿四卷　424
33　海滨诗选一卷　391
38　海道经海运则例各一卷　150
40　海塘新案不分卷　152
海南归棹词二卷　414
海内十洲记一卷　274
海右集八卷　355
海右堂集钞一卷　345
海右堂遗诗一卷　345
海东撷古志八卷　199
海东金石苑八卷　198
海东金石苑补遗六卷附录二卷　199
海东金石存考一卷待访目一卷　199
48　海警推锋传不分卷　93
50　海丰吴阁学(式芬)年谱不分卷　130
海丰吴氏二世奏稿不分卷　152
海丰吴氏文存四卷　397
海丰吴氏朱卷四卷　142
海丰吴氏诗存四卷　397
海丰吴氏世德录　138
海丰吴氏藏书目不分卷　176
海表奇观八卷　169
55　海曲卜氏传家宝训一卷　216
海曲诗钞六卷续钞二卷　394
60　海愚诗钞十二卷　344
72　海岳灵秀集二十二卷　391
海岳楼藏印甲集二卷　254
76　海隅山馆印存一卷　254
77　海鸥小谱一卷　273
90　海棠百咏一卷　368

3826_8　裕

31　裕远堂遗草　378

3830_3　遂

37　遂初集二卷　347
遂初草庐诗集一卷　360
遂闲居诗草　375

3830_4　逆

77　逆降义一卷　32

3830_6　道

00　道言十二卷　221
24　道德经悬解二卷　220
道德经二卷　219
道德真经注四卷　219
90　道光五年山东乡试同年录一卷　141
道光八年山东乡试朱卷　141
道光八年山东乡试题名录一卷　141

道光十一年山东乡试同门卷不分卷 141
道光十三年新城采访录一卷 161
道光二十三年山东乡试题名录一卷 141
道光抚夷纪略一卷 94

3830_9 途

50 途中吟不分卷 336

3871_2 论

00 论方一卷 240
论唐诗绝句 401
17 论孟注辑要 61
26 论白喉捷要一卷 241
31 论语不分卷 54
论语十卷 54
论语庾氏释一卷 57
论语栾氏释疑一卷 57
论语颜氏说一卷 55
论语新编二卷 56
论语王氏说 57
论语王氏义说一卷 55
论语张氏注一卷 57
论语孔氏注一卷 54
论语孔子弟子目录一卷 106,106
论语孔氏训解十一卷 54
论语琳公说一卷 57
论语卫氏集注一卷 57
论语孙氏集解一卷 57
论语集说四卷 56
论语何氏注一卷 55
论语虞氏赞注一卷 57
论语熊氏说一卷 58
论语旨序三卷 55
论语比考谶一卷 56
论语崇爵谶一卷 56
论语纠滑谶一卷 56
论语体略一卷 57
论语缪氏说一卷 57
论语殷氏解一卷 57
论语鲁读考一卷 55
论语包氏章句二卷 56
论语释疑一卷 55
论语注十卷 54,54
论语注一卷 54,54
论语注二十卷 56
论语注疏解经二十卷 55
论语谯氏注一卷 57
论语江氏集解二卷 57
论语补遗二卷 61
论语述义一卷 56
论语述义续一卷 56
论语梁武帝注一卷 57
论语梁氏注释一卷 57
论语沈氏训注一卷 57
论语沈氏说一卷 58
论语褚氏义疏一卷 57
论语太史氏集解一卷 57
论语李氏集注二卷 57
论语袁氏注一卷 57
论语范氏注一卷 57
论语蔡氏注一卷 57
论语摘衰圣承进谶一卷 56
论语摘辅象一卷 56

论语素王受命谶一卷　56
论语素注二十卷　56
论语撰考谶一卷　56
论语顾氏注一卷　57
论语陈氏义说一卷　57
论语马氏训说　57
论语周生氏义说一卷　57
论语周氏章句一卷　57
论语阴嬉谶一卷　56
论语随笔二十卷　55
论语隐义注一卷　58
论语附录一卷　56
论语郑氏注一卷　54
论语郑氏注十卷　54,54
论语郑氏注残一卷　54
论语篇目弟子一卷　106,106

(3871$_2$)　说

00　说文广诂十卷　72
说文辨异八卷　73
说文新附考校正一卷　73
说文韵谱校五卷　72
说文韵孳一册　79
说文部首读一卷　73
说文部首读补注一卷　73
说文部首表　73
说文引诗字辑一卷　23
说文形声后案四卷　73
说文系统图题跋一卷　73
说文系传校录三十卷　72
说文句读三十卷　72
说文句读补正三十卷　72
说文解字义证五十卷　71
说文解字校勘记残稿　72
说文解字均隶十二卷　73
说文解字签注一卷　71
说文解字声切正谬一册　79
说文释例二十卷　72
说文释例补正二十卷　72
说文称经证四卷　74
说文汇字不分卷杂抄不分卷　73
说文谐声后案二卷　73
说文义证定本一卷　71
说文义证记工账目一卷　71
说文古籀补补十四卷附录一卷　74
说文校记一卷　73
说文校本录存一卷　72
说文第一统系图　73
说文抄十五卷　72
说文类编不分卷　73
11　说研堂诗集无卷数　326
27　说经未竟稿一卷　3
28　说饼庵诗集　348
说饼庵四六文一卷　348
34　说诗循序一卷　23
43　说卦传辑注一卷　9
50　说书偶笔四卷　65
说书补　60
82　说剑山房诗草初编　360

3871$_2$　谥

34　谥法三卷　146

3873$_2$　讼

34　讼过书屋文钞一卷　370

3874_0 许

10 许云峤文集一卷 355

许云峤先生手书诗文稿一卷 355

27 许鲁斋考岁略一卷 113

38 许瀚顺天乡试墨卷 142

许瀚年谱 130

77 许印林先生吉金考识一卷 186

许印林先生日记不分卷 147

许印林遗著一卷 72

许印林撰校考略一卷 176

90 许学札记四卷 72

3911_2 洸

10 洸西草堂集十四卷 356

3912_0 沙

37 沙门岛张生煮海杂剧一卷 419

3912_7 消

10 消夏同咏一卷 399

37 消闲录十卷 212

3918_9 淡

46 淡如菊斋诗稿二卷附录文二篇 371

3930_2 逍

32 逍遥游二卷 326

3978_9 谈

43 谈龙录一卷 407

44 谈薮一卷 272

谈苑四卷 272

74 谈助一卷 265

4

4000_0 十

00 十六国史略不分卷 99

十六国春秋十六卷 99

十六国春秋佚文一卷 99

十六国春秋辑补一百卷 99

十六国春秋年表一卷 99

十六国春秋纂录校勘记一卷 99

十六国春秋纂录校本十卷 99

十六策一卷 228

10 十一家注孙子三卷 224

十二笔舫杂录十二卷 262

十三经歌诀标射谱二卷 77

十三经阁诗录二卷 371

十三经札记不分卷 65,65

十三娘笑掷神奸首一卷 421

11 十琴吟草 380

17 十子诗略□□卷 390

25 十种唐诗选十七卷 388

30 十客楼诗一卷 347

38 十道志二卷 157

十道志佚文一卷 157

80 十八尊者图 252

85 十钟山房印举不分卷 189

十钟山房藏齐鲁三代两汉瓦当文字目一卷 194

十钟山房藏齐鲁秦汉瓦当文字目一卷 194

十钟山房金文四卷 186

88 十笏草堂辛丑诗二卷 327

十笏草堂辛甲集七卷　327
十笏草堂诗四卷　327
十笏草堂诗选九卷　327
十笏草堂诗选十一卷　327
十笏园丛刊　431

4000_3　义

40　义友记一卷　108

4001_7　九

12　九水山房文存二卷　361
27　九经字样疑一卷　66
31　九河公(张咏)语录　112
32　九州要记一卷　157
九州山水考三卷　17
九州记一卷　157

4003_0　太

00　太玄经一卷　247
10　太平广记五百卷目录十卷　271
太平经一百十九卷　281
太平御览一千卷　266
太平圣惠方一百卷　243
太平金镜策八卷　306
21　太上感应篇赘言一册　282
26　太白楼集三卷　167
35　太清神鉴六卷　247
太清记一卷　274
37　太湖诗草一卷　362
40　太古集四卷　305
太古园诗集一卷　321
太古堂遗编十四卷　318
50　太史公素王妙论一卷　248
72　太岳太和山纪略八卷　167
80　太公兵法逸文一卷　223
太公金匮一卷　223

4010_0　士

00　士乡书院志一卷　146
17　士翼三卷　211
24　士纬一卷　268

(4010_0)　土

20　土乡烈女诗文略　391

4010_2　左

23　左秘书集二卷附录一卷　289
25　左传评三卷　42
左传事纬十二卷附录八卷　42
37　左逸一卷　41
40　左九嫔集一卷附录一卷　289
左太冲集一卷　289
44　左萝石文抄　320
50　左掖疏抄一卷　154
左青记韵诗二卷　78
左忠贞公文集八卷　320
左忠贞公集十一卷附录一卷　320
左忠贞公剩稿四卷　320
左忠贞公(明左懋第)外纪二卷　113
72　左丘明生世大略表　119
左氏膏肓一卷　41
左氏奇说一卷　48

(4010_2)　直

44　直庵诗稿二卷　355

(4010_2)　壶

38　壶海生草六卷　350

4011_4 垚

77 垚居书屋赋诗稿上下二卷 365

4020_7 声

07 声韵易知四卷首一卷 77
27 声疑一册 79
34 声诗微旨一卷 407
声读摭式一册 79
37 声调谱一卷 406
声调谱拾遗一卷 407
38 声说四册 79
声谱四册 79
90 声类一卷 80
声类分例一卷 78
声类枚数一册 79

4021_4 在

00 在庵笔闻四卷 265
32 在泺笔记一卷 144

4022_7 内

32 内业一卷 231
37 内阁汉票签中书题名一卷续编一卷 148

(4022_7) 有

17 有子书六卷首一卷 206
有子年表 119
44 有若编年 119
有若年表 119
60 有是斋老庄合笺四卷 221
91 有怀堂文集一卷诗集一卷 337

(4022_7) 肉

56 肉攫部一卷 239

(4022_7) 希

00 希音阁诗集四卷 368

4022_7 南

00 南雍州记一卷 162
南齐书五十九卷 86
南唐杂事诗一卷 377
南京鸿胪寺志四卷 164
07 南部烟花录二卷 91
12 南北朝存石目八卷 192
南北史合注一百九十一卷 87
21 南征纪略二卷 170
南行日记一卷(明杨士聪撰) 93
南行日记一卷(清曹申吉撰) 171
南行吟草一卷 356
24 南华评注 221
南华本义二卷 221
南华指月六册 221
27 南皋山人诗四十一卷 344
南皋山人诗集类稿七卷 344
南皋山人诗集类稿二十八卷 343
南皋山人有声画一卷 344
南皋山人全集四十四卷 343
南皋山人敩文存稿十五卷 344
南皋诗集七卷 344
南疑诗集十一卷 326
30 南渡录二卷 91
南渡录大略一卷 92
南渡宫禁典仪一卷 145
南宫适编年 118
南宋市肆记一卷 162
南宋故都宫殿一卷 164

32 南州草一卷 344
33 南浦诗草 366
37 南涧文稿不分卷 349
南涧先生文稿二卷 349
南涧先生易箦记一卷 114
南涧遗文二卷附录一卷 350
南涧遗文补编一卷 350
南涧居士文稿一册 349
38 南游录三卷 170
南游记旧一卷 98
南海集二卷 329
40 南塘戚佞武略六至十八卷 229
43 南献遗征不分卷 177
44 南燕录一卷 99
南村毕氏家谱一卷 134
50 南中所见录一卷 171
南本大般涅槃经三十六卷 280
南来志一卷 170
55 南扶山房诗钞二卷 375
南曲次韵一卷 424
60 南园题画诗一卷 347
南圃诗草五卷 349
南圃笔谈无卷数 262
71 南阮集二卷 363
南匪纪略诗草一卷 95
南匪志略一卷 95
97 南烬纪闻(一名南烬纪闻录)一卷 92
南烬纪闻录一卷 92

4023_1 赤

43 赤城集十八卷 391
48 赤松游三卷 423

4024_7 存

30 存家诗稿八卷 312
96 存惺轩诗钞 373

4030_0 寸

86 寸知集诗四卷 351

4033_1 志

27 志壑堂词一卷 412
志壑堂杂记一卷 260
志壑堂后集删十卷 325
志壑堂全集四十九卷 325
40 志古编不分卷 161
44 志林新书一卷 279
70 志雅堂杂钞一卷 259
志雅堂杂抄摘抄一卷 193
90 志学箴一卷 217

4034_1 寺

44 寺塔记一卷 164

4040_0 女

10 女云台北曲一卷 422
50 女专诸杂剧一卷 422

4040_1 幸

10 幸云曲(存二十八回) 425
27 幸鲁盛典四十卷 145

4040_7 支

34 支诸皋一卷 275
39 支谈三卷 258

(4040_7) 友

10 友晋轩诗集一卷 334

46 友柏堂遗诗选二卷 336

(4040₇) 李

00 李方伯幼年诗稿 361
李方叔遗稿一卷 302
李文襄公集二十九卷 323
李文襄公棘听草十二卷 323
李文襄公(之芳)年谱一卷 127
10 李石桐先生赴岑溪日记一卷 172
27 李叔向日记不分卷(乾隆四十三年四月至十二月) 143
29 李嶙宣统元年选拔贡卷 142
35 李清照事迹编年 124
李清照年谱 124
36 李湘浦诗钞不分卷 357
37 李渔村先生稿一卷 341
38 李沧溟集选四卷 312
李沧溟近体诗集二卷 312
40 李克书一卷 217
李南涧先生文集一卷 349
李南涧先生诗稿八卷 349
李南涧先生古文三卷 349
李南涧诗文钞不分卷 350
44 李楚航先生诗集一卷 380
李蒲汀书目一卷 174
50 李中麓闲居集十二卷 310
李中麓藏书文一卷 173
李素兰风月玉壶春杂剧一卷 420
57 李静叔遗文一卷 350
56 李提摩太传不分卷 115
60 李易安夫妇事迹系年 124
李易安(清照)年谱一卷 124
72 (诸城)李氏世业 396
李氏春秋一卷 217
(高密)李氏三先生诗钞三种三十一卷 383
李氏山房集四卷 313
李氏山房诗选六卷 313
李氏家训一卷 216
77 李导江等诗稿一卷 390
88 李竹朋续泉说一卷附续丛编一卷 188
90 李少鹤日记不分卷(清乾隆五十一年五月至七月嘉庆二年三月至八月) 143
李尚宝集一卷 313
李学宪集一卷 312

4046₁ 嘉

00 嘉庆二十一年山东乡试题名录一卷 141
嘉庆十二年山东乡试同年齿录一卷 140
嘉庆三年山东乡试题名录一卷 140
05 嘉靖二十八年山东乡试录一卷 139
嘉靖三十七年山东乡试录一卷 139
嘉靖三十四年山东乡试录一卷 139
嘉靖十九年乡试录一卷 139
嘉靖七年山东乡试录一卷 139
嘉靖戊午(三十七年)科山东乡试墨

卷 141
嘉靖四十三年山东乡试录一卷 140
嘉靖四年山东乡试录一卷 199
38 嘉祥汉石画记疏证一卷 198
44 嘉荫簃论泉截句二卷 188
嘉荫簃藏器目一卷 183
嘉荫簃古泉随笔八卷 188
80 嘉谷堂遗草一卷 338

4050_0 车

50 车中吟存草二卷 356

4060_0 古

00 古文琐语一卷 89
古文字中所见之火烛 74
古文官书 74,74,74
古文官书一卷 74,74
古文论语二卷 54
古文孝经一卷 49
古文孝经孔氏传一卷 49
古文孝经述义一卷 52
古文笔谱二卷 408
古文尚书一卷 17
古文尚书十一卷 15
古文尚书十三卷 13
古文尚书音一卷 15
古文尚书舜典注一卷 20
(毛诗)古韵五卷 22
古文奇字郭训古文奇字 74
07 古韵一册 79
古韵发明不分卷 77
古韵微不分卷 78
古韵证二十二卷 77
古韵图说一卷 408
10 古玉图考补正一卷 193
古不夜城记一卷 164
25 古朱文官私鉥一卷 181
26 古泉汇六十四卷续十四卷补遗二卷 187
古泉苑一百卷 187
古泉苑目录一卷 187
古泉钱范一卷 187
古泉丛话 188
古泉小识一卷 188
(王廉生)古泉精选拓本一卷 187
27 古鲁诗一卷 24
34 古诗十九首书帖一卷 251
古诗十九首附笺一卷 400
古诗笺三十二卷 386
38 古禅子诗钞一卷 374
古论语一卷 55
40 古声略考杂记二卷 78
44 古老子二卷 219
50 古史略考三十卷 89
古青胜迹录一卷 161
古本大学诂略一卷 52
古夫于亭稿二卷 330
古夫于亭杂录六卷 261
60 古愚轩集十二卷 375
66 古器物释文初草一卷 181
77 古欢录一卷 109
古欢堂集三十六卷 333
古欢堂笔记一卷 261
古印偶存不分卷 190

80 古今文字表一卷 81
古今韵析一册 79
古今疏十五卷 267
古今名胜纪里□□卷 157
古今字诂一卷 80
古今字诂疏证一卷 71
古今字考六卷 75
古今训 269
古今诗删三十四卷 385
古今通论一卷 269
古今词汇三编六卷 416
古今书目简志不分卷 178
古今甲子全谱一卷 90
古今氏族纪里五十四卷 267
古今乐录一卷 255
古今善言一卷 269
古镜录六卷(原缺卷三、卷五至六) 185
古缶书屋诗无卷数 361
古余香阁诗一卷 377
83 古钱新探 188
85 古钵集选一卷 334
87 古铜印谱书目 178
90 古学文存辨体八卷 387

4060_0 右

77 右军(王羲之)年谱一卷 123
右军(王羲之)年谱不分卷 123

4060_1 吉

10 吉云子 286
22 吉凶服名用篇八卷叙录一卷 38
44 吉芳兰事略一卷 115
80 吉金室藏印一卷 190
吉金所见录十六卷 187

4060_9 杏

44 杏坡山人诗草 381
杏村诗集七卷 333

4062_1 奇

37 奇门占验一卷 247
(毛诗)奇句韵考四卷 23

4071_0 七

00 七言诗歌行钞十五卷 386
27 七经义纲一卷 67
33 七述一卷 162
35 七谏 285
40 七十二砚斋癸甲集一卷 369
七真(邱处机)年谱一卷 125
67 七略别录一卷 174
88 七篇指略七卷 60

4073_2 去

23 去伐论集三卷 211
75 去臜必效录二卷 238

(4073_2) 农

10 农蚕经一卷 238
27 农务集三卷 307
30 农谚一卷 238
54 农书三十六卷 238
77 农桑简要新编一卷 238

(4073_2) 丧

77 丧服变除一卷 31,31
丧服变除图一卷 32

丧服要记一卷　31,31,32
丧服要记注一卷　32
丧服难问一卷　33
丧服经传马氏注一卷　32
丧服经传袁氏注一卷　32
丧服经传陈氏注一卷　32
丧服经传注一卷　31
丧服释疑一卷　32,32
丧服古今集记一卷　32
丧服世行要记一卷　32

(4073_2)　袁

17　袁子正论一卷　269
袁子正书一卷　218
31　袁江于役草一卷　357
35　袁清悫公(彦忠)年谱一卷　130
72　袁氏随笔考证三卷补遗一卷　265

4080_0　大

10　大云集无卷数　316
17　大司马寮属名一卷　138
大司农王公年谱不分卷　127
21　大行集一卷　311
27　大忽雷一卷　423
大般涅槃经四十卷　280
大般泥洹经六卷　280
30　大汶口文化讨论文集　159
32　大业拾遗记(一名南部烟花录)二卷　91
43　大戴礼补注十三卷序录一卷　35
大戴丧服变除一卷　32
44　大梦记年一卷　363
大梦纪年(原题山左古鬲津松樵氏未定稿)不分卷　131
大藏圣教法宝标目十卷　280
大树堂说经二卷　65
47　大鹤山房全书十一种二十七卷　435
大鹤山人年谱　131
50　大忠祠考三卷　164
53　大成道乡修真全集　281
大成乐律一卷　39
60　大昆仑山人稿三卷　346
77　大风楼诗钞一卷　376
大丹直指二卷　281
80　大金集礼四十卷　145
90　大小雅堂五七言古今体诗歌行钞不分卷　385
大学一卷　52
大学章句困知录一卷　52
大学正文约注一卷　52
大学千虑一卷　52
大学衍义补概一卷　52
大学注一卷　52
大学述义一卷　53
大学述义续一卷　53
大学讲义一卷　52
大学荀孟参契二卷　53
大学中庸说　53
大学中庸目耕帖二卷　53
大学臆说一卷　53
大学全文通释一卷　52

4080_1　真

00　真魔论一卷　246

10 真西山政训摘要 148
11 真研斋诗一卷 361
真研斋诗草一卷 361

4090_0 木

00 木庵古陶文字不分卷 193
40 木皮子词一卷 426

4090_1 奈

60 奈园录三卷 261

4090_4 东

00 东庄遗迹诗一卷 322
东方先生集三卷 286
东方朔占书三卷 246
东方朔记不分卷 277
07 东郭传鼓词一卷 426
10 东平教案记二卷 96
(光绪)东平州志金石录二卷 200
(道光)东平州志金石略一卷 200
东西二汉水辩一卷 169
11 东北史纲初稿第一卷 97
13 东武高士刘翼明诗稿一卷 342
东武刘氏诗萃八卷 396
东武刘氏款识一卷 185
东武王氏家集四种十八卷 383
东武诗存十卷 393
17 东郡雷氏族谱二卷 136
22 东山论草三卷 315
东山草堂诗钞四卷 375
东山葛氏遗书三种九卷 433
东山余墨五卷 315
23 东牟纪事二卷 151
东牟守城纪略一卷 96
东岱山房诗录十三卷外集一卷 313
26 东皋集 305
东皋先生诗集三卷 347
东泉诗话八卷 408
30 东家杂记二卷首一卷 110
31 东渠诗存一卷附联语 377
32 东巡金石录八卷 196
38 东游纪程二卷 173
东道集一卷 372
41 东轩杂记一卷 263
43 东城老父斗鸡忏传奇二卷 423
44 东莱二李先生集不分卷 397
东莱北魏石刻考略一卷 196
东莱翟氏家乘不分卷 136
东莱赵氏族谱一卷 135
东莱赵氏家乘二十六卷 135
东莱赵氏先正酬唱集一卷 398
东莱赵氏先世学行记二卷 138
东莱赵氏楹书丛刊十四种二十一卷 432
东莱杨氏家谱 134
东莱曲氏族谱一卷 134
东村集十卷 327
50 东事纪略一卷 94
东夷杂考 159
53 东甫说经一卷 66
东甫遗稿四卷 376
60 (乾隆)东昌府志金石志二卷 200
(嘉庆)东昌府志金石志二卷 200
67 东野志二卷 160
东野志四卷 160

71 东阿于文定(慎行)公年谱二卷 126
东原录一卷 259
东原考古录一卷 160
76 东阳夜怪录一卷 278
77 东冈小稿六卷 307
80 东谷文集四卷 346
84 东镇沂山志五卷目录二卷 166
88 东篱集二卷续一卷 342

4090_4 杂

10 杂五行书一卷 248
17 杂录不分卷 182
27 杂祭法一卷 147
30 杂字一卷 80
杂字解诂一卷 80
杂字指一卷 80
32 杂礼议一卷 39
38 (毛诗)杂论一卷 22
59 杂抄不分卷 73
72 杂剧段数一卷 254

4092_7 柿

60 柿园诗稿二卷 368
64 柿叶轩草一卷 339

4093_1 樵

10 樵云诗瓿四卷 344
31 樵语二卷 265
77 樵风乐府九卷 415

4094_8 校

02 校刻篆文论语考证二卷 56
10 校正孔氏大戴礼记补注十三卷 35
校正古今人表九卷 86
校正尚书评注讹字表一卷 16
27 校经室文集六卷补遗一卷 375
88 校签说文解字十五卷 7

4122_7 狮

22 狮山诗钞四卷 344

4191_6 桓

23 桓台隐君诗集四卷 321

4192_0 柯

57 柯郇遗稿八卷 331
77 柯凤孙遗著三种七十九卷 435

4196_4 栖

10 栖云阁文集十五卷 327
栖云阁诗十六卷拾遗三卷 326
栖云阁诗略不分卷 327
栖霞长春子丘神仙磻溪集词一卷 412
33 栖泌园诗稿二卷 336

4212_2 彭

10 彭雪嵋先生日记一卷 143
彭王倡和一卷 398

4220_0 蒯

17 蒯子一卷 268

4223_0 瓠

48 瓠樽吟草一卷 378

4240_0 荆

22 荆山集二卷 391
44 荆楚臣重对玉梳一卷 419
60 荆园小语集证无卷数 214

4246_4 婚

32 婚礼谒文一卷 31
40 婚杂仪注一卷 146

4252_1 靳

10 靳两城先生集二十卷 310
50 靳史三十卷 265

4273_0 长

17 长子心钤无卷数 229
22 长山李氏大谱不分卷 134
26 长白山录一卷补遗一卷 165
30 长安获古编一卷附编目一卷 183
长安获古编目一卷 183
31 长河志籍考十卷 160
38 长途备忘录一卷 172
39 长沙药解四卷 244
47 长馨轩集□□卷 317
50 长春真人西游记二卷 169
长春真人西游记注二卷 169
71 长历考一卷 46
77 长留集九卷 337

4291_0 札

42 札朴十卷 264

4291_3 桃

44 桃花扇传奇二卷 423
60 桃园村艺文录一卷 394

4292_1 析

00 析言论一卷附古今训 269

4301_2 尤

24 尤射一卷 254

4301_4 龙

22 龙山十二景诗 167
32 龙溪诗集 365
龙溪草堂集十卷 341
37 龙洞诗集不分卷 161
43 龙城集一卷 353
68 龙吟馆琴谱二卷 252
88 龙筋凤髓判注四卷 266

4304_2 博

27 博物记一卷 269
67 博野尹太夫人年谱不分卷 130

4310_0 式

32 式训集十六卷 361
40 式古编五卷 265

4310_2 盐

34 盐法隅说一卷 151

4315_0 城

13 城武金石志三卷 198
76 城阳袁氏族谱不分卷 136
城阳赵氏族谱不分卷 135

4328_4 献

28 献征录一百二十卷 103

4341_2 婉

28 婉佺诗一卷 359

4346_0 始

90 始学篇一卷 80
始兴记一卷 163,163,163

4355_0 载

10 载云舫集十卷 332

53 载书图诗一卷 399

4380_5 越

40 越南山川略一卷 173
越南道路略一卷 173
越南世系沿革略一卷 173
越南辑略二卷 173

4385_0 戴

37 戴记旧本大学一卷 52
72 戴氏韵学一册 79

4390_9 求

60 求是斋文集一卷 357

4395_0 栈

10 栈云小稿二卷 369

4402_7 考

10 考工释车一卷 28
考工记论文一卷 28
考正晚年定论 213
14 考功集选四卷 327
37 考词九转货郎儿 421

4410_0 封

37 封泥货币文字一卷 190
封泥考略十卷 191
72 封氏印谱四卷 254

4410_2 蓝

24 蓝侍御集二卷 309
蓝侍御集十卷 309

4410_5 董

17 董子一卷 217
72 (莱阳)董氏遗稿一卷 395

4411_2 地

16 地理水法宗旨二卷 247
地理归源四卷 247
地理问答不分卷 157
地理书抄一卷 157
80 地镜一卷 248
地镜图一卷 248

(4411_2) 范

17 范子计然三卷 239
37 范湖吟社诗钞二十四种 383
67 范墅诗草一卷 362

(4411_2) 莛

80 莛谷杂体文稿七卷 351

(4411_2) 蕴

22 蕴山公(王衍谦)年谱不分卷 131

4411_7 莼

60 莼圃诗稿无卷数 368

4412_7 荡

47 荡妇秋思四折 422

(4412_7) 勤

00 勤斋集八卷 306

(4412_7) 蒲

48 蒲松龄文集一卷 340
蒲松龄集 340
蒲松龄集一卷 340
蒲松龄先生年谱 128
蒲松龄年谱 128
77 蒲留仙传不分卷附录六种 114
蒲留仙遗著考略与志异遗稿 175

4414_2 蒋

17 蒋子万机论一卷 268

4414_2 薄

27 薄叔元问谷梁义一卷 48

38 薄游书牍一卷 319

薄海番域录十二卷 163

4414_7 鼓

22 鼓山题名六卷 198

4416_4 落

44 落花诗一卷 330

88 落笺堂初稿一卷 328

4420_2 蓼

00 蓼六吟二卷 369

32 蓼溪诗略二卷 350

44 蓼莽诗存八卷 360

蓼村集四卷 339

60 蓼园诗钞五卷 381

4420_7 芦

40 芦南集一卷 308

(4420_7) 萝

10 萝石山房文抄四卷 320

萝石先生(左懋第)年谱一卷 126

77 萝月山房古文一卷 360

萝月山房古近体诗一卷 360

(4420_7) 梦

20 梦隽一卷 248

30 梦窗词校议二卷 411

44 梦波纪草 382

梦村集二卷 338

48 梦松堂帖本诗存卷上 370

50 梦中缘四卷十五回 279

53 梦书一卷 109,109,247

60 梦国诗草一卷 379

68 梦吟集一卷续集一卷 322

88 梦筑堂诗初集一卷 353

95 梦情集一卷 363

4421_2 麓

80 麓人孙氏医案六十五卷 244

4421_4 花

43 花木汇钞一卷 238

44 花草蒙拾一卷 416

(4421_4) 茌

10 茌平王氏永慕编四卷 138

22 茌山亦兰亭修禊吟一卷 399

60 茌邑三先生合刻四种二十一卷 382

4421_8 莅

53 莅戎要略一卷 229

4422_1 芹

20 芹香书屋文集一卷 374

4422_7 节

00 节序同风录无卷数 156

94 节慎斋文集无卷数 363

(4422_7) 带

27 带经舫集钞二卷 398

带经舫稿一卷 363

带经舫诗钞一卷 363

带经堂集文录二卷 330

带经堂诗话三十卷首一卷　405
带经堂印谱　252
带经堂全集九十二卷　328
77　带月草堂诗集一卷　332

(4422_7)　萧

00　萧亭诗选六卷　322
07　萧望之赋四篇　286
37　萧淑兰情寄菩萨蛮一卷　420
38　萧洽集　294
40　萧大圜集　296
萧悫集　296
52　萧扮集　331

(4422_7)　蒿

00　蒿庵集捃逸一卷　321
蒿庵集三卷　321
蒿庵闲话二卷　260

4423_2　蒙

00　蒙斋年谱一卷续一卷　127
26　蒙泉学诗草八卷　347
40　蒙木集一卷　336
58　蒙拾堂词稿一卷　415
70　蒙难偶记一卷　93

4423_7　蔗

60　蔗园诗文集无卷数　361

4424_0　苻

17　苻子一卷　269

4425_3　藏

53　藏书杂题一卷　177

4428_9　荻

32　荻溪集二卷　307

4429_4　葆

40　葆真斋遵言初编二卷续编四卷补遗一卷　216

4429_9　藤

41　藤梧馆诗草一卷　354
藤梧馆诗钞一卷　354
藤梧馆杂体文一卷　354
藤梧馆金石题咏集录一卷　182
藤花轩诗钞初集一卷续集一卷　359

4430_2　芝

60　芝田藏稿一卷　370
芝田书札　353
76　芝阳王氏祖谱不分卷　132
芝阳王氏族谱八卷　133
芝阳张氏族谱十一卷首一卷末一卷　135
芝阳赵氏族谱四卷　135
芝阳赵氏长支三支族谱四卷　135

(4430_2)　薖

00　薖庐文集一卷　356
薖庐遗文一卷　356

4430_5　莲

40　莲塘遗集一卷　353

(4430_5)　蓬

44　蓬莱刘氏家传一卷　138
蓬莱诗选一卷　393
蓬莱阁诗集不分卷　167
蓬莱阁集十卷　167

书名索引

蓬莱阁记一卷　167
蓬莱葛氏诗文稿五种七卷　383
蓬莱吴灌先著述三种四卷　433
蓬莱陈氏十四世简历一卷　135
蓬莱陈氏大忠祠考一卷　165

4433_0　苏

17　苏子一卷(晋邹□撰)　269
苏子一卷(周苏秦撰)　268
27　苏督抚集一卷　309
40　苏李诗笺一卷　400

4433_1　燕

00　燕庭金石丛稿不分卷　182
17　燕子春秋一册　239
燕子笺弹词十八回　426
24　燕射记一卷　145
26　燕魏杂记一卷　157
38　燕游草一卷　331
燕游小草二卷　369
40　燕南日征草一卷　330
燕喜堂集十五卷　315
50　燕来堂诗稿二卷　364

(4433_1)　蕉

10　蕉雨轩草一卷续集一卷　339
30　蕉窗吃语一卷　363
60　蕉园集不分卷　346
蕉园集拾遗一卷　346
蕉园诗集一卷　373

4433_3　蕊

37　蕊阁集一卷　304

4433_8　恭

50　恭寿文堂遗诗一卷　359
恭寿堂仅存稿一卷　368

4440_0　艾

90　艾堂外篇存二卷补遗一卷　348

4440_1　芋

28　芋僧遗稿二卷　376

4440_6　草

30　草窗词二卷补二卷　411
草窗年谱拟稿　125
53　草书字汇六卷　251
草书状一卷　255
90　草堂诗余一卷　412

4440_7　孝

27　孝经一卷　49,49
孝经九卷　50
孝经章句一卷　51
孝经刘氏说一卷　51
孝经王氏解一卷　50
孝经正解一卷　50
孝经严氏注一卷　52
孝经雌雄图一卷　51
孝经集注一卷　50
孝经刊误参解一卷　51
孝经纬援神契二卷　51
孝经纬钩命诀一卷　51
孝经传一卷　51
孝经皇氏义疏一卷　52
孝经约注　51
孝经殷氏注一卷　51

孝经解赞一卷　51
孝经释义一卷　51
孝经注一卷　50,50,50
孝经注不分卷　50
孝经注疏九卷　50
孝经安昌侯说一卷　51
孝经训注一卷　52
孝经义疏一卷　52
孝经左契一卷　51
孝经内事图一卷　51
孝经古秘一卷　51
孝经右契一卷　51
孝经长孙氏说一卷　51
孝经中契一卷　51
孝经后氏说一卷　49
孝经郑注一卷　51,51
孝经郑注附音一卷　51
孝经郑氏解一卷　50
孝经郑氏注一卷　50
40　孝女存孤北曲一卷　422

4440_9　苹

32　苹洲渔笛谱二卷　411
苹洲渔笛谱二卷集外词一卷附校记一卷　411

4442_7　荔

22　荔岩(张映衡)行述一卷　114
90　荔裳集文一卷诗一卷　324
荔裳诗选一卷　323
荔裳诗钞一卷　323
荔裳诗钞二卷　324

(4442_7)　娉

44　娉节堂尺牍二卷　341

(4442_2)　孏

30　孏窟词一卷　410

4444_1　葬

32　葬礼一卷　32
44　葬花一卷　422

4446_0　姑

32　姑溪词一卷　410
姑溪居士文集五十卷后集二十卷　303

(4446_0)　茹

44　茹荠秘纪一卷　98
茹荼吟无卷数　332

4450_2　攀

40　攀古小庐文一卷　369
攀古小庐砖瓦文字一卷　194
攀古小庐诗稿一卷　369
攀古小庐遗集不分卷　369
攀古小庐古器物录二卷古器物释文初草一卷　181
攀古小庐杂著三种三卷　179
攀古小庐杂著十二卷　264
攀古小庐校刊记不分卷　186
攀古小庐尺牍一卷　369
攀古小庐全集　369
攀古小庐金文集释一卷　186
攀古小庐镜铭一卷　186

4460_0　苗

28　苗俗记一卷　163

72 苗氏声读表一册 79

4460_1 昔

65 昔味斋存稿十四卷 372

(4460_1) 耆

43 耆献文征 392

4460_2 苕

24 苕华诗余一卷 415

70 苕雅四卷余集一卷 415

4460_4 若

22 若仙集唐二卷 361

4460_6 莒

32 莒州庄氏族谱不分卷 134

40 莒南大店春秋时期莒国殉人墓 196

4462_7 荀

17 荀子补注二卷 209

荀子性善证六卷 209

4471_2 老

17 老子一卷 219

老子元翼二卷考异一卷附录一卷 220

老子翼三卷老子考异一卷 219

老子翼八卷 219

老子道德经二卷 219,219

老子道德经注二卷 219

老子道德真经二卷 219

老子道德真经二卷附音义一卷 219

老子说略二卷 220

老子考异一卷 219

老子考略一册 179

老子哲学 220

44 老莱子一卷 222

(4471_2) 苍

10 苍雪斋稿一卷 352

苍雪山房稿一卷 338

22 苍崖先生金石例十卷 192

31 苍洱小记一卷 172

4471_7 艺

27 艺经一卷 255

(4471_7) 世

10 世要论一卷 268

17 世子一卷 217

24 世德堂诗文集四卷 331

世德堂遗书七种二十三卷 433

38 世说新语三卷 269

世说新语广抄二卷 270

世说新语刘注引用书目一卷佚文一卷 270

世说新语校勘小识一卷补一卷 270

世说旧注一卷 270

55 世耕堂诗集二卷 332

80 世美堂文钞一卷 396

世美堂诗钞不分卷 396

4472_7 勘

31 勘语四卷 234

(4472_7) 葛

02 葛端肃文集十八卷 310

葛端肃公家训(原名视履家训,又名葛氏家训)二卷 215
40 葛太史集五卷 315
72 葛氏家训二卷 215
葛氏丧服变除一卷 33

(4473_2) 芸

00 芸斋印谱一卷 253
30 芸窗醒脾二卷 425

4474_1 薛

17 薛君韩诗章句二卷 25

4477_0 甘

30 甘案电文摘要不分卷 156
90 甘棠遗爱一卷 398

4480_0 赵

00 赵文翰山东乡试墨卷 142
10 赵元哲诗集八卷 311
23 赵饴山全集五种三十七卷 434
30 赵客亭先生(于京)年谱纪略不分卷 128
32 赵州禅师语录 280
40 赵大纲诗集无卷数 311
55 赵执信诗选 335
赵执信年谱 127
67 赵明诚、李清照夫妇年谱 124
赵明诚年谱不分卷 124
72 (芝阳)赵氏族谱 135

4480_1 其

21 其顺堂三世遗诗无卷数 395
49 其楼诗文集九卷 345
60 其田居诗集二卷 344

(4480_1) 楚

20 楚辞韵解八卷 285
楚辞字声略考一卷 78
楚辞述芳二卷杂记三篇 285
23 楚台纪事七卷 148
37 楚泽吟草一卷 379
38 楚游遗稿无卷数 317
楚游小草二卷 369
60 楚蜀纪游一卷 172

4480_4 樊

21 樊须编年 119
樊须年表 119

4480_5 英

40 英雄记一卷 103
英雄记抄一卷 103

4480_6 黄

00 黄帝阴符经注一卷 281
黄帝阴符经颂一卷 281
10 黄石遗墨一卷 250
22 黄山纪游诗一卷 171
黄山纪游词一卷 171
黄山诗留十六卷 322
黄山(法若真)自订年略不分卷 127
23 黄发翁诗文集二卷续集二卷 314
黄发翁全集四卷戏笔一卷 314
24 黄侍御疏稿六卷 154
40 黄培文字狱案一卷 94
黄培诗狱录词一卷 94
50 黄忠宣公文集十三卷别集六卷

307
60 黄邑弦歌集一卷 393
72 (即墨)黄氏诗续钞无卷数 395
77 黄县方言纪略一卷 71
黄县王氏族谱不分卷 132
黄县丁氏族谱六卷 132
黄县曩器 196
黄县诗文汇钞一卷 393
黄县诗征不分卷 393
黄县赵氏长支三支族谱八卷 135
黄县赵氏族谱八卷 135
黄县赵氏族谱四卷 135
黄县故事不分卷 161

4480_9 荧

76 荧阳郑文公之碑 250

(4480_9) 焚

44 焚黄稿一卷 316
80 焚余诗草不分卷 354
焚余诗草二卷 368

4482_7 勚

60 勚圃存诗二卷 345

4490_1 禁

30 禁扁五卷 164

(4490_1) 蔡

12 蔡癸书一卷 239
72 蔡氏丧服谱一卷 32
蔡氏易说一卷 11
80 蔡曾源会试朱卷 142

4490_4 荣

60 荣园诗草一卷 355

4490_5 莱

17 莱郡经籍考四卷附编一卷 177
22 莱乱文件 393
38 莱海述一卷 169
44 莱菔唱和诗一卷 398
(民国)莱芜县志金石志一卷 200
50 莱史一卷 159
76 莱阳辛氏族谱六卷 134
莱阳乱事征实录一卷 95
莱阳乱事征实录不分卷 95
莱阳绅民自述乱事征实录一卷 95
莱阳嵯峨山人诗一卷 320
莱阳事变实地调查报告书一卷 95
莱阳姜贞文公篇什不分卷 320
莱阳竹枝词一卷 161

4490_9 菉

40 菉友课艺 366
菉友蛾术编二卷 264
菉友臆说一卷附录一卷 264
菉友公制艺不分卷 366

(4490_9) 藜

20 藜乘初集一卷二集二卷 338
50 藜青室札记一卷 263

4491_0 杜

00 杜文端公(堮)年谱不分卷 131
杜文正公(受田)年谱(一名杜芝农年谱)一卷 130
22 杜梨轩诗钞二卷文钞一卷 379
25 杜律注例(一名杜诗七言律注例)四卷 401

▲书名索引

杜律浅说二卷　401
34　杜诗胥钞十五卷　401
杜诗胥钞大凡一卷　401
杜诗胥钞余论一卷　401
杜诗选注不分卷　401
杜诗七言律注例四卷　401
44　杜茶村(浚)年谱一卷　126
杜芝农年谱一卷　130
72　杜氏幽求新书一卷　269
杜氏体论一卷　268

4491_2　枕

10　枕云诗草无卷数　374

4491_4　桂

44　桂苑珠丛一卷　81
50　桂未谷先生藏碑跋语一卷　192
桂未谷说文段注抄一卷补抄一卷　71

4492_7　菊

60　菊园诗草一卷　352

(4492_7)　藕

00　藕唐诗集十五卷　363
20　藕香书屋诗钞　365
28　藕舲诗话　409

4494_7　枝

41　枝栖吟草一卷　372

4496_1　藉

80　藉兰阁草不分卷　342

4498_4　模

22　模山藏陶不分卷　193

4499_0　林

10　林于未定稿不分卷　355
26　林泉结契五卷　304
37　林汲山房遗文不分卷　351

4523_6　独

16　独醒庐诗集一卷　382

4541_0　姓

44　姓苑一卷　138
72　姓氏新编五卷　138
72　姓氏考一卷　399
88　姓纂一卷　138

4542_7　韩

00　韩斋文稿四卷　370
10　韩二州先生文钞　376
16　韩理堂先生(梦周)年谱一卷　129
26　韩魏公别录(一名宋忠献韩魏王君臣相遇别录)三卷　112
34　韩诗翼要一卷　25
韩诗外传校议不分卷　25
韩诗毛诗韵订一册　79
韩诗说一卷　25
韩诗内传一卷　25
韩诗故二卷　25

4596_8　椿

44　椿荫阁诗草一卷　379

4599_9　棣

24　棣华书屋近刻四种四卷　395

4601_0　旭

00　旭斋零稿一卷　78

旭斋文稿一卷　78
旭斋文钞一卷　378
76　旭阳赠别一卷　365

4611_0　坦

30　坦室遗文一卷　364
坦室杂著一卷　364

4611_5　埋

20　埋香坞集一卷　358

4614_0　埤

44　埤苍一卷　80

4618_2　埙

88　埙篪编二卷　395

4640_0　如

30　如宜方二卷　243
35　如谏果室丛刻三种三卷　435
47　如好色斋稿十卷　363
60　如是翁编　306

4654_1　辑

17　辑砚琐言一卷　256

4680_2　贺

72　贺氏丧服要记一卷　32
贺氏丧服谱一卷　32

4690_0　相

25　相牛经一卷　239
相牛经一卷　239
77　相印轩印谱存一卷　253
相印轩印存不分卷　253

4690_2　柏

47　柏根氏旧藏甲骨文字　193

4691_3　槐

41　槐轩集十卷　331
槐轩小草一卷　260
44　槐荫堂自叙册题跋二卷　399
槐荫书屋诗钞一卷　356

4692_7　楞

10　楞严义贯存四卷　280

4722_0　狗

60　狗咬吕洞宾杂剧一卷　421

4722_7　郁

80　郁金颂　289

（4722_7）　郝

23　郝允贤等唱和诗一卷　398
72　郝氏遗书三十一种二百零七卷　434
（齐河）郝氏四子诗钞七卷　396
80　郝兰皋（懿行）夫妇年谱附著述考　130

（4722_7）　郗

28　郗鉴集　290
47　郗超集　290
90　郗愔集　290

（4722_7）　鹤

00　鹤亭诗稿四卷　348
10　鹤再南飞集一卷　353
26　鹤侣斋文存稿无卷数　336
鹤侣斋集三卷　336
鹤侣斋诗一卷　336
鹤侣斋诗文稿无卷数　336

37 鹤涧老人题画诗一卷 251
67 鹤鸣诗钞二卷 365
77 鹤隐集无卷数 316

4732_7 郝

00 郝亭诗稿一卷 372

4742_0 朝

10 朝天集一卷 333
28 朝鲜游稿一卷 313
67 朝野新声太平乐府九卷 426

4744_7 好

31 好酒赵元遇上皇一卷 418

4752_0 鞠

44 鞠梦庐诗钞四卷 361

4758_2 软

57 软邮筒二卷 423
80 软羊脂传奇二卷 423
86 软锟铻 423

4762_0 胡

11 胡非子一卷 237
26 胡峄阳先生遗书 344

4762_7 都

37 都门赘语一卷 378
50 都中购书目录不分卷 175

(4762_7) 鹊

24 鹊华山人诗集一卷 346
鹊华馆纪闻五卷 408

4772_0 切

07 切韵法 77
切韵指南一卷 76
切韵指南不分卷 77
切韵指南四卷 78
30 切字肆考 77

(4772_0) 却

57 却扫斋诗草二卷 360

4780_1 起

00 起废疾一卷 45,45

4791_0 枫

20 枫香集一卷 338

4791_2 榅

53 榅书隅录五卷 176
榅书隅录续编四卷 176

4791_7 杞

21 杞纪二十二卷 160
60 杞园吟稿八卷 371
杞田集十四卷遗稿一卷 335

4792_0 柳

07 柳韵楼诗稿三卷 348
20 柳香亭稿一卷 343
44 柳村诗集十二卷 334
60 柳园吟草二卷 368

4792_0 桐

44 桐花吟馆词四卷 414
桐荫山馆琴谱一卷 253
桐阴书屋诗二卷 345

4792_0 栩

67 栩野诗存上下二卷 336

4792_7 杨

00 杨应奎遗文一卷 308
02 杨刻蔡中郎集校勘记一卷 286
24 杨升庵先生批点文心雕龙十卷 402
28 杨以增致许瀚手札不分卷 374
44 杨梦山诗选三卷 313
53 杨书岩先生古文钞二卷 352
72 (即墨)杨氏家乘 134
(沂州)杨氏家谱不分卷 134
杨氏海源阁印砚拓本三卷 190
(益都)杨氏世系二卷 134
(益都)杨氏世谱三卷 134

(4792_7) 杨

44 杨林馆吉金图识一卷 185
杨林日记一卷 143

4794_0 椒

72 椒丘诗二卷 326

4796_4 格

00 格言辑要不分卷 216

4816_6 增

00 增广姓氏志略不分卷 138
增广金石名著汇目一卷续一卷再续一卷 182
增广金石名著汇目拾遗一卷 182
27 (光绪)增修登州府志金石志三卷 201
增修孔庭纂要十卷 105
增修胶县艺文志不分卷 177
30 增定唐诗定律一卷 401
增定诗韵便览五卷 267
33 增补孔庭摘要一卷 105
增补武林旧事八卷 162
46 增辑易象图说二卷 7
72 增删卜易(一名简易秘传)一卷 246

4824_0 散

30 散家财天赐老生儿杂剧一卷 418
44 散芳集轶草一卷 375

4841_7 乾

10 乾一楼诗集一卷 380
30 乾淳岁时记一卷 156
乾淳御教记一卷 145
乾淳起居注一卷 89
乾淳教坊乐部一卷 252
40 乾坤凿度二卷 11
77 乾隆辛卯迎銮恭进诗册无卷数 352
乾隆四十四年山东乡试同年齿录一卷 140
乾隆五十四年山东乡试题名录一卷 140
乾隆六十年山东乡试题名录一卷 140

4844_0 教

00 教童子法一卷 62,217
47 教款捷要无卷数 258

4864_0 敬

00 敬亭集十卷补遗一卷 320
敬亭(王祖肃)自记年谱 129

28 敬复堂稿 345
32 敬业堂饴山樊榭山房三家诗集录三卷 390

4891_9 检

38 检说文难字一卷 74
77 检尸考要一卷 234

4892_1 榆

60 榆园杂录二卷 107

4893_2 松

10 松露书屋诗稿不分卷 353
松雪堂印萃四卷 253
松石诗钞二卷 372
20 松香词钞摘录无卷数 414
22 松岩印谱一卷 253
27 松峰说疫备用良方一卷 241
30 松窗寤言一卷 212
35 松涛室诗稿一卷 324
松涛诗稿四卷 319
37 松涧诗稿一卷 357
40 松壶集二十卷 325
46 松柏堂集一卷 313
松柏堂诗集一卷 319
47 松鹤堂记事初草一卷 373
80 松龛古今体诗存八卷 364
松年长生引一卷 422
88 松筠阁钞异十二卷 277
松筠桐荫馆印谱四卷 253

4893_2 桧

77 桧月山房文集仅存一卷诗集仅存一卷 372

4895_7 梅

00 梅亭小草一卷 333
17 梅子新论一卷 218
44 梅花衲一卷 305
梅花奇石之斋稿三卷 376
梅花屋诗草一卷 320
49 梅楼诗存十六卷 352
77 梅叟闲评四卷 216

4942_0 妙

20 妙香室诗集 372

5

5000_0 扩

00 扩廓帖木儿列传一卷 113

5000_6 中

00 中庵先生刘文简公文集二十五卷 306
中庵诗余一卷 412
中庵乐府二卷 412
中庸一卷 53
中庸传一卷 53
中庸注一卷 53
中庸述义一卷 53
中庸述义续一卷 53
中庸臂谈一卷 53
中庸凡一卷 53
中庸贯二卷 53
中唐十二家诗集十一卷 388
23 中外交界各隘卡略一卷 151
37 中郎遗矩无卷数 186

▲书名索引

38 中论二卷 210,210
中论平议补录 211
中论佚文一卷 210
中论逸文一卷 210
中论札记二卷 210
中论纂一卷 210
44 中麓画品一卷 251
中麓山人拙对二卷续对一卷 310
中麓小令不分卷 424
43 中越交界各隘卡略一卷 151
50 中惠咸阳王赛氏家传不分卷 137
60 中国古代货币通考不分卷 188
90 中兴间气集二卷 387

(5000$_6$) 申

17 申子一卷 234
47 申椒二集一卷 342
申椒集二卷 342

(5000$_6$) 史

00 史席闲话一卷 343
20 史系简抄八卷 100
21 史牾不分卷 101
25 史佚书一卷 237
37 史记评注十二卷 101
史记书后二卷 101
史记斠二卷 85
44 吏荟十二卷 100
48 史梅叔诗集十二卷 363
50 史事简抄□卷 100
88 史籀篇一卷 80

5000$_7$ 聿

27 聿修堂集一卷 322

5002$_7$ 韦

00 韦庐初集一卷续集一卷近集一卷 353
韦玄成集 286
80 韦每斋试帖六卷 370

5003$_7$ 摭

00 摭言十五卷 271

5004$_4$ 接

88 接管胶济铁路纪二卷 150

5004$_7$ 掖

20 掖乘十六卷 160
34 掖诗采录六卷 393
38 掖海杂志八卷 161
掖海丛书十一种二十五卷 432
60 掖邑乡贤考记一卷 107

5013$_6$ 虫

43 虫弋十八卷 264

(5013$_6$) 蠹

00 蠹斋先生铅刀编三十二卷 304

5021$_2$ 尧

44 尧封剩稿一卷 348

5022$_7$ 青

22 青嵓居集一卷 317
青山著书吟草一卷 365
32 青州府志安邱张氏列传 137
青州府志安邱张氏列传一卷 137
青州纪游不分卷 173
青州先贤传一卷 107
青州黄氏族谱一卷 136

青州明诗钞四卷　393
34　青社琐记四卷　263
青社遗闻一卷　261
38　青衿侠传奇一卷　424
43　青城游记　172
44　青莲露六笺六卷　265
青艾集一卷　370
青藜馆集四卷　316
47　青桐轩诗集二卷　374
50　青史子一卷　279
88　青箱古集续编　185
青箱古集金石拓本十六卷　181

5023_0　本

44　本草须知不分卷　244
47　本朝廿二家诗不分卷　390
本朝忠义录十六卷　104

5030_3　枣

44　枣花田舍诗一卷　341

5033_3　惠

17　惠子一卷　268
77　惠民陈鹤年先生哀启一卷　115

5033_6　忠

13　忠武年表一卷　122
26　忠穆集八卷　304
27　忠经一卷　210
40　忠孝廉节汇集三十四卷　102
44　忠勤录四卷　104
50　忠肃集二十卷　301
忠肃公和梅花百咏　314

5034_0　寿

34　寿诸饯别诗选无卷数　399

5044_7　冉

00　冉雍编年　118
冉雍年表　118
17　冉子书四卷首一卷　206
冉子书五卷首一卷　206
冉子年表不分卷　117
冉求编年　118
冉求年表　118
冉耕编年　117
冉耕年表　118
72　冉氏谱系一卷　133

5050_8　奉

25　奉使朝鲜稿一卷　316
44　奉萱草堂文钞一卷　362
44　奉萱草堂文续集一卷　362
奉萱草堂诗集二卷　362

5060_0　由

80　由余书一卷　268

5060_8　春

10　春雨园诗三卷　359
春雨堂诗选无卷数　373
11　春韭园随笔四卷　262
17　春及园虫鸣草选抄一卷　362
春及园虫鸣草四卷　362
20　春舫诗钞四卷　355
26　春皋诗草　373
29　春秋文谥例一卷　44
春秋一得一卷　46

春秋三传异同说一卷　48
春秋正义证释四卷　42
春秋疏引土地名一卷　47
春秋列女图考一卷　42
春秋取义测十二卷　46
春秋攻昧一卷　49
春秋集传一卷　49
春秋集传折衷录四十卷　42
春秋例统一卷　49
春秋比二卷　47
春秋外传国语唐氏注一卷　98
春秋外传国语孔氏注一卷　91
春秋外传国语虞氏注一卷　98
春秋牒例章句一卷　48
春秋纬文耀钩一卷　47
春秋纬考异邮一卷　47
春秋纬元命苞二卷　48
春秋纬佐助期一卷　47
春秋纬保乾图一卷　47
春秋纬潜潭巴一卷　47
春秋纬运斗枢一卷　47
春秋纬演孔图一卷　48
春秋纬汉含孳一卷　47
春秋纬说题辞一卷　47
春秋纬感精符一卷　47
春秋纬握诚图一卷　47
春秋纬合诚图一卷　47
春秋传十二卷　46
春秋传议六卷　46
春秋传驳一卷　42
春秋郑分三国考　159
春秋释例一卷　48
春秋释例世族谱释例补遗一卷　46
春秋释例世族谱补缺一卷　46
春秋徐氏音一卷　42
春秋决事一卷　48
春秋汉议一卷　44
春秋通例一卷　49
春秋阐微纂类义统一卷　49
春秋说二卷　47
春秋说略十二卷　47
春秋土地名一卷　42
春秋土地名考一卷补遗一卷　47
春秋土地名考异一卷　47
春秋左传　40
春秋左传王氏注一卷　41
春秋左传正义三十六卷　41
春秋左传注疏六十卷　41
春秋左传义疏一卷　49
春秋左传许氏注一卷　48
春秋左传考略六卷　42
春秋左传郑氏义一卷　41
春秋左氏膏肓释痾一卷　48
春秋左氏函传义一卷　48
春秋左氏长经章句一卷　48
春秋左氏传章句一卷　48
春秋左氏传嵇氏音一卷　48
春秋左氏传解谊四卷　48
春秋左氏传解诂二卷　48
春秋左氏传义注一卷　41
春秋左氏传述义二卷　49
春秋左氏经传章句一卷　48
春秋左氏经传义略一卷　49
春秋内事一卷　48

春秋大传一卷　48
春秋札记一卷　47
春秋地理补考四卷　47
春秋地名考一卷　46
春秋地名目录一卷　47
春秋地名目录补遗一卷　47
春秋地名同名录一卷　47
春秋世族谱一卷　46
春秋世族谱考一卷　46
春秋折衷论一卷　49
春秋井田记一卷　49
春秋规过二卷　49
春秋成长说一卷　48
春秋后语一卷(晋孔衍撰)　91
春秋后语一卷(清王谟辑)　91
春秋后语(清刘学宠辑)　91
春秋后语一卷(清黄奭辑)　91
春秋后语一卷(清王仁俊辑)　91
春秋后国语残四卷(存五至八卷)　91
春秋人名同名录一卷　46
春秋命历序一卷　48
春秋谷梁传麋氏注一卷　46
春秋谷梁传章句一卷　48
春秋谷梁传徐氏注一卷　46
春秋谷梁传注十五卷　46
春秋谷梁传注义一卷　46
春秋谷梁传说一卷　48
春秋谷梁传略考一卷　46
春秋谷梁传郑氏说一卷　49
春秋公羊颜氏记一卷　43
春秋公羊经一卷　46
春秋公羊传二十卷　42
春秋公羊传解诂十二卷　43,43
春秋公羊经传通义十一卷叙一卷　45
春秋公羊注疏二十八卷　43
春秋公羊传注疏考证一卷　44
春秋公羊传笺十一卷　44
春秋公羊注疏质疑二卷　44
春秋公羊谷梁二传评一卷　48
春秋公羊谷梁传解诂一卷　46
春秋公羊郑氏义一卷　45
春秋管见八十五卷　47
37　春鵊集四卷　366
40　春樵诗选一卷　372
44　春草堂诗订一卷　344
46　春旭斋诗存　359
67　春明梦余录七十卷　157
春晖草堂剩稿无卷数　354
春晖草堂诗存三卷　382
77　春风坐余草　375

5073_2　表

50　表忠记(一名蚺蛇胆)二卷　423
80　表余落笔合选初集十一卷　395
表余堂诗一卷　328

5080_2　夷

26　夷白草一卷　343
夷白草文十五卷　344
28　夷俗记一卷　157
30　夷安诗草一卷　363
37　夷门游草一卷　347

5080_4 奏

20 奏稿选录(清光绪三十年一月至八月) 155

5090_0 未

17 未了居士小传一卷 114
20 未信堂近稿不分卷 333
30 未定草诗钞四卷 375
50 未央术一卷 248
80 未谷诗集四卷 356
未谷遗著二种 68

(5090_0) 来

22 来山阁诗草一卷 341
80 来禽馆集二十九卷 314
来复堂孟子讲义四卷 59
来复堂集 366
来复堂家规不分卷 216
来复堂海防私筹一卷 151
来复堂论语讲义二卷 56
来复堂大学古本释一卷 52
来复堂全书八种十三卷 435
来复堂小学补 217
来复堂学内编 216

5090_3 素

17 素灵微蕴四卷 241
37 素问悬解十三卷附校余偶识一卷 240
60 素园诗一卷 318

5090_4 秦

12 秦张诗余合璧二卷 416
13 秦琅琊刻石一卷 196
17 秦子一卷 268
37 秦汉印章拾遗四卷 189
秦汉瓦当文字不分卷 193
秦汉官印类选不分卷 189
秦诏量瓦集拓一卷 194
43 秦始皇诏量瓦残字二十种 194
60 秦蜀驿程后记二卷 170
80 秦前文字之语二卷 181

5090_9 隶

00 隶辨摘抄不分卷 75
24 隶续目录补正一卷 181
34 隶法琐言一卷 250
40 隶古文尚书顾命残本补考一卷 14
隶古定尚书残三卷 14
48 隶样八卷 75
88 隶篇十五卷续十五卷再续十五卷 75

(5090_9) 泰

22 泰山王退轩先生清芬录一卷 115
泰山王氏仅好书斋藏书志不分卷 177
泰山石刻记一卷 197
泰山石堂老人文集 380
泰山经石峪刻字六卷 197
泰山经石峪金刚经 197
泰山纪事三卷 165
泰山纪胜一卷 165
泰山述记十卷 165
泰山道里记一卷 165
泰山志二十卷 165
泰山药物志 244

泰山搜玉集二卷　166
泰山辑瑞集二卷　165
泰山秦篆二十九字南宋精拓本　197
泰山图说一卷　166
泰山脉络记一卷　166
泰山金石志四卷　197
泰山小史一卷　165
30 泰安王氏家谱二卷　133
(道光)泰安县志金石录一卷　200
(乾隆)泰安县志金石志一卷　200
泰安金石录一卷补遗一卷　197
78 泰阶六符经一卷　247

5101_2　抚

32 抚浙疏草四卷　154
35 抚津疏草四卷　153
50 抚本礼记郑注考异二卷　33
67 抚郧疏稿不分卷　154

5102_0　打

10 打哑禅一卷　420
17 打马图(一名打马图谱,又名打马图经)一卷　254
打马图经一卷　254
打马图谱一卷　254

5104_6　掉

38 掉谱合参一卷　255

5104_7　摄

25 摄生消息论一卷　242

5114_6　蟫

80 蟫食余编六卷　262

5193_2　耘

10 耘石诗稿一卷　309

5201_0　批

21 批点聊斋志异十六卷　276
批点孙子正义十三卷　225
批点四书朱子本义汇考四十七卷　62
31 批评第一奇书金瓶梅一百回　278

5206_9　播

00 播变纪略一卷　98

5207_2　拙

00 拙庵词一卷　410
44 拙庵近稿一卷　339
拙斋集一卷　345
30 拙窝杂存一卷　263
拙窝未定稿一卷　263

5207_7　韬

90 韬堂绍陶录二卷　112

5213_9　蟋

50 蟋蟀轩草　317

5280_1　蹔

40 蹔存文稿一卷　360

5302_7　书

00 书序略考五卷　16
10 书正义略考二卷　16
书王氏注一卷　15
书疏丛钞一卷　16
书画鉴影二十四卷　249
12 书张尚书之洞劝学篇后一卷　217

22 书岩剩稿一卷 352
24 书赞一卷 15,15
27 书经直解四卷 16
书经补遗五卷 15
书经管窥二卷 16
34 书法三昧一卷 250
38 书说二卷 16
书论一卷 249
60 书目汇编二卷 174
书目类编不分卷 174
90 书学正韵三十六卷 76

5310_2 盛

00 盛意园(昱)先生年谱不分卷 131

5320_0 戊

71 戊辰年退轩日记一卷 143

(5320_0) 成

24 成化元年山东乡试录一卷 139
成化十年山东乡试录一卷 139
成化十六年山东乡试录一卷 139
成化十九年山东乡试录一卷 139
31 成祉府君(王棻绪)自著年谱不分卷 129

(5320_0) 咸

50 咸丰八年山东乡试同年齿录二卷 141

(5320_0) 戚

90 戚少保手定略无卷数 229
戚少保治兵语录 229
戚少保(继光)年谱十二卷 126

5322_7 鬵

88 鬵箓格 252

5333_0 感

00 感应篇句解 282
感应篇注解 282
26 感旧集十六卷 390
感旧集小传拾遗 108
33 感述录六卷续录四卷 212

5402_7 拗

34 拗法谱一卷 408
80 拗人传一卷 273

5404_1 持

50 持忠集二卷 319

(5404_1) 铧

24 铧华阁集古录跋尾甲篇十五卷 186

5410_3 蚁

60 蚁园(吴绍诗)自记年谱不分卷 129

5419_4 蝶

00 蝶庵自药一卷 213
蝶庵词一卷 414
41 蝶轩诗集一卷 358

5440_0 斠

27 斠经室集初刻五种九卷 179

5502_7 弗

24 弗告堂集二十六卷 316

5506_0 抽

88 抽簪赘言一卷 153

5508_0 扶

60 扶鼎名臣录不分卷 103

5514_7 蚺

53 蚺蛇胆二卷 423

5533_1 热

31 热河游记一卷 172

5560_0 曲

26 曲阜孔府档案史料选编 156
曲阜孔母徐太儒人寿序一卷 114
曲阜碑碣考四卷 197
曲阜现存古碑拓本 197
曲阜鲁国故城 159
曲阜礼器图考二卷 198
曲阜诗钞八卷 394
曲阜清儒著述记二卷 177
曲阜游览指南一卷 159
(乾隆)曲阜县志金石志二卷 200
38 曲谱一卷 423

5560_6 曹

21 曹贞吉父子诗稿不分卷 396
32 曹州碑文一卷 198
37 曹鸣勋会试朱卷 142
曹澹余诗一卷 331
40 曹南文献录八十二卷附录六卷 395
曹南诗社唱和集 398
72 曹氏家集七种 383
(安丘)曹氏家学守待 396
曹氏诗文集 396
77 曹县万氏诗文集六种七卷 383

5580_1 典

22 典制纪略 267
31 典语一卷 218

5580_2 费

60 费邑古迹考合璧不分卷 161
费邑艺文存三卷 161
72 费氏易一卷 4
费氏易林一卷 246
77 (光绪)费县志金石志二卷 201
费县古迹考六卷 161
费县艺文存三卷 394

5590_0 耕

33 耕心堂印府二卷 253
38 耕道猎德斋诗文集十卷 374

5601_7 挹

17 挹翠堂诗稿不分卷 354
20 挹秀山房诗集八卷 353
40 挹爽轩漫稿一卷 382

5619_3 螺

49 螺楼海外文字一卷 380

5701_2 抱

22 抱山集选 330
抱山诗集二卷 330
抱山堂小草一卷 330

5701_4 握

40 握奇经订本一卷 223
握奇经订本一卷 223
握奇经正义一卷 223
握奇经续图一卷 222

握奇经定本一卷　223
握奇经图一卷　223

5702_7　扬

28　扬舲集不分卷　348
40　扬雄说故一卷　74

5704_7　投

40　投壶变一卷　255
投壶算草一卷　255
44　投老吟一卷　324
60　投圀中一卷　421

(5704_7)　搜

40　搜古汇编七十卷　192

5706_7　捃

40　捃古录二十卷　181
捃古录金文三卷　183
捃古录金文校订存三卷　183

5708_1　撰

45　撰杖琐言一卷　337

5709_4　探

50　探春历记一卷　238

5712_0　蝴

54　蝴蝶诗　378

5715_4　蜂

21　蜂衙小记一卷　239

5725_7　静

10　静吾斋诗文钞二卷　362
31　静远堂诗存一卷　366
41　静轩集五卷附录一卷　306

5762_7　邮

88　邮筒草六卷　364

5800_0　拟

23　拟我法集　358
40　拟古乐府二卷　312
50　拟史籍考校例一卷　178
77　拟骚集二卷　309

5804_1　拼

00　拼音识字表一卷　79

5806_1　拾

88　拾箨余闲一卷　261

5810_6　鳌

22　鳌山王氏世系谱不分卷　132
27　鳌峰类稿二十六卷　307

5824_0　敖

22　敖山记一卷　167

5902_0　抄

25　抄朱子札言四卷　212

6

6000_0　旷

00　旷庐续集二卷附补正　377
旷庐诗集二十卷　376

6001_5　唯

33　唯心集二卷末一卷　378

6010_0　日

00　日言一卷　212
37　日记故事二卷　266

56 日损堂诗集 321
67 日照丁氏家乘九十三卷 132
日照丁氏藏器目一卷 185
日照尹氏族谱不分卷 133
日照许氏诸城李氏金文拓本释不分卷 186
77 日用俗字一卷 75
90 日省吾斋读曲礼内则注二卷 34
日省吾斋日录无卷数 214

6010_1 目

55 目耕帖三十一卷 65

6010_3 国

00 国立北平图书馆善本书目乙编四卷 178
国立中央图书馆善本书目初稿第一辑五卷 178
31 国语章句一卷(魏王肃撰) 91
国语章句一卷(汉郑众撰) 98
国语音一卷 91
国语注一卷 91
国语髓析二十一卷 91
47 国朝武定诗钞十四卷 394
国朝山左诗续钞三十二卷补钞四卷 392
国朝山左诗汇钞前集无卷数 392
国朝山左诗汇钞后集三十九卷 392
国朝山左诗补钞七卷 392
国朝山左诗钞六十卷 392
国朝山东历科乡试录一卷 139
国朝治说文家书目一卷 178
国朝治说文家未刻书目 178
国朝闺秀香咳集十卷附录一卷 390
国朝词人名字爵里表补一卷 108
国朝谥法考一卷 146
国朝满汉大臣谥法考一卷 146
国朝昌阳诗综十卷外集一卷 393
国朝隶品一卷 250
国朝邑人(冠县)诗钞无卷数 395
国朝历下诗钞四卷 392
50 国史经籍志五卷附录一卷 174

6010_4 墨

00 墨商三卷补遗一卷 235
墨辩疏证 236
墨辩发微 236
墨辩解故序一卷 235
墨辩讨论一卷 237
17 墨子(唐敬果选注) 236
墨子(任继愈撰) 236
墨子(明归有光辑评) 235
墨子(钱穆撰) 236
墨子一卷(张之纯评注)235
墨子十五卷 234
墨子十五卷(明郎兆玉评) 235
墨子十六卷(清吴汝纶点勘) 235
墨子十六卷附编目考一卷(清毕沅校注) 235
墨子辩经讲疏 236
墨子平议三卷 235
墨子·非乐 237
墨子引书说一卷 236

墨子研究论文集 237
墨子集解 236
墨子刊误二卷 235
墨子综释 236
墨子佚文一卷 235
墨子经说解二卷 235
墨子注七卷 235
墨子读本 236
墨子间诂十五卷附录一卷 235
墨子间诂参证 236
墨子间诂笺 236
墨子校释商兑 236
墨子校记一卷 235
墨子城守各篇简注 236
墨子斠注补正二卷 235
墨子拾补二卷 235
墨子后语二卷 235
墨子年谱一卷 120
墨子年代表 120
墨子(翟)年表一卷 120
墨子学案 236
20 墨香书屋诗草一卷 363
27 墨经一卷 255
墨经诂义二卷 236
墨经诂义初稿一卷 236
墨经校诠 236
30 墨守要义一卷 236

6010_5 星

31 星福堂全集 378
80 星余笔记一卷 163

6010_8 昱

50 昱青堂杂集一卷 322
昱青堂诗集一卷 322

6011_3 晁

00 晁文元公道院集要三卷 280
27 晁叔用词一卷 410
72 晁氏新书一卷 268
晁氏客语一卷 258

6012_7 蜀

17 蜀录一卷 99
蜀丞相诸葛亮文集六卷 287
蜀丞相诸葛孔明文集六卷 287
26 蜀程偶记一卷 172
38 蜀道驿程记二卷 170
蜀道连辔集一卷 398
77 蜀冈禅智寺唱和诗一卷 398

6020_7 罗

27 罗经说一卷 246
90 罗光远梦断杨贵妃残本一卷 419

6021_2 四

20 四香阁诗集五卷 385
24 四体书势一卷 255
37 四溟集十卷 311
四溟山人集选一卷 311
四溟山人诗十卷 311
四溟山人全集二十四卷 311
四溟诗话四卷 405
四溟诗钞五卷 311
40 四声五音九弄反纽图一卷 81
四大恩论一卷 212
四友堂诗二卷 331
44 四藩分镇一卷 147

四世恩纶不分卷 137
47 四朝恩遇图不分卷 113
四朝人物略六卷 103
48 四松斋集一卷 348
50 四本堂印谱四卷 253
四素山房集二十卷 318
53 四书广注三十六卷 60
四书音韵四卷 79
四书正义二十卷 60
四书正讹无卷数 60
四书疏义 60
四书引左汇解十卷 60
四书乡音辨伪一卷 62
四书集注圈点旁训衬解二十一卷 62
四书虚字讲义一卷 61
四书制艺文一卷 343
四书传习心谈十四卷补遗二卷 60
四书白话解说三十六卷 62
四书备考十七卷 61
四书家课集说十六卷 61
四书汇解四十卷 61
四书述义五卷说四卷 61
四书说十卷 61
四书约说六卷题说二卷 60
四书字义说略二卷 61
四书证疑八卷 61
四书订疑二十二卷 60
四书评语十卷 61
四书讲义三十六卷 60
四书讲义切近录三十八卷 61
四书讲义持衡十五卷 60
四书遵朱会通一卷 61
四书说略四卷 62
四书鞭影二十卷 59
四书求是十六卷 61
四书考疑一卷 61
四书择言十五卷 62
四书摘训二十卷 59
四书蠹简六卷 61
四书图说六卷 60
四书质言 60
四书会解二十七卷 61
四书丛论不分卷 62
四书笔记八卷 61
四书纂义十六卷 61
60 四品稿九卷 317
64 四时悼内一卷附录一卷 424
77 四圣心源十卷 241
四圣悬枢四卷 241
四留山人(陈肇)自记不分卷 131

(6021_2) 园

44 园林午梦一卷 420

6022_7 易

00 易斋冯公(溥)年谱一卷 126
易章句一卷 5
16 易理一卷 8
17 易翼二卷 7
易翼与能不分卷 10
25 易纬辨终备一卷 11
易纬稽览图二卷 11
易纬注八种十二卷 10
易纬通卦验二卷 11

易纬坤灵图一卷　11
易纬乾元序制记一卷　11
易纬是类谋一卷　11
26　易泉先生诗钞四卷　363
27　易经旁注　8
易经续图纂　8
易经通注九卷　7
易经卦变解八宫说一卷　7
易经札记一卷　10
易经指掌四卷　10
易经简明集解三卷　9
易象集解十卷　9
易象妙于见形论一卷　12
易象授蒙一卷　9
易解附录一卷　4
易解附录后语一卷　4
30　易注九卷　4
易注一卷(晋王廙)　6
易注一卷(魏王肃)　6
34　易诗叶韵二卷　78
37　易洞林三卷补遗一卷　248
38　易说十二卷　9
易说便录一卷　9
40　易大象说一卷　6
48　易辙吟一卷　350
88　易筌六卷附论一卷　7
易箴一卷　10
易纂一卷　13
易纂四卷　9
90　易学集解二卷　7
易学启蒙集略一卷　7
易学启蒙订疑四卷　7
易举义别记四卷　8

6030_3　图

53　图书说一卷　244

6033_3　思

00　思斋(王清)自撰年谱一卷　127
思辩录十四卷　214
74　思陵勤政记(一名烈皇勤政记)一卷　93
思陵典礼记四卷　145
80　思益轩觚存三十六咏　378
88　思竹斋存稿四卷　365

(6033_0)　恩

10　恩平程纪一卷(乾隆三十四年至三十五年)　172

6033_1　黑

08　黑旋风双献功杂剧一卷　418

6033_2　愚

22　愚山日记二卷　214
32　愚溪集一卷　347
80　愚谷集十卷　309

6040_0　田

17　田子一卷　218
23　田俅子一卷　237
72　(德州)田氏全集　397

6040_4　晏

17　晏子二卷　209
晏子　208
晏子佚文一卷　208
晏子春秋八卷　207

晏子春秋六卷(明杨慎评点) 208
晏子春秋七卷(清钱熙祚校) 208
晏子春秋七卷(清孙星衍校) 208，208
晏子春秋一卷(清任兆麟选辑)208
晏子春秋一卷(张之纯评注) 209
晏子春秋音义二卷 208
晏子春秋平议一卷 208
晏子春秋集释 209
晏子春秋佚文辑补一卷 208
晏子春秋补释一卷 208
晏子春秋内篇二卷 208
晏子春秋校正一卷 208
晏子春秋校注八卷 208
晏子春秋校勘记二卷 208
晏子春秋黄之寀本校记一卷 208
晏子春秋斠补二卷 208
晏子春秋斠补定本一卷 208

6050_0 甲

30 甲寅年谱一卷(雍正十二年) 129
甲寅草一卷 318
32 甲遁真授秘集不分卷 247
50 甲申杂记一卷 97
甲申核真略一卷附录一卷 93
77 甲骨叕存 193
甲骨地名通检 193
80 (嘉靖)甲午科乡试朱卷不分卷 141

6052_7 围

43 围城日录二卷 96

6060_0 吕

24 吕先生语录一卷 212
30 吕安集 289
37 吕洞宾度铁拐李岳杂剧一卷 419
吕洞宾桃柳升仙梦一卷 420
50 吕忠穆公遗事一卷 112

(6060_0) 回

50 回春集不分卷 371

(6060_0) 昌

76 昌阳吟筒录附莱乱文件 393

6060_4 固

40 固有草堂拟古一卷 377

(6060_4) 暑

30 暑窗臆说二卷 260

6066_0 品

88 品竹斋稿一卷 356

6071_2 昆

76 昆阳诗稿一卷 341
80 昆仑集 305
80 昆仑山房诗二卷 337
昆仑山房集三卷 337
昆仑山房明季百一诗二卷 337
昆仑山房诗集残稿三卷 337
昆仑山房诗稿一卷 337

6071_7 邑

40 邑南乡贤传一卷 107

6073_2 畏

23 畏垒山民诗草一卷 379

(6073_2) 圜

20 圜币浅说一卷 188

6080_1 是

00 是亦斋集腋不分卷 400

40 是真语者吟草不分卷 366

6080_2 员

90 员半千集 296

6080_4 因

60 因园集十三卷 335

6080_4 吴

17 吴子一卷 226

吴子评释一卷 226

27 吴船书屋诗一卷 338

31 吴江旅啸一卷 412

44 吴树棻顺天乡试墨卷 142

72 吴氏石莲庵刻山左人词十七种四十八卷附一种一卷 410

吴氏仪礼考注订误一卷 30

吴质集 288

90 吴兴园圃记一卷 164

6090_4 困

24 困勉斋私记四卷 214

86 困知记一卷 212

90 困学斋学易不分卷 9

困学编二卷 214

困学纪闻钞二卷 263

困学纪闻札记不分卷 263

6090_4 果

60 果园诗钞十卷 350

6090_6 景

17 景子一卷 217

31 景迂生集(一名嵩山文集)二十卷 302

6106_4 晒

53 晒书堂文集十二卷外集二卷别集二卷 359

晒书堂试帖一卷 359

晒书堂诗余一卷 414

晒书堂诗钞二卷 359

晒书堂闺中文存一卷 359

晒书堂时文一卷 359

晒书堂笔记二卷 262

晒书堂笔录六卷 262

6180_8 题

60 题园壁一卷 421

6201_5 睡

60 睡足轩诗选(一名边仲子诗)一卷 309

80 睡余醒笔不分卷 263

睡余轩诗稿一卷 370

6202_1 听

10 听雪轩诗钞 354

听雪轩古文稿 360

听雨楼诗二卷 345

听雨楼随笔八卷 262

听雨楼吟社诗二卷 365

27 听绿山房诗钞一卷 375

29 听秋山馆吟草二卷 370

44 听莺池馆闲咏二卷 369

48 听松轩遗文一卷 324

(6202_1) 昕

10 昕天论一卷 245

6240_0 别

10 别画湖庄小草四卷 377

50 别本干禄字书一卷 74

别本读书蕞残二卷 175

别本澹轩集八卷 307

60 别号八十一说一卷 138

70 别雅订五卷 70

6301_2 畹

20 畹香村会稿八卷 373

6309_2 咏

44 咏孝类编六卷 267

6338_4 默

37 默记一卷 268

6400_0 叶

10 叶石农(葆)自编年谱(一名跛奚年谱)一卷 130

24 叶先生偶言一卷 212

37 叶润山疏稿一卷 153

叶润山奏疏一卷 153

(6400_0) 时

00 时文笔谱 355

27 时务论一卷 268

6414_7 跛

20 跛奚年谱一卷 130

6500_6 呻

68 呻吟语一卷 212

6501_2 晓

44 晓燕堂诗钞 345

60 晓园文集 321

晓园子诗集残稿一卷附录一卷 319

6502_7 啸

10 啸雪亭诗原本不分卷 359

22 啸岩草一卷 351

90 啸堂集古录二卷 185

(6502_7) 晴

22 晴川集一卷 333

30 晴窗随笔四十二卷 62

6508_0 映

22 映山楼诗抄无卷数 365

6701_2 晚

00 晚唐十二家诗集十二卷 388

20 晚香词三卷 413

晚香堂吟草一卷 372

晚香堂诗不分卷 342

35 晚清二十三家藏器目不分卷 184

90 晚学集八卷 356

98 晚悔堂诗集八卷 374

6702_0 明

00 明文正气集二编 390

明辨录二卷 213

10 明百家诗选三十四卷 389

12 明刑弼教录 151

20 明季咏史百一诗一卷 102

22 明版书经眼录存一卷 177

30 明户部尚书毕自严疏稿不分卷 153
明户部尚书毕自严回话疏草一卷 153
34 明诗选十二卷首一卷 389
明诰封中宪大夫太仆寺少卿邻黉安公暨配诰封刘太恭人合葬墓志铭一卷 113
35 明清鼎甲征信录八卷 139
37 明湖文草一卷 381
明湖客影录一卷 263
明湖诗草一卷 161
明湖载酒集 391
48 明散曲家冯惟敏年表不分卷 125
50 明本释三卷 211
51 明拓颜家庙碑 192
80 明人诗文选集一卷 389
90 明堂制度论一卷 36
明堂亿一卷 38
明堂礼制考四卷 38

6704_7 眠

11 眠琴阁词六卷 415
眠琴小筑词无卷数 415

(6704_7) 暇

60 暇日记一卷 272

6706_2 昭

24 昭德新编三卷 258
昭德先生郡斋读书志二十卷 174
74 昭陵复古录十卷 198

6706_4 略

30 略注丧服经传一卷 33

6710_2 盟

77 盟鸥草一卷 343

6712_0 趵

30 趵突泉志二卷 164

6712_2 野

20 野蚕录四卷 238
44 野老书一卷 239

6712_7 郢

44 郢封里吟一卷 317

6722_7 鄂

30 鄂宰四种九卷 434

6752_7 鸭

77 鸭脚园诗草一卷 339

6802_7 吟

77 吟风弄月诗稿四卷 345

6832_7 黔

21 黔行记略一卷 171
44 黔苗蛮记一卷 163
53 黔书二卷 163
90 黔娄子一卷 222

6908_9 啖

44 啖蔗山房吟稿四卷 369

7

7021_5 雅

10 雅雨堂文遗集四卷诗遗集二卷 342
雅雨堂藏书十三种一百三十五卷

431
81 雅颂再编不分卷 24

7022_7 防

30 防守摘要一卷 230

7024_8 胶

10 胶西高氏世德录十一卷 137
22 胶山安氏家乘不分卷 133
32 胶州文钞一卷 392
胶州湾图 161
胶州王无竞先生诗稿一卷 321
37 胶澳商埠职员表一卷 148
胶澳租界图胶济铁路章程一卷 96
49 胶东高氏世德录十卷 137
胶东山水志一卷 166
胶东先哲遗书著录二卷 177
胶东十八县请减盐税公文一卷 156

7026_1 陪

77 陪尾山房诗钞一卷 343

7041_5 难

19 难孙氏毛诗评一卷 26
27 难经悬解二卷 240

7121_2 阮

00 阮亭冶春绝句一卷 328
阮亭选古诗三十二卷 385
阮亭诗选一卷 330
阮亭诗选十七卷 328
阮亭诗余一卷 413
阮亭诗余略一卷 413
阮亭论诗绝句一卷 406
阮亭诗钞二卷 330
阮亭诗钞八卷 330
阮亭甲辰诗 328
17 阮子政论一卷 268

(7121_2) 陋

44 陋巷志八卷 105,105,105

7121_5 雁

26 雁帛书北曲一卷 422

7122_0 阿

34 阿计替传一卷 92
阿计替本末一卷 92
阿计替本末纪略一卷 92

7122_7 历

00 历亭秋唱 398
历亭诗文会编十卷 386
历亭吟稿一卷 342
10 历下偶谈十卷续编十卷 408
历下访书记存二卷 177
历下十六景不分卷 161
历下十六景诗二卷 399
历下志游四卷外编四卷 170
23 历代帝王法帖释文考异 250
历代石经大略不分卷 66
历代石经略二卷 66
历代画像传四卷 102
历代循良录一卷 102
历代纪元一卷 146
历代纪年十卷 89
历代名家诗赋钞一卷 386
历代治黄史六卷首一卷 168

历代纶音一卷　138
历代古泉录不分卷　187
历代史略鼓儿辞二卷　426
24 历仕录一卷　113
43 历城三子诗三种三卷　382
历城王氏支谱三卷　133
历城张总宪八序寿言　115
历城县乡土调查录三编　159
(乾隆)历城县志金石考三卷　199
历城金石考二卷　196

7122_7　厉

90 厉学一卷　217

7124_7　厚

00 厚斋(张庆笃)自著年谱一卷　128
厚俗告示一卷　155

7128_2　顾

00 顾亭林年谱校录一卷　126
17 顾子新言一卷　218
顾子义训一卷　218
44 顾黄书寮杂录　400

7129_6　原

30 原宪编年　119
原宪年表　119
43 原始一卷　8

7171_1　匡

22 匡山集六卷　335
匡山丛话五卷　408
37 匡谬正俗(一名刊谬正俗)八卷　70

7171_1　匪

10 匪石斋诗草二卷　321

7171_2　既

80 既翕堂合稿二卷　336

7171_8　医

28 医俗轩诗文集不分卷　353
37 医门普度二卷　241
44 医药家枨三卷　241
48 医故三卷附录一卷　244
60 医品补遗四卷　244
90 医学启蒙汇编六卷　241

7183_2　赈

77 赈尾杂记不分卷　98

7223_0　瓜

46 瓜架夕谈四卷　273

7226_1　后

00 后六帖三十卷　266
30 后守围记一卷　95
31 后渠子四卷　308
37 后汉郡国令长考补一卷　86
后汉书札记一卷　86
44 后燕录一卷　99
后赵录一卷　99
50 后秦录一卷　99
57 后招魂赋　285
60 后蜀录一卷　99
后四声猿散套四种四卷　417
72 后乐堂别集　373
80 后养议一卷　147

7228_2　质

44 质庵诗文集五卷　346

7240_0　删

30　删定管子一卷　232
31　删订诸家总说一卷　206
32　删补四书约说六卷　60

7252_7　髯

80　髯金山馆咏人集一卷　374

7277_2　岳

10　岳雪楼书画录五卷　249

7280_1　兵

10　兵要一卷　228
47　兵机秘纂十三卷　230
50　兵事日记二卷　98
53　兵书辑要一卷　230
88　兵筹类要十卷　228

7290_4　乐

00　乐府新编阳春白雪前集五卷后集五卷　426
乐府诗集一百卷　384
乐府杂录一卷　252
07　乐部一卷　40
10　乐元语一卷　40
25　乐纬动声仪一卷　40
乐纬稽耀嘉一卷　40
乐纬叶图征一卷　40
乐律义一卷　40
27　乐经一卷　40
乐经集注二卷　39
34　乐社大义一卷　40
37　乐记一卷　40
38　乐谱集解一卷　39
53　乐书一卷　40
57　乐静先生李公文集三十卷　302
60　乐园遗稿一卷　326
乐圃集不分卷　333
乐圃诗集七卷补遗一卷　333
74　乐陵贾氏族谱一卷　136
乐陵招详底稿不分卷　151

7321_4　陇

60　陇蜀归来稿无卷数　329
陇蜀余闻一卷　161
80　陇首集一卷　320

7329_2　脉

27　脉经十卷　242
脉经真本十卷　243
35　脉诀汇编说统一卷　243
90　脉学注释汇参证治二卷　243

7370_0　卧

00　卧病江皋一卷　424
27　卧象山房集三卷(赋一卷文一卷诗一卷)附录二卷(滇南集一卷艮斋文选一卷)　341
卧象山房诗二卷赋一卷　341
卧象山房诗正集七卷　341
卧象山房诗集二十四卷文集二卷　341
43　卧龙先生志一卷　112

7381_2　贮

10　贮云词三卷　414

7384_0　赋

27　赋役详稿一册　323

81 赋颂碑读 296

7386_0 贻

80 贻谷堂诗钞一卷 346

7412_7 助

26 助息园诗草一卷 377

30 助字辨略五卷 71

7414_0 驳

10 驳五经异义十卷 62,63

驳五经异义一卷 63

驳五经异义一卷补遗一卷 62,63

驳春秋释疴一卷 44

7420_0 附

27 附释音礼记注疏六十三卷 34

7422_7 隋

22 隋巢子一卷 237

53 隋书五十五卷 87

7423_2 随

20 随手杂录一卷补阙一卷 98

27 随缘诗草初集二卷 373

随缘草堂文稿一卷 324

7424_7 陂

37 陂门山人集八卷 309

(7424_7) 陵

77 陵县康氏诗稿合集 397

(道光)陵县志金石志一卷附补遗外篇 199

7429_4 陈

17 陈确庵先生日记八卷(明崇祯十一年至清康熙十一年) 143

17 陈子要言一卷 268

37 陈汤集 286

陈将军(陈国瑞)归骨记一卷 114

陈将军(陈国瑞)事实一卷 114

88 陈簠斋手拓古印集四册 189

陈簠斋释齐刀拓本一卷 187

陈簠斋丈笔记一卷手札一卷 182

(7429_4) 膘

25 膘鲭小纪不分卷 265

7440_0 对

22 对山堂诗集一卷 369

60 对吴试贴二卷 370

71 对岳楼诗录一卷续录四卷 370

7442_7 劝

90 劝学篇一卷 80

7472_7 勔

24 勔仪纠谬集三卷 37

7521_0 胜

60 胜国遗民录四卷 104

7527_2 陆

11 陆硕庭泉拓 187

20 陆舫纪年诗五卷补遗一卷 326

72 陆氏要览一卷 269

7620_0 阳

30 阳宅十书四卷 246

阳宅真诀三卷 246

50 阳春白雪八卷外集一卷 416

80 阳谷殉难事实不分卷 96

90　阳类声说二册　79

7621_0　胆

80　胆余轩集八卷　327

7682_7　赐

00　赐庆堂文稿一卷　374
34　赐沐纪程一卷　171
37　赐闲堂集四卷　317

7710_4　圣

21　圣师年谱五卷　116
27　圣贤高士传一卷　144
圣贤像赞四册　103
圣贤像赞不分卷　103
30　圣迹图一卷　109
圣迹图一卷(明张楷撰)　109
圣迹图一卷(明孔胤植辑)　109
圣迹图不分卷　109
圣迹图不分卷(清顾沅撰)　109
圣迹编年一卷　117
31　圣证论一卷　65,65
圣证论补评二卷　65
37　圣门礼乐志不分卷　145
圣门通考十二卷　106
圣门通考续考　106
圣门志六卷　104
圣门乐志一卷　40
圣门人物志十二卷　106
圣门年谱二卷　106
53　圣感寺二十八纪诗一卷　334
90　圣学宗传十八卷　103

7712_7　马

02　马端敏公奏议八卷　155
马端敏公(新贻)年谱一卷　130
17　马子琴诗　367
32　马兆森顺天乡试墨卷　142
马礼逊传不分卷　115
53　马咸羽会试朱卷　142
60　马国翰年表　130
72　马氏家谱一卷　132
77　马周集　296

(7712_7)　邱

37　邱祖全书一卷　281
71　邱巨源集　293

1715_4　驿

82　驿镫小稿二卷　369

7720_7　尸

17　尸子　257
尸子二卷　257
尸子一卷(张之纯评注)　257
尸子一卷(清任兆麟选辑)　257
尸子二卷存疑一卷　257
尸子三卷附录一卷　257

7721_0　凡

27　凡将篇一卷　80

(7721_0)　风

27　风纪辑览四卷　234
风角书八卷　246
30　风宪忠告一卷　148
38　风沦集　161
70　风雅广逸十卷附录一卷　385
72　风后握奇经一卷　222

(7721_0) 凤

87 凤翔纪事诗存一卷 371

7721_2 见

10 见一诗稿一卷 312
22 见山楼诗钞一卷 315
见山书屋诗钞二卷 362
见山堂遗诗原本 335
37 见闻续纪二卷 93

(7721_2) 尼

70 尼防杂事词一卷 414

(7721_2) 皃

30 皃宽赋 286
皃宽书一卷 210

7721_4 尾

88 尾箕吟一卷 350

7721_5 隆

00 隆庆元年山东乡试录一卷 140
隆庆四年山东乡试录一卷 140

7721_7 月

43 (嘉庆)肥城县志金石志一卷 200

7722_0 月

80 月令章句一卷 35
月令问答一卷 35
月令七十二候诗自注四卷 156

(7722_0) 用

44 用地雷法无卷数 230

(7722_0) 同

00 同度记四卷 245
同文馆唱和诗十卷 397
同文尚书三十一卷 16
37 同调词一卷 416
40 同声相应一册 79
83 同馆诗四卷 390

(7722_0) 阴

40 阴声谱二册 79
76 阴阳书一卷 248
79 阴隲文印谱一册 254
88 阴符经一卷 281
阴符经解一卷 282
90 阴类声说二册 79

(7722_0) 周

00 周文忠公尺牍二卷 362
15 周聃毁说释一卷 186
17 周子一卷 218
18 周瑜谒鲁肃残本一卷 418
20 周季平先生文集三十二卷 316
21 周虢季子白盘释文一卷 185
25 周生子要论一卷 218
30 周官传一卷 29
周官礼干氏注一卷 29
周官礼异同评一卷 28,29
周官礼义疏一卷 29
周官臆测六卷叙录一卷 28
32 周礼六卷 27
周礼十二卷 27,27
周礼四十二卷 27
周礼刘氏音二卷 29
周礼聂氏音一卷 29
周礼贾氏解诂一卷 29

周礼条辨五卷　28
周礼徐氏音一卷　28
周礼注疏四十二卷　27
周礼浅说六卷　28
周礼凝粹六卷　28
周礼李氏音一卷　29
周礼杜氏注一卷　29
周礼辑要　28
周礼戚氏音一卷　29
周礼郑司农解诂六卷　29
周礼郑大夫解诂一卷　29
周礼郑氏音一卷　28
37 周汉中集四卷　310
44 周草窗年谱　125
周草窗(密)年谱一卷　125
50 周秦玉印玺一卷　189
60 周易章句一卷　5
周易玄义一卷　13
周易京氏章句一卷　12
周易刘氏章句一卷　5
周易刘氏注一卷　13
周易刘氏义疏一卷　12
周易新论传疏一卷　13
周易新义一卷　13
周易施氏章句一卷　12
周易正义十四卷　5
周易正义校勘记二卷　5
周易王氏音一卷　6
周易王氏注二卷　6
周易王氏义一卷(王嗣宗)　13
周易王氏注一卷(晋王廙)　6
周易王氏注一卷(王凯冲)　13
周易丁氏传二卷　11
周易干氏注一卷　12
周易要义九卷　10
周易研翼十五册　10
周易张氏集解一卷　12
周易张氏讲疏一卷　6
周易张氏义一卷　12
周易孔义集说　9
周易孟氏章句二卷　4
周易翼注四卷　10
周易翟氏义一卷　12
周易子夏传二卷　11
周易统略一卷　12
周易系辞二卷　10
周易系辞荀氏注一卷　12
周易系辞明氏注一卷　6
周易系辞桓氏注一卷　12
周易集说无卷数　10
周易卢氏注一卷　13
周易何氏解一卷　12
周易何氏讲疏　13
周易崔氏注一卷　13
周易伏氏集解一卷　6
周易傅氏注一卷　13
周易朱氏易一卷　13
周易向氏义一卷　12
周易解(一名空山堂易解)九卷　8
周易解四卷　9
周易侯氏注三卷　13
周易释要一卷　8
周易徐氏音一卷　6
周易注一卷(晋王廙)　6

周易注一卷(魏王肃) 6
周易注一卷(汉郑玄) 4
周易注三卷补遗一卷 4
周易注九卷 5
周易注不分卷 9
周易注略例一卷 5
周易注疏十三卷 5
周易注疏校正一卷 5
周易淮南九师道训一卷 12
周易滴露集不分卷 8
周易宋氏注一卷 12
周易订疑十五卷 7
周易订疑序例一卷 7
周易训蒙辑要四卷 7
周易浅说二卷 10
周易述传十卷 10
周易梁丘氏章句一卷 3
周易沈氏要略一卷 12
周易乾凿度二卷 11
周易褚氏讲义一卷 13
周易遵翼约编十篇 8
周易说 8
周易说略四卷 7
周易直解二卷 9
周易李氏音一卷 12
周易古五子传一卷 12
周易古本集注十二卷首二卷末三卷 8
周易古本全书汇编十七卷 7
周易大义一卷 13
周易姚氏注一卷 12
周易卦序论一卷 12
周易卦象六卷 10
周易董氏章句一卷 12
周易荀氏注三卷 12
周易薛氏记一卷 11
周易黄氏注一卷 12
周易韩氏传二卷 12
周易札记三卷 7
周易析义六卷 9
周易本义析疑不分卷 8
周易本义原本十二卷 7
周易探玄三卷 13
周易显指四卷 8
周易蜀才注一卷 12
周易陆氏述三卷 12
周易马氏传三卷 12
周易周氏义疏一卷 13
周易观澜不分卷 8
周易八宫纳甲 7
周易介五卷 10
周易分野一卷 246
周易兼义九卷附音义一卷略例一卷 5
周易郑注十二卷附叙录一卷 4
周易郑康成注一卷 4
周易郑氏注三卷 4
周易郑氏注十二卷附录一卷 4
周易答问三卷 8
周易纂要二十卷 9
周易纂义 9
周易精择录四卷 8
72 周氏丧服注一卷 33
80 周公年表一卷 115

(7722_0) 朐

76 朐阳吟草 361

(7722_0) 陶

00 陶庵年谱纪事一卷 127

25 陶朱新录一卷 272

40 陶嘉书屋钟鼎彝器款识目录八卷 186

95 陶情集一卷 361

陶情令一卷 425

(7722_0) 脚

80 脚气治法总要二卷 241

7723_7 隐

71 隐厚堂遗诗二卷附录一卷 337

7724_2 殷

21 殷虚文字缀合释文一卷 193

殷虚书契补释一卷 193

(7724_7) 殿

27 殿争录六卷 152

(7724_7) 履

37 履阁诗集一卷 307

77 履月轩稿一卷 346

7726_4 居

30 居济一得八卷 168

60 居易录三十四卷 261

7727_2 屈

17 屈翼鹏先生(万里)七十著述年表 132

7733_1 熙

47 熙朝名臣实录二十七卷 103

7740_4 婴

37 婴闇书跋一卷 177

7741 观

23 观稼楼诗二卷 338

38 观海集一卷 359

40 观古阁藏印一卷 190

43 观城张湘畹先生遗集一卷 372

7742_7 鸡

74 鸡肋集补钞一卷 302

鸡肋集钞一卷 302

鸡肋编余一卷 344

7744_0 丹

76 丹阳真人语录一卷 281

(7744_0) 双

21 双行精舍书跋辑存 177

双行精舍书跋辑存续编 177

双行精舍陶骨印存一卷 191

双虞壶斋印谱四册 254

双虞壶斋印存八卷 189

双虞壶斋藏器目一卷 183

22 (莱阳)双山世业文集二卷 395

27 双鱼双洗庵三次转饷日记不分卷 143

双鱼藏弆一卷 390

双忽雷本事一卷 423

35 双清阁雁庐诗集八卷 364

37 双渔双洗庵文集一卷 379

48 双松书屋诗稿一卷 375

87 双钩华山庙碑一卷 192

(7744)$_0$ 册

00 册府元龟一千卷 266

7744$_1$ 异

00 异疾志一卷 275

30 异字一卷 80

7744$_7$ 段

00 段文昌集 298

10 段王合抄一册 79

44 段黄甫诗稿无卷数 315

53 段成式集 298

段成式年谱 124

7748$_2$ 欢

40 欢喜无量轩随笔一卷 262

欢喜念佛斋诗钞一卷 380

7760$_2$ 留

00 留痕集四卷 381

20 留香草堂律赋 378

30 留宪疏草一卷 153

34 留计疏草二卷 153

65 留畊堂遗诗四卷 327

80 留余堂文集一卷 325

留余堂(清王清)自撰年谱 325

留余堂诗集一卷 335

7772$_0$ 印

00 印章初学须知一卷 253

印文辑略 190

27 印纪二卷 252

38 印谱宝典四十八卷 253

印谱知见传本书目一卷 178

44 印林文存一卷诗存一卷 369

印林书札一卷 369

56 印揭八册 190

57 印邮四册 190

(7772$_0$) 即

60 即墨诗乘一卷 392

即墨诗存十二卷 392

即墨蓝氏哀启一卷 114

即墨黄氏家乘二十卷 136

即墨黄氏家乘二十卷 136

即墨黄氏家乘约编二卷 136

即墨黄氏诗钞十七种十七卷 383

即墨韩先生传一卷 114

即墨县艺文志稿不分卷 177

7773$_2$ 艮

00 艮斋文选一卷 341,341

艮斋杂传一卷 104

艮斋笔记八卷 260

22 艮山文集八卷 366

7780$_1$ 具

44 具茨集补钞一卷 303

具茨集钞一卷 303

具茨晁先生诗集一卷 302

具茨先生诗集十五卷 303

(7780$_1$) 舆

44 舆地金石目不分卷 181

7780$_7$ 尺

10 尺五庄饯春诗荟一卷题辞一卷 399

24 尺牍偶存一卷 373

尺牍补遗四卷　317

7790_4　桑

40　桑梓之遗录文一卷　178
桑梓之遗录文十卷　392
桑梓之遗书画目录五卷　178
桑梓之遗书画册人物考略十卷　108

7886_6　赠

00　赠言一卷　401
10　赠云山馆遗诗三卷　369

7929_9　滕

77　滕县汉殷微子墓碑考一卷　198
滕县生氏族谱四卷　133

8

8000_0　八

23　八线拾级二卷　245
74　八阵总述一卷　222

(8000_0)　人

10　人元脉影归指图说二卷　243
12　人瑞录一卷　109
28　人伦大统赋一卷　247
38　人海丛谈一卷　273
80　人镜集五十四卷　267

(8000_0)　入

60　入蜀集二卷　324
入吴集一卷　328

8010_1　兰

10　兰雪堂诗集三卷　322
41　兰轩集十六卷　306
兰轩词一卷　412
60　兰圃遗诗　358
90　兰省东归记三卷(乾隆十五年六月至八月)　129

8010_2　益

47　益都丁壬集　394
益都先正诗丛钞八卷　394
益都薛氏遗书不分卷　244
(光绪)益都县图志金石志三卷　201
益都金石记四卷　196
益都金石略二卷(清傅洪撰)　196
益都金石略二卷(清段松苓撰)　196
86　益智录二十卷　102

(8010_2)　盖

63　盖喀图补传一卷　113

8010_4　全

00　全唐五言八韵诗四卷　389
30　全潍纪略一卷　93
43　全城纪略立后记　94
50　全史诗无卷数　102

8010_9　金

00　金庐山房诗草　381
金文释存一卷　186
金文分域编二十一卷　186
金文分域续编十四卷　186
10　金石三例十五卷　179
金石录三十卷　180

金石录补二十七卷续跋七卷　180
金石录校证　180
金石录后序　180
金石经眼录　180
金石名著汇目一卷　178
金石名著汇目续目一卷　178
金石名著汇目补遗一卷　178
金石汇目分编二十卷　181
金石苑七种一百二十一卷　179
金石苑三巴汉石纪存不分卷　198
金石著述名家考略一卷　108
金石著述名家考略再续一卷　108
金石著述名家考略续一卷　108
金石著述名家考略拾遗一卷　108
金石拓片不分卷　181
金石图(上卷一名金石经眼录)二卷　180
金石丛目录二册　181
20　(同治)金乡县志略碑刻一卷　201
22　金紫芝改号孔方兄一卷　421
金山雅调北小令一卷　424
金山志十卷　167
30　金安寿(一卷)　420
37　金门集一卷　339
43　金城诗草一卷　345
50　金史一百三十五卷　87
71　金匮玉函经八卷　240
金匮悬解二十二卷　240
72　金刚经浅说三卷　280
金刚经直解一册　280
金刚般若波罗密经解易知二卷　280
金刚般若波罗密经随闻记　280
金氏精华录笺注辨讹一卷　329
77　金舆山房稿十四卷　313

8012_7　翦

29　翦绡集二卷　305

8020_0　今

00　今文尚书一卷　17

8022_1　俞

55　俞曲园临终自寿诗　321
59　俞抄墨子三卷本考证一卷　237

(8022_1)　前

30　前凉录一卷　99
37　前汉书百官公卿表一卷　86
44　前燕录一卷　99
前赵录一卷　99
50　前秦录一卷　99
67　前明山东历科乡试录一卷　139

8022_7　分

00　分毫字样一卷　81
44　分甘余话四卷　260
90　分类彝器目不分卷　183

(8022_7)　弟

17　弟子职一卷(清许瀚音)　233
弟子职一卷(清王元启补注)　233
弟子职一卷(清任兆麟选辑)　233
弟子职章句训纂一卷　233
弟子职音谊一卷　233
弟子职韵部一卷　233
弟子职正音一卷　233

弟子职集解一卷　233
弟子职解诂一卷　233
弟子职注一卷(清张尔岐撰)233
弟子职注一卷(清孙同元撰)　233
弟子职诂一卷　233
弟子职古本考注一卷　233
弟子职笺释一卷　233

(8022_7)　剪

47　剪桐载笔一卷　273

8022_8　养

10　养正编二卷　214
养正图解二卷　212
养正诗歌初集二集　380
27　养鱼经一卷　239
养鱼堂制艺一卷　374
44　养蒙堂遗集四卷　378
50　养中之塾文集一卷　356
养素堂文集八卷　331
养素堂奏稿一卷　331
57　养静斋札纪六卷　66
80　养羊法一卷　239

8025_3　羲

60　羲里睡余易编十卷　9

8033_2　念

37　念祖约言世纪二册　113

8033_3　慈

11　慈悲曲一卷　425
21　慈仁寺展禊诗一卷　398
88　慈竹轩制艺一卷　369

8034_6　尊

10　尊西诗话二卷　409
12　尊水园集略十二卷补遗二卷　322
尊孔大义二卷　214
25　尊生镜二卷　221
30　尊宗赘议一卷　216

8040_0　午

22　午川集无卷数　311
30　午窗随笔四卷　265
44　午树堂诗集八卷　348

8040_4　姜

21　姜贞毅公年谱一卷续一卷　126
36　姜谓春会试朱卷　142

8040_7　复

00　复斋诗钞四卷　368
40　复校穆天子传六卷补遗一卷　274
51　复轩集　305

8050_0　年

60　年号备考二卷　146
年号考二卷　146
71　年历一卷　245

8050_1　羊

28　羊徽集　291
34　羊祜集　289
40　羊士谔集二卷　298
77　羊欣集　291

8050_2　拿

10　拿云馆诗草一卷　370

8050_6 单

21 单征君全集十四种十五卷 435
72 (高密)单氏诗文汇存全集 396
72 单氏全书(一名单征君全集)十四种十五卷 435
77 单县时氏音学遗著二十七种 69

8060_1 合

02 合刻五家言文心雕龙文言十卷 402

(8060_1) 普

10 普天忠愤集十四卷 96
37 普门医品四十八卷 244

8060_2 含

00 含章馆诗集无卷数 320

8060_6 曾

17 曾子一卷 207
曾子四卷 207
曾子章句一卷附录一卷 207
曾子点注二卷 207
曾子问讲录四卷 207
曾子注释四卷叙录一卷 207
曾子十二篇读本一卷 207
曾子大孝编注一卷 207
曾子古本辑注五卷 207
曾子书八卷首一卷 206
曾子全书一卷 206
曾子全书三卷 207
曾子年谱一卷 119
曾子叙录一卷 207
曾子学十六卷 207
21 曾点编年 117
23 曾参编年 119
曾参年表 119
40 曾志四卷首一卷末一卷 111

8060_8 谷

20 谷香文集一卷补遗一卷 381
谷香诗集二卷补遗二卷 381
谷香公牍一卷补遗一卷 156
22 谷山笔麈十八卷 260
33 谷梁废疾一卷 45
43 谷城山馆文集四十二卷 314
谷城山馆诗集二十卷 314
谷城山馆全集四种九十四卷 433
60 谷园摹古法帖存一卷 250
71 谷原文草四卷 309
谷原诗集八卷 309

8071_2 仓

26 仓泉杂咏存稿二卷 374
41 仓颉训诂一卷 80
仓颉篇一卷 80

8071_2 镜

00 镜庵诗选五卷 334
22 镜岩楼诗集一卷 320
镜山庵集六种二十五卷附词一卷 317
镜山庵初删稿六卷 317
51 镜虹书屋吟草一卷 360
镜虹吟室经进稿一卷 360
镜虹吟室诗钞四卷 360
镜虹吟室词集(一名绘声琴雅)二卷 414

8073_2 公

10 公西赤编年 119
17 公子牟子一卷 222
19 公孙弘书一卷 210
公孙龙子悬解 257
公孙尼子一卷 217
80 公羊一卷 45
公羊方言疏笺一卷 45
公羊颜氏记一卷 43
公羊严氏春秋一卷 48
公羊何注考订一卷 44
公羊传佚文一卷 43
公羊注疏校勘记补正一卷 44
公羊义疏七十六卷 43
公羊春秋何氏解诂笺一卷 43
公羊墨守一卷 44

(8073_2) 会

23 会稽掇英总集二十卷 391
会稽掇英总集校一卷 391
33 会心新钞不分卷 390

8080_4 美

44 美芹十论一卷 228

8090_4 余

10 余霞集三卷 367
37 余泽录四卷 137
38 余论条辨一卷 110
50 余青园诗集四卷补遗一卷 352
60 余园丛刻二种三十六卷 179
80 余人遗稿一卷 349

8171_7 钜

67 (道光)钜野县志金石志三卷 201

8210_0 剑

24 剑侠传四卷 277

8375_0 钱

38 钱谱一卷 188
72 钱氏儿科案疏 242
钱氏小儿药证直诀 241
钱氏小儿药证真诀(一名钱氏小儿药证直诀)三卷 241

8472_1 锜

00 锜斋诗集一卷 374

8570_6 钟

10 钟一士遗稿四种五卷 327
12 钟水堂诗三卷 338
22 钟仙遗稿无卷数 319
25 钟律纬一卷 40
45 钟妹庆寿 421

8571_7 钝

00 钝斋诗集二卷 346

8574_0 铸

00 铸亭山人诗续钞 363
铸亭诗钞 363
10 铸雪斋抄本聊斋志异十二卷 276

8578_0 铁

22 铁山园诗集七卷 357
铁山园诗稿二卷 357
27 铁峰集一卷 348
铁峰山人诗集五卷 338

56 铁拐李度金童玉女(一名金安寿)一卷 420
60 铁园题咏初编一卷续编一卷 399
91 铁怀诗集 376

8672_7 锡

77 锡朋录二卷 177

(8672_7) 锦

29 锦秋老屋稿无卷数 351
31 锦江集 350
43 锦城吟二卷 369

8680_0 知

11 知非录一卷(清邓锺岳撰) 213
知非录一卷(清孔昭杰撰) 130
12 知北游草一卷 171
21 知止斋年谱四卷续录一卷 130
知止堂集十三卷续集六卷外集六卷 366
23 知稼堂集六卷 349
31 知远斋全集八卷 364
37 知退轩文稿四卷 382
60 知畏堂诗余一卷 413
知畏堂诗集五卷目录一卷 338

8762_2 舒

65 舒晓斋存稿三卷 346

8762_7 鸽

27 鸽经一卷 239

8772_0 钓

17 钓矶立谈一卷 99
钓月词一卷 412

8776_2 铭

10 铭夏诗钞 307

8778_2 钦

30 钦定皇舆西域图志五十二卷 164
钦定四库全书简明目录二十卷 174

8778_4 锲

10 锲王氏秘传叔和图注释义脉诀评林捷经统宗八卷 243
锲两状元编次皇明要考六卷 103

8782_7 郑

00 郑玄列传一卷 112
郑康成集一卷 286
郑康成年谱(王利器撰) 122
郑康成年谱不分卷(清王鸣盛撰) 121
郑康成年谱一卷(清洪颐煊撰) 122
郑康成(玄)年谱不分卷(清沈可培撰) 121
17 郑君纪年一卷(清袁钧撰) 122
郑君纪年一卷(清陈鳣撰) 121
郑君年谱不分卷 122
郑司农集一卷 286
郑司农年谱不分卷(清孙星衍撰) 121
郑司农年谱一卷(清戴穗孙撰) 122
27 郑叔问(文焯)先生年谱(一名大鹤山人年谱) 131

37 郑记一卷 64

郑记考证一卷 64

40 郑志八卷 64,64

郑志一卷 64

郑志三卷补遗一卷 64,64

郑志三卷附录一卷 64

郑志三卷拾遗一卷附校勘记一卷 64

郑志补一卷 64

郑志疏证三卷补遗一卷 64

郑志疏证八卷 64

郑大司农蔡中郎年谱合表一卷 122

郑东甫文稿一卷 376

郑东父笔记一卷 66

42 郑长者书一卷 222

72 郑氏仪礼目录校证一卷 38

郑氏诗谱一卷 24

郑氏诗谱一卷(清王谟辑) 24

郑氏丧服变除一卷 31

郑氏婚礼一卷 32

郑氏考证一卷 64

郑氏周易三卷 4

郑氏年谱不分卷 122

90 郑学十八种 3

8800_0 从

77 从军日记一册 95

8810_0 从

27 从绿轩诗集四卷 367

44 从花斋谈丛一卷 263

8810_2 簠

00 簠斋砖瓦文字四十卷 193

簠斋所藏齐刀范不分卷 187

簠斋先生著述目一卷 176

簠斋泉范不分卷 187

簠斋泉范目一卷 194

簠斋汉量文字二卷 194

簠斋古泥封目一卷 194

簠斋吉金录八卷 184

簠斋吉金目一卷 184

簠斋藏古玉印谱一卷 189

簠斋藏古目十八卷 181

簠斋藏古金化不分卷 187

簠斋藏器目一卷 183

簠斋藏器目第二本一卷 184

簠斋藏陶八册 193

簠斋藏镜二卷 185

簠斋题秦印册一卷 189

簠斋陶文释存不分卷 193

簠斋印集不分卷 189

簠斋尺牍不分卷 182

簠斋金文考释一卷 186

簠斋金石文考释一卷 182

簠斋金石墨拓释存一卷 181

8810_4 坐

77 坐隐先生精订冯海浮山堂词稿存三卷 424

8810_8 笠

22 笠山诗选五卷 332

8811_7 筑

30 筑寨图说附事宜 230

8812_7 笃

38 笃论一卷 268

(8812_7) 篛

60 篛园日札八卷 264

8814_2 簿

17 簿录通考二册 178

8822_0 竹

10 竹西亭稿一卷 344
竹西斋诗 358
竹西词一卷 412
10 竹石山樵六十自寿百韵一卷 371
竹石居稿四卷 355
46 竹如意二卷 273
53 竹书纪年校正十四卷 89
竹书纪年校正通考一卷 89
竹书纪年略考二卷 89
65 竹啸余音不分卷 338
77 竹朋所藏古泉汇墨本 187
88 竹筠辑稿不分卷 262
90 竹堂诗草不分卷 354

8822_7 简

60 简易秘传(一名增删卜易)一卷 246

8823_2 篆

02 篆刻参考书传本书目一册 178
77 篆印心法一卷 253

8825_3 箴

00 箴膏肓一卷 41,41,41
箴膏肓评一卷 41
40 箴左氏膏肓一卷 41,41
88 箴箴何篇一卷 44

8830_5 篷

12 篷背吟二卷 369

8834_1 等

07 等韵简明指掌图一卷 77

8834_4 筹

27 筹饷卮言一卷 150

8841_4 笼

27 笼鹅馆集四卷 319
50 笼春堂诗稿 381

8850_3 笺

27 笺经室所见宋元书题跋一卷 176
30 笺注唐贤绝句三体诗法二十卷 387

8850_7 笋

77 笋舆吟二卷 369

8860_1 答

28 答临硕难礼一卷 28
答临硕周礼难一卷 28
答临孝存周礼难一卷 28
答临孝存周礼难疏证一卷 28
77 答周礼难一卷 28

8871_4 笔

00 笔麈(一名谷山笔麈)十八卷 260
27 笔经一卷 256
39 笔谈一卷 265
54 笔势论略一卷 249

(8871$_4$) 铨

07 铨部王先生文集一卷诗集一卷 314

8877$_7$ 管

17 管子一卷 230,232
管子二卷 231
管子二十四卷 230,231,231,231,232
管子二十四卷附校正二十四卷 231
管子平议六卷 232
管子集注二十四卷 232
管子集校 232
管子传 109
管子注释 232
管子窥源 232
管子治略窾言八卷 231
管子补注二十四卷 231
管子识误一卷 232
管子通一卷 232
管子通释 232
管子义证八卷 232
管子校一卷 232
管子校正二十四卷 232
管子校补一卷 232
管子校议不分卷 231
管子校本二卷 231
管子地员篇注四卷 234
管子地员篇校释 234
管子榷二十四卷 231
管子轻重篇新释 234
管子按不分卷 231
管子隐义一卷 232
管子今诠 232
管子弟子职说例一卷 233
管子余义一卷 232
管子纂诂二十四卷 232
管子小匡篇节评一卷 233
管子学不分卷 232
30 管宁集 288
管窥录一卷 214
77 管见举隅二卷 264

8880$_2$ 篑

22 篑山堂诗钞二十一卷 356

8880$_4$ 笑

44 笑林一卷 279

8890$_3$ 纂

00 纂文一卷 70,70,70,70,70,70
10 纂要一卷 81,266
纂要文征遗一卷 70
60 纂图互注尚书十三卷 14

8974$_4$ 镂

32 镂冰诗集一卷 360

9

9000$_0$ 小

00 小亨集六卷 306
00 小畜集补钞一卷 300
小畜集钞一卷 300
01 小颜家诗一卷 347
10 小豆棚一卷 421

小豆棚笔记十六卷　273
13　小琅玕馆杂体诗草一卷　364
20　小乖崖稿不分卷　347
22　小儿斑疹备急方论　241
小儿药证直诀笺正　242
26　小憩余言仅斋率笔　258
27　小忽雷二卷　423
小岘山房诗稿五卷　375
小忽雷传奇　423
小尔雅一卷　69,69,69
小尔雅疏证五卷　70
小尔雅训纂六卷　69
小尔雅佚文一卷　69
小尔雅义疏十三卷补遗一卷　69
37　小瀣草堂诗小评一卷诗杂论一卷　408
小瀣草堂古今诗合刻一卷　356
38　小沧浪笔谈四卷　262
44　小莲花室图卷题辞五卷　399
小藤花轩诗钞无卷数　371
77　小隐园诗集未定草　381
80　小令集一卷　425
88　小筑迩言十六卷　319
90　小学集略七卷补一卷　74

9004_7　惇

38　惇裕堂集　331

9020_0　少

17　少子一卷　269
47　少鹤先生日记不分卷(清乾隆五十一年五月至七月嘉庆二年三月至八月)　143
少鹤诗钞二卷　353
少鹤内集十卷　353

9021_2　光

16　光碧堂稿一卷　325
24　光绪十九年山东乡试朱卷　141
光绪二十三年山东乡试同年齿录四卷　141
光绪二十三年山东拔贡同年齿录一卷　141
光绪二十九年山东乡试题名录一卷　141
光绪二十八年山东乡试题名录一卷　141
光绪二十年山东闱墨　141
光绪三十一年山东同官表二卷　148
光绪三十三年山东同官表二卷　148
光绪山东地方奏章不分卷　155
光绪十一年山东省选拔贡卷　141
光绪二十一年山东乡试朱卷　141
光绪十四年山东闱墨　141
38　光裕堂诗二卷　367

(9021_2)　觉

44　觉世真经诗一卷　370
98　觉悔集家训编　216

9022_7　尚

30　尚之遗诗无卷数　319
40　(山东掖县)尚志堂课卷　400
53　尚书六卷　13
尚书十三卷　13

尚书二十卷　14
尚书五行传一卷　20
尚书七卷附音释一卷　14
尚书帝命验一卷　19
尚书刘氏义疏一卷　20
尚书正义二十卷　14
尚书王氏注二卷　15
尚书五行传　20
尚书五行传注一卷　20
尚书要义不分卷　16
尚书百两篇一卷　18
尚书刑德放一卷　19
尚书孔传参正三十六卷　15
尚书残一卷附校勘记一卷　14
尚书璇机钤一卷　19,19
尚书纬帝命验一卷　19
尚书纬刑德放一卷　19,19
尚书纬运期授一卷　19
尚书纬考灵曜一卷　18
尚书注九卷　15
尚书注疏二十卷　14
尚书注疏校正一卷　15
尚书注疏考证一卷　15
尚书评注六卷　16
尚书运期授一卷　19
尚书述义一卷　20
尚书读记一卷　16
尚书古文注一卷　15
尚书大夏侯章句一卷　18
尚书大传　17
尚书大传一卷　17
尚书大传二卷　17
尚书大传四卷补一卷　17
尚书大传三卷补遗一卷　18
尚书大传四卷补遗一卷续补遗一卷考异一卷　17
尚书大传疏证七卷　18
尚书大传佚文一卷补遗一卷　17
尚书大传注一卷　18
尚书大传注三卷　18
尚书大传注四卷　17
尚书大传定本五卷附叙录一卷　18
尚书大传补注七卷　18
尚书札记四卷　16
尚书考八卷　16
尚书考灵耀二卷　17
尚书考灵曜　19
尚书中候一卷　19,20
尚书中候三卷　19
尚书中候郑注一卷　20
尚书中候郑注六卷　19
尚书略说注一卷　15
尚书顾氏疏一卷　20
尚书马氏传四卷　20
尚书马郑注十卷　18
尚书欧阳章句一卷　20
尚书欧阳夏候遗说考一卷　18
尚书今文二十八篇解不分卷　16
尚书公养素堂诗集一卷　331
尚书郑注十卷　15
尚书笺注九卷　16
尚书小夏侯章句一卷　18
尚书小札二卷　16

(9022_7) 常

96 常惺惺斋随录不分卷 409

9040_7 学

00 学庸集说二卷 53
学庸训蒙琐言三卷 53
学庸阐要三卷 53
学庸详解三卷 53
学庸指掌三卷 53
学庸易解二卷 53
学庸困知录四卷 53
学庸总义一卷 53
学庸余论一卷 53
31 学源堂文集十九卷诗集十卷 380
34 学诗须知六卷附诗品一卷 408
44 学基四卷 259
55 学典三十卷 146
57 学静轩遗诗一卷 346
60 学易集八卷 303
90 学半斋集一卷 361

9050_0 半

00 半庵诗稿无卷数 339
31 半江楼诗一卷 347
37 半阁偶笔一卷 353
半阁诗选一卷 343
60 半园偶集一卷 334
77 半隐园诗集一卷 358

9060_2 省

00 省斋自存草十卷 345
10 省吾斋稿四卷 347
省吾斋诗赋集十二卷 347
20 省香斋诗集六卷 378

9080_0 火

18 火攻秘要一卷 230

9080_1 兴

30 兴安余韵不分卷 336
90 兴学创闻一卷 263

9080_4 类

31 类证注释钱氏小儿方诀十卷 242

9080_6 黉

22 黉山子 211

9101_6 恒

22 恒山游草一卷 319

9109_0 怀

20 怀香草堂词一卷 415
21 怀虚诗草一卷 382
24 怀续堂文集一卷 360
30 怀州集 354
40 怀友录一卷 351
怀古堂印谱不分卷 253
41 怀轩遗稿一卷 338
43 怀戎诗草 365

9306_0 怡

10 怡云山人南溟集五卷 340
90 怡堂六草八卷 354

9313_6 蠶

00 蠶音一卷 114

9383_8 燃

71 燃脂集残本 328

9406_1 惜

77 惜阴书屋诗集四卷 377
80 惜余轩集四钞二卷 379

9408_1 慎

24 慎德堂印谱存二卷 253
27 慎终录二卷 30
43 慎献斋存稿无卷数 363
60 慎墨堂诗品二卷 406
慎贻堂训蒙日纂二卷 76
73 慎贻堂书目一卷 175
80 慎余堂诗集五卷 332

9508_0 快

22 快山堂诗集一卷 335
23 快然堂初草一卷 312
55 快曲一卷 425

9601_3 愧

11 愧非集十四卷 313
37 愧漏书屋文集一卷 367

9680_0 烟

10 烟雨楼续聊斋志异八卷 277
10 烟霞小稿一卷 310
23 烟台海防图 151
44 烟草亭诗略一卷 350

9683_2 煨

44 煨芋岩居文集无卷数 354
煨芋岩居诗集二十卷 354
煨芋岩居诗续集五卷 354

9701_2 恤

25 恤纬斋诗一卷 342

9782_7 郯

43 郯城公举乡贤呈稿一卷 155

9783_3 烬

80 烬余集一卷 380
烬余志略一卷 337

9788_2 炊

37 炊闻词二卷 412

9801_2 悦

41 悦轩文钞二卷 343

9805_7 悔

88 悔纂丛纂二卷 266

9824_0 敝

17 敝帚文存二卷 368
敝帚诗存二卷 368

9844_0 数

43 数术记遗一卷 245
90 数学九章十八卷 245

著者索引

0

0010_4 主

80 主父偃
257

0021_2 鹿

44 鹿林松
358

0021_4 庄

12 庄 瑶
77,265,364
33 庄述祖
233
60 庄恩巘
214
63 庄 咏
53,401
庄咏丽
134
77 庄 周
221
庄 氏
13

(0021_4) 庞

10 庞元英
258,272

0022_2 廖

10 廖 平
44,235

0022_4 齐

17 齐召南
15,44,168
27 齐鲁大学国学研究所
193
40 齐培元
364

0022_7 方

34 方 浩
368
35 方 潜
23
40 方南生
124
44 方 苞
232
方孝兵
119
47 方起英
344,344
60 方 昂

351

(0022_7) 高

00 高 亨
236
高庆龄
189,189
高文秀
418,418,418,418,418,418
高文瀚
190
高文锦
53
高辛元
95
10 高丙谋
378
11 高 珩
326,327,327,393,425
12 高登云
381
高弘图
318
高廷谋
196
15 高 玮
327
17 高承勋
277,278
高 柔
289
21 高贞明
262
22 高 出
317,317,317
25 高仲武
387
高仲恂
392
27 高名衡
320,320
30 高之騱
137,332
高宗岳
244
31 高远询
390
32 高 诱
59
34 高祺祚
216
37 高鸿裁
183,190,194,195,395,431
38 高裕瑞
150,195
40 高士奇
387
高有闻
315
高嘉玉
189
46 高如岱
356
47 高均儒

286

48　高敬业

137,137

高梅先

358

50　高中谋

137,143

51　高振翼

137

60　高景芳

332

72　高氏合族

136

77　高月娟

358

高凤举

343

高凤翰

137,138,251,253(2),256,343(2),344(8),346

高熙喆

381,409

90　高堂隆

288

高　举

76,395

高　誉

395

(0022_7)　商

80　商企翁

147

0023_0　卞

26　卞伯玉

292

40　卞　壶

289

44　卞范之

291

80　卞　兰

288

90　卞　粹

289

0023_7　廉

00　廉立之

97

0026_5　唐

00　唐玄宗

50

14　唐　瑾

296

25　唐仲冕

165

唐传猷

373

27　唐仰杜

173

28　唐　鉴

200

30　唐　滂

268

31　唐　祯

167

40 唐圭璋
125
41 唐柯三
156
44 唐梦赉
150,260,325,325,393,412
唐 蒙
269
唐世大
65,78
48 唐敬杲
236
53 唐书年
142
唐威原
242
60 唐 固
98

0028_7 庚

17 庚 翼
57
21 庚俨默
81
44 庚蔚之
35

0029_4 麇

20 麇 信
46

0029_9 康

35 康进之
419
44 康懋采
397

0040_0 文

80 文美斋主人
177

0040_1 辛

00 辛弃疾
91,92,92,92,92,228,304,410,411,411
10 辛晋忠
379
27 辛尔藻
10,10
30 辛宜岷
346
辛启泰
124
60 辛 甲
222
64 辛时震
134
81 辛 钘
220,220,220,220,220,220,221

0040_6 章

91 章炳麟
232

0073_2 襄

42 襄 楷
281

0090_4 栾

00 栾　銮

391

37 栾调甫

66,237,237,237

38 栾　肇

57

0090_6 京

30 京　房

12

46 京相璠

42

0128_0 颜

10 颜元孙

74,74

12 颜延之

32,55,75,76,76,266,280,291

21 颜师古

70,75,75,85,86,87,91,296

22 颜胤祚

105

颜崇槼

256,265,351,409,432

颜崇谷

347

26 颜伯珣

334,334,334

30 颜之推

76,215,215,215,215,266,275,275,275

颜安乐

43

32 颜　测

292

38 颜肇亮

338

颜肇维

338

40 颜真卿

192,297,297,297

44 颜茂猷

212

颜懋侨

346,347,347

颜懋价

350

颜懋伦

347

颜懋龄

354

颜懋企

256　348

60 颜　回

206

72 颜　氏

432

87 颜欲章

206

90 颜光猷

8,60,335,335,397

颜光敏

76,143,216,261,333,333,333,333,399,434

颜光敩
171,338,338
91 颜怀绎
332
颜怀礼
332
97 颜恤纬
342,342

0240_0 刘

00 刘应宾
317
刘 廙
268
刘 廞
268
刘文霁
396
07 刘 毅
289
刘 歊
294
刘 歆
48,79
08 刘效祖
425
10 刘一相
315,385
刘正宗
325,325,325,325
刘正学
134
刘元亮
174
刘 霁
293
刘万清
230
刘天和
111
刘天民
309,309
刘可培
413
12 刘登俊
242
刘 瑀
292
刘 璞
319
刘弘甲
144
刘延圻
396
刘孔和
321
刘孔中
263
刘孔怀
78,113
13 刘 瓛
12,26,51
14 刘 劭
266

15 刘　玮
134
刘　珠
252
17 刘　珝
307
刘乃昌
125
刘承斡
5,196,199
刘翼明
261,334,342
20 刘统勋
100,154,164
刘秉锦
241
21 刘师培
208,208,208,232,235
刘伍宽
345,345,345
刘虞采
188
22 刘鼎元
276
23 刘允鹏
266
刘处玄
281,305
24 刘　德
40,218
刘德华
373
25 刘　绩
231,231,231
27 刘　坚
273
刘绍攽
223
刘　向
40,48,67,174
刘尔楫
282
刘象升
10
28 刘以贵
8,338
30 刘　宝
289
刘宝鼎
161,394
刘　淮
216
刘瀛珍
276
刘永济
403
刘永锡
245
刘　汶
213,213
刘家麟
108
刘家龙
78,273

刘　安
12
刘　寔
289
刘　寅
223,225,227
31 刘源渌
213,213,213,213
32 刘　兆
46
刘兆祐
132
33 刘　浚
111
刘必绍
60
刘　梁
266,286
34 刘汝霖
117,120
刘　淇
71,251
刘　祜
389
37 刘鸿翱
361,362,362,392
刘鸿训
267,318,319
刘泽清
250
刘　迎
305
刘逢禄
41,43,45
38 刘肇唐
95,95
刘　祥
292
刘　沧
298
40 刘义庆
269
刘大坤
161
刘大观
354,354,354
刘大勤
405
刘　奎
241
刘士骥
317
刘士瀛
198
刘　墉
154,250,348,348
刘嘉颖
190,381
刘　杳
266
刘喜海
174(3),175,176,179,181,182(2),183(2),184,185(2),187(4),188(5),192(2),198(8),

199(2)
41 刘　桢
21,26,287
44 刘　芳
26,35
刘　荀
211
刘孝标
269
刘世珩
423
刘世伟
405
刘世节
125
刘树德
158
46 刘　塄
353
刘　鳃
258,280,401,402(9),403(10)
刘　柏
79,234
47 刘　超
289
48 刘　敬
210
50 刘中度
142
刘聿鑫
335
刘本炎
138
刘　忠
112
刘　表
5,5,5,31,32
51 刘振统
77
55 刘　挚
112,301
刘执玉
323,330
58 刘　敕
161,389,399
60 刘昌宗
29,35
61 刘　昞
12
64 刘时勉
307
刘　跂
272,278,303
65 刘晴岚
374
67 刘　昫
87
刘　晖
357
刘　昭
294
71 刘际遇
77
72 刘文垕

226
77 刘凤翔
59
刘 熙
58(6),70,146
刘 叉
298
78 刘阶平
114,175,277
80 刘善明
293
刘公言
324
86 刘 智
32,32
刘镮之
154
88 刘敏中
92,306,412,412
刘 铨
148
刘策先
131
90 刘光蕡
233
刘光照
245
刘学宠
91
刘兴汉
198
刘 炫
20,26,49,49,49,52
91 刘 焯
20
97 刘耀椿
265,364,414

0742_7 郭

00 郭应宠
433
郭应响
229
郭襄之
114
07 郭 翊
376
09 郭 麟
71,71,161,164,196,196,262,268
10 郭一经
76
12 郭 琇
154
郭廷翼
128,154,154
郭廷翕
166
郭 璞
26,69,80,80,80,80,248
17 郭子章
106
20 郭季公
7
22 郭绥之

373(7),401,415
24 郭化若
226
郭射斗
9
25 郭伟勣
253,253,253,253
郭种德
279
27 郭绍曾
53
郭　象
57
郭磐石
364
30 郭济远
396
郭启翼
253
郭良翰
225
郭宗皋
310
32 郭澄之
279
郭兆封
372
郭　训
80
35 郭沫若
232
37 郭通磐
136
38 郭裕之
189
40 郭去咎
364,414
郭杭之
90,352,374
郭义恭
269
41 郭　坛
65
42 郭　圩
361
郭长倩
305
44 郭茂倩
384
郭梦星
16,86,265,435
郭梦龄
366
郭英元
9
郭　棻
380
47 郭起隆
372
48 郭榆寿
107
53 郭书俊
360
57 郭翘楚

343
60 郭　□
279
郭　鼎
307
郭恩孚
350
郭恩敷
245
郭恩煌
396
郭恩燀
396
77 郭同芸
364
郭殿镐
366
80 郭金篆
381
郭舍人
79

0821_2 施

00 施彦士
120
17 施子美
223,224,227
20 施　雠
12
37 施逢原
225
40 施士丐
26
48 施　乾
80

0925_9 麟

00 麟　庆
168

1

1000_0 一

21 一　行(唐释)
13

1010_4 王

00 王亨豫
98,115,133,166,166,166,177,263,382
王应垣
356
王应麟
4(5),15(2),54
王彦侗
255
王　庸
172
王庆祉
132
王　廙
6,6,6,289
王赓言
356,356,393
王　章
324,324

王文驤
364
王文浩
243
王　言
132
王言箴
133
王　褒
296,296
04 王麒文
355
07 王韶之
89,162,163,163,163,167,167,167,274,291
08 王敦化
177,178,178,178
10 王丕煦
379
王元弼
332
王元綖
238
王元启
233
王元莰
350
王元坤
77
王元默
350
王元规
49
王石经
190,254
王云鹭
167
王贡忱
176
王天眷
322
王霖溥
375
12 王　弘
291
王廷铨
406
王延庆
361
王延寿
132
王延年
363
王延钊
42,86,95,103,435
14 王功后
368
王功镇
133
王　劭
269
15 王玮庆
363,404,409
王　融

293,293
王建中
138
16 王碧莹
342
17 王　巩
97,98,98,113
王　珣
291
王驭超
90,107
王　珉
291
王　弼
5(3),55,219(6),288
王君荣
246
18 王联璧
142
19 王　孙
217
20 王重民
130
王维言
3,376
王维朴
182,383
王禹偁
91,299,300,300,300
王秀南
252
王千秋
411
王乘箓
319
21 王顺德
342
王与玟
319
王与胤
320
王仁俊
15,15,17,19,20,22,28,31,32,33,37,41,43,44,44,45,54,54,55,58,59,68,68,69,70,85,89,91,99,99,99,99,107,107,107,138,138,138,138,144,147,157,157,158,158,163,167,205,208,210,211,211,219,223,227,228,232,235,237,239,247,249,257,274,275
王衍庆
107
王衍醇
351
王　贞
233
22 王彪之
290
王　偁
108,408,408
王　偕
307
王　岩

132
王岩叟
112
王利器
122,215,403
王崇烈
115
王崇义
265,312
王崇焕
130,131,131
23 王　俅
185
王处一
165,305
24 王化贞
244
王化洽
389
王化东
159
王先谦
15,270
王先声
393
王佳宾
352
王德瑛
34,51,214,214,214
王德容
365,365
王特选
105,120,338,338,413
25 王　绅
369
26 王积熙
351,252
王积光
349
27 王经袖
368
王　倜
321,321
王　修
288
王绍周
379
王绍兰
55,233,234
王绍镄
370
王佩播
9
王　象
266
王象晋
132,141,238,243,255,273,280,317,317,389,416
王象瑜
373
王象蒙
104
王象乾
104,145,383,383,384

王象春
318,318,318,318,318,318
王象明
316
王象恒
154
王鲁得
9,61,214
王各山
382
王凯冲
13
王　峪
382
王贤仪
264
王尔翼
51
王　粲
103,103,211,287
王叔和
240,240,240,242,243,243,243,243
王叔岷
222
王叔之
292
28 王作畯
132
王　俭
32,36,293,293
王价藩
98,132,133,143,166,177,177,263,263,339,382,394
王　微
292
王徽之
290
王僧孺
138,295,295
王僧虔
108,292
王僧祐
293
王僧达
292
王龄芝
370
29 王继文
359
30 王宝田
200
王宜绳
333
王宜人
365
王沛憻
261,335
王沛恂
335
王宁焮
358,390
王宁炜
355

王　宪
391
王家植
100
王启叡
318
王启沂
252
王启涑
114,334
王之垣
113,113,132,212
王守训
23,37,47,66,71,78,96,131,138,
139,160,174,182,263,377,377,
377,409,409
王守中
97,374
王定保
271
王宗岳
56
王寀亭
142
王　寂
293
31 王　祯
238
王远焌
216
32 王兆弘
132
王兆琛
74
王兆润
334,353
王兆符
175
王渐鸿
28,30,34,37,38,56,66
王　训
60,267
王　诞
291
33 王心源
252
王心清
354
王心润
383
王逡之
32
王　谧
291
34 王　祜
243
王谢家
380
王　谟
17,18,19,22,24,25,31,32,36,
37,38,41,44,45,50,54,58,62,
63,65,65,91,106,144,157,157,
157
35 王　清

127,325
王　洙
278
37 王　鸿
398
王　淑
354
王泽澄
115,131
王泽泩
77,280,280,408
王泽田
399
王祖斌
253
王祖源
69,151,328
王祖嫡
16
王祖肃
129
王祖昌
104,318,357,357,358,390
王祖熙
138,349,383
王初桐
161
王　逸
218
王闾运
18,44,235
王　朗
57,288
38 王　洽
154,290
王　淯
323
王遂善
375
王道然
60
王道同
132
王　谦
387
40 王九思
424
王士骊
398
王士骥
261
王士骐
226,228
王士点
147,164
王士祜
334,334
王士禧
327,330,330,330,395
王士禛
109,114,127(2),144,146(2),156,161,165,169(2),170(5),171(2),175(4),251,260,261(4),265,273,308,309(2),313,

320,321,322,327,328(10),329(11),330(13),333,383,385(2),386(3),388(6),389,390(3),393,395(2),398(3),399,401(2),405(6),406(11),413(3),416(2),433(3)
王士禄
100,183,273,327,327,327,327,327,328,328,328,328,328,383,385,385,385,391,393,395,405,412,416,431
王士熙
306,306,306
王　塝
114,114,131
王培荀
53,53,98,137,143,172,262,262,264,365,365,366,398
王在宣
378,378
王克预
132
王克笃
425
王志修
199
王志教
139
王夺标
326
王　古
280,280
王右弼
347
王吉中
259
王大堉
398
王大来
360
王大钥
201
王　垓
173
王东槐
370
王森文
198
41 王　概
127,167
王　枢
61
王　桢
307,333
43 王献唐
66,74,74,79,79,86,159,159,177,177,185,186,186,188,190,190,190,191,191,191,192,193,193,194,194,196,196,254,257,400
王献之
290,291
王　朴
247

王　槭
273
44 王　基
22,22,211
王　范
10
王葆崇
377
王蕙兰
10
王　苹
339,339
王者政
398
王若之
143,154,319,319,319,319,319,
433
王　苍
185
王世贞
224
王世睿
172,341
王萦绪
129,387
王荣绪
90,349
王树荣
41,44,45
王树枏
35,235
46 王　旭
306,412
王如英
395
王　相
266
47 王懿荣
142,155,177,178,182,182,184,
187,191,192,194,196,349,350,
351,373,374,376,376,376,376,
376,383,383,431
王　猛
290
王胡之
290
王　都
103
王起鹏
77
王　樛
324,324
王　构
404
48 王　教
314,314
50 王中孚
350
王青藜
362
王　肃
6(4),15(2),21(3),22(2),31
(6),32,34,41,50,55(2),65(2),
91,205(2),263,288

王肃之
290
王　素
112,292
51 王振声
44,44
53 王咸正
132
55 王执宜
374
王执慎
126
56 王　揖
294
57 王邦直
39,39
58 王鳌永
154,154
60 王　旷
289
王曰高
260,331,382
王国瑞
126
王国维
169
王国祉
255
王星奎
267
王昙首
291
王　昊
332,387
王景羲
235
王景謩
378
王景□
190
王□□
334
62 王　昕
152
67 王明萼
373
王鸣盛
121
王嗣宗
13
王照圆
108,109,109,109,247,359,359,
398
70 王雅量
317
王辟之
97
王厚庆
360
王既雨
252
王颐中
281
王　辰

325
71 王　骘
331,331
72 王　质
112,123,304,304
王　氏(新城)
141
王　氏(清宋之韩之母)
342
76 王飏昌
331
77 王服芳
370
王居易
166
王凤文
129
王　婴
269
王　导
290
80 王介福
115
王羲之
249,250,256,290,290
王念孙
70,72,74,76,88
王　复
41,44,45,63,64,64
王复礼
122
王善宝
9,354,354,354
王　曾
97
王余芊
358
王余英
61,155
83 王　钺
94,163,171,175,175,213,260,331,331,433
王　镕
370
王镕经
132,376,376,376
84 王　锳
325
85 王钟霖
392
王钟泰
350
86 王锡棨
181,184,187,187
王锡蕃
377
王锡荣
400
王铭荣
400
王钦若
266
88 王　筠(梁)
295,295

1020_0　丁

30 丁准夫
382
丁　宽
11
丁之吉
165
丁启喆
109
丁守存
61,95,131,146,217,230,230,230,230,230,230,246,371
丁心佛
144,176,177,263,266,382
38 丁裕彦
10
丁　谦
170,173
40 丁大训
172
丁大椿
52,56,59,62,151,216,216,217,366,435
丁士涵
231
丁在麟
132
丁喜庆
188
44 丁楙五
56,73
丁树桢
254
丁树馨
393
47 丁朝干
132
60 丁　晏
122
67 丁明善
216,262,379
77 丁良善
186
80 丁善庆
188
丁善宝
95,352,375
丁善长
102,238,252
丁毓瑾
143,379,379,382
丁公著
59
86 丁锡田
86,107,129,132,132,159,161,169,173,378,432,435
90 丁惟晋
132
丁惟汾
23,36,69,71,71,79,79,79
丁惟恕
425
92 丁恺曾
65,160,168,247,247,343,417,433

97 丁耀亢
94, 94, 216, 246, 278, 315, 326, 326, 326, 326, 326, 326, 326, 422, 422, 423, 423, 433

1020_1 严

10 严可均
50, 150
17 严　羽
404
23 严允肇
135
30 严　安
258
35 严　津
323
42 严彭祖
48
43 严式诲
207
44 严薇青
277
严植之
52
74 严　助
218
80 严　复
219

1021_2 元

10 元　玉
340, 380
21 元行冲
39, 52
76 元阳子
281, 281, 281

1021_5 霍

00 霍衣仙
123

1022_7 万

18 万　瑜
192
20 万爱民
313
万维檀
416
22 万崇谦
350
27 万名炜
383
40 万士炼
326
80 万毓玢
368
90 万惟檀
326

1040_0 干

30 干　宝
12, 29, 48, 147, 269

1040_0 于

10 于霖逢
379
12 于　玭

395
20 于秉信
102,352
22 于仙龄
365
于 朏
55
30 于淮珠
375
31 于 祉
23,251,364,364,364,400,409
33 于溥泽
240
35 于清泮
379
于 潜
158
43 于式玉
123
44 于若瀛
316
77 于观贞
344
87 于 钦
158
于铭训
379
90 于觉世
282
于学训
409
于学谧
354
94 于慎言
395
于慎行
90,90,100,100,147,260,314,314,314,314,433
于慎思
313,395

1040₇ 夏

12 夏廷棫
129
17 夏承焘
125
25 夏纬瑛
234
27 夏侯建
18
夏侯湛
218
夏侯胜
18
34 夏洪基
106,116
44 夏莲居
380
50 夏中言
267
夏寿田
226
80 夏金年
199

夏曾德
199

1040_9 平

74 平陵子
255

1044_7 聂

60 聂 □
29
71 聂际茂
253,253,254
80 聂 鈫
165

1060_1 吾

72 吾丘寿王
218

(1060_1) 雷

10 雷雨人
64
37 雷次宗
33,67
40 雷 柱
207
64 雷 暵
314
80 雷金声
136

1060_2 石

10 石一参
232
77 石丹文
359
80 石 介
301,301,301,301

1060_4 西

77 西周生
278

1080_2 贾

00 贾应宠
22,259,426,426,426,426
10 贾三近
152,389
12 贾廷杰
60
18 贾 璇
61
19 贾 琰
8
22 贾 山
218
25 贾仲名
419,420,420,420,420
贾仲明
179,419,420,420,420,420
34 贾 逵
29,48,48
40 贾声槐
9,214,366
60 贾思勰
237,237
贾思同
42

80 贾公彦
27,29,29

1111_4 班

60 班　固
85,86

1111_7 甄

22 甄　鸾
245

1118_2 项

03 项　竣
80

1119_0 环

30 环　济
152

1173_2 裴

00 裴　玄
268

18 裴　瑜
80

30 裴　启
279

48 裴松之
32

1211_0 北

38 北洋政府内务部
195

1212_7 瑞

17 瑞乃尔(德)
230

1220_0 列

27 列御寇
221,221,222

1223_4 张

00 张立志
96

张齐贤
97

张应昕
365

张彦士
100

张庭诗
393

张文炜
79

08 张　鹭
266

张敦仁
33

10 张正见
295

张　严
123

张　元
344,344,407

张元壮
135

张元钧
115

张元济

220
张万钟
239
张丙嘉
10
张震泽
226
张　霸
18,18
12 张　璠
12
张　瑶
319
张延登
170
张延芳
381
张廷叙
349
15 张　玮
145,212
张　融
65,65,269
张建封
297
张羽翱
159
张承燮
111
张　弨
197,197
张子觉
214
20 张重润
336,395
张维华
156
张　位
147
张　禹
51
张香海
102,151,369,369,435
21 张行简
247,305
张　衡
245,245
张　俨
268
张　贞
94,107,107,107,114,135,160,
253,253,273,334,335,399
22 张绶佩
9
张　凭
57
张嵩甫
379
张山雪
242
张山雷
242
张　崧
163,239

张所敬
312
23 张允宪
71,76
张允格
94,94
张允抡
170
24 张佐会
142
张绪伦
114
张幼伦
35
张　僖
377,415,415
张　华
274
25 张　绅
250
张纯一
208,236,236
张绩田
265
张仲景
240
张　岫
363,363,398
26 张　伯
243
张伯行
168
张伯恒
361
张和恩
401
张积森
135
27 张佩纶
232
张绍价
382
张　侗
345,345,393,393
张象棐
206
张象津
28,77,285,354,435
张象恩
347
张尔岐
7,16,30,30,36,46,179,220,233,
246,246,260,321,321,394
28 张鉴祥
177,177,178
张作斌
366
张作宾
349
张作哲
345
29 张继伦
114
30 张完臣

8
张宿煋
116
张启泰
75
张启愚
347
张之骎
267
张之纯
209,220,224,232,235,257
张　宏
266
张　寅
171
张实居
322,405
张永跻
114
张宗柟
405
32 张兆栋
156,371
张兆惠
370
张澎沅
114
33 张心钤
348
34 张　澍
122,227
张　湛
221,221,221,222
35 张　潜
216
37 张鸿猷
361
张次仲
116
张　讯
6
38 张道浚
170
张　诠
170
张谦宜
60,104,339,339,339,392,407,407
张祥河
144
40 张友鹤
276,277
张士保
53,102,221,280,280
张在辛
250,251,253,253,256,337,337,434
张在乙
253
张在戊
253
张希贤
389
张埥初

372
42 张彭绪
77,77
张　梃
352,414
张　楷
109
张长青
403
43 张　栻
112
44 张梦鲤
313
张梦兰
372
张莘田
9
张　轨
12
张世则
103
张英麟
375,381
45 张椿龄
139
46 张　坦
221,307
张柏恒
137,137
47 张朝瑞
106
张起岩
87
张　机
240,240
张权时
227
48 张　敬
315
张梅亭
200,379,415
张枞恒
279
50 张　丰
361
张中峰
262
张本芬
393
张惠言
4,4,223,235
张寿卿
419
张寿颐
9
张奉举
370
51 张振卿
115
55 张扶舆
344
张　耕
77
56 张　揖

80,80,80,80,80
58 张　敷
352
60 张曰斑
409
张日昌
28
张　显
269
张恩煦
373
张景森
167
张景樵
128
63 张　咏
112,299,299,299,299
65 张映纬
350
张映汉
78,386
67 张　昫
396
张　昭
87
张昭潜
95,107,157,159,377,377,377
张嗣诚
317
张嗣成
395
68 张　畋
112
71 张　颀
346
72 张所敬
312
张　氏
332
张后觉
313
张　彤
393
77 张凤翔
30,39
张　鹏
168
张鹏翮
122
张鹏展
392
张居正
90
80 张养浩
148,306,307,307,424
张养晦
317
张善恒
361
张会恩
403
86 张锡纶
95
87 张　镠

213
88 张笃庆
101,101,102,102,128,128,171,171,337,337,337,337,337,337,390,405
张笃行
401
张竹坡
278
张　镒
39,59
90 张光启
321
张学礼
173
张学慎
346
张兴留
267,372
92 张　忻
94,94,250
97 张　焕
313
张焕祚
370

1241_0　孔

00 孔　齐
272
孔广德
96
孔广牧
34,66,110,359,414
孔广森
30,34,35,37,45,46,65,65,65,78,207,351,351,351,434
孔广栻
46,46～47,47,47,182,265,354,354
孔广林
3,3,3,4,15,15,17,19,24,28,28,30,31,31,37,37,38,38,38,41,44,45,50,54,62,63,65,106,103,417,417,417,422,422,422,423
孔广权
359
孔广陶
249,435
孔广镛
249
孔庆霁
245
孔庆霭
245
孔庆镕
357,357
孔庆翊
378
孔文仲
396,397
10 孔元祚
111
孔元措
104

孔丽贞
342
孔平仲
259,272,272,396,397
12 孔延之
391
孔弘干
104
孔弘颢
133
13 孔武仲
396,397
15 孔　融
287
17 孔承庆
307
孔承倜
212
21 孔　衍
31,91,91,91,91
孔衍淳
386
孔衍栻
108
孔衍琦
105,115
孔衍治
160
孔衍植
109
孔贞瑄
39,52,165,331,331,332
孔贞丛
104
孔颖达
5,5,5,14,14,21,33,34,34,41,
41,52,87
22 孔胤植
104,109
23 孔　臧
286
24 孔　鲋
69,69,69,69,209,235
孔德成
109,133
25 孔　传
110,266
孔传游
53
孔传鋕
343,414,414,423,423,423
孔传铎
145,265,342,342,343,343,401,
409,414,416,416
27 孔　伋
209,209,209
28 孔　伦
32
29 孔继涑
250,251
孔继涵
46,66,74,108,128,167,182,214,
245,262,351,351,382,414,414,
414,414,431,431

孔继汾
37,37,40,105,115,145,146
孔继濩
343
孔继善
146
孔继鑅
359,359
孔继堂
23,78
孔继熥
344,364
30 孔宪庚
197,371,371,398
孔宪彝
148,370,370,370,370,394,397,398,399,399
孔宪培
355
孔宪榖
133,375,375
孔宪阶
130
孔宪兰
103
孔 穿
209
孔安国
13,13,13,14,14,14,14,14,14,49,49,49,54,54,54
37 孔 迩
273
孔淑成
346
38 孔祥淑
375
孔祥霖
177,197
60 孔 晁
65,65,88,88,91,91,146
67 孔昭干
105
孔昭珩
371
孔昭虔
360,360,414,422
孔昭任
363
孔昭辰
53,61,360,360
孔昭杰
130
孔昭薰
197,414,416
孔昭蒸
416
孔昭恢
362,362
孔昭熺
353
80 孔令贻
105,145
孔毓礼
241,241

孔毓圻
145
孔毓埏
261,336,336,336
孔毓焞
214
88 孔繁社
79
孔繁银
156
90 孔尚任
108,109,115,144,156,193,249,331,337,337,337,413,423,423
孔尚忻
40
孔兴诱
252

1314_0 武

10 武 震
374
22 武 亿
41,44,45,64
37 武汉臣
418,418,418,420
78 武汉阶
220

1660_2 碧

22 碧山野史
98

1710_2 卫

14 卫 璀
57
30 卫 宏
74,74,74,74,74,147,147,147,147,286
91 卫 恒
255

(1710_2) 盂

00 盂广琛
375,396
盂广均
105,136,146,198
10 盂云峰
267
21 盂衍泰
105,120
25 盂传璇
369,415
盂传铸
172
27 盂经国
121
29 盂继尧
366
盂 秋
314
40 盂 喜
4
67 盂昭章
200
盂昭鸿
190,190

1712_0 刁

25 刁 嵘

253

1721_5 翟

00 翟 玄

12

10 翟云升

68,73,73,73,73,74,75,75,77,77,86,246,274,434,434

17 翟 翚

407

24 翟化鹏

265

30 翟 良

241,242,242,243

37 翟 凝

361,361

77 翟熙典

375

翟凤翀

154

1723_2 承

44 承桂堂

134

1742_7 邢

00 邢文梦

134

14 邢 璹

5,5

21 邢顺德

358

27 邢 侗

126,270,314,315,315

57 邢振道

134

60 邢 昺

50,55,69,69

1742_7 耶

25 耶律有尚

113

1750_7 尹

00 尹 文

256,257,257,257,257

10 尹更始

48

12 尹廷兰

352,352

14 尹 琳

216

尹琳基

114,114,133

29 尹继美

393

40 尹嘉宾

96

42 尹彭寿

73,73,75,178,179,191,191,192,195,195,196,196

60 尹 □

239

80 尹会一

130,154

86 尹知章

231

87 尹铭瀚

241

1762_0 司

10 司天开

61

17 司马穰苴

226,227,227,227,227,227,227,227

司马迁

248

司马相如

80

30 司空图

298,298,404,404

60 司星子韦

248

1762_7 邵

12 邵瑞彭

232

17 邵 玘

324,330

邵承照

167,233

40 邵大纬

100,157,163,267,360

47 邵懿辰

207

1940_0 孙

00 孙庭芝

40

孙文澜

193

孙文楷

190,190,193,195

04 孙 勷

336,336,336,336

10 孙一珍

277

孙一致

332

孙玉庭

129,151,155,353,434

12 孙廷芝

9,244,245

孙廷铨

100,113,146,160,170,252,252,326,326,433

孙廷铎

326,326

13 孙 武

223,223,223,223,223,223,223,223,223,223

17 孙乃琨

134

孙承先

381

孙承泽

7,7,16,17,22,65,93,93,98,102,

103,103,103,145,146,151,152,
157,157,168,192,213,213,213,
248,249,250,250,267,325
孙柔之
248
18 孙联奎
404
20 孙重光
309
孙维彬
246
孙维周
190
孙季咸
51
21 孙　绰
57,269
23 孙允中
93
25 孙峡峰
425
26 孙　傴
69
27 孙　旬
152
孙　久
365
30 孙之騄
18
孙宝生
159
孙宝侗
332
孙　该
289
31 孙迺琨
381
孙福海
164,371
33 孙必振
331
孙诒让
120,235
34 孙斗南
378
孙过庭
250
37 孙冯翼
146,266
38 孙肇兴
60,60
39 孙　逖
297
孙志祖
205
孙嘉乐
393
孙　奭
58,58,59
41 孙　桢
123
43 孙　榕
377
44 孙葆田

105,114,120,164,178,199,265,
332,375,390,409
孙 蕙
102,332
孙孝源
262
孙 賁
332
孙枝蔚
312
46 孙 楫
372
47 孙 谷
17
孙起舜
244
孙橘堂
142
48 孙松龄
263
50 孙扩图
347
53 孙 盛
12
60 孙 星
375
孙星衍
18,121,144,147,197,206,208,
208,223,225,225,257
孙星华
64,297
孙国仁
236
73 孙 膑
226
77 孙同元
223,233
孙卿裕
378
80 孙 毓
22,22,22,26,41,211,211
孙毓汶
372
孙毓淮
95,371
孙毓汉
137
86 孙锡嘏
383
90 孙惟谏
140,140,140
孙 堂
4,5,6,6
孙光祀
327
孙 炎
34,68,68,68,68,68
91 孙炳甲
370

1948_0 耿

20 耿维莘
358
37 耿 询

365
60 耿曰椿
393

2

2011_5 缠

17 缠　子
237

2022_8 乔

17 乔子忠
262
40 乔　力
404
乔大凯
8
乔　吉
424
48 乔松年
19
72 乔　岳
372

2026_1 信

47 信都芳
40

2033_1 焦

04 焦　竑
3,7,60,75,103,103,103,113,174,212,219,219,219,220,221,221,258,260,267,273,282,316,316,386,386,386,386
10 焦云龙
374
30 焦家麟
136
43 焦式冲
352
51 焦振沧
131

2040_7 孚

10 孚　一
370

(2040_7) 季

32 季　冰
123
50 季　本
109,111
季奉常
372

2071_4 毛

00 毛　亨
20,20,20,21,21,21,21
10 毛　霦
94
27 毛　纪
113,113,153,153,307,307,397
37 毛鸿宾
155,251
40 毛奇龄
126,127,207
43 毛式玉
107

毛式郇
252
54 毛　贽
144

2102_7　师

50 师史氏
170
77 师　丹
286

2111_2　红

30 红字李二
417

2120_1　步

17 步翼鹏
380

2120_7　卢

00 卢文弨
5,15,18,30,88,208,215,222,292
卢　辩
207
21 卢衍庆
380
22 卢　崟
200
34 卢　谌
147
44 卢荫长
244
卢荫溥
129
卢世漼
322,400,401
卢　植
35
77 卢见曾
8,108,108,167,167,167,177,179,342,342,392,424,424,426,431
卢　□
13

2121_0　仁

38 仁　道
280

2121_2　伍

32 伍兆麟
17

2122_0　何

17 何承天
36,70,70,70,70,70,70,70,138,138,280,291,291
何子朗
294
20 何　妥
13
22 何　胤
26,35
24 何　休
31,41,43,43,43,44,44,44,44,45,55,55
27 何绍基

114
何 僩
293
29 何秋涛
121
39 何 逊
294,294
42 何长瑜
291
44 何若瑶
44
何世瑾
339,405
50 何素朴
381
60 何思澄
294
何 晏
12,55
72 何 氏
342
87 何邻泉
371
90 何光远
271
何学周
217
91 何 焯
249

2128_4 虞

27 虞 翻
98
31 虞 潭
255
33 虞 溥
217,289
40 虞 喜
57,147,245,279
77 虞 卿
218
88 虞 耸
245

2198_2 颍

30 颍 容
48

2219_4 稣

24 稣特尔(英)
115

2220_7 岑

25 岑仲勉
236

2221_4 任

10 任万里
307
11 任 预
39
29 任继愈
236
30 任宏远
164,346
32 任兆麟

69,111,205,207,208,227,230,233,257,257,403
任兆坚
365
40 任克溥
154
任希古
296
任 熹
220
任大椿
70,74,76
47 任 嵠
258
60 任 昉
157,274,275,294,295,403,404
任跻莘
30
83 任 镕
159

2221₅ 崔

00 崔广沅
379
崔应阶
166,196
15 崔 融
296
17 崔灵恩
22,22,26,36,36,36,37
27 崔 凯
33
崔龟图
163
30 崔 寔
268
33 崔 述
110,111
37 崔 鸿
99,99,99,99,99,99
崔祖思
293
47 崔 觐
13
51 崔振宗
348
60 崔 旦
150
崔国辅
297
77 崔 赡
296
84 崔 铣
6,6,52,53,103,211,212,212,212,308,308,308,308,308,308,432,432
90 崔 光
295
96 崔 憬
13

2224₁ 岸

90 岸堂主人
423

2233_1 熊

16 熊 理

58

30 熊安生

35

熊宗立

242,243

90 熊光周

125

2240_1 毕

00 毕 亨

361

10 毕 霸

343

12 毕廷昭

17

23 毕岱熞

134

24 毕佐周

382

25 毕仲游

303

26 毕自严

137,137,137,147,152,153,153,153,153,153,153,153,153,153,153,153,170,316,316,316,316,316

毕自肃

153

28 毕以珣

225,225,225

毕以绣

254

30 毕凉昭

17

毕宿焘

345

31 毕 沅

195,235

38 毕瀚昭

371

毕海珧

337

40 毕奎麟

134,134

毕 木

314,314

50 毕忠吉

175,382

53 毕盛鉴

251

54 毕拱辰

76

60 毕曰溇

172,172

毕□□

126

71 毕际有

160,170,341,399

72 毕所锴

354

2241_0 乳

22 乳山山人

53

2277_0 山

10 山西大学中文系
226
40 山东文物总店
194
山东师范大学历史系
90
山东调查陆军财政局
149
山东宪政调查局
164
山东大学历史系
156
山东大学历史系考古教研室
159
山东大学历史系中国近代史教研室
97
山东大学堂
100
山东书局
178,178
山东提学司
115
山东省立图书馆
66,176
山东省文物考古研究所
159,194
山东省巡抚衙门
148
山东省博物馆
177,194,196
山东省泰山风景区管理局
197

2290_1 崇

31 崇 福
150

2290_3 紫

76 紫阳道人
278,422

2290_4 巢

17 巢子梁
212

2300_0 卜

00 卜 商
11
30 卜宁一
397
38 卜祚光
397
43 卜 式
239
44 卜梦人
397
60 卜景淇
216

2320_0 外

00 外交部(民国)
156,156

2321_2 允

34 允 灌

175

2324_2 傅

00 傅亶初
262,331
10 傅丙鉴
378
傅云衢
136
27 傅尔德
137
28 傅以渐
7,7,60
傅以礼
431
30 傅 扆
161,330,330,330
傅 察
303
34 傅 洪
196
37 傅汉臣
234
40 傅培源
375
42 傅斯年
97
60 傅日嶙
367
傅 国
93,318
65 傅晓麓
96
77 傅 曌
136
90 傅光宅
315
傅米石
341
傅 □
13

2325_0 臧

00 臧应詹
240
臧 庸
4,38,50,63,85
14 臧 琳
63
34 臧法高
358
臧达德
378
38 臧祚巩
345
41 臧播臣
378
44 臧梦元
352
臧荣绪
88,88,89,89
72 臧 岳
388
80 臧镛堂

31
96 臧煜珍
381

2328_4 伏

10 伏无忌
151,151,151
17 伏 琛
157,158,158
20 伏系之
291
21 伏 俨
85
32 伏 滔
138,169,290
60 伏曼容
6
75 伏 胜
17,17,17,17,17,17,18,20

2350_0 牟

00 牟应震
9,22
牟 庭
9,16,23,62,115,164,175,255,
264,264,285,358,358,434
15 牟 融
279
30 牟 房
175,192,374
44 牟世金
403
71 牟愿相
356,408

2360_0 台

30 台湾武学书局
229

2397_2 嵇

00 嵇 康
48,144

2420_0 射

80 射 慈
32

2423_1 德

26 德 保
140

2426_0 储

90 储光羲
297

2440_1 华

07 华 歆
288
22 华 峤
289
31 华 谭
218

2500_0 牛

10 牛天宿
148,169
31 牛运震
8,16,22,28,46,52,53,55,56,59,
101,101,129,180,184,345,345,

434
71 牛颐志
374

2510_0 生

40 生克昭
133,200

2520_6 仲

42 仲长统
211,211,211,211
44 仲蕴锦
105

2528_0 佚

27 佚　名
132

2590_0 朱

00 朱　育
26,80
10 朱云爆
166
12 朱廷相
371
朱廷焕
162
13 朱骏声
117,120
14 朱　琦
348,348,348
15 朱　建
218
17 朱承煦
348
19 朱　璘
123,288
21 朱　虚
267
朱　倬
348
22 朱熊光
365
朱崇勋
345
朱崇道
345
朱崇典
253
朱崇厚
251
23 朱　牟
221
24 朱佑榑
164
25 朱　纬
325,338
26 朱　缃
338,395
27 朱　绛
395
朱　纲
234,338,395
朱仰之
13
朱彝尊

106
28 朱　攸
395
30 朱　宁
398
朱之蕃
316,388,388,389,389,397,409
朱宏祚
154
朱宗默
375
朱永龄
346
32 朱　渊
378
朱　活
188
37 朱祖谋
411,412
38 朱道衍
363
40 朱希祖
124
朱右曾
88
朱　熹
52,53
42 朱长庚
383
朱长春
231,231
43 朱　轼
215
44 朱芳春
124
朱孝纯
344
朱蕙稗
424
朱世德
369
朱其铠
277
67 朱　照
165,317,144,351
71 朱际虞
169
77 朱观熼
391
80 朱仝瓅
172
朱令昭
346,346,346,346,346
朱曾武
61,355,389,408,408
朱曾传
348,348,348
朱曾哲
356,356
朱毓桂
148
90 朱学勤
178
朱学海

201

91 朱怀朴

346

2600_0 白

00 白庆麟

133

10 白丕吉

133

28 白作楫

133

30 白永修

376,377

2610_4 皇

26 皇　侃

35,52

53 皇甫谧

245

2629_4 保

71 保厘东

178

2641_3 魏

00 魏广智

137

魏　彦

44

魏文深

137

魏文侯

51,217

13 魏武帝

224,224

21 魏　徵

87

31 魏　源

117,120,121,207

魏迺勷

377

33 魏治淳

399

34 魏汝霖

226

37 魏　朗

218

40 魏大镛

107

魏真己

52

46 魏　相

286

47 魏朝绥

137

80 魏公子牟

222

2690_0 和

14 和　瑛

10

37 和　凝

151,298

64 和　曚

151

2691_4 程

10 程　云

325,325
24 程先贞
394
27 程 绍
221
30 程永芳
247
37 程鸿绪
395
40 程大镛
24
64 程时登
110
65 程 晓
288
80 程复心
116,120
程 曾
59
90 程光裋
127

2692_2 穆

12 穆孔晖
52
27 穆 修
300
77 穆尼阁(西洋)
244,247

2707_0 归

40 归有光
208,210,211,220,223,224,227,231,235,257,257,286,402,402

2711_2 鲍

00 鲍 康
187,188
67 鲍 照
292,292
77 鲍 儿
293

2711_7 纪

30 纪之健
336
纪之竹
251
纪容舒
384
32 纪 澎
77,77
37 纪 润
166
67 纪 昀
174,384
77 纪圣宣
424

2712_2 缪

30 缪启愉
238
43 缪 袭
254,266,288
44 缪 协
57
缪荃孙

122
52 缪　播
55
83 缪　钺
122,123,123

2712_7　邬

10 邬正阶
354

(2712_7)　邹

21 邹　衍
247,247
26 邹　泉
106
34 邹　湛
12
邹　漪
330
40 邹左文
245
60 邹　□
269
71 邹颐贤
308
76 邹　阳
257

2713_3　终

37 终　军
257

2720_7　伊

00 伊应鼎
407
55 伊　挚
222

2722_0　向

20 向　秀
12

2725_2　解

28 解　鉴
277

2726_1　詹

27 詹仰庇
150

2728_4　侯

00 侯应琛
161
12 侯登岸
100,103,104,121,160,161,161,177
14 侯功震
242,371
30 侯　寘
410
44 侯封公
336
侯　苞
25
46 侯相芝
370,370
60 侯　果
13

2760_1 鲁

25 鲁仲连

209,209

37 鲁 迅

275

44 鲁荡平

192

76 鲁阳生

96

77 鲁同一

123

2771_2 包

40 包大燿

106,117(3),118(11),119(11),

120,121

53 包 咸

56

60 包□□

151

72 包 垦

106

2790_9 黎

30 黎定攀

106

80 黎养正

117

2794_0 叔

19 叔孙通

144,144,144

2795_4 释

10 释一行

13

21 释仁道

280

29 释倓虚

280

34 释法显

109,173,280,280,280

35 释神珙

81

40 释存业

136

55 释慧琳

57

释慧观

280

60 释昌仁

378

释圆至

387,387,387

86 释智匠

255

88 释从谂

280

2806_3 临

32 临沂地区文物组

196

2829_4 徐

00 徐 广

36,39,88,291

徐　彦
43
徐彦伯
297
徐　夜
309,321,321,413
10 徐正域
116
徐　幹
210,210,210,210,210,286
12 徐延旭
151,173,173,173,173
17 徐子威
355,355
徐灵府
220,220,221
20 徐维则
249
21 徐与参
104
徐与乔
387
徐缙文
358,414
22 徐彩云
56
23 徐岱清
312
29 徐继儒
378,395
30 徐之才
266
徐守真
370
徐宗稺
378
徐宗幹
197,197,391
31 徐河清
372
36 徐　邈
6,15,24,24,28,35,42,46,291
38 徐道符
246
40 徐士林
151,234
徐大绅
50
徐　坊
176,301
徐　贲
307,307
41 徐　标
102,319
44 徐孝嗣
293
徐　埴
301
徐桂馨
62,78,379
徐　楙
416
47 徐朝弼
250

48 徐 乾
46,291
51 徐振声
168
徐振芳
321,321
徐振贵
423
58 徐 整
26,102
60 徐 田
336
67 徐 郧
13
72 徐 岳
245
徐 乐
268
74 徐 陵
295,295,295,384,384,384,384
80 徐金铭
142,142,376
徐养原
55
88 徐从治
96
94 徐慎安
117

2928_9 倓

21 倓 虚
280

2998_0 秋

22 秋 崖
167

3

3010_6 宣

52 宣 哲
185

3014_7 淳

10 淳于鸿恩
45,66,181,181

3020_1 宁

30 宁 寂
239
43 宁 越
217
53 宁 戚
239

3022_7 房

00 房玄龄
86,231,231,231
10 房可壮
323
34 房洪恩
372
46 房如式
152
60 房景先
65,65
75 房 陆

242

3033_4 宓

10 宓不齐

207

3040_1 宰

17 宰　予

206

3040_4 安

11 安　璿

166

18 安致远

114,261,327,327,327,412

33 安浚德

406

44 安梦松

111

55 安井衡

232

88 安　箕

171,339,339

安　□

133

3060_6 宫

23 宫卜万

393

27 宫尔劝

171,340

40 宫去矜

354

3060_8 容

38 容肇祖

126,128

3073_1 谯

77 谯　周

57,67,218

3080_2 赛

15 赛　珠

341

30 赛　宣

137

3080_4 窦

40 窦埒同

213

44 窦　苹

256

90 窦光鼐

347,347,347,347

3090_4 宋

00 宋育仁

233

宋　庆

95,104

宋庆长

116

宋　衷

12

12 宋延年

310

13 宋　琬

323(8),324(7),421(2),433
14 宋　琏
319,321
17 宋　弼
347,391,392,400,401,407
26 宋绳先
357
27 宋佩玉
394
29 宋继澄
60,319
30 宋之韩
342
宋永清
332
36 宋　湘
150
37 宋祖舜
230,230,281
40 宋嘉德
28
44 宋　荦
386
47 宋　均
25(3),38(3),40(3),47(11),48(4),51(6),56(8)
宋朝立
128
50 宋　焘
165,317
宋　咸
69
53 宋书升
10,16,16,17,23,36,47,51,78,78,195,378,378
57 宋　翘
277
60 宋思仁
165
71 宋　际
104,116
81 宋　钘
279
87 宋翔凤
54,58,69,106,232

3111_2　江

00 江文乐
136
24 江德新
133
江华镇
133
30 江　永
116
33 江　邃
269
40 江希张
62
江志伊
133
43 江　式
81
50 江中淮

133
江来岷
133
60 江国华
133
江　昱
411
77 江　熙
48,57
85 江钟秀
38,66,111,214,217,263,263,435

3111_4　汪

00 汪彦份
196
汪文绮
243
17 汪承镛
399
27 汪黎庆
75
29 汪继培
257,257
30 汪宝树
377,377
汪宗沂
223
31 汪　灏
336
42 汪荆川
131,363
44 汪懋麟
87
汪懋琨
142
61 汪　晫
206,209
80 汪　镛
353

3174_6　谭

10 谭正璧
236
谭元春
385
23 谭处端
305
31 谭潭云
112
44 谭其志
319
53 谭戒甫
236

3216_9　潘

00 潘　府
116,206
35 潘清荫
159
40 潘克溥
23,59,61
45 潘　榛
111
46 潘　相
198,200

60 潘昂霄
168,192

3230_2 近

31 近江宇鼎(日本)
312

3390_4 梁

00 梁文灿
108,145
梁章钜
384
10 梁 正
39
梁元帝
81
12 梁廷枏
397
13 梁武帝
13,40,40,52,57
17 梁乙真
125
24 梁华廷
391
27 梁 觊
57
30 梁启勋
125,411
梁启超
109,120,123,124,236,411
40 梁 南
314
43 梁载言
157,157,271
44 梁翥鸿
196
67 梁明祥
23
72 梁丘贺
3
梁 熙
327
88 梁简文帝
26

3411_2 沈

00 沈文阿
49
08 沈 旋
80
10 沈可培
121,214
12 沈廷方
382
20 沈 重
26,29,35,40
25 沈 练
238
27 沈 约
279
29 沈继震
116
沈 峭
58
30 沈 淮

199
沈宗约
398
32 沈 渊
313
35 沈 潜
142
47 沈起元
9
52 沈 揆
215
60 沈畏堂
110
79 沈骈士
12,57

3412_7 满

40 满东明
137

3413_2 法

25 法伟堂
195,201,409
44 法若真
127,132,250,322
45 法坤宏
46,347
60 法 显
109,173,280,280,280

3414_0 凌

00 凌 堃
224,227
10 凌 云
252
12 凌登嘉
231

3418_1 洪

00 洪亮吉
233
17 洪承畴
229,229
71 洪颐煊
63,122,209,209,223,232

3419_9 漆

70 漆雕氏
206

3426_0 褚

23 褚 峻
180
25 褚仲都
13,57

3430_2 边

10 边 贡
308,308,308,308,308,308
17 边 习
309

3470_0 谢

10 谢 万
51
17 谢乃实
338,413
谢子超
348

20 谢重辉
333
谢香开
200,273
22 谢　峤
80
28 谢　徽
32
30 谢宾王
322
34 谢汝韶
220
37 谢鸿涛
382
谢　冠
198
38 谢道韫
290
40 谢九锡
363
45 谢　榛
311,311,311,311,311,311,311,
404,405
85 谢钟英
77
96 谢　焜
363,390
谢　□
35

3476_0　诸

44 诸葛亮
227,228(6),287(5),288(8)
诸葛倬
122
诸葛颖
81
诸葛清
287
诸葛羲
122,287,288
诸葛恢
289
诸葛恪
268
48 诸乾一
165

3520_6　神

14 神　珙(唐释)
81

3610_0　泗

12 泗水潜夫
162

3611_2　温

17 温子昇
296

3621_2　祝

00 祝　赓
282
47 祝　鋆
95

3711_2 氾

75 氾胜之
239

3712_7 冯

10 冯元兴
295
冯云鹓
117,118,118,119,119,119,121,133,196
12 冯 瑗
93
冯廷櫆
251,333,333
14 冯 琦
90,154,267,315,315,315,315,382,397
24 冯德馨
131
29 冯继聪
9,363,401
冯继照
75,392
31 冯沅君
125
33 冯 溥
87,175,323
38 冯 裕
308
42 冯斯达
131
44 冯协一
336
60 冯昆銕
393
87 冯 舒
385
90 冯惟重
311
冯惟健
309
冯惟讷
311,311,384,385,385
冯惟敏
310,310,310,420,421,424,424
冯誉骥
142
92 冯 綎
110

(3712_7) 汤

13 汤 球
88,89,99,99
15 汤 璹
228
30 汤宾尹
312

3721_2 祖

17 祖承业
244
26 祖保泉
404

3721_4 冠

30 冠 宗

117

3722_0 初

42 初彭龄
352
90 初尚龄
187

3722_7 祁

86 祁锡堉
159

3729_2 祢

21 祢　衡
287

3730_8 迟

24 迟德成
78
77 迟凤翔
307

3730_9 逯

24 逯　选
339
40 逯希韩
310
50 逯中立
7,153

3740_0 闵

00 闵奕仕
332
10 闵于忱
225
56 闵　损
206

3740_1 闻

80 闻人倓
386

3748_2 阙

60 阙　□
268
90 阙党赘翁
130

3760_6 闾

Z7 闾邱冲
289

3772_7 郎

12 郎廷槐
405
32 郎兆玉
235

3777_7 阎

12 阎廷倬
343
20 阎禹锡
227
22 阎循厚
346
阎循观
16,22,46,214,350,350
阎长言
305
27 阎佩瑜

358
35 阎清澜
360
36 阎湘蕙
139,139,265,366
44 阎若璩
111
80 阎　复
306
90 阎学淳
355

3811_2 沧

77 沧　桑
157

3813_2 冷

10 冷玉娟
342

3814_7 游

14 游　琏
167

3815_7 海

10 海　霆
167

3874_0 许

18 许　玠
311
许致和
23,53
20 许维通
130
37 许鸿磐
16,94,146,157,157,160,168,355,355,355,355,355,417,422,434
许　淑
48
38 许　瀚
23,24,25,56,66,70,71(2),72(2),77,142,143,177,178,179,181,183,185,186(6),194,197,233(2),264,286,396(7),401
48 许敬宗
386
57 许邦才
389
80 许夔臣
390,390,390
许毓峰
124
82 许剑道人
219
85 许钟璐
101,380,409,415
90 许光瑑
232
许光清
232
94 许　慎
62

4

4003_0　太

50　太史叔明

57

太史籀

80

4010_2　左

00　左赓澄

372

24　左升远

381

44　左　芬

289,289

左懋第

320,320,320,320,320,320

50　左中行

113

60　左　思

289,289,289

97　左辉春

126

(4010_2)　查

00　查应光

265

34　查为仁

415,416

40　查志隆

150,166,166

44　查葆琛

262

4022_7　内

44　内藤虎次郎(日本)

123

(4022_7)　有

10　有正书局

197

44　有　若

206

4024_7　皮

86　皮锡瑞

18,28,63,64,64,65

(4024_7)　存

32　存　业(清释)

136

4040_7　支

25　支伟成

232,236

(4040_7)　李

00　李广文

137

李　充

57

李应鹰

338

李方膺

168

李方保

95,95

李　高

137
李　鹰
251,259,301,302,302
李　庚
162
李文驹
343
李文渊
42,244,350
李文沐
254
李文椅
124
李文藻
114(2),172(2),173,175,196,199,201,349(6),350(3),389
李文桂
364,435
李文辉
246
李文焕
134
10 李璋煜
181,183,186,361
李元正
137
李元绅
214
李万青
350
李百川
279
李万鹏
277
李　霨
323
李　耳
219,219,219,219,219
李开先
251,255,310,310,310,417,417,420,420,422,422,424,424,424
李西堂
374
李醉琴
372
李云恬
263,263
李震甲
244
李天麟
148
李天植
111
11 李　珏
106
12 李　登
80
李登明
198
李廷棨
163,367,367,367,367,389,398,415
李廷芳
357,357,357,357,357,357

李廷相
174
李廷槐
95,214
14 李　瑛
397
李　玥
75
17 李　翮
414
李灵长
134
18 李　珍
332
20 李维嶟
101
李舜臣
309
李秉礼
353
21 李师中
301
李师敏
398
李衍孙
394,394,397
22 李　岩
354
李长霞
374
23 李　垒
201
李允升
23,61
23 李发林
194
24 李先芳
22,313,313,313,313,313,313
李佐贤
181,182,183,187,187,187,188,188,189,249,264,369,394,435
李德林
144
李赞元
331
25 李生麟
172
李纯仁
206
26 李白凤
159
27 李经野
66,398
李修行
279
李　邺
368
28 李复泰
321
29 李继璋
369,377
李　嶙
142
30 李宜芳

345
李淳风
13
李宪乔
143,143,143,353,353,353,353,383,389,390,396,400,401,408,408,408
李宪暠
353,353,383,408
李之雍
368
李之仪
303,410
李之芳
93,94,154,323,323,323
李之翰
305
李宗延
207
31 李　源
9,61,75,146,351
李福泰
355
李　远
345
32 李兆元
9,52,53,262,393,400,408
李兆勖
23
李澄中
104,171,260,341(7),385,433
李　巡
79
33 李浚之
251
李述宽
134
李　谧
36
李诒经
23,61,358,390
34 李汝峤
143,144
李汝谦
380
李凌卓
134
35 李　清
87
李清濂
366
李清照
180,254,410
36 李温皋
198
李　湘
356
李湘茝
360
李湘棻
360
37 李　滏
346
李鸿章

169
李鸿畴
381
李 阔
363
李焕然
369
李 邺
368
38 李遵义
110
李道谦
125
李肇庆
399
李肇禔
382
李 详
403
40 李 培
370
李 克
217
李志常
169
李森文
127
41 李 垣
361
42 李长瞵
344
李长霞
374
43 李 龏
305,387
44 李 莹
362
李葆恂
398
李 轨
12,29
李若讷
317,317
李攀龙
266(4),311(2),312(11),385(2),387,388(2),389
李 蕃
93
李世治
354
李世昌
169
李其彭
408
李楚航
380
李英杰
134
李 林
349
李树春
399
46 李如枚

150
李　相
396
47 李好文
102
李好古
419
李　桐
167
李格非
164
48 李　敬
201
50 李丰纶
391
李本固
7
李尧民
315
55 李　贽
225
60 李呈祥
327
李　昉
266,271
李日景
213
李　里
172,172
李　晃
8
李　图
199,201,201,363,363
李国柱
264
李恩黻
371
李　昆
307
李因培
405
李景星
3,10,16,23,101,155
64 李时渐
391
李时中
417
67 李鸣谦
364
李昭玘
302
71 李既陶
129,129
72 李　彤
81
73 李贻隽
381
77 李鹏林
276
80 李毓庚
134
李毓秀
216,216
李毓恒

377,432
李复泰
321
84 李　镤
348,407
86 李锡彤
77
87 李　钧
397
88 李笃培
244
李　簣
352
90 李光廷
24
李光地
166,223,223
李学瑢
254
李兴祖
166,386
91 李怀民
172,353,383,396,400,400,408,408
97 李　灼
116
李焕然
369
李焕章
164,322,322
李□□
127

4050_0 车

86 车锡伦
277

4060_0 古

40 古　直
123

4060_1 吉

10 吉天保
224,224,224,225,225
18 吉联抗
237
28 吉　纶
150

4073_2 袁

00 袁章华
198
11 袁　珂
274
20 袁　乔
57
21 袁行云
130
27 袁绍昂
201
28 袁　稽
166
29 袁继勤
130
30 袁　准
32,218,269

袁之升
61
袁宏道
388
34 袁　潢
345
44 袁　藩
332
袁世硕
128
50 袁尧年
15,18,20,63
53 袁书鼎
159
80 袁金铠
275
袁　镐
130
87 袁　钧
4,15,15,18,20,20,20,24,28,37,38,41,45,45,50,54,63,63,64,64,106,121,122
97 袁惆得
136

4090_3　索

05 索　靖
255

4090_4　东

00 东方朔
238,246,246,274,274,274,274,281,285,286,286
27 东鲁古狂生
278
76 东阳无疑
278

4091_6　檀

38 檀道鸾
89,89,89

4091_7　杭

44 杭楚沅
415

4141_2　姬

77 姬凤举
370,370

4191_6　桓

00 桓　玄
12
88 桓　范
268

4192_0　柯

14 柯劭忞
46,87,87,88,113,381,435
柯劭憼
381,381
25 柯纯清
193
44 柯　蘅
373,401
60 柯昌济
179,186,186,187,193

4212_2 彭

10 彭云鹤
355
19 彭孙遹
398
28 彭以竺
143
31 彭 沅
60
彭 汪
48

4220_0 蒯

37 蒯 通
268

4241_3 姚

00 姚应绩
174
20 姚 信
12,245,268
28 姚 佺
312
40 姚士粦
4
89 姚从吾
125

4252_1 靳

10 靳云鹏
381
20 靳维熙
392
90 靳学颜
310,310

4273_0 长

19 长孙□
51
26 长白荣誉
276

4301_4 龙

10 龙 璋
45,54,55,55,70,74,74,75,76,76
28 龙 岭
354

4380_1 龚

22 龚 柴
158
23 龚鼎臣
259
龚 柴
158
38 龚道耕
122
60 龚易图
151
龚景瀚
110

4385_0 戴

00 戴庭槐
106
07 戴 望
231,232

10 戴正诚
131
24 戴　德
32
25 戴穗孙
122
28 戴　鉴
361
30 戴　流
258
戴　宏
43
34 戴　逵
67
46 戴如煌
349
75 戴胜兰
423
77 戴　圣
39
戴　熙
188
99 戴燮元
96

4410_0 封

40 封大受
254

4410_2 蓝

20 蓝重祜
114
37 蓝　润
137,322,322
50 蓝中珪
352
60 蓝　田
309,309,309,309

4410_5 董

00 董应雷
320,395
10 董元度
348,414
董无心
217
17 董承诏
229,229
25 董仲舒
48
30 董　访
334
31 董　逌
188,249,249,251
34 董　讷
154,334
36 董　遇
12,48
37 董淑昌
285
董　汲
241,241,243
38 董道东
395
40 董　樵

322,395
44 董　芸
358,359,359
董桂新
111
55 董　井
192
64 董　勋
146
80 董　弁
98,391
董养河
398
董养性
7,60,321
86 董锡典
381
董锦章
379

4411_2 范

00 范文澜
403
12 范弘嗣
110
27 范　鑫
239
30 范　宣
35
范　宁
20,39,48,57
范家相
205
31 范　汪
147
42 范长生
12
44 范村农
238
47 范　坰
161,363
50 范　泰
269
55 范耕研
236
64 范　晔
112

4412_7 蒲

00 蒲立德
346
48 蒲松龄
75,238(2),261,275(2),276(12),277,278,340(13),386,413(2),421(3),425(7),426
蒲松龄纪念馆
340
50 蒲申锡
117
60 蒲日楷
161

4414_2 蒋

10 蒋一鉴
121

蒋平阶
113
18 蒋致中
129
21 蒋仁荣
59
26 蒋　和
73
28 蒋作锦
160
30 蒋　济
268
40 蒋大庆
200,368
43 蒋式瑆
176,432
46 蒋如莘
391
66 蒋　器
114
80 蒋　斧
14
90 蒋光煦
271,271

4420_7 梦

47 梦鹤居士
423

4421_4 花

40 花李郎
417

4422_7 萧

07 萧望之
286
17 萧子显
86
21 萧与澄
365
萧儒林
200,425
30 萧　该
85,85
37 萧诵芬
230
38 萧　洽
294
40 萧　吉
39,247
萧培畹
267
萧　悫
296
萧大亨
157
萧大圜
296
43 萧榕年
60
44 萧协中
165
44 萧　剸
306

54 萧 玓
296
91 萧 燂
267
94 萧 熿
267

4424_0 苻

37 苻 朗
269

4433_0 苏

00 苏 彦
269
14 苏 璜
339
24 苏 祐
93,260,309,309,309,309
30 苏 宽
49
40 苏大年
250
50 苏 秦
268
64 苏时学
235
72 苏质民
221

4433_1 燕

80 燕公楠
306

4433_8 慕

20 慕维德
364
44 慕荣榦
201
60 慕昌濂
53
慕昌溎
377

4440_0 艾

10 艾元征
323
艾元英
243
22 艾紫东
16,23,53,56,62
27 艾绍荃
78,156,381,381,432

4442_7 劳

21 劳 巘
339,394
22 劳山二道士
281
27 劳絅章
245

4444_8 莽

27 莽鹄立
150

4453_2 辕

60 辕 固
25

4460_6 莒

40 莒南县文化馆

196～197

4462_7 荀

10 荀万秋

39

17 荀柔之

12

40 荀　爽

12,35

4471_2 老

44 老莱子

222

4471_7 世

11 世　硕

217

4472_7 茆

39 茆泮林

70,151

(4472_7) 葛

10 葛覃楚

352

12 葛引生

315,433

17 葛习之

358,400

30 葛守礼

215,310

葛宾昶

358

34 葛　洪

33,81

44 葛其仁

70

46 葛如龙

314

50 葛忠弼

172,367,383

62 葛　昕

314

68 葛　曦

315

77 葛周玉

160

80 葛含馨

281

葛镜海

359

4474_1 薛

00 薛应旂

206

12 薛延年

247

21 薛　虞

11

22 薛　岗

424

30 薛　寀

228

37 薛　汉

25
57 薛　据
205
77 薛凤祚
168,244,244,244,247,247

4480_0　赵

00 赵鸾掖
107,396
赵彦复
397
赵应泰
379
赵　庭
225
赵庆恬
373
赵文龙
96
赵文翰
142
02 赵新儒
382
10 赵玉珂
381
赵玉藻
135
赵天麟
306
12 赵瑞泉
138,138
赵廷式
135
赵延绶
135
赵磻老
410
14 赵　琪
135,396,398,432,432
17 赵　弼
100,275
赵承恩
123
赵子蕃
135
赵录绰
176,178
20 赵维新
212
赵爱丁
161
赵秉忠
317
21 赵俪生
126,126
22 赵长龄
94
23 赵允中
190
24 赵德三
150
赵德懋
372
赵　佑

167
赵　岐
58,58,59
25　赵仲邑
403
27　赵　僎
34
赵尔巽
96
28　赵似祖
78,368
赵作舟
336
赵作肃
335
29　赵继范
102
30　赵　滂
105
赵完璧
308
赵宿膺
93
赵守正
232
赵宏文
325
赵永阓
246
33　赵浚初
107
赵治策
135
34　赵汝腾
207
35　赵　涛
86,135
赵进美
154,325,325,422,425
37　赵洛衍
367
赵闻礼
412,416
38　赵　瀚
24,78
40　赵士喆
90,92,102,108,113,113,159,405
赵培基
351
赵希弁
174
赵去疾
110
赵大浣
121
赵大纲
311
赵东甫
386,393
44　赵　节
17
赵蔚坊
160,409
赵蔚芝

335
赵廒场
135
赵世卿
153
赵 菜
372
47 赵朝典
393
50 赵青坛
395
赵本学
225
53 赵书奎
363
55 赵执端
335
赵执琯
338,338,413
赵执信
24,37,273,326,335(6),406,407(2),410,413(2),434
57 赵邦彦
311
60 赵国麟
52,52,171,267,339,339,339,339,339,407
赵田在
135
64 赵时雍
111,118
67 赵明诚
180
68 赵曦明
215
72 赵后素
365
赵 匡
49
77 赵 鄗
372
80 赵善庆
334
81 赵钜弼
376
86 赵锡琨
135
赵 锦
135
87 赵钧彤
352,426
88 赵 铨
9
赵敏功
199
90 赵惟暕
255
赵常龄
135
99 赵 夒
214

4480_4 樊

37 樊 深

67
44 樊 恭
80
90 樊 光
79

4480_6 黄

00 黄立世
348
黄文正
136
黄文渊
343
10 黄玉瑚
352
黄玉蟾
120
黄元御
220,240(6),241(4),243,244
17 黄 玑
151
黄承艧
188
20 黄维翰
201
黄位清
117
21 黄贞观
335
黄贞麟
335
黄 颖
12
25 黄体芳
142
黄体中
341
26 黄 侃
403
27 黄经藻
339
黄叔琳
402,403
28 黄作孚
313
黄以周
208
30 黄宝书
372
黄淳耀
158
黄守平
9,101,136,136
黄守和
365
黄守宽
365
黄定宜
116
黄宗庠
320
黄宗崇
335
黄宗扬

318
黄宗昌
154,166,166,319,319
黄宗臣
320
黄永宁
398
31 黄　福
307
黄　祯
309,309,309
33 黄　溶
346
37 黄鸿中
341
38 黄道周
398
黄肇颚
167,395
40 黄士埙
262
黄　培
320
黄克中
343
黄嘉善
315
黄志澄
373
黄　爽
3,4,5,6(2),15,18(2),19(4),21,22(2),24,25(2),28,31(3),36,37,38,41,45,46,54,58,63(2),64,65,68,70,76,88(2),89(2),91(3),103,106,147,151,223
42 黄　埙
334
44 黄　塽
334
46 黄　垍
332
黄　坦
166,334
黄　堣
334
黄如瑀
359
50 黄本骥
121,124,297
黄来麟
368
黄来晨
372
53 黄盛璋
124
60 黄墨谷
304
黄　易
197
黄　晟
116
黄恩澍
371,371

黄恩彤
94,100,101,101,101,107,130,238,238,239,285,367,367,367
67 黄嗣东
117
86 黄锡蕃
192
88 黄簪世
383

4490_1 蔡

12 蔡　癸
239
22 蔡　邕
35,35,80
34 蔡　洪
269
蔡　谟
32,57
40 蔡义江
125
44 蔡　节
136
60 蔡国黄
125
蔡景君
11
80 蔡复赏
111
蔡曾源
142

4490_3 綦

22 綦崇礼
228,304
24 綦德华
136
27 綦久安
136
34 綦汝楫
331
35 綦　沣
28,61
50 綦寿山
136
77 綦毋邃
59

4490_4 荣

53 荣成县署
160

4491_0 杜

11 杜　班
374
杜　预
41
17 杜子春
29
27 杜　翻
130,131
28 杜　牧
224
30 杜　宝
255
34 杜　澳
141,324,412

38 杜道坚
220,221,221
40 杜义荣
372
44 杜荫灏
373
杜 桂
8
杜 林
80
46 杜 塄
131,360
杜 恕
268,268
48 杜 翰
130
50 杜 夷
269
66 杜 曮
108

4491_4 桂

00 桂文灿
233
28 桂 馥
66,67,68,71,71,71,71,72,73,73,75,75,181,192,192,250,252,252,264,356,356,356,390,408,417,421

4499_0 林

17 林 亿
242,243
21 林师蔵
162
24 林 佶
329
25 林仲懿
221,285
27 林修竹
159,168
30 林 宝
138,138
林 瀛
117
林之蒨
345
40 林培玠
273
林杭学
165
44 林树寅
185
林树梅
373
50 林春溥
110,117(2),118(8),119(5),122
林表民
162,391
60 林 昌
390
90 林光甲
247

4542_7 韩

00 韩康伯

5,5,5
10 韩晋昌
66
韩天骥
138
21 韩步鳌
361,361
25 韩仲荆
376,376
35 韩 冲
136
38 韩滋源
176
44 韩梦周
137,214,332,349,349,349
57 韩邦治
394
60 韩景城
366
77 韩凤举
373
韩又黎
378
韩 婴
12,25,25,25
86 韩 锷
178
93 韩 懧
62

4680_2 贺

17 贺 玚
35
22 贺绥世
403
贺 循
32,32,32
33 贺 述
39

4690_0 相

30 相永清
10

4722_7 郝

23 郝允贤
172,263,379,398
郝允秀
353,392
30 郝宁愚
61
郝定业
410
40 郝培元
216
郝大通
305
47 郝懿行
9,16,23,23,34,47,47,69,70,72,86,86,88,89,101,209,215,216,238,239,239,239,262,274,359,359,359,398,414,434
48 郝敬亭
396
88 郝 簹

365,365

(4722_7) 郗

28 郗 鉴
290
47 郗 超
290
90 郗 愔
290

4752_0 鞠

15 鞠建章
200
30 鞠 濂
343
92 鞠 恺
389

4762_0 胡

10 胡元仪
24,112
胡震亨
4
11 胡非子
237
12 胡廷干
148
16 胡 琨
183
胡聘之
195
17 胡承珙
69
24 胡德琳
158
27 胡 仔
115,116
40 胡培翚
116
46 胡柏年
190
47 胡 桐
9
51 胡振奇
137
67 胡嗣廉
243
71 胡匡衷
38
72 胡 氏
378
80 胡毓寰
121
胡公桓
161
87 胡翔瀛
344
91 胡怀琛
222

4771_2 也

60 也是园叟
423

4772_7 邯

87 邯郸淳
255,279

4792_0 柳

10 柳 开

299

柳 晋

375

90 柳 堂

96,151

92 柳 灿

248

4792_7 杨

00 杨应奎

134,308,425

杨方冕

116

10 杨玉堂

364

杨云泉

379

杨天禄

47

12 杨廷芝

56,61,404

杨弘道

306

17 杨承庆

81

18 杨 玠

154

杨致祺

390

22 杨 巍

312,313,389

24 杨德昭

398

杨佑廷

161

25 杨传书

142

杨 伟

268

26 杨伯晋

222

杨保彝

176,176,376

杨和庵

265

杨 泉

247

27 杨绍和

154,176,176,374

杨 亿

266

杨 峒

30,78,352,352

28 杨以增

154,217,217,250,374,374,400,431

33 杨 浚

198

37 杨泽民

411

杨通佺

412

38 杨裕藻
77
杨 谦
127
39 杨 潾
360,362
40 杨 乂
12
杨九经
312
杨士聪
93,93,93
杨希闵
123
杨大受
61
41 杨 桓
73,74,76
杨 樌
170
44 杨梦衮
316,316
杨芝田
134
47 杨朝英
426,426
50 杨青藜
324
杨贵堡
134
53 杨成爻
374
60 杨昌浚
152
杨恩祺
371
64 杨时伟
122
67 杨明照
403
72 杨岳春
365
77 杨观光
246
85 杨钟山
134
杨钟泰
16
杨钟羲
233
91 杨 炳
372
杨炳安
226
94 杨 慎
208,270,402,402,402

4895_7 梅

00 梅庆生
402,402
50 梅尧臣
224
60 梅 □
218

80 梅益盛(英)

115,115

4928_0 狄

17 狄子奇

117,120

44 狄考文(美)

245

5

5000_6 中

22 中山大学中文系《聊斋志异》选评小组

277

44 中麓放客

422

60 中国科学院考古研究所

194

中国社会科学院近代史研究所

97

中国社会科学院历史研究所

156

中国人民解放军 52928 部队

226

中国人民解放军军事科学院

226

(5000_6) 申

10 申不害

234

40 申 培

24,24,25,25,25

(5000_6) 史

00 史襄龄

363

25 史 佚

237

36 史 温

99

67 史 鹗

105

5002_7 韦

00 韦玄成

286

12 韦瑞三

361

67 韦 昭

26,51,80

5022_7 青

27 青岛礼贤书院

146

青岛海滨诗社

391

5033_3 惠

08 惠 施

268

44 惠 栋

4,4,17,257,329

5040_7 麦

24 麦华三

123

5560_0 曲

27 曲　冬

252

曲阜师范学院

156

39 曲滢生

387

71 曲际清

134

5560_6 曹

08 曹施周

241

10 曹一鸣

60

曹一风

410

曹一兰

166

曹元询

360

曹元忠

227

曹　霂

171,341

14 曹　瑛

52

曹　璜

316

19 曹　珖

65

21 曹师彬

171

曹贞吉

171,333,333,333,333,396,396,413

26 曹伯恩

10

27 曹尔堪

416

28 曹作霖

376

30 曹　濂

113

曹　宪

81

曹之升

120

32 曹兆遴

60

37 曹鸿勋

142

曹　淑

396

曹汉阁

105

曹　涵

396

44 曹懋坚

199

曹英瑾

131

50 曹申吉

152,171,330,331,383,396

56 曹 操
224
80 曹益厚
383
90 曹学佺
402,402

5580_2 费

12 费廷璜
74
22 费崇朱
117
40 费 直
4,246,246
费有容
215

5702_7 扬

40 扬 雄
40,80

5725_7 静

41 静轩主人
216

6

6010_4 墨

12 墨水聋聩道人
166
17 墨 翟
234,235(6)

6011_3 晁

10 晁元礼
410
33 晁补之
162,249,285,302,302,302,302,
410
35 晁冲之
302,303,303,303,410
37 晁 迥
258,280,280
38 晁说之
53,211,258,302
43 晁载之
265,265
77 晁贯之
255
80 晁公武
174,174
晁公溯
304
晁公迈
89
84 晁 错
268

6020_7 罗

15 罗 聘
73
20 罗香林
124
27 罗象临
161
30 罗宗瀛
199

40 罗大经
258
罗有高
113,350
47 罗根泽
232
51 罗振玉
6,14,20,75,138,191,192,195,321
87 罗钦顺
212

6021_2 四

42 四桥居士
279

6022_7 易

21 易顺豫
121

6033_0 恩

86 恩 锡
150

6040_0 田

10 田 需
261,336
田 霦
337
田 雯
22,127,160,163,163,163,168,261,333,333,432
18 田 骈
218
23 田 俅
237
38 田 滋
348
田肇丽
127,337
40 田士懿
108,178,182,195
47 田九德
215
60 田 昂
214
77 田同之
261,263,341,341,342,342,342,394,397,407,407,413,414,416
83 田镕叡
190
86 田智枚
174

6040_4 晏

11 晏蜚声
161
44 晏 模
158
77 晏 婴
207,208(8),209(2)

6060_0 吕

07 吕 望
223(7)
10 吕一奏
75

吕玉璜
372
吕元善
104,105
吕元亭
128
20 吕维祺
103,318
24 吕化舜
160
30 吕　安
289
吕宗杰
15
32 吕兆祥
105,105,120,137,160
33 吕　浚
160
34 吕湛恩
238,276,276,276
37 吕逢时
105,120,160
40 吕　才
248
44 吕黄钟
152
45 吕　坤
212
吕　枏
212
57 吕　静
76,76,76,76,76
60 吕思问
214
71 吕颐浩
157,304
91 吕　烜
172
94 吕　忱
74

(6060_0)　昌

21 昌　仁(清释)
378

6080_2　员

90 员半千
296

(6080_2)　圆

10 圆　至(元释)
387,387,387

6080_4　吴

00 吴　商
39
吴康本
130
12 吴廷栋
213
20 吴重熹
114,138,142,176,176,179,184,306,369,376,397,397,398,410,415
吴重周
409

21 吴步韩
114,369
24 吴侍曾
273
27 吴绍诗
129,152
吴佩孚
10,42
吴象默
343
30 吴 骞
64,68
吴之振
323,328,330
33 吴心远
76
34 吴汝纶
232,235,290,291,291,292,293,
293,294,295,295,295,295,296
吴连周
362,362,392
37 吴浔源
123
40 吴大澂
189,194
吴有性
241
41 吴 垣
152
吴 坛
152
43 吴式芬
181,181,181,183,183,183,187,
189,191,191,191,192,198,254
44 吴桂华
188
吴树棻
142
吴树梅
172
46 吴如嵩
226
72 吴 质
288
吴则虞
209
73 吴脉鬯
7,7,7,322,322,433
80 吴人骥
225,225
吴企宽
198
吴 普
239
88 吴 筠
297

6090_6 景

60 景 □
217

6400_0 叶

00 叶方垣
168
叶奕苞

180
12 叶廷秀
50,148,153,170,211,212(8),216,258,281,318(3),398,405(2)
17 叶承宗
273,323,421,421,421,421
叶承祧
323
24 叶德辉
58,270
38 叶 瀚
110,236,236,236,403
40 叶圭绶
158,159
叶志诜
197
44 叶 葆
130,408,408
叶 苇
265
60 叶昌炽
158
86 叶锡麟
130~131
87 叶 铭
73

(6400_0) 时

00 时庸劢
68,79,186,192
24 时德亭
164
43 时式敷
364

6621_5 瞿

40 瞿九思
145
50 瞿中溶
197

6702_0 明

02 明 新
148
28 明僧绍
6,280

6712_2 野

20 野航居士
422
47 野鹤老人
246

6716_4 路

40 路大荒
128,340
43 路术淳
423

6802_1 喻

02 喻端士
406,406
30 喻宗府
167
43 喻 龙
318

73 喻成龙
386
91 喻怀信
96

6832_7 黔

90 黔 娄
222

6908_9 啖

74 啖 助
49,49

7

7121_2 阮

10 阮 元
121,195,207,262,400
13 阮 武
268
34 阮 谌
38
44 阮孝绪
81

7122_7 厉

67 厉 鹗
415,416

7128_2 顾

00 顾文彬
125
10 顾震福
70,74,76
22 顾 彪
20
顾 彩
423
27 顾 修
178
30 顾宗伊
207,209
31 顾 沅
109
顾 谭
218
34 顾洪龄
399
40 顾有孝
328
44 顾蔼吉
75
50 顾 夷
218
67 顾野王
80
顾嗣立
175
77 顾 欢
57
88 顾从义
250
90 顾炎武
158
92 顾恺之
80
97 顾惕生

236

7171_1 匡

00 匡文昱
8,8
10 匡亚明
110
47 匡　超
381

7210_2 丘

12 丘瑞玉
394
22 丘处机
242,281,281,281,306,412
30 丘宗圣
339
31 丘　濬
211
42 丘　橓
59
52 丘拙叟
60

7226_1 后

44 后　苍
25,49

7277_2 岳

00 岳赓廷
364
26 岳伯川
419,419
31 岳　濬

194

7290_4 乐

37 乐　资
157

7422_7 隋

10 隋　平
393
22 隋巢子
237

7429_4 陈

00 陈　立
43
10 陈万鼎
128
陈天策
225
11 陈蜚声
85,121,134,138,158,431
陈珂断
225
14 陈　琪
391
陈　劭
28
15 陈　融
268
16 陈驷门
135
17 陈　瑚
143
陈　玖

▲著者索引

227
陈乃乾
175
陈子龙
389
陈　邵
29
18 陈　群
57
20 陈　鳣
50,63,121,210
陈维崧
135
陈　统
26
陈乔枞
18,25
21 陈　衍
108,108
陈　岠
348
23 陈允衡
311
24 陈　升
161
25 陈仲子
256
30 陈宝德
115
陈宝泉
111
陈　永
234
陈官俊
144
31 陈运溶
167
32 陈礼门
165
33 陈述经
362
34 陈汝庚
359
35 陈　迪
164
37 陈　汤
286
陈鸿翙
199
陈逢衡
88
陈祖墡
155,379
38 陈　肇
131
40 陈士珂
205
陈士缜
229
陈森年
253
47 陈郁文
124
陈朝爵

120
陈　超
368
48 陈　枚
371,371
50 陈寿祺
18,25
陈　春
266
57 陈　规
228,228
陈邦瞻
90
陈邦福
185
60 陈□□(凝斋)
365
陈　思
125
72 陈　岳
49
77 陈用光
365
80 陈人杰
412
陈兰芝
391
陈介祺
76,86,181(3),182(3),183,184(9),185(3),186(7),187(4),189(9),191(3),192,193(5),194(5),196,250,400
陈介锡
108,392
陈　镐
104,104,104,105,116
86 陈锦堂
86,101
88 陈　铨
32
90 陈学夔
198

7527_2　陆

24 陆德明
5(2),14(3),21(4),27(3),29,33(2),34(2),41,43(3),219
25 陆　绩
12
26 陆侃如
122,403
33 陆心源
163,237,300,391,391
40 陆希声
49
47 陆　机
269
60 陆　景
218
80 陆善经
59
97 陆　耀
168,327

7620_0　阳

24 阳休之

81
53 阳成子长
40

7621_3 隗

30 隗宗瀛
366

7712_7 马

02 马新祐
130
马新贻
152,155
马新铭
130
11 马非百
234
15 马　骕
42,90,115
马　融
12,20,26,29,31,32,35,48,57,210
18 马致远
417
20 马维骧
432
马秀儒
172
21 马征麟
121
25 马　纯
272
26 马伯良
258
30 马宗霍
236
32 马兆森
142
34 马汝舟
368
马洪庆
214
37 马冠群
158
38 马桀臣
380
40 马大相
166
42 马长淑
393
44 马攀龙
313
马　其
380,380
47 马桐芳
367,367,367,367,390,409
马权奇
209
51 马振文
96
53 马咸羽
142
57 马邦玉
191,191,360
马邦举

16,16,16,42,46,78,78,89,89,361

60 马星翼
56,263,408

马国翰
3,4(2),5,6(7),15(2),17(3),18(3),19(5),21(3),22(5),24(2),25(2),28(3),31(6),32(5),34(2),35,36(5),37,38,39,41(2),42(3),43(2),44,46(4),49,50,53,54(2),55(6),58,59,61,63,56(2),67(7),68(2),70,74,75,76(2),89(2),91(2),102,106,151,156,174,176(2),188,206,207,209(2),210(3),211(4),216,217,218,222,231,238,246(2),247,257(3),258(2),263,266(2),273,368(5),384,398,409,432(2),434

67 马 昭
65,65

马 周
296

马 隆
222

80 马 益
426

81 马 钰
281

98 马 愉
307,307

(7712_7) 邱

00 邱庆善
106

10 邱元武
331

邱元复
34

邱石常
413

13 邱琮玉
101,263

27 邱仰文
8,8,285,345

40 邱志广
213,322,433

71 邱巨源
293

86 邱锡珧
360

邱性善
322

7720_7 尸

20 尸 佼
257(6)

7721_2 兒

30 兒 宽
210,286

7722_0 冈

60 冈田挺之(日本)
50

(7722_0) 阴

12 阴弘道
13

(7722_0) 周

00 周亮工
93,263
周文璞
304
周文漪
319
周奕簧
362
周玄贞
281
10 周　正
338
周幹庭
24,71
周云路
115,115
周天爵
362
12 周弘正
13
14 周　驰
306
17 周　弼
305,305,387,387,387,387
周子义
208
20 周　孚
304
22 周　鼎
111
24 周续之
26,33
25 周生烈
57,218
29 周　继
246
30 周永春
152,230
30 周永年
173,196,200,216,351,351,431
周　密
89(2),92(2),145(4),156,162(7),164(2),169,193,248,252,254(2),259(4),272(2),404,411(4),415(2),416
34 周汝登
103
35 周清源
127
37 周淑履
342
40 周　南
265,395
周东晓
265
43 周式度
110
44 周若水
324

周世敬
289
46 周如砥
316,316,316
50 周聿修
173
51 周振甫
403,403
53 周　成
80
58 周抡文
375,392
周　捨
39
60 周显宗
310
67 周明泰
191
周　昭
218
72 周　乐
102,366,366,366,366,399
80 周金然
391
周翕璜
392
87 周铭旂
375,375
90 周学渊
398
91 周怀绶
262,374
97 周辉远
156
98 周悦让
66,101,175,201,232,264,393
周　□
57

(7722_0)　陶

07 陶望龄
386
37 陶汉章
226
44 陶　栋
89

7724_7　服

07 服部千春
226
21 服　虔
48,48,48,80

(7724_7)　殷

10 殷云霄
308
25 殷仲文
51
殷仲堪
57
40 殷士儋
76,212,313
44 殷　基
218
48 殷敬顺
222

71 殷际光
112

7726_4 屠

24 屠德修
324,330

7727_2 屈

10 屈万里
67,67,178,366
40 屈大均
165

7742_7 邓

00 邓广铭
125
10 邓元鏸
251
12 邓廷法
359
邓廷罗
224
34 邓汝功
311,352
37 邓汉仪
406
40 邓嘉辑
201
50 邓忠世
397
82 邓锺岳
213,342

7744_7 段

00 段文昌
298
30 段安节
252
33 段 黼
315
48 段松苓
195,196,394
53 段成式
145,146,164,239,252,270,270,275,275,275,277,277,277,298
80 段公路
163,163

7760_2 留

10 留元刚
124

7778_2 欧

76 欧阳生
20

7790_4 桑

27 桑绍良
421
30 桑之维
305
37 桑调元
382
90 桑学夔
164

7821_2 脱

78 脱 脱
87

8

8000_0 人

77 人民文学出版社编辑部
277

8010_1 兰

44 兰 芳
76
74 兰陵笑笑生
278,278

8010_2 盖

00 盖方泌
355

8010_9 金

00 金文明
180
22 金兆燕
424
30 金宝符
126
38 金 棨
165,197
40 金在恒
342
金 农
265
44 金 荣
127,329
60 金曰追
30
88 金 简
166

8012_7 翁

00 翁方纲
197,235,386,406
10 翁正春
219,221
40 翁大年
191,191

8020_0 今

27 今 释
94

8022_1 俞

10 俞正燮
128
43 俞 樾
208,210,211,221,221,225,232,235
77 俞鹏程
389

8033_6 总

16 总理各国事务衙门
96

8040_4 姜

00 姜亮夫
123
25 姜仲子
251
30 姜安节
126

32 姜兆锡
117
36 姜渭春
142
36 姜遇武
50
40 姜 垓
320,320
姜志邹
123
42 姜 圻
320
姜 埰
126,320
44 姜安节
126
姜其垓
8,42,336
50 姜忠奎
53,209
53 姜书阁
403
60 姜国伊
205
91 姜炳然
138

8050_1 羊

28 羊 徽
291
34 羊 祜
289
40 羊士谔
298
77 羊 欣
291

8050_6 单

00 单襄棨
353
10 单可琪
77
单可琚
135
单可垂
355,355
单可基
265,355
单可惠
357
20 单 维
10
21 单步青
378,396
24 单绮江
379
单华炬
357
28 单作哲
380,380,395
30 单宗元
347,347
34 单为濂
250,415

单为鏓
53,53,56,59,61,62,65,114,250,362,362,362,415,435
44 单荫葛
379
单荫堂
378
单若鲁
323
单莛楼
363
67 单昭虔
135
77 单履谦
79
87 单 铝
280,356,356
单 铎
8
93 单 烺
346
95 单 燸
135
97 单 恂
288

8060_6 曾

07 曾毅公
193,195
17 曾承业
207
21 曾衍东
273,421
23 曾 参
206,206,207,207
27 曾 纾
98
37 曾冠英
200
53 曾 甫
198
60 曾国藩
155
82 曾 剑
163
91 曾恒德
250

8073_2 公

17 公 鼐
91,317
19 公孙弘
210,222
公孙尼
217

8080_4 关

24 关德栋
277,277,426,426
37 关 朗
269

8090_4 余

10 余正西
348,364,366,392,392
12 余 瑗

著者索引

135

16 余　璟

229

20 余　集

416,416

余秉申

196

8375_0 钱

17 钱　乙

241,242,242,242

24 钱侍辰

129

26 钱　穆

110,117,119,121,236

27 钱　绎

64

钱　侗

64

31 钱福润

394

38 钱谦益

388

40 钱大昕

215

钱东垣

64

43 钱　柗

200

77 钱熙祚

208,220,227,257

8570_6 钟

00 钟文烝

55

12 钟廷瑛

351

17 钟羽正

113,315

36 钟　谔

327

38 钟　淦

380,380

44 钟　镶

336

96 钟　惺

221,385,402,402

8660_0 智

71 智　匠(陈释)

255

8762_2 舒

12 舒　瑗

26

8773_2 银

90 银雀山汉墓竹简整理小组

224

8782_7 郑

00 郑方坤

401

郑文焯

74,124,177,193,199,244,265,411,415,415,415,415,415,416,417,435

郑　玄

3(2),4(9),10,15(7),17(4),18(6),19(13),20(6),21(4),24(7),26,27(5),28(5),29(3),31(4),33(4),34(2),37(5),38(6),41(6),44(3),45(8),46,49,50(8),52(2),53,54(10),59(2),62(3),63(11),64,68,106(6),210,286(2)

02 郑 端
225

10 郑 霷
225

郑云龙
368

11 郑 环
117

18 郑 珍
122

21 郑与侨
93,93,108,147,160

30 郑 骞
125

37 郑 鸿
328

郑淑詹
102

40 郑友贤
224,225,225

郑支宗
188

42 郑长者
222

44 郑基太
254

60 郑 杲
47,47,66,66,217,376,376

64 郑 时
130,366

65 郑晓如
10,23,36,51,104,105,110,373

67 郑 嗣
49

80 郑毓本
380

郑 众
29,32,48,98

87 郑 铭
30

90 郑小同
64,64,64,64,64,64,64

郑 兴
29

8800_0 从

38 从 谂(唐释)
280

8877_7 管

17 管 子
231

25 管 仲
230,230,231,231,231,231,232,232,233,233

30 管 宁
288

管启超
378
60 管 晏
96
77 管 同
120
管 鄘
136

9

9000_0 小

88 小竺山人
95

9022_7 尚

40 尚志堂
400

(9022_7) 常

00 常 康
319
20 常秉仁
313,412
40 常 爽
67
60 常 景
269

9109_0 怀

10 怀 晋
7

9680_0 烟

23 烟台地区博物馆
250

汉字笔画字头检字表

说　　明

一、本表收入《山东文献书目索引》全部汉字字头。

二、为便于不熟悉四角号码的读者，将索引中汉字字头注明四角号码。

三、字头按简体字笔画多少排列，同笔画者，按第一笔的笔形一丨丿丶乛的顺序编排。

如“表”，为八画，“一”起笔。其四角号码为：

表　5073_2

四、除个别异体字注明外，一律不收繁体字。

一画

一 1000_0

二画

(一)

二 1010_0
丁 1020_0
十 4000_0
七 4071_0

(丨)

卜 2300_0

(丿)

八 8000_0
人 8000_0
入 8000_0
九 4001_7

(乛)

刁 1712_0

三画

(一)

三 1010_1
干 1040_0
于 1040_0
士 4010_0
土 4010_0
大 4080_0
万 1022_7
与 2112_7
寸 4030_0

(丨)

上 2110_0
山 2277_0

(丿)

千 2040_0
义 4000_3
夕 2720_0
凡 7721_0
勺 2732_0

(丶)

广 0020_0
亡 0071_0
之 3030_2

(乛)

尸 7720_7
己 1771_7
卫 1710_2
女 4040_0
小 9000_0
飞 1201_3
习 1712_0
马 7712_7
子 1740_7
乡 2020_2

四画

(一)

比 2271_0
切 4772_0
支 4040_7
艺 4471_7
云 1073_2
元 1021_2
无 1041_2
天 1080_4
开 1044_0
不 1090_0
木 4090_0
瓦 1071_7
王 1010_4
五 1010_2
车 4050_0
韦 5002_7
友 4040_7
太 4003_0
尤 4301_2
历 7122_7

(丨)

止 2110_0
水 1290_0
少 9020_0
中 5000_6
内 4022_7
见 7721_2
日 6010_0

(丿)

仁 2121_0
什 2420_0
化 2421_0
仍 2722_7
从 8800_0
今 8020_7
仓 8071_2
公 8073_2
分 8022_7
壬 2010_4
毛 2071_4
午 8040_0
牛 2500_0
长 4273_0
片 2202_7
乌 2712_7
勿 2722_7
凶 2277_0
丹 7744_0
月 7722_0
风 7721_0

凤 7721_0

(丶)

卞 0023_0
六 0080_0
文 0040_0
方 0022_7
户 3020_7
火 9080_0
为 3402_7
心 3300_0
订 3172_0

(乛)

邓 7742_7
劝 7442_7
双 7744_0
孔 1241_0
允 2321_2
尺 7780_7
尹 1750_7
水 1290_0
书 5302_7

五画

(一)

刊 1240_0
打 5102_0
札 4291_0
艾 4440_0
节 4422_7
平 1040_9
灭 1080_9
丙 1022_7
正 1010_1
玉 1010_3
古 4060_0
去 4073_2
未 5090_0
本 5023_0
世 4471_7
甘 4477_0
东 4090_4
厉 7122_7
石 1060_2
右 4060_0
左 4010_2
龙 4301_4
戊 5320_0
可 1062_0

(丨)

旧 2600_0
归 2707_0
北 1211_0
叶 6400_0
卢 2120_7
占 2160_0
出 2277_2
目 6010_1
田 6040_0
由 5060_0
申 5000_6
甲 6050_0
四 6021_2
史 5000_6
冉 5044_7

(丿)

仙 2227_0
仪 2420_3
外 2320_0
印 7772_0
尔 2790_2
冬 2730_3
从 8810_0
生 2510_0
丘 7210_2
白 2600_0
瓜 7223_0
包 2771_2
册 7744_0
用 7722_0
乐 7290_4

(丶)

冯 3712_7
训 3270_0
记 3771_7
汇 3111_0
汉 3714_0
氾 3711_7
礼 3221_0
立 0010_8
玄 0073_2
主 0010_4
兰 8010_1
宁 3020_1
写 3712_7
讱 3772_0
永 3090_2
半 9050_0

(乛)

对 7440_0
弘 1223_0
出 2277_2
幼 2472_7
弁 2344_0
圣 7710_4
丝 2210_1
弗 5502_7
皮 4024_7
发 2340_7

尼 7721_2
司 1762_0
辽 3730_2
边 3430_2

六画

(一)

邢 1742_7
式 4310_0
迂 3130_4
地 4411_2
芋 4440_1
芝 4430_2
吉 4060_1
寺 4034_1
老 4471_2
考 4402_7
西 1060_4
再 1044_7
耳 1040_0
列 1220_0
有 4022_7
在 4021_4
存 4024_7
达 3430_8
成 5320_0
百 1060_2
扩 5000_0
扬 5702_7
毕 2240_1
尧 5021_2
过 3430_0
匡 7171_1
至 1010_4
夷 5080_2

(丨)

贞 2180_2
师 2102_7
光 9021_2
屺 2771_7
岁 2220_7
吕 6060_0
同 7722_0
因 6080_4
回 6060_0
曲 5560_0
虫 5013_6
肉 4022_7

(丿)

竹 8822_0
先 2421_2
乔 2022_8
年 8050_0
朱 2590_0
伟 2522_7
传 2523_2
伏 2328_4
优 2321_2
仲 2520_6
任 2221_4
伤 2822_7
仿 2022_7
伊 2720_7
似 2820_0
华 2440_1
延 1240_1
自 2600_0
向 2722_0
行 2122_1
后 7226_1
全 8010_4
会 8073_2
合 8060_1
邬 2712_7
杂 4090_4
名 2760_2
各 2760_4
旭 4601_0

(丶)

刘 0240_0
齐 0022_4
亦 0023_0
交 0040_8
衣 0073_2
庄 0021_4
庆 0028_4
冲 3510_6
问 3760_1
次 3718_2
冰 3219_0
江 3111_2
汲 3714_7
池 3411_2
汤 3712_7
守 3034_2
安 3040_4
字 3040_7
关 8080_4
羊 8050_1
米 9090_4
兴 9080_1
讲 3570_0
许 3874_0
论 3871_2
讼 3873_2
访 3072_7
祁 3722_7
农 4073_2

(乛)
那 1752_7
艮 7773_2
异 7744_1
聿 5000_7
阮 7121_2
阳 7620_0
阴 7722_0
防 7022_7
如 4640_0
好 4744_7
戏 7345_0
观 7741_2
欢 7748_2
牟 2350_0
买 1780_4
孙 1940_0
红 2111_2
约 2712_0
纪 2711_7
纫 2712_0

七画

(一)
形 1242_2
麦 5040_7
寿 5034_0
进 3530_0
远 3130_1
运 3130_3
杜 4491_0
杞 4791_7
杨 4792_7
却 4772_0
邯 4772_7
丽 1022_7
志 4033_1
声 4020_7
芸 4473_2
花 4421_4
芹 4422_1
苍 4471_2
芦 4420_7
苏 4433_0
劳 4442_7
赤 4023_1
孝 4440_7
杏 4060_9
李 4040_7
吾 1060_1
严 1020_1
巫 1010_8
两 1022_7
酉 1060_4
束 5090_6
更 1050_6
邳 1712_7
还 3130_9
来 5090_0
扶 5508_0
抚 5101_2
批 5201_0
抄 5902_0
投 5704_7
把 5701_2
拟 5800_0
连 3430_5
医 7171_8
求 4390_9
(丨)
步 2120_1
听 6202_1
吟 6802_7
时 6400_0
旷 6000_0
助 7412_7
邮 5762_7
别 6240_0
吴 6080_4
员 6080_2
邑 6071_7
岑 2220_7
围 6052_7
园 6021_2
困 6090_4
(丿)
体 2523_0
何 2122_0
佚 2528_0
伯 2620_2
佛 2522_7
邱 7712_7
兵 7280_1
近 3230_2
余 8090_4
含 8060_2
谷 8060_8
孚 2040_7
希 4022_7
坐 8810_4
狄 4928_0
饭 2274_7
饮 2778_2
邹 2712_7
删 7240_0
龟 2771_6
迎 3730_2
(丶)

辛 0040_1
忘 0033_1
应 0021_9
庐 0020_7
序 0022_2
怀 9109_0
快 9508_0
闹 3752_7
闲 3790_4
间 3760_1
闵 3740_0
冷 3813_2
汪 3111_4
沚 3111_0
沙 3912_0
冲 3510_6
沂 3212_1
沧 3811_2
沛 3512_7
汴 3013_0
汶 3014_0
沈 3411_2
弟 8022_7
宋 3090_4
宏 3073_2
灾 3080_9
证 3171_1
诂 3476_0
评 3174_9
词 3772_0
译 3775_4
诒 3376_0
社 3421_0
祀 3721_7
补 3320_0
初 3722_0
启 3026_7

(乛)

张 1223_4
改 1874_0
即 7772_0
灵 1780_9
尾 7721_4
迟 3730_8
陆 7527_2
阿 7122_0
陇 7321_4
陈 7429_4
附 7420_0
陂 7424_7
妙 4942_0
邵 1762_7
鸡 7742_7
驳 7414_0
纯 2511_7
纲 2712_0
纶 2811_2

八画

(一)

环 1119_0
青 5022_7
表 5073_2
奉 5050_8
武 1314_0
坦 4611_0
林 4499_0
枝 4494_7
析 4292_1
松 4893_2
枫 4791_0
杭 4091_7
枕 4491_2
耶 1742_7
取 1744_0
画 1077_2
直 4010_2
若 4460_4
苹 4440_9
苗 4460_0
英 4480_5
茌 4421_4
苻 4424_0
茆 4472_7
范 4411_2
茗 4460_2
昔 4460_1
幸 4040_1
枣 5030_3
其 4480_1
邿 4732_7
述 3330_9
雨 1022_7
丧 4073_2
奈 4090_1
郁 4722_7
奇 4062_1
抽 5506_0
拙 5207_2
抱 5701_2
拗 5402_7
软 4758_2
欧 7778_2
劻 7472_7
卧 7370_0

(丨)

叔 2794_0
卓 2140_6

虎 2121_2
尚 9022_7
呻 6500_6
咏 6309_2
岵 2476_0
岭 2873_2
贮 7381_2
昕 6202_1
明 6702_0
忠 5033_6
昆 6071_2
昌 6060_0
易 6022_7
罗 6020_7
具 7780_1
典 5580_1
国 6010_3
固 6060_4
图 6030_3
果 6090_4

（丿）

牧 2854_0
钓 8772_0
和 2960_0
知 8680_0
制 2220_0
季 2040_7
乖 2011_2
秉 2090_7
佳 2421_4
侍 2424_1
使 2520_6
侑 2422_7
侧 2220_0
依 2023_2
货 2480_2
岳 7277_2
岱 2377_2
兒 7721_2
征 2121_1
徂 2721_2
所 7222_1
质 7228_2
念 8033_2
金 8010_9
采 2090_4
乳 2241_0
狗 4722_0
饴 2376_0
服 7724_7
鱼 2710_6
备 2760_4
周 7722_0

（丶）

放 0824_0
於 0823_3
刻 0280_0
京 0090_6
享 0040_7
夜 0024_7
庞 0021_4
庙 0026_5
庚 0028_7
废 0024_7
怡 9306_0
闹 3722_7
炊 9788_2
法 3413_2
河 3112_0
泗 3610_0
泺 3219_4
注 3011_4
泥 3711_2
波 3414_7
泼 3314_7
治 3316_0
郑 8782_7
单 8050_6
宝 3010_3
宗 3090_1
定 3080_1
审 3050_6
宓 3033_4
空 3010_2
穹 3002_7
学 9040_7
试 3374_0
诗 3474_1
诘 3476_1
诚 3375_0
话 3276_4
详 3875_1
视 3721_2
祇 3224_0
郎 3772_7
房 3022_7

（乛）

帚 1722_7
录 1790_9
隶 5090_9
居 7726_4
屈 7727_2
肃 5022_7
建 1540_0
陋 7121_2
姑 4446_0
姓 4541_0
始 4346_0

参 2320_2
孤 1243_0
驿 1715_4
练 2519_4
织 2618_0
䌹 2712_0
终 2713_3
绍 2716_2
绎 2715_4
经 2711_2
孟 1710_2
承 1723_2
函 1777_2

九画

(一)

珂 1112_0
奏 5080_4
春 5060_8
项 1118_2
城 4315_0
栈 4395_0
柯 4192_0
柏 4690_2
相 4690_0
柳 4792_0
柿 4092_7
胡 4762_0
封 4410_0
荆 4240_0
郝 4722_7
南 4022_7
垚 4011_4
草 4440_6
莒 4460_6
荀 4462_7
荡 4412_7
茹 4446_0
荔 4442_7
茳 4411_2
荣 4490_4
荧 4480_9
带 4422_7
查 4010_6
要 1040_4
赵 4480_0
研 1164_0
厚 7124_7
砚 1761_2
斫 1262_1
咸 5320_0
面 1060_2
持 5404_1
拾 5806_1
拼 5804_1

(丨)

点 2133_6
临 2806_3
省 9060_2
峡 2578_0
映 6508_0
昭 6706_2
贻 7386_0
畊 6500_0
蚁 5410_3
郢 6712_7
品 6066_0
峇 2260_1
是 6080_1
星 6010_5
昱 6010_8
畏 6073_2
思 6033_0
幽 2277_0

(丿)

拜 2155_0
种 2590_6
秋 2998_0
科 2490_0
钝 8571_7
钜 8171_7
钟 8570_6
钦 8778_2
复 8040_7
香 2060_9
看 2060_5
笃 8812_7
选 3430_1
适 3230_6
重 2010_5
修 2722_2
俚 2621_5
保 2629_4
俗 2826_8
信 2026_1
侯 2728_4
段 7744_7
顺 2108_2
贷 2380_2
皇 2610_4
泉 2690_2
叟 7740_7
禹 2022_7
待 2424_1
衍 2122_1
律 2520_7
须 2128_2
剑 8210_0

郗 4722_7
俞 8022_1
狮 4122_7
独 4523_6
胆 7621_0
胜 7521_0
朐 7722_0
脉 7329_9
逃 3230_1
勉 2441_2
急 2733_7
饷 2772_0

(丶)

施 0821_2
帝 0022_7
音 0060_1
度 0024_7
庭 0024_1
恒 9101_6
恤 9701_2
闻 3740_1
闺 3710_4
间 3760_6
洪 3418_1
洹 3111_6
洸 3911_2
洞 3712_0
洙 3519_0
洗 3411_2
洛 3716_4
济 3012_4
浑 3715_4
津 3510_7
将 3714_2
前 8022_1
总 8033_6
觉 9021_2
宣 3010_6
宦 3071_2
宫 3060_6
客 3060_4
窃 3072_7
美 8080_4
姜 8040_4
养 8022_8
类 9080_4
逆 3830_4
语 3176_1
祇 3224_0
说 3871_2
祖 3721_2
神 3520_6
祝 3621_2
祢 3729_2
冠 3721_4

(乛)

既 7171_2
郡 1762_7
费 5580_2
退 3730_3
姱 4442_7
姚 4241_3
贺 4680_2
癸 1280_4
绘 2813_2
绝 2711_7

十画

(一)

珠 1519_0
珩 1112_1
班 1111_4
耕 5590_0
耘 5193_2
敖 5824_0
素 5090_3
秦 5090_4
泰 5090_9
蚕 1013_6
持 5404_1
埋 4611_5
埙 4618_2
桂 4491_4
桓 4191_6
栖 4196_4
桐 4792_0
桧 4893_2
格 4796_4
栘 4792_7
桃 4291_3
校 4094_8
栩 4792_0
耿 1948_0
酌 1762_0
都 4762_7
鬲 1022_7
真 4080_1
索 4090_3
袁 4073_2
壶 4010_2
莽 4444_8
莱 4490_5
莲 4430_5
莅 4421_8
荻 4428_9
莼 4411_7
恭 4433_8
盐 4310_2

聂 1044_7
耆 4460_1
晋 1060_1
栗 1090_4
贾 1080_2
逋 3330_2
起 4780_1
载 4355_0
殊 1529_0
顾 7128_2
砺 1162_7
破 1464_7
烈 1233_0
夏 1040_7
原 7129_6
挹 5601_2
捃 5706_7
热 5533_1
匪 7171_1

(丨)

柴 2290_4
逌 3130_6
监 2810_2
逍 3930_2
崂 2472_7
峨 2375_0
唉 6308_4
晒 6106_4
晓 6501_2
眠 6704_7
鸭 6752_7
趵 6712_0
晁 6011_3
晏 6040_4
恩 6033_0
圆 6080_2

(丿)

钱 8375_0
铁 8578_0
积 2698_0
称 2799_2
秘 2390_4
倚 2422_1
倪 2721_2
倓 2928_9
倦 2921_2
笔 8871_4
笑 8880_4
笄 8850_7
造 3430_6
射 2420_0
息 2633_0
徐 2829_4
殷 7724_7
般 2744_7
途 3830_9
翁 8012_7
爱 2040_7
拿 8050_2
胶 7024_8
留 7760_2

(丶)

旅 0823_2
效 0844_0
郭 0742_7
高 0022_7
离 0022_7
旁 0022_7
栾 0090_4
唐 0026_5
病 0012_7
疹 0012_2
悔 9805_7
悦 9801_2
烟 9680_0
烬 9783_3
郯 9782_7
涛 3514_0
浯 3116_1
酒 3116_4
浙 3212_1
涉 3112_1
消 3912_7
浩 3416_1
海 3815_7
浮 3214_7
流 3011_2
涧 3712_0
浚 3314_7
益 8010_2
宸 3023_2
家 3023_2
宵 3022_7
宴 3040_4
宾 3080_1
宰 3040_1
容 3060_8
请 3572_7
诸 3476_0
诺 3476_4
读 3478_4
课 3679_4
调 3772_0
谈 3978_9
袖 3526_0

(乛)

陵 7424_7
陶 7722_0

陪 7026_1
姬 4141_2
难 7041_5
能 2221_2
桑 7790_4
通 3730_2
绣 2212_7

十一画

(一)

琐 1918_2
理 1611_5
琉 1011_2
琅 1313_2
埤 4614_0
梅 4895_7
检 4891_9
聊 1742_0
教 4844_0
乾 4841_7
勘 4472_7
勚 4482_7
菊 4492_7
萝 4420_7
萧 4422_7
菉 4490_9
黄 4480_6
曹 5560_6
梦 4420_7
硕 1168_2
瓠 4223_0
龚 4380_1
盛 5310_2
戚 5320_0
雪 1017_7
掉 5104_6
掖 5004_7
接 5004_4
探 5709_4

(丨)

虚 2121_2
常 9022_7
唯 6001_5
啖 6908_9
啸 6502_7
晚 6701_2
赈 7183_2
略 6706_4
野 6712_2
鄂 6722_7
蚋 5514_7
崖 2221_4
崑 2271_2
崔 2221_5
山其 2478_1
崇 2290_1
婴 7740_4

(丿)

铭 8776_2
铨 8871_4
银 8773_2
笺 8850_3
笼 8841_4
笠 8810_8
偕 2226_2
偶 2622_7
停 2022_1
偏 2322_7
得 2624_1
衔 2122_1
鸽 8762_7
馆 2377_7
彩 2292_2
脚 7722_0
脱 7821_2
祭 2790_1
逸 3730_1

(丶)

商 0022_7
章 0040_6
鸾 0012_7
望 0710_4
庶 0023_7
康 0029_9
鹿 0021_2
庾 0028_7
裒 0073_2
惜 9406_1
惇 9004_7
阎 3777_7
剪 8022_7
清 3512_7
渍 3518_2
凌 3414_7
鸿 3712_7
渑 3611_6
渊 3210_0
渔 3711_6
淳 3014_7
淡 3918_9
涵 3717_2
淄 3216_3
断 2272_1
敝 9824_0
盖 8010_2
寇 3021_4
寄 3062_1
密 3077_2

渠 3190_4
梁 3390_4
谐 3276_2
谒 3672_7
谚 3072_2

(乛)

屠 7726_4
逯 3730_9
隋 7422_7
随 7423_2
隗 7621_3
隆 7721_5
隐 7723_7
婚 4246_4
婉 4341_2
绪 2416_0
续 2418_4
绮 2412_1
绿 2719_9
巢 2290_4

十二画

(一)

琴 1120_7
琪 1418_1
博 4304_2
椒 4794_0
棣 4599_9
联 1848_4
散 4824_0
葬 4444_1
敬 4864_0
韩 4542_7
朝 4742_0
彭 4212_2
董 4410_5
葛 4472_7
葆 4429_4
蒋 4414_2
落 4416_4
焚 4480_9
惠 5033_3
越 4380_5
确 1762_7
雁 7121_5
搜 5704_7
援 5204_7
握 5701_4
雅 7021_5

(丨)

紫 2290_3
斐 1140_0
喻 6802_1
嵎 2672_7
晴 6502_7
赋 7384_0
赐 7682_7
跛 6414_7
嵛 2222_1
暑 6060_4
景 6090_6
鼎 2222_7
黑 6033_1

(丿)

铸 8574_0
嵇 2397_2
程 2691_4
稀 2492_7
鹅 2752_7
等 8834_1
筑 8811_7
答 8860_1
智 8660_0
傅 2324_2
傍 2022_7
储 2426_0
集 2090_4
焦 2033_1
粤 2602_7
御 2722_0
释 2795_4
貂 2726_2
舒 8762_2
遁 3230_6
然 2333_8
鲁 2760_1

(丶)

就 0391_2
敦 0844_0
赓 0028_2
痘 0011_8
痢 0012_0
愧 9601_3
湖 3712_0
湘 3610_0
湮 3111_4
温 3611_2
滑 3712_7
游 3814_7
滋 3813_2
湄 3716_7
曾 8060_6
尊 8034_6
普 8060_1
寒 3030_3
富 3060_6
寓 3022_7
道 3830_6

遂 3830_3
谢 3470_0
谥 3871_2
裕 3826_8
(乛)
强 1623_6
疏 1011_2
登 1210_8
缄 2315_0
巽 7780_1

十三画

(一)

瑞 1212_7
椿 4596_8
楞 4692_7
槐 4691_3
榆 4892_1
楹 4791_2
鹊 4762_7
靳 4252_1
甄 1111_7
鼓 4414_7
献 4328_4
蒯 4220_0
勤 4412_7
蓝 4410_2
蓬 4430_5
蒿 4422_7
蒲 4412_7
蒙 4423_2
禁 4490_1
楚 4480_1
碛 1568_2
碤 1468_5
碑 1664_0
感 5333_0
雷 1060_1
零 1030_2
摄 5104_7
辑 4654_1
(丨)
督 2760_4
虞 2128_4
鉴 2810_9
暇 6704_7
睡 6201_5
畹 6301_2
蜂 5715_4
路 6716_4
嵩 2222_7
蜀 6012_7
盟 6710_2
愚 6033_2
(丿)
稚 2091_5
锜 8472_1
锡 8672_7
锦 8672_7
辞 2064_1
筹 8834_4
简 8822_7
微 2824_0
牒 7429_4
解 2725_2
鲍 2711_2
詹 2726_1
颖 2198_2
肄 2580_7
(丶)
靖 0512_7
韵 0762_0
新 0292_1
雍 0021_5
意 0033_6
廉 0023_7
慎 9408_4
阙 3748_2
煨 9683_2
溪 3218_4
满 3412_7
滇 3418_1
溧 3119_4
数 9844_0
慈 8033_3
塞 3010_4
窦 3080_4
福 3126_6
禘 3022_7
褚 3426_0
(乛)
群 1865_1
殿 7724_7
缙 2116_1
缠 2011_5
緄 2691_2

十四画

(一)

瑶 1217_2
韬 5207_7
静 5725_7
斠 5440_0
碧 1660_2
嘉 4046_1
摭 5003_7
慕 4433_8
蔼 4430_2

蔡 4490_1
蔗 4423_7
蓼 4420_2
綦 4490_3
模 4498_4
臧 2325_0
辕 4453_2
熙 7733_1
踅 5280_1

(丨)

裴 1173_2

(丿)

锲 8778_4
镂 8974_4
箬 8860_4
管 8877_7
儆 2824_0
舆 7780_1
僧 2826_6
疑 2788_1

(丶)

旗 0828_1
端 0212_7
豪 0023_2
腐 0022_7
廖 0022_2
瘟 0011_2
瘦 0014_7
漆 3419_9
漱 3718_2
漫 3614_7
漳 3014_6
演 3318_6
滩 3011_5
赛 3080_2
寤 3026_1
谭 3174_6
谯 3073_1
谰 3772_0

(乛)

翟 1721_5
翠 1740_8
熊 2233_1
缦 2614_7
缪 2712_2

十五画

(一)

璇 1818_1
慧 5533_7
增 4816_6
聪 1843_6
醉 1064_8
蕉 4433_1
蕊 4433_3
蕴 4411_2
震 1023_2
播 5206_9
撰 5708_1

(丨)

髯 7252_7
蝶 5419_4
蝴 5712_0
墨 6010_4
题 6180_8

(丿)

稽 2396_1
稼 2393_2
箴 8825_3
篔 8880_2
篆 8823_2
黎 2790_9
德 2423_1
樊 4480_4
滕 7929_9

(丶)

颜 0128_2
毅 0724_7
摩 0025_2
潘 3216_9
潼 3011_5
澄 3211_8
翦 8012_7
幂 3722_7
鹤 4722_7

(乛)

憨 1833_4
履 7724_7
畿 2265_3

十六画

(一)

樵 4093_1
醒 1661_5
薛 4474_1
薄 4414_2
燕 4433_1
鬵 5322_7
霍 1021_5

(丨)

餐 2773_2
赠 7886_6
默 6338_4
黔 6832_7
圜 6073_2

(丿)

镜 8071_2
穆 2692_2

憩 2633_0
篷 8830_5
篛 8812_7
儒 2122_7
衡 2122_1

(丶)

辨 0044_1
磨 0026_2
懒 9708_2
燃 9383_8
凝 3718_1
澹 3716_1
寰 3073_2
禧 3426_1
黉 9080_6
羲 8025_3

十七画

(一)

檀 4091_6
鞠 4752_0
藉 4496_1
藏 4425_3
戴 4385_0
磻 1266_9

(丨)

豳 2277_0
螺 5619_3
蟋 5213_9

(丿)

魏 2641_3
谿 2886_8

(丶)

襄 0073_2
糜 0029_4
濮 3218_5
濠 3013_2

十八画

(一)

鳌 5810_6
藕 4492_7
藜 4490_9
藤 4429_9
覆 1024_7
蹔 5280_1
燹 1180_9

(丨)

蟫 5114_6
瞻 6706_1
瞿 6621_5

(丿)

簠 8810_2

(乛)

彝 2744_9

十九画

(一)

麓 4421_2

(丿)

簿 8814_2
攀 4450_2

(丶)

瀛 3011_7
瓣 0044_1
靡 0021_1

二十画

(丿)

纂 8890_3

二十一画

(一)

顨 1122_1
霸 1052_7

(丨)

蠘 9313_6

(丶)

禳 3023_2

(乛)

蠡 2713_6

二十三画

(丶)

麟 0925_9

(乛)

孏 4442_7

二十四画

(一)

蠹 5013_6

(丿)

衢 2122_1

二十五画

(丶)

戆 0733_8

后　　记

《山东文献书目》是山东省古籍整理规划小组“七五规划”项目之一。赖同志们齐心协力,得以完成。在定稿以后,又发现许多脱漏,一补再补,耽误了不少时间。然而以山东先贤著述之宏富,要想在短期间内网罗殆尽,事实上是困难的。特别是我们在编纂书目时,并未请山东省兄弟院校图书馆、各县市图书馆、博物馆、文管会(所)为我们提供馆藏山东先贤著述目录,这是一个很大的缺点。有一次我们从栖霞文管所曾却同志那里获悉,他们那里保存有牟庭手稿《名士年谱》和《古今年表》两种各一卷,我们已来不及收录,感到很遗憾。这样的例子,当然不是极个别的。马国翰是我国的辑佚大家,我们以光绪九年(1883)长沙嫏嬛馆刻本和《中国丛书综录》为依据著录了马氏的辑佚书,还从中增补了(光绪)《山东通志·艺文志》失收的若干种,以为万无一失了。后来读到王重民先生《清代两个辑佚大家评传》(收入《中国目录学史论丛》1984年中华版),他在谈到马国翰辑佚书时有这样一段话:

> (先生)所辑佚书,有的没有辑成,有的没有付刊,随刊随印。直到先生死的时候,全书尚未有定本。后来丁质夫为补刊残缺,匡源补为目录,方才有了定本。可是有目无书者,尚有四十余种。日照王献唐先生藏有马氏辑佚书初印本刘歆《三统历谱》三卷,《钟律书》一卷,用聚珍字排印。按《钟律书》、《三统历谱》,并未收予匡氏辑佚书定本中,《钟律书》为补目上有目无书之一,《三统历谱》则并不见于补目,疑为匡源收看时所遗。又天津河北省立第一图书馆藏有道光间管廷芬

编的《一瓻笔存》,内有马国翰辑《归藏》一卷,与辑佚书本不同,唯管氏不著录据何本抄录。以匡源序"先生没后,其书始显于世"的话推之,则道光间管氏所据的,当是初辑传抄本,或是随刊随印的本子,后来又有增补,故与今辑佚书本详略不同了。后来章丘李氏所校刻的《玉函山房辑佚书续补》,如《尚书逸篇》二卷,王义《小学篇》一卷,为匡源补目上有目无书的,而张霸《尚书百两篇》等九种,则均不见于匡氏补目,可知匡氏序称"先生没后,版归章丘李氏,已有散失"的话为不诬,则其所定本并补目,亦未能完备可知。

王重民先生这篇评传,我是早就读过的。可是在编纂《山东文献书目》时,竟忘得一干二净。其中除管廷芬编的《一瓻笔存》抄有马氏辑《归藏》一卷,早有所知、漏未列入外,王献唐先生藏有马氏辑印的刘歆《三统历谱》三卷、《钟律书》一卷,则未之前闻。因为我们没有见到光绪十年(1884)章丘李氏据马氏重刻本,《中国丛书综录》虽然列有章丘李氏重刻本,但书目却是根据长沙嫏嬛馆本著录的。这就漏收了李氏校刻的《玉函山房辑佚书续补》中王重民先生所说的九种。后来我们从阳海清的《中国丛书综录补正》中见到章丘李氏校刻的续补有下列十种:

《尚书逸篇》二卷
《尚书百两篇》一卷 (汉)张霸撰
《孟仲子诗论》一卷 (汉)孟仲子撰
《论语燕传说》一卷
《夏侯论语说》一卷 (汉)夏侯胜撰
《王氏论语说》一卷 (汉)王骏撰
《逸孟子》一卷 (序缺)
《小学篇》一卷 (晋)王义撰
《荆州记》三卷 (宋)盛弘元撰(序缺)

《五行传记》一卷　(汉)许商撰

这个目录较王重民所说的九种多出一种。阳海清《补正》中所说的与王重民不同之处,阳海清把上面十种辑佚书,统统冠以《目耕帖续编》,不是王重民所说的《玉函山房辑佚书续补》。显然以王说为是。原书究竟如何标目,有待与章丘李氏重刻本核实。因为《补正》在这十种书的下面,列有《目耕帖》:《大学》一卷、《中庸》一卷,均题马国翰撰,这才是《目耕帖续编》。我们在书目中不仅脱漏了《玉函山房辑佚书续补》的十种,《目耕帖续编》二卷,还脱漏了章丘李氏重刻本附录蒋星煜的《书后》一卷,(马氏)《手稿存目》一卷和《马竹吾全集目录》。王献唐先生收藏的《三统历谱》《钟律书》和管廷芬所抄不同版本的《归藏》,也在脱漏之列。这些脱漏,可谓失之眉睫,实在是不应该的。尤其令人遗憾的是:我们目前正在编纂《清史稿艺文志拾遗》,《拾遗》中收录的山东先贤著述,也并不是百分之百录入《山东文献书目》。例如孔继汾的《阙里文献考辨伪》一卷(湘阴李氏刻阙里文献考附刻本),佚名撰《琅琊诗人小传》一卷,《侨寓传》一卷(底稿本,见《贩书偶记》),《聊城杨氏三代诗文集》五卷(杨承训辑,民国九年聊城杨氏海源阁刻本),其中收录杨以增《退思庐文存》一卷,杨绍和《仪晋观堂诗钞》三卷,杨保彝《归瓻斋诗词抄》一卷,均未见著录。此外,还脱漏杨以增的《志学箴》一卷(咸丰三年海源阁自刻本)。这不能不承认我们工作的疏忽。以此类推,我们没有发现的一定还有很多。山东省古籍整理规划小组办公室副主任韩金远同志早就建议我们在书目出版后广泛征求山东省其他高校图书馆、各县市图书馆、博物馆、文管所(室)的意见,拾遗补缺,再出版一本补编。这个意见很好,希望能这样做,用以弥补我们的缺陷,这次书目的出版,得到韩金远同志,山东出版总社孟凡海同志,齐鲁书社陈学振、孙言诚、赵捷三位同志的大力支持,在此一并致以衷心的感谢。

这里附带提出，书目在体例上有一个缺点，我们按《清史稿艺文志拾遗》的体例，把丛书中的类编(即专科性丛书)在有关类目之首，冠以“类编之属”，另将子目分见有关类目，这样造成不必要的重复。事实上应该按《中国古籍善本书目》的体例把所有类编连同子目一并编入有关类目，不必另加“类编之属”。因为来不及更改，只能等待今后有机会出修订本的时候重行修订了。

王绍曾

1991年10月1日

修订后记

古籍书目的著录,应该向读者提供尽量多的准确有用的信息,如书名、卷数,著者的时代、籍贯、姓名、字号,著作方式,版刻、排印、抄写的时间、地点,出版者的名称、地点,题跋、批校者的姓名和大体内容等。但是在实际工作中很难做到著录齐全,尤其是在看不到原书的情况下就更加困难。因此,一部高质量的古籍书目都有一个逐步完善的过程。

本书在1993年出版之后,我们对书中缺失的部分就注意搜集有关资料,进行全面的补充。如很多著作版本不清,尤其是《四库存目》之书、(光绪)《山东通志·艺文志》中著录的书,这种情况是大量存在的。经过多年的努力,有不少著作已经找到了版本根据。至于书中的错字、漏字,还有一些生造的简化字,原来编了一个勘误表附于《山东文献书目续编》之后。近来在校对清样的过程中又发现了一些,就来不及一一注明了。

索引部分,原来没太注意,直到校对清样时才发现问题还不少,花费了较多时间和精力去更正。主要是漏收之书较多,如《金石书录》、山东方志金石志33种,全部漏收;再就是取号错误,如"蚕"字为1013,误作2013之类;排列顺序不准,误编的情况也有;错字、别字也不少。每一书名、作者后都要重新填写页码,也是非常繁琐的事情。三个月的时间都泡在这样的工作上了。

经过这次修订,错误可能会少一些,书的质量会提高一点;如果真是这样的话,就可以告慰王先生在天之灵了。

沙嘉孙

2014年5月2日记于申城

图书在版编目(CIP)数据

山东文献书目/王绍曾主编. —修订本. —济南：齐鲁书社，2016.6
ISBN 978-7-5333-3485-7

Ⅰ.①山… Ⅱ.①王… Ⅲ.①地方文献—图书目录—山东省 Ⅳ.①Z812.252

中国版本图书馆CIP数据核字(2016)第130726号

封面题签 顾廷龙
责任编辑 武良成
版式设计 李 生 郭 靚

山东文献书目(修订本)

王绍曾 主编

主管单位 山东出版传媒股份有限公司
出版发行 齊魯書社
社　　址 济南市英雄山路189号
邮　　编 250002
网　　址 www.qlss.com.cn
电子邮箱 qilupress@126.com
营销中心 (0531)82098521 82098519
印　　刷 山东德州新华印务有限责任公司
开　　本 880mm×1230mm 1/32
印　　张 24
插　　页 18
字　　数 645千
版　　次 2017年6月第1版
印　　次 2017年6月第1次印刷
印　　数 1–1300
标准书号 ISBN 978–7–5333–3485–7
定　　价 **128.00元**